Ernst Sandau, Hofphotograph, Berlin W.8

FESTGABE ZUM 60. GEBURTSTAGE DES HERRN GEHEIMEN JUSTIZRATS PROFESSOR DR. RIESSER

J. Guttentag, Verlagsbuchhandlung, G. m. b. H.
Berlin 1913

Beim Nahen des 60. Geburtstages seines Begründers und Ersten Vorsitzenden empfand unser Verband das herzliche Bedürfnis, dem Manne, dessen tatkräftiges, tapferes und selbstloses Eintreten für unsere Ziele uns zu unbegrenztem Dank verpflichtet, auch in einer nach außen sichtbaren Weise seine Verehrung und Erkenntlichkeit zum Ausdruck zu bringen.

Wir waren uns dabei bewußt, daß die Persönlichkeit Rießers, soviel sie für unseren Verband bedeutet, doch durchaus nicht allein unseren Bestrebungen und seiner Arbeit für das Bankgewerbe gehört.

Es schien uns vor allem geziemend, auf die Arbeit Rießers als wissenschaftlichen Denkers und Forschers zu blicken. Denn auf diesem festen Boden wurzelt der unerschütterliche Idealismus, den er auf allen Gebieten seines öffentlichen Wirkens betätigt hat und betätigt, der Glaube an die jeden Widerstand überwindende, siegreiche Kraft des Geistes, der Sinn für das Wesentliche, der das Unbedeutende beiseite schiebt, auch wenn es in glänzendem äußeren Gewande einherschreitet, und nicht zuletzt die strenge Gewissenhaftigkeit, der er in unserer Mitte durch sein Bekenntnis zu dem schönen Dichterworte Ausdruck gegeben hat: „Es ist nichts groß als das Wahre, und das kleinste Wahre ist groß!" In diesem Geiste ist es ihm gelungen, den Gegensatz von Theorie und Praxis, der stets nichts anderes ist als eine Folge menschlicher Unzulänglichkeit, in seiner Person zu überwinden; in solchem Streben hat er für die Notwendigkeit einer gegenseitigen Befruchtung von Rechts- und Wirtschaftslehre schon zu einer Zeit gewirkt, in welcher nur wenige über die zwischen beiden Disziplinen errichtete Mauer hinüberzuschauen vermochten.

Zu unserer großen Freude haben eine Reihe hervorragender Männer der Forschung und Praxis sich mit uns in dem Wunsche vereinigt, am heutigen Tage zu einer Ehrung Rießers mitzuwirken, durch deren Charakter für die Wertung seiner wissenschaftlichen Persönlichkeit und Arbeitsleistung Zeugnis abgelegt werden soll.

Möge es vorliegendem Buche beschieden sein, diesen seinen Zweck zu erfüllen, und möge von den darin veröffentlichten Beiträgen, deren Verfassern unser aufrichtigster und herzlichster Dank gebührt, auf den mannigfachen Wissensgebieten, die sie behandeln, eine fruchtbringende Wirkung ausgehen.

Ihm aber, dem dieses Buch gewidmet ist, mögen in seinem neuen Lebensjahrzehnt, dem es, wie wir wissen, an mühevoller, aber auch, wie wir von Herzen hoffen, an erfolgreicher Arbeit nicht mangeln wird, die Freundschaft und Anerkennung Gleichstrebender, die Dankbarkeit und Verehrung Nachfolgender treue Begleiter bleiben.

Berlin, den 17. November 1913.

CENTRALVERBAND
DES DEUTSCHEN BANK- UND BANKIERGEWERBES (E. V.)

Der Vorstand und Ausschuß. Die Geschäftsführer.

Dr. Salomonsohn. Bernstein. Dr. Mollwo.

BEITRÄGE:

ZUR PROSPEKTHAFTUNG.

Von HEINRICH DOVE.

Wir lieben es, unser Zeitalter als naturwissenschaftliches zu bezeichnen. Der in die Augen fallende Fortschritt der technischen Entwickelung, sein Einfluß auf die äußere Lebenshaltung wie auf den Ideengehalt der Zeit erscheint uns als das charakteristische Merkmal der Gegenwart. Wir übersehen aber dabei mitunter, daß zur Nutzbarmachung der naturwissenschaftlichen und technischen Fortschritte für die Gesamtheit eine entsprechende Fortbildung der Wirtschafts- und Rechtsformen erforderlich ist. Erst die Rechtsordnung vermag dem erfinderischen Gedanken den Ertrag seiner Produktivität zu sichern und ihm so den Anreiz zur Verwertung zu geben. Nur sie gewährt die Möglichkeit, die Kapitalien zu schaffen, welche erforderlich sind, um die geniale Erfindung in die Wirklichkeit umzusetzen und so zum Gemeingut zu machen. Wir nehmen hier leicht als ein für allemal Gegebenes hin, was erst der Ertrag mühevoller Geistesarbeit gewesen ist. Und doch hat auch die Rechtswissenschaft Anspruch darauf, ihren Anteil an der glänzenden Entwickelung und Ausdehnung der materiellen Kultur geltend zu machen.

Ich habe auf den Kapitalbedarf verwiesen, der im Gefolge des technischen Aufschwunges entsteht. Man vergegenwärtige sich die Summen, welche die Erschließung ferner Produktions- und Konsumtionsgebiete durch Schiffahrt und Eisenbahnbau, durch Bergbau und Landesmelioration erfordert, welche in den Produktionsstätten unserer Industrie investiert, von unseren öffentlichen Gemeinwesen zum Schutze und zur Förderung des Gedeihens ihrer Schutzbefohlenen aufgewendet werden, und man wird nicht zweifeln können, daß ohne die der Kapitalsbildung und -betätigung dienenden Rechtsformen der Umwandlungsprozeß des Erdballs unter dem Einfluß moderner Technik undenkbar wäre. Darum ist es auch kein Zufall, wenn die Romantiker unter den Wirtschaftstheoretikern auch der modernen Rechts- und Wirtschaftsentwickelung mit dem Gefühl des Mißbehagens gegenüberstehen, wenn sie die Aufgabe nicht in der tunlichsten Eindämmung der Gefahren elementarer Kraftkonzentration und -wirkung erblicken, sondern am liebsten die Quellen verschütten möchten, aus denen der Strom des Weltwirtschaftssystems seinen Ursprung nimmt. Dagegen sucht die Entwickelung des praktischen Geschäftslebens an die vorhandenen Rechtsinstitute anknüpfend sie dem Bedürfnis der fortschreitenden Ausbildung der Weltwirtschaft anzupassen. Es sind die Institute der Gesellschaft, des Darlehens, der Inhaberpapiere, welche in ihrer Zusammenwirkung die wunderbare Kapitalzusammenfassung der Gegenwart zustande gebracht haben. Wesentlich ist dabei ferner das Vorhandensein großer Kapitalmärkte, an denen der Verkehr sich konzentriert und welche schnellen Umsatz und durch die Preisbildung und die Veröffentlichung der Preise eine Kontrolle für jedermann ermöglichen. Durch das Zusammenwirken dieser Umstände ist eine Demokratisierung des Großkapitals erfolgt, die auch dem kleinen Kapitalisten gestattet, an der Gewinnchance teilzunehmen und doch sein Risiko in bestimmten Grenzen zu halten[1]). Man wird stets zwei Strömungen gegenüber dieser modernen Erscheinung beobachten können: eine positive, welche von dem Interesse der Gesamtheit ausgehend die freie Bewegung auf dem Kapitalmarkt zu fördern bestrebt ist, und eine ablehnende, welche in der Erleichterung der Beteiligung am Gewinn vor allem den Anreiz zur Betätigung der nun einmal vorhandenen Spielsucht erblickt und deshalb auf möglichste Einschränkung und Erschwerung des Kapitalverkehrs bedacht ist.

Die praktische Rechtsentwickelung sucht den Ausgleich der beiden entgegengesetzten Tendenzen. Auch hier hat sie angeknüpft an die vorhandenen Rechtsformen. Wer die Schriften Goldschmidts[2]) und Iherings[3]) zum Lucca-Pistoja-Streit einsieht, wird eine Fülle

---

[1]) Vgl. die nähere Ausführung des obigen Gedankens in Heinrich Dove: Der Hypothekenbankgesetzentwurf. Berlin, Verlag von Leonhard Simion. 1899. S. 5—8.

[2]) Dr. L. Goldschmidt: Der Lucca-Pistoja-Streit. Frankfurt a. M. 1859.

[3]) Rudolph v. Ihering: Der Lucca-Pistoja-Aktienstreit in: Vermischte Schriften. Leipzig 1879. S. 241 fg.

von Pandektenstellen zur Stütze der beiderseitigen Standpunkte verwendet finden. Aber die Beschäftigung mit diesem aus den Gefahren des modernen Großkapitalverkehrs entstandenen Prozeß muß auch zu dem Resultat führen, daß wir es in der Erzielung von Rechtseinheit und Rechtssicherheit in einem halben Jahrhundert ein gutes Stück vorwärtsgebracht haben. Mangel der einheitlichen obersten Instanz, Institut der Aktenversendung, Ungewohntheit der Beschäftigung der Rechtsprechung mit den Angelegenheiten des modernen Kapitalverkehrs brachten es damals zuwege, daß die Entscheidungen der unzähligen aus dem Zusammenbruch des Lucca-Pistoja-Unternehmens entstandenen Prozesse sich kreuzten, so daß die Chance, ein obsiegliches oder ungünstiges Urteil zu erzielen, für die geschädigten Prioritätsaktienzeichner zu einem erneuten Spekulationsobjekt wurde. Wir haben jetzt für den wichtigsten Fall der aus solchen Schädigungen entstandenen Ersatzansprüche, für die Prospekthaftung, soweit es sich um den Börsenverkehr handelt, eine spezielle gesetzliche Grundlage in den §§ 45, 46 (früher §§ 43, 44) BörsGes., in der Reichsgerichtsjudikatur eine die Rechtseinheit verbürgende endgültige Entscheidung der betreffenden Prozesse. Zu den Fragen, welche in der Rechtsprechung auf Grund der neuen Bestimmungen aufgetaucht sind, einen kleinen Beitrag zu liefern, ist der Zweck der nachfolgenden Erörterung.

Die Prospekthaftung des Börsengesetzes ist ein spezifischer Rechtsbehelf für den unter Benutzung der Börseneinrichtungen vor sich gehenden Verkehr in Wertpapieren. Mit den Vorschriften der §§ 45 und 46 BörsGes. erschöpft sich die Haftung nicht: soweit ein Prospekt erlassen, die Zulassung der zur Zeichnung aufgelegten Papiere zum Börsenhandel aber nicht erfolgt ist, treten für die Haftung aus der Veröffentlichung eines solchen Prospektes die allgemeinen zivilrechtlichen Vorschriften über Schadenhaftung in Kraft, wenn infolge wissentlich oder fahrlässig falscher Prospektangaben ein Schaden eingetreten ist. Auch bei der Prospekthaftung im eigentlichen Sinne, d. h. für die auf Grund des Prospekts zum Börsenhandel zugelassenen Wertpapiere kann auf die Vorschriften des bürgerlichen Rechts ergänzend zurückgegriffen werden. Aber in der Regel wird es dessen nicht bedürfen, weil die spezifische Prospekthaftung weiter geht, ihre Voraussetzungen leichter darzutun sind schon deshalb, weil sie größtenteils formaler Natur sind. Das Börsengesetz hat bei der Aufstellung seiner Prospekttheorie an die leitenden Gesichtspunkte angeknüpft, nach welchem das Berliner Börsenkommissariat seit 1885 und ihm folgend die Handelskammern von Frankfurt a. M. und Hamburg bei Prüfung der Zulassung von Wertpapieren zum Börsenhandel verfahren waren[4]); es hat in der Zulassungsstelle ein eigenes Börsenorgan für die Prüfung der Prospektentwürfe und die Entscheidung über die Zulassung der Wertpapiere zum Börsenhandel geschaffen. In der tatsächlichen Handhabung geht der Prospekt vielfach aus einer Zusammenarbeit der Emittenten mit dem Referenten der Zulassungsstelle hervor. Macht die Zulassungsstelle die Gewährung der Zulassung von der Aufnahme von bestimmten Punkten in den Prospekt abhängig, so kann das zu einer Erklärung über die betreffenden Punkte nicht geneigte Emissionshaus nur im Beschwerdewege seinen Standpunkt durchzusetzen suchen. Maßgebend für den Inhalt des Prospektes sind in erster Linie die Bestimmungen, welche der Bundesrat kraft der ihm im Gesetz verliehenen Verordnungsgewalt erläßt[5]). Aber die in den §§ 6—8 der Bundesratsbekanntmachung enthaltenen Erfordernisse sind nur Mindestanforderungen. Daneben bleibt es Aufgabe und Pflicht (§ 36 des BörsGes.) der Zulassungsstelle, dafür zu sorgen, daß das Publikum über alle zur Beurteilung der zu emittierenden Wertpapiere notwendigen tatsächlichen und rechtlichen Verhältnisse des konkreten Falles soweit als möglich informiert wird. Trotzdem ist der Prospekt nicht ein von der Zulassungsstelle ausgehendes Schriftstück; vielmehr erlassen ihn diejenigen, die ihn durch ihre Unterschrift zu ihrer Erklärung machen.

Ob die Unterschrift unter den Prospekt unmittelbar gesetzt oder bei der Veröffentlichung ein eine Zeichnungsaufforderung enthaltender Zusatz unterschrieben wird, macht keinen Unterschied[6]). Das Gesetz umschreibt bekanntlich den Kreis der Haftenden dahin, daß diejenigen, welche den Prospekt erlassen haben, sowie diejenigen, von denen der Erlaß ausgeht, für haftbar erklärt werden. Der letztere Zusatz beruht auf dem ängstlichen Bestreben der Reichstagskommission, zu verhindern, daß diejenigen, die hinter dem Prospekt stehen, sich durch äußerliche Enthaltung von der Publikation

---

[4]) Vgl. Zentralverbandskommentar zum Börsengesetz. S. 135 Einleitung III unter D.

[5]) Vgl. Bekanntmachung betr. die Zulassung von Wertpapieren zum Börsenhandel vom 4. Juli 1910 (RGBl. S. 917 ff.).

[6]) § 5 Abs. 3 der Bekanntmachung vom 4. Juli 1910.

ihrer Haftung entziehen. Es ist aber unter allen Umständen, wie auch der Kommissionsbericht ergibt, eine Urheberschaft an dem Prospekt Voraussetzung für die Haftung. Streit über die Zugehörigkeit zu den Kreisen der Haftbaren ist, soviel bekannt, in der Praxis bisher verhältnismäßig selten entstanden.

Dagegen haben die weiteren Voraussetzungen der Haftung die oberstrichterliche Rechtsprechung wiederholt beschäftigt. In objektiver Beziehung ist die Haftbarkeit bedingt durch die Voraussetzung der Unrichtigkeit von Angaben im Prospekt, welche für die Beurteilung des Wertes erheblich sind; in subjektiver Beziehung durch die Kenntnis der Unrichtigkeit oder die auf grobem Verschulden beruhende Unkenntnis. Der Unrichtigkeit steht gleich die Unvollständigkeit infolge von Fortlassung wesentlicher Tatsachen, sofern sie auf böswilligem Verschweigen oder böslicher Unterlassung einer ausreichenden Prüfung seitens der nach § 45 des Börsengesetzes Haftbaren beruht. Ueber den Umfang der Prüfungspflicht kann im Einzelfalle naturgemäß Streit entstehen. In den ergangenen Entscheidungen findet sich für die Beurteilung dieser Frage Material. Dabei aber ist es schwer, zu allgemeinen Gesichtspunkten zu gelangen, weil je nach der Lage des Einzelfalles eine eingehendere eigene Prüfung seitens der Emittenten wird verlangt werden müssen, oder ein Sichverlassen auf die Angaben der unmittelbar in dem Unternehmen, um dessen Aktien oder Schuldverschreibungen es sich handelt, Tätigen zulässig erscheinen wird.

Statt auf diese Seite des subjektiven Verschuldens näher einzugehen, soll hier ein anderes Moment zum Gegenstand der Erörterung gemacht werden, welches in einem der jüngst zur Entscheidung gelangten Rechtsstreitigkeiten eine eingehende Erörterung seitens des höchsten Gerichtshofes gefunden hat.[7]) Es ist dies die Frage des Kausalzusammenhanges zwischen den unrichtigen oder unvollständigen Angaben des Prospektes und der Schädigung der auf Grund der §§ 45, 46 BörsGes. zum Schadenersatz Berechtigten.

Die einzelnen im § 45 aufgestellten Voraussetzungen des Ersatzanspruchs gegen diejenigen, welche die Prospekte erlassen haben, stellen diesen Anspruch als einen solchen dar, welcher auf Verschulden

---

[7]) Vgl. RG. Z. Bd. 80 S. 196 fg. Im folgenden wird der zur Entscheidung gelangte Fall nach dem Unternehmen, um dessen Aktien es sich handelte, als Fall d. H. bezeichnet werden.

(Vorsatz oder Fahrlässigkeit) beruht, und man wird also entsprechend den allgemeinen für Schadenersatz wegen Verschuldens geltenden Rechtsgrundsätzen geneigt sein, das Erfordernis eines ursächlichen Zusammenhanges zwischen dem entstandenen Schaden und dem Verschulden der Haftpflichtigen anzunehmen. Dabei ist die Umgrenzung ins Auge zu fassen, welche das Gesetz der Berechtigung zum Schadenersatz bei der Prospekthaftung gegeben hat. Nach § 45 BörsGes. ist der Schadenersatzanspruch begründet gegenüber jedem Besitzer eines auf Grund des Prospektes zum Börsenhandel zugelassenen Wertpapieres. Wollte man das Erfordernis des Kausalzusammenhanges im konkreten Falle nach jeder Richtung hin strikt durchführen, so müßte zur Begründung des Anspruchs erfordert werden, daß der Entschluß zum Erwerb durch die unrichtigen oder unvollständigen Angaben im Prospekt herbeigeführt ist, daß also diese als Moment bei der Willensbildung des Erwerbers mit in Betracht gekommen sind. Dies würde im Bestreitungsfalle bedingen, daß unter Beweis gestellt und zur Überzeugung des Gerichts dargetan würde, daß ein solcher konkreter Kausalzusammenhang in dem den Gegenstand des jeweiligen Rechtsstreites bildenden Falle des Ersatzanspruchs vorhanden gewesen ist. Durch dieses Verlangen aber würde der Kreis der Ersatzberechtigten wesentlich eingeschränkt werden, denn es würde eben nicht mehr j e d e r Besitzer eines solchen Wertpapieres schadenersatzberechtigt sein, sondern nur derjenige, bei welchem der ursächliche Zusammenhang zwischen Schaden und unrichtigen Angaben des Prospekts nachweisbar wäre. Mindestens die Kenntnis von dem Inhalt des Prospekts müßte verlangt werden, selbst wenn man das innere Moment der für die Willensbildung maßgebenden Umstände nicht zum Gegenstand objektiver Beweisführung machte. Eben damit aber würde die Prospekthaftung ihr eigentümliches Gepräge verlieren, denn sie stellt sich zweifellos dar als eine V e r s c h ä r f u n g der normalen Haftung, welche ihren rechtfertigenden Grund in den aus der Gewährung der Zulassung zum Börsenmarkt resultierenden Vorteilen hat. Inwieweit etwa aus der näheren Bestimmung des zu ersetzenden Schadens dahin, daß er aus der von den gemachten Angaben abweichenden Sachlage entstanden sein muß, ein ursächlicher Zusammenhang gefolgert werden muß, mag weiter unten untersucht werden. Die Rechtsprechung ist auf Grund der vorerwähnten Momente zu dem Resultat gekommen.

den Kausalzusammenhang zwar als Erfordernis der Haftung festzuhalten, ihn aber in anderer allgemeinerer Weise unter Berücksichtigung der aus dem Börsenverkehr sich ergebenden wirtschaftlichen Vorteile für die an der Börse verkehrenden Werte einerseits und der aus diesem Verkehr für das Gesamtpublikum entstehenden Gefahren andererseits näher zu spezialisieren. An die Stelle des direkten ursächlichen Zusammenhanges zwischen den unrichtigen Prospektangaben und der Willensentschließung des Erwerbers tritt nach dieser von der oberstrichterlichen Judikatur aufgestellten und festgehaltenen Theorie die Einwirkung der schädigenden Momente auf die Gesamtstimmung der am Verkehr in den zugelassenen Wertpapieren beteiligten Kreise. Es sind die regelmäßigen Fälle, aus denen hier das rechtfertigende Moment für die Haftung hergeleitet wird, denn es kann keinem Zweifel unterliegen, daß in dem Wesen des Börsenverkehrs an sich die Bildung einer solchen Gesamtstimmung als maßgebendes Moment für die Wertbeurteilung der an der Börse gehandelten Effekten in Betracht kommt, und daß diese ihre Wirkung sich nicht auf den Kreis der unmittelbar am Börsenverkehr Beteiligten beschränkt, sondern darüber hinaus weitere Kreise des Publikums ergreift. Als am meisten in die Augen fallendes Beispiel einer solchen Beeinflussung des Einzelwillens durch die allgemeine Stimmung kann auf den Kurs der an der Börse gehandelten Effekten verwiesen werden. Ist es doch gerade das Charakteristische des Börsensowie jeden Marktpreises, daß er nicht nur für den Komplex der unmittelbar an der Börse oder den Märkten sich vollziehenden Geschäfte maßgebend ist, sondern darüber hinaus Einfluß auf die Preisbildung für den gesamten in der typischen Ware sich vollziehenden Verkehr gewinnen wird. Auch das Handelsgesetzbuch hat die objektive Bedeutung des Börsenpreises darin anerkannt, daß es bei der Bilanzaufstellung der Aktiengesellschaften, wie im Kommissionsgeschäft beim Selbsteintritt des Kommissionärs, endlich beim Selbsthilfeverkauf, diesen Preis zur grundlegenden Norm gemacht hat[8]). Freilich sind die Prospektangaben nur ein Moment der bei der Gesamtanschauung über den Wert gehandelter Effekten zusammenwirkenden Umstände. Aber es dürfte zutreffend sein, diesem Moment für den Regelfall einigen Einfluß beizumessen; denn die ganze Pro-

---

[8]) HGB. § 261, 1, §§ 400, 373.

spekttheorie beruht mindestens auf der Fiktion, daß durch den Prospekt die für die Wertbemessung maßgeblichen Momente zur öffentlichen Kenntnis gebracht werden und so ihren Einfluß auf die Bildung der allgemeinen Meinung üben können. Nur wird man sich dabei klar sein müssen, daß eben auch da, wo diese für die Regel zutreffende Annahme im Einzelfalle unzutreffend ist, trotzdem kraft Fiktion für die Frage der Prospekthaftung die Beeinflussung der Meinung des Publikums durch den Prospekt zugrunde zu legen ist. Es fragt sich aber weiter, ob zur Geltendmachung des Schadenersatzanspruchs der Nachweis gehört, daß der Erwerb unter dem Einfluß der Gesamtstimmung, wie sie vom Gesetz als Resultat der Prospektangaben vorausgesetzt wird, von dem Besitzer des Wertpapiers erfolgt ist.

Würde man dieses Erfordernis aufstellen, so würde zur Klagebegründung nicht mehr der Besitz des Wertpapieres ausreichend sein, sondern es müßten die Umstände des Erwerbes mit als klagebegründend dargelegt werden. Auch wenn man die unter dem Einfluß der Prospektangaben stattgehabte Erwerbung als Regel ansehen wollte, müßte es dem Beklagten freistehen, darzutun, daß diese Regel im konkreten Fall infolge der vorliegenden Umstände nicht Platz greife. Danach würde also von dem auf Schadenersatz in Anspruch genommenen Emittenten geltend gemacht werden können, daß der Kläger von der durch den unrichtigen Prospekt hervorgerufenen allgemeinen Stimmung des Publikums gar nicht beeinflußt sein konnte, weil er von dieser Stimmung ebensowenig wie von den Angaben des Prospekts selbst auch nur Kenntnis gehabt hat. Es möge der Fall gesetzt werden, daß ein auf einer Reise Abwesender von dem Verkehr mit der Heimat Abgeschnittener nachweislich bei der Rückkehr, noch ehe er irgendwelche Kenntnis der für die Beurteilung eines an der Börse gehandelten Papieres maßgebenden Umstände und der im Kurse sich ausdrückenden Stimmung selbst erworben haben kann, Auftrag zum Erwerb einer bestimmten Aktie gibt, beispielsweise weil er auf der im Auftrage des Unternehmens, um dessen Aktien es sich handelt, gemachten Reise umfangreiche Produktionsstellen der dem Unternehmen erforderlichen Rohstoffe entdeckt und ihm gesichert hat. Es entsteht die Frage, ob ihm, wenn er später den Ersatz des aus der Nichtübereinstimmung der Prospektangaben mit der wahren Sachlage zur Zeit des Erwerbes des Papiers objektiv sich ergebenden Schadens geltend machen würde, seine

Nichtbeeinflussung durch die infolge der Prospektangaben entstandene Stimmung wirksam entgegengehalten werden könnte.

Das Reichsgericht verlangt in dem Urteil vom 11. Oktober 1912, welches in Note 7 angezogen ist (Fall d. H.), die Möglichkeit eines ursächlichen Zusammenhanges zwischen den unrichtigen Angaben des Prospekts und dem Aktienerwerb auch insofern, als nicht nur die Bildung einer dem Inhalte des Prospekts entsprechenden Stimmung des zur Aufnahme der Papiere aufgerufenen Publikums postuliert, sondern auch als weiteres Erfordernis aufgestellt wird, daß der Erwerber dadurch zum Erwerb bestimmt worden ist. „Wer den Anspruch auf Prospekthaftung erhebt", sagt es wörtlich[9]), „braucht danach den Prospekt nicht gelesen zu haben, ihn nicht einmal zu kennen, wenn er nur, beeinflußt durch diese Stimmung, die Wertpapiere erworben hat. Der Erwerb infolge dieser Stimmung stellt den vom Gesetze geforderten Zusammenhang her." Es ist zuzugeben, daß von einem Kausalzusammenhang überhaupt nur dann gesprochen werden kann, wenn im konkreten Fall die Beeinflussung der Willensentschließung des Erwerbers von der durch die Prospektangaben hervorgerufenen, nach der wahren Sachlage nicht gerechtfertigten Stimmung des Publikums dargetan wird. Aber es fragt sich eben, ob auch nur insoweit das Erfordernis des Kausalzusammenhanges aus den gesetzlichen Vorschriften hergeleitet werden kann oder auch nur mit ihnen vereinbar ist; denn es würde, wenn man die Frage bejaht, der Erwerb unter dem Einfluß der durch unrichtige Prospektangaben gefälschten Gesamtstimmung als klagbegründende Tatsache wesentlich sein und damit den Klägern, den geschädigten Wertpapierbesitzern, ein objektiv schwer zu führender Beweis im Bestreitungsfalle auferlegt werden.

In dem Fall d. H., welcher bei dem erwähnten Reichsgerichtsurteil zur Entscheidung stand, handelt es sich darum, ob die Prospekthaftung, wie das Berufungsgericht (das Kammergericht) angenommen hatte, auch auszudehnen sei auf Aktien, welche vor Veröffentlichung des Prospekts über die infolge Erhöhung des Grundkapitals geschehene Neuemission von den Klägern erworben waren. Das Kammer-

---

[9]) a. a. O. S. 204 fg.

gericht[10]) hat dies bejaht. Das Reichsgericht hat es, zweifellos richtig, verneint und deshalb das Urteil der zweiten Instanz aufgehoben und die Sache in die Instanz zurückverwiesen. Es stützt seine Entscheidung gerade auf den nicht vorhandenen Kausalzusammenhang und sagt wörtlich[11]): „Hatten die Kläger die jungen Aktien bei Erscheinen des Prospekts, der ihre Zulassung bekanntgab, bereits erworben, so konnten sie durch unrichtige Angaben des Prospekts, den sie nicht kannten und nicht zu kennen vermochten, keinen Schaden erleiden; sie haben in diesem Falle die Aktien nicht infolge einer Stimmung erworben, die erst nachher durch den Prospekt hervorgerufen werden konnte.“ Aber auch das Kammergericht war von der Notwendigkeit des vorhandenen Kausalzusammenhanges ausgegangen. Es suchte diesen dadurch herzustellen, daß es annimmt, es habe für die Kläger nicht im mindesten zweifelhaft sein können, daß die Beklagte auch die jungen Aktien auf Grund eines Prospektes, dem im wesentlichen dieselben Angaben wie im ersten Prospekt zugrunde liegen würden, zum Handel und zur Notiz an der Berliner Börse bringen würde, da sie selbst bereits 379 388,75 M. auf diese jungen Aktien hin an die Fabrik gezahlt hatten. „Die Käufer der jungen Aktien“, heißt es im Urteil des Kammergerichts vom 15. Januar 1912, „haben diese erworben im Vertrauen auf die Angaben im ersten Prospekt und in der sich auch als zutreffend erwiesenen Erwartung, daß auf Grund eines Prospektes, der sich mit dem ersten deckt, auch die jungen Aktien an der Berliner Börse eingeführt würden.“ Es sind also gerade psychische Momente, auf welche die Haftpflicht basiert wird, und gestützt auf sie glaubt das Kammergericht, das ihm selbst entgegengetretene Bedenken, daß das Gesetz die Haftpflicht des Emittenten ausdrücklich auf die zugelassenen Aktien beschränkt, überwinden zu können. „Wenn also“, heißt es wörtlich in der Begründung, „das Gesetz die Haftung des Emittenten auf die auf Grund des Prospektes zugelassenen Aktien beschränkt, so trifft es eine Bestimmung, welche die Berücksichtigung des natürlichen Kausalzusammenhanges, beschränkt. Die Bestimmung ist also singulärer Natur“[12]). Kurzum, das Kammergericht legt so sehr das ausschließliche Gewicht auf das

[10]) Vgl. das Urt. d. Kammergerichts v. 15. Jan. 1912 im Bank-Archiv Jahrg. XI Nr. 12 S. 190 fg., Mitteilungen der Handelskammer zu Berlin Jahrg. XI Nr. 2 S. 55 fg.

[11]) S. 205.

[12]) Bank-Archiv a. a. O. S. 194.

innere Moment des Kausalzusammenhanges, daß es, gestützt auf dieses, selbst den klaren Wortlaut des Gesetzes als Singularität überwinden zu können glaubt. Das Reichsgericht kann also seinen zutreffenden abweichenden Standpunkt nicht wohl damit begründen, daß es seinerseits das Vorhandensein des Kausalzusammenhanges verneint. Einfacher würde es jedenfalls sein, das formelle Erfordernis, wie es im Gesetz aufgestellt ist, daß auf Grund des Prospekts die Wertpapiere, deren Besitzer seinen Schadenersatzanspruch geltend macht, zum Börsenhandel zugelassen sein müssen, als Grund für die Nichtberechtigung des Anspruchs zu verwerten. Danach muß das Bedenken auftauchen, ob denn überhaupt der Anspruch nicht als wesentlich formeller aufzufassen und von dem Erfordernis des Kausalzusammenhanges abzusehen ist.

Das Reichsgericht meint zwar, daß der Erwerb infolge der durch die Prospektangaben hervorgerufenen Stimmung den vom Gesetz geforderten Zusammenhang herstelle und fügt hinzu, daß das Gesetz mit aller Bestimmtheit sage, daß der Erwerber durch die in dem Prospekt enthaltene Unrichtigkeit zum Erwerbe bestimmt werden müsse.[13]) Aber es ist zu prüfen, ob wirklich der Wortlaut des Gesetzes dies unbedingte Verlangen einer Willensbestimmung des Erwerbers durch die unrichtigen Angaben erheischt. Bei Prüfung zunächst des Wortlautes des § 45 BörsGes. wird man einzig und allein für die Aufstellung des Reichsgerichts die Worte heranziehen können, daß für den Schaden gehaftet werde, welcher dem Besitzer aus der von den gemachten Angaben abweichenden Sachlage erwächst. Indessen zwingen diese Worte nicht zu einer Auslegung dahin, daß auch s u b - j e k t i v der Erwerber durch die Prospektangaben, wenn auch nur indirekt unter dem Einfluß der direkt erzeugten allgemeinen Stimmung, bestimmt worden sein müsse. Die nähere Umschreibung des Schadens, für welchen gehaftet wird, ist zunächst in den erwähnten Gesetzesworten doch nur objektiv gegeben. Der Schaden ergibt sich aus der Abweichung der tatsächlichen Sachlage von den gemachten Angaben. In der Regel wird diese Sachlage aus dem Kurse zu entnehmen sein. Durch das Bekanntwerden der Abweichung des tatsächlichen Sachverhalts von dem sich aus den Prospektangaben ergebenden wird eine Abwärtsbewegung des Kurses hervorgerufen

[13]) RZS. 80 S. 205.

werden; und insofern ist allerdings die Gesamtstimmung auf ihren Ursprung aus den Prospektangaben bis zu einem gewissen Grade kontrollierbar; freilich auch nicht unbedingt, denn, wenn wie im Falle d. H., welcher dem hier erörterten Urteil zugrunde liegt, die falschen Angaben in unrichtigen Bilanzen bestanden haben, so wird schon die Tatsache, daß Bilanzfälschungen vorgekommen sind, für die Bewertung der Lage des Unternehmens und der ausgegebenen Anteile von Einfluß sein. Aber für diese Bewertung werden auch noch andere Umstände häufig mit in Betracht kommen. So wird die Entdeckung von Bilanzfälschungen in der Regel erst mit dem wirtschaftlichen Rückgange des Unternehmens selbst und dem damit verbundenen Weichen der Dividenden erfolgen. Aber es rechtfertigt sich in solchem Falle, die einzelnen Momente nicht zu sondern, sondern den für die Schadenberechnung im Gesetz aufgestellten objektiven Kausalzusammenhang zwischen den unrichtigen Prospektangaben und der nach Entdeckung der Unrichtigkeit eingetretenen Minderbewertung im Kurse als unbedingt gegeben anzunehmen. Für die Bezugnahme auf die Kursgestaltung ist auch der Absatz II des § 46 wesentlich. Danach kann der Ersatzpflichtige der Ersatzpflicht dadurch genügen, daß er das Wertpapier gegen Erstattung des von dem Besitzer nachgewiesenen Erwerbspreises oder desjenigen Kurswertes übernimmt, den die Wertpapiere zur Zeit der Einführung hatten. Dieses dem Ersatzpflichtigen zustehende Wahlrecht ist nach der Begründung gegeben, um übertriebene Schadenberechnungen von vornherein abzuschneiden. Auch ergibt sich aus der Begründung, daß bei der Berechnung des Schadens solche Kursveränderungen, die auf Umständen beruhen, die im Prospekt nicht darzulegen waren, außer Betracht bleiben müssen. Für die Berechnung des Schadens kommen selbstverständlich die allgemeinen Bestimmungen des BGB. zur Anwendung, so daß gemäß § 249 BGB. der Zustand herzustellen ist, der bestehen würde, wenn der zum Ersatz verpflichtende Umstand nicht eingetreten wäre. Wenn, wie in dem hier zum Ausgang genommenen Fall d. H., eine Übernahme der Papiere durch die beklagten Emittenten nicht stattfinden kann, weil beispielsweise, wie in diesem Falle, eine Zusammenlegung von Aktien stattgefunden hat, oder, wenn es sich um Wertpapiere handelt, die zur Zeit der Geltendmachung des Schadenersatzanspruches einen Börsenkurs nicht haben, wird unter Umständen die Bemessung des Schadenersatzanspruches schwierig sein. Sie wird aber vom Richter wie regelmäßig unter freier Würdigung der Verhältnisse stattfinden müssen. Hier aber interessiert in erster Linie die Frage, ob aus der näheren Umschreibung des zu ersetzenden Schadens der vom Reichsgericht angenommene Kausalzusammenhang hergeleitet werden muß. Dies ist zu verneinen; denn die für die Schadenbemessung angeführten Momente enthalten keine Bezugnahme auf das subjektive Willensmoment des Klägers bei Erwerb der Aktien. Und soweit man es dennoch glaubt bejahen zu müssen, kann diese Bezugnahme nur aus dem Erwerbspreis hergeleitet werden, der als typischer Börsenpreis in der Regel wesentlich durch die Gesamtstimmung bedingt sein wird. Daß aber der Erwerb beeinflußt von dieser Gesamtstimmung stattgefunden hat, ergibt sich aus den angeführten Momenten nicht. Es mag für die Regel anzunehmen sein, aber der konkrete Nachweis wird nicht verlangt werden können und selbst, wo die Nichtbeeinflussung durch die Gesamtstimmung, wie in dem oben gesetzten Robinsonfall, nachgewiesen sein sollte, wird trotzdem nach dem Wortlaut des Gesetzes der Ersatzanspruch begründet sein.

Weiterhin kommt in Betracht der Absatz 3 des § 46 BörsGes. Danach ist die Ersatzpflicht ausgeschlossen, wenn der Besitzer des Papieres die Unrichtigkeit oder Unvollständigkeit der Angaben des Prospektes bei dem Erwerbe kannte oder bei Anwendung derjenigen Sorgfalt, die er in eigenen Angelegenheiten beobachtet, kennen mußte. Doch tritt im letztgenannten Fall der auf der Außerachtlassung der culpa quam in suis beruhenden Nichtkenntnis die Ersatzpflicht wiederum ein, wenn sie durch bösliches Verhalten begründet ist. Auf diese Bestimmung des § 46 Abs. 3 stützt das Reichsgericht in einem früheren Urteil vom 2. Mai 1903, abgedruckt in Holdheims Monatsschrift Jahrgang XIII, Seite 253 ff., das Erfordernis des Kausalzusammenhanges; und da auch das Urteil vom 11. Oktober 1912 wieder auf jenes frühere Urteil Bezug nimmt, ist anzunehmen, daß der II. Zivilsenat, von welchem das neuere Urteil erlassen ist, sich der Begründung des I. Zivilsenats, welcher das Urteil vom 2. Mai 1903 erlassen hat, anschließt. Aber die Vorschrift des Absatzes III des § 46 besagt doch zunächst nur, daß da, wo eine eigene Kenntnis des geschädigten Wertpapierbesitzers eine Täuschung durch die Prospektangaben ausgeschlossen erscheinen läßt, oder wo er die Möglichkeit zutreffender Information durch Außerachtlassung der in eigenen Angelegenheiten beobachteten Sorgfalt verschuldet hat, die Ersatzpflicht ausgeschlossen sein soll. Damit ist für das Erfordernis der konkreten Willensbestimmung bei dem Erwerb selbst noch nichts bewiesen. Die eigene Kenntnis der Sachlage läßt allerdings eine Beeinflussung durch die Prospektangaben ausgeschlossen erscheinen. Daraus folgt aber noch nicht, daß, wo sie mangels eigener Kenntnis an sich möglich ist, nun auch ihr konkretes Vorhandensein im Einzelfall Voraussetzung für den Ersatzanspruch sein muß; und auch die nach dem Maße des Verschuldens auf der einen oder anderen Seite fortfallende oder wieder eintretende Ersatzpflicht ändert an dieser grundsätzlichen Auffassung nichts. Vielmehr lassen alle diese Einzelvorschriften sich auch mit der Annahme einer aus den regelmäßigen Fällen hergeleiteten Fiktion der Kenntnis des Prospekts und der Beeinflussung durch seine Angaben vereinigen.

In dem Urteil des I. Zivilsenats vom 9. Mai 1903 ist auch Bezug genommen auf den Bericht der Enquetekommission und die Motive zum Börsengesetz. Was den ersteren anlangt, so geht er allerdings von der Voraussetzung eines Kausalzusammenhanges zwischen den Prospektangaben und dem eintretenden Schaden aus (Seite 70), hebt aber ausdrücklich hervor, daß eine (in der Enquetekommission) in betreff dieses Zusammenhanges geäußerte Ansicht, daß, wer den Prospekt nicht gelesen oder gekannt habe, auch keine Ansprüche aus seiner Unrichtigkeit oder Unvollständigkeit solle herleiten können, nicht die Billigung der Kommission gefunden habe. Im Anschluß daran wird dann auch hier die dem Inhalt des Prospekts entsprechende Stimmung als das Entscheidende angesehen, und in der Begründung zu der Vorlage des Börsengesetzes (Reichstagsdrucksache Nr. 14, 9. Legisl.-Periode 4. Session 1895-96) ist Seite 38-39 wiederum das Vertrauen in die Richtigkeit und Vollständigkeit der im Prospekt gemachten Mitteilungen als für den Erwerb der Papiere bestimmend bezeichnet. „Wird es getäuscht", fährt die Begründung fort, „so dürfen für den daraus entstehenden Schaden die Urheber des Prospekts nicht ohne Verantwortung bleiben." Aber auch hier ist dann hervorgehoben, daß auch der spätere Erwerber, wenn er auch für seine Person von dem Inhalte des Prospekts nicht Kenntnis nehme, sich doch an die allgemeine Schätzung, bei welcher die Angaben des Prospekts fortwirkten, halte, indem er bei der Bewilligung des Preises den jeweiligen Kurs entscheiden lasse. Ist also auch in diesen Materialien von dem Kausalzusammenhang als dem rechtfertigenden Moment für die Haftung ausgegangen, so ist doch gleichzeitig zu entnehmen, daß man nur den regelmäßigen Fall des Erwerbes zum Börsenkurs im Auge gehabt und sich mit der Bildung eines Kurses unter dem Einfluß der Prospektangaben begnügt hat, ohne das weitere in dem Reichsgerichtsurteil vom 11. Oktober 1912 aufgestellte Erfordernis des Erwerbes unter dem Einfluß dieser Gesamtstimmung näher ins Auge zu fassen. Danach dürfte es nicht unzutreffend sein, wenn man von der Voraussetzung ausgeht, daß dieses letztere Moment ohne weiteres als vorliegend erachtet wird, so daß seine Darlegung im Einzelfall als Voraussetzung für den Klageanspruch nicht aufgestellt und selbst bei Widerlegung der Möglichkeit einer Beeinflussung des Erwerbers durch die Gesamtstimmung dennoch der Kausalzusammenhang, wie die Materialien ihn auffassen, als gegeben angenommen werden soll. In der Reichstagskommission ist dann ein Antrag zu dem damaligen § 42, die Ersatzpflicht nicht bloß auf diejenigen Stücke, welche auf Grund des Prospekts zugelassen seien, zu beschränken, sondern sie auch auf diejenigen auszudehnen, welche über den im Prospekt angegebenen Betrag hinaus in den Handel gebracht seien, abgelehnt worden. Man hat also den vom Kammergericht im Falle d. H. eingenommenen Standpunkt ausdrücklich reprobiert.

Bei Prüfung der Materialien, wie sie hier wiedergegeben sind, dürfte es richtiger sein, den konkreten Kausalzusammenhang nicht als Voraussetzung, sondern nur als gesetzgeberisches Motiv für die Aufstellung eines rein formal bedingten Ersatzanspruchs zu verwerten. Der hier vertretenen Auffassung wird vielleicht entgegengehalten, daß sie eine unbillige Steigerung der Haftung aus dem Prospekt enthalte. Mit dem Nichtvorhandensein des Kausalzusammenhanges pflegt vor allem bei der Abwehr der Prospektansprüche operiert zu werden. Dieses Argument kann aber niemals dahin führen, Voraussetzungen für den Anspruch aufzustellen, die das Gesetz selbst nicht fordert. Daß aus dem Wortlaut das Erfordernis des Kausalzusammenhanges in dem von der Judikatur erforderten Umfange, also unter Zuhilfenahme der Beeinflussung des Erwerbes durch die Gesamtstimmung, nicht folgt, ist eben darzutun versucht worden. Wenn man aber auf die unausgesprochene Absicht des Gesetzgebers Gewicht legen wollte, so würde darauf hinzuweisen sein, daß bei Erlaß des Börsengesetzes vom 22. Juni 1896 von den eingangs geschilderten

Tendenzen weit mehr die restriktive vorherrschend war, als die in Anerkennung der Wichtigkeit moderner Großkapitalsentwickelung einen Ausgleich zwischen den Interessen des Gesamtverkehrs und des einzelnen Aktionärs suchende.[14])

Aber es ist doch auch sehr die Frage, ob durch die hier aufgestellte Theorie der Verneinung des Erfordernisses des Kausalzusammenhanges wirklich eine Verschärfung der Prospekthaftung bedingt ist; oben ist gezeigt, daß gerade von dem Gedanken einer als möglich angenommenen Beeinflussung durch die Vorstellung von der Gestaltung des zu erwartenden Prospekts über die neu emittierten Aktien aus das Kammergericht in dem Fall d. H. zu einer unbilligen Ausdehnung der Prospekthaftung gelangt ist, die dann unbedingt ausgeschlossen sein müßte, wenn die Voraussetzungen des § 45 BörsGes. rein formal genommen werden und daher Angaben eines Prospektes, auf Grund dessen Wertpapiere zum Börsenhandel nicht zugelassen sind, als klagbegründende Tatsache ohne weiteres ausscheiden müssen.

Es ist möglich, daß auch die Judikatur des Reichsgerichts im wesentlichen den hier vertretenen Standpunkt teilen will, wenn beispielsweise in dem Urteil vom 11. Oktober 1912, wie schon früher in dem Urteil vom 19. Oktober 1910[15]) gesagt ist, daß der Anspruch aus § 45 BörsGes. „mindestens die Möglichkeit eines Kausalzusammenhanges zwischen den im Prospekt enthaltenen unrichtigen Angaben und dem Erwerb der Aktien zu einem bestimmten Preise durch den Besitzer der Aktien, der den Anspruch erhebe, voraussetze." Diese Möglichkeit ist immer zu bejahen, wenn die Zulassung auf Grund des Prospektes erfolgt ist; aber mit ihr erschöpft sich der Begriff des Kausalzusammenhanges nicht. Dieser setzt vielmehr voraus, daß im konkreten Fall eine geschlossene Reihe von kausalen Momenten zwischen den Angaben des Prospektes und dem Willensentschluß des Erwerbers festzustellen ist, daß also nicht nur die Möglichkeit einer Beeinflussung, sondern die Tatsache einer solchen vorliegt. Dazu aber gehört, da unstreitig der Nachweis einer Kenntnisnahme von den Angaben des Prospekts im Einzelfalle nicht

---

[14]) Ein Anhänger der restriktiven Tendenzen nimmt aus dem Reichsgerichtsurteil vom 11. Oktober 1912 Anlaß, eine Gesetzesänderung zu fordern, wonach die Haftung an die Ausgabe der Wertpapiere, welche ohne vorhergehenden Prospekt nicht erfolgen dürfe, geknüpft wird. Vgl. Alfred Lansburgh in der „Bank" 1912 H. 11 S. 1051.

[15]) Vgl. Leipziger Zeitschrift V (1911) S. 155 fg.

verlangt, vielmehr die Einwirkung der letzteren auf die Gesamtstimmung für das Entscheidende erklärt wird, als weiteres Glied in der Kette die Beeinflussung des einzelnen durch die Gesamtstimmung. Dies hat auch das Urteil vom 11. Oktober 1912 erkannt und demgemäß den Erwerb infolge der Stimmung als notwendig zur Herstellung des vom Gesetz geforderten Zusammenhanges hingestellt. Will man sich, auch hier von der Regel ausgehend, mit der Möglichkeit und Wahrscheinlichkeit begnügen, so wird man sich darüber klar werden müssen, daß es sich hier nicht mehr um einen wirklichen Kausalzusammenhang, sondern um einen unter allen Umständen angenommenen, mithin um einen rein formalen Anspruch handelt. Die Erkenntnis dieser Sachlage dürfte geeignet sein, den Anspruch im allseitigen Interesse schärfer zu umgrenzen als es das Operieren mit einem Kausalzusammenhang, der doch nur rein hypothetischer Natur ist und auf unkontrollierbaren Einzelmomenten beruht, ermöglicht.

DIE VERTEILUNG DES VOLKSEINKOMMENS IN PREUSSEN 1896—1912.

Von KARL HELFFERICH.

Die Zunahme des deutschen Volkseinkommens in seiner Gesamtheit während der letzten Jahrzehnte ist eine Tatsache, die offenkundig vor Augen liegt und jede Anzweifelung ausschließt. In einer kürzlich veröffentlichten Studie[1]), habe ich das deutsche Volkseinkommen für 1896 auf etwa 21½ Milliarden Mark, für 1912 auf mehr als 40 Milliarden Mark berechnet.

Gewissen Zweifeln dagegen unterliegt die Frage, ob und in welchem Umfange diese gewaltige Steigerung des gesamten Volkseinkommens und seiner durchschnittlichen Kopfquote den breiten Schichten unserer Bevölkerung zugute gekommen ist. Es fehlt nicht an Stimmen, die behaupten, der Einkommenszuwachs sei ganz vorwiegend oder gar ausschließlich einer kleinen Oberschicht zugute gekommen. Der „Vorwärts“ erklärt sogar mit apodiktischer Sicherheit: „Der Arbeiterschaft ist nichts geblieben.”

Zwar habe ich bereits in meiner genannten Studie auf Grund gewisser zahlenmäßig feststehender Tatsachen hervorgehoben, daß eine solche Auffassung nicht zutreffend ist, daß vielmehr im Gegensatz zu der oft behaupteten „plutokratischen Entwicklung” die unteren Einkommensstufen ihren vollen Anteil an der Steigerung des Volkseinkommens haben; insbesondere habe ich auf die günstige Entwicklung der Einkommensstufen von 900—3000 und von 3000 bis 6000 M., sowie auf die Statistik der Arbeitslöhne (durchschnittliche Nettolöhne im Ruhrrevier 1888 863 M., 1912 1586 M.) hingewiesen.

---

[1]) Deutschlands Volkswohlstand 1888—1913, Berlin, Georg Stilke.

Die gleichwohl hervorgetretenen Zweifel lassen es mir jedoch nützlich erscheinen, die Frage der Gestaltung der Einkommensverteilung an Hand der Veranlagungsergebnisse der preußischen Einkommensteuer etwas eingehender zu behandeln. Wenn ich für eine solche ergänzende Untersuchung gerade diese Stelle wähle, so veranlaßt mich hierzu die Tatsache, daß Rießer in seinem Werke über „Die Deutschen Großbanken"[2]) sich bereits mit dieser Frage beschäftigt und die Theorie von der „plutokratischen Entwicklung" bekämpft hat.

Ich gebe zunächst eine tabellarische Übersicht, die Verteilung der Bevölkerung auf die verschiedenen Einkommensstufen 1896 und 1912. (Siehe Tabelle I. Seite 20.)

Aus dieser Statistik ergibt sich auf den ersten Blick eine Tatsache von besonderer Wichtigkeit:

Der Teil der Bevölkerung, dessen Einkommen nur bis zu 900 M. reicht, hat sich bei gleichzeitiger starker Zunahme der Gesamtbevölkerung erheblich vermindert.

Die Einwohnerzahl Preußens ist von 1896—1912 von 31,3 auf 40,2 Millionen, d. i. um 28 %, gestiegen; gleichzeitig hat sich die Zahl der Zensiten (Haushaltungsvorstände und selbständige Einzelpersonen) von 11,5 auf 15,7 Millionen, d. i. um 37 %, vermehrt. Dagegen ist die Zahl der Zensiten mit einem Einkommen bis zu 900 M. von 8.6 auf 8,2 Millionen zurückgegangen; die in diese unterste Einkommensstufe fallende Bevölkerung (Zensiten und Angehörige) ist sogar von 21,1 auf 16,0 Millionen gesunken. Im Jahre 1896 umfaßte die Einkommensstufe bis 900 M. noch 75 % aller Zensiten und 67 % der Bevölkerung, im Jahre 1912 dagegen nur noch 52 und 40 %.

Niemand wird bestreiten, daß dieses Verhältnis noch weit entfernt davon ist, ein befriedigendes zu sein. Aber ebensowenig läßt sich die Tatsache leugnen, daß eine entschiedene Entwicklung zum Besseren vorliegt und daß die Zunahme des Nationaleinkommens auch der untersten Schicht der Bevölkerung in erheblichem Umfang zugute gekommen ist: von den zwei Dritteln der Bevölkerung, die im Jahre 1896 noch der untersten Einkommensstufe angehörten, ist ein so großer Teil in die Einkommensstufe über 900 M. übergegangen, daß heute nur noch zwei Fünftel der Bevölkerung jener untersten Stufe angehören.

[2]) 3. Auflage, Seite 81 ff.

Tabelle I. Verteilung der Bevölkerung auf die verschiedenen Einkommensstufen 1896 und 1912.

Nummer	Einkommensstufen	Zensiten ausschl. der Angehörigen 1896	Zensiten ausschl. der Angehörigen 1912	Zensiten ausschl. der Angehörigen Zunahme %	Zensiten einschl. der Angehörigen 1896	Zensiten einschl. der Angehörigen 1912	Zensiten einschl. der Angehörigen Zunahme %	Vom Tausend aller Zensiten entfallen auf die einzelnen Einkommensstufen: ausschl. der Angehörigen 1896	ausschl. der Angehörigen 1912	einschl. der Angehörigen 1896	einschl. der Angehörigen 1912
1	unter 900 M.	8 613 994	8 158 925	— 5	21 066 453	16 004 537	— 24	750,78	519,66	671,99	397,76
2	900— 3 000 „	2 528 333	6 757 812	+ 167	9 144 476	21 682 497	+ 137	220,36	430,42	291,70	538,87
3	3 000— 6 000 „	215 283	547 648	+ 154	745 425	1 798 648	+ 141	18,76	34,88	23,78	44,70
4	6 000— 9 500 „	57 536	111 747	+ 94	196 849	370 132	+ 88	5,02	7,12	6,28	9,20
5	9 500— 30 500 „	47 308	99 026	+ 109	158 840	303 990	+ 91	4,12	6,30	5,07	7,56
6	30 500—100 000 „	9 265	20 999	+ 126	31 490	63 676	+ 103	0,81	1,34	1,00	1,58
7	über 100 000 „	1 699	4 456	+ 162	5 750	13 350	+ 132	0,15	0,28	0,18	0,33
	Zusammen	11 473 418	15 700 613	+ 37	31 349 283	40 236 830	+ 28	1,000	1,000	1,000	1,000

Diese Feststellung ist zu ergänzen durch eine weitere Beobachtung:

In der untersten Einkommensstufe haben die mit dem Unterhalt von Angehörigen belasteten Haushaltungsvorstände erheblich stärker abgenommen als die selbständigen Einzelpersonen.

Im Jahre 1896 entfiel in dieser Stufe auf 8 614 000 Zensiten eine Bevölkerung von 21 067 000 Seelen; es kommen also auf den Zensiten im Durchschnitt 1,45 Angehörige. Im Jahre 1912 dagegen stellt sich das Verhältnis von Zensiten und Bevölkerung in jener Stufe auf 8 159 000 zu 16 005 000, d. h. auf den Zensiten entfielen durchschnittlich nur 0,96 Angehörige.

Allerdings hat zu dieser Entwicklung beigetragen, daß mit der Steigerung der erwerbstätigen Bevölkerung in ihrem Verhältnis zur Gesamtbevölkerung die Zunahme der Zensiten auch im ganzen etwas stärker ist als die Zunahme der Bevölkerung. Im Jahre 1896 kamen im Durchschnitt auf jeden Zensiten 1,73 Angehörige, im Jahre 1912 nur noch 1,56. Aber diese Ziffern zeigen gleichzeitig, daß diese Entwicklung in der Einkommensstufe bis zu 900 M. sehr viel stärker in Erscheinung getreten ist als im Gesamtdurchschnitt.

Die Verschiebung zwischen Einzelpersonen und Haushaltungsvorständen in der untersten Einkommensstufe bedeutet eine wesentliche Verbesserung für den in dieser Stufe zurückgebliebenen Teil der Bevölkerung. Aus der Tatsache allein, daß durchschnittlich auf den Zensiten nur noch 0,96 Angehörige gegen 1,45 im Jahre 1896 kommen, ergibt sich bei gleichbleibendem Durchschnittseinkommen der Zensiten eine Steigerung des auf den Kopf von Zensiten und Angehörigen entfallenden Durchschnittseinkommens um rund 25 %.

Das Herauswachsen eines großen Teils der Bevölkerung aus der Einkommensstufe bis zu 900 M. ist natürlich in erster Linie der nächsthöheren Einkommensstufe von 900—3000 M. zugute gekommen; aber keineswegs ausschließlich. Es läßt sich vielmehr feststellen, daß auch die Einkommensstufen von mehr als 3000 M. einen erheblichen und — wie hier gleich bemerkt sei — relativ gleichmäßigen Zugang von Zensiten und Bevölkerung erfahren haben. Interessant ist in dieser Beziehung zunächst folgende Wahrnehmung:

Ein Einkommen von mehr als 3000 M. hatte im

Jahre 1896 nur einer von 35 Zensiten, im Jahre 1912 dagegen bereits einer von 20 Zensiten.

Im Jahre 1896 entfielen auf die Stufe bis 900 M. 750,78 vom Tausend, auf die Stufe von 900 bis 3000 M. 220,36 vom Tausend, auf beide Stufen zusammen also 971,14 vom Tausend der Zensiten; auf die Einkommensstufen von 3000 M. an kamen also nur 28,86 vom Tausend. Im Jahre 1912 dagegen entfielen auf die beiden untersten Stufen 519,66 und 430,42, zusammen also 950,08 vom Tausend; auf die Stufen über 3000 M. kamen also 49,92 vom Tausend. Aus diesen Sätzen ergeben sich die oben genannten Verhältniszahlen.

Wenn wir nun die Gestaltung der Einkommensverteilung innerhalb der Stufen von 3000 M. aufwärts betrachten, so scheint die oben gegebene Tabelle auf den ersten Blick insofern für eine gewisse Steigerung zu einer „plutokratischen Entwicklung" zu sprechen, als die prozentuale Zunahme von Zensiten und Bevölkerung am niedrigsten ist in der Stufe von 6000—9500 M. und dann in den nächsthöheren Stufen wächst, bis schließlich die Stufe von mehr als 100 000 M. mit einer Zensitenzunahme um 162 % und einem Bevölkerungszuzug von 132 % nahezu die prozentuale Steigerung in der Stufe von 900—3000 M. erreicht.

Aber hier muß man sich vor oberflächlichen Schlußfolgerungen hüten.

Zunächst hat die große Zunahme der Einkommen von 100 000 M. und mehr nicht die ihr oft zugeschriebene Beweiskraft. Denn diese Einkommensstufe ist die einzige, die bei einer allgemeinen Steigerung der Einkommensverhältnisse zwar Zugänge von unten, aber — als die höchste — keine Abgänge nach oben hat. In dieser Stufe muß also bei einer durchaus gleichmäßigen Steigerung der Einkommen eine prozentual stärkere Vermehrung der Zensiten stattfinden als in den anderen Stufen.

Dann aber ist es überhaupt eine falsche Argumentation, wenn man aus einer relativ starken Zunahme der Zensiten in den hohen Einkommensstufen eine „plutokratische Entwicklung" beweisen will. Eine plutokratische Entwicklung, die diesen Namen verdient, liegt dann vor, wenn eine kleine, exklusive Oberschicht ihr Vermögen und ihr Einkommen in erheblich stärkerem Maße steigert als die große Masse der Bevölkerung; es ist das Gegenteil einer plutokratischen

Entwicklung, wenn ein lebhaftes Aufsteigen aus den unteren in die höheren Einkommensstufen stattfindet.

Auch der Umstand, daß die eine oder andere der mittleren Einkommensstufen einen geringeren Zuwachs an Zensiten und Bevölkerung aufweist als der Durchschnitt der Stufen von mehr als 900 M., vermag nicht als Beweis einer plutokratischen Entwicklung zu dienen. Der Zuwachs einer Einkommensstufe, wie er sich aus der oben abgedruckten Tabelle ergibt, ist ein Nettozugang und setzt sich aus Zugang (im allgemeinen aus der nächst niederen Stufe) und Abgang (im allgemeinen an die nächst höhere Stufe) zusammen. Die relative Stabilität einer mittleren Einkommensstufe k a n n also darauf beruhen, daß nur ein geringer Aufstieg aus der nächst niederen Stufe stattgefunden hat; sie kann aber ebensogut ihren Grund darin haben, daß einem starken Zugang aus der nächst niederen Stufe eine starke Abgabe an die nächst höhere Stufe gegenübersteht.

In der Tabelle II (S. 24) soll der Versuch gemacht werden, ein in den großen Umrissen zutreffendes Bild von dem Aufsteigen der Zensiten in höhere Einkommensstufen während der Jahre 1896—1912 zu geben. Das Bild kann natürlich nur ein schematisches sein. Es geht aus von der Voraussetzung, daß der Gesamtzugang an Zensiten zunächst der untersten Stufe zugeflossen ist und berechnet so für jede Stufe auf Grund des effektiven Zensitenbestandes der beiden Jahre die Zu- und Abgänge.

Diese auch in anderer Beziehung lehrreiche Übersicht zeigt, daß die relativ schwache Vermehrung der Zensiten in der Stufe von 6000--9500 M., die übrigens immer noch fast eine Verdoppelung ist, ihre Ursache darin hat, daß die Zahl der in die nächsthöhere Stufe übergegangenen Zensiten (66 209) im Verhältnis zu dem Bestand 1896 + Zugang (177 956) ganz erheblich stärker ist als in den anderen Einkommensstufen außer der untersten; die Folgerung einer verhältnismäßig weniger günstigen Gestaltung der Einkommensverhältnisse der im Jahre 1896 dieser Einkommensstufe angehörigen Zensiten wäre also unzutreffend.

Wenn man aber der Frage der Entwicklung der Einkommensverteilung auf die einzelnen Bevölkerungsschichten wirklich auf den Grund gehen will, so darf man sich nicht damit begnügen zu fragen, wie sich die Anzahl der Zensiten und der zugehörigen Bevölkerung in den einzelnen Einkommensstufen verändert hat. Auch die Ver-

Tabelle II.

	Anzahl der Zensiten in den Einkommensstufen						
	unter 900 M.	900 bis 3 000 M.	3 000 bis 6 000 M.	6 000 bis 9 500 M.	9 500 bis 30 000 M.	30 000 bis 100 000 M.	über 100 000 M.
Bestand 1896	8 613 994	2 528 333	215 283	57 536	47 308	9 265	1 699
Zugang aus der nächst niederen Stufe	4 227 195	4 682 264	452 785	120 420	66 209	14 491	2 757
Zusammen	12 841 189	7 210 597	668 068	177 956	113 517	23 756	4 456
Bestand 1912	8 158 925	6 757 812	547 648	111 747	99 026	20 999	4 456
Also Abgang an die nächst höhere Stufe .	4 682 264	452 785	120 420	66 209	14 491	2 757	—

schiebungen in der Höhe der Einkommenssummen der einzelnen Einkommensstufen gibt keinen direkten und vollkommenen Aufschluß. Denn da die Durchschnittseinkommen der einzelnen Einkommensstufen — abgesehen von der untersten und obersten — naturgemäß ungefähr gleich bleiben, ist die Einkommenssumme dieser Stufen im wesentlichen abhängig von der Anzahl der Zensiten. Die Fragestellung muß vielmehr lauten:

Wie hat sich die Einkommenssumme der einzelnen Bevölkerungsschichten, und wie hat sich der Anteil der Einkommenssumme einer jeden Bevölkerungsschicht am Gesamteinkommen verändert?

In der Tabelle III (S. 27) ist die Bevölkerung in diejenigen Schichten eingeteilt, die im Jahre 1896 den einzelnen Einkommensstufen genau entsprachen. Die unterste Schicht umfaßt also die 67,02 % der Bevölkerung = 75,08 der Zensiten, die im Jahre 1896 ein Einkommen bis zu 900 M. hatten; die zweite Schicht umfaßt die folgenden 29,17 % der Bevölkerung = 22,04 % der Zensiten, die ein Einkommen von 900—3000 M. hatten usw. Da im Jahre 1912 auf die Einkommen bis zu 900 M. nur noch 39,78 % der Bevölkerung = 51,97 % der Zensiten kamen, ist ohne weiteres klar, daß die unterste Schicht des Jahres 1896, von der wir ausgehen — nämlich 67,02 % der Bevölkerung —, im Jahre 1912 eine nicht unerheblich höhere Einkommensgrenze erreichte als 900 M. Wenn man ermitteln will, wie die Einkommensverhältnisse der untersten Schicht von 67,02 % der Bevölkerung sich innerhalb der Gesamtentwicklung des Volkseinkommens gestaltet haben, muß man also feststellen, bis zu welcher Einkommenshöhe diese Schicht im Jahre 1912 reichte, ferner wie hoch die Einkommenssumme dieser Schicht im Jahre 1912 war und welchen Anteil die Einkommenssumme dieser Schicht sowohl im Jahre 1896 wie auch im Jahre 1912 an dem Gesamteinkommen darstellte.

Die Berechnung ist zwar meines Wissens bisher niemals versucht worden, sie ist aber auf Grund der veröffentlichten Daten der Einkommenssteuer-Statistik ausführbar.

Im Jahre 1896 entfielen auf die unterste Schicht 67,02 % der Bevölkerung (75,08 % der Zensiten) oder in absoluten Zahlen 8 613 994 Zensiten aus einer Gesamtzahl der Zensiten von 11 473 418. Diesem

Verhältnis entspricht für das Jahr 1912 die Zahl von 11 787 700 Zensiten aus insgesamt 15 700 613. Von diesen 11 787 700 Zensiten entfielen auf die unterste Einkommensstufe (bis 900 M.) 8 158 925, auf die nächsten drei Unterabteilungen von 900 M. bis 1350 M. kamen 3 455 188 Zensiten, so daß also auf die gesamten Einkommen bis 1350 M. 11 614 113 Zensiten kamen. Gegenüber den die unterste Bevölkerungsschicht bildenden 11 787 700 Zensiten bleiben also noch 173 587, die 22 % der 787 599 Zensiten der Unterabteilung von 1350—1500 M. ausmachen. Man kann also sagen, daß die unterste Bevölkerungsschicht, deren Einkommen im Jahre 1896 bis 900 M. reichte, im Jahre 1912 bei einer Einkommenshöhe von etwa 1380 M. abschließt.

Man kann ferner die Einkommenssumme dieser untersten Bevölkerungsschicht, die für das Jahr 1896 in der offiziellen Statistik mit 3876 Millionen Mark eingesetzt ist, für das Jahr 1912 wie folgt berechnen:

	Einkommenssumme	bis 900 M.	3671 Millionen M.
	,,	900—1350 ,,	3818 ,, ,,
22 % der	,,	1350—1500 ,,	247 ,, ,,
		zusammen	7736 Millionen M.

Analoge Berechnungen sind für die übrigen Bevölkerungsschichten auszuführen.

Auf Grund dieser Berechnungen ist Tabelle III aufgestellt.

Das Ergebnis dieser Untersuchung ist:

Der Anteil der einzelnen Bevölkerungsschichten an der seit 1896 eingetretenen sehr erheblichen Steigerung des Gesamteinkommens ist geradezu verblüffend gleichmäßig.

Bei einer Zunahme des Gesamteinkommens um 90 % und bei der gleichzeitig eingetretenen starken Vermehrung des werbenden Nationalkapitals würde man nicht erstaunt sein können, wenn eine ansehnliche Verschiebung in dem prozentualen Anteil der verschiedenen Bevölkerungsschichten am Gesamteinkommen eingetreten wäre. Statt dessen zeigt die obenstehende Tabelle für die unterste Bevölkerungsschicht nur eine Verschiebung des Anteils am Gesamteinkommen von 38,2 auf 39,7 %, für die zweite Schicht von 33,3 auf 31,9 %, für diese beiden Schichten zusammen von 71,5 auf 71,6 %.

Tabelle III.

Nummer	Bevölkerungsschichten		Einkommenshöhe der einzelnen Bevölkerungsschichten		Einkommenssummen der einzelnen Bevölkerungsschichten		Anteil der Einkommenssummen jeder Schicht am Gesamteinkommen	
	‰ der Bevölkerung	‰ der Zensiten	1896 M.	1912 M.	1896 Millionen Mark	1912 Millionen Mark	1896 %	1912 %
1	671,9	750,78	bis 900	bis 1 380	3 876	7 736	38,2	39,7
2	291,7	220,36	900—3 000	1 380—3 960	3 382	6 205	33,3	31,9
3	20,6	16,42	3 000—6 000	3 960—7 970	874	1 568	8,6	8,0
4	9,4	7,36	6 000—9 500	7 970—13 320	427	808	4,2	4,2
5	5,1	4,12	9 500—30 500	13 320—46 580	727	1 448	7,2	7,4
6	1,0	0,81	30 500—100 000	46 580—150 000	462	883	4,6	4,5
7	0,2	0,15	über 100 000	über 150 000	399	835	3,9	4,3
	1 000,0	1 000,00	—	—	10 147	19 483	100,0	100,0

Der Anteil der großen Masse der Bevölkerung (96,2 %), deren Einkommen im Jahre 1896 bis 3000 M., im Jahre 1912 bis nahezu 4000 M. reichte, hat also keinerlei Verringerung ihres Anteils am Gesamteinkommen erfahren, vielmehr ihren Anteil an dem nahezu verdoppelten Gesamteinkommen voll aufrechterhalten. Der Anteil der oberen Schichten am Gesamteinkommen hat sich nur um Bruchteile eines Prozents verschoben: bei der dritten Schicht von 8,6 auf 8,0 %, bei der vierten Schicht bleibt der Anteil von 4,2 % unverändert, bei der fünften Schicht von 7,2 auf 7,4 %, bei der sechsten von 4,6 auf 4,5 % und schließlich bei der obersten Schicht von 3,9 auf 4,3 %. Auch die in den letztgenannten Ziffern in Erscheinung tretende verhältnismäßige Zunahme der ganz großen Einkommen, in der allein die Akkumulationskraft des Kapitals einen — wenn auch nur schwachen — Ausdruck findet, berechtigt gewiß nicht, von einer plutokratischen Entwicklung zu sprechen, noch viel weniger davon, daß die große Masse der Bevölkerung bei der Vermehrung des Gesamteinkommens leer ausgegangen sei.

Nun ist zu der Tabelle noch eine Bemerkung zu machen.

Die Tabelle beruht auf den Ziffern der offiziellen preußischen Statistik. Diese geht nur insoweit auf die in der Steuererklärung und Veranlagung gegebenen Zahlen zurück, als eine Steuerpflicht vorliegt; dagegen enthält sie lediglich Schätzungen hinsichtlich der steuerfreien Einkommen unter 900 M. und hinsichtlich der Einkommen der nach §§ 19 und 20 des Einkommensteuergesetzes freigestellten Zensiten der Stufe von 900 bis 3000 M. Und diese Schätzungen sind, wenigstens für die Gegenwart, zweifellos viel zu niedrig. Für die steuerfreien Einkommen bis zu 900 M. nimmt die preußische Statistik einen Durchschnitt von nur 450 M., für die steuerbefreiten Einkommen von 900 bis 3000 M. einen Durchschnitt von nur 900 M. an. Ich halte für die erste Kategorie einen Durchschnitt von 750 M. eher für zu niedrig als für zu hoch, für die zweite Kategorie einen Durchschnitt von 1500 M. für wahrscheinlich. Im Jahre 1896 mag der Durchschnitt wenigstens bei der ersten Kategorie nicht unwesentlich niedriger gewesen sein.

Setzt man an Stelle der offiziellen preußischen Schätzung die Durchschnitte mit 750 M. und 1500 M. für das Jahr 1912 ein, so ergibt sich folgendes Bild der Einkommensverteilung auf die einzelnen in der obigen Tabelle figurierenden Bevölkerungsschichten:

Nummer	Bevölkerungsschichten °/₀₀ der Bevölkerung	Einkommenssummen der einzelnen Bevölkerungsschichten im Jahre 1912 nach der offiz. Statistik Millionen Mark	nach der revidierten Statistik	Anteil der Einkommenssumme jeder Schicht am Gesamteinkommen nach der offiz. Statistik %	nach der revidierten Statistik %
1	671,9	7,736	10,184	39,7	45,7
2	291,7	6,205	6,586	31,9	29,5
3	20,6	1,568	1,568	8,0	7,0
4	9,5	808	808	4,2	3,7
5	5,1	1,448	1,448	7,4	6,5
6	1,0	883	883	4,5	3,9
7	0,2	835	835	4,3	3,7
	1000,0	19,483	22,312	100,0	100,0

Der Anteil der untersten Bevölkerungsschicht am Gesamteinkommen erscheint hiernach um 6 % günstiger als nach der offiziellen preußischen Statistik. Da aber auch für das Jahr 1896 die offizielle Schätzung der steuerfreien Einkommen zweifellos zu niedrig war, will ich mich des Urteils darüber enthalten, wie weit durch eine zutreffendere Schätzung dieser Einkommen für die Jahre 1896 und 1912 die aus der oben gegebenen Vergleichung der beiden Jahre resultierende Gleichmäßigkeit der Verteilung des Einkommenszuwachses auf die einzelnen Bevölkerungsschichten etwa modifiziert werden würde. Von erheblicher Bedeutung würde eine solche Modifikation jedenfalls nicht sein können, und sie würde wohl eher zugunsten als zuungunsten der breiten Unterschicht der Bevölkerung ausfallen.

Die Gleichmäßigkeit des Einkommenszuwachses der verschiedenen Bevölkerungsschichten ist um so auffallender und um so erfreulicher, als sie zutage tritt in einer Periode, in der das Volksvermögen, und namentlich das werbende Kapital sich um mehr als die Hälfte vermehrt hat, bei einer gleichzeitigen Zunahme der Bevölkerung um nur 28 %. Da die große Masse des werbenden Kapitals in den oberen Schichten der Bevölkerung konzentriert ist, müßte sich die Zunahme des Kapitalvermögens an sich in einer entsprechend stärkeren Vermehrung des Einkommens dieser oberen Schichten äußern. Wenn trotzdem der vorwiegend oder ausschließlich auf der Arbeit beruhende

Anteil der unteren Schichten am Gesamteinkommen gleich geblieben ist, die Einkommenssumme dieser unteren Schichten sich also in demselben Verhältnis vermehrt hat wie das zu einem erheblichen Teil auf werbendem Kapital beruhende Einkommen der oberen Schichten, so kann die Erklärung für diese Erscheinung nur sein:

Die einkommenbildende Kraft der Arbeit als Ganzes hat sich in den letzten 15 Jahren bei einer Vermehrung der Bevölkerung um 28 % in demselben Maße erhöht, wie die einkommenbildende Kraft des um mehr als 50 % vermehrten Kapitals.

DIE HAAGER BESCHLÜSSE ÜBER DAS EINHEITLICHE SCHECKRECHT.

Von FRANZ KLEIN.

Wechsel und Scheck haben in Form und Äußerlichkeiten der Verwendung soviel Ähnliches, daß es nicht zu wundern ist, wenn die Bestrebungen, ein international gleiches Wechselrecht zu schaffen, auch die Vereinheitlichung des Scheckrechts aufs Tapet brachten. Wirtschaftlich gehören beide in verschiedene Rubriken: von den Beziehungen zum Auslande ausgegangen ist der Wechsel ein Glied der internationalen Kreditorganisation, der Scheck ein Instrument des internationalen Zahlungswesens. Diese Verschiedenheit zu beachten und daraus die richtigen Folgerungen zu ziehen, hat das Recht alle Ursache, sie ist aber, so oft sie auch betont wird, doch keine durchschlagende. Sie erschöpft sich nämlich größtenteils im Verhältnisse zwischen Aussteller und Remittenten, während zwischen letzterem oder weiteren Wechselinhabern und Dritten der Wechsel ebensowohl Kreditmittel als bloßes Zahlungsmittel sein kann, wie der Scheck. Der Devisenmarkt ist ein Beweis dafür und die internationale Gleichheit der Wechselrechtsnormen wird zu nicht geringem Teile gerade wegen der Zahlungsfunktion des Wechsels begehrt. Unter diesem Gesichtspunkte erscheint auch sachlich ein gleiches Scheckrecht als eine zum mindesten theoretisch notwendige Ergänzung des einheitlichen Wechselrechts.

Die wirtschaftlichen und finanziellen Gründe nachzuprüfen, die für letzteres sprechen, wäre überflüssig, hier steht man schon vor vollendeten Tatsachen. Diese haben auch für das Scheckrecht Gewicht und unterstützen die Argumente, die sich aus dem Gebrauche des Schecks als internationales Zahlungsmittel von selbst ergeben. Die Erwartungen dürfen nur nicht überspannt werden. Der Scheck wirkt sicherlich, angemessenes Zirkulieren vorausgesetzt, geldsparend und erhöht die Nutzkraft des inländischen Bargeldvorrates; ob man aber darauf rechnen kann, daß die Rechtseinheit, wie einzelne Enthusiasten voraussagen, der Knappheit und Beengung im internationalen Geldverkehre vorbeugen, die Eskompterate herabdrücken oder gar gegen Geldkrisen Schutz bieten werde, das ist doch zu bezweifeln. Es hätte sonst wohl schon bisher geschehen müssen, denn so störend, daß es dies schlechthin ausgeschlossen hätte, war die Rechtsverschiedenheit nicht, und an den territorialen Abgaben und Gebühren, die das Zu- und Abströmen schädlich beeinträchtigen können, wird durch die Rechtsgleichheit nichts geändert. Dazu kommt noch ein Umstand, der für die geschäftliche Bedeutung einer solchen Ausgleichung des Rechts sehr erheblich werden kann. In die internationale Wirtschaft, insbesondere in den Geld- und Kreditverkehr ist im letzten Jahrzehnte ein eigener Geist eingezogen, der kaum so rasch weichen dürfte. Früher wurden Wirtschaft und Politik gern einander gegenübergestellt, als sich gewissermaßen fremde Gebiete. Es gab Staatsmänner, die sich aus Schwierigkeiten zu retten suchten, indem sie Wirtschaftliches gegen Politisches ausspielten; selbst noch in neuester Zeit waren einzelne kurzsichtig und weltfremd genug, um den Umschwung nicht zu merken, der sich in diesem Verhältnisse zu vollziehen im Begriffe war. Nunmehr werden nicht bloß nötigenfalls internationale Finanzbewegungen arrangiert, um unerwünschte Maßregeln der inneren Politik zu bekämpfen, sondern Kapitalabgaben an das Ausland, die Übernahme von Emissionen u. dgl. werden ganz offenkundig, um der Politik zu dienen, gewährt oder verweigert und die bald da bald dort ausbrechenden oder angedrohten Boykotts wider die Waren von Staaten, die sich politisch mißliebig gemacht, bekunden, wie sehr der wirtschaftliche Verkehr von politischen Tendenzen durchsetzt und ihnen untertan ist. Am Ende des achtzehnten und bis in die erste Hälfte des neunzehnten Jahrhunderts gab es bei schwacher internationaler Verbindung kosmopolitischen Sinn, nun sind die Möglichkeiten internationaler Kommunikation außerordentlich reicher, doch die verschiedenen Länder und Völker haben es fast verlernt, sich als ein irgendwie Gemeinsames zu denken. Sie pochen bei jedem Anlasse auf ihre Selbständigkeit und ihre Sonderinteressen, das Nationalgefühl hat einen Hang zum Nationalismus und dieser sucht auch aus wirtschaftlichen Transaktionen Waffen wider die politischen

Gegner zu schmieden. Man denke beispielsweise an das mitunter geradezu schikanöse Handhaben und Auslegen von Zollvorschriften, um die Einfuhr aus einem Lande zu erschweren oder zu vernichten, zu dem man sich in einem politischen Antagonismus befindet u. a. Diese Erscheinung hat viele Wurzeln, sie ist gewiß nicht rein willkürliches oder zufälliges, aber es ist soweit gekommen, daß sogar schon der Vorschlag aufgetaucht ist, Lehrstühle für internationale Moral zu errichten, um dem machiavellistischen Einschlage im modernen Verkehre zwischen Ländern und Völkern einigermaßen entgegenzuarbeiten! Das ist hier zu berücksichtigen, weil der Wert internationaler Verkehrserleichterungen natürlich von Art und Richtung der wirtschaftlichen Betätigung abhängt, für die sie bestimmt sind. Je mehr Reibungen von innen heraus, desto weniger können einzelne formelle Erleichterungen leisten; was den Austausch angreift oder in Frage stellt, verringert den Nutzen von Verbesserungen der Verkehrstechnik. Diese tragen nicht ihre vollen Früchte, wenn der Wille fehlt, die wirtschaftlichen Beziehungen in rein wirtschaftlichem Geiste zu pflegen. Insofern stehen für den Augenblick die Rechtsausgleichungen in wirtschaftlichen Materien, was ihre Wirkungen anlangt, nicht gerade unter dem günstigsten Sterne.

Das ist auch auf das Einigungswerk selbst nicht ohne Einfluß. Von derartigen Gedanken erfüllt, ist man von vornherein nicht in der Stimmung, dem Zustandekommen einer international gleichen Ordnung zu viele Opfer zu bringen. Die einzelnen Länder halten vielmehr an ihrem Rechte tunlichst fest, wollen der Uniformität wegen nicht viel von ihrem Eigenwesen missen. Sie werden hartnäckiger, sind weniger geneigt, das fremde Bessere anzuerkennen und dazu überzugehen, das nationale Selbstgefühl sieht in der Rezeption fremden Rechts fast eine Niederlage des Heimischen und sträubt sich dagegen. Auch Ländern, die vielleicht darin minder empfindlich sind, wird dadurch Zurückhaltung aufgezwungen. Das ist nicht die Atmosphäre für eine Nivellierung, die unmöglich jedem alles lassen kann, was er zurzeit hat. Auch davon abgesehen, ist es übrigens fraglich, ob speziell für die Vereinheitlichung des Scheckrechts die Stunde gut gewählt ist. Bekanntlich hat sich zuerst das Institut de droit international mit dieser Aufgabe befaßt, gleich beim ersten Versuche stellte sich aber eine große Zerfahrenheit in den Ansichten heraus. Einige Länder wie England, Frankreich und die Vereinigten Staaten besitzen ein relativ altes Scheckrecht, das mit tausend Fäden in ihren Verkehr verwebt ist. Es hat sich diesem Verkehre und der Verkehr hat sich ihm angepaßt, und es glaubt daher für seine Grundsätze allgemeine Gültigkeit beanspruchen zu können. Neben den Staaten, die diesen Mustern gefolgt sind, haben sich in allerjüngster Zeit einige Gesetzgebungen entschlossen, das Recht des Schecks unter Berücksichtigung ihrer besonderen volkswirtschaftlichen und sozialen Verhältnisse auf etwas abweichende Grundlagen zu stellen. Zuerst Österreich, was zu erwähnen dem Verfasser des österreichischen Scheckgesetzes wohl nicht verübelt werden wird, dann das Deutsche Reich und Ungarn. Es ist diesen Ländern kaum zuzumuten, Rechtssätze, die im bewußten Gegensatze zum englischen oder französischen Rechte entstanden, aufzugeben, bevor sie Zeit hatten, sich einzuleben, und eine ernste Probe auf ihre Richtigkeit möglich war. Man kann deshalb über sie auch noch nicht verläßlich urteilen und sagen, wieweit darauf um der internationalen Gleichheit willen verzichtet werden kann, ohne die bis nun erzielten Erfolge zu schädigen oder künftige Erfolge in Frage zu stellen. Für die Staaten des modernen Scheckrechts kommt vielleicht die Unifizierung zu früh. Es ist nichts geschehen, was sie an den neuen Sätzen irremachen könnte, es war aber auch die Zeit noch zu kurz, um andere davon zu überzeugen, daß diese Sätze vielleicht den Vorzug vor ihrem Rechte verdienen. Konservatives Verhalten auf beiden Seiten ist dann ganz natürlich. Um so unwahrscheinlicher wird es, daß sie sich auf einer mittleren Linie treffen, zumal wenn etwa zugleich ihr wirtschaftlicher Status der Rechtssetzung verschiedene Ziele steckt: da Erhalten, dort Einbürgern und Ausdehnen.

Die Vorbereitungen für ein einheitliches Scheckrecht, soweit sie bis jetzt gediehen sind, geschahen in zwei Etappen. Die erste endigte mit der Aussendung eines Questionnaires an die Konferenzstaaten, das dazu bestimmt war, zunächst deren Ansichten über die wichtigsten Punkte zu sammeln, die in einem gemeinsamen Scheckgesetze zu regeln wären. Die zweite Etappe (1912) bildeten Beratungen über den Inhalt dieses Gesetzes, die zu Beschlüssen über sämtliche in jenem Questionnaire enthaltenen oder im Anschlusse daran aufgeworfenen Fragen führten. Diese Beschlüsse sind vorläufig das erste konkrete Ergebnis der Einheitsbestrebungen. Noch kein Land hat sich an sie gebunden, die Abstimmungen lassen aber vermuten, wie sich ungefähr die in der Konferenz vertretenen Regierungen zu den Hauptproblemen der Rechtsausgleichung stellen dürften. Es war eine Rekognoszierung, die noch nichts entschieden hat, aber wertvolle Aufklärungen brachte. Falls es nicht schon geschehen ist, wäre es sehr zu begrüßen, wenn entweder das Deutsche Reich oder Österreich sämtliche auf den Scheck sich beziehenden Materialien, Verhandlungen und Beschlüsse aus den Akten der Haager Konferenz von 1912 veröffentlichen wollte. Im Deutschen Reichstage wurde in der Debatte über die Genehmigung der Wechselrechts-Konvention bedauert, daß über Verlauf und Ergebnis der Konferenzen nicht schon früher irgendwelche amtliche Informationen erfolgt sind. Man sollte hinsichtlich des Scheckrechts nicht ebenso schweigsam sein. Es kann dem Werke nur zustatten kommen, wenn allen rechtzeitig Gelegenheit geboten wird, sich über die in Erwägung stehenden Normen ein Urteil zu bilden, die an der Einführung des neuen Scheckrechts Anteil gehabt und ihre mehrjährigen Erfahrungen nun zugunsten der einen oder anderen Lösung geltend machen könnten. Gesetzentwürfe, die in das Geschäftsleben eingreifen, werden jetzt fast regelmäßig, bevor sie an die gesetzgebenden Körper gelangen, veröffentlicht, um im weiten Umfange solche Begutachtungen anzuregen. Es ist nicht einzusehen, warum hier davon abgegangen werden soll, sofern das einheitliche Scheckrecht das Landesrecht abändern soll. Wenn einmal dem Parlamente fertige Gesetzentwürfe vorgelegt werden, dann sind in internationalen Dingen die Regierungen meist schon mehr oder weniger verpflichtende Engagements eingegangen, an denen zu rütteln sich die Vertretungskörper in der Regel nicht leicht entschließen. Darum sollte hier die Öffentlichkeit zum Worte gelangen, ehe in einer neuen Konferenz der Inhalt des einheitlichen Gesetzes präzise festgestellt wird. Das fachliche Wissen der Delegierten und ihre ausgezeichnete Kenntnis der Verhältnisse in Ehren, empfiehlt es sich doch, auch zu hören, was nichtamtliche Personen und Korporationen sagen. Einmal weil der Reichtum des heutigen wirtschaftlichen und Rechtlebens so groß ist, daß auch die Bestunterrichteten immer wieder auf neues stoßen, das ihnen bis dahin vielleicht entgangen ist, und dann weil diese „freien" Äußerungen ein Gegengewicht gegen die Stimmungen sein können, denen sich die Teilnehmer an solchen international beschickten Konferenzen auf die Dauer nur schwer zu entziehen vermögen. Naturgemäß entwickelt sich in jeder solchen Versammlung eine Art Korporationsehrgeiz, sie wünscht auf ein positives Resultat hinweisen zu können, und das beständige Zusammenarbeiten verpflichtet ungewollt zu manchem Entgegenkommen und zu Nachgiebigkeiten, die mehr durch Courtoisie als sachlich begründet sind. Es ist daher zum mindesten vorsichtig, solange es nicht zu spät ist, die öffentliche Meinung des Inlandes sich darüber aussprechen zu lassen, ob und wieweit das vorläufig Beschlossene für das heimische Geschäftsleben annehmbar ist. Die Jugend des deutschen und österreichischen Scheckrechts und die noch fortdauernde Kooperation von Kaufleuten und Juristen behufs seiner praktischen Durchführung heischen dies um so dringender.

* * *

Eine Übersicht über den Gang der Haager Scheckrechts-Verhandlungen[1]) wird am besten zu erreichen sein, wenn man sie nach den einzelnen Gegenständen zerlegt, mit denen sie sich beschäftigen mußten. Die verschiedenen Probleme treten auf diese Weise plastischer heraus. Jedem von ihnen bis ins letzte nachzugehen, ist für den Zweck dieser Studie nicht nötig. Die Übersicht soll, um vollständig zu orientieren, das Selbstverständliche ebenso enthalten wie das Zweifelhafte; zu dogmatischen oder rechtspolitischen Erörterungen wird allerdings nur das letztere Anlaß geben.

1. Legaldefinition des Schecks. Die Meinung überwog, das einheitliche Gesetz habe von einer solchen abzusehen, weil es schwer oder gar unmöglich sei, eine Formel zu finden, die eine klare, genaue Begriffsbestimmung geben und sowohl allen Staaten genügen wie allen jeweiligen Bedürfnissen des Handels entsprechen würde.

2. Scheckklausel. Sie wird namentlich von Frankreich perhorresziert, aus Abneigung gegen bloße Formvorschriften und, weil man dem Handel nichts zumuten will, das mit seinen Anschauungen und Gepflogenheiten im Widerspruche steht. Das sind allgemeine Erwägungen, die sich gegen jeden Fortschritt, gegen jede Änderung kehren. Der tiefere Grund ist wohl die Scheu, Wechsel und Scheck, die in England, Frankreich und Belgien seit langem als eine Gattung betrachtet werden (Sichtwechsel), kategorisch zu sondern.

---

[1]) Zugrundegelegt ist die vom Niederländischen Ministerium des Äußern veranstaltete Publikation: Conférence de la Haye pour l'unification du droit en matière de lettre de change, de billet à ordre et de chèque, 1912. Actes, Tome II. — Documents, Tome II.

Darum würde man es auf dieser Seite auch am liebsten gesehen haben, wenn der Scheck im Gesetze direkt als Wechsel bezeichnet worden wäre. Der Beschluß lautete jedoch dahin, daß die Bezeichnung als Scheck in den Text der Urkunde aufgenommen werden müsse, vorbehaltlich der Befugnis der einzelnen Staaten, für ihre Territorien neben dem Worte „Scheck" die Einschaltung eines Synonyms in der Landessprache vorzuschreiben. Mangelt die Scheckklausel, so soll das Papier nicht als Scheck gelten und nur insoweit Rechtswirkung haben, als ihm solche nach Zivil-, Handels- oder Wechselrecht zukommt. Das ist mit dem österreichischen und deutschen Recht im Einklange.

3. Guthabenklausel. Sie war einem Kreuzfeuer von Einwendungen ausgesetzt, gegen das die Vertreter des Deutschen Reichs und Österreichs schweren Stand hatten, als sie die Beziehung auf das Guthaben im Texte des Schecks verteidigten. Die Gegner beriefen sich vor allem darauf, daß der Bankier einem Kunden auch ohne vorläufige Deckung ein Konto eröffnen könne. Die Existenz eines Guthabens genüge aber auch an und für sich nicht, es sei außerdem notwendig, daß vor der Scheckausfertigung zwischen Aussteller und Bankier über die Verwendung des Guthabens zur Einlösung von Schecks und ihre Modalitäten Verabredungen getroffen seien. Es wurde ferner diese Klausel als eine überflüssige Formalität erklärt und davor gewarnt, unnötige Nichtigkeiten heraufzubeschwören usw. Man kennt diese Argumente, sie marschierten ohne Ausnahme wieder auf. Auch die Vertreter von Ländern, deren Gesetzgebung, wie beispielsweise die französische, verlangt, daß der Bezogene für den auf ihn ausgeschriebenen Scheck Deckung haben müsse, versagten der Guthabenklausel ihre Stimme und diejenigen, die zum mindesten theoretisch deren Berechtigung zugaben, zögerten doch, sie zu einem wesentlichen Erfordernisse des Schecks zu erheben. Das Ergebnis war, daß mit einer Mehrheit von 16 gegen 4 die Guthabenklausel fiel. Der Antrag, in der künftigen Scheckrechts-Konvention — der weite Sack für alle unlösbaren Differenzen — den Landesgesetzgebungen freizustellen, die Guthabenklausel vorzuschreiben, wurde ebenfalls verworfen und nur das eine zugegeben, daß es auch fernerhin erlaubt sein werde, sich in der Scheckurkunde auf ein für die Bezahlung zu verwendendes Guthaben zu berufen. Dies beeinträchtige — meinte man — nicht den Charakter des Schecks als eines mandat pur et simple. Ein Gesetz, das diesen Beschlüssen gemäß redigiert wäre, würde Österreich und

das Deutsche Reich vor einen ernsten Entschluß stellen. Ihre Gesetzgebungen haben sich für die Guthabenklausel nicht leichthin entschieden, es war ein Schritt, der erst nach reiflicher Würdigung des ausländischen Rechts und der in der Wissenschaft für und wider geäußerten Ansichten und nach Befragung bewährter und erfahrener Männer der Praxis getan wurde. Die dabei leitenden Gedanken zu rekapitulieren ist überflüssig. Die deutschen und österreichischen Vertreter haben sie ebenso wie die Gründe, die an dieser Norm festzuhalten raten, des öfteren während der Beratungen erschöpfend dargelegt, und man empfängt aus den Protokollen der Kommissions- und Plenarsitzungen nicht den Eindruck, daß ihre Ausführungen meritorisch irgendwie entkräftet oder widerlegt wurden. Im Gegenteile, eine der vorbereitenden Kommissionen, die vierte, war sogar einstimmig der Ansicht, daß im Scheck die verfügbaren Mittel, aus welchen Zahlung zu leisten ist, zu erwähnen seien, und schloß sich in ihren Gründen vollständig den Gesichtspunkten an, die für die österreichische und deutsche Gesetzgebung maßgebend waren. Es ist ebenso unrichtig, die Guthabenklausel, die allerdings auch dem Deutschen Handelstage von 1912 unwesentlich schien, als eine bloße Formalität abzutun, als die Angst vor „Nullitäten" überhaupt ein stichhaltiges gesetzgeberisches Motiv ist. Keiner der kontrahierenden Staaten wird dem anderen seine Gedanken über Gesetzgebung oder über bestimmte Institutionen um jeden Preis aufdrängen wollen, eine internationale Gleichheit ist aber nur herzustellen, wenn auch jedem einzelnen Staat gelassen wird, was er für seine Verhältnisse wesentlich hält. Darum ist es wirklich nicht zu verstehen, warum das in der Konferenz wiederholt angewendete Auskunftsmittel, nationalen Besonderheiten und Wünschen durch einen Vorbehalt in der Konvention Rechnung zu tragen, in diesem Punkte so unbedingt abgeschnitten und verweigert wurde, obschon die Darlegungen der Delegierten und ihr Votum keinen Zweifel ließen, daß es sich um eine für das Deutsche Reich und Österreich höchst wichtige Frage handle. Ohne der Schlußbilanz vorzugreifen, wird man behaupten dürfen, daß ein Aufgeben der Guthabenklausel in keinem der beiden Ländern viel Beifall finden möchte. Die Duldung, die man ihr gnädigst gönnen will, ist ohne Belang, wenn die Landesgesetzgebung, wo sie auf dieses Erfordernis Wert legt, nicht unmittelbar oder mittelbar auf dessen Einhaltung hinwirken kann. Bei der Beratung wurde zwar bemerkt, daß die nationale Gesetzgebung mit dem Mangel der Klausel zivil- oder strafrechtliche Folgen verbinden könne, doch die absolute Verwerfung dürfte nach der Ansicht der Abstimmenden wohl den Sinn gehabt haben, daß diese Cynosur ausgeschlossen sein solle.

Das Resultat, zu dem die Konferenz gelangte, befremdet namentlich, wenn die Beschlüsse damit verglichen werden, die in Sachen des Guthabens selbst gefaßt wurden. Danach sollen nämlich Schecks nur auf Personen und Anstalten ausgeschrieben werden dürfen, bei welchen der Aussteller ein Guthaben besitzt, über das er nach der Vereinbarung mit dem Bezogenen mittels Schecks verfügen kann. Ferner soll der Begriff des Guthabens im weitesten Sinn genommen werden, so daß es nicht bloß Geld- oder Effektendepots, sondern auch fällige Forderungen an den Bezogenen, offenen Kredit usw. umfaßt, wie es das deutsche Scheckgesetz definiert hat. Das werden freilich im einheitlichen Scheckgesetze nur Sollvorschriften sein, weil es die Gültigkeit und Rechtsverbindlichkeit des Schecks nicht berühren wird, wenn die beiden Bedingungen unerfüllt bleiben, es wird jedoch durch die Beschlüsse jedem Staate freigestellt, das Soll in ein Muß zu verwandeln, indem er die Ausfertigung oder Begebung von Schecks, denen solche Deckung fehlt, mit zivil-, straf-, gebühren- oder stempelrechtlichen Folgen bedroht. Zwischen diesen Beschlüssen und den früher erwähnten über die Guthabenklausel besteht ein innerer Widerspruch. Die Opposition gegen die Klausel ist unverständlich, wenn das Gesetz selbst ein verfügbares Guthaben tatsächlich fordert. Erklärt und bestätigt sie, was nach dem Gesetze jedesmal vorausgesetzt werden muß, so ist die Guthabenklausel keine überflüssige Formalität, sondern eine sehr heilsame Nötigung zur Gewissenserforschung und zur Prüfung des jeweiligen Kontostandes und eine Warnung, keine ungedeckten Schecks auszugeben. Das wurde seinerzeit wiederholt von J. Rießer und nun auch in den Haager Beratungen wieder hervorgehoben. Es wird durch die Beschlüsse über das Guthaben auch der Einwand hinfällig, daß ein Guthaben nicht nötig sei, weil der Bankier ohne Deckung Kredit zusichern könne, das ist eben das disponible Guthaben, und ebensowenig läßt sich die Klausel damit bekämpfen, daß außer dem Guthaben auch ein Übereinkommen über die Scheckeinlösung vorliegen müsse, wenn nach jenen Beschlüssen das einheitliche Gesetz eine solche Abrede gleichfalls als wesentlich unterstellt. Nicht minder grell ist der Widerspruch in bezug auf die

Vorbehalte für die einzelnen Staaten. Es ist gelinde gesagt irrationell, die kontrahierenden Staaten zu ermächtigen, genügende Fonds für die Scheckeinlösung mittels aller ihnen gut scheinenden gesetzlichen Repressivnormen vorzusehen, und ihnen in einem Atem die Berechtigung zu versagen, über diesen von ihrem Standpunkte dann zweifellos rechtlich sehr erheblichen Umstand im Kontexte des Schecks eine Notiz zu fordern! Es könnte dadurch das Vertrauen zum Scheck doch nur wachsen! Angesichts eines sachlich so seriös genommenen Erfordernisses ist die zarte Fürsorge, Nichtigkeiten zu vermeiden, ganz und gar unangebracht. Wo Wesentliches fehlt, ist das Ausbleiben der rechten Wirkung unvermeidlich. Diese zwiespältigen Beschlüsse können nicht das letzte Wort sein, bei den weiteren Verhandlungen wird der Widerspruch bereinigt werden müssen. Einstweilen ist er jedenfalls symptomatisch, denn es ist danach offenbar, daß die Haltung der Mehrheit in der Frage der Guthabenklausel entweder Mißverständnis oder Vorurteil ist. Die Minderheit wird sich deshalb noch nicht geschlagen geben dürfen. Mit den zuletzt besprochenen Beschlüssen haben ihr die Gegner selbst bestätigt, daß sie Richtiges gewollt hat und zum Nachgeben absolut kein Anlaß ist.

Nach dem österreichischen Scheckrechte darf im Scheck die Zahlung weder von einer Gegenleistung der Zahlungsempfänger, noch von einer Bedingung abhängig gemacht sein. Im Deutschen Reiche hielt man es für überflüssig, dies besonders auszusprechen, da es schon im Wesen einer bei Sicht zahlbaren Anweisung liege. Ob dem wirklich so ist, sei dahin gestellt, wird der Scheck als Mandat behandelt, dann sollte es vielleicht nicht unterlassen werden, die Unstatthaftigkeit von Gegenleistung oder Bedingung ausdrücklich zu statuieren, da das territoriale Recht des Mandats bekanntlich manche Verschiedenheiten aufweist und das einheitliche Gesetz eine Lücke hätte, wenn sich diese Verschiedenheiten auch auf den Scheck erstrecken würden.

4. Passive Scheckfähigkeit. Zu einer ähnlichen Komplikation wie die im vorigen Punkte erwähnte, diesmal jedoch nur für Österreich, haben die Beschlüsse über die passive Scheckfähigkeit geführt. In welchem Umfange sie bestehen soll, darüber gingen die Meinungen weit auseinander, zuletzt sprach sich aber die Konferenz mit geringer Mehrheit gegen die allgemeine Scheckfähigkeit aus. Schecks sollen nur auf Banken, Bankiers oder auf gesetzlich

bestimmte Anstalten ähnlicher Kategorien ausgestellt werden dürfen. Daneben wird die Konvention, wie gleichzeitig beschlossen wurde, den einzelnen Ländern die Befugnis einräumen, es mittels Landesgesetzes zu gestatten, daß Schecks (gewöhnliche und gekreuzte) auch auf Personen und Anstalten gezogen werden, die keiner der im einheitlichen Gesetze genannten scheckfähigen Gruppen angehören. Das macht, nebenbei bemerkt, die Entscheidung über die Guthabenklausel noch auffälliger, denn die hier gewährte Latitüde betrifft unleugbar einen der Einheitlichkeit des Scheckrechts ungleich abträglicheren, ihr weit mehr präjudizierenden Punkt als jene Klausel. Die Ausstellung von Schecks auf nicht scheckfähige Personen oder Institute soll nur „fiskalische", gebühren- oder stempelrechtliche Nachteile haben. Diese Beschlüsse gehen dem deutschen Scheckrechte durchaus parallel. Ebenso dem österreichischen Gesetze, bis auf das eine, daß sich nach letzterem die Überschreitung der gesetzlichen Grenzen nicht durch eine Stempelerhöhung sühnen läßt, sondern ein Scheck auf einen nicht scheckfähigen Bezogenen keine Verbindlichkeit im Sinne des Scheckgesetzes erzeugt. Einer solchen Urkunde gehen die spezifisch scheckrechtlichen Wirkungen ab. Davon abzugehen, hat die österreichische Gesetzgebung keine Ursache. In den Verhandlungen im Haag hat sich von neuem die Überzeugung kundgegeben, daß der Scheck nur durch Konzentration bei den berufsmäßigen Stellen der Geldansammlung und des Geldumlaufes und nur im Zusammenhange mit einem großen Systeme von Zahlungen mittels Gutschrift die finanziellen und volkswirtschaftlichen Zustände zeitigen kann, deren wegen man ihn begünstigt. Das konnte selbst von den Anhängern der allgemeinen Scheckfähigkeit nicht verneint werden. Volkswirtschaftlich hat demnach ein Scheckgesetz keine wichtigere Vorschrift als die, wodurch die Schecks im Kreise der Banken, Bankiers und Geldinstitute festgehalten werden, und es ist nur logisch, wenn man nicht just mit dieser Vorschrift die leichteste, schwächste und sozusagen fungibelste Sanktion verknüpft. Kann ein Scheck, weil er an eine Stelle außerhalb dieses Kreises adressiert ist, seine bestimmungsgemäße volkswirtschaftlich-finanzielle Funktion von vornherein nicht erfüllen, so soll er auch nicht nach dem Gesetze beurteilt werden, das in seinen sämtlichen Normen die Wahrung dieser volkswirtschaftlichen Interessen vor allem im Auge hat. Von dieser konsequenten rechtspolitischen Logik kann die Gesetzgebung abgehen, wenn sie glaubt, daß schon gelindere Maßregeln ausreichen würden, um das richtunggebende wirtschaftlich-finanzielle Ziel zu erreichen; das ist aber nach Land und Leuten, Gebräuchen und Geschäftssitten usw. zu bemessen und widerstrebt naturgemäß der Schablone. Hat es sich eine Gesetzgebung überlegt und mit fast ausnahmsloser Billigung im Lande sich für die strengere Sanktion entschieden, so wird man nicht anraten können, wenige Jahre später plötzlich einen anderen Kurs einzuschlagen, am allerwenigsten dann, wenn die Änderung aus Gründen erfolgen soll, die nicht den eigenen inneren Verhältnissen, sondern lediglich der Rücksicht auf die Normen anderer Länder entnommen sind. England, in dem das Scheckwesen mehr als irgendwo sonst populär ist, sträubt sich dagegen, sein Scheckrecht anzutasten, obwohl die allgemein eingewurzelte Gewöhnung an dieses Zahlungsmittel und die Sitte des Scheckgebrauches durch einzelne Akkomodierungen oder neuere Auffassungen wahrscheinlich wenig leiden möchten. Um so weniger kann man von einem Lande, in dem der Gebrauch des Schecks erst in der Entfaltung begriffen ist und noch manche Vorurteile zu überwinden hat, Änderungen fordern oder erwarten, die das Rückgrat des Scheckverkehrs treffen, indem sie das Verbot des Ziehens auf scheckunfähige Personen und Anstalten dem freien Belieben ausliefern. Jedermann hat dann die Wahl, je nachdem es ihm konveniert und die Gebührenberechnung sich stellt, Schecks auf alle Welt auszuschreiben, und die Erziehung des Publikums zu einer finanzpolitisch und volkswirtschaftlich gesunden und nützlichen Verwendung des Schecks, der die fragliche Vorschrift des österreichischen Rechts in erster Reihe dienen soll, ist damit aufgegeben, ganz davon zu schweigen, wie leicht und wie gründlich das gesamte Scheckwesen durch eine Ausdehnung auf hierzu ungeeignete Schichten von Bezogenen kompromittiert werden kann. Die gegenwärtige Sanktion des österreichischen Gesetzes, die einen vernünftigen ökonomischen und sozialen Sinn hat, würde diesen durch den Übergang zum Grundsatze der Geldstrafe verlieren. Letztere ist rechts- und wirtschaftspolitisch gleich unfruchtbar; dem Fiskus soll daraus ein Vorteil erwachsen, daß die Volkswirtschaft durch verfehlte, unzweckmäßige Akte geschädigt wird, als ob der Schaden dadurch irgendwie vermieden oder gutgemacht würde! Bei einer Beratung im Ausschusse des Deutschen Handelstages (1912) nannte ein Redner die fiskalische Sanktion ein „schwächliches Kompromiß" und fügte bei, es dürfe die Frage der passiven Scheckfähigkeit nicht auf dieses fremde Gebiet verschoben werden. In den Verhandlungen der mitteleuropäischen Wirtschaftskonferenz in Brüssel (1912) wurde außerdem hervorgehoben, daß eine Vereinheitlichung der Finanzgesetze nicht zu erhoffen sei und daher das einheitliche Scheckgesetz diese Sanktion nicht enthalten könne[2]). Die „Einschränkung der Qualifikation des Bezogenen" wird infolge dieser Ungleichheit tatsächlich in jedem Lande etwas anderes. Länder, die mit der allgemeinen Scheckfähigkeit sympathisieren, können einen minimalen Strafzuschlag ansetzen und damit die Beschränkung aller Wirkungen berauben.

Es ist nach dem Gesagten verfehlt, diese Frage lediglich aus der Perspektive desjenigen zu beurteilen, der sich mittels Scheck bezahlen läßt. Die gesetzliche Regelung des Scheckwesens geschieht nicht um der Bequemlichkeit des Schecknehmers willen, wenigstens von den neuen Gesetzen gilt das sicher. Die Beschränkung der passiven Scheckfähigkeit ist für solche wirtschaftliche Unternehmen oder Unternehmer, die gern als Bezogene figurieren möchten, eine unangenehme Verkürzung, das Interesse der Allgemeinheit wird aber ohne Zögern vorangestellt. Darum darf auch, wenn dieses Interesse eine schärfere Sanktion erheischt, nicht gesäumt werden, sie anzuwenden. Ein Mitglied der Konferenz, das für die fiskalische Reaktion gegen „Simili-Schecks" eintrat, meinte, den sozusagen unechten Schecks solle die Tür nicht ganz offen stehen, er wolle für sie nur ein ganz kleines Loch lassen. Das ist eine witzige Täuschung, welche die biologischen Gesetze des Rechtslebens und der staatlichen Rechtsordnung verkennt. Das Rechtsleben hat überall und immer den Hang, die positiven Normen auszuweiten, auszuhöhlen, zu untergraben, zu schwächen, zu überfluten, sie für seine immer expansiven natürlichen und persönlichen Wünsche und Zwecke zu appretieren. Das geschieht den festesten, bestgeschützten Normen. Rechtssätze, die schon gebrechlich und knochenweich auf die Welt kommen, verlieren meist binnen kurzem jeden prohibitiven Effekt. Namentlich wenn der Scheck etwas vom Wechsel verschiedenes bleiben soll, wird man vor allem verhüten müssen, daß er gebühren- und stempelrechtlich zum Wechsel hingedrängt werde. Diese Erwägungen waren seinerzeit für den nun

---

[2]) Veröffentlichungen der mitteleuropäischen Wirtschaftsvereine, Leipzig 1912, S. 47.

Recht gewordenen Vorschlag bestimmend, im österreichischen Gesetze der Zahlungsaufforderung an einen nicht scheckfähigen Bezogenen die Eigenschaft eines echten vollgültigen Schecks abzuerkennen. Sie haben heute kaum etwas an Richtigkeit verloren und sind bis jetzt wenigstens durch die Entwicklung der Verhältnisse noch nicht überholt worden. Darum wird die österreichische Gesetzgebung bei der geltenden Sanktion zu beharren haben, die internationale Vereinheitlichung darf — wie gesagt — dem einzelnen Staat keinen Nachteil bringen oder ihn auch nur der Gefahr von Nachteilen aussetzen. Darum hat man, obwohl die Beschränkung der passiven Scheckfähigkeit in großen Staaten den Grund- und Eckstein des Scheckverkehrs bildet, Staaten, die darüber anders denken, die Erweiterung der Scheckfähigkeit nachgelassen, und darum wird auch für Österreich der ungleich geringere Vorbehalt verlangt und genehmigt werden müssen, daß es die Sanktion dafür auch in Zukunft nach seinem Bedürfnisse und Ermessen gestalten könne. J. Rießer hat auf der Budapester Scheckkonferenz der mitteleuropäischen Wirtschaftsvereine (1907) betont, von prinzipieller Wichtigkeit sei nur, daß die passive Scheckfähigkeit in den verschiedenen Ländern genau dieselbe bleibe, „was im Hintergrunde steht, ob der eine Staat den Scheck bei Verstoß gegen die Vorschriften über die passive Scheckfähigkeit für ungültig erklärt oder ob er nur eine Stempelstrafe androht, das ist relativ gleichgültig, die Konsequenzen kann jedes Land für sich ziehen."[3]) Die Beschlüsse, wie sie nun vorliegen, entsprechen dem nicht. Es mangelt ihnen die innere Symmetrie. Sie sind nachgiebig in der Hauptsache und starr in Nebendingen; sie vermindern die Bürgschaften, daß der nationale und internationale Zahlungsverkehr aus der Vereinheitlichung Vorteil ziehen werde, und sorgen an Stelle dessen, und zwar an einer unrechten Stelle, väterlich für den Remittenten. Auf diese Weise mag man die Zahl der Schecks vermehren, ihre geldersetzende Funktion und ihr Segen für die Zahlungsvermittlung wird dadurch nicht erhöht. Das Verbot anderer als fiskalischer Nachteile macht der formell aufgegebenen allgemeinen Scheckfähigkeit wieder den Weg frei. Es ist ein Akt in favorem der letzteren und fällt denjenigen Gesetzgebungen in die Arme, die mit allen nach der Art des inländischen Zahlungs-

---

[3]) Veröffentlichungen der mitteleuropäischen Wirtschaftsvereine in Deutschland, Heft V, Berlin 1908, S. 76.

wesens gebotenen Mitteln den Scheckverkehr in die Arterien leiten wollen, die zu den Herzkammern der modernen Geldwirtschaft führen.

5. Remittent. Der Scheck kann auf den Namen einer Person, an deren Order oder auf den Inhaber lauten. Der Aussteller kann den Scheck an seine eigene Order ausschreiben, ein Scheck, in dem sich der Aussteller als Zahlungsempfänger bezeichnet, darf aber nicht auch Inhaberscheck sein. Er würde sich sonst, wie gesagt wurde, zu sehr der Banknote nähern. In diesen Fragen gab es keinen Dissens. Der zuletzt erwähnte Beschluß dürfte sowohl über das deutsche wie über das österreichische Scheckgesetz hinausgehen, keines von beiden verwehrt eine solche Kombination und auch das gegen sie angeführte Moment dürfte nur teilweise zutreffen, eine Verkürzung häufig eintretender legitimer Bedürfnisse ist jedoch kaum davon zu besorgen.

6. Zahlungsort. Mit den Regeln, die dafür gelten sollen, befaßte sich die Konferenz zunächst mehr kursorisch. Es herrschte die Meinung vor, daß in dieser Hinsicht tunlichst auf die einschlägigen Normen des einheitlichen Wechselgesetzes Bezug zu nehmen sei. Die Konferenz schien im übrigen dem vom österreichischen Rechte etwas abweichenden Systeme des deutschen Gesetzes zuzuneigen. Der domizilierte Scheck stieß auf Gegnerschaft, während der sogenannte Zahlstellen-Scheck Aussicht auf Anerkennung hat. Es würden danach Schecks statthaft sein, die an einem oder mehreren vom Zahlungsorte verschiedenen Orten bei Sukkursalen, Korrespondenzstellen usw. der bezogenen Bank einkassiert werden können. Das Detail, insbesondere wo in einem solchen Falle Protest aufzunehmen sei, blieb vorläufig unentschieden.

7. Zahlungszeit. Schecks sind nach den meisten Gesetzgebungen bei Sicht zahlbar, Italien erlaubt Schecks, die eine bestimmte Zeit nach Sicht einzulösen sind, ist aber bereit, wie sein Delegierter in der Konferenz mitteilte, diese Besonderheit aufzugeben. Dieser Punkt erledigte sich demnach von selbst. Auch darüber einig zu werden, welche Rechtsfolge eine andere Bezeichnung der Verfallszeit haben solle, ist leider nicht gelungen. Die Verschiedenheiten der Landesrechte wirkten nach und es standen sich zwei Gruppen gegenüber. Die eine betrachtet eine solche Urkunde nicht als Scheck, sie ist als Scheck ungültig, für die zweite ist jede andere Bezeichnung der Zahlungszeit nicht geschrieben; der Scheck ist hiernach unter allen Umständen bei Sicht zahlbar, mag er keine oder was immer für eine

andere Verfügung enthalten. Erstere Ansicht vereinigte die Mehrheit auf sich, in der sich seinem Scheckgesetze zufolge auch das Deutsche Reich befand. Die österreichischen Delegierten pflichteten der zweiten Ansicht bei. Das Stimmenverhältnis war 12 zu 7. Die sonst so beredt ins Treffen geführten Befürchtungen vor der Häufung von Nichtigkeiten waren nicht stark genug, um von der Einführung einer der entbehrlichsten Nichtigkeiten abzuhalten, die, worauf auch der niederländische Vertreter hinwies, zur Folge hat, daß der Zeitsicht-Scheck nun kraft einheitlichen Gesetzes in jedem Lande anders behandelt werden wird, einmal als Wechsel, ein anderes Mal als einfache zivilrechtliche Anweisung, anderswo wieder als eine gänzlich unwirksame Urkunde. Gegen die Auffassung der Minderheit wurde hauptsächlich dreierlei vorgebracht: es würde das Ignorieren der fehlerhaften Zeitbestimmung dem Willen der Parteien widersprechen, es führe ferner zu einer Täuschung des Ausstellers, der die sofortige Präsentation nicht wünschte, und es könne den Aussteller insofern benachteiligen, als er nicht rechtzeitig Deckung für den Scheck bereitstellen werde. Das sind Bedenken, die jedem zwingenden Rechtssatze entgegengehalten werden können und deshalb nichts beweisen, weil die Gesetzgebungen trotzdem in einem fort mit zwingendem Rechte operieren, und es ist auch in Wahrheit der Kern des Streites, ob die Vorschrift über die Einlösung des Schecks ius cogens sein soll und kann. Daß sie es sein soll, ergibt sich daraus, daß die Zahlbarkeit bei Sicht auch nach den in der Konferenz geäußerten Ansichten dem Scheck wesentlich ist, weil er nur dann wirklich Zahlungsmittel ist. Diese Hauptfunktion darf doch nicht dem Belieben der Parteien überlassen werden. Daß aber zwingendes Recht in diesem Punkte geschaffen werden kann, ist angesichts der Einfachheit des Rechtssatzes um so weniger zweifelhaft als die Wahl des Schecks als Zahlungsmittel ganz frei ist und genug andere Zahlungsformen offenstehen, wenn die Umstände die Ausstellung eines bei Sicht zahlbaren Schecks verhindern. Die Kenntnis, daß eine als Scheck bezeichnete Urkunde unbedingt bei Sicht eingelöst werden müsse, wird bald Gemeingut aller, die mit Schecks manipulieren. Das ist eine Norm, deren einleuchtende Selbstverständlichkeit kaum übertroffen werden kann, und es wäre um die Rechtskenntnis wohl besser bestellt, wenn die Rechtsordnung bloß aus solchen Vorschriften bestehen würde. Deswegen ist, was die Mehrheit der Konferenz beschlossen hat, ein Umweg und ein Verstoß gegen die Rechtsökonomie, die durch die Rücksicht auf den Aussteller nicht entschuldigt wird. Mit dieser Rücksicht hat es eine eigene Bewandnis. Wer mittels Scheck zahlt, muß wissen, daß er auch auf diese Weise sogleich zu zahlen hat, daß einen Scheck geben nicht Stundung bedeutet. Er muß wissen, daß die kurze Präsentationsfrist von der Aushändigung an läuft und er während dieser Frist, die eben deshalb nicht länger als unbedingt notwendig sein darf, an der Deckung nicht rühren darf. In der Rücksicht für den Aussteller spielt daher ein falscher Gesichtspunkt, der Gedanke des Kreditierens mit: der Aussteller will, wie es auch in der Konferenz gesagt wurde, daß sein Zeitsicht-Scheck erst an einem bestimmten späteren Tage und nicht früher zahlbar sei. Erst für diesen späteren Zeitpunkt will er das Geld schaffen. Dieses von ihr in den Diskussionen mit soviel Nachdruck abgelehnte Kreditmoment begünstigt die Konferenz mittels ihres Beschlusses mit Unrecht. Solchem Vorhaben des Ausstellers darf das Scheckrecht nicht mit Schonung begegnen, hier heißt es, den Zahlungsgedanken unbeugsam durchsetzen und das geschieht nur durch die gesetzliche Statuierung der Pflicht, unangesehen irgendwelcher Befristungen sofort zahlen zu müssen, wie es die Idee des Schecks gebietet. In der Ungültigkeit des Schecks triumphiert das Kreditprinzip um so mehr, als nun der Aussteller gemächlich mit der Zahlung warten kann, ausgenommen den nach deutschem und österreichischem Rechte wohl nie vorkommenden Fall, daß ein Zeitsicht-Scheck als Wechsel präsentiert und eingeklagt wird. Die Verteidiger der Ungültigkeit haben in der Hitze des Gefechts eine Sanktion beschlossen, die den Scheck geradewegs zum Kreditmittel macht; es wäre dann für den Remittenten fast besser, das Gesetz würde gleich die Frist nach Sicht anerkennen, er käme damit meistens viel früher zu seinem Gelde als mittels der Ungültigkeit. Seltsam genug wurden übrigens in der Konferenz bei dieser Frage die Interessen des Schecknehmers überhaupt nicht erörtert, obwohl er doch die Zahlung beanspruchen kann und sie nun infolge der Ungültigkeit des Schecks in der Regel erst mit allerlei Weiterungen erhalten wird. Für das österreichische Recht, dem hier abermals obliegen würde, eine energische gegen eine laxe Vorschrift auszutauschen, wäre somit die Annahme der in der Konferenz beschlossenen Norm keine Verbesserung. J. Rießer hat dem Standpunkte des österreichischen Gesetzes schon auf der früher erwähnten Scheckkonferenz in Budapest den Vorzug gegeben und dabei vorausgesetzt, daß er damit die Meinung aller Teilnehmer an der Konferenz zum Ausdrucke bringe.[4])

8. Indossament. Die Beschlüsse über diesen Gegenstand bringen einzelne Abweichungen von den in Deutschland und Österreich geltenden Vorschriften, die jedoch durchschnittlich nicht so bedeutsam sind, daß sie eine Einigung hindern würden. Namenschecks sollen giriert werden können, wenngleich die Orderklausel fehlt. Auf den Aussteller lautende Namenschecks sind weder auf Inhaber noch mittels Blankoindossament übertragbar. Die Indossierung an den Inhaber soll bei Orderschecks ebenfalls unzulässig sein. Das Giro des Bezogenen ist ungültig, die Indossierung an den Bezogenen kommt der Quittierung gleich. Letzterer Satz wird keine Anwendung finden, wenn der Scheck an Zweigniederlassungen des Bezogenen indossiert wird, die an einem anderen Orte sind. Der Indossant kann die Haftung für die Einlösung ablehnen, dagegen ist der Aussteller dazu nicht befugt. Das Giro auf einem Inhaberscheck sowie jede einem solchen Scheck beigesetzte Unterschrift ist ein Aval zugunsten des Ausstellers. Ob Aussteller oder Indossanten die Übertragung des Schecks untersagen können und mit welchen Folgen, wurde nicht erörtert. Nach deutschem und österreichischem Rechte ist die Rektaklausel zulässig. Über die Natur des Begebungsvertrages und das Recht des Schecknehmers auf die Deckung wurden keine Entscheidungen getroffen. Das einheitliche Gesetz wird sonach keinerlei Spuren der französischen Zessionstheorie an sich tragen. Das rechtfertigt nachträglich diejenigen neueren Scheckgesetze, die, wie z. B. das österreichische, wegen der Abkehr von dieser sehr anfechtbaren Theorie ebenso heftig wie unmotiviert angegriffen wurden.

9. Präsentations- und Protestfristen. Die ersteren sind in den verschiedenen Gesetzen sehr ungleich bemessen. Da dies meistens mit den geographischen und Verkehrsbedingungen der einzelnen Territorien zusammenhängt, so wäre es vielleicht am richtigsten gewesen, wenn von einer Einigung in dieser Partie abgesehen und die Fixierung dieser Fristen vorweg dem Landesrechte überlassen worden wäre. Das ist bedauerlicherweise nicht geschehen. die Konferenz hat vielmehr Beschlüsse gefaßt, die vielen Ländern in der einen oder anderen Beziehung gegen den Strich gehen dürften.

---

[4]) a. a. O. S. 36.

Die territorialen Scheckgesetze stufen in der Regel die Vorlagefrist ab, je nachdem es sich um Platz- oder Distanzschecks handelt, und gehen bei Platzschecks, soweit sie feste Fristen aufstellen, nicht über acht Tage hinaus; die Vorlagefrist für Distanzschecks beträgt häufig gleichfalls weniger als zehn Tage. Das deutsche Scheckgesetz unterscheidet zwischen In- und Auslandschecks und verlangt für die Inlandschecks die Präsentation binnen zehn Tagen nach der Ausstellung. Die Konferenz hat für die Vorlage eine einheitliche Minimalfrist von zehn Tagen bestimmt, die durch die nationale Gesetzgebung für Auslandschecks verlängert werden darf. Das involviert für die meisten Länder außerhalb des Deutschen Reiches eine Ausdehnung der Frist, während welcher die Deckung für Platzschecks in Bereitschaft gehalten werden muß, und wenn der Scheck auf der einen Seite dadurch eine längere Umlaufszeit erhält und mit einem Scheck mehr Zahlungen effektuiert werden können, so bindet es auf der anderen Seite um so länger alle Deckungsfonds, wodurch die wirtschaftlichen Vorteile der Fristerweiterung jedenfalls eine Einbuße erleiden. Eine solche Zugabe wurde in den wenigsten Ländern, die bisher kürzere Fristen hatten, begehrt und schon in der Konferenz meldeten sich Vertreter solcher Gebiete und erklärten die unterschiedslose Frist von zehn Tagen für zu lang. Auf der Konferenz der mitteleuropäischer Wirtschaftsvereine in Brüssel hat einer der Berichterstatter dargelegt, daß es zum mindesten für Inlandschecks nicht angehe, die Vorlagefrist durch ein internationales Reglement festzusetzen, weil der Umfang der Staatsgebiete und die Verkehrseinrichtungen zu sehr differieren, als daß dieselbe Frist allen örtlichen Bedürfnissen in gleichem Maße entsprechen könnte. Es hat wahrhaftig keinen ersichtlichen Grund, dieses Moment nur für Auslandschecks zu berücksichtigen, statt der nationalen Gesetzgebung anheimzugeben, auch für Inlandschecks die zehntägige Frist abzukürzen, wenn sie dies für nötig hält. Die Rücksichten auf den internationalen Scheckverkehr hätten im Gegenteile eher gefordert, auf einer fixen, überall gleichen Frist gerade für Auslandschecks zu beharren; was im Inland geschieht und über das Inland nicht hinausreicht, ist vom internationalen Standpunkte wohl nebensächlicher. Bloß auf Inlandschecks bezogen würde eine fakultative Abkürzung kaum dem Bedenken begegnen, daß ohne einheitliche Minimalfrist die Landesgesetzgebungen in der Lage wären, durch zu kurze Präsentationsfristen das Ziehen von Schecks aus entfernten Ländern überhaupt zu hindern! Das ist wirklich sehr weit hergeholt. J. Rießer hat schon in der mehrgedachten Scheckkonferenz in Budapest als selbstverständlich angenommen, daß die Vorlagefristen inländischer Schecks in jedem Lande beliebig geregelt werden können. Darauf wird auch zu bestehen sein.

Der Vorlage der Schecks wird die ordnungsmäßige Einreichung in einer Abrechnungsstelle in jeder Hinsicht gleich geachtet.

Die Frist für den Protest wegen Nichteinlösung des Schecks soll von den Landesgesetzgebungen mit Bedacht auf die Vorlagefrist in der Art bestimmt werden, daß spätestens am letzten Tage der Vorlagefrist zu protestieren ist. Vom Proteste kann abgesehen werden, wenn der Bezogene selbst auf dem Scheck das Unterbleiben der Einlösung bestätigt. Wurde der Scheck bei einer Abrechnungsstelle eingereicht, so ersetzt deren Bestätigung den Protest. Diese Sätze sind in der Hauptsache dem österreichischen und deutschen Recht analog; nur der Ersatz des Protestes durch das Zeugnis des Bezogenen ist eine von der Deutschen Regierung beantragte Neuerung, der ohne weiteres beizustimmen ist.

Versäumung der rechtzeitigen Vorlage zieht den Verlust des Regresses gegen Indossanten und Aussteller nach sich, soweit nicht in letzterer Beziehung das Landesrecht Ausnahmen kennt. Unter dieser Reservation sollen nach Ansicht der Konferenz die verschiedenen Normen Platz finden, die dem Scheckinhaber ungeachtet des Verlustes des Regreßrechts Leistungs-, Ersatz- oder Entschädigungsansprüche gegen den Aussteller erteilen. So z. B. der Regreß gegen den Aussteller, wenn vor Ablauf der versäumten Vorlagefrist über das Vermögen des Bezogenen Konkurs eröffnet wurde (Frankreich), die Bereicherungsklage des deutschen Scheckgesetzes, der Rückgriff auf das der Scheckausstellung zugrunde liegende Rechtsverhältnis in Österreich usw. Die Regreßklage soll in sechs Monaten verjähren, eine Frist, die jetzt nach dem deutschen und österreichischen Scheckgesetze nur für im Auslande zahlbare Schecks gilt.

10. Annahme. Es war vorauszusehen, daß über das Akzept ein Einverständnis kaum zu erzielen sein wird. In Wirtschaftsstaaten ersten Ranges wie England und die Vereinigten Staaten (letztere in der Gestalt des Certifying), in Frankreich, Belgien und Holland steht das Scheckakzept in Kraft, in den Ländern des neueren Scheckrechts (Deutsches Reich, Österreich, Ungarn, Italien, Schweiz und die skan-

dinavischen Reiche) ist es gesetzlich verboten. Zwischen diesen beiden konträren Standpunkten gibt es keinen Mittelweg, kein Halbieren und so gab denn die Konferenz beiden Auffassungen Recht. Der Beschluß ging nämlich dahin, die Akzeptierung im einheitlichen Scheckgesetze auszuschließen, dagegen in der Konvention die einzelnen Staaten zu autorisieren, dieses Verbot für ihr Gebiet nach ihrem Gutdünken aufzuheben oder zu modifizieren. Für diesen Beschluß ergab sich natürlich eine Mehrheit, weil er jedem vollkommen freie Verfügung läßt. In den Ländern des Akzeptverbotes soll ein auf den Scheck gesetzter Annahmevermerk als nicht vorhanden betrachtet werden. Die internationale Einheit des Scheckrechts wird also in dieser Frage darin bestehen, daß dieselbe Erklärung auf ein und demselben Scheck je nach der Lokalität Akzept, Zertifikation oder gar nichts ist! Das österreichische und deutsche Scheckgesetz werden nicht angetastet. Eine Folgerung aus dem grundsätzlichen Akzeptverbote ist der weitere Beschluß, wonach der Bezogene keine Scheckbürgschaft (Aval) übernehmen könne; daß es in Ländern, welche die Akzeptierung dulden, anders sein solle, wurde nicht beigefügt. Im Deutschen Reiche wird ein Aval nicht für zulässig gehalten.

11. Widerruf. Die partikulären Scheckrechte stimmen hier abermals nicht überein. In England endigen Recht und Pflicht des Bankiers, einen auf ihn gezogenen Scheck einzulösen, sowie er vom Aussteller Gegenorder erhält. Der Scheck ist unbeschränkt widerruflich und der Widerruf für den als Beauftragten, als Agent des Ausstellers handelnden Bankier unbedingt verbindlich. Dem Verkehre scheint daraus kein Nachteil zu erwachsen, der englische Delegierte versicherte in der Konferenz, der Widerruf erfolge in der Regel nicht ohne ausreichende, gerechtfertigte Gründe. Es ist das ein Beweis, wie sehr die Wirkung gesetzlicher Vorschriften von ihrer Umwelt abhängt und wie enge selbst bei wörtlichem Gleichlauten der Bereich für überall gleich wirkende internationale Normen ist. Im Gegensatze zu England, dessen Auffassung sich auch die International Law Association (1910) angeeignet hat, gehen Frankreich und die neueren Scheckgesetze davon aus, daß die Unwiderruflichkeit des Schecks ein unerläßliches Erfordernis für die glatte Verwendung des Schecks als Zahlungsmittel sei — für Frankreich und seine scheckrechtliche Gefolgschaft steht das auch mit der Zession der Deckung im Konnexe —, und sie untersagen entweder den Widerruf schlechthin oder erlauben ihn nur, sofern

er nach Versäumung der Präsentationsfrist oder für den Fall nicht rechtzeitiger Präsentation erfolgt. Der Widerruf wird letzterenfalls erst nach Ablauf der Vorlegefrist wirksam. So insbesondere das österreichische und deutsche Scheckgesetz. Diese Spaltung kam prompt in der Konferenz zum Vorscheine, und, da sich die Delegierten zweier Staaten, die den Widerruf ablehnen, aus Ursachen, über die der Verhandlungsbericht keine Aufschlüsse gibt, der Abstimmung enthielten, ergab sich hinsichtlich der Frage, ob der Widerruf vor Ablauf der Vorlagefrist unwirksam sein solle, Stimmengleichheit (9 zu 9). Das ist ein non liquet. Sodann wurde auf Antrag des deutschen Delegierten mit Stimmenmehrheit der Satz angenommen, wenn ein Scheck verloren oder entwendet worden sei, werde der davon rechtzeitig benachrichtigte Bezogene durch die Einlösung dieses Schecks nur dann „valablement liberé", wenn der Scheckinhaber seinen guten Glauben nachweise. Es sollte dies jene Delegierten befriedigen, welche die Widerruflichkeit deshalb befürworteten, weil sie ein notwendiger und der beste Schutz gegen die Gefahr des Verlusts oder der Entwendung von Schecks sei. Man hofft offenbar, sie auf diese Weise mit dem Verbote des Widerrufes zu versöhnen und einer Majorität für die letzte Entscheidung die Wege zu ebnen. Ob das gelingt, ist einstweilen ungewiß. Was den neuen Rechtsatz selbst anlangt, würde die Avisierung des Verlustes zwar etwas vom Widerrufe verschiedenes sein, dem Bezogenen wird jedoch damit eine ungleich größere Verantwortlichkeit aufgelastet, als sie ihm heute obliegt. Er wird auf sein Risiko die manchmal sehr delikate und unklare Frage entscheiden müssen, ob der Inhaber den Scheck gutgläubig erworben habe, ohne daß ihm dabei andere Erkenntnismittel als die Angaben des Inhabers zu Gebote stehen. Ist er zu skeptisch, würde er wohl dem Inhaber haften, ist er aber zu leichtgläubig, wahrscheinlich dem Aussteller, und seine Entscheidung wäre natürlich in keiner Hinsicht etwas endgültiges, sondern im Hintergrunde lauern Klagen und Prozesse. Die Bezogenen werden daher über dieses Plus an Verantwortung und Pflicht nicht entzückt sein, und man würde es den Banken und Bankiers kaum übelnehmen können, wenn sie verlangen, es möge ihnen lieber auf eine summarische Prüfung des Sachverhaltes hin vom Gerichte der Auftrag erteilt werden, die Zahlung zurückzuhalten. Sie selbst sollte man nicht zu Richtern machen. Es kann auch, was nicht zu übersehen ist, das Aviso mißbraucht werden, wogegen der Bezogene ganz hilflos ist.

Der Rechtssatz wird deshalb noch sehr genau unter die Lupe zu nehmen und manches daran zu feilen sein, bevor er sich zur Einrückung in ein Gesetz eignet. Der internationale Sieg der Unwiderruflichkeit würde vielleicht damit zu teuer erkauft, in den Ländern, welche die Widerruflichkeit verwerfen, hat man ihn bis nun ganz gut entbehrt.

12. Klage gegen den Bezogenen. Die Vertreter Deutschlands, Österreichs und Ungarns verneinten die Frage, ob das einheitliche Scheckgesetz dem Scheckinhaber einen direkten Klageanspruch wider den Bezogenen gewähren solle. Es stand dies im Einklange mit ihren territorialen Scheckrechten, deren einschlägige Bestimmung auch J. Rießer verteidigt hat. Die französische Vertretung wünschte eine Lösung, die das Klagerecht gegen den Bezogenen nicht unbedingt ausschließe, weil dem Inhaber unter Umständen ein Anspruch auf die Deckung gebühre. Sie schlug daher vor, ebenso wie es mit dem Wechsel gehalten worden sei, diesen Punkt im einheitlichen Scheckgesetze nicht zu regeln, sondern ihn den nationalen Gesetzgebungen zu überweisen. Es wurde beschlossen, in der Konvention zu bemerken, daß die Frage des direkten Klagerechts gegen den Bezogenen außerhalb des Gesetzes und der Konvention gelassen werde. Die Landesgesetzgebung ist demnach darin nicht gebunden.

13. Verrechnungsscheck. Sicherheit dagegen, daß die Schecksumme nicht unberechtigten Personen ausgezahlt werde, suchen die verschiedenen Staaten teils in der Einrichtung des Crossing, des gekreuzten Schecks, teils im Verrechnungsscheck. Das Crossing hat in den letzten Jahren auch am Kontinente sich auszubreiten begonnen, Frankreich ist im Jahre 1911 dazu übergegangen (chèque barré), und in Belgien sind gleichfalls Anstalten für seine Einführung getroffen worden. Die Länder des gekreuzten Schecks würden schwer zum Verrechnungsscheck zu bekehren sein und umgekehrt, und es hat deswegen die Konferenz auch hier eine salomonische Entscheidung gefällt, indem sie beide Institute in das einheitliche Gesetz aufzunehmen beschloß; beide werden darin geregelt werden. Das Crossing im wesentlichen nach dem Muster des englischen Rechts. Also General und Special Crossing; der im gekreuzten Scheck genannte Bankier kann einen anderen Bankier substituieren; Aussteller, Indossanten und Inhaber sind zum Crossing befugt; dem General Crossing des Ausstellers oder eines Indossanten kann von einem Nachmanne ein Spezial Crossing hinzugefügt werden, hingegen läßt sich ein Scheck mit Special

Crossing nicht nachträglich generally sperren usw. Das Recht des Verrechnungsschecks soll nach Analogie des deutschen Scheckgesetzes geordnet werden, das nur in wenigen Kleinigkeiten vom österreichischen verschieden ist. Das Wichtigste geht aus den Verhandlungen nicht deutlich hervor, wie nämlich dieser Zweiseelenzustand gedacht ist. Sollen die beiden Institute den kontrahierenden Staaten zur Wahl gestellt sein, so daß sie das für ihr Gebiet besser passende vorschreiben, also eventuell nur eines davon im Lande gestatten können, oder sollen sie sich verpflichten, beide Arten von Schecks in ihrem Territorium zuzulassen, so daß die Parteien im einzelnen Falle wählen könnten? Gegen letzteres würden sich vermutlich sehr viele Länder sträuben, es wäre für den geschäftlichen Verkehr keineswegs empfehlenswert und brächte in die nun geordneten Verhältnisse eine unerwünschte Verwirrung. Dieser Punkt ist der Aufmerksamkeit der Delegierten zu empfehlen.

14. Duplikate. In Anlehnung an das deutsche Scheckgesetz ist die Konferenz der Ansicht, daß Namenschecks, mögen sie Order- oder Rektaschecks sein, in mehreren Ausfertigungen ausgestellt werden können, sofern sie in einem anderen Lande als dem des Ausstellungsortes oder in einem überseeischen Gebiete des letzteren Landes zahlbar sind.

15. Tod, Geschäftsunfähigkeit und Konkurs des Ausstellers. Der Tod oder eine Geschäftsunfähigkeit, die nach Ausschreibung des Schecks eingetreten sind, sollen auf die Stellung des Bezogenen und die Abwicklung des Scheckverhältnisses ohne Einfluß sein. Das österreichische Gesetz besagt das nämliche und im Deutschen Reiche gilt gleiches schon kraft bürgerlichen Rechts. Im einheitlichen Scheckgesetze den Einfluß zu regeln, den die Konkurseröffnung auf die Einlösung des Schecks ausübt, hat die Konferenz abgelehnt; es hat demnach beim territorialen Rechte sein Bewenden.

16. Fälschungen. In die Diskussion der scheckrechtlichen Folgen von Fälschungen (falsche oder verfälschte Unterschriften, Fälschung des Inhalts der Urkunde usw.) ist die Konferenz einstweilen noch nicht eingegangen. Es soll darüber nach Feststellung des Gesetzes über den Wechsel verhandelt werden. Man hegt allem Anscheine nach die Absicht, diese Materie für beide Arten von Urkunden gleichmäßig zu ordnen. Es wurde aber jetzt schon beschlossen, im einheit-

lichen Gesetze keinesfalls die Haftung für die Einlösung falscher oder gefälschter Schecks oder solcher Schecks zu regeln, die ohne Zustimmung des Ausstellers in Umlauf gesetzt worden sind. Damit ist auch für dieses heikle Problem das Landesrecht zuständig erklärt.

* * *

Das ist der Sukkus der Haager Beschlüsse über den Scheck, auf Grund deren nun wahrscheinlich, wie es für den Wechsel geschah, Vorentwürfe eines einheitlichen Gesetzes und der zwischen den Staaten abzuschließenden Konvention ausgearbeitet werden. Es wäre voreilig, schon jetzt zu erklären, man werde wegen des Mißfallens an einzelnen Beschlüssen der Konvention fernbleiben, wohl ist es aber nun möglich und — wie eingangs bemerkt wurde — auch an der Zeit, über die Haltung bei den weiteren Besprechungen mit sich zu Rate zu gehen. Mindestens in allgemeinen Umrissen sind die Aktiv- und Passivposten zu überblicken, von denen für die einzelnen Staaten der Wert ihres Beitritts abhängt. Sie werden die Beschlüsse zunächst an ihrem gegenwärtigen Rechte messen. Um letzteres zu verbessern, dazu sind wohl die wenigsten nach dem Haag gegangen, das ist Sache der Autonomie. Je mehr das uniforme Gesetz und die Konvention von ihrem Landesrechte belassen oder übernehmen, desto williger werden sich die verschiedenen Staaten ihnen anschließen. Denn jeder von ihnen ist sich gewissermaßen das Beste, Vollkommenste oder, wie Uhland sagte, jedem glänzt sein Vaterland. Ohne solche Selbstliebe und ohne Selbstbewußtsein könnte sich keiner in der Staatenwelt als Individuum behaupten. Es ist daher nicht ein niedriges Gesichtsfeld, sondern wenn man die Dinge nimmt, wie sie sind, einfach unvermeidlich, daß die einzelnen Staaten sich vor allem fragen, was sie die internationale Rechtseinheit kosten würde. Die Antwort darauf wird für das Deutsche Reich und für Österreich nicht ganz gleich sein. Deutschland schneidet bei den Beratungen wesentlich besser ab als Österreich. Wenn es die mitgeteilten Beschlüsse in Bausch und Bogen annimmt, würde es eigentlich nur auf die Guthabenklausel zu verzichten und das Aval sowie die Suspendierung der Einlösung von angeblich entwendeten oder verlorenen Schecks aufzunehmen haben. Alles übrige: das Verbot, daß Schecks zugunsten des Ausstellers nicht auf Inhaber lauten dürfen, kleine Modifikationen hinsichtlich der Protestfrist und der Verjährung der Regreßklagen u. a., ist weniger wichtig. Die Wünsche, welche die deutsche Regierung betreffs des Inhalts des einheitlichen Scheckgesetzes in ihrer Antwort auf das Questionnaire kundgegeben hat, haben sich fast durchwegs erfüllt. Nicht entsprochen wurde nur der Forderung, die sich mit dem unter Punkt 9 Gesagten deckt, daß nämlich die Regelung der Vorlagefristen für inländische Schecks den Landesgesetzen überlassen werde. Ein anderer Vorschlag wurde in der Konferenz zwar erwähnt, aber nicht ex professo erörtert. Es ist dies die Anregung, daß wegen Unsicherheit des Bezogenen auch dann solle Regreß genommen werden können, wenn der Bezogene sich zur Verrechnung bereit erklärt. Daß dem die Zustimmung verweigert wird, ist nicht zu präsumieren. Die Verlustliste Österreichs ist etwas größer. Außer der Guthabenklausel hätte es nämlich die strengere Sanktion für Schecks auf scheckunfähige Bezogene und die Wirkungslosigkeit einer Fristsetzung im Scheck preiszugeben und dazu noch die Verlängerung der Präsentationsfrist und die früher berührte Suspendierung der Zahlung in den Kauf zu nehmen. An minder Wichtigem kämen zu den für das Deutsche Reich angeführten Änderungen noch kleinere Änderungen hinsichtlich des Zahlungsortes und des Indossaments, die Zulassung des Zahlstellen-Schecks, Erweiterung der Protestfrist und die Gestattung von Scheckduplikaten, Änderungen und Ergänzungen, die allerdings zum Teile den von Österreich in der Beantwortung des Questionnaires vorgebrachten Forderungen Genüge tun, zum Teile jedoch (z. B. betreffs des Zahlungsortes, der Protestfrist usw.) seinen Forderungen widerstreiten oder wenigstens den korrespondierenden Vorschriften gegenwärtiger Geltung nicht immer vorzuziehen sind. Daß Österreich die Rechtseinheit teurer zu bezahlen hätte als das Deutsche Reich, daran sind nicht die Personen oder die Verhandlungstaktik schuld, sondern es erklärt sich sachlich. Der Rigor der Normen des österreichischen Scheckgesetzes ist verglichen mit dem deutschen Rechte durchwegs größer. Um den Scheckverkehr zu heben, wollte es Mißtrauen verhüten, erziehen, und strebte, wie gesagt, die tunlichste Ausbreitung bargeldloser Zahlungen an. Es ist das Recht eines Landes, das für einen volkstümlichen Aufschwung des Schecks in der Hauptsache erst durch Disziplinierung des Zahlungsprozesses zu gewinnen ist. Daher die Versperrung aller Seitenwege, der Verkehr sollte auch gegen seinen Willen auf die erwünschten Linien gedrängt werden. In Gebieten mit einem alt überlieferten Scheckwesen oder in solchen, wo die Zahlungstechnik schon allgemein höher entwickelt ist, ist das nicht im selben Grade notwendig. Sie können sich vielleicht mit einem schwächeren Compelle begnügen, die Übung, die ganze Orientierung des Wirtschaftslebens tun im übrigen das meiste von selbst. Sie werden deshalb eine schwerere Rüstung, mehr Gebundenheit als einen Rückschritt empfinden und ihre Sympathien gehören von vornherein den freieren konniventeren Bestimmungen, den gelinderen Sanktionen. Auf der Haager Konferenz saßen beide Gruppen nebeneinander, und es ist begreiflich, daß die Länder der zuletzt erwähnten Gruppe nach der Maxime in dubio mitius stimmten. Aus der Verschiedenheit der Entfaltung des Scheckwesens und aus der verschiedenen Aufgabe, die danach das Scheckgesetz konkret hat, erklärt es sich auch, warum Österreich bei der Abstimmung über die oben bezeichneten Normen häufig gerade diejenigen Staaten zu Genossen hatte, die gleichfalls zunächst für den Scheck eine feste Führung durch das Gesetz unerläßlich glauben. Für die Länder, die zum Werke der Vereinheitlichung sich verbinden wollen, sind eben nicht durchwegs die nämlichen Gesichtspunkte und Erwägungen entscheidend. Wo für den inländischen Scheckverkehr nichts mehr zu fürchten ist, kann mit einer schönen Geste der Einheit mehr hingegeben werden. Wo aber jedes wichtigere Zugeständnis am inländischen Verkehre sich rächen und kaum Gewonnenes verloren gehen kann, heißt es, genauer rechnen und sich nicht zu vorzeitigen Experimenten verlocken lassen, welche die Konsolidierung zu stören vermöchten. Immer wird der Inlandsverkehr im Vordergrunde stehen müssen. Gerade so wie es handelspolitisch verkehrt wäre, den Export durch das Aufgeben von Zöllen fördern zu wollen, bevor die Industrien, die ihres Schutzes bedürfen, erstarkt und leistungsfähig geworden sind. Das Verschwinden der Guthabenklausel und noch mehr das erleichterte Abrücken des Schecks von den Sammelstellen der Geldzirkulation, die Lockerung des Grundsatzes, daß der Scheck unter allen Umständen eine Sichtanweisung ist, die Verlängerung der Vorlagefrist, das sind einschneidende Wandlungen. Sie würden wohl auch in Österreich den Scheckverkehr nicht schlechtweg vernichten, indem sie aber das Bewußtsein der Verantwortlichkeit im Aussteller und das Vertrauen im Schecknehmer schwächen, den Aussteller in der Verfügung über das Guthaben für länger beschränken und es möglich machen, daß der Geldumsatz mittels Scheck sich zersplittert und unfruchtbar versickert, können sie zweifellos schaden.

Das ist Grund genug, um behutsam zu sein. Nach einem bekannten Sprichworte ist der Sperling in der Hand mehr als die Taube am Dache.

In die Rechnung sind jedoch nicht bloß die Einbußen einzustellen, sondern auch der Wert, der dagegen eingetauscht wird. Werden und würden sich die Opfer lohnen? Gesetzt, alles was man sich von den Vorteilen eines hemmungsfreien internationalen Scheckverkehrs verspricht, sei richtig und die Rechtsgleichheit sei dafür wesentlich, ist wirklich nach den mitgeteilten Ergebnissen der Konferenz des Jahres 1912 auf Gleichheit des Scheckrechts in den Hauptgebieten des Welthandels zu zählen? England und die Vereinigten Staaten scheinen überhaupt sich außerhalb der Konvention halten zu wollen. Eine unterrichtete Persönlichkeit sagte von ihnen, es sei wenig Hoffnung, daß diese beiden Reiche in irgendeiner Hinsicht ihre Gesetzgebung ändern, und darauf deutet auch die Zurückhaltung, deren ihre Vertreter in der Konferenz sich befleißigten. An den Debatten nahmen sie fast nur insofern teil, als sie auf Befragen Auskunft über ihr heimisches Recht gaben, und nur ein einziges Mal, um das Certifying zu empfehlen, ging der nordamerikanische Delegierte mehr aus sich heraus. Rechtsgleichheit in Schecksachen ohne England und die Vereinigten Staaten ist unleugbar ein Torso, der praktische Nutzen der Konvention würde dadurch sehr geschmälert. Selbst das Bruchstück aber, als das sich dann die Konvention darstellt, würde die Bezeichnung Rechtsgleichheit oder Rechtseinheit nur a non lucendo tragen. Geht man nämlich die früher unter 1 bis 15 besprochenen Fragen durch, so entdeckt man, daß in nicht weniger als elf von ihnen die nationalen Gesetzgebungen die Vollmacht erhielten, von der loi uniforme mehr oder weniger abweichendes Recht zu schaffen. So, um nur an wichtigeres zu erinnern, in Bezug auf passive Scheckfähigkeit, Begebung ungedeckter Schecks, Zulassung von Zahlstellen, Präsentations- und Protestfristen, Annahme oder Zertifizierung, Regreß gegen den Aussteller nach versäumter Präsentation, Ansprüche des Inhabers gegen den Bezogenen, Verrechnungs- und gekreuzte Schecks, Einfluß des Konkurses und zivilrechtliche Folgen der Einlösung gefälschter Schecks. Es kommt hinzu, daß das angeblich einheitliche Recht über den Zeitsichtscheck — wie schon erwähnt wurde — sich faktisch in nicht leicht zu überschauende territoriale Divergenzen auflösen würde. Einheitlich werden also nach den Konferenzbeschlüssen im großen und ganzen fast nur Bestimmungen zweiter Ordnung oder solche Normen sein, in denen die meisten territorialen Scheckrechte schon jetzt aus eigenem Antriebe identisch sind. Diese Gleichheiten zu formalisieren, macht den Wert der Konvention nicht aus, er müßte wohl darin gesucht werden, daß nun auch die mehr positiven Partien des Scheckrechts in möglichst weitem Umfange gleich würden. Die Aussicht, daß dies eintreten werde, ist augenblicklich gering, in diesen heikleren Materien wollen eine bald größere, bald geringere Zahl von Staaten ihr Recht nicht oder nur teilweise aufgeben, hier dauert die Zerrissenheit, oder, um höflicher zu sein: die Mannigfaltigkeit fort, und daß sie künftig kraft der Konvention, also international anerkannt, unter der Hülle formeller Einheitlichkeit fortbestehen würde, ist ein schwacher Trost. Überdies wurden aber die Beschlüsse, durch die bindende meritorische Normen für das einheitliche Gesetz festgestellt werden sollten, zumeist wieder nur in Dingen zweiter Ordnung oder in ohnehin wesentlich gleich geregelten Punkten mit Einstimmigkeit gefaßt. Einstimmig waren z. B. die Beschlüsse über die Bezeichnung des Zahlungsempfängers und über die Behandlung des Indossaments, ferner wurde Einstimmigkeit erzielt betreffs Berechnung der Vorlagefrist, Gleichstellung der Vorlage bei einer Abrechnungsstelle mit der Präsentation, Ersatz des Protestes durch ein Attest der Abrechnungsstelle, Einfluß des Todes und der Geschäftsunfähigkeit des Ausstellers, Verweisung auf das Wechselgesetz hinsichtlich Indossament und Regreß u. a. Sonst kamen, abgesehen von den Vorbehalten für das Landesrecht, die durchwegs stimmeneinhellig angenommen wurden, die Entscheidungen der Konferenz mittels Majorisierungen zustande, und, da die Überstimmten wohl kaum ausnahmslos sich allen gegen ihren Willen beschlossenen Normen unterwerfen werden, dürfte die Zahl der sicher einheitlichen Normen noch um ein erkleckliches zusammenschmelzen. Die Valuta für die angesonnenen Verzichte ist also kaum von der Art, daß sie beträchtliche Gegenleistungen und gar dem inländischen Verkehre abträgliche Veränderungen rechtfertigen würde. Der augenfällige Vorteil, den Scheck ganz so wie daheim in und nach allen Ländern als Zahlungsmittel benützen zu können, mit welchen das Wirtschaftsleben in Beziehung treten kann, diesen Vorteil wird man sich, wenigstens wie die Sache jetzt steht, mit aller Opferwilligkeit nicht erwerben können. Der Kaufmann oder Bankier wird auch dann auf die Eigentümlichkeiten und Partikularitäten des Auslands zu achten haben, wie er es jetzt tun muß, und nicht einmal den Gewinn wird er haben, daß die territorialen Besonderheiten sich auf minder Belangreiches einschränken. Die einzelnen Staaten werden unter solchen Umständen mit dem sogenannten einheitlichen Rechte sich einverstanden erklären können, wenn es ohne Selbstverleugnung zu haben ist, deswegen das Landesrecht in einem für die inländische Volkswirtschaft ungünstigen oder auch nur gefährlichen Sinne zu reformieren, wird man sich wohl überlegen müssen.

Daß die Resultate der Verhandlungen bis nun ziemlich mager waren, verhehlen sich auch die Delegierten nicht, und man predigt deshalb Beschränkung und Bescheidenheit. Auf der Brüsseler Konferenz der mitteleuropäischen Wirtschaftsvereine, von der schon die Rede war, wurde beispielsweise gesagt, es wäre schon zu begrüßen, wenn von allen Seiten einmütig die Beschränkung der passiven Scheckfähigkeit auf Banken und Bankiers, die Guthabenklausel, die Unwiderruflichkeit vor Ablauf der Vorlagefrist, das Verbot einer Zahlungsfrist und des Akzepts gutgeheißen und genehmigt würde. Andere werden eventuell Einigung über andere Punkte für noch wichtiger halten, doch die Haager Konferenz hat nicht einmal dieses Mindestprogramm erfüllt. In drei von den vier angeführten Gegenständen wurde der nationalen Gesetzgebung Freiheit gegeben und über die Unwiderruflichkeit kam wegen der Meinungsgegensätze überhaupt kein Beschluß zustande. Angesichts der Schwierigkeit, die Teilnehmer der Konferenz dort, wo die Gesetze auseinandergehen, unter einen Hut zu bringen, tauchte der Vorschlag auf, es bei einem „Rahmengesetze" bewenden zu lassen. Ein solches Gesetz würde nicht so sehr für die Gegenwart die Einheitlichkeit vermehren, da es der Hauptsache nach wohl nur das schon vorhandene Gemeinsame aus den partikulären Rechten herausheben und Maxima aufstellen könnte, sonst würde es wohl auf dieselben Schwierigkeiten stoßen wie das meritorisch einheitliche Gesetz, es könnte aber durch ein Rahmengesetz für eine bestimmte Periode zunächst einem weiteren Divergieren der Scheckgesetze vorgebeugt werden. Das wäre immerhin ein Fortschritt, und mit dieser Wendung könnte der Gedanke eines Rahmengesetzes als letzter Ausweg immerhin im Auge behalten werden.

Das Rahmengesetz stellt man sich, wie es scheint, gleich der loi uniforme, der man im Haag nachstrebt, als eine Norm sowohl für den inländischen wie für den Auslandsverkehr vor. Steckt nicht etwa gerade darin der Fehler? Werden die Schwierigkeiten analysiert, die durch die Haager Verhandlungen zutage getreten sind, so drängt sich unwillkürlich der Zweifel auf, ob nicht überhaupt das Prinzip der ganzen Vereinheitlichungsaktion, wenigstens was den Scheck anlangt, falsch ist und der geringe Erfolg so aufopfernden Bemühens und soviel guten Willens der Unrichtigkeit der Methode zuzuschreiben ist. Der offiziell verkündete Zweck der Vereinheitlichung ist die wirtschaftliche und kommerzielle Annäherung der Länder, die Wahrung und Unterstützung der Interessen des internationalen Wirtschaftsverkehrs; dem internationalen Scheckverkehre sollen Boden und Bahn geebnet werden, der Scheck soll für die internationalen Zahlungen leicht benutzbar werden. Dieses Ziel kann in doppelter Weise erreicht werden: durch Gleichheit der Landesrechte, so daß jeder Unterschied zwischen Inland und Ausland wegfällt, oder ohne die Landesrechte einzubeziehen, durch die Vereinbarung bindender Grundsätze und Regeln bloß für international verwendete Schecks. Sofern ersteres ausführbar ist, wird ihm der Vorrang gebühren, sollte dies aber auf unüberwindliche oder nur schwer zu beseitigende Hindernisse stoßen, dann muß man sich eben mit dem zweiten zufrieden geben; es ist immer noch besser, einen Teil als gar nichts zu erreichen und für den internationalen Verkehr wäre dieser Teil das wichtigere. Aus den gleich eingangs dargelegten Ursachen ist dermalen die Ungleichheit der nationalen Scheckrechte noch sehr bedeutend und die Konferenz hat bewiesen, daß einzelne Länder noch viel zu sehr mit ihrem Scheckrechte sich eins fühlen und ihm noch zu wenig objektiv gegenüberstehen, in anderen wieder das Scheckwesen noch nicht genug seinen inneren Schwerpunkt und seine natürlichen Grundlinien gefunden hat, als daß Aussicht wäre, durch vorurteilslose Kritik und rein rationelles Abwägen der verschiedenen scheckrechtlichen Systeme und Institute zu einem von allen nationalen Reflexen abgelösten universal gleichen Scheckrechte zu gelangen. Der Unifizierungsversuch, der unter dem Einflusse einer der suggestivsten Leitideen der Gegenwart, des internationalen Verkehrs unternommen wurde, war bis jetzt vergeblich und ob man voraussetzen darf, daß die nächste Konferenz ein völlig anderes Bild zeigen werde, darüber kann der Außenstehende kein Urteil abgeben. Es scheint nach allem die Zeit für die materielle Gleichheit des Scheckrechts nicht reif zu sein. Es ist ein Verdienst der bisherigen Beratungen, darüber aufgeklärt zu haben. Früher konnte man sich schmeicheln, die wichtigsten Verschiedenheiten mit einer großen gemeinsamen Anstrengung zu überbrücken, nun steht einstweilen fest, daß sie widerstandsfähiger sind als man dachte und höchstens an der Peripherie gewisse Konkordanzen hergestellt werden können. Damit scheint der Moment gekommen, sich die Frage zu stellen, ob trotzdem „unentwegt" auf dem ursprünglichen Ziele bestanden werden solle oder ob es nicht angemessener wäre, das Ziel der durch die Konferenz ermittelten Sachlage zu akkomodieren. Und fürwahr, ist es wirklich nötig, den Ossa auf den Pelion zu türmen, zu Verschiebungen im wohlüberlegten Gleichgewichte der territorialen Scheckrechtsordnungen zu zwingen, Unruhe in reibungslos arbeitende Rechtskomplexe zu tragen, Dinge, die sich nun geschichtet und geschlichtet haben oder nahe daran sind, wieder aufzurühren, alles nur um den internationalen Verkehr zu verbessern? Ist es wirklich eine gute Politik, die Verbesserung des Außenverkehrs durch Störungen und Erschütterungen des inländischen Verkehrs herbeizuführen? Wäre es nicht viel zweckmäßiger, den Außenverkehr zu ordnen, ohne das Recht des Binnenverkehres deswegen umzustülpen? Ist eine Neuordnung sämtlicher territorialer Scheckrechte an Haupt und Gliedern wirklich die unerläßliche Bedingung jener Außenreform? Hat denn wegen der Haager Konventionen über Ehescheidung und Vormundschaftsrecht das territoriale Ehe- oder Vormundschaftsrecht umgemodelt werden oder hat das Deutsche Reich wegen der Berner Union sein Urheberrecht durchwegs mit dem der übrigen Unionsstaaten gleichmachen müssen? In beiden Fällen ist man über einige für das internationale Recht hervorragend praktische Punkte übereingekommen, sonst aber kann in den bezüglichen Rechtsmaterien die Autonomie schalten. Sie bleibt das Prinzipale, während sie für den Scheck mittels der Konvention zu einer bloß subsidiären Rechtsquelle mit international verliehener begrenzter Kompetenz herabgedrückt werden soll, so daß, falls eine Bestimmung des einheitlichen Gesetzes, der des lieben Friedens wegen zugestimmt wurde, nachher in der Anwendung nicht entspricht, nur durch Kündigung der Konvention oder durch neue Konferenzen geholfen werden kann. Einzelne Rückwirkungen werden solche internationale Übereinkommen auf das inländische Recht stets üben, aber es ist ein Neubau des inländischen Scheckrechts überflüssig, bloß um die etlichen Punkte zu regeln, in welchen die Rechtsgleichheit ein dringendes Bedürfnis für den internationalen Scheckumlauf ist. Das sind dann einige bestimmte Postulate, denen jedes Staatswesen gern entsprechen wird und die nicht zu erfüllen in der Regel jeder Grund fehlt, sobald dessen ungeachtet der inländische Scheckverkehr sich in seinen gewohnten Geleisen fortbewegen kann. Wann und wie sie ihr inländisches Scheckrecht rekonstruieren wollen, das überlasse man den einzelnen Staaten, für die internationalen Schecks ist vorgesorgt, wenn kraft der übernommenen Verpflichtung diejenigen Ergänzungen für Auslandschecks in das inländische Recht eingefügt werden, die das Ausschreiben von Schecks von Land zu Land und die sichere Erledigung der Scheckobligation in einem anderen als dem Geburtslande des Schecks ermöglichen. Das würde keine so gewaltige Mühe machen, diese Lorbeeren können rasch gepflückt werden. Wenn es dann einen Staat gelüstet, eine oder die andere internationalrechtliche Bestimmung auch für Inlandschecks zu rezipieren, so mag er es freiwillig tun, er wird dann die Auslese nach seinen spezifischen Verhältnissen treffen und muß sich um eines partiellen Vorteiles willen nicht einem Schema unterordnen, das vielleicht zu neunzig Prozent auf ganz andere finanzielle, geschäftliche und rechtliche Zustände berechnet ist.

So würden sich gemeinsames und territoriales Recht versöhnen, und es würde den Staaten die Alternative erspart, entweder den internationalen Verkehr zu schädigen oder wider besseres Wissen dem Inlande Normen aufzudrängen, die ihm nicht frommen und die es nicht haben will. Gesetzes- und rechtstechnisch ist eine solche Sonderung durchführbar, sie hat genug Vorgänger und Vorbilder, nicht sie, sondern der Plan, nach dem bisher im Haag vorgegangen wurde, ist das Neue, Unerprobte. Ein Stück antizipiertes Weltrecht wird das einheitliche Wechselgesetz werden, doch nicht jeder beliebige Rechtsstoff kann zu jeder Zeit mit Weltgültigkeit geordnet werden. Die staatliche wie die Rechtseinigung, die oft zusammenfallen, sind nebst allerlei Imponderabilien von einer Summe ethnischer, politischer, sozialer, wirtschaftlicher, moralischer und geistiger Momente abhängig. Wissenschaftliche oder kosmopolitische Begeisterung hat darüber wenig Gewalt, in das werden sich die feurigsten Apostel des Weltrechts schicken müssen, sowie sie von den schwingenden Worten zur ehernen Tat schreiten. Diese Vorbedingungen der Vereinheitlichung fehlen dem Scheckrechte gerade in seinem gegenwärtigen Evolutionsstadium. Der internationale Kongreß der Handelskammern in Boston (1912) hat im Interesse von Industrie und Handel ein Weltscheckrecht verlangt, die Stimmung für die volle Vereinheitlichung hätte nicht besser sein können, doch sowie die Rede auf die Einzelheiten kam, stellten sich auch hier gleich die Schwierigkeiten ein. Einer der Redner meinte deshalb, man solle sich, da bei der Beratung von Einzelheiten doch eine Übereinstimmung nicht erzielt werden könne (!), darauf beschränken, es nur als einstimmige Meinung aller auf dem Kongresse vertretenen Nationen auszusprechen, daß versucht werden solle, ein einheitliches Scheckrecht für den Welthandel zu erlangen. Dieses ist, falls man nicht bloß an eine von Ausnahmen wie ein Sieb durchlöcherte Einheit denkt, noch fern. Es wäre aber ein Irrtum, wenn man darüber zu sehr enttäuscht wäre, denn die Art von Einheitlichkeit, die für das Scheckrecht gewollt wird, ist etwas ungewöhnliches, bisher hat man immer andere, minder radikale Mittel angewendet, um dem internationalen Rechts- und Geschäftsleben zu geben, was ihm nützt. Weil man das, vom Gelingen der Vereinheitlichung des Wechselrechts geblendet, leicht übersieht und aus dem Einmal eine Regel machen möchte, war darauf eindringlich hinzuweisen, damit man nicht, wenn das einheitliche Gesetz in letzter Redaktion wirklich den Beschlüssen des Jahres 1912 kongruent sein sollte, nur um ein Ergebnis zu retten, zu verhängnisvollen Abänderungen des inländischen Rechts sich überreden läßt und dies damit entschuldigt, daß einzig auf diese Art für die internationalen Zahlungen gesorgt werden konnte. Die Ruhe, mit der, durch internationale Rücksichten unbeeirrt, zwei Länder gewaltigsten Weltverkehrs wie das britische Reich und die nordamerikanische Republik an den Grundsätzen ihres Heimatsrechts festhalten, beweist, daß ein Staat mitten im weltwirtschaftlichen Getriebe stehen und dennoch ohne Schaden Abmachungen für internationale Zwecke und innere Kodifikation voneinander scharf trennen kann. Die Ungleichheiten der territorialen Rechte lassen sich nicht einfach wegwischen und auslöschen. Die Völker sind infolge ihrer Natur und ihrer Geschichte verschieden und ihr Eigenwesen muß sich wie in Sitte, Kunst, Wirtschaft usw., so auch in ihrem Rechte ausprägen. Als im verflossenen Sommer auf einem Kongresse über die Möglichkeit und Wünschbarkeit einer Weltreligion gesprochen wurde, bemerkte einer der Redner, eine Universalreligion sei so wenig zu wünschen, als wir eine „Allerweltskunst oder ein überall gültiges Recht der Mannigfaltigkeit und dem Reize der durch Rassenunterschiede usw.

bedingten Kunst und Gesetzgebung vorziehen." Was nicht mit Seele und Geist des Volkes irgendwie in organischer innerer Berührung ist, kann für dieses nicht wahres Recht sein. Jeder Zweig des Rechts hat daher seine autochthonen Sätze und Einrichtungen, die anderswo überflüssig oder unangebracht sind. Die Haager Konferenz hat das durch die vielen Reserven gegenüber dem Landesrechte selbst für eine so spezielle und fachtechnische Partie wie das Scheckrecht bestätigt. Auch internationale Rechtsnormen können sich nicht einseitig nach dem Bedarfe des Verkehrs richten, sie müssen den natürlichen Erfordernissen des Rechts ebenso Rechnung tragen wie die rein nationalen Normen. Wir haben das Vertrauen, daß die Einsicht der beiderseitigen Regierungen das nicht verkennen und das partikulär Notwendige in dieser oder jener Form auch dort zu schirmen wissen wird, wo andere Länder anderes wollen. Damit wird nichts in Anspruch genommen, was wir nicht ebenso allen übrigen Staaten überzeugt zubilligen. Denn so sehr sich die Völker heute in der Wirtschaft gleichen, auch das Wirtschaftsrecht wird die Fühlung mit den Zuständen, der Denkweise und dem Charakter der Gesellschaft nicht verlieren dürfen, für die es bestimmt ist. Der weltumschließenden Einheit sind Grenzen gesetzt.

EINE NEUE TRUSTENTSCHEIDUNG DES SUPREME COURT VON WASHINGTON.

Von JOSEF KOHLER.

Die Entscheidungen des Supreme Court über die Sherman Akte sind gewichtige Stufen im Kampfe, welcher gegenwärtig das amerikanische Wirtschaftsleben durchzuckt und welcher sich mit der Zeit mehr und mehr auf unseren Kontinent verpflanzen wird. In kurzen Zeiträumen sind ergangen die Entscheidungen United States v. Trans Missouri Freight Association von 1897 und, das Jahr darauf, die Entscheidung United States v. Joint Traffic Association. Ihnen folgte die Entscheidung über die Northern Securities und sodann Swift Company v. United States 1905. Mit markiger Wucht ergingen sodann die Urteile über den Oil Trust und Tobacco Trust, und die neuere Zeit erlebte wieder ein Urteil vom Jahre 1912 über die Union Pacific Railroad Company. Die Entscheidungen haben die verschiedensten Arten der Monopolisierung zu treffen gesucht, bald das Trust- und Aufsaugesystem, wie bei der Swift Company, wo es sich um Vereinbarungen über die Fleischproduktion und den Fleischverkauf in den Vereinigten Staaten handelte und man den Verkehr in der Art zu tyrannisieren suchte, daß die Preise ein für allemal festgesetzt wurden; bald handelt es sich um die Form der Holding Company, bald um die Vereinigung von konkurrierenden Eisenbahnen zur Monopolisierung der Tarife, wobei man oft in willkürlicher Weise den einen begünstigte und den andern zu benachteiligen trachtete. Immer und immer geht der Gerichtshof davon aus, daß die Konkurrenz das Lebenselement des Handels sei und den einzigen Schutz der Abnehmer und des Publikums gegen wucherische Überteuerungen bilde; und immer und immer wieder wird ausgesprochen, daß es nicht darauf ankomme, in welcher Form man die Konkurrenz lahmzulegen suche, sondern daß eben jede auf Monopolisierung gerichtete Bestrebung dem Gesetze verfällt. So heißt es in der Swift Case, 196 U. S. 375, 385 v. 30. 1. 1905:

Combination, conspiracy or agreement between independent manufacturers or producers of a necessary of life to fix and maintain uniform prices for their products or otherwise to suppress competition with each other is a unlawful restraint upon trade.

In der Joint Traffic Case, 171 U. S. 505, 577 v. 24. 10. 1898 ist gesagt:

The natural, direct and immediate effect of competition is . . . . to lower rates, and to thereby increase the demand of commodities, the supplying of which increases commerce, and an agreement, whose first and direct effect is to prevent this play of competition, restrains instead of promoting trade and commerce.

Und was die Eisenbahnen betrifft, so heißt es in der Trans Missouri Case, 166 U. S. 290, 335 v. 22. 3. 1897:

Considering the public character of such corporations, the privileges and franchises which they have received from the public in order that they might transact business, and bearing in mind how closely and immediately the question of rates for transportation affects the whole public, it may be urged that Congress had in mind all the difficulties which we have before suggested of proving the unreasonableness of the rate, and might, in consideration of all the circumstances, have deliberately decided to prohibit all agreements and combinations in restraint of trade or commerce, regardless of the question whether such agreements were reasonable or the reverse.

Ich habe die Urteile über die Northern Securities und über Oil und Tobacco Trust anderwärts wiedergegeben[1]), heute handelt es sich um die Union-Pacific-Entscheidung, welche 2 Elemente in sich vereinigt: die Monopolisierung der Transporteinrichtungen und die Benutzung des Systems der Holding Company. Ich lasse das Wesentlichste der Entscheidung folgen.

Supreme Court of the United States.

No. 446.—October Term, 1912.

The United States of America, Appellant, *vs.* The Union Pacific Railroad Company et al.	Appeal from the Circuit Court of the United States for the District of Utah.

(December 2, 1912.)

[1]) Monatsschrift f. Handelsrecht XIII S. 210 f., XX S. 285 f.

Mr. Justice D a y delivered the opinion of the Court.

The case was begun in the United States Circuit Court for the District of Utah to enforce the provisions of the so-called Sherman Anti-trust Act of 1890 (26 Stat. 209) against certain alleged conspiracies and combinations in restraint of interstate commerce. The case in its principal aspect grew out of the purchase by the Union Pacific Railroad Company in the month of February, 1901, of certain shares of the capital stock of the Southern Pacific Company from the devisees under the will of the late Collis P. Huntington, who had formerly owned the stock. Other shares of Southern Pacific stock were acquired at the same time, the holding of the Union Pacific amounting to 750 000 shares or about 37½ % (subsequently increased to 46 %) of the outstanding stock of the Southern Pacific Company. The stock is held for the Union Pacific Company by one of its proprietary companies, The Oregon Short Line Railroad Company. The Government contends that the domination over and control of the Southern Pacific Company given to the Union Pacific Company by this purchase of stock brings the transaction within the terms of the Anti-trust Act. A large amount of testimony was taken and the case heard before four Circuit Judges of the Eighth Circuit, resulting in a decree dismissing the bill. 188 Fed. Rep. 102.

Prior to the stock purchase in 1901 the Union Pacific system may briefly be described as a line of railroad from the Missouri River to the Pacific coast, namely from Omaha, Nebraska, or perhaps more strictly from Council Bluffs, Iowa, and from Kansas City, Missouri, to Ogden, Utah, and Portland, Oregon, with various branches and connections, and a line of steamships from Portland to San Francisco, California, and from Portland to the Orient; and a line of steamships from San Francisco to the Orient (the Occidental & Oriental Steamship Company), in which the Union Pacific and the Southern Pacific each owned a half interest. The main line from Council Bluffs to Ogden, a little over 1000 miles in length, with the branch from Kansas City, through Denver, Colorado, to Cheyenne, Wyoming, on the main line, was owned and operated by the Union Pacific; the line from Granger, Wyoming, on the main line of the Union Pacific, to Huntington, Oregon, was owned and operated by The Oregon Short Line Railroad Company, the capital stock of which was owned by the Union Pacific; and the line from Huntington to Portland was owned and operated by the Oregon Railroad & Navigation Company, the stock ownership of which was in the Oregon Short Line. The boat line from Portland to San Francisco and to the Orient, The Portland & Asiatic Steamship Company, was organized early in 1901, its stock owned by the Oregon Railroad & Navigation Company.

The Southern Pacific Company, a holding company of the State of Kentucky, also engaged in operating certain lines of railroad under lease, controlled a line of railroad extending from New Orleans through Louisiana, Texas, New Mexico, Arizona, California and Oregon to Portland, reaching Los Angeles and San Francisco, with several branch lines and connections extending into tributary territory. A line of boats running between New York and New Orleans was also owned and operated by the Southern Pacific, and later the same ships entered the port of Galveston, where also the Southern Pacific reached tidewater, and it had branches extending to various points in northern Texas connecting with other lines of road. The Southern Pacific also operated, under lease, the railroad of The Central Pacific Railway Company, all the stock of which is owned by the Southern Pacific. The lines of the Central Pacific consisted of the road from San Francisco to Ogden, about 800 miles in length and connecting at the latter place with the Union Pacific and The Denver & Rio Grande Railroad Company's line. It also had various branches in and about California aggregating in mileage about 500 miles. The Southern Pacific also owned a majority of the stock of the Pacific Mail Steamship Company, which operated a line of steamships plying to ports in the Orient and running between San Francisco and Panama which, with the Panama Railroad and its boats, constituted the so-called Panama Route.

The contention of the Government is that, prior to the stock purchase, the Union Pacific and Southern Pacific were competing systems of railroad engaged in interstate commerce, and acted independently as to a large amount of such carrying trade, and that since the acquisition of the stock in question the dominating power of the Union Pacific has eliminated competition between these two systems, and that such domination makes the combination one in restraint of trade within the meaning of the first section of the Act of Congress of July 2, 1890, and the transaction an attempt to monopolize interstate trade within the provisions of the second section of the act.

In view of the recent consideration of the history and meaning of the act (Standard Oil and Tobacco Cases, 221 U. S. 1 and 106, respectively) it would be superfluous to enter upon any general consideration of its origin and scope. In certain aspects the law has been thoroughly considered and its construction authoritatively settled, and in determining the present controversy we need but briefly restate some of the conclusions reached. The act applies to interstate railroads as carriers conducting interstate commerce, and one of the principal instrumentalities thereof. *United States* vs. *Trans-Missouri Freight Association*, 166 U. S. 290; *United States* vs. *Joint Traffic Association*, 171 U. S. 505. The act is intended to reach combinations and conspiracies which restrain freedom of action in interstate trade and commerce and unduly suppress or restrict the play of competition in the conduct thereof. *United States* vs. *Joint Traffic Association, supra.* In that case an agreement between competing interstate railroads for the purpose of fixing and maintaining rates was condemned.

"It is," said the court (p. 571), "the combination of these large and powerful corporations, covering vast sections of territory and influencing trade throughout the whole extent thereof, and acting as one body in all the matters over which the combination extends, that constitutes the alleged evil, and in regard to which, so far as the combination operates upon and restrains interstate commerce, Congress has power to legislate and to prohibit."

In the *Northern Securities Co.* vs. *United States*, 193 U. S. 197, this Court dealt with a combination differing in character from that considered in the Trans-Missouri and Joint Traffic Cases, and it was there held that the transfer to a holding company of the stock of two competing interstate railroads, thereby effectually destroying the power which had theretofore existed to compete in interstate commerce, was a restraint upon such commerce, and Mr. Justice Harlan, announcing the affirmance of the decree of the Circuit Court said (p. 337):

"In all the prior cases in this Court the Anti-trust Act has been construed as forbidding any combination which by its necessary operation destroys or restricts free competition among those engaged in interstate commerce; in other words, that to destroy or restrict free competition in interstate commerce was to restrain such commerce. Now, can this Court say that such a rule is prohibited by the Constitution or is not one that Congress could appropriately prescribe when exerting its power under the commerce clause of the Constitution? Whether the free operation of the normal laws of competition is a wise and wholesome rule for trade and commerce is an economic question which this Court need not consider or determine."

Mr. Justice Brewer, who delivered a concurring opinion, while expressing the view that the former cases were rightly decided, said that they went too far in giving the reasons for the judgments, and declared his view that Congress only intended to reach and destroy those contracts which were in direct restraint of trade, unreasonable and against public policy. He was nevertheless emphatic in condemning the combination effected by the Northern Securities Company and the transfer of stocks to it, which policy, he declared, might be extended until a single corporation with stocks owned by three or four parties would be in practical control of both roads, or, viewing the possibilities of combination, the control of the whole transportation system of the country, and, in concluding his concurring opinion, said (p. 363):

"It must also be remembered that under present conditions a single railroad is, if not a legal, largely a practical, monopoly, and the arrangement by which the control of these two competing roads was merged in a single corporation broadens and extends such monopoly.

I cannot look upon it as other than an unreasonable combination in restraint of interstate commerce—one in conflict with State law and within the letter and spirit of the statute and the power of Congress."

Of the Sherman Act and kindred statutes, this Court, speaking by Mr. Justice McKenna, said in *National Cotton Oil Co.* v. *Texas*, 197 U. S. 115, 129:

"According to them, competition not combination, should be the law of trade. If there is evil in this it is accepted as less than that which may result from the unification of interest, and the power such unification gives. And that legislatures may so ordain this Court has decided. *United States* v. *E. C. Knight Co.* 156 U. S. 1; *United States* v. *Trans-Missouri Freight Association*, 166 U. S. 290; *United States* v. *Joint Traffic Association*, 171 U. S. 505; *Northern Securities Co.* v. *United States*, 193 U. S. 197; *Swift & Co.* v. *United States*, 196 U. S. 375."

In the recent discussion of the history and meaning of the act in the Standard Oil and Tobacco Cases this Court declared that the statute should be given a reasonable construction, with a view to reaching those undue restraints of interstate trade which are intended to be prohibited and punished, and in those cases it is clearly stated that the decisions in the former cases had been made upon an application of that rule, and there was no suggestion that they had not been correctly decided. In the Tobacco Case, after referring to the previous decision in the Standard Oil Case and the decisions in the Trans-Missouri and Joint Traffic Cases, the doctrine was tersely summarized by the Chief Justice, speaking for the Court, as follows (p. 179):

"Applying the rule of reason to the construction of the statute, it was held in the Standard Oil Case that, as the words 'restraint of trade' at common law, and in the law of this country at the time of the adoption of the Anti-trust Act only embraced acts or contracts or agreements or combinations which operated to the prejudice of the public interests by unduly restricting competition, or unduly obstructing the due course of trade or which, either because of their inherent nature or effect or because of the evident purpose of the acts, etc., injuriously restrained trade, that the words as used in the statute were designed to have and did have but a like significance. It was therefore pointed out that the statute did not forbid or restrain the power to make normal and usual contracts to further trade by resorting to all normal methods, whether by agreement or otherwise, to accomplish such purpose. In other words, it was held not that acts which the statute prohibited could be removed from the control of its prohibitions by a finding that they were reasonable, but that the duty to interpret which inevitably arose from the general character of the term 'restraint of trade' required that the words 'restraint of trade' should be given a meaning which would not destroy the individual right to contract, and render difficult, if not impossible, any movement of trade in the channels of interstate commerce,—the free movement of which it was the purpose of the statute to protect."

We take it therefore that it may be regarded as settled, applying the statute as construed in the decisions of this Court, that a combination which places railroads engaged in interstate commerce in such relation as to create a single dominating control in one corporation, whereby natural and existing competition in interstate commerce is unduly restricted or suppressed, is within the condemnation of the act. While the law may not be able to enforce competition, it can reach combinations which render competition impracticable. *Swift & Co.* v. *United States,* 196 U. S. 375.

Nor do we think it can make any difference that instead of resorting to a holding company, as was done in the Northern Securities case, the controlling interest in the stock of one corporation is transferred to the other. The domination and control, and the power to suppress competition, are acquired in the one case no less than in the other, and the resulting mischief, at which the statute was aimed, is equally effective whichever form is adopted. The statute in its terms embraces every contract or combination, in form of trust or otherwise, or conspiracy in restraint of trade or commerce. This Court has repeatedly held this general phraseology embraces all forms of combination, old and new. "In view of the many new forms of contracts and combinations," said the Chief Justice in the Standard Oil Case (p. 59), "which were being evolved from existing economic conditions, it was deemed essential by an all-embracing enumeration to make sure that no form of contract or combination by which an undue restraint of interstate or foreign commerce was brought about could save such restraint from condemnation." A more effectual form of combination to secure the control of a competing railroad than for one road to acquire a dominating stock interest in the other, could hardly be conceived. If it is true, as contended by the Government, that a stock interest sufficient for the purpose was obtained in the Southern Pacific Company, with a view to securing the control of that company and thus destroying or restricting competition with the Union Pacific in interstate trade, the transaction was in our opinion within the terms of the statute.

That the purchase was legal in the State where made and within corporate powers conferred by State authority constitutes no defense, if it contravenes the provisions of the Anti-trust Act, enacted by Congress in the exercise of supreme authority over interstate commerce. *Northern Securities Co.* v. *United States, supra,* 334; *Standard Oil Co.* v. *United States, supra,* 68; *United States* v. *American Tobacco Co. supra,* 183.

It is said, however, and this was the view of the majority of the Circuit Judges, that these railroads were not competing, but were engaged in a partnership in interstate carriage as connecting railroads, and it was further said that the Southern Pacific, because of its control of the line from Ogden to San Francisco and other California points, was the dominating partner. A large amount of the testimony in this voluminous record was given by railroad men of wide experience, business men and shippers, who, with practical unanimity, expressed the view that prior to the stock purchase in question the Union Pacific and Southern Pacific systems were in competition, sharp, well-defined and vigorous, for interstate trade. To compete is to strive for something which another is actively seeking and wishes to gain. The Southern Pacific through its agents, advertisements and literature had undertaken to obtain transportation for its "Sunset" or southerly route across the continent, while the Union Pacific had endeavored in the same territory to have freight shipped by way of its own and connecting lines, thus securing for itself about 1000 miles of the haul to the coast.

To preserve from undue restraint the free action of competition in interstate commerce was the purpose which controlled Congress in enacting this statute, and the courts should construe the law with a view to effecting the object of its enactment.

Competition between two such systems consists not only in making rates, which, so far as the shipper was concerned, the proof shows, were by agreement fixed at the same figure, whichever route was used and then apportioned among the connecting carriers upon a basis satisfactory to themselves, but includes the character of the service rendered, the accommodation of the shipper in handling and caring for freight and the prompt recognition and adjustment of the shipper's claims. Advantages in these respects were the subjects of representation and the basis of solicitation by many active, opposing agencies. The maintenance of these by the rival companies promoted their business and increased their revenues. The inducement to maintain these points of advantage—low rates, superiority of service and accommodation—did not remain the same in the hands of a single dominating and common ownership as it was when they were the subjects of active promotion by competing owners whose success depended upon their accomplishment.

The consolidation of two great competing systems of railroad engaged in interstate commerce by a transfer to one of a dominating stock interest in the other creates a combination which restrains interstate commerce within the meaning of the statute, because, in destroying or greatly abridging the free operation of competition theretofore existing, it tends to higher rates (*United States* vs. *Joint Traffic Association, supra,* 577). *It directly tends to less activity in furnishing the public with prompt and efficient service in carrying and handling freight and in carrying passengers, and in attention to and prompt adjustment of the demands of patrons for losses, and in these respects puts interstate commerce under restraint.* Nor does it make any difference that rates for the time being may not be raised and much money be spent in improvements after the combination is effected. It is the scope of such combinations and their power to suppress or stifle competition or create monopoly which determines the applicability of the act. *Pearsall* v. *Great Northern Railway Co.*, 161 U. S. 646, 676; *United States* v. *Joint Traffic Association, supra.*

It is urged that this competitive traffic was infinitesimal, when compared with the gross amount of the business transacted by both roads, and so small as only to amount to that incidental restraint of trade which ought not to be held to be within the law; but we think the testimony amply shows that, while these roads did a great deal of business for which they did not compete and that the competitive business was a comparatively small part of the sum total of all traffic, state and interstate, carried over them, nevertheless such competing traffic was large in volume, amounting to many millions of dollars. Before the transfer of the stock this traffic was the subject of active competition between these systems, but by reason of the power arising from such transfer it has since been placed under a common control. It was by no means a negligible part, but a large and valuable part, of interstate commerce which was thus directly affected.

The fact that the Southern Pacific had a road of its own from the Gulf to the Pacific Coast did not prevent competition for this traffic. The Union Pacific and its connections were engaged in the same carrying trade, and as a matter of fact were competing for that trade, by all the usual means of competition resorted to by rival railroad systems. As this Court said, speaking by Mr. Justice Holmes, in *Swift & Co.* v. *United States, supra*, 398: "Commerce among the States is not a technical legal conception, but a practical one, drawn from the course of business." *That commerce, as conducted from the East to the Pacific Coast, was in a substantial part the subject matter of rivalry and competition between these two systems. Since the stock transfer the companies have common officers and the rival soliciting agencies have been for the most part abandoned.* — — — — — *(Omissis.)*

After acquiring the Southern Pacific stock, Mr. Harriman, who dominated in the affairs of the Union Pacific, became President and Chairman of the Executive Committee of the Southern Pacific Company, with the same ample power which he had in like positions in the Union Pacific Company and the companies owned and controlled by it. These facts cannot be lost sight of in determining the object and scope of the transaction in question, which resulted, as we have said, in that unified control which has in its power the suppression of competition,

But it is said that no such control was in fact obtained; that at no time did the Union Pacific acquire a majority of the stock of the Southern Pacific, and that at first it acquired but thirty-seven and a fraction per cent, which was afterwards somewhat increased and diminished until about 46 % of the stock is now held. In any event, this stock did prove sufficient to obtain the control of the Southern Pacific. It may be true that in small corporations the holding of less than a majority of the stock would not amount to control, but the testimony in this case is ample to show that, distributed as the stock is among many stockholders, a compact, united ownership of 46 % is ample to control the operations of the corporation. This is frankly admitted in the testimony of Mr. Harriman, the prime mover in the purchase of the Southern Pacific. It was purchased, he declared, for the purpose of getting a dominating interest in the Southern Pacific Company, and, he added, the Union Pacific did thus acquire such interest.

Reaching the conclusion that the Union Pacific thus obtained the control of a competing railroad system and thereby effected a combination in restraint of trade within the meaning of the Sherman Act, the question remains, What should be the relief in such circumstances? The remedies provided in the statute, generally speaking, were said by this Court in the Standard Oil Case, supra, to be two-fold in character (p. 78):

"1st. To forbid the doing in the future of acts like those which we have found to have been done in the past which would be violative of the statute. 2nd. The exertion of such measure of relief as will effectually dissolve the combination found to exist in violation of the statute, and thus neutralize the extension and continually operating force which the possession of the power unlawfully obtained has brought and will continue to bring about."

In applying this general rule of relief we must deal with each case as we find it, and in the present one the object to be attained is to restrain the operation of, and effectually terminate the combination created by the transfer of the stock to the Union Pacific Company. *In that view the decree to be entered in the District Court shall provide an injunction against the right to vote this stock while in the ownership or control of the Union Pacific Company, or any corporation owned by it, or while held by any corporation or person for the Union Pacific Company, and forbid any transfer or disposition thereof in such wise as to continue its control, and shall provide an injunction against the payment of dividends upon such stock while thus held, except to a receiver to be appointed by the District Court to collect and hold such dividends until disposed of by the decree of the Court.*

As the Court below dismissed the Government's bill, it was unnecessary there to consider the disposition of the shares of stock acquired by the Union Pacific Company, which acquisition, we hold, constituted an unlawful combination in violation of the Anti-trust Act. *In order to effectually conclude the operating force of the combination such disposition shall be made subject to the approval and decree of the District Court, and any plan for the disposition of this stock must be such as to effectually dissolve the unlawful combination thus created. The Court shall proceed, upon the presentation of any plan, to hear the Government and defendants, and may bring in any additional parties whose presence may be necessary to a final disposition of the stock in conformity to the views herein expressed.*

As to the suggestion made at the oral argument by the Attorney General, in response to a query from the Court as to the nature of the decree, that one might be entered which, while destroying the unlawful combination in so far as the Union Pacific secured control of the competing line of road extending from New Orleans and Galveston to San Francisco and Portland, would permit the Union Pacific to retain the Central Pacific connection from Ogden to San Francisco and thereby to control that line to the coast, thus effecting such a continuity of the Union Pacific and Central Pacific from the Missouri River to San Francisco as was contemplated by the acts of Congress under which they were constructed, it should be said that nothing herein shall be considered as preventing the Government or any party in interest, if so desiring, from presenting to the District Court a plan for accomplishing this result, or as preventing it from adopting and giving effect to any such plan so presented..

Any plan or plans shall be presented to the District Court within three months from the receipt of the mandate of this Court, failing which, or, upon the rejection by the Court of plans submitted within such time, the Court shall proceed by receivership, and sale, if necessary, to dispose of such stock in such wise as to dissolve such unlawful combination.

The Government has appealed from the decree which is a general one dismissing the bill. So far as concerns the attempt to acquire the Northern Pacific stock and the stock of The Atchison, Topeka & Santa Fe Railway Company, afterwards abandoned, and a certain interest in the San Pedro, Los Angeles & Salt Lake Railroad Company, and other features of the case which were dealt with and disposed of by the decree and opinion of the Court below, it is sufficient, without going into these matters in detail, to say that as to them we find no reason to disturb the action of the Court below, but for the reasons stated the decree should be reversed and one entered in conformity to the views herein expressed, so far as concerns the acquisition of the Southern Pacific stock.

* * *

Das Urteil zeigt, in welch komplizierter Weise das System der Holding Company bei den Eisenbahnen in Anwendung kommt. Ein Unternehmen zieht das andere an sich und bringt es in seine Untertänigkeit, und bald ist es das erste, bald das zweite Unternehmen, welches wieder ein drittes und viertes in seine Fangarme schließt. Die Union Pacific Co. hatte schon die Oregon Short Line Railroad Co., und diese wieder die Oregon Railroad and Navigation Co. in sich aufgesogen, so daß der Verkehr auf einer der wichtigsten Linien vom Missouri bis zum Stillen Ozean und von da weiter in einer Hand war. Immer bestand aber noch daneben die Southern Pacific Co., — eine Konkurrenzbahn, welche wiederum die Central Pacific Railway Co. und die Pacific Mail Steamship Co. in ihre Gewalt gebracht hat, indem sie die Mehrheit ihrer Aktien erwarb.

Diese Dyarchie sollte nun aber wiederum überbrückt werden, und im Jahre 1901 erwarb die Union Pacific Co. allerdings nicht direkt, sondern durch die in ihrer Gewalt stehende Oregon Short Line Railroad Co. die Aktien der Southern Pacific Co., zunächst bis zu 37½ und dann bis zu 46 %. Dies betrachtete der Gerichtshof als genügend, um eine Monopolisierung des ganzen Betriebes anzunehmen.

Die Einwendungen, die dagegen geltend gemacht wurden, waren vornehmlich: 1. daß die Linien nach verschiedener Seite gingen und verschiedenartigen Interessen dienten, so daß nur ein Teil ihres Betriebes in die Konkurrenz fiele; diese Einwendung war unstichhaltig, denn nicht nur die direkte, sondern auch die indirekte Konkurrenz war von Bedeutung, und die kombinierten Linien bekamen auf solche Weise den Transportverkehr eines gewaltigen Verkehrsgebietes in ihre alleinige Macht. Hierbei wurde insbesondere erwogen, daß, wenn die Linien konkurrierten, sie sich durch den Einfluß des Wettbewerbs in mäßigen Schranken gehalten hätten.

2. Die weitere Einwendung, daß die Pacif. Co. nicht alle, auch nicht einmal die Majorität der Aktien erworben hatte, konnte gleichfalls leicht zurückgewiesen werden. Mit Recht hat der Gerichtshof angenommen, daß schon der Erwerb eines geringeren Bruchteiles, z. B. von 30 oder 40 % der Aktien genügen wird, da ja regelmäßig nicht alle Aktionäre abstimmen, und derjenige, welcher eine so große Anzahl von Aktien hat, leicht auch andere für sich gewinnen wird; mit anderen Worten: an Stelle der mathematischen Majorität ist die psychologisch-soziale Majorität als entscheidend erklärt worden.

* * *

Die Lösung der Verbindung bei der Holding Company hat immer große Schwierigkeit, und der Gerichtshof muß in solchem Falle eine ziemlich freie Bahn haben, um einen modus vivendi zu finden, welcher auf der einen Seite die in den Gesellschaften eingeschlossenen Industriekräfte aufrecht erhält, auf der anderen Seite aber es verhindert, daß die monopolisierende Tendenz zur Geltung kommt. Derartige Urteile können daher nur unter Zuhilfenahme wirtschaftlicher Erwägungen gefällt werden, und hierin haben die amerikanischen Gerichte stets ihre Meisterschaft bewiesen.

Der Gerichtshof bestimmt zunächst, daß die Holding Company nicht mehr in der Generalversammlung stimmen dürfe und daß auch die ihr zukommende Dividende nicht mehr an sie, sondern einstweilen an einen Sequester auszuzahlen sei. Unterdessen sollte dem Gerichtshof ein Plan vorgelegt werden, in welcher Weise die Lösung vollzogen und die Absicht des Gesetzes erreicht werden könne.

Daraufhin wurde ihm auch wirklich ein solcher Plan zur Bestätigung vorgelegt.

Dieser Lösungsvorschlag war allerdings recht eigentümlich.

Man versuchte folgenden Ausweg: Die der Pacific Union gehörenden Aktien der Southern Pacific sollten an einzelne Aktionäre der Union Pacific übertragen werden; damit sollte die Verbindung gelöst sein! Dies war natürlich eine bloße Umgehung, namentlich da der Hauptteil der Unionpazifikaktien in den Händen von verhältnismäßig wenig (368) Aktionären sich befand, welche dann natürlich wieder im Zusammenhang die nämliche Alleinherrschaft ausgeübt hätten, wie wenn die Aktien der Holding Company selbst gehört hätten; deswegen wurde dieser Ausweg verworfen. Wir geben auch einen Teil dieses Urteils wieder.

* * *

Supreme Court of the United States.

Nr. 446.—October Term, 1912.

The United States of America, Appellant, *vs.* The Union Pacific Railroad Company et al.	On motion as to form of mandate.

(January 6, 1913.)

Mr. Justice D a y delivered the opinion of the Court.

In pursuance of the request thus preferred by the United States and the appellees named, it becomes necessary now to determine whether the distribution or sale proposed of the Southern Pacific Company's shares will comply with the decree ordered to be entered by the former opinion of this Court.

The Southern Pacific Company's stock, held by the Oregon Short Line Company for the Union Pacific Company, amounts to $126 650 000, par value, in shares of $100 each, and constitutes 46 % of the Southern Pacific Company's stock, enough, as we have heretofore found, to effectually control the Southern Pacific Company. As stated by the appellees, the Union Pacific Company has outstanding $99 569 300, par value, of preferred stock and $216 646 300, par value, of common stock, all in shares of $100 each, amounting in all to $316 215 600, and also has outstanding $37 000 000 of bonds convertible into stock, and the appellees further state that its stock is distributed among over 22 000 holders.

It is contended on behalf of the appellees that the distribution of the Southern Pacific Company's stock, held, as we have stated, by the Oregon Short Line Company for the Union Pacific Company, among so many stockholders will effectually conclude the combination decreed to be ended by the former order of the Court. It is inisted that such distribution will prevent the continued operation of the combination for the control of the Southern Pacific Company by a competing company, which the Union Pacific Company was found to be, and that it is authorized under the practice in respect to such decrees as settled by the previous decisions of this Court in affirming the decree of the Circuit Court in *Northern Securities Co.* v. *United States*, 193 U. S. 197, and *Harriman* v. *Northern Securities Co.*, 197 U. S. 244, and the decree of the Circuit Court in *Standard Oil Co.* v. *United States*, 221 U. S. 1. — —

The plan proposed in the present motion of distributing the stock among the shareholders of the Union Pacific Company or of selling it to such shareholders will in effect transfer the stock from the Oregon Short Line Company, which now holds it for the Union Pacific Company, to the stockholders of the latter company, who own and control that company. Upon the face of it, this would seem to be a proposition to perpetuate the domination and control of the Union Pacific Company over the Southern Pacific Company, because of the power given to the Union Pacific Company's stockholders to choose the directors of the Southern Pacific Company. The ultimate determination of the affairs of a corporation rests with its stockholders and arises from their power to choose the governing board of directors. Unless otherwise provided by law, the stockholders may authorize the board of directors to delegate to an executive committee the authority to do any and all acts which the directors are authorized to do. The executive committee thus derives its authority from the stockholders through the board of directors. *Union Pacific Railway Co.* v. *Chicago, Rock Island & Pacific Railway Co.* 163 U. S. 564, 597. In the present case the record discloses this mode of management of both the Southern Pacific Company and the Union Pacific Company, and, since 1905, as the proof shows, a majority of both executive committees consisted of the same persons and Mr. Harriman was chairman of both committees.

It is contended for the appellees, however, that, in view of the great number of widely scattered stockholders of the Union Pacific Company, there is no probability of their acting together to continue the control of the Union Pacific Company over the Southern Pacific Company. Indeed, this is said to be impossible. But we are unable to accede to this contention. Bearing in mind the object of the statute to end such combinations and the duty of the courts in dealing with them to make such decrees as will most thoroughly effectuate that purpose, it is not consistent with that end to order such distribution of the stock as may fail to discontinue the control denounced, and as in all probability will fail to efficiently enforce the statute. It is by no means improbable, but quite likely, that, if the stock was transferred to the stockholders of the Union Pacific Company by distribution among them, the large stockholders could, by purchases and transfers of the stock, get into their own hands the power of choosing directors of both companies, and thus, though in a different manner, the Southern Pacific Company would continue to be in the practical control of the Union Pacific Company, which has been found to be a rival and competing company within the meaning of the law. So of the privilege of sale to the stockholders in proportion to the amount of their holdings.

In considering these questions we must bear in mind not only the number of stockholders, but the character of the distribution of the stock among them. In the brief and exhibits of the appellees filed with this motion it is shown that of the 22 150 stockholders of the Union Pacific Company, 68, owning 5000 or more shares each, hold together $139 782 700 of the stock and 300 others, owning from 1000 to 5000 shares each, hold together $59 020 700 of the stock, and that the two groups (comprising 368 stockholders) hold $198 803 400 or 62,8 % of the stock, while the remaining stockholders (21 782) control only $117 412 200 of the stock. Many small shareholders might not wish to purchase the Southern Pacific Company's stock, and the privilege might be readily acquired from them by the larger, and more active interests vested in the hands of the large stockholders, and thus again the condition forbidden be created and perpetuated.

The main purpose of the act is to forbid combinations and conspiracies in undue restraint of trade or tending to monopolize it, and the object of proceedings of this character is to decree, by as effectual means as a court may, the end of such unlawful combinations and conspiracies. So far as is consistent with this purpose a court of equity dealing with such combinations should conserve the property interests involved, but never in such wise as to sacrifice the object and purpose of the statute. The decree of the courts must be faithfully executed and no form of dissolution be permitted that in substance or effect amounts to restoring the combination which it was the purpose of the decree to terminate.

In rejecting the plan for the transfer of the Southern Pacific Company's stock held for the Union Pacific Company, either by distribution or sale to the stockholders of the Union Pacific Company, we do not mean to preclude the District Court from considering and acting upon plans which may be submitted to it under the former opinion and decree of the court. We are of opinion, however, and now hold that the proposed plan of disposition of the entire stock holding of the Union Pacific Company in the Southern Pacific Company by transfer to the stockholders of the Union Pacific Company will not so effectually end the combination as to comply with the decree heretofore ordered by this Court to be entered.

So ordered.

* * *

Alles dreht sich um die Holding Co.: um das System, daß eine Aktiengesellschaft gegründet wird, welche die Majorität der Aktien der verschiedenen Gesellschaften erwirbt und dadurch diese Gesellschaften in ihre Gewalt bringt.

Die Holding Company aber ist, als dem Wesen des Gesellschaftsrechts widersprechend, zu verwerfen, Eine Gesellschaft darf nicht über die andere aufgetürmt werden. Hat eine Aktiengesellschaft Aktien einer anderen, so kann sie bloß Bezugsrechte geltend machen, nicht aber Organschaftsrechte: die Organschaftsrechte setzen voraus, daß nicht etwa eine juristische Persönlichkeit tätig ist, sondern eine Persönlichkeit mit der selbständigen Psyche eines menschlichen Wesens. Wenn man auch wohl einer juristischen Person den Zutritt zur Generalversammlung gewährt, so muß dies eine Ausnahme bilden und darf nicht zur Regel werden. Die juristischen Personen dürfen sich nicht aufeinander staffeln. Zu welchem Resultate das Prinzip der Holding Company führen würde, zeigt folgende Betrachtung: Die Aktiengesellschaft B erwirbt sämtliche Aktien der Gesellschaft A; die Gesellschaft C erwirbt sämtliche Aktien der Gesellschaft B, und die Gesellschaft D erwirbt sämtliche Aktien der Gesellschaft C. Ähnliche Dinge sind vorgekommen, nicht nur bei Aktiengesellschaften, sondern neuerdings besonders bei Gesellschaften mit beschränkter Haftung. Wenn die Gesellschaft D sämtliche Aktien der Gesellschaft C hat, und wenn etwa ihr Vermögen gerade in diesen Aktien liegt, so wird sie in ihrer Generalversammlung stimmen über die Art und Weise, wie sie mit den Aktien verfahren soll. Sie kann bestimmen, daß die Aktien ganz oder teilweise veräußert werden sollen, sie kann aber auch bestimmen, daß man diese Aktien behalten und fruktifizieren solle. Ist dieses beschlossen, dann wird die Aktiengesellschaft D als alleinige Aktionärin dieGeneralversammlung der Aktiengesellschaft C bilden und über die Aktien der Gesellschaft B zu bestimmen haben. Sie kann wiederum bestimmen, daß diese Aktien behalten und fruktifiziert werden sollen. Geschieht dieses, so wird die Aktiengesellschaft C als alleinige Aktionärin der Aktiengesellschaft B auftreten, und als Generalversammlung der Gesellschaft B wird sie über die Aktien von A beschließen. Beschließt sie die Fruktifizierung, so wird sie als Generalversammlung in der Gesellschaft A auftreten, und so kommen wir von D auf A zurück: die Staffelung hat also zur Folge, daß, sofern es sich nicht um Veräußerung von Aktien handelt, einfach die Generalversammlung der Aktiengesellschaft D von der oberen Staffel auf die untere herabspringt und die Aktiengesellschaft A beherrscht.

Eine solche Herrschaft, welche die Selbständigkeit der übrigen Aktiengesellschaften aufhebt, ist dem Charakter des Gesellschaftsrechtes widersprechend. Eine Bestimmung des Aktiengesetzes, welche diese Form für unzulässig erklärt oder doch so beschränkt, daß sie nicht zur Herrschaft führen kann, ist unentbehrlich. Inwiefern sie schon aus unserem gegenwärtigen Rechte abzuleiten ist, bildet eine Frage, die wir hier nicht erörtern.

* * *

Ich füge bei, was ich schon anderwärts ausführte. Die Vereinigten Staaten, ja die ganze Welt führt einen Verzweiflungskampf gegen das monopolisierende System; ob mit Erfolg, wird die Zukunft lehren; wenn wir unterliegen, dann muß unsere ganze Wirtschaftsform einem anderen System Platz machen. Wir können aber die Weltgeschichte nicht beherrschen, sondern ihr nur dienen; und jedenfalls ist es bedeutungsvoll, wenn wir unser bisheriges System so lange als möglich verteidigen, bis die Welt für ein neues System gereifter ist als bisher.

GELD UND PREISE.

Von WILHELM LEXIS.

I.

Das Metallgeld — als welches gegenwärtig nur noch das Goldgeld in Betracht kommt — stellt die spezifische Verkörperung der Kaufkraft dar, die Kaufkraft aber erscheint in der heutigen Wirtschaftsorganisation nur zum kleinsten Teile in dieser konkreten Gestalt sondern überwiegend, namentlich im größeren Verkehr, als Verfügung über eine gewisse Größe abstrakten Tauschwerts, die nach der Geldwerteinheit nur gemessen wird und nach diesem Maße sich allen Verkehrsgütern gegenüber geltend machen kann. Fortwährend werden zahllose Kauf- und Verkaufgeschäfte geschlossen, ohne daß dabei wirkliches Geld irgendwie benutzt wird; der Verkäufer ist aus dem Preiskampf ausgeschieden, er hat statt seiner nur einem bestimmten Gebrauch dienende Ware einen bestimmten Betrag allseitig verwendbarer Kaufkraft erhalten, der durch einen Scheck oder durch Banknoten oder auch durch einen umlaufsfähigen Wechsel dargestellt sein kann, und diese Umlaufsmittel verschwinden wieder, wenn sie ihren Dienst getan haben, durch Kompensation oder dadurch, daß den Noten-Banken ihre Forderungen mit ihren eigenen Noten ausgezahlt werden. Die Quelle der von dem Verkäufer erworbenen Kaufkraft liegt also ursprünglich in seiner Ware, und wenn er diese Kaufkraft wieder zur Anschaffung einer anderen Ware verwendet, so findet im Grunde ein Austausch von Ware gegen Ware statt, bei dem das Geld nur die Rolle einer idealen Rechnungseinheit zur Feststellung des Tauschverhältnisses spielt. Neben dieser aus dem Verkauf von Ware — zu denen im weiteren Sinne auch die Arbeit gehört — hervorgehenden Kaufkraft gibt es aber auch solche, die in den laufenden Warenverkehr gleichsam von außen eingeschoben wird, durch die also das sonst zu erwartende Gleichgewicht von Verkäufen und

Käufen eine Störung erfährt. Es ist dies die reine Kreditkaufkraft, wie sie etwa der erhält, dem gegen Verpfändung von Wertpapieren von einer Notenbank ein Darlehen in nicht bar gedeckten Noten gewährt oder von einer anderen Bank ein Kredit eröffnet wird, auf den er Schecks oder Wechsel ausstellen kann. Weniger einwandfrei ist natürlich eine solche Kreditgewährung ohne genügende Sicherstellung. Auch diese eingeschobene Kreditkaufkraft wird betätigt — abgesehen von dem unwirtschaftlichen Konsumtiv-Kredit — mit Beziehung auf einen Verkauf, aber nicht, wie im normalen Warenverkehr, auf einen bereits vollzogenen, sondern auf einen geplanten zukünftigen. Der Kreditnehmer kauft Ware oder Arbeit oder auch Wertpapiere in der Hoffnung, durch einen späteren Verkauf sei es derselben oder neu hergestellter Ware nicht nur die Mittel zur Rückzahlung seiner Schuld nebst Zinsen, sondern auch noch einen Gewinnüberschuß zu erlangen. Werden solche Kredite in großem Umfange gesucht und gegeben, wie es in spekulativ erregten Zeiten der Fall ist, so kann dieses Anschwellen einer einseitig entstehenden, künstlich erzeugten Kaufkraft eine solche Steigerung des Preisniveaus bewirken, daß die erwarteten Gewinne wirklich erzielt und die Spekulationen nun vielleicht in verstärktem Maße weiter fortgesetzt werden. Diese aufsteigende Bewegung muß aber notwendig zu einem Höhepunkt kommen, von dem ab ein Umschwung eintritt; denn jede weitere Preissteigerung wird schon deswegen schwieriger, weil sie von einer erhöhten Basis ausgeht, weil die Elemente der Preisbildung, die Arbeitslöhne, Rohstoffe und Vorprodukte, sich ebenfalls verteuern und dadurch den in Aussicht genommenen Gewinn verkürzen, weil ferner die Produktion und das Angebot sich immer mehr erweitert, und weil die den Kreditgebern im ganzen zu Gebote stehenden Mittel doch immer begrenzt sind. Dazu aber kommen erfahrungsmäßig auch immer Fehlgriffe und Mißerfolge einzelner Kreditnehmer, die sich allmählich häufen und die optimistische Stimmung herabsetzen. So kommt der Preisaufschwung schließlich zum Stocken, die verausgabte Kreditkaufkraft findet nicht mehr ihre Ausgleichung durch die späteren Verkäufe, statt des Gewinnes ergibt sich Verlust, der für viele Schuldner und Gläubiger verhängnisvoll werden kann, das ganze System der Kreditzahlungsmittel wird mehr oder weniger erschüttert, und jetzt tritt wieder mehr die Erinnerung daran hervor, daß die Werteinheit sich nicht nur in den veränderlichen Warenpreisen ausprägt, sondern auch in einer sicheren und sachlichen Gestalt in dem baren Gelde gegeben ist. Indes denkt man unter den heutigen Verhältnissen dabei doch nicht mehr ausschließlich an das effektive Edelmetallgeld, sondern man stellt diesem die als sicher betrachteten Kreditzahlungsmittel mit selbständiger Umlaufsfähigkeit gleich, nämlich Staatspapiergeld und Banknoten, im Gegensatz zu Schecks und Wechseln, deren Verwendung an einen bestimmten Bankapparat und an persönliche Kreditbeziehungen geknüpft ist. Bei den amerikanischen Krisen hat niemand daran gedacht, den Greenbacks die Gleichwertigkeit mit dem Golde zu bestreiten, obwohl sie nicht zur Hälfte mit Gold gedeckt sind. Ebenso hatte bei den englischen Krisen von 1847, 1857 und 1866 die Bank von England nie einen übermäßigen Andrang zur Einlösung ihrer Noten gegen Gold zu bestehen, der Bedarf des Publikums richtete sich vielmehr hauptsächlich auf die ungedeckte Notenreserve des Bankdepartements, deren drohende Erschöpfung die Bank zu immer weiteren Krediteinschränkungen nötigte. Überhaupt haben die großen europäischen Zentralbanken bei Kreditkrisen, abgesehen von Kriegs- oder Revolutionspaniken, einen Run auf ihren Goldvorrat nicht mehr zu befürchten. Auch in Amerika sind die Nationalbanken, die bei der Krisis von 1907 zu Fall kamen, nicht durch die Einlösung ihrer Noten zahlungsunfähig geworden, sondern durch die überstürzte Abhebung der Depositen, die immer den Hauptteil der Passiva dieser Banken ausmachen. Überhaupt bilden die Depositen und Einlagen der Banken den schwachen Punkt des Kreditzahlungssystems, gegen den sich bei erwachendem Mißtrauen der Ansturm des Publikums, namentlich des nicht geschäftlich beteiligten, richtet. Aber auch dann wird nur in den erwähnten Ausnahmefällen überwiegend Metallgeld eingefordert, vielmehr werden Papiergeld und die als sicher anerkannten Noten unbeanstandet angenommen, nur Schecks und Wechsel büßen mehr oder weniger von ihrer Verwendbarkeit als Zahlungsmittel ein. Aber auch darin liegt nicht die letzte Ursache der mit jeder Krisis eintretenden außerordentlichen Verminderung der im gesamten Verkehr wirksamen Kaufkraftgröße. Diese Grundursache findet sich einesteils in dem Verschwinden oder dem starken Rückgang der einseitig eingeschobenen Kreditkaufkraft und in dem Sturz der Preise, der durch das nun folgende dringende Angebot der in ihren Erwartungen getäuschten und in Verlegenheit geratenen Verkäufer herbeigeführt wird. Die Summe der wirkungsfähigen Kaufkraft nimmt also einfach ab, weil sich die Summe der Verkaufspreise, aus der jene hervorgeht, vermindert hat.

Es hat also unter den angenommenen Umständen eine Erhöhung des Tauschverhältnisses der Geldeinheit gegenüber den Waren stattgefunden, und da die Geldeinheit auch immer durch eine bestimmte Gewichtsmenge Gold dargestellt werden kann, so kann man auch von einer Werterhöhung des Goldes reden. Aber in Wirklichkeit liegt unter unseren Voraussetzungen die Ursache dieser Bewegung ausschließlich auf seiten der Waren, das Gold ist bei dem ganzen Prozeß in passiver Lage geblieben, die Nachfrage nach Geld, nicht aber die nach Gold, war gestiegen. Was bedeutet überhaupt die Nachfrage nach Geld? In erster Linie entspricht sie dem Angebot der Verkäufer, die den Tauschwert ihrer Waren in abstrakte Kaufkraft umsetzen wollen. Ferner umfaßt sie die Nachfrage nach Darlehen von Zahlungsmitteln zum Zwecke der Zahlung fällig werdender Schulden, und dazu kommt drittens das Kreditbedürfnis zum Zwecke der Ausdehnung der Produktion oder überhaupt des Geschäftsbetriebs. Dieser Geldbedarf kann in jedem einzelnen Falle befriedigt werden, ohne daß effektives Gold zu Hilfe genommen zu werden braucht. Aber die Erfahrung hat gelehrt, daß die Kreditinstitute eines gewissen Goldvorrats bedürfen, der für alle Fälle als Sicherheitsfonds dient und zugleich die Möglichkeit darbietet, jedes andere Zahlungsmittel nach Wunsch des Inhabers in Gold umzuwandeln und dadurch den Wert der Geldeinheit gegen dieses Edelmetall festzulegen. Insbesondere bestehen bekanntlich für die Notenbanken gesetzliche Vorschriften über das Verhältnis der Notenausgabe zu ihrem Goldvorrat oder über die zulässige Ausdehnung der ersteren. Auch die übrigen Banken müssen in ihrem eigenen Interesse einen Deckungsfonds für ihre stets fälligen Verbindlichkeiten halten, aber für sie gelten, wie schon bemerkt, auch die Banknoten als Barvorrat und sie sind nicht speziell auf Gold angewiesen. Daher aber werden sie immer mit berührt von den Einschränkungen der Notenausgabe, zu denen die Zentralbank durch die Rücksicht auf ihren Goldvorrat sich veranlaßt sieht, und natürlich üben diese Kreditbeschränkungen auch stets einen merklichen Einfluß auf den Zinsfuß des Geldmarktes aus. So zeigt sich also eine direkte Beziehung zwischen dem Goldvorrat und der Nachfrage nach Gold, die sich zunächst in einer Erhöhung, nicht der Kaufkraft, sondern des Leihpreises des Geldes äußert. Erst die Verteuerung des Kredits drückt dann auch die Warenpreise herab. Die gewöhnliche Ursache der Abnahme des Goldvorrats der Banken und des Landes überhaupt ist die Ausfuhr des Edelmetalls in das Ausland, die durch sehr mannigfaltige Ursachen herbeigeführt werden kann, in kritischen Zeiten namentlich auch durch Zurückziehung ausländischer Guthaben, wodurch dann die Geldknappheit im Innern noch verschärft ist.

Also auch unter diesen Bedingungen liegt nicht eine Wertsteigerung des Goldmetalls gegen die Waren vor, es zeigen sich nur die Folgen der Verminderung der Notenausgaben und der Diskontpolitik der Banken, die für diese allerdings durch die Rücksicht auf ihren Goldvorrat geboten waren. Auch die Verwendung des Goldes zu industriellen Zwecken kann keinen unmittelbaren Einfluß auf dessen Wert ausüben; sie könnte nur indirekt wirken, sofern sie eine so merkliche Schmälerung des Goldvorrats der Banken mit sich brächte, daß dadurch die Entwickelung der Kreditzahlungsmittel beschränkt würde. Sie ist aber im Verhältnis zu dem Gesamtgoldvorrat eines Landes im allgemeinen so gering, daß eine solche Wirkung kaum zu bemerken ist. Das Sinken der Warenpreise bedeutet also nicht eine aufsteigende Bewegung des Wertes der Ware Gold. In der Zeit des Umschwunges der Preise nach unten besteht meistens ein hoher Leihwert des Geldes, nach der Liquidation und der Tilgung der drängenden Schulden aber tritt häufig eine Zeit der Depression mit sehr niedrigem Zinsfuß ein, weil das optimistische Vertrauen fehlt, das zu einer erneuten stärkeren Anspannung der Kreditkaufkraft erforderlich wäre. Und umgekehrt liefert in solcher Zeit der niedrige Zinsfuß den Beweis, daß keine starke Nachfrage nach Geld oder Gold besteht, und daß daher der niedrige Stand der Warenpreise nicht auf einem Mangel an Gold infolge der Unzulänglichkeit der neuen Produktion beruhe. Diese letztere Ansicht war in den achtziger und neunziger Jahren bekanntlich sehr verbreitet, zumal ihre Vertreter sich auch auf die Demonetisierung des Silbers berufen konnten. Aber fast in allen Jahren dieser Periode stand der Diskontsatz der Bank von England Monate hindurch auf 2 pCt., von März 1894 bis August 1896 sogar ununterbrochen. Und dabei sank die Preis-Indexziffer des Economist, die von der gleich 2200 gesetzten durchschnittlichen Preissumme der ausgewählten Waren für die Periode 1845—50 ausgeht, im Jahre 1894 auf 1923 und 1897 sogar auf 1890. Der Goldvorrat der Bank aber war schon seit 1890 in fortwährendem Steigen begriffen und erreichte 1896 einen seitdem niemals wieder dagewesenen Höhepunkt.

Auch in Deutschland konnte damals Goldmangel nicht die Ursache des niedrigen Standes der Preise sein, denn der durchschnittliche Diskontsatz der Reichsbank betrug von 1886 bis 1895 nur $3\frac{1}{2}$ pCt. und in jedem dieser zehn Jahre stand der Metallvorrat (der damals auch noch eine beträchtliche Summe in Talern enthielt) längere Zeit um einen bedeutenden Betrag — bis zu 178 Mill. M. — höher als die Notenausgabe. Von Mangel an verfügbarem Gelde konnte also gewiß nicht die Rede sein. Übrigens wurde diese Depression 1890 durch einen kurzen Versuch eines Aufschwungs unterbrochen, der schon im folgenden Jahre zu einem Rückschlag führte.

In den hier betrachteten Fällen geht das Sinken des Preisniveaus von der sich gleichsam durch Selbstinduktion mehr und mehr verstärkenden Abnahme der durch die Warenverkäufe entstehenden Kaufkraft aus. Diese Einwirkung verbreitet sich annähernd gleichmäßig auf die Preise aller Waren, verhält sich also ähnlich, wie eine hypothetische Verteuerung des Goldmetalls. Außerdem aber entstehen bei vielen Waren spezielle Abschläge, die ganz unmittelbar durch Änderungen der besonderen in Betracht kommenden Produktions- und Transportbedingungen bewirkt werden. Hierher könnten alle Erzeugnisse gerechnet werden, deren Zufuhr von dem mehr oder weniger günstigen Ausfall der jährlichen Ernten abhängig ist. Indes kann bei vielen von diesen bei der heutigen Entwickelung des Weltverkehrs durch das Zusammenwirken der verschiedenen Produktionsgebiete auf beiden Erdhalbkugeln eine weitgehende Ausgleichung von Überschuß und Mangel zustande gebracht werden, so daß bei gleichbleibenden Verhältnissen des internationalen Wettbewerbs im ganzen keine großen Preisschwankungen aus dem Erntewechsel zu erwarten wären. Ein starker und nachhaltiger Preisdruck entsteht aber auch für diese Waren durch das Auftreten eines neuen Mitbewerbs aus von der Natur begünstigten Ländern, denen durch den Ausbau der Transportmittel der Zugang zum Weltmarkt erschlossen wird. So hat bekanntlich die überseeische Konkurrenz im letzten Viertel des vorigen Jahrhunderts einen Sturz der Getreidepreise herbeigeführt, der für die europäische Landwirtschaft teilweise einen ernstlichen Notstand erzeugte. Diese durchaus selbständig von erkennbaren Bedingungen ausgehenden Preiserniedrigungen bestimmter Waren lassen den Wert der sogenannten Indexziffern für die Beurteilung der Bewegung der Geldwerteinheit oder gar des Goldes in einem sehr zweifelhaften Licht erscheinen. Ein solcher Durchschnitt aus den prozentualen Preisänderungen einer größeren Anzahl verschiedener Waren würde nur dann einen Schluß auf die Änderung der Werteinheit gestatten, wenn anzunehmen wäre, daß die aus den individuellen Preisbedingungen der einzelnen Waren entstehenden Abweichungen von der allgemeinen Tendenz der Wertbewegung gleichsam als zufällige Störungen zu betrachten wären, deren Wirkung sich bei der Zusammenfassung einer genügend großen Zahl von Waren aufhebe. Diese Annahme trifft aber offenbar nicht zu, wenn die Ursache der Verbilligung oder Verteuerung klar zutage liegt und als einseitig wirkend und nicht vom Zufall abhängig erscheint. Die verschiedenen Systeme von Indexziffern weisen übereinstimmend ihren niedrigsten Stand in der Periode von 1894 bis 1898 auf. Die Indexziffer des Economist betrug in diesem Zeitraum durchschnittlich 1936 gegen 2689 im Jahre 1870. Nach einer von Conrad in seinen Jahrbüchern aufgestellten Tabelle über die damaligen Preise von 33 Waren in Deutschland waren diese sämtlich mit Ausnahme von 3 Gattungen (Heringe, Hanf und Petroleum) und zum Teil sehr bedeutend im Vergleich mit denen des vorhergegangenen Jahrfünfts gesunken. Das arithmetische Mittel der Prozentverhältnisse der einzelnen Preise zu dem Durchschnittssatz der Periode von 1879 bis 1883 betrug damals nur 79,4 gegen 95,1 in den Jahren 1889 bis 1893. Am stärksten war der Rückgang bei Weizen, Roggen, Gerste, Mais, Hafer, Weizen- und Roggenmehl, und dafür lag die Ursache offenkundig in den weltwirtschaftlichen Konkurrenzverhältnissen, wie sie sich aus der Produktionserweiterung ergaben. Für das Sinken der übrigen Warenpreise lassen sich ebenfalls bestimmte, selbständige Ursachen nachweisen. So standen Eisen, Kupfer, Zink, Blei, Zinn noch während einer Reihe von Jahren unter dem Einfluß der Depression, die nach der Krisis von 1891 eingetreten und durch die amerikanische Krisis von 1894 verschärft worden war. Die Steinkohlen wurden natürlich dadurch in Mitleidenschaft gezogen. Die Verbilligung des Zuckers und des Spiritus hing mit der allgemeinen Lage der Landwirtschaft zusammen. Die rückläufige Preisbewegung der Baumwolle, des Kaffees, des Pfeffers, der Rohseide war bedingt durch die Ernteergebnisse, teilweise auch durch verfehlte Spekulationen, und die Preissteigerung der Heringe wird auf zeitweise weniger ergiebige Fischereierträge zurückzuführen sein. Nun wäre es ja denkbar, daß bei allen diesen

Preisbewegungen noch eine gleichmäßige Komponente mit im Spiele wäre, die durch eine Werterhöhung des Goldes entstanden wäre, wenn diese sich auch aus dem Sinken der allgemeinen Indexziffer in keiner Weise erkennen ließe. Diese Annahme aber ist ausgeschlossen, weil in der fraglichen Periode von einem Goldmangel gar nicht die Rede sein konnte, die Goldproduktion vielmehr gerade in dieser Zeit ihren neuen großen Aufschwung nahm. Von 1889 bis 1893 war ihr Jahresertrag infolge der beginnenden Erschließung der transvaalschen Minen schon von 186 000 Kilo auf 237 000 Kilo gestiegen, dann aber folgte ein rasches weiteres Anwachsen von 273 000 Kilo im Jahre 1894 auf 432 000 Kilo im Jahre 1898. Gerade in diese Periode des Preisrückganges staute sich das Gold bei der Bank von England förmlich auf: Ende 1893 hatte ihr Barvorrat 26 Mill. Pfd. Sterling betragen, im März 1896 aber war dieser auf die Rekordziffer von 50 Millionen gestiegen, während der Notenumlauf sich nur auf 26 Millionen stellte, also mit 24 Millionen über gedeckt war. Man kann also mit Bestimmtheit sagen, daß der Rückgang der Indexziffern in jener Periode der stärksten Preisdepression in keiner Weise mit Goldmangel und Goldverteuerung zusammenhing.

Eine andere Frage aber ist es, wie weit die seit jener Zeit eingetretene Hebung des durch Indexziffern gemessenen Preisniveaus berechtigt, auf ein Sinken der Werteinheit infolge einer Verminderung des Goldwertes zu schließen. Die jährliche Goldproduktion hat sich, abgesehen von der Zeit des Burenkrieges, unausgesetzt erhöht und 1912 rund 710 000 Kilo erreicht. Die Preisbewegung ging aber nicht mit ihr parallel, sondern wies wieder einen Wechsel von Hebungen und Senkungen auf. Die erste mäßige Erhöhung fiel auffallenderweise mit dem fast völligen Verschwinden der transvaalschen Goldzufuhr zusammen, nämlich in das Jahr 1900. Die Indexziffer des Economist stieg auf 2125, ging aber im folgenden Jahr wieder auf 1948 zurück. Ein neuer Aufstieg begann 1903, der im Mai 1907 seinen Höhepunkt erreichte mit der lange nicht mehr dagewesenen Indexziffer 2601. Die Krisis brachte einen raschen Rückgang bis 2188 im Mai 1908, und dieser Preisstand behauptete sich annähernd, bis im Mai 1909 wieder eine Aufwärtsbewegung begann, die sich bis 1913 fortsetzte und im Dezember 1912 zu dem Index 2747 führte. In den Conradschen Tabellen stellt sich das arithmetische Mittel der Preise in Deutschland prozentmäßig — bezogen auf den Durchschnittsstand von 1879 bis 1883 — für 1894—1898, wie schon angeführt, auf 79,42, für 1899 bis 1903 durchschnittlich auf 90,51, für 1907 auf 108,60, für 1909 auf 96,95, für 1911 auf 112,20, und das folgende Jahr brachte eine weitere Steigerung. Bemerkenswert ist, daß der Tiefstand von 1909 doch erheblich oberhalb des Niveaus von 1903 blieb. Man könnte geneigt sein, darin eine Wirkung der weiter fortgeschrittenen Goldansammlung zu sehen. Aber irgendeine Schätzung der Wirkung dieser hypothetischen Ursache der Teuerung kann man auf das Steigen der Indexzahlen ebensowenig begründen, wie sich aus dem Sinken dieser Zahlen ein Maß für eine angenommene Werterhöhung des Goldes gewinnen ließe. Denn unzweifelhaft haben sich auch in dieser Periode die Preisänderungen der einzelnen Waren nach den für jede bestehenden besonderen Produktions- und Marktbedingungen vollzogen. So sind die Getreidepreise seit 1906 allmählich gestiegen, weil infolge der zunehmenden Bevölkerung der Konsum der Länder wie auch der neuen Produktionsgebiete die Nachfrage stärker wächst als das Angebot, da mit der Abnahme der nutzbaren freien Bodens in der letzteren die Ausfuhrfähigkeit dieser Länder sich vermindert, wie sich namentlich in den Vereinigten Staaten zeigt, wo der Raubbau immermehr beschränkt werden muß und die Produktionskosten des Getreides stetig im Steigen begriffen sind. In Deutschland übte natürlich auch die 1906 in Kraft getretene Erhöhung der Getreidezölle in Verbindung mit der verstärkten Wirkung der Einfuhrscheine ihren Einfluß aus. Die Preisbewegungen anderer Bodenerzeugnisse erweisen sich als Folge von Spekulationen in Zusammenhang mit den Ernteergebnissen. Wenn z. B. der Baumwollpreis 1907 auf 121,53 M., 1908 auf 107,21 M., 1910 auf 151,72 M., 1911 auf 134,82 M. und 1912 auf 113,73 M. stand, so hängen diese Auf- und Niedergänge sicherlich nicht mit dem Goldwert zusammen. Noch weniger besteht ein solcher Zusammenhang mit dem Preise des Kaffees, der für die brasilianische Sorte von 70,85 M. im Jahre 1908 auf 124,67 M. im Jahre 1911 stieg, wobei unzweifelhaft die „Valorisation" des Staates Sao Paulo mit im Spiele war. Für die wichtigsten Metalle, Roheisen, Kupfer, Blei, sind die Preise von 1907 auch im Jahre 1912 gar nicht wieder erreicht worden. Der Preis des Zinks stand dem des Jahres 1906 gleich, der der deutschen Steinkohlen, der bekanntlich sehr wesentlich durch das rheinisch-westfälische Syndikat beeinflußt wird, stand 1912 höher als 1907, aber unter dem Durchschnittssatz von 1908. Zinn aber, das überhaupt nur in einer verhältnismäßig geringen Menge gewonnen wird, steht unter der Kontrolle kapitalkräftiger Spekulanten, und so ging sein Preis von 372,80 M. im Jahre 1906 herab auf 277,80 M. im Jahre 1908, um dann 1912 auf 428,33 M. zu steigen.

Die Fleischpreise sind in den Conradschen Tabellen nicht mit berücksichtigt. Sie zeigen namentlich in Deutschland eine sehr erhebliche Steigerung, die ganz gewiß nicht durch eine Wertverminderung des Goldes bedingt ist. Die bei weitem wichtigste Fleischart für die deutschen Konsumenten ist das Schweinefleisch. Dessen Preis aber betrug im Jahresdurchschnitt und im Durchschnitt für die sämtlichen preußischen Berichtsmärkte nach einer Tabelle im preußischen statistischen Jahrbuch für 1 kg im Jahre 1896 1,20 M., 1905 1,54 M., 1912 1,67 M. Für Rindfleisch waren die entsprechenden Preise in diesen drei Jahren 1,24 M., 1,43 M. und 1,79 M. Ohne Zweifel haben die Zollerhöhungen von 1906 und die übrigen Einfuhrbeschränkungen namentlich auch des Gefrierfleisches, zu dieser Preisbewegung wesentlich mit beigetragen, jedoch hat in England und den Vereinigten Staaten ebenfalls eine Fleischverteuerung stattgefunden. Die Ursache liegt darin, daß die Fleischproduktion nur mit erhöhten Kosten mit dem steigenden Bedarf Schritt halten kann. In Preußen ist von 1908 bis 1911 der Rindviehstand von 12 089 072 auf 11 682 234, der Schafbestand von 5 260 238 auf 4 372 489 zurückgegangen, der Schweinebestand allerdings von 13 422 373 auf 17 244 855 gestiegen. Die Nachfrage erhöht sich aber nicht nur im Verhältnis der Vermehrung der Bevölkerung, sondern auch infolge der zunehmenden Neigung zum Fleischgenuß, des steigenden Wohlstandes und der Zunahme der städtischen und industriellen Bevölkerung gegenüber der ländlichen. Die fortschreitende Ausdehnung des Getreidebaues tut der Viehzucht Abbruch, und von den außereuropäischen Ländern sind nur Argentinien und Australien imstande, noch längere Zeit Vieh und Fleisch in beträchtlichem Maße auf den Weltmarkt zu bringen. Die übrigen Erzeugnisse der Viehzucht, Milch, Butter, Eier, haben sich ebenfalls bedeutend verteuert, wozu namentlich der wachsende Bedarf der Städte und die dadurch bedingte Steigerung der Transportkosten aus einem erweiterten Zufuhrgebiet beigetragen hat.

Als ein ganz allgemein wirkendes Moment der Preissteigerung erscheint die im ganzen fortdauernde Erhöhung der Löhne. Man kann nicht etwa sagen, diese sei eine Folge der Verteuerung der Lebensmittel und habe daher ihren letzten Grund ebenfalls in der relativen Entwertung des Goldes. Denn tatsächlich ist das Verhältnis der Verteilung des gesamten Produktionsertrags zwischen Arbeit und Kapital für die erstere günstiger geworden, wenn auch nicht in demselben Maße, wie der Nominalbetrag der Löhne gestiegen ist. Die Arbeitgeber haben die Preise ihrer Produkte erhöht, um sich für die Lohnsteigerungen schadlos zu halten. Aber diese Preiserhöhung trifft auch die von den Unternehmern und überhaupt von den Kapitalbesitzern selbst gekauften Waren. Sie wird daher für den auf diese Warenmasse entfallenden Anteil auf die besitzende Klasse abgewälzt und zwar um so mehr, je weiter diese von der sachlichen Produktion absteht und je mehr sie das einfache Rentenkapital vertritt. Der Gesamtpreis der von der Arbeiterklasse verbrauchten Unterhaltsmittel steigt also nicht um den gesamten Mehrbetrag der Löhne, sondern ein Teil des letzteren kommt den Arbeitern wirklich zugute, ganz abgesehen von dem Einfluß der Verbesserungen der Technik und des Transportwesens, die meistens mit den Lohnerhöhungen zusammengehen.

Wenn daher z. B. der Durchschnittslohn eines Bergarbeiters im Oberbergamtsbezirk Dortmund sich von 1186 M. im Jahre 1905 auf 1562 M. im Jahre 1907 hob, dann 1909 auf 1350 M. zurückging und 1911 wieder auf 1446 M. emporstieg, so sind diese Schwankungen gänzlich unabhängig vom Golde oder Goldwert, und dasselbe läßt sich auch von der Bewegung des Lohnes seit 1895 sagen, in welchem Jahre er nur 1073 M. betrug. Die Bedingungen der Bildung des Reallohnes haben sich bei steigender Nachfrage nach Arbeit gebessert und diese Besserung ist auch bei ungünstigerer Gestaltung der Konjunkturen teilweise erhalten geblieben.

Erwägt man ferner, daß die den üblichen Indexzahlen zugrundeliegenden Preise die des Großhandels sind, daß dagegen für die Haushaltung der Konsumenten nur die Detailpreise in Betracht kommen, so wird man anerkennen müssen, daß jene Zahlen gänzlich ungeeignet sind, einen Maßstab für die inneren Änderungen des Geld- oder Goldwertes zu bieten. Die in den Detailpreisen enthaltenen Aufschläge sind prozentmäßig für die verschiedenen Warenarten sehr verschieden, und nicht minder verschieden sind sie vielfach für dieselbe Ware in verschiedenen Stadtteilen und in verschiedenen Läden und Gastwirtschaften. Die Unterschiede der letzteren Art hängen zum Teil mit der Höhe der städtischen Mieten zusammen, deren Steigen überhaupt zu der Verteuerung des Lebensunterhaltes in der neueren Zeit wesentlich mit beigetragen hat. Eine richtige Abschätzung dieser Verteuerung ist nur durch Ermittelung von Haushaltungsbudgets für Familien der unteren und mittleren Einkommensklassen möglich. Aber auch aus solchen Budgets läßt sich nicht ersehen, wie weit die Preisänderungen unabhängig von den Produktions- und Handelsverhältnissen der Waren auf die vermehrte Masse des metallischen Geldes zurückzuführen sind.

Nun wird man allerdings nicht behaupten können, daß die Vermehrung des zu monetären Zwecken dienenden Goldes (Münzen und Bankbarren) unter allen Umständen ohne Einfluß auf den Goldwert sei. Der Verkehrswert des Goldes steht ohne Zweifel in einem gewissen, wenn auch veränderlichen und nicht allgemein zu bestimmenden Zusammenhang mit der vorhandenen Menge des Goldgeldes (im obigen Sinne). Der Preis der gewöhnlichen Waren hängt im großen und ganzen von den Kosten der l a u f e n d e n Produktion ab, weil das Erzeugnis der früheren Zeit, selbst wenn es noch vorhanden ist, sich nicht mehr auf dem Markte befindet und auf die Preisbildung nicht mehr einwirkt. Das neu gewonnene Gold dagegen fließt stets zum größten Teil in den seit Jahrhunderten angesammelten Geldvorrat, der stets im Verkehr bleibt und stets mit seiner ganzen Masse den Waren gegenübersteht. Wenn dieser Zuwachs in seinem Jahresbetrag eine Wirkung auf den Goldwert ausübt, so wird diese doch im allgemeinen verhältnismäßig gering sein, weil nicht nur das neue Angebot im Verhältnis zu der im Verkehr befindlichen Menge nur klein ist, sondern weil diese Mehrzufuhr auch keinen Druck auf die Marktlage ausübt, weil jede beliebige Goldquantität zunächst ohne weiteres in den Münzstätten Unterkommen findet und mit sehr geringen oder gar keinen Kosten zu Geld geprägt werden kann. Bei jeder gewöhnlichen Ware kann es vorkommen, daß eine nur mäßige neue Zufuhr ein überstürztes Angebot und ein starkes Sinken des Preises hervorruft. Für Gold aber gibt es kein Notangebot; auch der Preis des der Industrie zufließenden Teiles der Jahresproduktion wird gänzlich durch den Münzpreis bestimmt, wie auch Gold für industrielle Zwecke jederzeit durch Einschmelzen von Goldmünzen gewonnen werden kann.

Wenn man nun etwa annehmen wollte, die Vermehrung des Goldvorrats (unter dem wir immer nur den monetären verstehen) in der Kulturwelt bedeute eine Vermehrung der ständig vorhandenen Kaufkraft im Verhältnis dieses Zuwachses zu dem Anfangsbestande, so würde daraus doch kein Schluß auf die Preisänderung der Waren zu ziehen sein; denn es würde darauf ankommen, in welchem Maße die vermehrte Betätigung von Kaufkraft, d. h. die vermehrte Nachfrage nach Waren auch ein vermehrtes Warenangebot hervorruft. Bei denjenigen Waren, die unter gleichbleibenden Produktionsbedingungen beliebig vermehrt werden können, wird das Angebot mit der Nachfrage Schritt halten und demnach eine Preiserhöhung nicht zu erwarten sein. Bei manchen von diesen gibt die gesteigerte Nachfrage vielleicht Anlaß zur Verbesserung der Produktionstechnik und dadurch zu einer Verbilligung. Bei denjenigen Waren aber, die nur mit steigenden Schwierigkeiten und Kosten vermehrt werden können, ruft die verstärkte Nachfrage eine Preissteigerung hervor, die aber unmittelbar doch nur aus den Produktionsbedingungen dieser Waren, nicht aus der Goldvermehrung hervorgehen würde. Im allgemeinen könnte man erwarten, daß mit der letzteren eine Vermehrung der Masse der zu bewegenden Waren zusammengehen würde, und da sie selbst im Verhältnis zu dem Goldvorrat immer nur klein ist, so würde ihre Wirkung auf die Preise durch diese Vergrößerung des Umsatzes vielleicht ganz zum Verschwinden gebracht werden. Aber diese einfache Vorstellung entspricht nicht der Wirklichkeit, die Vermehrung der Kaufkraft innerhalb eines Landes steht nicht in einem fest bestimmten Verhältnis zu dem Goldvorrat desselben. Sie kann stattfinden bei gleichbleibendem und sogar abnehmendem Goldbestande, und umgekehrt kann bei Zunahme des letzteren eine Verminderung der Gesamtgröße der wirksamen Kaufkraft eintreten. Die Kaufkraft entsteht ja immer zum größten Teil unmittelbar aus dem Warenverkauf und betätigt sich ohne Zuziehung von barem Gelde. Daher ist es auch nicht die vorhandene Summe von Metallgeld, die die Warenmasse in Bewegung setzt und in ihrer Wirkung von der Größe dieser Masse abhängt, vielmehr sind es überwiegend die Waren selbst, die sich in fortwährendem Austausch vorwärts drängen. Aber wenn der Goldvorrat nur eine Art von Sicherheitsfonds für die wirklich benutzten Kaufkraftträger — Banknoten, Schecks, Wechsel, Buchkredite — darstellt, ist dann nicht anzunehmen, daß — wenigstens der Tendenz nach — ein annähernd festes Verhältnis zwischen diesem Fonds und dem darauf begründeten Komplex von Kreditzahlungsmitteln bestehe und daß daher eine Vermehrung des Goldvorrats auch eine entsprechende Ausdehnung des letzteren bedinge? Ein solcher Zusammenhang kann ohne Zweifel unter Umständen nachweisbar sein, aber er ist nicht notwendig mit einer Erhöhung der Warenpreise verbunden, da eine durch Vermehrung der umgesetzten Waren m e n g e bewirkte Ausdehnung der Kreditzahlungsmittel ohne nachhaltigen Einfluß auf die Preise bleiben kann, wenn eben diese Menge gleichmäßig mit der aus dem Warenaustausch entstehenden Kaufkraft wächst. Es kommt immer darauf an, unter welchen Bedingungen sich das Angebot der zunehmenden Nachfrage anpassen kann.

Ein wirksamer Anstoß zur Hebung des Preisniveaus kann überhaupt nur durch das Eingreifen einer neu hinzutretenden Summe f r e i e r Kaufkraft gegeben werden. In erster Linie wird dies möglich durch eine Vermehrung des gesamten jährlichen V o l k s e i n k o m m e n s , die teils eine Ausdehnung der Konsumenten, teils eine vergrößerte Nachfrage nach Produktionsgütern im Gefolge hat. Sie wird bewirkt durch Vermehrung und intensivere Arbeit der Bevölkerung, durch ausgedehntere Anwendung der bekannten technischen Produktionsmittel, durch neue Erfindungen und Verbesserungen und durch die Ausdehnung des Weltverkehrs. Für die Steigerung der Nachfrage im Großverkehr kommt hauptsächlich der jährliche Zuwachs an freiem Kapital in Betracht, doch muß auch die Entwickelung der Konsumtion mit dieser im richtigen Verhältnis bleiben. Die Ersparer des Kapitalzuwachses sind in vielen, vielleicht den meisten Fällen nicht diejenigen, die die neue Kaufkraft auf dem Warenmarkte verwenden, sondern sie übertragen diese den letzteren direkt oder indirekt auf dem Wege des Kredits. Die Preise steigen, solange die vermehrte Zufuhr von freiem Kapital und die sachlich günstigen Konjunkturen andauern, und zwar trägt zu dieser Steigerung namentlich die Erhöhung der Löhne bei, die auf die Herstellung des Gleichgewichts zwischen der Konsumtion und der vermehrten Produktion hinwirkt. Das neue Kapital setzt auf allen Stufen der Produktion und des Handels ein; neben ihm aber, das nach unserer Annahme, auch wenn es kreditiert ist, nur aus realisierten Verkäufen herrührt, betätigt sich überall auch die eingeschobene Kreditkaufkraft, die zwar auch eine sichere Unterlage haben kann, aber nicht aus dem Güterumsatz hervorgeht. Diese treibt, wie bereits hervorgehoben wurde, die Preissteigerung weiter, bis der Gewinn an neuer freier Kaufkraft abnimmt und schließlich ein Mißverhältnis zwischen den Preisen und dem zur Aufnahme der Konsumtions- wie der Kapitalgüter verfügbaren Volkseinkommen entsteht. Nun hat die Einfuhr von neuem Golde unter bestimmten Voraussetzungen eine ganz ähnliche Bedeutung und Wirkung wie die Einschiebung einer Summe von solcher formaler Kreditkaufkraft. Wenn in leicht zugänglichen Alluvialschichten große Mengen Gold ohne erhebliche Arbeit gewonnen werden können, so entsteht in diesen Gegenden eine sehr bedeutende lokale Erhöhung aller Warenpreise, auf die aber bald auch ein entsprechend verstärktes Angebot folgt. Aber auch das aus Transvaal nach London kommende Gold bedeutet einen Zuwachs an freier Kaufkraft, soweit es den Inhabern der Minenaktien einen Gewinn bringt; wenn diese Goldeinfuhr aber nur die Produktionsausgaben ersetzt, so bewirkt sie weder eine Erhöhung der Nachfrage nach Konsumtionsgütern noch eine Vermehrung des freien Kapitals. Und dasselbe gilt für Gold, das aus dem Auslande als Entgelt für verkaufte Waren eingeführt wird, ohne daß bei diesen Warengeschäften ein Gewinn erzielt worden ist. Die Goldeinfuhr als solche stellt eben nicht einfach eine Vermehrung des Volkseinkommens dar, sie kann sogar mit einem Verlust verbunden sein, wenn sie durch Warenverkäufe zu Schleuderpreisen veranlaßt ist. Und umgekehrt kann das in Gold ausgedrückte Volkseinkommen einen ungewöhnlichen Zuwachs erhalten, wenn eine günstige Zahlungsbilanz des Inlandes durch ausländische Warensendungen ausgeglichen wird. Allerdings aber stellt das Gold von vornherein spezifisch verkörperte Kaufkraft dar und es sammelt sich bei fortdauernder Zufuhr immer mehr an; die Waren dagegen liefern nur Kaufkraft, wenn sie verkauft werden, und es kommt nun darauf an, daß diese im Verkehr sich stets reproduzierende Warenkaufkraft im richtigen Verhältnis zu der im Metallgelde dauerhaft materialisierten Kaufkraft bleibe. Wenn die Menge der jährlich umgesetzten Waren in demselben Verhältnis steigt, wie die des als Geld dienenden Goldes, so liegt kein Grund zu der Annahme vor, daß eine etwaige Erhöhung des Preisniveaus durch die Vermehrung des Goldes herbeigeführt sei, und noch weniger berechtigt ist natürlich eine solche Annahme, wenn die der Größe des Warenumsatzes (der Menge nach) verhältnismäßig noch mehr gestiegen ist als die Menge des Metallgeldes. Dagegen ist es allerdings m ö g l i c h , daß eine die Vermehrung der umgesetzten Warenmenge verhältnismäßig übertreffende Zunahme des Goldbestandes eine preissteigernde Wirkung ausübt, und es könnte sich dabei vielleicht die erhöhte Preissumme des Warenumsatzes zu dem erhöhten Goldvorrat in das frühere Verhältnis setzen. Dies geschieht aber keineswegs notwendig und in jedem Falle. Das eingeführte Gold ruft nicht unmittelbar eine verstärkte Nachfrage nach Waren hervor; es sammelt sich zunächst bei den Banken an und erweitert hier die Grundlage des Kreditumlaufssystems. Dann aber hängt es von der allgemeinen Lage der Produktion und des Verkehrs ab, wie weit von der Krediterleichterung Gebrauch gemacht wird. Bei ungünstigen Konjunkturen und allgemeiner Depression wird das neue Gold unbenutzt in den Bankgewölben liegen bleiben und dadurch zugleich einen Teil der bis dahin nicht bar gedeckten Noten und Scheckdepositen in gedeckte verwandeln, also einen Teil der Kreditumlaufsmittel verdrängen. Ein interessantes Beispiel liefert wieder die bereits erwähnte Episode in den neunziger Jahren: Der gesamte Barvorrat der Bank von England stieg infolge des Zuflusses des transvaalschen Goldes von Ende 1893 bis Ende März 1896 um 24 Mill. Lstr., der Notenumlauf aber nahm um 100 000 Lstr. ab, die Notenreserve des Bankdepartements dagegen stieg von 13,5 Mill. auf 37,6 Mill. Lstr., von welcher Summe 21,8 Mill. Lstr. beim Emissionsdepartement bar gedeckt waren, und die Summe der Depositen hob sich von 33,7 Mill. auf 64,9 Mill. Lstr. Das Deckungsverhältnis der Depositen durch die Totalreserve des Bankdepartements (die 1893 um 2 Mill. und 1896 um 2,5 Mill. Lstr. größer war als die Notenreserve) betrug am ersten Datum 46, am zweiten aber 61,2 pCt. und hatte damit eine vorher und nachher nie wieder dagewesene Höhe erreicht. Das Portefeuille des Bankdepartements aber nahm in diesem Zeitraume nur um 7 Mill. Lstr. zu. Es zeigt sich also deutlich, daß das neue Gold dem Depositenbestand des Bankdepartements zufloß, das dafür bei dem Emissionsdepartement Noten eintauschte. Für die vermehrte Notenreserve aber fand sich keine genügende Verwendung, obwohl der Diskontsatz der Bank in dieser ganzen Zeit mit Ausnahme der Monate Januar und Februar 1894 auf 2 pCt. gehalten wurde. Im Laufe des Jahres 1896 aber begann die Abstoßung des Goldes in das Ausland, die bis zum Ausbruch des Burenkrieges in ungewöhnlicher Höhe fortdauerte und den Goldvorrat der Bank im Jahre 1899 wieder auf 30—34 Mill. und die Notenreserve auf durchschnittlich

19 Mill. Lstr. brachte. Und gerade in diesen letzten Jahren des Jahrhunderts tritt die aufsteigende Bewegung der Preise ein, auf die dann im Jahre 1901 wieder ein Rückschlag folgte.

Die Preise können überhaupt nur steigen, wenn auf jeder Stufe der Produktion und des Handels von der Rohstoffgewinnung bis zum Absatz an die letzten Konsumenten so viel Kapital in Geldform frei wird, daß das Warenangebot der nächstniederen Vorstufe zu einem erhöhten Preise aufgenommen werden kann, und wenn zugleich auf allen Stufen so viel Geldeinkommen abfällt, daß die Gesamtmasse der Jahresproduktion an fertigen Konsumtionsgütern ebenfalls zu höheren Preisen Absatz findet. Diese Bedingung kann ohne Vermehrung des baren Geldes lediglich unter dem Einfluß günstiger Verhältnisse der Produktion und des Verkehrs erfüllt sein. Ist sie erfüllt — und nur dann —, so kann die Preisbewegung noch weiter vorwärts getrieben werden, einerseits durch Einschiebung formaler, von einem bereits erfolgten Warenumsatz unabhängiger Kreditkaufkraft und andererseits durch Vermehrung des Metallgeldes, das neben der im Warenaustausch betätigten Kaufkraft gleichsam noch als selbständiger Kaufkraftträger nebenher läuft, sich ansammelt und durch Kredit materiell übertragen werden kann. Die Vermehrung des Goldvorrats kann nicht aus sich selbst eine Ausdehnung der Kreditkaufkraft erzeugen, aber zur Sicherung jedes gegebenen Bestandes von Kreditumlaufsmitteln ist eine gewisse Grundlage in Gold erforderlich, wie dies ja auch in der Gesetzgebung über die Notenbanken vorgesehen ist. Daher kann, solange der wirtschaftliche Aufschwung dauert, die Summe der wirksamen Kreditkaufkraft und zugleich das Preisniveau um so mehr erhöht werden, je größer der sie stützende Barvorrat ist. Wenn aber die durch die Preisverhältnisse einer mehr oder weniger weit zurückliegenden Vergangenheit bedingten Preisforderungen durch die in der Gegenwart sich ergebenden Erträge nicht mehr gedeckt werden, so tritt eine Reaktion, und wenn große Summen spekulativer Schulden in der Schwebe sind, eine Krisis ein. Diese würde ohne Zweifel um so weniger verheerend sein, je höher das Verhältnis des vorhandenen Barvorrats zu der vorher verwendeten Menge der Kreditumlaufsmittel wäre. Da die letztere sich aber immer so weit auszudehnen strebt, als es die Bargrundlage irgend gestattet, so wird sie möglicherweise einem um so stärkeren Rückschlag unterliegen, je höher sie eben mit Rücksicht auf den Barvorrat durch die Spekulation gesteigert war. Allerdings zeigen in der neueren Zeit die Minima der Indexzahlen eine aufsteigende Linie und man könnte, wie schon bemerkt, vielleicht schließen, daß sich darin die Goldentwertung als eine in allen, gleichviel ob empor- oder abwärtsgehenden Preisen gleichmäßig wirkende steigende Komponente zeige. So waren die Maxima und Minima der Sauerbeckschen Indexzahlen (bei denen die Durchschnittspreise von 45 Waren in den Jahren 1867—1877 gleich 100 gesetzt sind): 1890: 72; 1896: 61; 1900: 75; 1903: 69; 1907: 80; 1908: 73; 1912: 85. Indes ist jener Schluß keineswegs sicher. Es ist sehr wohl möglich, daß auch das Anwachsen der Minimalziffern seine Ursachen lediglich auf seiten der Waren hat, in den Bedingungen der Produktion und des Transportes, namentlich in der Erhöhung der Löhne, der Bedarfskonzentrierung in den Städten, der zunehmenden Schwierigkeit der Gewinnung wichtiger Waren. Auch die Kartellierung der gleichartigen Unternehmungen wirkt auf ein weiteres Sinken der Preise um so früher hemmend ein, je weiter sie sich ausbreitet.

Überhaupt erscheint eine nachhaltige Entwertung des Goldes als Ursache der Preissteigerung zweifelhaft, wenn man die vor dem neuen Aufschwung der Goldproduktion liegende Zeit mit berücksichtigt. Für das Jahr 1912 mit seiner Goldproduktion von zwei Milliarden Mark erreicht der Sauerbecksche Index den Höhepunkt 85, aber diese Zahl bleibt doch noch erheblich unter dem Ausgangswert 100, der dem Durchschnittpreisstand der Periode 1867 bis 1877 entspricht, und dieser selbe Durchschnitt gilt auch für den ganzen Zeitraum von 1853 bis 1877. Ebenso weist der Index des Economist zwar im März 1912 wieder ein relatives Maximum auf, nämlich 2791; aber die wirklichen Höchstbeträge dieses Index finden wir 1873 mit 2947 und 1857 mit 2996. Es ist daher die Annahme gerechtfertigt, daß im ganzen die Vermehrung des monetären Goldvorrats der Kulturwelt in den letzten sechs Jahrzehnten nicht über das Verhältnis hinausgegangen ist, das durch die Vermehrung der Menge der umgesetzten Güter und zur Sicherung der aus diesen Umsätzen hervorgehenden Kreditkaufkraft gefordert wurde. Faßt man nur England ins Auge, so ist dort die Umsatzentwickelung außerordentlich viel größer als die Zunahme des Goldbestandes. Sauerbeck gibt eine Tabelle über den Gesamtwert des auswärtigen britischen Handels — nämlich der gesamten Einfuhr und Ausfuhr von britischen Erzeugnissen — nach den

Preisen, die im Jahre 1873 bestanden, und diese Zahlen können also als den Mengen der Waren proportional betrachtet werden. Sie sind gestiegen von 626 Millionen Lstr. im Jahre 1873 auf 1743 Millionen im Jahre 1912, also beinahe auf das Dreifache. Nach den Preisen des letzteren Jahres ergibt sich der Wert derselben Warenmasse nur zu 1232 Mill. Lstr., was wieder nichts weniger als eine Entwertung des Goldes andeutet. Als weiteres Symptom der Entwickelung der Umsätze kann der Verkehr des Londoner Clearinghauses herangezogen werden, der von 4826 Mill. Lstr. im Jahr 1871 auf 15 961 Millionen im Jahre 1912 emporging. Der Barvorrat der Bank von England dagegen stand im Jahre 1912 mit seinem Höchstbetrag von 42 Millionen Lstr. nur um 20—21 Mill. über der Durchschnittssumme im Anfang der siebziger Jahre, und der Goldbestand des ganzen vereinigten Königreichs ist gegenwärtig nur um etwa 40 Mill. Lstr. höher zu schätzen als zu jener Zeit. Der mächtige Goldzufluß hat sich eben im Zusammenhang mit der Verallgemeinerung der Goldwährung und den Reformen der Papiergeldwirtschaften über alle Kulturländer verbreitet. So haben sich ja bei der russischen Reichsbank über 2800 Millionen M. in Gold angesammelt, und bei der Bank von Frankreich stieg der Goldvorrat im Jahre 1909 auf mehr als 3700 Mill. Frs. Dazu kam der starke Goldabfluß nach Argentinien, Brasilien und Indien. In allen Ländern aber darf man auch annehmen, daß sich die in Bewegung zu setzende Gütermenge in stärkerem Verhältnis vermehrt hat als das zu monetären Zwecken dienende Gold. In Deutschland z. B. betrug der Gesamtwert des auswärtigen Handels in Ein- und Ausfuhr im Jahre 1873 8,5 Milliarden Mark, im Jahre 1911 aber 19 Milliarden Mark. Die Preise werden aber wie in England in diesem Jahre um etwa 35 Prozent niedriger gewesen sein als 1873, so daß die Gütermengen in den beiden Jahren ungefähr im Verhältnis von 1:3 gestanden haben werden. Der Vorrat Deutschlands an Gold- und Silbergeld aber belief sich 1873 auf etwa 2500 Mill., 1912 aber auf höchstens 4400 Mill., wobei aber der wichtige Unterschied besteht, daß die erstere Summe ungefähr 1100 Mill. in Kurantsilbergeld mit unbeschränkter Zahlungskraft, die letztere aber ausschließlich silberne Scheidemünzen enthält, die nur für den kleinen Verkehr geeignet sind. Sehr bezeichnend für das außerordentliche Aufsteigen der deutschen Produktion sind auch die Ziffern für die Roheisengewinnung, die 1873 nur 2 241 000 t erreicht, 1912 aber über 17 000 000 t hinausging.

Man darf nach diesen Erörterungen folgende Sätze aufstellen:

1. Eine Entwertung des Goldes als Ursache der in den letzten 17 Jahren eingetretenen Preissteigerung ist nicht nachweisbar.

2. Es ist jedoch anzunehmen, daß bei Vermehrung des Goldes die von Zeit zu Zeit auftretenden aufsteigenden Bewegungen der Preise begünstigt und länger dauern läßt, wenn die Ursachen derselben auch lediglich auf seiten der Waren liegen.

3. Es ist möglich, aber nicht nachgewiesen, daß die auf diese Aufstiege folgenden rückläufigen Bewegungen infolge der Vergrößerung des Goldvorrats bei einem höheren Preisstande haltmachen als ohne diese Vermehrung zu erwarten wäre.

4. Diejenige Komponente der Preisbildung, die in der neueren Zeit bei allen Waren durchweg in positivem Sinne wirkt, ist die Erhöhung der Löhne. Sie wird nicht ausschließlich durch die Preissteigerung der Unterhaltsmittel bedingt, sondern beruht auch auf einer Änderung in dem wirtschaftlichen Verhältnis von Kapital und Arbeit. Daher geht sie auch bei den Rückschlägen nicht ganz verloren.

5. Die Verteuerung des Lebensunterhalts wird durch die mit den Großhandelspreisen nicht parallel gehenden Detailpreise verursacht, die in den Städten durch die Mieten stark beeinflußt werden. Im Großhandel aber sind fast alle Waren erheblich billiger als am Anfang der siebziger Jahre. Die Kartelle dürften bisher im ganzen mehr eine Hemmung des Sinkens als eine positive Steigerung der Preise bewirkt haben.

6. Die Indexzahlen geben keinen Anhalt zur Beantwortung der Frage, ob und wieweit eine Verminderung des Goldwertes bei der Preisbewegung der letzten Jahrzehnte mit im Spiele sei. Diese Zahlen sind brauchbar zur allgemeinen Charakterisierung der Hebungen und Senkungen des gesamten Preisniveaus, aber sie lassen in keiner Weise erkennen, ob diese Bewegungen von den Waren oder vom Golde ausgehen. Man kann für jede einzelne Ware die in ihren Produktions- und Handelsbedingungen liegenden Ursachen ihres Preisrückganges in den Jahren 1873 bis 1896 nachweisen und ebenso auch die Bedingungen ihrer aufsteigenden Preisbewegung in der folgenden Zeit bis 1913. Die letztere aber hat durchweg im Großhandel den Rückgang in der ersten Periode nicht wieder vollständig aufgehoben, was ohne Zweifel den technischen Verbesserungen der Produktion und des

Transportwesens zu verdanken ist; jedenfalls aber liegt gar kein positiver Grund zu der Annahme vor, daß in der zweiten Periode die Preisentwickelung auch noch durch eine versteckt wirkende Entwertung des Goldes beeinflußt gewesen sei. Wenn nun aber der gegenwärtige höhere Stand des Preisniveaus lediglich aus der allgemeinen wirtschaftlichen Entwicklung von Produktion und Handel, unabhängig vom Goldwert, hervorgegangen ist, liegt darin eine Störung des normalen Verlaufs des Wirtschaftslebens und eine Schädigung allgemeiner Interessen? Eine solche aus den allgemeinen Bedingungen der Wertbildung und des Güteraustausches entstehende Preisverschiebung ist offenbar ganz anders zu beurteilen als eine solche, die lediglich durch eine innere Wertverminderung des als Geldstoff dienenden Goldes herbeigeführt wäre. Auch im ersteren Falle allerdings werden gewisse Interessen geschädigt. Nicht alle sind imstande, die steigenden Kosten des Lebensunterhalts in gleichem Schritt durch vermehrtes Einkommen auszugleichen, die festen Renten namentlich verlieren an Kaufkraft, und namentlich vermindert sich der reale Wert der aus früherer Zeit stammenden Geldforderungen.

II.

Ein angesehener amerikanischer Nationalökonom, Irving Fisher, legt nun besonderes Gewicht auf diese Unsicherheit der Kaufkraft der festen Geldanlagen und Ersparnisse und betrachtet überhaupt die Steigerung der Kosten des Lebensunterhalts als ein ernstliches Übel. Er sieht die Ursache der verminderten Kaufkraft des Dollars nicht vorzugsweise in der Vermehrung der Goldproduktion, sondern in der ganzen Entwicklung des modernen Umlaufsmechanismus und er schlägt vor, der Wertänderung der Geldeinheit dadurch entgegenzutreten, daß das ihr zugrunde liegende Goldquantum nach Maßgabe der Veränderungen einer zweckmäßig ausgewählten Indexziffer erhöht oder auch vermindert würde. Es wäre dabei nicht nötig, die vorhandenen Golddollars einzuziehen; sie könnten, wenn das Goldgewicht des „virtuellen" Dollars erhöht würde, ebenso wie die Silberdollars, als überwertete, mit einem Schlagschatz belastete Münzen im Umlauf bleiben, müßten aber jederzeit gegen das jeweilig festgesetzte Quantum Barrengold einlöslich sein. Am zweckmäßigsten wäre es, wenn die Golddollars größtenteils durch Zertifikate ersetzt und eingeschmolzen würden. Dadurch würde das Schatzamt von Anfang an einen reichlichen

Vorrat an Barrengold erhalten, der sich dann in der Zukunft durch die Eingänge aus der neuen Produktion vermehren würde. Beim Beginn der neuen Einrichtung würde die alsdann geltende allgemeine Indexziffer zugrunde gelegt und gleich 100 gesetzt und auch von dem bisherigen Goldwert des Dollars = 25,8 Grains ausgegangen werden. Wenn aber der Preisindex um 1 pCt. stiege, so würde der „Barrendollar", wie man ihn nennen könnte, nämlich die Gewichtsmenge Gold, mit der ein Dollarzertifikat oder eine Goldmünze eingelöst wird, ebenfalls um 1 pCt. erhöht werden. Die vorhandene Menge des Barrendollars würde also im Verhältnis von 101 : 100 vermindert, und das würde nach Fishers Ansicht eine Herabdrückung des Preisniveaus bewirken. Bliebe die Tendenz zur Preissteigerung nachhaltig wirksam, so müßten, etwa in Abständen von drei Monaten, weitere Gewichtsvermehrungen des Barrendollars erfolgen. Um Spekulationen zu verhindern, soll jedoch die Einlösung der Zertifikate und Goldmünzen nicht mit dem vollen Goldgewicht des Barrendollars stattfinden, sondern ein gewisser, einer Prägegebühr (im Unterschied von dem Schlagschatz) entsprechender Abzug, etwa von 1 pCt., gemacht werden. Denn sonst könnten die Spekulanten, wenn sie am Ende eines Vierteljahres eine Gewichtserhöhung des Barrendollars voraussähen, vorher große Mengen Barrengold gegen Zertifikate oder überwertete Goldmünzen eintauschen und für diese dann am Anfang des neuen Vierteljahres wieder ein größeres Gewicht von Barrengold erhalten.

Welche Folgen würde nun dieses System für die Preisbildung haben, wenn wir zunächst annehmen, daß es gleichmäßig in allen Ländern eingeführt würde. Die nächste unzweifelhafte, auch von Fisher hervorgehobene Wirkung würde die sein, daß bei der angenommenen fortdauernden Tendenz zur Steigerung der Warenpreise die Goldproduzenten für ihr Jahreserzeugnis eine geringere Menge Barrendollars oder der sonstigen neuen Geldeinheiten erhielten. Da aber die jährliche Produktion nur 6—7 pCt. des vorhandenen Goldvorrats ausmacht, würde diese Verminderung der Ausgabe neuer Geldeinheiten nicht erheblich ins Gewicht fallen. Auch der Einfluß der Neuerung auf die industrielle Goldverwendung würde kaum merklich sein. Theoretisch würde sich dieser in einer V e r m i n d e r u n g dieses Verbrauchs äußern, weil das in Dollars ausgedrückte Einkommen der Käufer zurückgegangen wäre. Hauptsächlich aber würde es sich um die Wirkung handeln, die die Erhöhung des Goldwertes der Geldeinheit dadurch ausüben würde, daß der Nominalwert des ganzen vorhandenen Goldvorrats herabgesetzt würde.

Ohne Zweifel würden, wenn man mit Festhaltung des Namens neue Golddollars mit einem um 25 pCt. höheren Feingewicht prägte und in Umlauf setzte, alle Preise sich im Verhältnis von 1,25: 1 ermäßigen. Aber es ist keineswegs gewiß, daß derselbe Erfolg auch bei dem vorgeschlagenen Systeme eintreten würde. Denn nach diesem zirkulieren nur Zertifikate und unterwertige Goldmünzen, die gegen die erhöhte Gewichtsmenge Barrengold einlöslich sind; vollwertige Münzen könnten gar nicht ausgeprägt werden, da dann vielleicht jedes Vierteljahr eine Umprägung nötig werden würde. Barrengold ist aber nicht gesetzliches Zahlungsmittel, es ist für den gewöhnlichen inneren Verkehr als Umlaufsmittel gar nicht brauchbar, nur im auswärtigen Handel würde es als internationales Zahlungsmittel dienen. Im laufenden inländischen Verkehr aber würde die Einlösungsmöglichkeit der Zertifikate und Münzen praktisch gar nicht in Betracht kommen, zumal die fortwährenden Schwankungen des Einlösungswertes in den Geschäften des gewöhnlichen Lebens gar nicht berücksichtigt werden könnten. Wahrscheinlich würde sich für die staatlichen Geldzeichen ein selbständiger Wert bilden, der von ihrem Einlösungswert in Barrengold in ähnlicher Weise unabhängig wäre wie der des Papiergeldes in Papierwährungsländern von dem auswärtigen Wechselkurse. Die russischen Kreditrubel z. B. konnten zur Zeit der Papiergeldwirtschaft doch auch stets zu einem veränderlichen Kurse in Gold, d. h. in Wechsel auf Goldwährungsländer, eingelöst werden, und in den Preisen der aus dem Auslande bezogenen Waren kamen die Kursschwankungen auch stets voll zum Ausdruck. Die Preise der inländischen Erzeugnisse auf den inländischen Märkten aber, die Löhne, die Mieten, waren von den gewöhnlichen Bewegungen des Goldagios tatsächlich unabhängig. Nur ein lange Zeit anhaltendes starkes Sinken des Goldwertes des Rubels, wie in den Jahren 1876 bis 1887, machte sich allmählich auch in den spezifisch inländischen Preisverhältnissen bemerklich, jedoch keineswegs gleichmäßig und natürlich am meisten für die Waren mit starker Ausfuhr. So würde auch der veränderliche Barreneinlösungswert der Geldzeichen nur bei einer lange andauernden, überwiegend steigenden Preisbewegung eine herabdrückende Wirkung ausüben, die aber bei verschiedenen Waren verschieden wäre und in keiner erkennbaren Abhängigkeit von der Größe des Einlösungsgewichts stände. Denn abgesehen von Krisen würde die wirkliche Einlösung der Geldzeichen nur für den internationalen Verkehr von Bedeutung sein; hier würde das für den Dollar, das Pfund Sterling usw. jeweilig gesetzlich festgesetzte Goldgewicht das Zahlungsmittel bilden und nur in dem unmittelbar durch den auswärtigen Handel bedingten Warenpreise würde sich die Veränderung der Barrengeldeinheit sofort fühlbar machen.

Wir haben vorausgesetzt, daß das System der veränderlichen Barrengeldeinheit in allen Ländern prinzipiell angenommen würde. Aber wenn dies auch geschähe, so müßte die wirkliche Ausführung doch in jedem Lande verschieden geregelt werden. Insbesondere wäre es nicht angängig, daß für alle Länder dieselbe Indexziffer für die Änderungen der Geldeinheit zum Maßstab gemacht würde. Denn die Indexziffer wird gebildet aus den Preisen einer größeren Anzahl von Waren, von denen jede in den verschiedenen Ländern unter verschiedenen Marktverhältnissen und Preisbedingungen steht. In Ländern mit Schutzzöllen sind die geschützten Waren teurer als in England, die Baumwolle ist in Amerika stets billiger als in Europa, Eisen ist in Deutschland stets billiger als in Ländern, die nicht über große Kohlenlager verfügen. Wenn also auch dieselben Waren für die Bildung der Indexziffer zugrunde gelegt und wenn die Ausgangsziffern trotz ihrer Verschiedenheit in allen Ländern gleich 100 gesetzt würden, so würden die Änderungen dieser Indices doch ungleichmäßig stattfinden, entsprechend der Verschiedenheit der besonderen Marktbedingungen in den einzelnen Ländern, die namentlich auch durch die Lohnbewegungen stark beeinflußt werden. Da es sich nun aber um die Bekämpfung der allgemeinen Tendenz zur Erhöhung der Kosten des Lebensunterhalts handeln soll, so müßte also jedes Land mit der periodischen Festsetzung des Goldgewichtes seiner Geldeinheit selbständig vorgehen, und die Paritäten der verschiedenen Geldsysteme würden also fortwährend Änderungen unterworfen sein. Auch wenn ein Land, etwa England, das neue Geldsystem nicht annähme, würden sich die Preise der Ein- und Ausfuhrwaren in diesem und z. B. den Vereinigten Staaten tatsächlich nach den Mengen der einzelnen Waren richten, die man für ein Kilogramm Gold in den beiden Gebieten erhalten könnte.

Aber wenn auch wirklich durch eine Erhöhung des Goldgewichtes der Goldeinheit ein gleichmäßiger Druck auf alle Preise ausgeübt werden könnte, so würde doch eine aus den Großhandelspreisen der wichtigeren Waren abgeleitete Indexziffer keinen rationellen Maßstab für diese künstliche Preisregelung darbieten. Die Preisbildung jeder Ware hängt von besonderen Bedingungen ab, wie schon mehrfach hervorgehoben wurde, und wenn diese nicht berücksichtigt werden, so entstehen Störungen des normalen wirtschaftlichen Prozesses, und gewisse berechtigte Interessen werden einseitig geschädigt. Ist die Ernte schlecht ausgefallen, so müssen die Getreidepreise steigen, und dadurch entsteht vielleicht eine Erhöhung der ganzen Indexziffer, ohne daß deshalb eine Vermehrung des Barrenwertes der Geldeinheit gerechtfertigt wäre. Ebenso bildet eine Erhöhung der Warenpreise eine naturgemäße und berechtigte Reaktion gegen die Steigerung der Löhne, ohne daß dadurch, wie oben gezeigt wurde, den Arbeitern der Vorteil der Lohnerhöhung wieder vollständig entzogen wird. Man kann auch nicht geltend machen, daß der Wert der Goldeinheit sich zu den Warenpreisen ebenso verhalte wie diese zueinander, daß es sich immer nur um Austauschverhältnisse von gleichartiger Natur handele. Das Geld ist eben kein wirtschaftliches Gut von gleicher Art wie die Waren. Es stellt immer, abgesehen von völlig zerrütteten Assignatenwirtschaften, eine wenn auch nicht absolut, so doch relativ feste Basis für die Wertschätzung der Waren dar, und zwar aus den bereits oben angeführten Gründen: weil der Verkehrswert des Goldes nicht, wie der aller gewöhnlichen Waren, von den Bedingungen der laufenden Produktion, sondern von dem seit Jahrhunderten angesammelten Goldvorrat abhängt, der immer auf dem Markte bleibt, weil die neue Zufuhr im Verhältnis zu diesem Vorrat immer nur klein bleibt und weil diese Zufuhr jederzeit ohne weiteres und ohne daß jemals ein drängendes Notangebot entstehen kann, in den Münzstätten zu festen Bedingungen Aufnahme findet. Der Goldwert steht also unter ganz anderen und wesentlich stabileren Bedingungen als der Wert der gewöhnlichen Waren, und soweit in den Preisen der letzteren die wirklichen inneren Änderungen ihres Wertes zum Ausdruck kommen, haben die Inhaber von früher entstandenen Geldforderungen keinerlei Berechtigung, sich über die Verminderung der Kaufkraft des Goldes zu beschweren und eine Erhöhung der Geldeinheit zu verlangen. Denn der Wert der Waren hat unter dieser Voraussetzung im Verhältnis zu dem relativ festen Goldwert infolge ihrer gesteigerten „Seltenheit" ja wirklich zugenommen, und die Goldbesitzer können nicht den Anspruch erheben, daß zum Nachteil der Warenbesitzer die Folgen dieser Tatsache von ihnen abgewandt würden. Aber auch wenn ein Teil des Preisaufschlages der Waren auf eine Verminderung des Geldwerts zurückzuführen wäre, könnte ihnen ein solcher Anspruch nicht zugestanden werden: denn jeder Besitzer eines wirtschaftlichen Gutes muß sich damit abfinden, daß der Wert desselben Schwankungen unterliegt, er muß wissen, daß er ein Risiko trägt, und für die Geldbesitzer kann keine Ausnahme gemacht werden. Übrigens finden diejenigen, die das Geld erwerbstätig verwenden, durch die allgemeine Preissteigerung selber eine Entschädigung oder sogar einen Gewinn; einen Verlust erleiden nur die Sparer und überhaupt die Besitzer fester Kapitalanlagen. Diese allerdings befinden sich in einer ähnlichen Lage wie etwa diejenigen, die im Jahre 1896 3 proz. Konsols zu pari gekauft haben und diese jetzt um 25 pCt. im Kurse gesunken sehen. Immerhin würde man es als einen Mißstand ansehen können, wenn die Geldeinheit nicht die nötige Wertfestigkeit besäße, und man würde dann auch prinzipiell staatliche Maßregeln zur Hebung dieses Mangels als im allgemeinen Interesse liegend anerkennen können. Aber es fragt sich dann wieder, ob wirklich eine innere Wertverminderung des Geldes und des Goldes vorliegt, und selbst wenn diese Frage bejaht würde, bliebe es unmöglich, die Größe dieser Wertverminderung zu bestimmen. Die Indexziffern aus den Großhandelspreisen sind für diesen Zweck, wie gesagt, gänzlich unbrauchbar, da sie ganz selbständig entstehende Hebungen und Senkungen der Preise der verschiedenen Waren zusammenfassen; und noch weniger brauchbar wären Indexzahlen aus den Detailpreisen, die in jeder Stadt verschieden sind.

Die selbständigen Hebungen und Senkungen der Warenpreise lassen jedenfalls erkennen, daß innere Änderungen des Geldwertes, wenn überhaupt, nur zum kleinsten Teile zu diesen Bewegungen beitragen. Die Außerachtlassung dieses Preiselements wird daher unzweifelhaft weniger Nachteil im Gefolge haben als eine periodisch, nach einem willkürlichen Maßstabe vorgenommene, den Verkehr störende Änderung des Goldgewichtes der Geldeinheit.

I. Fisher macht von seinem Standpunkt gar nicht den Versuch, eine selbständige Wertverminderung des Goldes nachzuweisen; er beruft sich nur auf die allgemeine Preissteigerung seit 1896 und die dadurch entstandene Erhöhung der Kosten des Lebensunterhalts, und er stellt diese Entwickelung dar durch eine Reihe von „Equations of Exchange". Die Elemente dieser Gleichungen sind: die Menge des außerhalb des Schatzamtes und der Banken umlaufenden Goldes (M), die Umlaufsgeschwindigkeit dieses Goldes (V), d. h. die Summe der in einem Jahre in Gold geleisteten Zahlungen geteilt durch M, die Summe der dem Scheckverkehr dienenden Depositen bei allen Banken (M^1), die Umsatzgeschwindigkeit der Depositen (V^1), der Preisindex (P), bezogen auf den von 1909 als 100, und die Masse des Güterumsatzes (T). Den letzteren bemißt Fisher zutreffenderweise nicht nach der Summe der Warenpreise — der Preis würde denn ja zweimal in Rechnung kommen —, sondern nach der Summe der Mengeneinheiten, indem als Einheit für jede Ware diejenige Menge angenommen wird, die im Jahre 1909 für 1 Dollar gekauft werden konnte. Fast alle diese Elemente können offenbar nur annähernd festgestellt werden. Die von Fisher nach summarischen Schätzungen gegebenen Zahlen können hier nicht nachgeprüft werden, sondern wir nehmen sie als näherungsweise richtig an. Die Zahlungsgleichung hat die Form: $M V + M^1 V^1 = P T$. Sie wird durch Einsetzung der geschätzten Werte der 6 Größen bis auf einige Prozent in den einzelnen Jahren erfüllt und dann wird durch kleine Korrekturen eine volle Ausgleichung hergestellt. So ist z. B. für 1912 gesetzt M = 1710 Mill. Dollar, V = 22; M^1 = 8170 Mill. Doll., V^1 = 53,4; P = 105,3, T = 450 000 Mill. Doll. und demnach in Mill. Doll.:

$$1710 \times 92 + 8170 \times 53{,}4 = 105{,}3 \times 450\,000.$$

In Fishers neuester Veröffentlichung (American Econ. Review, June 1913) sind nun die Zahlungsgleichungen in einer graphischen Form für die Jahre 1896 bis 1912 zusammengestellt. Aus dieser Tabelle lassen sich, unabhängig von dem von dem Verfasser verfolgten Zweck, einige interessante Beziehungen zwischen Geld und Preisen ableiten. Zunächst zeigt sich, daß in Amerika die Summe der Scheckdepositen, die dieselbe Bedeutung haben wie der bare Kassenvorrat der einzelnen, von Jahr zu Jahr, wenn auch nicht gleichmäßig, gestiegen ist und im ganzen sich von 2710 Mill. Doll. im Jahre 1896 auf 8170 Mill. Doll. im Jahre 1912 gehoben hat. Auch die im Publikum umlaufende Geldmenge (zu der ohne Zweifel auch die Banknoten gerechnet sind) hat sich erhöht, aber nicht, wie die Depositensummen auf das Dreifache, sondern nur annähernd auf das Doppelte, nämlich von 880 Mill. auf 1710 Mill. Doll. Demgemäß ist auch das Verhältnis der Scheckdepositen zu dem Geldumlauf im allgemeinen von Jahr zu Jahr gestiegen und zwar von 3,08 im Jahre 1896 auf 4,78 im Jahre 1912, jedoch kommen auch einzelne Rückschläge vor, so namentlich von 4,37 im Jahre 1907, offenbar infolge der Krisis, auf 4,05 im Jahre 1908. Auch 1909 blieb das Verhältnis noch herabgedrückt auf 4,15, dann aber folgte eine starke und fortschreitende Steigerung. Die durch die Scheckdepositen dargestellte Kaufkraft entsteht aber hauptsächlich aus dem Verkauf von Waren, und es ist daher ganz natürlich, daß sie bei der immer stärker zunehmenden Ausdehnung des Güterumsatzes die Vermehrung der umlaufenden Geldmenge immer mehr überflügelt, bis eine Krisis diese Entwickelung vorübergehend zum Stocken bringt. Man kann auch die Fisherschen Zahlen über die Scheckdepositen benutzen, um überhaupt das Verhältnis der sämtlichen Kreditumlaufsmittel in den Vereinigten Staaten zu dem gesamten Goldbestande zu bestimmen. Es sind dann den Depositen die Noten der Nationalbanken und die außerhalb des Schatzamts vorhandenen Bundesnoten hinzuzuzählen. Die vollgedeckten Goldzertifikate sind einfach als Repräsentation des im Schatzamt für sie hinterlegten Goldes anzusehen und daher als Goldgeld anzurechnen, natürlich mit Abzug ihrer Summe von dem Goldvorrat des Schatzamts. Die Silberzertifikate dagegen sind, wie auch die außerhalb des Schatzamts umlaufenden Silberdollars und Silberscheidemünzen mehr als zur Hälfte ihres Werts Kreditgeld und daher als solches mitzurechnen. Der Silbervorrat des Schatzamtes und der Silbergehalt der umlaufenden Münzen ist dann aber nur dem Silberwerte entsprechend als Golddeckung anzunehmen.

Unter diesen Voraussetzungen ergibt sich nach den Reports des Münzdirektors für 1896, 1901 und 1912 (in Millionen Doll.):

Kreditgeld:	1896	1901	1912
Bundesnoten (außerhalb des Schatzamts mit Einschluß der Treasury Notes von 1890) . . .	320	378	341
Nationalbanknoten	226	354	754
Silberzertifikate (außerhalb des Schatzamts) . .	330	373	469
Silberdollars (außerhalb des Schatzamts) . . .	52	67	70
Silberscheidemünze (außerhalb des Schatzamts)	60	79	145
	988	1251	1779
Dazu Scheckdepositen nach I. Fisher	2710	5130	8170
Zusammen Kreditumlaufsmittel	3698	6381	9949

Gold:	1896	1901	1912
Barren im Schatzamt	32	109	198
Gesamtbestand an Goldmünzen	567	1015	1615
	599	1124	1813
Ungefährer Goldwert der Silbermünzen	220	265	325
Ungef. Goldwert des Barrensilbers im Schatzamt	80	30	1
Gesamte Bardeckung.	899	1419	2139

Das Verhältnis der Kreditumlaufsmittel zu dem gesamten Barvorrat des Landes in dem hier angenommenen Sinne stieg demnach von 4,11 im Jahre 1896 auf 4,50 im Jahre 1901 und auf 4,65 im Jahre 1912.

Rechnet man die Silbermünzen mit ihrem vollen Nominalwert zum Barvorrat, so sind die Silberzertifikate nur Vertreter des gleichen Betrags hinterlegter Silberdollars, und es bleiben als Kreditgeld nur die Bundes- und die Nationalbanknoten, zusammen in den drei Jahren bzw. 546 Mill., 732 Mill. und 1095 Mill. Doll., wenn nur die außerhalb des Schatzamts befindlichen Bundesnoten mitgezählt werden. Die Gesamtsumme der Kreditumlaufsmittel stellt sich dann auf bzw. 3256 Mill., 5662 Mill. und 9265 Mill. Doll., denen mit Einschluß von bzw. 406 Mill., 610 Mill. und 739 Mill. Doll. in Silbermünzen als Barbestände 1005 Mill., 1734 Mill. und 2552 Mill. Doll. gegenüberstehen. Die hier in Frage stehenden Verhältniszahlen stellen sich also jetzt für 1896 auf 3,24, für 1901 auf 3,26 und für 1912 auf 3,63. Zählt man die Silberbarren des Schatzamts nach ihrem Goldwert zum Barvorrat, so ergibt sich für die erste Verhältniszahl 3,00, für die zweite 3,21.

Nach beiden Berechnungsarten zeigt sich also, daß die Summe der Kreditumlaufsmittel auch im Verhältnis zu der Gesamtheit der Bardeckungsmittel im Steigen begriffen ist. Selbstverständlich zeigt auch die Gesamtgröße der im Verkehr wirksamen Kaufkraft, nämlich die Goldmünzen im Sinne Fishers (außerhalb des Schatzamts und der Banken) und die Summe der Scheckdepositen, eine fortschreitende Zunahme. Diese Gesamtgröße betrug z. B. im Jahre 1896 3590 Mill., im Jahre 1912 aber 9880 Mill. Doll., war also im Verhältnis von 1: 2,75 gewachsen. Die Bedeutung dieses Wachstums für die Preisbildung hängt aber von der Masse der Güter ab, die durch die wirksame Kaufkraft in den beiden Jahren in Bewegung gesetzt wurden. Ist diese Masse in demselben Verhältnis gewachsen wie die Summe der Umlaufsmittel, so ist man, wie schon oben bemerkt, nicht berechtigt, in der Vermehrung der letzteren die Ursache der Preissteigerung zu suchen. I. Fisher hat, wie schon erwähnt, für die Größen T Schätzungen gegeben, bei denen die Preise des Jahres 1909 festgehalten sind und die daher den Mengen der in den einzelnen Jahren umgesetzten Güter proportional gesetzt werden können. Vergleicht man nun die Verhältnisse der Summen der Umlaufsmittel U gleich M + M[1] (in Millionen Doll.) und der zugehörigen Umsatzgrößen T (in Milliarden D.) in je zwei aufeinander folgenden Jahren so erhält man folgende Zahlen:

Jahre			$U_{n+1} : U_n$	$T_{n+1} : T_n$				
1897	zu	1896	3760 : 3590	215 : 191	oder	1,05	und	1,13
1898	,,	1897	4190 : 3760	237 : 215	,,	1,11	,,	1,10
1899	,,	1898	4910 : 4190	259 : 237	,	1,17		1,09
1900	,,	1899	5620 : 4910	253 : 259	,,	1,14	,,	0,98
1901	,,	1900	6350 : 5620	291 : 253	,,	1,13	,,	1,15
1902	,,	1901	6650 : 6350	287 : 291	,,	1,05	,,	0,99
1903	,,	1902	7120 : 6650	310 : 287	,,	1,07	,,	1,08
1904	,,	1903	7130 : 7120	310 : 310	,,	1,00	,,	1,00
1905	,,	1904	7990 : 7130	355 : 310	,,	1,12	,,	1,14
1906	,,	1905	8390 : 7990	375 : 355	,,	1,05	,,	1,06
1907	,,	1906	8760 : 8390	384 : 375	,,	1,05	,,	1,02
1908	,,	1907	8190 : 8760	361 : 384	,,	0,94	,,	0,94
1909	,,	1908	8290 : 8190	387 : 361	,,	1,01	,,	1,07
1910	,,	1909	8690 : 8290	399 : 387	,,	1,05	,,	1,03
1911	,,	1910	9420 : 8690	413 : 399	,,	1,08	,,	1,04
1912	,,	1911	9880 : 9420	450 : 413	,,	1,05	,,	1,09

In der Mehrzahl der Jahre war also das Zuwachsverhältnis der Umsatzmenge T größer als das der Umlaufsmittel oder diesem sehr nahe gleich. Erhebliche Ausnahmen finden sich nur für die Jahre 1899, 1900 und 1902 und zwar die stärkste im Jahre 1900. Dieses Jahr ist ebenso, wie 1902, auch dadurch bemerkenswert, daß die Umsatzmenge im Vergleich mit dem Vorjahr abnimmt, während das Jahr 1901 einen Aufschwung des Umsatzes aufwies. Der ganze Zeitraum von 1898 bis 1902 hat insofern einen besonderen Charakter, als sich in ihm zuerst wieder ein nachhaltiges Aufsteigen des Preisniveaus vollzog, und zwar von dem (Fisherschen) Index 63 bis zu 85, worauf im nächsten Jahre wieder ein Rückgang eintrat. Es ist immerhin möglich, daß die Vermehrung der Umlaufsmittel, die auch einen Zuwachs des Geldbestandes von 280 Mill. Doll. mit umfaßte, in einem gewissen, wenn auch nur geringen Maße zu dieser Preisentwickelung beigetragen hat. Von 1903 bis 1912 nahmen die Umsatzgrößen im ganzen etwas mehr zu als die Umlaufsmittel, was sich auch in den für diese beiden Jahre unmittelbar berechneten Verhältniszahlen zeigt. Denn für U beträgt das Steigerungsverhältnis von 1903 bis 1912 nur 1,39, für T aber 1,45. Das Jahr 1908 brachte als Folge der Krisis von 1907 einen gleichmäßigen Rückschlag sowohl in dem Verhältnis der U, wie in dem der T. Man darf daher auch aus den von Fisher gelieferten Zahlen schließen, daß die Umlaufsmittel nicht stärker vermehrt worden sind, als es zur Bewältigung der Masse des Verkehres nötig war, daß daher von ihrer Seite im ganzen keine merkbare selbständige Einwirkung auf die Preise ausgegangen ist, daß also die Preise sich bei annähernd konstantem Wert der Goldeinheit im wesentlichen nur nach den sich verschiebenden Produktions- und Verkehrsbedingungen der Waren bewegt und erhöht haben.

DER GESETZENTWURF ÜBER DAS VERFAHREN GEGEN JUGENDLICHE.

Von FRANZ VON LISZT.

I. Als ich meinen Beitrag zu der Festschrift für J a k o b R i e ß e r anmeldete, hatte ich allen Grund zu der Annahme, daß ich dem Jubilar ein Reichsgesetz würde vorführen können, das, modernstem Geist entsprungen, Zeugnis abzulegen vermöchte für die die Gegenwart kennzeichnende, tiefgehende Umwandlung unserer grundlegenden Anschauungen vom Recht; zugleich aber auch für die in dieser Umwandlung begründete Ideengemeinschaft, die den Verfasser dieser Zeilen mit dem Manne, den sie ehren sollen, innerlich verbindet, und die so die Brücke schlägt vom Strafrecht zum Handelsrecht.

Worin besteht diese Umwandlung unserer Grundanschauungen vom Recht? Es ist nicht leicht, das in wenigen Worten zu sagen; und doch scheint mir die Umwandlung für jeden, der sehen kann und sehen will, in unverkennbarer Klarheit zutage zu treten.

Die Umwandlung unseres R e c h t s b e g r i f f e s geht Hand in Hand mit der Umwandlung unseres S t a a t s b e g r i f f e s. Und das ist ja gar nicht anders möglich. Denn der Staat ist das rechtlich geordnete Zusammenleben der Menschen; ohne das Recht ist der Staat nicht denkbar. Unsere Auffassung vom Staat und seinen Aufgaben aber hat sich gewandelt; etwa, so für uns im Deutschen Reich, seit dem Beginn des letzten Viertels des 19. Jahrhunderts: mit dem Übergang von der Volkswirtschaft des Kontinentalstaates zu der Weltwirtschaft des Staates, dessen Zukunft auf dem Wasser liegt. Das kann ich hier nicht im einzelnen darstellen und nachweisen. Man wird mir aber ohne weiteres zugeben, daß die Zeiten der Staatsauffassung des Manchestertums vorüber sind. Der Staat von heute will etwas anderes und will ungleich mehr sein als bloßer Rechtsstaat; als Verwaltungsstaat oder Kulturstaat, oder wie man das nennen will, faßt er die ganze Volkskraft zusammen, die altüberlieferten Kulturwerte erhaltend und mehrend und ungezählte neue in unausgesetztem Bemühen hinzuschaffend, um diese ganze geeinte Kraft im Wettbewerb mit den anderen Staaten überall auf der bewohnten Erde in die Wagschale werfen zu können.

Mit dieser Umwandlung unserer Auffassung vom Staat hat sich unsere Auffassung vom Recht geändert. Dem konstitutionellen Altliberalismus schien es beinahe, als sei der Staat nur um des Rechtes willen da; denn wenn die Gerechtigkeit untergeht, dann hat es keinen Wert mehr, daß Menschen auf Erden leben. Uns Menschen von heute ist das Recht nur mehr Mittel zum Zweck; ein Mittel, das uns die Erfüllung der Staatsaufgaben erleichtert und sichert. Wehrgesetze und Steuergesetze, Schulgesetze und Zolltarifgesetze und wie sie alle heißen mögen: Wir planen und beraten und beschließen sie, nicht weil wir sie an sich für wertvoll hielten wie unsere Vorfahren die Verfassungsgesetze, sondern weil wir sie nicht entbehren können, wollen wir bestehen im Kampfe mit den anderen Staaten und Völkern.

Dieser Umschwung der Anschauungen zeigt sich auf allen einschlagenden Gebieten. Er zeigt sich in der Entwicklung der R e c h t s - p h i l o s o p h i e. Denn so unbeholfen sie auch heute noch auftritt, so eng sie, befangen in den alten Anschauungen von dem absoluten Werte des Rechts, ihre Aufgabe sich umgrenzt: Die Frage nach dem richtigen Recht ist in Wahrheit doch der noch unklare, mühsam über die Schwelle des Bewußtseins sich emporringende Gedanke an einen Maßstab für die richtige Politik des Staates. Denn nur der Zweck, den das Recht verfolgt, kann der Maßstab des Rechtes sein.

Er zeigt sich in der R e c h t s w i s s e n s c h a f t, die vom Formalismus, in dem sie bisher ihren Stolz gefunden, sich abkehrt und nach neuem Inhalt sucht; die nicht die Ordnung an sich, sondern die geordneten Lebensverhältnisse zum Ausgangspunkt ihrer Untersuchungen macht. Die bis zum Überdruß heute wiederholte Zusammenkoppelung der Worte „Recht und Wirtschaft" (richtiger hieße es Wirtschaft und Recht): Was wollen sie anders, als den Kampf gegen die ausschließlich „juristische Methode" zum Ausdruck bringen und die Kämpfenden um eine gemeinsame Fahne scharen?

A b e r g a n z b e s o n d e r s z e i g t s i c h d i e s e r U m - s c h w u n g d e r A n s c h a u u n g e n a u f d e m G e b i e t

des Strafrechts. Und davon soll an dieser Stelle die Rede sein.

Nicht von dem Streit der strafrechtlichen Schulen. Denn der hat sich überlebt, wie der Gegensatz von Verfassungsstaat und Verwaltungsstaat, von Rechtsstaat und Kulturstaat, von Manchestertum und Sozialpolitik. Daran ändert auch die Tatsache nichts, daß das Häuflein von Kriminalisten, die auf dem alten Standpunkt verharren, sich eng aneinander geschlossen und es verstanden hat, von den Lehrstühlen des Strafrechts lauter denn je ihre Ansichten zu verkünden. Denn an den Universitäten wird Geschichte zwar gelehrt, aber nicht gemacht. Sondern von dem inneren Zusammenhang soll die Rede sein, in dem die strafrechtliche Reformbewegung — lange Jahre, ohne es zu ahnen — mit dieser Umwandlung unserer Auffassung von Staat und Recht gestanden hat, und, so lange diese Umwandlung nicht zum Schluß gelangt ist, stehen wird.

Denn was ist der Vergeltungsbegriff der klassischen Schule des Strafrechts anders, als der altliberale Aberglaube an die selbständige Dignität des Rechtes? Als die unbedingte, pathetische Ablehnung jeder Zweckbestimmung und damit aller Relativität des Rechts? Dem Verbrechen muß seine Sühne werden: so fordert es die Gerechtigkeit. Was dabei aus dem Verbrecher wird, und wie die Sühne auf die Gesellschaft und auf den Staat wirkt — darum kümmerte man sich nicht, durfte man sich nicht kümmern. Freilich, die großartige Einseitigkeit, die imponirende Kraft, die in Kants Talionsidee gewaltigen Ausdruck gefunden hatte: die war seinen Epigonen verloren gegangen. Aber die Forderung, in der Funktion des Strafrechts die Berechtigung der Strafe nachzuweisen, in der Aufgabe der Strafe ihre Begrenzung nach Art und Maß zu begründen — diese Forderung haben die Vertreter des Vergeltungsgedankens mit der gleichen unnahbaren Vornehmheit abgelehnt, wie der große Philosoph des Kritizismus, der freilich gerade mit seinem kategorischen Imperativ die Grundlagen seines Systems verlassen hatte.

Der Kampf gegen den Vergeltungsgedanken im Strafrecht wurzelt in der Überzeugung, daß auch die Strafe als Rechtsinstitution im Dienste der Staatsaufgaben steht; daß sie berechtigt ist, sobald der Staatszweck sie fordert, daß sie durch andere Mittel verdrängt werden muß, sobald sie als zur Erreichung ihres Zweckes ungeeignet sich erweist. Die moderne Strafrechtsschule hat ihren inneren Zusammenhang mit den sozialpolitischen Forderungen des Gegenwartstaates von allem Anfang an erkannt und betont, sie hat aus diesem Zusammenhang ihre Kraft und ihre zuversichtliche Hoffnung auf die Zukunft geschöpft. Wie weit dieser Zusammenhang reicht, wie tief sich ihre Wurzeln mit den Grundlagen des modernen Staates verschlingen, das hat freilich keiner von uns vor fünfundzwanzig Jahren klar und in vollem Umfang erkannt.

Und nun bin ich bei meinem Thema. Bei dem Gesetz, über das ich an dieser Stelle unserem Jubilar berichten wollte. Die Erwartung freilich, die ich vor Monaten hegte und nach Lage der Dinge auch hegen durfte: daß ich über ein im Reichsgesetzblatt ordnungsmäßig publiziertes Gesetz berichten könnte, ist nicht in Erfüllung gegangen. Der Reichstag hat in seiner Sommertagung so viel andere unaufschiebliche Arbeit zu erledigen gehabt, vor allem die Wehrvorlage und die Deckungsvorlagen, daß er zur Beratung unseres Entwurfs keine Zeit und keine Kraft mehr gefunden hat. Niemand kann und darf ihm daraus einen Vorwurf machen; auch wir nicht, die wir das rasche Zustandekommen des Gesetzes so dringend gewünscht und so zuversichtlich erwartet hatten. Aber immerhin darf angenommen werden, daß der Entwurf, wie er nach den Kommissionsbeschlüssen zweiter Lesung vorliegt (vgl. den von mir erstatteten Bericht in Nr. 1054 der Drucksachen des Reichstags, 212 Seiten), noch im Herbste dieses Jahres zur Annahme gelangen wird, ohne wesentliche Änderungen zu erfahren. Über diesen Entwurf also, nicht über ein fertiges Gesetz, habe ich zu berichten.

II. Für das Gebiet des Jugendstrafrechts, wenn man es noch so nennen will, bedeutet der Entwurf die vollständige Zurückdrängung, die fast völlige Beseitigung des Vergeltungsgedankens; er bedeutet mithin die Durchführung der neuen Anschauungen auf einem wichtigen Teilgebiet des Strafrechts, eine Umwandlung, die weit über die Grenzen dieses Teilgebietes hinaus folgenschwere Wirkungen zeitigen muß. Die Sühne der Tat wird in weitestem Umfang durch die Erziehung des Täters ersetzt. Die Strafe wird nicht als Selbstzweck, sondern als Mittel für die Erreichung der Staatszwecke ins Auge gefaßt und kritisch geprüft. Wo sich herausstellt, daß sie dem Staate nichts nützt, dem Bestraften aber schadet, da wird sie ausgeschaltet und durch andere Maßregeln ersetzt. Das wäre eine Revolution in unserer Rechtspflege, wenn nicht schon seit langen Jahren, wenn auch praeter legem und ohne daß die in die Studierstube gebannten Vertreter des Vergeltungsgedankens es ahnten, dieser neue Geist in unsere Gerichte eingezogen wäre.

Allerdings bleibt der Entwurf, und das muß unumwunden ausgesprochen werden, weit zurück hinter dem, was wir von ihm erwartet hatten, weil es heute bereits durchführbar gewesen wäre. Die Ersetzung der bedingten Begnadigung, dieser bürokratischen Halbheit, die nur im Deutschen Reich, genauer gesagt, in den deutschen Einzelstaaten, möglich war, durch die bedingte Verurteilung ist nicht erreicht worden; die Tilgung der von dem Jugendlichen erlittenen Verurteilung aus den Vermerken der Strafregister, die von allen Kundigen ungestüm seit langem gefordert wird, konnte nicht durchgesetzt werden; an der durchaus unzweckmäßigen Gestaltung des Strafvollzugs an Jugendlichen wird nichts geändert. In diesen drei Punkten waren die verbündeten Regierungen standhaft; sie erklärten in der Kommission, daß der ganze Entwurf unannehmbar werden würde, wollte man ihn auch noch mit diesen Neuerungen belasten. Wir haben das tief bedauert; aber wir konnten es nicht ändern. Wir glaubten nicht, daß die von den Regierungen angeführten Gründe durchschlagend seien; aber wir konnten die Regierungen nicht überzeugen. Die Erfüllung dieser Forderungen bleibt vertagt bis zur allgemeinen Reform des Strafgesetzbuches, die zwar noch in weiter Ferne steht, die aber doch die Jüngeren unter uns noch zu erleben hoffen dürfen.

Aber dennoch sind wichtige Fortschritte erreicht worden.

Als den weitaus wichtigsten betrachte ich die Erhöhung der unteren Grenze des Strafmündigkeitsalters vom 12. auf das 14. Lebensjahr. Die beiden Jahrgänge der zwölfjährigen und der Dreizehnjährigen werden künftig dem Strafrichter entzogen; auf sie finden nur mehr Erziehungs- und Besserungsmaßregeln Anwendung. Dieser Verlust, den der Vergeltungsgedanke erleidet, beträgt etwa 10 000 Knaben und Mädchen im Jahr. Da die Gesamtzahl der Jugendlichen (der zwölf- bis achtzehnjährigen), die bisher wegen Verbrechen und Vergehen gegen die Reichsgesetze verurteilt worden sind, rund 50 000 im Jahre beträgt, scheidet also mit dem Inslebentreten des neuen Gesetzes ein volles Fünftel der Jugendlichen aus der Strafrechtspflege aus. Was mit ihnen geschehen soll, sagt das Reichsgesetz freilich nicht; und das ist eine böse Lücke, die über kurz oder lang ausgefüllt werden muß. Die Fürsorgeerziehung ist heute noch Sache der Landesgesetzgebung und der Landesverwaltung. Hier aber klafft manche Lücke, ergeben sich zahlreiche Unstimmigkeiten und Widersprüche, so daß die Reichsgesetzgebung es auf die Dauer nicht wird vermeiden können, wenigstens die Grundlinien der Fürsorgeerziehung (das Wort im weitesten Sinne genommen) für das ganze Deutsche Reich einheitlich zu regeln.

Aber auch von den vierzehn- bis achtzehnjährigen, also den noch übrig bleibenden vier Jahrgängen der Jugendlichen, wird künftighin der weitaus größere Teil nicht mehr vor den Strafrichter gestellt werden. Die Ausschaltung der strafrichterlichen Tätigkeit und damit des Vergeltungsgedankens tritt in zwei unter sich verschiedenen Gruppen von Fällen ein. Einmal, wenn die Verschuldung und die Folgen der Tat geringfügig sind; dann aber, wenn Erziehungs- und Besserungsmaßregeln einer Bestrafung vorzuziehen sind. Diese beiden Voraussetzungen bedürfen einer kurzen Erörterung.

Wegen „Lappalien" soll künftig nicht gestraft werden; darüber war man sich in der Kommission einig. Daß das gegenwärtig im ausgedehntesten Umfang geschieht, wissen wir alle. Wie groß die Zahl der Verurteilungen wegen solcher geringfügigen Straftaten ist, läßt sich ziffermäßig nicht feststellen; die Reichskriminalstatistik verzeichnet die gerichtlichen Verurteilungen wegen Übertretungen überhaupt nicht, und ebensowenig die Verurteilungen durch Polizeistrafverfügung. Nach dem Legalitätsprinzip muß die Staatsanwaltschaft gegen den Jugendlichen Klage erheben, wenn er eine Schachtel Streichhölzer weggenommen hat, um sich eine Zigarette anzuzünden, oder wenn er eine halbleere Flasche Tinte entwendet hat, um mit seinen Zeichnungen ein Blatt Papier zu beschmieren; die Gerichte mußten in diesen der Praxis entnommenen und in ähnlichen Fällen verurteilen, sie mußten bis zur Novelle von 1912 zu Gefängnis verurteilen, und die Strafen wurden in das Register eingetragen. Und wenn nach dreißig oder vierzig Jahren der angesehene Bürger oder die glücklich verheiratete Frau und Familienmutter als Zeuge vor Gericht steht, dann müssen sie auf Befragen angeben, daß sie wegen Diebstahls vorbestraft sind. Gar manche Existenz ist durch diese Überspannung des Vergeltungsgedankens zugrunde gerichtet worden, ohne daß der Staat einen Nutzen davon gehabt hätte: fiat justitia, pereat mundus.

Das wird anders werden. Wenn Verschuldung und Folgen der Tat geringfügig sind, tritt keine Strafe ein. Die Fassung dieses Satzes wird zu Schwierigkeiten kaum Anlaß geben. Auch der deutsche Vorentwurf bestimmt in § 83 die „besonders leichten Fälle", in denen das Gericht die Strafe nach freiem Ermessen mildern und, wenn dies im Gesetz ausdrücklich zugelassen ist, von einer Strafe überhaupt absehen kann, dahin: „Ein besonders leichter Fall liegt vor, wenn die rechtswidrigen Folgen der Tat unbedeutend sind und der verbrecherische Wille des Täters nur gering und nach den Umständen entschuldbar erscheint, so daß die Anwendung der ordentlichen Strafe des Gesetzes eine unbillige Härte enthalten würde." Die Begründung des Vorentwurfs S. 324 nennt beispielsweise: „Das Handeln aus guter Absicht, auf Grund eines entschuldbaren Strafrechtsirrtums, infolge von Provokation und mit nachfolgender tätiger Reue, das Handeln aus strafbarer, aber nach den Umständen entschuldbarer Fahrlässigkeit." Gerade bei Jugendlichen werden sich zahlreiche weitere Fälle denken lassen. Leichtsinn und Unerfahrenheit, jugendlicher Tatendrang und schlechtes Beispiel, Vernachlässigung oder Verwahrlosung im Elternhaus wird in vielen Fällen die Verschuldung als geringfügig erscheinen lassen.

Die zweite Gruppe wird durch die Fälle gebildet, in denen „Erziehungs- und Besserungsmaßregeln einer Bestrafung vorzuziehen sind." Es läßt sich nicht leugnen, daß diese Fassung recht unbestimmt ist; gerade die entscheidende Frage, wann solche Fälle vorliegen, läßt das Gesetz unbeantwortet. Aber der Sinn ist klar: Es kommt nicht mehr darauf an, ob eine Strafe „verdient" ist; der Vergeltungsgedanke ist auszuschalten, die Sühne der begangenen Tat spielt keine Rolle mehr. Die zur Entscheidung berufene Behörde (über diese spreche ich sofort) hat vielmehr den einzelnen Fall und den einzelnen Jugendlichen zu prüfen und sich die Frage vorzulegen: Was ist hier zweckmäßiger, Strafe oder Erziehung? Die verschiedensten Erwägungen können sich hier durchkreuzen. Die Strafe kann vorzuziehen sein, nicht nur bei schwerer Straftat, etwa bei einem Mord, der von einem fast Achtzehnjährigen begangen worden ist; sondern auch bei leichten Delikten von Jugendlichen, die in guten Verhältnissen leben und deren gute Erziehung gesichert erscheint. Man darf dabei eben niemals außer acht lassen, daß die Fürsorgeerziehung, die unter den Erziehungsmaßregeln heute immer noch die erste Stelle einnimmt, tiefer in die persönliche Freiheit des Jugendlichen und in die Befugnisse seiner Eltern eingreift, als eine kurze Freiheitsstrafe, deren Vollstreckung ausgesetzt wird, oder gar als ein Verweis. Es ist eine folgenschwere Entscheidung, die hier in die Hand der staatlichen Organe gelegt wird, und die sie, ohne durch das Gesetz weiter gebunden zu sein, nach freiem Ermessen zu lösen hat. Die landläufige Rechtswissenschaft läßt den Richter hier völlig im Stich, und mit der Begriffsjurisprudenz der klassischen Strafrechtsschule kann er nicht arbeiten. Nur wer die gesellschaftlichen Lebensverhältnisse auch außerhalb des engen Kreises, in dem er groß geworden ist, kennt, nur wer in der Seele der Menschen zu lesen versteht, in der des jugendlichen Übeltäters sowohl, wie in der der anderen Menschen, die ihn umgeben; nur wer die Wirkung sowohl der Strafe als auch der Erziehung auf das einzelne jugendliche Individium richtig vorherzubestimmen weiß — wird die ihm von dem Gesetzgeber zugewiesene Aufgabe zu seiner eigenen Befriedigung, zum Nutzen des Jugendlichen und zum Wohl der Gesamtheit zu lösen verstehen. Eine große und schwere, aber auch eine schöne und dankbare Aufgabe für unser junges Juristengeschlecht von heute!

Neben diesen beiden Gruppen von Jugendlichen, die der Strafe entzogen werden, bleibt die dritte Gruppe bestehen, die bereits das geltende Recht kennt: Diejenigen, die bei Begehung der Tat die zur Erkenntnis ihrer Strafbarkeit erforderliche Einsicht nicht besessen haben. Hier hat der Entwurf leider nichts geändert. Aber er hat eine alte Streitfrage in vernünftigem Sinne entschieden. Bisher war es nämlich bestritten, ob der Staatsanwalt wegen mangelnder Einsicht die Verfolgung einstellen darf, oder ob die Entscheidung über die Einsichtsfrage dem erkennenden Richter vorbehalten bleibt. Nach § 13 b des Entwurfs ist klargestellt, daß die Frage im Sinne der ersten Alternative zu beantworten ist. Der Staatsanwalt hat also zu prüfen, und zwar auf Grund der von ihm selbst oder durch Hilfspersonen angestellten Ermittelungen, ob der Täter die von dem Gesetz geforderte Einsicht besessen hat oder nicht; verneint er die Frage, so unterbleibt die Erhebung der Klage, und die Vormundschaftsbehörde hat die ihr richtig erscheinenden Anordnungen zu treffen.

III. Besondere Schwierigkeiten hat der Kommission die Frage bereitet, ob das L e g a l i t ä t s p r i n z i p , nach dem die Staatsanwaltschaft zur Erhebung der Klage verpflichtet ist, sobald zureichende tatsächliche Anhaltspunkte vorliegen, beizubehalten sei oder nicht. Es wurde ohne weiteres zugegeben, daß die eben besprochene Tendenz des Gesetzes, trotz des Vorliegens einer strafbaren Handlung aus Zweckmäßigkeitsgründen von einer Bestrafung abzusehen, notwendig zu einer Einschränkung der Verfolgungspflicht der Staatsanwaltschaft hindrängt. Auf der anderen Seite aber wurde betont, daß mit der Durchbrechung des Legalitätsprinzips der Staatsanwaltschaft eine gefährliche Machtbefugnis eingeräumt werde; daß sie es in der Hand haben würde, durch Erhebung oder Nichterhebung der Klage über das Lebensschicksal des Jugendlichen frei zu entscheiden; daß die Gefahr ungleicher Behandlung der verschiedenen Bevölkerungsklassen nicht abgeleugnet werden könne, und der Vorwurf der Klassenjustiz unvermeidlich wäre. Im besonderen wies man darauf hin, daß die Amtsanwaltschaft, wenigstens in der im Norden Deutschlands üblichen Besetzung, nicht die geringste Gewähr dafür biete, daß die Entscheidung sachlich richtig erfolgen werde.

Nach langen und wiederholten Beratungen hat die Kommission einen Ausweg gefunden, der, wie ich glaube, allgemein befriedigen kann. Die endgültige Entscheidung über Erhebung oder Nichterhebung der Klage ist nicht der Staatsanwaltschaft, sondern dem Gericht übertragen; und zwar entweder dem Vormundschaftsgericht oder dem erkennenden Strafgericht.

Zunächst ist das Ermessen der Staatsanwaltschaft durch die Bestimmung in § 3 Absatz 2 ausgeschlossen: „Öffentliche Klage darf gegen einen Jugendlichen nicht erhoben werden, wenn Erziehungs- und Besserungsmaßregeln einer Bestrafung vorzuziehen sind." Dagegen entscheidet die Staatsanwaltschaft zunächst nach freiem Ermessen in dem anderen, in § 3 Absatz 1 geregelten Fall: „Von der Erhebung einer öffentlichen Klage gegen einen Jugendlichen kann abgesehen werden, wenn die Verschuldung und die Folgen der Tat geringfügig sind." Hat die Staatsanwaltschaft in dem ersten oder in dem zweiten Fall dennoch die öffentliche Klage erhoben, so kann das erkennende Strafgericht in jeder Lage des Verfahrens, also noch in der Hauptverhandlung, das Verfahren einstellen. Der Einstellungsbeschluß kann nicht angefochten werden. Hier spricht also das erkennende Gericht das letzte entscheidende Wort. Damit ist die Möglichkeit ausgeschlossen, daß die Staatsanwaltschaft in einem Fall die Klage erhebt, in dem sie nach Ansicht des Gesetzes nicht erhoben werden sollte.

Hat dagegen die Staatsanwaltschaft von der Erhebung der Klage abgesehen oder das Verfahren eingestellt, so ist die Sache an die Vormundschaftsbehörde abzugeben; und es kann dann die Klage nur noch mit Zustimmung dieser Behörde nachträglich doch erhoben werden. Die Vormundschaftsbehörde ist aber an die Ansicht der Staatsanwaltschaft nicht gebunden. Hält sie, die Vormundschaftsbehörde, im Gegensatz zur Staatsanwaltschaft, Erziehungs- und Besserungsmaßregeln nicht für ausreichend, so kann sie die Sache an die Staatsanwaltschaft zurückgeben. Gegen die Entscheidung steht dem Jugendlichen, dem gesetzlichen Vertreter und der Staatsanwaltschaft die sofortige Beschwerde zu. Wird die Entscheidung rechtskräftig, so ist die öffentliche Klage zu erheben (§ 5 a). In diesem Fall hat also die Vormundschaftsbehörde das letzte entscheidende Wort zu sprechen.

Selbstverständlich kann man gegen diese Lösung den Einwand erheben, daß ja auch das Gericht, sei es das erkennende Strafgericht, sei es die Vormundschaftsbehörde, gegen den Vorwurf der Klassenjustiz nicht geschützt ist, und daß dieser Vorwurf erbitternder, vergiftender auf die Bevölkerung wirken müsse, wenn er gegen das Gericht, als wenn er gegen die Staatsanwaltschaft erhoben wird. Aber gegen dieses Übel ist eben kein Kraut gewachsen. Und wir werden uns der Hoffnung hingeben dürfen, daß nach den bisher im Deutschen Reich gemachten Erfahrungen ein solcher Vorwurf gegen unsere Gerichte nur in ganz vereinzelten Ausnahmefällen erhoben werden wird.

IV. Es dürfte ohne weiteres klar sein, daß mit der Zurückdrängung der Strafrechtspflege gegen Jugendliche überhaupt die künftige Bedeutung des Jugendgerichts, genauer: des Jugendstrafgerichts, eine wesentliche Einbuße erleiden muß. Die öffentliche Meinung scheint sich darüber noch nicht ganz klar geworden zu sein. Die volkstümliche Bewegung, die auf Ausbreitung und erweiterte Zuständigkeit der Jugendgerichte abzielt, hat dabei vielfach den Kernpunkt der Frage selbst oder doch die besondere Gestalt übersehen, die das Problem bei uns im Deutschen Reich angenommen hat und annehmen mußte. Die Auslandstaaten, namentlich die Staaten des englisch-amerikanischen Rechts, die, von anderen

Eigentümlichkeiten abgesehen, unsere deutsche Einrichtung des Vormundschaftsgerichts nicht kennen, mußten auf den Gedanken kommen, dem Strafrichter als dem einzigen für sie in Betracht kommenden Richter jene Funktionen zu übertragen, die bei uns der Vormundschaftsrichter von alters her bereits hat. So wurde der „Jugendrichter", der auch die Eltern wegen Vernachlässigung des Kindes vermahnen und bestrafen, sowie das Kind anderswo unterbringen konnte, das Ideal des Richters. Und als die Bewegung nach Deutschland übergriff, da glaubte man zunächst auch — und die öffentliche Meinung steht heute noch vielfach unter dem Banne dieses Irrtums —, daß die Übertragung der vormundschaftlichen Funktionen an den Jugendstrafrichter, etwa durch eine Personalunion der beiden Stellungen, das anzustrebende Ziel darstelle.

Durch die Bestimmungen des Entwurfs hat sich die Sachlage sehr wesentlich verschoben. Vor den Jugendstrafrichter kommen künftig überhaupt nur mehr die Vierzehn- bis Achtzehnjährigen (während in den Vereinigten Staaten und in England schon das siebenjährige Kind vor den Strafrichter gestellt werden kann), und auch diese nur in den schwereren Fällen, und auch dann nur, wenn nicht Erziehungs- und Besserungsmaßregeln vorzuziehen sind. Alle anderen Fälle erledigt der Vormundschaftsrichter. Der Jugendrichter bleibt also Strafrichter. Das schließt selbstverständlich nicht aus, daß er die Eigenart des Jugendlichen, im Unterschied vom Erwachsenen, kennen und würdigen muß. Aber es beweist doch, daß Zusammensetzung und Zuständigkeit des Jugendgerichts für uns nicht den Angelpunkt des ganzen Problems bildet.

Mit der Zusammensetzung des Jugendgerichts hat sich die Reichstagskommission sehr eingehend beschäftigt. Sie ist in der zweiten Lesung zu dem Ergebnis gekommen, daß die Einrichtung besonderer Jugendgerichte nicht für alle Amts- und Landsgerichte bindend im Gesetz vorgeschrieben werden kann, daß hier vielmehr in letzter Linie das Ermessen der Justizverwaltung zu entscheiden hat. Der Entwurf bestimmt in den §§ 2 und 2a:

> „Soweit ein Bedürfnuis besteht, werden bei den Amtsgerichten für Strafsachen gegen Jugendliche von der Landesjustizverwaltung besondere Abteilungen gebildet".

Für diese ist der Name „Jugendgericht" vorbehalten. Strafsachen und Vormundschaftssachen, die denselben Jugendlichen betreffen, sollen tunlichst von demselben Amtsrichter bearbeitet werden.

> „Bei den Landgerichten sollen die Strafsachen gegen Jugendliche bei einer Strafkammer vereinigt werden."

Und für Amtsgerichte und Landgerichte gilt der Satz:

> „Für die Bearbeitung der Strafsachen gegen Jugendliche sollen Richter ausgewählt werden, die in Vormundschaftssachen besonders erfahren sind."

Für die bei den Amtsgerichten zuzuziehenden Schöffen ist das „Prinzip der Spezialschöffen", das die Regierung vorgeschlagen hatte, von der Kommission in der ersten Lesung abgelehnt, in der zweiten Lesung wieder hergestellt worden. Der entscheidende Satz lautet jetzt:

> „Zu Schöffen bei den Jugendgerichten sind Personen zu berufen, die in der Jugenderziehung besonders erfahren sind. Auch Volksschullehrer dürfen zu Jugendschöffen berufen werden."

Die Zulassung von Frauen als Schöffen bei den Jugendgerichten ist von der Kommission in erster und in zweiter Lesung, beide Male mit einer äußerst kleinen Mehrheit, abgelehnt worden. Ausschlaggebend war für die Kommission die ganz bestimmte Erklärung der verbündeten Regierungen, daß sie den Entwurf ablehnen würden, wenn die Frauen aufgenommen werden sollten. Es dürfte kaum bestritten werden können, daß es eine Torheit wäre, das Gesetz an dieser Frage scheitern zu lassen. Die überaus lebhafte Agitation der verschiedenartigsten Frauenorganisationen, die an dem ganzen Gesetz nur diese eine Frage zu interessieren schien, dürfte die Stellung nicht richtig eingeschätzt haben, die die Jugendgerichte nach dem Entwurf einnehmen werden. Sie haben wohl alle, ohne die Vorschläge der Regierung und die Beschlüsse der Kommission näher zu prüfen, an den englisch-amerikanischen Jugendrichter gedacht und dabei ganz übersehen, daß diesem ja nicht der deutsche Jugendrichter, sondern die deutsche Vormundschaftsbehörde entspricht. Für diese ist die Mitwirkung der Frauen von größtem Wert. Und die Beschlüsse der Kommission haben sich, wie noch zu zeigen sein wird, mit Erfolg bemüht, den Frauen diese Mitwirkung und mehr als diese zu sichern. Bei der zweiten und dritten Lesung des Gesetzes im Plenum des Reichstags wird die Frage der Zuziehung von Frauen als Schöffen gewiß wieder aufgeworfen werden und wahrscheinlich zu ausgedehnten Erörterungen führen. Daß die Entscheidung anders ausfallen wird, glaube ich nicht; sollte die Mehrheit für die Zuziehung entscheiden, so wäre damit der Entwurf begraben. Das wäre aber auch der einzige Erfolg, den die Agitation der Frauenorganisationen zu erzielen vermöchte. Und daß dieser Erfolg dem an sich durchaus berechtigten Verlangen der Frauen, als Schöffen überhaupt zugelassen zu werden, keine neuen Freunde gewinnen würde, läßt sich mit Bestimmtheit behaupten.

Auch von Seiten der evangelischen Geistlichen ist eine lebhafte Agitation entfaltet worden, um ebenso wie die Volksschullehrer als Schöffen zugelassen zu werden. Die Frage wurde im verneinenden Sinne entschieden, nachdem der Staatssekretär des Reichsjustizamts von dem Inhalt einer Denkschrift des deutschen evangelischen Kirchenausschusses Kenntnis gegeben hatte, der die dringende Bitte aussprach, von einer solchen Zuziehung abzusehen. Die Denkschrift hebt hervor, daß mit der Stellung der Geistlichen die Ausübung richterlicher Tätigkeit unvereinbar sei, und daß eine Ausübung weltlicher Strafgewalt durch den, der die Versöhnung predige, zu den schwersten Konflikten der seelsorgerischen Tätigkeit führen müsse.

V. Zu den erfreulichsten Erscheinungen auf dem Gebiete der deutschen Strafrechtspflege gehört die kräftige Entwicklung, die die Jugendgerichtshilfe in den verschiedensten Teilen des Reiches, ganz besonders aber in den meisten Großstädten, genommen hat. Das Wort pflegt in verschiedenem Sinne genommen zu werden; und zwar nicht zum Vorteil der Sache. Es muß unterschieden werden 1. die Tätigkeit, die vor der Hauptverhandlung entfaltet wird; 2. die Tätigkeit während und 3. die Tätigkeit nach der Hauptverhandlung. Die erste wird hauptsächlich in der Vornahme der Ermittlungen bestehen, die ein Urteil über den Jugendlichen und damit die Entscheidung über die zu ergreifenden Maßregeln ermöglichen; diese Mitarbeit der „Helfer" habe ich allein im Auge, wenn ich in meinen weiteren Ausführungen von Jugendgerichtshilfe spreche. Die zweite Tätigkeit besteht im wesentlichen in der Wahrung der Interessen des angeklagten Jugendlichen während der Hauptverhandlung vor dem erkennenden Richter; für die in dieser Richtung tätige Person wird am besten der gesetzliche Ausdruck „Beistand" gebraucht. Die dritte Tätigkeit betrifft die Fürsorge für den freigesprochenen oder verurteilten Jugendlichen, soweit nicht die Fürsorgeerziehung eintritt; ich werde sie als „Schutzaufsicht" bezeichnen.

1. Zunächst spreche ich lediglich von der Jugendgerichtshilfe im eigentlichen Sinne des Wortes.

Die Kommission hat das größte Gewicht darauf gelegt, für die Tätigkeit der Jugendgerichtshilfe im Gesetz selbst eine feste Grundlage zu schaffen; ja die Mehrheit der Kommission war sogar entschlossen, das ganze Gesetz zu Fall zu bringen, wenn sie mit diesen Bemühungen keinen Erfolg hätte. Die Entscheidung über Erhebung oder Nichterhebung der öffentlichen Klage, die Wahl zwischen der Strafe und den Maßregeln der Besserung und Erziehung, auch die Bestimmung der geeigneten Erziehungs- und Besserungsmaßregeln kann sachgemäß nur dann erfolgen, wenn über die Persönlichkeit des Jugendlichen, über die Verhältnisse, in denen er lebt, sei es im Hause der Eltern, sei es außerhalb, wenn über seinen körperlichen und seelischen Zustand volle Klarheit herrscht. Die zu diesem Zweck erforderlichen Ermittlungen kann aber weder der Staatsanwalt noch der Richter selbst vornehmen; er kann sie auch nicht durch die zu seiner Verfügung stehenden Polizeibeamten vornehmen lassen, die gerade für diese Aufgabe sich möglichst wenig eignen. Hier muß die organisierte freie Liebestätigkeit einsetzen. Die Art der Organisation ist gleichgültig; sie wird sich auch nach den örtlichen Verhältnissen verschieden gestalten müssen. Diese Tätigkeit muß aber ihre klar bestimmte Stellung in dem Verfahren gegen Jugendliche angewiesen bekommen, sonst finden sich die geeigneten Kräfte nicht, oder, wenn sie da sind, arbeiten sie ohne Erfolg.

Ich halte es daher für einen der wichtigsten Fortschritte, daß der § 5 b der Kommissionsbeschlüsse zweiter Lesung bestimmt:

> „Vor ihren Entschließungen hat die Staatsanwaltschaft, das Gericht und die Vormundschaftsbehörde über die körperliche und geistige Eigenart des Jugendlichen, über seine bisherige Führung und über seine Lebensverhältnisse Ermittlungen anzustellen. Hierbei, sowie bei der Auswahl des Fürsorgers und Beistands sollen sie sich der Mitwirkung von Behörden und Vereinen bedienen, die der Jugendhilfe oder Jugendfürsorge gewidmet sind.
>
> Soweit es erforderlich erscheint, sind über den Geisteszustand des Jugendlichen Ärzte als Sachverständige zu vernehmen."

Diese Ermittlungstätigkeit verschlingt schon heute ganz beträchtliche Summen, deren Aufbringung die eigenen Kräfte der Organisationen weit übersteigt. Die Auslagen werden sich künftighin ganz bedeutend erhöhen. Es muß gefordert werden, daß für die Tätigkeit öffentliche Mittel, sei es des Reiches, sei es der Einzelstaaten, sei es der Kommunalverbände und Kommunen, bereitgestellt werden. In das Gesetz wollte man aus verschiedenen Gründen eine solche Bestimmung nicht aufnehmen.

2. Für die Wahrung der Interessen des Jugendlichen während der Hauptverhandlung soll, soweit der Angeklagte keinen Verteidiger hat, der Beistand sorgen. Diesen kennt bereits das geltende Recht. Der Entwurf hat seiner Tätigkeit eine erweiterte und gesicherte Grundlage gegeben. Der Beistand ist zu bestellen, sobald die Eröffnung des Hauptverfahrens beantragt ist. Statt des gesetzlichen Vertreters, der nicht immer gerade die geeignetste Persönlichkeit zur Wahrung der Interessen des Angeklagten ist, kann der Vorsitzende, ohne daß es der Angabe von Gründen bedarf, einen „besonderen Beistand" bestellen. Die Wahl des besonderen Beistands soll auf Angehörige des Jugendlichen oder geeignete andere Personen gerichtet werden; auch Frauen können gewählt werden. Bei der Auswahl hat das Gericht sich der Mitwirkung der Behörden und Vereine (siehe oben unter 1) zu bedienen.

Auch nach dieser Richtung hin eröffnet sich für die Organisation der Jugendgerichtshilfe, das Wort jetzt im weiteren Sinne genommen, eine wichtige Tätigkeit. Es wird dabei aber nicht übersehen werden dürfen, daß die Aufgabe des Beistands eine ganz andere ist als die des Gerichtshelfers (oben unter 1), der im wesentlichen Ermittlungen zu machen und sein Urteil über Menschen und Verhältnisse sich zu bilden hat. Der Beistand, der neben dem Jugendlichen in der Hauptverhandlung auftritt, soll ihm, soweit er kann, den Verteidiger ersetzen, ihn also mit seinem rechtskundigen Rat unterstützen, die Stellung von Beweisanträgen veranlassen oder vornehmen, zu der Strafzumessung das Wort ergreifen, Rechtsmittel einlegen usw. Der Beistand, der diese Aufgabe gewissenhaft erfüllen will, wird sich daher darum bemühen müssen, wenigstens elementare Kenntnisse auf dem Gebiete des Strafrechts und des Strafprozesses sich zu erwerben; und es wird Sache der Organisationen sein, durch die Einrichtung von Kursen geeignete Personen zu Beiständen auszubilden.

3. Bezüglich des verurteilten Jugendlichen enthält der Entwurf keine Bestimmung. Auch nicht für den Fall, daß die Vollstreckung der erkannten Strafe ausgesetzt wird. Hier bleibt alles beim alten. Es wird aber den Organisationen der Jugendgerichtshilfe bei zielbewußtem Vorgehen nicht unmöglich sein, hier praeter legem sich Einfluß zu sichern und etwa die Schutzaufsicht bei bedingter Begnadigung zu übernehmen, wie das ja auch gegenwärtig vielfach geschieht.

Dagegen hat der Entwurf die Schutzaufsicht für den Fall ausdrücklich vorgesehen, daß die Vormundschaftsbehörde gegen den Jugendlichen mit Erziehungs- und Besserungsmaßregeln vorgeht. Wichtig ist hier § 5 Absatz 3:

> „Die Vormundschaftsbehörde kann den Jugendlichen auch auf eine bestimmte Zeitdauer unter Schutzaufsicht stellen und sich die Entscheidung, ob eine weitere Erziehungs- oder Besserungsmaßregel angezeigt ist, vorbehalten. Als Fürsorger sind Personen zu wählen, die in der Jugenderziehung besonders erfahren sind; auch Frauen können gewählt werden. Bei der Auswahl des Fürsorgers soll auf das religiöse Bekenntnis des Jugendlichen Rücksicht genommen werden. Der Fürsorger hat innerhalb seines Wirkungskreises die Eltern oder den gesetzlichen Vertreter in der Sorge für die Person des Jugendlichen zu unterstützen und zu überwachen; er hat der Vormundschaftsbehörde jeden Fall, in welchem sie zum Einschreiten berufen ist, unverzüglich anzuzeigen."

Bei der Auswahl des Fürsorgers hat die Vormundschaftsbehörde sich der Mitwitwirkung der Behörden und Vereine zu bedienen, die der Jugendhilfe oder Jugendfürsorge gewidmet sind.

Für die Frauen eröffnet sich somit ein weites Gebiet segensreicher Wirksamkeit neben den Männern; ein Gebiet, auf dem sie den Männern nicht nur gleichwertig, sondern vielfach überlegen sind. Als Helfer der Staatsanwaltschaft, des Jugendgerichts und der Vormundschaftsbehörde haben sie die nötigen Ermittlungen vorzunehmen, von deren Ergebnis die Entscheidung über das weitere Verfahren gegen den Jugendlichen im wesentlichen abhängt; als Beistände haben sie die Interessen des Jugendlichen in der Hauptverhandlung wahrzunehmen; als Fürsorger endlich haben sie, als die Freunde und Ratgeber des Jugendlichen und seiner Angehörigen, dafür Sorge zu tragen, daß er vom guten Wege nicht abirrt, daß er, wenn nötig, in geordnete Verhältnisse gebracht wird, daß es ihm an Rat und Hilfe nicht fehlt. Spielt neben dieser dreifachen Betätigung wirklich die schöffenrichterliche Tätigkeit eine so wichtige Rolle, daß nur diese als das erstrebenswerte Ziel ins Auge gefaßt wird? Fünfmal im Jahre haben die Schöffen im gewöhnlichen Schöffengericht als Urteiler Sitz und Stimme; im Jugendgericht werden sie, solange das Gerichtsverfassungsgesetz nicht abgeändert wird, auch nicht öfter herangezogen werden. In der Hauptverhandlung aber spielt sich vor ihnen eine Reihe von Strafsachen ab, im raschen Tempo, ohne daß Richter und Schöffen über die Persönlichkeit des Angeklagten sich anders als aus den vorliegenden Berichten zu unterrichten in der Lage wären. Und um diese Stellung zu erlangen, setzen die Frauenvereine ihre ganze Kraft ein?! In keiner der vielen dem Reichstag zugegangenen Petitionen ist von der Stellung der Frau als Helfer, als Beistand, als Fürsorger nur mit einer Silbe die Rede; nur vom Schöffenamt wird gesprochen. Ich kann mir diese sonst unbegreifliche Einseitigkeit nur daraus erklären, daß, wie bereits erwähnt, über den Begriff des deutschen Jugendgerichts in den nichtjuristischen Kreisen ganz falsche Vorstellungen verbreitet sind. Und darum sei es nochmals betont: Die Bedeutung des Entwurfs liegt gerade darin, daß er die Tätigkeit des Jugendstrafgerichts auf ein möglichst kleines Feld einengt und dafür die Tätigkeit des Vormundschaftsrichters ganz wesentlich erweitert. Nicht Strafe, sondern Erziehung: Das ist der Grundgedanke des Entwurfs.

VI. Die strafprozessualen Bestimmungen des Entwurfs sind von geringerer Bedeutung, sie sind in der Kommission auch ziemlich rasch erledigt worden.

1. Der schlimmste Fehler des geltenden Rechts lag wohl darin, daß der zwölfjährige Jugendliche zum selbständigen Prozeßsubjekt im Strafverfahren gemacht war; daß er den Prozeß nach eigenem Ermessen zu führen hatte, und daß gegen ihn der Prozeß geführt wurde, ohne daß der gesetzliche Vertreter von dem Verfahren, von dem Urteil und von dessen Vollstreckung irgend etwas zu erfahren brauchte, wenn nicht etwa (§ 268) das Urteil die Unterbringung in eine Erziehungs- oder Besserungsanstalt anordnete. Wenn ein Mädchen vom Lande in der Stadt im häuslichen Dienst

untergebracht war, so konnte es wegen Diebstahls verfolgt, zu drei Monaten Gefängnis verurteilt werden und die ganze Strafe tatsächlich verbüßen, ohne daß die Eltern eine Ahnung davon hatten. Es handelte sich also zunächst darum, dem gesetzlichen Vertreter die fortlaufende Kenntnis von dem Gang des Verfahrens zu sichern. Daher verfügt § 9:

> „Dem gesetzlichen Vertreter des Jugendlichen soll Ort und Zeit der Hauptverhandlung rechtzeitig mitgeteilt werden. Der Beschluß, durch den das Hauptverfahren eröffnet wird, soll ihm bekanntgemacht werden; das gleiche gilt von Urteilen, Strafbefehlen, Strafverfügungen, Strafbescheiden, sowie von Beschlüssen, durch die das Verfahren nach § 3 eingestellt wird."

Der Entwurf hat ferner dafür Sorge getragen, daß dem Jugendlichen in einer größeren Anzahl von Fällen als bisher ein Verteidiger an die Seite gestellt wird. Nach geltendem Recht (§ 140) war die Verteidigung nur dann notwendig, wenn der Angeschuldigte das sechzehnte Lebensjahr noch nicht vollendet hatte; oder wenn ein Verbrechen den Gegenstand der Untersuchung bildete und der Beschuldigte oder sein gesetzlicher Vertreter die Bestellung eines Verteidigers beantragten. Nach § 6 des Entwurfs „ist dem Beschuldigten von Amts wegen ein Verteidiger zu bestellen, sobald eine Voruntersuchung eröffnet oder die Eröffnung des Hauptverfahrens vor der Strafkammer beantragt ist." Nur dann also ist die Bestellung eines Verteidigers in der Hauptverhandlung nicht notwendig, wenn diese vor dem Amtsgericht sich abspielt. Da die sachliche Zuständigkeit der Schöffengerichte durch den Entwurf wesentlich erweitert wird (siehe unten), ist diese Einschränkung immerhin nicht ohne Bedenken.

Über die Bestellung eines Beistands an Stelle des gesetzlichen Vertreters habe ich bereits gesprochen.

2. In Beziehung auf die Verhängung und Vollstreckung der Untersuchungshaft hat das geltende Recht den Jugendlichen mit dem Erwachsenen gleichgestellt. Der Entwurf schränkt in § 10 die Untersuchungshaft ganz wesentlich ein; sie wird gegen Jugendliche nur dann vollzogen, wenn sie durch andere Maßregeln nicht ersetzt werden kann. In diesem Falle ist für die Trennung des Jugendlichen von Gefangenen Sorge zu tragen, durch die er sittlich gefährdet werden könnte. Mit erwachsenen Gefangenen darf ein

Jugendlicher nur dann in einem Raum untergebracht werden, wenn dies durch seinen körperlichen oder geistigen Zustand ausnahmsweise geboten ist.

3. Für die Hauptverhandlung selbst ist die Trennung der Jugendlichen von Erwachsenen durch § 11 vorgeschrieben. Für die Verhandlung gegen einen Jugendlichen kann das Gericht die Öffentlichkeit ganz oder teilweise ausschließen. Auch soweit die Öffentlichkeit nicht ausgeschlossen wird, soll Jugendlichen, die bei der Sache nicht beteiligt sind, der Zutritt zur Verhandlung versagt werden. Ist von einzelnen Erörterungen ein nachteiliger Einfluß auf den Angeklagten zu befürchten, so kann das Gericht, wenn der Verteidiger oder der Beistand zustimmt, anordnen, daß der Angeklagte für die Dauer der Erörterungen das Sitzungszimmer verläßt.

Es sei erwähnt, daß diese Bestimmungen in der ersten wie in der zweiten Kommissionslesung ohne jede Debatte einstimmig angenommen worden sind.

4. Eingehender besprochen wurde dagegen die Zulassung von amtsrichterlichen Strafbefehlen und von polizeilichen Strafverfügungen gegen Jugendliche. Das geltende Recht läßt, wenigstens nach der die Praxis beherrschenden Ansicht, die einen wie die anderen ohne jede Einschränkung zu. Und doch ist es einleuchtend, daß in diesem summarischen Verfahren weder die Einsichtsfrage genügend geprüft, noch auch sonst die Eigenart der Tat wie des Täters berücksichtigt werden kann. Als ganz besonders gefährlich haben sich die polizeilichen Strafverfügungen wegen Schulversäumnissen und anderen geringfügigen Übertretungen erwiesen; hier wird zwar meistens zunächst eine Geldstrafe verhängt, diese aber bei Uneinbringlichkeit in eine Freiheitsstrafe umgewandelt. Die Folge davon ist, daß in den Großstädten sich jeden Sonnabend Scharen von Jugendlichen einfinden, um die gegen sie erkannten kurzen Haftstrafen im Polizeiarrest abzusitzen. Damit geht die Scheu vor der Strafe dauernd verloren; und das Zusammensein mit anderen Polizeigefangenen ohne jede Beschäftigung und ohne genügende Aufsicht bringt die Gefahr sittlicher Verderbnis notwendig mit sich.

Die Regierungsvorlage hatte in § 12 die Strafverfügungen gar nicht erwähnt, in dieser Beziehung also den bisherigen Zustand aufrecht erhalten. Die Anwendung der Strafbefehle gegen Jugendliche hatte sie dagegen eingeschränkt: „Durch einen Strafbefehl darf gegen einen Jugendlichen G e f ä n g n i s s t r a f e nur festgesetzt werden, wenn die Gefängnisstrafe an die Stelle einer nicht beizutreibenden Geldstrafe treten soll." Mit anderen Worten: H a f t sollte nach wie vor durch Strafbefehl auch gegen Jugendliche primär, also nicht bloß an Stelle einer uneinbringlichen Geldstrafe, festgesetzt werden können. Es ist in der Kommission gelungen, die Gleichstellung der polizeilichen Strafverfügungen mit den amtsrichterlichen Strafbefehlen und zugleich eine weitere Einschränkung der primären Freiheitsstrafe durchzusetzen. Nach den Beschlüssen der Kommission lautet der § 12:

„Durch einen Strafbefehl oder eine polizeiliche Strafverfügung darf gegen einen Jugendlichen F r e i h e i t s - s t r a f e (also auch Haft) nur festgesetzt werden, wenn die Freiheitsstrafe an die Stelle einer nicht beizutreibenden Geldstrafe treten soll."

Und um diese Umwandlung selbst auf einen kleineren Kreis von Fällen einzuschränken, d. h., wenn irgend möglich, die Zahlung der Geldstrafe herbeizuführen, wurde der zweite Absatz hinzugefügt:

„Vor dem Vollzug der an die Stelle einer nicht beizutreibenden Geldstrafe tretenden Freiheitsstrafe ist die Vormundschaftsbehörde zu benachrichtigen."

VII. Es wären noch zwei Neuerungen, die der Entwurf bringt, zu erwähnen:

1. D i e E r w e i t e r u n g d e r s a c h l i c h e n Z u s t ä n - d i g k e i t d e r S c h ö f f e n g e r i c h t e.

Nach § 75 Ziffer 14 a (eingefügt durch Gesetz vom 5. Juli 1905) kann die an sich zuständige Strafkammer bei Eröffnung des Hauptverfahrens wegen aller V e r g e h e n derjenigen Personen, welche zur Zeit der Tat das achtzehnte Lebensjahr noch nicht vollendet hatten, auf Antrag der Staatsanwaltschaft unter den im Gesetz näher angegebenen Voraussetzungen die Verhandlung und Entscheidung dem Schöffengericht überweisen. Nach § 14 des Entwurfs wird diese Bestimmung auf alle V e r b r e c h e n Jugendlicher ausgedehnt, wenn die im Gesetz sonst angegebenen Voraussetzungen gegeben sind, d. h., wenn nach den Umständen des Falles anzunehmen ist, daß auf keine andere und höhere Strafe als auf Gefängnisstrafe von höchstens sechs Monaten oder eine Geldstrafe von höchstens 1500 M. allein oder neben Haft oder in Verbindung miteinander, oder in Verbindung mit Einziehung und auf keine höhere Buße als 1500 M. zu erkennen sein werde.

Es ist also künftig die Zuständigkeit der Strafkammer auf die schwersten Verbrechen der Jugendlichen beschränkt.

2. Eine andere Bestimmung ist notwendig geworden durch die eigenartige Bestimmung des § 1 des Entwurfs: „Jugendlich im Sinne des Gesetzes ist, wer noch nicht achtzehn Jahre alt ist." Damit die Bestimmungen des neuen Gesetzes Anwendung finden, ist mithin zweierlei erforderlich: 1. Der Täter darf bei Begehung der Tat noch nicht achtzehn Jahre alt sein, denn sonst ist er nicht Jugendlicher im Sinne des Strafgesetzbuches. 2. Der Täter darf aber auch das achtzehnte Lebensjahr noch nicht vollendet haben, ehe das Verfahren gegen ihn eröffnet worden ist; ja selbst wenn er im Laufe des Verfahrens achtzehn Jahre alt wird, findet für das weitere Verfahren das neue Gesetz auf ihn keine Anwendung. Ob diese Bestimmung gerechtfertigt und ob sie zweckmäßig ist, braucht hier nicht erörtert zu werden; die Kommission hat sie mit großer Mehrheit angenommen. Man hat es aber für notwendig erachtet, für diese Personen, die zwar Jugendliche im Sinne des Strafrechts, aber nicht Jugendliche im Sinne des Strafprozeßrechts sind, eine besondere Vorschrift zu geben. Sie findet sich in dem ohne Debatte angenommenen § 13:

> „Hat der Beschuldigte das achtzehnte Lebensjahr vollendet, die Tat aber vorher begangen so kann die Staatsanwaltschaft von Erhebung der Klage absehen, wenn die Verschuldung und die Folgen der Tat geringfügig sind, oder wenn besondere Umstände anderer Art es rechtfertigen. Unter den gleichen Voraussetzungen kann nach Erhebung einer öffentlichen Klage das Gericht mit Zustimmung der Staatsanwaltschaft das Verfahren einstellen." In allem übrigen finden in einem solchen Fall die Vorschriften über das Verfahren gegen Erwachsene Anwendung.

Man sieht, der Entwurf hält sich in einem bescheidenen Rahmen. Das Deutsche Reich bleibt immer noch hinter der viel umfassenderen und viel durchgreifenderen Gesetzgebung der meisten übrigen Staaten weit zurück. Aber einen wesentlichen Fortschritt über das geltende Recht hinaus bringt er doch. Und darum muß er mit Freude begrüßt werden. Er ist nicht mehr als eine Abschlagszahlung auf die ungleich weitergehenden, von allen Sachkundigen gestellten Forderungen; aber auch diese Abschlagszahlung dürfen und müssen wir dankbar quittieren. Wenn der Entwurf, wie ich bestimmt erwarte, im Herbst dieses Jahres zum Gesetz geworden sein wird, dann wird für die Behandlung der straffällig gewordenen Jugendlichen ein neuer Zeitabschnitt beginnen. Statt zu strafen und zu sühnen, wird man bessern und erziehen. Gewiß war das erstere ungleich leichter und bequemer; ohne ernste Arbeit wird die neue Aufgabe nicht zu lösen sein. Die größten Anforderungen werden wir künftig an die Richter stellen müssen, die, sei es als Vormundschaftsbehörde, sei es als Vorsitzende im Jugendgericht, in erster Linie an der Lösung der Aufgabe zu arbeiten berufen sind. Auch die Sonderschöffen werden sich erst bewähren müssen. Und wenn der Entwurf auch keinen „Jugendstaatsanwalt" kennt, wie er in Bayern seit einer Reihe von Jahren an verschiedenen Gerichten tätig ist, so wird doch auch die Staatsanwaltschaft das ihrige dazu beitragen müssen, um dem Gesetz den Erfolg zu sichern; dabei wird freilich, wenigstens für den Norden Deutschlands, die unzureichende Besetzung der Amtsanwaltsstellen ein schwer zu überwindendes Hindernis darstellen. Aber die schwerste und wichtigste Aufgabe stellt das Gesetz den Vereinen für Jugendhilfe und Jugendfürsorge oder wie sie sich nennen mögen. Es ist ein gutes Stück Selbstverwaltung, auf das der Gesetzgeber rechnet, ohne daß er die Organisation auch nur in den Grundzügen geregelt hätte. Wer die Tätigkeit unserer großen Zentralvereine kennt, wer das planmäßige Zusammenarbeiten der verschiedensten großen und kleinen Vereine zu beobachten Gelegenheit gehabt hat, der weiß welche Fülle nicht nur von Arbeitskraft und Opferwilligkeit, sondern gerade auch von organisatorischer Begabung in unserem Volke vorhanden ist. Und das ist der andere große und fruchtbare Gedanke, der in diesem kleinen und unscheinbaren Gesetze steckt: Das Vertrauen auf die Hilfsbereitschaft der Gesellschaft, auf die ungebundene Kraft, die in allen Schichten unseres Volkes vorhanden ist, und die nur auf die Aufgaben wartet, zu deren Lösung sie berufen wird. Für die „Laien in der Strafrechtspflege" ist durch das Gesetz ein großes Gebiet erschlossen, das ihnen niemand streitig machen wird.

DAS WESEN DES KREDITS.

Von WALTHER LOTZ.

Worin besteht das Wesen des Kredits? Die vorherrschende Antwort auf diese Frage ist beeinflußt durch Knies. Ihm ist Kredit „jene Gattung von Güterübertragungen —, welche in der Art bewerkstelligt werden, daß der gegenwärtigen Leistung des Einen sich eine zukünftige Leistung des Andern gegenüberstellt". (Vgl. Carl Knies, Der Credit, Berlin 1876, I, S. 35.) Wesentlich sei bei allen Kreditvorgängen, daß entgeltliche Güterübertragungen vorliegen, wobei „die Leistung des Einen (Creditors) in die Gegenwart, die Gegenleistung des Andern (Debitors) in die Zukunft fällt" (S. 7). Hierbei ist nach Knies bedeutsam, daß zwischen die jetzige Hingabe und die spätere Rückgabe eines Gutes sich ein Stadium einschiebt, in welchem ein zeitweiliger Gebrauch des Gutes für den Bedarf des Empfängers gewährt wird (S. 26). Außer dem Darlehen sei auch die Leihe zu den Kreditgeschäften zu rechnen; bei der jetzigen Leistung und späteren Rückerstattung könne es sich um bewegliche und unbewegliche Güter, um Naturalien wie Geld, um verbrauchliche und unverbrauchliche, um vertretbare und unvertretbare Güter handeln. Wesentlich sei, daß bei der jetzigen Leistung der Gläubiger dem Schuldner den Gebrauch seiner Sache für dessen Bedarf nach der Art, wie ein Eigentümer vernünftig die Sache gebrauchen würde, ermöglicht (S. 19—21, 23). Nur dieser Gebrauch eines fremden Gutes zur Befriedigung eigener Bedürfnisse könne den Schuldner überhaupt zur Vereinbarung des Kreditgeschäftes veranlassen (S. 24). Während beim Darlehen die Leistung des Gläubigers Eigentum überträgt, um dem Schuldner aus dem Vermögen des Gläubigers ein Wertquantum zu überlassen, bedarf es bei der Leihe nicht der Eigentumsübertragung (S. 21, 23). Ein Anvertrauen ohne Gebrauchsrecht, wie z. B. bei Übergabe von Wertpapieren zur Verwaltung an eine Bank, sieht somit Knies nicht als Kreditvorgang an (S. 25).

Für Knies ist es ebenso unzulässig, das Wesentliche bei den Kreditvorgängen bloß darin zu suchen, daß ein Teil in der Zukunft zu erfüllen hat, wie er anderseits Mill tadelt, daß er bloß von der jetzigen Übertragung von Kapital bei der Definition des Kredits rede, statt zugleich die Entgeltlichkeit dieser Übertragung durch gleichzeitigen Hinweis auf die künftige Gegenleistung des Schuldners zu betonen (S. 54 ff.).

Wenn der eine Teil in der Zukunft zu erfüllen habe, der andere Teil aber bereits alles geleistet habe, so sei das Bedürfnis unverkennbar, bei der zuerst erfolgenden Leistung ein Beweismittel zugunsten des Gläubigers durch schriftliche Beurkundung zu schaffen. Einmal entwickelt, zeige dann die Privaturkunde die weitere Ausbildung zur frei übertragbaren verbrieften Forderung (S. 40, 42).

Von den Einzelproblemen, die anknüpfend hieran Knies grundlegend behandelt hat, seien hier drei genannt: die Frage, ob Vertrauen des Gläubigers wesentlich für den Kreditbegriff sei, die Frage nach der Freiwilligkeit des Kredits und endlich die Frage, ob es richtig sei, Kredit gleich Kapital zu setzen.

Durchaus einleuchtend setzt Knies auseinander, daß das Vertrauen des Gläubigers gegenüber dem Schuldner ebenso wie die Zahlungsfähigkeit und Zahlungswilligkeit des Schuldners zwar eine Vorbedingung der Kreditgeschäfte sein könne, aber nicht der Kern des Kreditbegriffs. Im Leben ist ein bekanntes Beispiel dafür, daß nicht bei jeder Kreditgewährung ein Vertrauen in die Person des Schuldners eine Rolle zu spielen braucht, die Technik des Leihhausbetriebes, bei welchem regelmäßig nicht einmal der Name des Pfandgastes erfragt, die Persönlichkeit somit auf ihre Vertrauenswürdigkeit gar nicht geprüft, sondern lediglich der Wert des Faustpfandes taxiert wird (vgl. S. 46—52).

Die Freiwilligkeit in dem Eingehen eines Kreditgeschäftes werde allerdings als regelmäßige Annahme zugrundegelegt werden müssen, sowohl die freiwillige Übertragung wie die freiwillige Annahme des Kapitals. Man setze ja auch die Freiwilligkeit bei anderen entgeltlichen Güterübertragungen, bei Tausch und Kauf, voraus. Trotzdem trägt aber Knies Bedenken, Fälle der Kreditinanspruchnahme ohne Freiwilligkeit, nämlich Zwangsanlehen, aus der Reihe der Kreditgeschäfte zu streichen (S. 58, 59).

Im Mittelpunkte aller Ausführungen von Knies steht aber die Auseinandersetzung mit Henry Dunning Macleod (S. 66 ff.), der bekanntlich das Paradoxon vertreten hatte, Kredit sei Kapital. Vom Standpunkt des Juristen definiert zunächst Macleod den Kredit als ein Forderungsrecht. Als Kapital erscheint ihm alles, womit Profit erzielt wird. Der Empfänger eines Darlehens könne Profit durch Verwertung der empfangenen Mittel erzielen; die erwarteten Profite der Zukunft würden als Kapital verwertet, wenn mit Kredit gekauft werde. Der Gläubiger aber sei durch Gewährung eines Darlehens nicht ärmer geworden, er verfüge ja über eine veräußerliche Forderung, die er zu Geld machen könne. Es war unumgänglich nötig, daß Knies scharf gegen diese Behauptungen Stellung nahm, und es war begreiflich, daß seitdem die Theorie auf das ernsteste daran festgehalten hat, daß bei jeder Darlehensgewährung nicht neues Kapital hervorgezaubert wird, sondern daß nur bereits vorhandenes Erwerbsvermögen übertragen wird.

So groß das Verdienst von Knies und seinen Nachfolgern war, für den Fall des Darlehens nachzuweisen, daß die Leihkraft der Gläubiger durch die Summe des vorhandenen disponiblen Kapitals begrenzt ist, so kann doch heute, nachdem jede Gefahr der Verbreitung Macleodscher Irrtümer geschwunden ist, getrost die Frage aufgeworfen werden, ob nicht doch in einem anderen Teil der Macleodschen Ausführungen etwas Richtiges steckt und ob nicht eine Betrachtung, die völlig zutreffend sich mit dem Kreditgeschäft „Darlehen" auseinandersetzt, etwas zu eng ist, sobald wir einmal die vielen verschiedenartigen Erscheinungen des Lebens Revue passieren lassen und sie begrifflich, ohne irgendwelche Werturteile aussprechen zu wollen, ordnen, was schließlich Aufgabe der Definition nur sein kann.

Ehe dies versucht wird, sei noch eine von Knies abweichende neuere Kreditdefinition genannt, die jedoch kaum eine Lösung des Problems bringen dürfte. Johann von Komorzynski hat in einem in Innsbruck 1903 erschienenen Werke: „Die nationalökonomische Lehre vom Credit" (S. 25) den Kredit definiert als „diejenige Gestaltung des privatwirtschaftlichen Verkehres, durch welche ein Vermögen in fremde Wirtschaftsführung zur Nutzung dortselbst überstellt wird." Er fügt hinzu: „Dieses Vermögen des Kreditgebers hat für die Dauer der Kreditgewährung die Rechtsform des Gütereigentums abgestreift und besteht einstweilen in der Rechtsform eines Anspruches wider den Kreditnehmer. Es stellt keine Rechtsbeziehung zu konkreten Gütern dar, aber sein Größenbelauf ist rechtlich fixiert. Seine Größe ist als ein Quantum vertretbarer, nur der Art nach bestimmter Güter rechtlich festgestellt." Es handle sich hier um „Vermögensleihe". Auch hier wird vom Darlehen ausgegangen, so zwar, daß es für Komorzynski konsequent ist, im Gegensatze zu Knies die Güterleihe, Pacht und Miete nicht als Kreditvorgänge anzuerkennen.

Gemeinsam ist Knies, Komorzynski und sehr vielen anderen Autoren, daß vom Gelddarlehen als normalem Anwendungsfall des Kredits ausgegangen wird, nur daß Knies hierbei besonders energisch die Momente jetzige Leistung, künftige Rückerstattung, Gebrauchsüberlassung in der Zwischenzeit, betont.

Es liegt mir fern zu behaupten, in der gründlichen Erörterung der Vorgänge beim Darlehen sei etwas Falsches insoweit enthalten, als betont wird, daß nur ein vorhandenes Vermögen hier übertragen wird.

Trotzdem ist die Frage vielleicht nicht ganz unberechtigt, ob die herrschende Auffassung vom Wesen des Kredits nicht zu eng ist.

Knies ging bei Feststellung des Kreditbegriffes durchaus zutreffend davon aus, die einzelnen Kreditgeschäfte zu betrachten und das diesen Gemeinsame zu ermitteln.

Betrachten wir einmal die Rechtsgeschäfte, bei denen jedenfalls nach aller Meinung Kreditvorgänge vorliegen, fragen wir, was denn hier gemeinsam sei, und versuchen wir, danach festzustellen, ob gewisse umstrittene Fälle mit diesen allgemein als Kreditgeschäft anerkannten Fällen die gemeinsame Eigenschaft teilen, ehe wir über den Begriff „Kredit" etwas aussagen. Zu den Fällen, die unbestritten als Kreditgeschäfte anerkannt sind, gehören folgende:

1. Jemand überläßt in der Gegenwart ihm gehörige Geldstücke einem Anderen zu Eigentum gegen dessen Versprechen, entweder später in einmaliger Zahlung die Summe, eventuell mit Zinsen, zurückzuerstatten oder sie in Annuitätenzahlungen abzutragen (Fall des Darlehens).

2. Jemand überläßt in der Gegenwart ihm gehörige Geldstücke einem Anderen zu Eigentum, wofür der Schuldner so lange, bis die Rückzahlung der Geldsumme erfolgt, dem Gläubiger den Genuß einer Rentenquelle einräumt, ohne eine Zinszahlungsverpflichtung daneben zu übernehmen (Fall der sogenannten älteren Satzung).

In dem zweiten Fall ist ein Bedürfnis, dem Gläubiger besondere Sicherung dafür zu bieten, daß der Schuldner erfüllen werde, dadurch nicht dringlich, daß der Gläubiger bei der älteren Satzung die volle Verfügungsgewalt und Nutzung an einem rententragenden Objekte für die Zeit genießt, in der er sein Geld entbehrt. Beim gewöhnlichen Gelddarlehen dagegen ist ein Risiko des Gläubigers gegeben, voll beim reinen Blankokredit, verringert bei Pfandbestellung oder Bürgschaft. Verändert sich die Vermögens- oder Einkommenslage des Schuldners während der Dauer des Kreditverhältnisses, oder ist der Schuldner böswillig, so kann eine Gefährdung der Forderung eintreten. Die Rechtsordnung hat in zivilisierten Ländern die Aufgabe, gegenüber diesem Risiko möglichst dem Gläubiger Hilfe zu schaffen.

Braucht nun ein solches Risiko nur vorzuliegen, wenn heute vorhandenes Kapital durch ein Darlehen übertragen wird?

Knies hat die Anschauung vertreten, daß Geschäfte, bei welchen Zug um Zug in der Zukunft zu erfüllen ist, nicht Kreditgeschäfte seien, und die Literatur hat sich dem angeschlossen; es scheint mir aber nicht unbedingt sicher, ob Knies damit richtig entschieden hat.

Legen wir einmal das Regulativ der Hamburger Waren-Liquidations-Kasse zugrunde; es liegt mir zufällig in der Fassung vom 1. Januar 1897 vor, das Prinzip ist jedenfalls daraus zu entnehmen, wenn auch später einzelnes geändert sein sollte. Es kauft jemand zu einem Termin 500 Sack gleich ca. 50 000 kg netto Rüben-Rohzucker zu einem bestimmten Preise von einem Zuckerlieferanten: die Warenliquidationskasse tritt bei allen Kontrakten bekanntlich als Gegenkontrahent ein, der Käufer des Zuckers ist somit des Risikos enthoben, daß der Verkäufer beim herannahenden Termin nicht imstande ist, Zucker zu dem stipulierten Preis zu liefern. Die Warenliquidationskasse spekuliert jedoch nicht in Zucker, sie macht keine Geschäfte für eigene Rechnung, sie tritt nur als selbsthaftender Kontrahent bei jedem Terminkauf zwischen den Käufer und Verkäufer und haftet beiden Parteien für Erfüllung. Selbstverständlich ist es für die Liquidationskasse nicht ungefährlich, wenn der Termin herankommt und der Käufer der 500 Sack Zucker nicht imstande ist, die Ware abzunehmen; ist der Zuckerpreis inzwischen stark gefallen, der Käufer aber ein schwach bemittelter Spekulant, so kann der Fall eintreten, daß er kein Gegengeschäft zustandegebracht hat, um den Zucker mit Gewinn zu verkaufen und daß er einen namhaften Verlust infolge des eingetretenen Preisfalls selbst zu tragen zu schwach ist. Analoges kann bei einem Terminverkaufe im Falle starker Zuckerpreissteigerung sich ereignen. Diesem Risiko sucht die Warenliquidationskasse in sehr sinnreicher Weise vorzubeugen. Nach § 9 des genannten Regulativs hat zunächst zugleich mit der Übergabe der Schlußnoten an die Gesellschaft „jeder der beiden Kontrahenten zur Sicherung für die, der Gesellschaft (auf Grund der für ihn zu übernehmenden Garantie) ihm gegenüber etwa erwachsenden Ansprüche, den durch Anschlag in den Geschäftslokalitäten festgestellten Einschuß — welcher niemals weniger als eine Mark pr. Sack betragen darf — zu hinterlegen. Die Gesellschaft ist jedoch — und zwar ohne Angabe von Gründen — in einzelnen Fällen berechtigt, einen größeren als den allgemein festgestellten Einschuß zu verlangen."

Vom Vorstande der Zuckerbörse werden täglich auf Grund der Morgennotierung die Terminpreise festgestellt. Diese Preisnotierungen werden von der Warenliquidationskasse als „Abrechnungspreise" zur Feststellung ihres Risikos bei den zu irgend welchen Vertragspreisen abgeschlossenen schwebenden Termingeschäften verwertet. Kommt nach Abschluß eines Terminkaufs vor Eintreten des Termins eine Preisentwicklung zustande, die es einigermaßen zweifelhaft erscheinen läßt, ob der Zuckerkäufer erfüllen kann, so greifen die Bestimmungen des § 14 Platz: „Sobald sich auf Grund der ...... erfolgten Feststellung der Abrechnungspreise für ein bei der Gesellschaft eingetragenes Geschäft eine Preisschwankung von 50 Pfennig per 100 Kilo oder mehr gegen den derzeitigen Buchwert des Kontraktes ergibt, ist die Gesellschaft, falls der Betreffende kein genügendes Guthaben hat, berechtigt und verpflichtet, die Einzahlung eines dieser Preisveränderung entsprechenden Betrages (Nachschuß) oder die Stellung entsprechender Sicherheit von demjenigen Kontrahenten, dessen Verantwortlichkeit durch die Preisschwankung vergrößert ist, zu fordern . . . ."

In diesen Bestimmungen der Warenliquidationskasse kommt zum Ausdruck, was bei Eingehung eines jeden Zeitgeschäfts die Verpflichteten sehr wohl fühlen, aber beim gewöhnlichen Börsenzeitgeschäft ohne dazwischentretende Warenliquidationskasse mit sich selbst abzumachen haben: daß es ein Risiko mit sich bringt, einen Vertrag in der Zukunft erfüllen zu müssen, wenn der Gegenkontrahent vielleicht inzwischen wirtschaftlich schwach oder leistungsunfähig geworden sein sollte. Bekannt ist, daß daher an der Börse, auch wo nicht eine Liquidationskasse besteht, die Maklerzwang auferlegt, die Geschäftsleute bei Termingeschäften wegen der Erwägung, daß man nicht mit jedermann als etwaigem Gegenkontrahenten sich einlassen will, freiwillig um der Auslese der Gegenkontrahenten willen sich der Makler weit mehr bedienen als bei Kassageschäften. Bekannt ist ferner, daß man in Form des Termingeschäfts Umsätze weit über die Höhe des eigenen Vermögens, und zwar nicht nur als Haussier wie beim Kassakreditgeschäft, sondern auch als Baissier bequemer machen kann als beim Kassageschäft. Man spricht davon, daß das Termingeschäft die Kreditspekulation beiden Parteien gleichmäßig erleichtere.

Vielleicht sind aber die angeführten Erwägungen nicht ausreichend, um jeden Leser zu überzeugen, daß bei Zeitkäufen ein Kreditgeschäft vorliegt. Wer in dieser Hinsicht Bedenken hat, lege sich folgende Frage vor: wie ist ein Reportgeschäft zu beurteilen, also z. B. der Fall, daß eine Bank Geld in der Weise nutzbringend anlegt, daß sie einem Haussespekulanten per ultimo Juli zu einem bestimmten Preise ein Wertpapier abkauft und sich ausbedingt, er müsse es per ultimo August zu einem etwas höheren Preise wieder der Bank abkaufen? Vom Standpunkte des Haussespekulanten betrachtet, ist dies eine Prolongation seines Engagements mit Kredit; aber nicht bloß Haussespekulanten schaffen sich Mittel auf diese Weise. Auch ein Bankier, der nicht selbst spekuliert, hat die Wahl, ob er sich durch ein allgemein als solches anerkanntes Kreditgeschäft, Lombardierung von Effekten bei der Reichsbank, oder durch Reportierung flüssige Mittel schaffen will, gerade so wie umgekehrt die Kapitalinvestierung der Banken ebensogut durch Hereinnahme von Effekten im Kostgeschäft wie durch Lombardierung erfolgen kann. Bei Abschluß des Reportgeschäftes wird aber disponiert über noch zu beziehende Effekten und noch in der Zukunft Zug um Zug hierfür zu zahlendes Geld; allerdings geschieht dies so, daß zwei Vertragserfüllungen aufeinander im Abstande eines Monats folgen, aber nicht notwendig derart, daß im Augenblicke des Abschlusses des Reportgeschäfts der Kostgeber schon Eigentümer der in Kost gegebenen Ware oder der Kostnehmer schon Besitzer der nötigen Geldsumme zu sein braucht.

Zieht man aber die Konsequenz, daß bei jedem Zeitkauf Kredit genutzt wird, beschränkt man nicht die Betrachtung des Kredits auf die Fälle des Produktivkredits und Konsumtivkredits, sondern dehnt man sie auch auf den börsenmäßigen Spekulationskredit ans, so entsteht die Frage, was denn dem Darlehen und dem Kauf mit Stundung des Kaufpreises, die Knies als Kreditgeschäfte anerkennt, mit dem Zeitkauf, den er nicht als Kreditgeschäft anerkennen wollte, gemeinsam sei? Es wird kaum möglich sein, hierauf anders zu antworten, als dies Macleod bereits vom juristischen Standpunkte aus tat: gemeinam ist all diesen Fällen, daß eine Forderung vorliegt, der eine Verpflichtung entspricht, in der Zukunft zu erfüllen. Kommen wir dadurch auf den juristischen Standpunkt, als wesentlich für die Schuldverhältnisse das Vorhandensein von Kreditor und Debitor, von Forderung und Verpflichtung für die Zukunft anzusehen, so ergibt sich die zwingende Konsequenz, daß die „causa debendi" — so wichtig sie ist — nicht in die Definition des Kredits gehört, daß es nicht ex definitione feststeht, ob auf Grund einer zuerst erfolgten Leistung des Gläubigers der Schuldner sich verpflichtet oder ob die Forderung und Schuld aus irgendeinem anderen Grunde entsteht. Grund der Verpflichtung kann Schadenersatzpflicht aus einem Delikt sein, Grund der Verpflichtung kann eine öffentlichrechtliche Anordnung sein, z. B. die Verpflichtung, Zoll zu entrichten. Wird die Zollzahlung gestundet, so würde dann durchaus zutreffend von einem Steuerkredit gesprochen werden dürfen; jedenfalls zieht der Fiskus die Konsequenz, sich von seinem Schuldner wie ein Darlehensgläubiger Sicherheit dafür stellen zu lassen, daß er erfüllen wolle und könne. Sogar Zinsen werden in gewissen Fällen bei Zollkredit verlangt.

Ist die Verpflichtung, in der Zukunft zu erfüllen, und das Recht, eine Leistung in der Zukunft zu fordern, beim Kredit das Wesentliche, so ergibt sich auch die Konsequenz, daß es gar nicht auf Leistung und Gegenleistung für den Begriff des Kredites ankommen kann, daß also z. B. auch der Vermächtnisnehmer, dem der Erbe eine jährliche Rente auszuzahlen hat, Kreditor des Erben ist. wie er denn auch eventuell Sicherheitsleistung vom Erben verlangen kann, ja daß derjenige, dem eine Schenkung nicht ausbezahlt, sondern durch Versprechen für die Zukunft zugesichert ist, ebensogut Kreditor ist, wie der von Knies (S. 23) als Kreditor anerkannte Eidam, der die Mitgift nach der Heirat bei den Schwiegereltern stehen läßt.

Konsequent ist es, wenn die Forderung als das Wesentliche erscheint, im Gegensatze zu Knies auch das Anvertrauen von Wertpapieren zur Verwaltung an eine Bank als Kreditgeschäft anzusehen, weil der Deponent ein Recht auf Rückgewährung, eine Forderung erwirbt, wenn auch richtig ist, daß hier der Bank kein Gebrauchsrecht an der Sache eingeräumt wird. Auch der Lebensversicherungsvertrag, bei welchem eine Reihe von Zahlungen des Versicherten ein Forderungsrecht beim Ableben oder beim Erreichen eines bestimmten Lebensalters begründen, ist dann ein Fall, in welchem der Versicherte alles Risiko wie ein sonstiger Kreditgeber läuft.

Mit dieser rein formalen Auffassung vom Wesen des Kredites brauchen aber absolut nicht Werturteile verbunden zu sein, durchaus nicht die voreiligen Folgerungen verknüpft zu werden, die Macleod gezogen und Knies sehr zutreffend zurückgewiesen hat. Alles was die bisher herrschende Ansicht über den Einzelfall des Darlehens ausgeführt hat, bleibt für diesen Fall durchaus richtig. Der Schuldner verpflichtet sich, weil er zuvor als Gegenwert seiner künftig zu erfüllenden Verpflichtung jetziges Geld oder andere Güter zu seiner Verfügung empfangen hat. Bei Hingabe heute vorhandenen Vermögens kann es sich darum handeln, dieses zur Nutzbarmachung im Erwerbsleben, in Produktion oder Spekulation, zur Verfügung zu stellen oder es darzuleihen zwecks Befriedigung von Haushaltsbedürfnissen. Die Fähigkeit des Darlehensempfängers, das Darlehen zurückzuzahlen und zu verzinsen, hängt also bei Erwerbskredit vom glücklichen Verlauf der mit dargeliehenem Gelde eingeleiteten Operationen, subsidiär vom Vermögen des Schuldners als Garantie bei unglücklichem Verlaufe der Erwerbsgeschäfte ab; es ist möglich, daß bei ausgebildetem Produktionskredit die Unternehmer weit über das Maß ihres eigenen disponiblen Vermögens hinaus Gedanken der Brauchbarkeit mit wirtschaftlichem Nutzen verwirklichen und daß dadurch der Reichtum der Volkswirtschaft gesteigert wird. Es ist möglich, daß durch Konsumtivkredit augenblicklich beschäftigungslosen Personen ermöglicht wird, sich ohne Armenunterstützung und ohne den Zwang zu vorbehaltlosem Arbeitsangebot so lange fortzuerhalten, bis sie wieder ihre Arbeitsleistungen angemessen verwerten und daraufhin ihre Schulden abzahlen können. Es ist endlich bei entwickelter Kreditwirtschaft möglich, daß in weitgehendem Maße fällige Forderungen an Geldes statt — als Geldsurrogat — verwendet werden oder — wie es Laughlin ausgedrückt hat — daß Forderungen in Zahlungsmittel umgemünzt werden und daß hierdurch die Volkswirtschaft an Edelmetall große Ersparungen macht. Also die segensreichen Wirkungen werden vom Standpunkte dieser Definition des Kredits aus ebensowenig geleugnet wie die Gefahren, die mit der Kreditwirtschaft verbunden sind, z. B. die Förderung unzweckmäßig disponierender Spekulanten wie Produzenten über das Maß der eigenen Vermögensmittel hinaus, somit auch die Krisengefahren. Es wird auch nicht im mindesten die Begrenzung der Möglichkeit, Darlehen zu gewähren, auf das disponible Vermögen der Kreditgeber in Zweifel gezogen, kurz es können die Mängel der Macleodschen Ausführungen vermieden werden, wenn man das, was daran richtig zu sein scheint, beibehält. Daß solches nicht zur Zeit von Knies geschah, ist sehr begreiflich, da man es damals als dringendstes Bedürfnis ansah, die übereilten Konsequenzen, die Macleod gezogen hatte, abzuwehren. Diesem Bedürfnis[1]) ist heute genügt, so daß man in der Begriffsaufstellung nicht mehr nötig hat, praktische unliebsame Konsequenzen abzuwehren.

Alles, was Knies über die Ausbildung des Kreditrechtes gesagt hat, bleibt bestehen, wenn man nur die Forderung und Verpflichtung als das Wesentliche ansieht; nur daß die Rechtsgarantien für den Spekulationskredit neben denen des Produktivkredits und Konsumtivkredits ebenfalls zu würdigen sind, nicht minder die Garantien für Forderungen, welche nicht auf einer Übertragung von Wert und Gegenwert beruhen, sondern wie im Falle des Legats und Steuerkredits auf einem einseitig begründeten Rechtsverhältnisse beruhen. Richtig bleiben auch die Ausführungen von Knies, daß nicht stets Vertrauen des Gläubigers in die Zahlungswilligkeit und Zahlungsfähigkeit des Schuldners gegeben zu sein braucht und daß normalerweise der Kredit durch freiwillige Handlungen sich vollzieht.

---

[1]) Paradoxe Behauptungen, die unbekümmert um Knies die Natur von Geld, Kredit und Kapital erörtern, begegnen allerdings immer wieder, z. B. in der Schrift „Kredit und Zins“ von Georg Schmidt, Leipzig 1910.

EINIGE FRAGEN DES INTERNATIONALEN SCHECKRECHTS.

Von FELIX MEYER.

Als im November 1907 die Scheckkonferenz der mitteleuropäischen Wirtschaftsvereine in Deutschland, Österreich und Ungarn tagte, durchdrungen von dem Wunsch, das Scheckrecht für die drei in Betracht kommenden Staaten möglichst einheitlich zu gestalten, bereiteten besonders die Regeln des internationalen Scheckrechts größere Schwierigkeiten. Unter dem Vorsitz des Geheimrats Dr. Rießer wurde eine besondere Kommission eingesetzt, welche die Fragen der passiven Scheckfähigkeit in Verbindung mit dem internationalen Scheckrecht beraten sollte.

Die Kommission stellte folgende Anträge:

Es mögen die wesentlichen Erfordernisse eines Schecks bestimmt werden. „I. Hinsichtlich der im Inland ausgestellten, aber im Auslande zahlbaren Schecks nach den Gesetzen des inländischen Ausstellungsortes, soweit die im Inland auf solche Schecks gesetzten Erklärungen in Betracht kommen.

II. Hinsichtlich eines im Auslande ausgestellten und im Auslande zahlbaren Schecks oder einer im Auslande auf einen Scheck gesetzten Erklärung nach den Gesetzen des ausländischen Ausstellungs- resp. Erklärungsortes mit der Maßgabe, daß wenn die Schecks oder Erklärungen den Anforderungen des inländischen Gesetzes entsprechen, daraus, daß nach den ausländischen Gesetzen ein Mangel vorliegt, kein Einwand gegen die Rechtsverbindlichkeit der im Ausland auf den Scheck gesetzten Erklärung entnommen werden kann.

III. Hinsichtlich der im Ausland ausgestellten, aber im Inlande zahlbaren Schecks oder hinsichtlich der auf einen solchen Scheck im Ausland gesetzten Erklärungen nach den Gesetzen des ausländischen Ausstellungs- resp. Erklärungsortes, mit der Maßgabe, daß jene Schecks oder Erklärungen gültig sind, auch wenn sie zwar nicht den Anforderungen des ausländischen Gesetzes, wohl aber denjenigen des inländischen entsprechen." Damit sollten im wesentlichen die Grundsätze des internationalen Privatrechts und speziell die ergänzenden Regeln der Artikel 85 und 86 der deutschen Wechselordnung wiedergegeben werden.

Bezüglich der passiven Scheckfähigkeit wurde vorgeschlagen, zu bestimmen: „Ist die passive Scheckfähigkeit am Ausstellungs- und am Zahlungsort des Schecks nach verschiedenen Grundsätzen normiert, so sollen die Erklärungen, welche im Inlande auf die im Inland ausgestellten, aber im Auslande zahlbaren Schecks gesetzt sind, auch dann rechtsgültig sein, wenn bezüglich der Voraussetzungen der passiven Scheckfähigkeit entweder das Recht des inländischen Ausstellungsortes oder, falls der Kreis der passiven Scheckfähigkeit im Recht des ausländischen Zahlungsortes weiter gezogen ist, das letztere Recht beobachtet ist."

Das österreichische Scheckgesetz hatte sich § 20 Nr. 7 darauf beschränkt, zu bestimmen, daß für den Scheck sinngemäß die Bestimmungen der allgemeinen Wechselordnung Artikel 85, 86 über den im Ausland ausgestellten Wechsel und die Form der mit einem Wechsel an einem ausländischen Platz vorzunehmenden Handlungen Anwendung finden sollten. Das deutsche Scheckgesetz hat dann im § 26 vorgeschrieben, daß die wesentlichen Erfordernisse eines im Ausland ausgestellten Schecks sowie jeder im Ausland auf einen Scheck gesetzten Erklärung nach den Gesetzen des Ortes zu beurteilen sind, an welchem die Ausstellung oder die Erklärung erfolgt ist, daß aber, wenn der im Ausland ausgestellte Scheck oder die im Ausland auf einen Scheck gesetzte Erklärung den Anforderungen des inländischen Gesetzes entspricht, aus ihrer Mangelhaftigkeit nach ausländischem Gesetz kein Einwand gegen die Rechtsverbindlichkeit der später im Inland auf den Scheck gesetzten Erklärung entnommen werden kann, auch die im Auslande erfolgte Ausstellung eines im Inlande zahlbaren Schecks sowie die auf einen solchen Scheck im Auslande gesetzte Erklärung wirksam ist, wenn sie auch nur den Anforderungen des inländischen Gesetzes entspricht. Außerdem verordnet § 25, daß im Auslande zahlbare Schecks auch auf solche Bezogene lauten dürfen, auf die nach dem ausländischen Rechte ein Scheck gezogen werden könne.

Ungarn hat die mit dem Artikel 85, 86 der deutschen Wechselordnung übereinstimmenden Artikel 96 und 97 seines Wechselgesetzes in § 22 Nr. 17 seines Scheckgesetzes auf den Scheck übertragen, nur mit der Maßgabe, daß die Rechtsgültigkeit eines im Inlande zahlbaren Schecks oder einer auf einen solchen Scheck gesetzten Erklärung, wenn auch der Ort der Ausstellung oder Erklärung im Auslande liegt, auf Grund des ausländischen Gesetzes nicht angefochten werden kann, vorausgesetzt, daß ein solcher Scheck oder eine solche Erklärung den Bestimmungen des inländischen Gesetzes entspricht.

Über die aktive Scheckfähigkeit enthalten demnach abweichend von der Wechselordnung das deutsche und österreichische Scheckgesetz keine Kollisionsnormen, so daß also hier das bürgerliche Recht maßgebend ist. Dagegen hat das ungarische Scheckgesetz § 22 Nr. 17 den § 95 seiner Wechselordnung für den Scheck übernommen, welcher in Übereinstimmung mit Artikel 84 der deutschen Wechselordnung das Nationalitätsprinzip prinzipiell für maßgebend erklärt, jedoch die von einem nach den Gesetzen seines Vaterlandes nicht wechselfähigen Ausländer im Inland eingegangene Wechselverbindlichkeit für wirksam erklärt, wenn der Ausländer nach den Gesetzen des Inlandes wechselfähig ist.

Die Haager Konferenz von 1912 hat unter den von ihr aufgestellten Resolutionen für die Vereinheitlichung des Schecksrechts dem internationalen Scheckrecht drei Artikel gewidmet, die den Artikeln 74, 75 und 76 des einheitlichen Wechselreglements und dem Artikel 18 des Abkommens über die Vereinheitlichung des Wechselrechts entsprechen, jedoch einige wichtige aus dem Wesen des Schecks hergeleitete Modifikationen hinzufügen, auf die später einzugehen ist.

Da die Budapester Scheckkonferenz sich mit den Kollisionsnormen über die aktive Scheckfähigkeit nicht befaßt hat, so soll an dieser Stelle nicht in eine Erörterung über die diesbezüglichen Bestimmungen der internationalen Scheckrechtskonferenz eingetreten werden. Sie bieten für die Kritik hauptsächlich insofern Raum, als sie die Verweisung zugelassen haben, um den Staaten des Domizilprinzips den Anschluß an das einheitliche Scheckgesetz zu erleichtern.

Bei den Vorschlägen der Budapester Konferenz über das zur Bestimmung der Gültigkeit des Schecks oder einer Scheckerklärung heranzuziehende Gesetz erscheint von besonderer Bedeutung der Einfluß, welchem nach dieser Richtung hin dem Recht am Zahlungsort der Urkunde eingeräumt wird. Prinzipiell geht die Budapester Konferenz hier von dem allgemein anerkannten Grundsatz: „locus regit actum" aus; doch soll, wenn der im Ausland ausgestellte Scheck im Inland zahlbar ist, die Form des inländischen Rechtes für die Wirksamkeit des im Ausland ausgestellten Schecks oder der dort auf die Urkunde gesetzten Scheckerklärungen ausreichen. Diesen Vorschlag haben, wie oben gezeigt, das deutsche und das ungarische Gesetz adoptiert, und er ist auch in die Resolutionen der internationalen Scheckrechtskonferenz in weiterer Ausdehnung übergegangen, indem dort allgemein die Wahrung des Rechts am Zahlungsort für genügend bezeichnet wird, wenn auch der Scheck oder die Erklärung auf demselben nach dem Gesetz des Ausstellungs- oder Erklärungsortes formungültig sein würde. Die internationale Scheckrechtskonferenz ist in dieser Hinsicht den skandinavischen Scheckgesetzen gefolgt. Die Budapester Versammlung und mit ihr das deutsche und ungarische Scheckgesetz wollten nur den heimischen Scheckverkehr schützen. Sie haben den Fall im Auge, daß ein inländischer Bankier seinen ausländischen Kunden Scheckformulare übermittelt, die nur nach dem inländischen Recht rechtsverbindlich sind. Es soll auf diese Weise die Ungültigkeit der in dem Staat des Kunden ausgefüllten Vordrucke vermieden und dem Bezogenen selbst die Prüfung der Formgültigkeit der ihm vorgelegten Urkunden erleichtert werden. Der inländische Bankier braucht also nur zu untersuchen, ob das auf ihn gezogene, hier zahlbare Instrument oder die auf ein solches gesetzte Erklärung den heimischen Gesetzen gemäß ist, wenn auch die Urkunden nach dem Recht ihres Ausstellungsortes oder die sonstige Scheckerklärung nach dem Gesetz des Ortes, an dem sie abgegeben ist, nicht verbindlich sein würden.

Diese Leitsätze müssen aber auch dann Anwendung finden, wenn ein Scheck auf das Ausland gezogen ist. Ein einheitliches Scheckgesetz darf nicht bei dem Schutz des inländischen Bankiers stehen bleiben. Seine Aufgabe ist es, das Prinzip auf alle Fälle auszudehnen, in denen ein Scheck in einem anderen Lande als in demjenigen des Zahlungsortes kreiert ist oder eine Erklärung in einem andern Lande auf den Scheck gesetzt ist als in demjenigen, wo das Instrument einzulösen ist. Nur unter diesen Voraussetzungen kann der internationale Scheckverkehr entsprechend gefördert werden.

Die zweite von der Budapester Konferenz vorgeschlagene Regel war dem Artikel 85, Satz 2 der deutschen Wechselordnung nachgebildet, wenn auch die Fassung dies nicht völlig deutlich zum Ausdruck bringt. Sie ist durch das deutsche Scheckgesetz sowie das österreichische und ungarische Scheckgesetz übernommen worden. Der Inhalt dieser Proposition der Budapester Konferenz ergibt sich schon aus dem Prinzip der Unabhängigkeit und Selbständigkeit der einzelnen Scheckerklärungen und bedurfte keiner besonderen Hervorhebung. Das einheitliche Wechselreglement hat daher mit Recht davon Abstand genommen, eine solche Bestimmung zu erlassen, und auch in den Haager Resolutionen über den Scheck fehlt diese an sich selbstverständliche Vorschrift.

Zu bedauern aber ist es, daß die Budapester Kommission keine Kollisionsnormen über die Wirkung einer Scheckerklärung erlassen hat. Sie wurde in dieser Hinsicht durch den Vorgang der deutschen und österreichischen Wechselordnung beeinflußt, die für das österreichische Scheckgesetz vorbildlich war. Die Wechselordnung aber erging zu einer Zeit, als die Grundsätze über das internationale Privatrecht noch wenig geklärt waren. Das deutsche, österreichische und ungarische Scheckgesetz haben aus diesem Grunde ebenfalls keine Kollisionsnormen über diese Materie aufgenommen; aber leider ist auch die Haager Konferenz von 1912 die Antwort auf jene Fragen schuldig geblieben. Die Motive zu dem Artikel 75 des einheitlichen Wechselreglements erklären, daß der Erlaß einer Kollisionsnorm über die Wirkungen einer Wechselerklärung zu weit gehen würde und man nicht gut alle Folgen einer solchen Regel in bezug auf die Verbindlichkeiten übersehen könnte, die außerhalb des Gebietes der Vertragsstaaten unterzeichnet werden. Dieser Grund ist keineswegs überzeugend; denn es läßt sich sehr wohl in jedem Falle übersehen, ob eine Verbindlichkeit aus dem Inhalt einer Wechsel- oder Scheckerklärung hervorgeht. Der Hinweis auf die Rechte der Nichtvertragsstaaten schlägt um deswillen nicht durch, weil ja die Haager Konferenz in Art. 20 des dem Wechselreglement vorangeschickten Abkommens über die Vereinheitlichung, der auch zweifellos für das Scheckrecht übernommen wird, ausdrücklich den Vertragsstaaten vorbehalten hat, die in der Wechselordnung festgestellten Grundsätze des internationalen Privatrechts nicht zur Anwendung zu bringen, soweit es sich um eine außerhalb des Gebiets der Vertragsstaaten eingegangene Wechselverpflichtung oder um ein nach diesen Grundsätzen anzuwendendes Gesetz handelt, das nicht das Gesetz eines Vertragsstaates ist.

Von Interesse ist ferner der oben erwähnte Vorschlag der Budapester Konferenz über das anzuwendende Gesetz, falls die passive Scheckfähigkeit am Ausstellungs- und Zahlungsort verschieden normiert ist. Die Erklärungen auf einem solchen im Inlande ausgestellten, aber im Auslande zahlbaren Scheck sollen, soweit sie im Inland auf den Scheck gesetzt sind, gültig sein, wenn die passive Scheckfähigkeit entweder nach dem Recht des inländischen Ausstellungsortes oder, falls der Kreis der passiven Scheckfähigkeit nach dem Rechte des ausländischen Zahlungsortes weiter gezogen ist, nach dem letzteren Recht besteht.

Das deutsche, österreichische und ungarische Scheckgesetz haben eine Bestimmung über diesen Gegenstand nicht aufgenommen, und auch die Resolutionen der Haager Konferenz über den Scheck enthalten sich einer speziellen Regelung dieses Punktes. Die von der Budapester Kommission getroffene Anordnung spricht materiell zunächst auch nur die Anwendung des allgemeinen Prinzips von der Unabhängigkeit der Scheckerklärung aus. Sie modifiziert dasselbe jedoch in der Weise, daß die im Inland auf den Scheck gesetzte Erklärung auch dann gültig sein soll, wenn die passive Scheckfähigkeit des Bezogenen nur nach dem weitergehenden Recht des Zahlungsortes besteht.

Geht man davon aus, daß die Bezeichnung einer Person, die passiv scheckfähig sein kann, ein Formerfordernis des Instruments bildet, so ergibt sich die anzuwendende Kollisionsnorm aus den bereits entwickelten Prinzipien über das für die Bestimmung der Formgültigkeit des Schecks und der einzelnen Scheckerklärungen maßgebende Gesetz. Die Rechtswirksamkeit des Instruments regelt sich daher auch hinsichtlich dieses Punktes in erster Linie nach dem Gesetze am Ausstellungsort der Urkunde, die Gültigkeit einer Scheckerklärung nach dem Recht am Ort ihrer Unterzeichnung, doch genügt in allen Fällen das Recht am Zahlungsorte. Da die Haager Resolutionen den Grundsatz der passiven Scheckfreiheit aufstellen, würde, wenn auf dieser Basis das einheitliche Scheckgesetz zustande käme, sich das vorliegende Problem überhaupt erheblich vereinfachen. Es ist aber zweifelhaft, ob nach der gegenwärtigen Lage der Verhältnisse, die für die Vereinheitlichung des Scheckrechts an sich weniger günstig erscheinen, sich eine derartige Verschmelzung der geltenden Scheckgesetze vollziehen wird. Jedenfalls werden die Vertragsstaaten in ausgedehntem Maße von dem Vorbehalt Gebrauch machen, den ihnen

Artikel 5 der Haager Resolutionen gewähren will, nämlich die Ausstellung von Schecks auf Personen, welche nicht bezogen werden sollen, mit fiskalischen und anderen Strafen zu belegen. Dadurch wird aber die Wirksamkeit der Urkunde nicht berührt.

Über die Form und die Fristen des Protestes und die Form anderer zur Ausübung oder zur Erhaltung der Scheckrechte erforderlichen Maßnahmen hat die Budapester Kommission seinerzeit keine besonderen Vorschläge gemacht. Sie hat sich in dieser Beziehung mit dem § 20 Nr. 7 des österreichischen Scheckgesetzes einverstanden erklärt, wo auf Art. 86 der Wechselordnung verwiesen wird. Das deutsche Scheckgesetz entbehrt einer entsprechenden Vorschrift. Man scheint davon ausgegangen zu sein, daß selbstverständlich die lex loci actus hier Anwendung finden müsse, obwohl mehrfach für die Anwendbarkeit der lex fori oder jedenfalls nur für die fakultative Heranziehung des Gesetzes am Ort der vorzunehmenden Handlung eingetreten wird. Das ungarische Scheckgesetz verweist auf eine der deutschen Wechselordnung Art. 86 entsprechende Vorschrift seines eigenen Wechselgesetzes. Die Haager Konferenz schlägt für den Scheck eine der deutschen Wechselordnung materiell gleiche Norm vor wie sie auch das einheitliche Wechselreglement enthält. Sie deklariert diese Bestimmung nur insofern, als sie nicht nur von der Form des Protestes und der scheckmäßigen Diligenzhandlung spricht, sondern auch von den Fristen des Protestes. Man hätte am besten getan, allgemein diese Kollisionsnorm auf Ort, Zeit und Form der beregten Handlungen auszudehnen. Wie aber bisher die deutsche Jurisprudenz den Art. 86 der deutschen Wechselordnung extensiv dahin interpretiert hat, daß unter Form auch Ort und Zeit der in Rede stehenden Handlung zu verstehen sind, so wird sie auch die entsprechende Bestimmung des einheitlichen Wechselgesetzes und eventuell eines uniformen Scheckgesetzes in der nämlichen Weise auslegen. Die Redaktion des einheitlichen Scheckgesetzes wird jedenfalls hier an der Fassung des uniformen Wechselreglements festhalten, welches von den Formen des Protestes und den Fristen der Protesterhebung sowie den übrigen Handlungen spricht, die zur Ausübung und Erhaltung des Wechselrechts erforderlich sind. Die Wahrung der Präsentationsfristen ist eine aus dem Inhalt der Scheckerklärung resultierende Verbindlichkeit und regelt sich daher nach dem Gesetz am Ort der Unterzeichnung der betreffenden Scheckerklärung.

Da nach dem deutschen, österreichischen und ungarischen Scheckgesetz durch die Begebung des Schecks der Anspruch des Ausstellers auf die Deckung nicht übergeht, so hat die Budapester Kommission keine Veranlassung genommen, sich über die Kollisionsnormen zu äußern, welche das Recht zu bestimmen haben, nach dem sich im konkreten Fall entscheidet, ob der Nehmer des Schecks den Anspruch auf die Deckung erworben hat.

Für ein Weltscheckrecht erscheint es dagegen in hohem Maße erwünscht, sich über diese Frage zu äußern. Ebensowenig wie das einheitliche Wechselgesetz kann ein einheitliches Scheckgesetz die materiellen Rechtsbeziehungen der Schecknehmer untereinander im Verhältnis auf die Deckung, die von dem Aussteller beschafft worden ist, regeln. Dies fällt in den Bereich des zivilen Scheckrechts. Das Guthaben spielt beim Scheck eine viel bedeutsamere Rolle als beim Wechsel. Sicherlich werden die Staaten des französischen Rechts, wie Frankreich, Luxemburg, Monaco, Griechenland, die dominikanische Republik, Haiti, die Türkei und andere daran festhalten, daß das Recht auf das Guthaben auf den Scheckerwerber durch die Begebung des Papiers übertragen wird, und es werden sich daher im internationalen Verkehr oft Zweifel ergeben, ob jemand, der einen im Gebiet des französischen Rechts ausgestellten Scheck durch Indossament oder körperliche Übergabe zu Eigentum gewann, auch das Recht auf die Deckung überkommen hat. Bisher hat die internationale Scheckkonferenz im Haag sich zu diesem wichtigen Punkte nicht geäußert. Dies ist um so mehr zu bedauern, als die Ansichten in Theorie und Praxis gerade hier besonders geteilt sind.

Vorausgesetzt, daß der Aussteller überhaupt berechtigt ist, den Anspruch auf die Deckung weiter zu übertragen, was sich mangels anderweitiger Normen nach dem Gesetz am Orte des Bezogenen entscheidet, so bestimmt sich der weitere Übergang dieses Rechtes nach dem Gesetze, welches den betreffenden Begebungsakt beherrscht, also dem Gesetz am Ort der Unterzeichnung der in betracht kommenden Scheckerklärung oder, wenn ein Inhaberscheck vorliegt, nach dem Gesetz am Wohnort des Übertragenden. Nimmt der Scheck seinen Rücklauf und gerät in die Hände früherer Indossanten, so lebt deren Recht auf die Provision wieder auf.

Je mehr der Scheck sich zu einem internationalen Zahlungsmittel herausbildet, und je weniger eine generelle Vereinheitlichung des Scheckrechts aller Kulturstaaten zu erwarten steht, um so wichtiger ist es, einheitliche Kollisionsnormen zur Regelung des Scheckverkehrs aufzustellen. Es war daher ein großes Verdienst der Budapester Kommission des mitteleuropäischen Wirtschaftsvereins unter dem Vorsitz des Geheimrats Dr. Rießer, seinerzeit dieses Thema in Fluß gebracht und neue Anregungen gegeben zu haben. Zu wünschen bleibt nur, daß die neu zu berufende internationale Scheckrechtskonferenz diese Materie weniger stiefmütterlich behandelt, als dies bisher geschehen ist.

DIE EINHEITLICHE WECHSELORDNUNG VOM STANDPUNKT DES ENGLISCHEN RECHTS.

Von ERNST SCHUSTER.

Das von den deutschen gesetzgebenden Faktoren bereits genehmigte Abkommen zur Vereinheitlichung des Wechselrechts wird voraussichtlich auf das englische Recht einen fühlbaren Einfluß ausüben. Wenn auch der Beitritt Englands mit seinen Kolonien und der Vereinigten Staaten von Amerika in absehbarer Zeit ausgeschlossen erscheint, so wird doch eine weitgehende Umgestaltung der Wechselrechte dieser Staaten unvermeidbar sein. Die Durchführung einer derartigen Umgestaltung, die wiederum auf einer Vereinbarung zwischen den erwähnten englischsprechenden Staaten beruhen müßte, wird jedenfalls eine geraume Zeit in Anspruch nehmen, und inzwischen werden zweifelsohne zahlreiche Streitfragen über Wechsel entstehen, die teilweise nach dem einen, teilweise nach dem anderen Rechte zu beurteilen sind. Die Lösung dieser Streitfragen wird, wenn nach Einführung der einheitlichen Wechselordnung in den Vertragsstaaten sich in allen Kulturstaaten zwei geschlossene Systeme gegenüberstehen werden, bedeutend erleichtert werden, und es wäre daher auch nicht schwierig, die Kollisionsnormen auf dem Wege internationaler Vereinbarung zu regeln. Die vorliegende Abhandlung, die in erster Linie dazu bestimmt ist, Material für die Umgestaltung der auf englischer Grundlage aufgebauten Rechte zu liefern, dürfte auch für eine solche internationale Regelung der Kollisionsnormen nützlich sein.

Bei der Bearbeitung des Stoffes habe ich hauptsächlich die dem deutschen Reichstag vorgelegte Fassung des Abkommens und der einheitlichen Wechselordnung und die beigegebene Denkschrift benutzt; ferner die beiden dem englischen Parlamente vorgelegten den Gegenstand betreffenden Veröffentlichungen (Correspondence relating to the Conference on Bills of Exchange at the Hague, June 1910 (Command 5224); Correspondence[1]) relating to the Conf. on Bills of Exch. and Cheques at the Hague, June 1912 (Command 6680). Letztere enthalten die Berichte von Lyon-Caen und Simons und die Meinungsäußerungen der englischen Delegierten. Für das englische Recht beziehe ich mich ausschließlich auf den Text der Bills of Exchange Act 1882 (zitiert mit der Abkürzung B. E. A.) und den Chalmerschen Kommentar in Auflage 1909 (zitiert mit dem Namen des Herausgebers).

Der Ausdruck englisches Recht wird der Kürze halber angewandt; das erwähnte Gesetz gilt auch in Schottland (mit einigen für die Vergleichung nicht in Betracht kommenden Abweichungen) und in Irland.

Wie bekannt, wird der Scheck in England als eine besondere Art des Wechsels angesehen; da aber bei der Vereinheitlichung Wechsel und Scheck eine getrennte Behandlung erfahren haben, werden in der nachfolgenden Darstellung die Teile des englischen Wechselrechts, die sich besonders auf Schecks beziehen, unberücksichtigt gelassen.

1. Ausstellung und Form des Wechsels.

a) Wechselklausel.

Die Wechselklausel ist zwar nach E. W. Art. 1 N. 1 Begriffsmerkmal des Wechsels, doch kann nach Abk. Art. 2 jeder Vertragsstaat bezüglich der ausdrücklich an Order lautenden Wechsel diese Vorschrift aufheben. Nach englischem Recht ist weder bei Orderwechseln noch bei Inhaberwechseln die Wechselklausel Begriffsmerkmal (B. E. A. s. 3 (1)).

b) Name des Bezogenen.

Nach beiden Rechten muß selbstverständlich der Name des Bezogenen im Wechsel angegeben werden (E. W. Art. 1 N. 3; B. E. A. s. 3 (1)), doch fehlt im englischen Rechte die sehr zweckmäßige Vorschrift des Art. 2 Abs. 3, nach welcher mangels einer besonderen Angabe der bei dem Namen des Bezogenen genannte Ort als Wohnort des Bezogenen gilt. Nach beiden Rechten darf der Bezogene mit dem Aussteller identisch sein (E. W. Art. 3 Abs. 2; B. E. A. s. 5 (2)). Daß ein Wechsel für Rechnung eines Dritten gezogen werden kann (E. W. Art. 3 Abs. 3), wird im engl. Recht als selbstverständlich angesehen.

---

[1]) In der Folge zitiert mit der Abkürzung Corr.

c) Wechselsumme.

Nach beiden Rechten muß ein Wechsel eine unbedingte Anweisung auf Zahlung einer bestimmten Geldsumme sein (E. W. Art. 1 N. 2; B. E. A. s. 3 (1)), doch gilt nach englischem Recht als Geldzahlung nur die Zahlung einer in der Währung des Zahlungsorts entrichteten Geldsumme. Es kann daher zwar die Wechselsumme in fremder Währung angegeben werden, aber der sogenannte Effektivvermerk ist nach engl. Rechte nicht zulässig (Corr. S. 57).

Die Vorschrift von E. W. Art. 6 Abs. 1 mit Bezug auf Abweichungen zwischen der Buchstabensumme und der Ziffernsumme besteht auch im engl. Recht (B. E. A. s. 9 (2)), doch fehlt die weitere Vorschrift des Abs. 2.

d) Angabe der Verfallzeit.

Nach beiden Rechten wird ein Wechsel, der keine Verfallzeit angibt, als Sichtwechsel behandelt (E. W. Art. 1 N. 4 Art. 2 Abs. 2 B. E. A. s. 10 (1) a) und nach beiden Rechten kann ein Wechsel nach Sicht, oder nach Ablauf eines bestimmten Zeitraumes nach Sicht, oder an einem bestimmten Tage, oder nach Ablauf eines bestimmten Zeitraumes nach dem Tage der Ausstellung zahlbar sein[2]) (E. W. Art. 32 Abs. 2; B. E. A. ss. 10 (1); 11). Nach Abk. Art. 6 darf ein Vertragsstaat unter gewissen Einschränkungen auch Meßwechsel zulassen, und nach engl. Recht (B. E. A. s. 11 (2)) darf ein Wechsel auch als bei Eintreffen eines mit Sicherheit zu erwartenden, aber der Zeit nach unbestimmten Ereignisses oder nach Ablauf eines bestimmten Zeitraumes nach einem solchen Ereignis zahlbar ausgestellt werden — z. B. 3 Monate nach dem Tode des A. B. Nach der E. W. (Art. 32 Abs. 2) ist ein Wechsel mit mehreren aufeinanderfolgenden Verfallzeiten nichtig. Nach engl. Recht (B. E. A. s. 9 (1) (b)) ist indessen die Ausstellung derartiger Wechsel ausdrücklich gestattet.

e) Angabe des Zahlungsorts.

Diese Angabe ist nach E. W. Art. 1 N. 5 vorgeschrieben, jedoch wird der bei dem Namen des Bezogenen angegebene Ort mangels einer besonderen Angabe als Zahlungsort angesehen (Art. 2 Abs. 3). Nach engl. Recht (B. E. A. s. 3 (4)) braucht der Zahlungsort im Wechsel nicht angegeben zu werden (B. E. A. s. 3 (4)), und nach der theoretischen

[2]) Über die Art der Berechnung des Zeitraumes vgl. E. W. Art. 34—36; 72—73; B. E. A., ss. 14, 72 (4), 92.

Auffassung kann ein Wechsel, der keinen Zahlungsort angibt, dem Bezogenen an einem beliebigen Orte vorgezeigt werden; selbst wenn der Bezogene in seiner Annahme einen Zahlungsort angibt[3]), so gilt dieser Zahlungsort nicht als der ausschließliche Zahlungsort, wenn nicht ausdrücklich die Worte „and not elsewhere" oder ein ähnlicher Vermerk beigefügt werden (B. E. A. s. 19 (2) (c)). Eine derartige Annahme gilt dann als bedingte Annahme, die der Inhaber nicht zu gestatten braucht (B. E. A. s. 44). Die Befugnis zur Vorzeigung an einem beliebigen Orte besteht aber nur dem Annehmer gegenüber; zur Wahrung der Rückgriffsrechte gegen Indossanten und Aussteller muß der Wechsel an einem nach folgenden Grundsätzen zu bestimmenden Orte zur Zahlung vorgelegt werden: 1. Wenn im Wechsel selbst ein Zahlungsort bestimmt ist, an diesem[4]); 2. wenn dies nicht der Fall ist, und die Adresse des Bezogenen im Wechsel angegeben ist, an dieser; 3. in Ermangelung der unter 1 und 2 erwähnten Angaben im Geschäftslokal des Bezogenen und, wenn er kein solches hat, in seiner Wohnung; 4. falls weder Geschäftslokal noch Wohnung zu ermitteln ist, an einem beliebigen Orte, an dem der Bezogene gefunden werden kann oder in dem zuletzt innegehabten Geschäftslokal (bzw. Wohnung)[5]) (B. E. A. s. 45 (4)).

Als ein im Wechsel bestimmter Zahlungsort gilt auch ein vom Annehmer beigefügter Zahlungsort (Chalmers S. 159). Hierbei hat der Annehmer nicht nur die Befugnis, wie dies auch nach der E.W. (Art. 26 Abs. 2) zulässig ist, eine an seinem Wohnorte befindliche Zahlstelle zu bezeichnen, sondern er kann einen im Wechsel gar nicht genannten, auch einen im Auslande befindlichen Ort als Zahlungsort angeben, auch wenn sein Wohnort in dem Wechsel unter seinem Namen steht und dadurch der Anschein erweckt wird, daß der Wechsel an diesem Wohnort auch zahlbar ist[6]).

---

[3]) Daß ein Wechsel bei einem Dritten zahlbar gestellt werden kann (E. W. Art. 4), versteht sich nach englischem Recht von selbst.

[4]) Es können auch mehrere Zahlungsorte bestimmt werden; dann kann der Inhaber zwischen diesen wählen (Chalmers, S. 15, Anm. 3).

[5]) Über den Zahlungsort in Fällen, in welchen die obigen Grundsätze versagen, und über die Fälle, in welchen mehrere Personen angegeben sind, oder in welchen der Bezogene gestorben ist, vgl. B. E. A. s. 45 (5) (6) (7).

[6]) Mir ist ein Fall erinnerlich, in welchem ein auf A. B., London, gezogener Wechsel als zahlbar an einem kleinen Orte in Schottland angenommen wurde.

f) Nennung des Remittenten.

Die in E. W. Art. 1, N. 6 über diesen Gegenstand enthaltene Vorschrift besteht auch im engl. Recht, insoweit es sich nicht um Inhaberwechsel handelt (B. E. A. s. 3 (1)). Sie hat aber nicht genau dieselbe Bedeutung; denn während nach der E. W. unzweifelhaft eine bestimmte Person genannt werden muß, erlaubt das engl. Recht auch die Ausstellung eines Wechsels an die Order des Inhabers eines bestimmten Amts oder an die Order einer oder mehrerer zu einem bestimmten Personenkreis gehörender Personen (z. B. an die Order von beliebigen zwei Personen aus dem Kreise von A. B., C. D., E. F., G. H. usw.) — B. E. A. s. 7 (2).

Nach der E. W. könnte eine an die Order einer fingierten Person ausgestellte Urkunde überhaupt nicht als Wechsel angesehen werden; nach engl. Recht (B. E. A. s. 7 (3)) wird aber eine solche Urkunde als Inhaberwechsel behandelt. Diese Vorschrift hätte geringe praktische Bedeutung, wenn sie nicht durch die Entsch. des House of Lords in Sachen Bank of England v. Vagliano (1891) A. C. 107 eine höchst eigentümliche Auslegung erhalten hätte. In diesem Falle hatte ein Angestellter der Firma Vagliano seinem Prinzipal einen angeblich von einem Geschäftsfreunde der Firma an die Order einer bekannten anderen Firma ausgestellten Wechsel zur Annahme vorgelegt. Der Wechsel war dann unter Angabe der „Bank of England" als Zahlungsstelle angenommen und von dieser bezahlt worden. Die Firma Vagliano wollte die Zahlung nicht anerkennen, da die Unterschrift der Remittenten gefälscht war und nach engl. Recht (wie unten näher ausgeführt wird) jemand, dessen Recht am Wechsel auf einem gefälschten Indossament beruht, nicht als legitimierter Inhaber gilt. Das „House of Lords" wies aber diese Einwendung aus dem Grunde zurück, daß ein Remittent auch dann als fingierte Person gelten müsse, wenn der tatsächliche Aussteller des Wechsels nicht die Absicht gehabt hatte, den Wechsel an eine bestimmte denselben Namen tragende Person zu übereignen. Demnach wird die Willensfrage in höchst bedenklicher Weise in das Wechselrecht hineingetragen.

Nach beiden Rechten wird ein Wechsel, der nicht die Bezeichnung „nicht an Order" oder einen ähnlichen Vermerk trägt, als Orderwechsel angesehen (E. W. Art. 10 Abs. 1; B. E. A. s. 8 (4)), und nach beiden Rechten kann ein Wechsel an die eigene Order des Ausstellers lauten (E. W. Art. 3 Abs. 1; B. E. A. s. 5 (1)).

Nach der E. W. scheint es nicht gestattet zu sein, einen Wechsel an die Order des Bezogenen auszustellen[7]); nach engl. Recht (B. E. A. s. 5 (1)) ist dies ausdrücklich gestattet.

g) Angabe von Tag und Ort der Ausstellung.

Diese Angaben sind nach E. W. Art. 1 N. 7 erforderlich, doch gilt der bei dem Namen des Ausstellers angegebene Ort als Ausstellungsort (Art. 2 Abs. 4). Nach engl. Recht (B. E. A. s. 3 (4)) braucht weder das Ausstellungsdatum noch der Ausstellungsort angegeben zu werden; bei Wechseln, die bei Ablauf eines bestimmten Zeitraumes nach dem Ausstellungsdatum zahlbar sind, darf in Ermangelung der Angabe dieses Datums das richtige Datum ausgefüllt werden, und einem vollberechtigten Wechselinhaber gegenüber (vgl. unten unter 4 c) gilt das eingesetzte Datum als das richtige. Nach der E. W. wird dies zwar nicht ausdrücklich gestattet, aber es wird wohl anzunehmen sein, daß wenigstens in Deutschland bei Wechseln, in welchen der gewöhnlich für die Ausfüllung des Datums bestimmte Raum freigelassen ist, jeder Nachmann des Ausstellers als zur Ausfüllung des Datums bevollmächtigt gilt (vgl. die unten unter 3 d erwähnten Entsch. über Wechselblankette).

h) Unterschrift des Ausstellers.

Sowohl nach der E. W. als nach engl. Recht gehört die Unterschrift des Ausstellers[8]) zu den Begriffsmerkmalen des Wechsels (Art. 1 N. 8; B. E. A. s. 3 (1)), doch gestattet Abk. Art. 3 jedem Vertragsstaate, bezüglich der in seinem Gebiete ausgestellten Wechsel vorbehaltlich der erforderlichen Beglaubigung Unterschrifts-Surrogate zuzulassen. Nach engl. Recht kann im Falle einer juristischen Person die Unterschrift durch das Korporationssiegel ersetzt werden (B. E. A. s. 91 (2)).

---

[7]) Da der Aussteller den Wechsel an die eigene Order stellen und dann an den Bezogenen indossieren kann, ist das Verbot, insoweit es besteht, ohne praktische Bedeutung.

[8]) Als Unterschrift des Ausstellers gilt selbstverständlich auch die Unterschrift eines von ihm Bevollmächtigten. Nach engl. Recht ist es nicht nötig, daß die Tatsache der Bevollmächtigung sich aus der Art der Unterschrift ergibt. Mit Ermächtigung des Ausstellers kann der Bevollmächtigte lediglich mit dem Namen des Ausstellers unterzeichnen. Dies gilt überhaupt für jede Wechselerklärung (B. E. A., S. 91 (1)).

i) Zinsklausel.

Während nach E. W. Art. 5, Abs. 1 der Wechsel eine Bestimmung über die Verzinsung der Wechselsumme nur dann enthalten darf, wenn er bei Sicht oder nach Sicht zahlbar ist, besteht nach engl. Recht keinerlei Beschränkung in dieser Hinsicht (B. E. A. s. 9 (1 a)). In beiden Rechten besteht die gleiche Auslegungsregel bezüglich des Beginnes der Verzinsung, jedoch fehlt im engl. Gesetze eine Regel bezüglich der Höhe des Zinsfußes (E. W. Art. 5 Abs. 3; B. E. A. s. 9 (3)).

k) Vervielfältigungen und Abschriften.

Die Vorschriften über Vervielfältigungen sind in der Hauptsache in beiden Rechten gleich; doch steht nach engl. Recht dem Wechselinhaber der Anspruch auf die Ausstellung mehrerer Exemplare, der nach der E. W. (Art. 63 Abs. 2) gegeben ist, nicht zu; auch besteht hier keine besondere Rechtsvorschrift wie die in Art. 65 enthaltene über die bei der Versendung eines Exemplars zur Annahme zu beobachtenden Regeln. Andrerseits hat die E. W. keine ausdrückliche Vorschrift über die Ansprüche vollberechtigter Inhaber für den Fall, daß der Bezogene mehrere Exemplare desselben Wechsels annimmt (vgl. B. E. A. s. 71 (4)), jedoch ergeben sich die Wirkungen eines derartigen Verhaltens unzweifelhaft aus Art. 15.

Die Wechselabschriften, über welche Art. 66 und 67 der E. W. handeln, werden im englischen Recht nur insoweit berücksichtigt, als in B. E. A. s. 32 (1) vorgeschrieben wird, daß ein Indossament auf der Abschrift eines Wechsels als ein Indossament auf dem Wechsel behandelt wird, wenn der Wechsel in einem Lande begeben worden ist, in welchem Wechselabschriften als zulässig anerkannt werden.

l) Übersicht über die Unterschiede zwischen beiden Rechten bezüglich der Ausstellung und Form des Wechsels.

Viele dieser Unterschiede sind dem Umstande zuzuschreiben, daß nach engl. Recht der Begriff „Wechsel" ein Gattungsbegriff ist, welchem sowohl der Begriff des Wechsels im engeren, festländischen Sinne als der des Schecks untergeordnet ist, und daß von wenigen Ausnahmen abgesehen alle den Wechsel betreffenden Vorschriften, besonders auch die hier in Betracht kommenden, auch auf den Scheck anwendbar sind (B. E. A. s. 73). Sollte, wie zu hoffen ist, die Einführung der E. W. eine gründliche Revision des engl. Wechselrechts zur Folge haben, so wäre es wünschenswert, die Vorschriften über den Wechsel im engeren Sinne getrennt zu behandeln. Würde dies geschehen, so würden die Vorschriften der E. W. über Ausstellung und Form des Wechsels (vorbehaltlich der durch das Abk. gestatteten Abweichungen) fast unverändert in das engl. Recht aufgenommen werden können. Für Inhaber-Wechsel würde nach Einführung eines besonderen Scheckgesetzes kein Bedürfnis sein, und daher wäre bezüglich der Wechselklausel eine Vorschrift im Einklang mit Abk. Art. 2 durchaus sachgemäß; auch das Erfordernis der Angabe des Ausstellungsorts könnte bei Ausscheidung der Schecks keinen berechtigten Widerspruch hervorrufen. Diejenigen Besonderheiten des engl. Rechts bezüglich der Form des Wechsels, die nicht durch die bei Schecks geltenden Gebräuche veranlaßt sind, könnten fast sämtlich ohne Nachteil beseitigt werden. Hierher gehören z. B. die Vorschrift, nach welcher die Verfallzeit eines Wechsels von einem der Zeit nach unbestimmten Ereignis abhängig gemacht werden kann, die höchst unbefriedigenden Vorschriften über die Bestimmung des Zahlungsorts und die Vorschriften über fingierte Remittenten. Die Einfügung der Vorschriften der E. W. bezüglich der Wechselabschriften wäre ebenfalls für das engl. Recht wünschenswert.

2. Die Wechselbegebung.

a) Begebungsfähigkeit.

Unter wechselrechtlicher Begebungsfähigkeit verstehe ich die Eigenschaft eines Wechsels, welche es bewirkt, daß der Erwerber desselben ein selbständiges und nicht nur das seinem Rechtsvorgänger zustehende Recht auszuüben berechtigt ist. Sowohl nach dem Rechte der E. W. als nach dem engl. Recht kann diese Begebungsfähigkeit durch einen Vermerk im Wechsel (z. B. die Worte „nicht an Order") ausgeschlossen werden. Ist ein solcher Vermerk vorhanden, so hat die Begebung des Wechsels nur die Wirkung einer gewöhnlichen Abtretung[9]) (E. W. Art. 10 (2); B. E. A. s. 8 (1) (4)).

[9]) Über die Beschränkung der Begebungsfähigkeit durch besondere Arten von Indossamenten vgl. unten unter 2 c (cc); über die Begebungsfähigkeit nach Verfall unter 2 d.

b) Art der Begebung[10]).

Nach dem Wortlaut der E. W. (Art. 13, Abs. 1) werden alle Rechte aus dem Wechsel durch das Indossament übertragen, doch ist dies jedenfalls so zu verstehen, daß die Übertragung erst durch die Übergabe des Wechsels auf Grund eines Begebungsvertrags zustande kommt. Im engl. Recht wird dies ausdrücklich vorgeschrieben (B. E. A. ss. 31 (3), 21 (2))[11]).

Nach der E. W. scheint es als selbstverständlich angenommen zu werden, daß das Indossament vor erfolgter Übergabe gestrichen werden darf (vgl. Art. 15); im engl. Recht wird dies ausdrücklich festgestellt (B. E. A. s. 21 (1)).

c) Indossament.

aa) Gewöhnliches Indossament.

Bezüglich der Form des Indossaments und der Art, in welcher die Übertragung durch Indossament beschränkt werden kann, haben die Vorschriften der E. W. (Art. 10, 11 (Abs. 1, 2), 12 (Abs. 1), im allgemeinen den gleichen Inhalt wie die des englischen Rechts (B. E. A. s. s. 8 (1, 4, 5), 32 (1, 2)[12]). Letzteres enthält auch Vorschriften über das Indossament an mehrere Personen (B. E. A. s. 32 (3)) und über die Reihenfolge der Indossamente, die in der E. W. nicht enthalten sind, aber hier nicht erörtert zu werden brauchen, da sie teilweise selbstverständlich, teilweise ohne praktische Bedeutung sind. Es sei nur hingewiesen auf eine in der E. W. fehlende zweckmäßige Vorschrift des engl. Rechts, die bestimmt, daß ein Remittent oder Indossatar, dessen Name in dem Wechsel bzw. dem Indossament unrichtig wiedergegeben ist, sein Indossament mit diesem unrichtigen Namen unterzeichnen darf, mit oder ohne Hinzufügung des richtigen Namens (B. E. A. s. 32 (4)).

Das in der E. W. (Art. 11, Abs. 3) enthaltene Verbot eines Indossaments auf den Inhaber steht im Einklang mit dem Verbot des Inhaberwechsels, das durch Zulassung des Indossaments auf den Inhaber vereitelt werden würde. Wenn die Vertreter der

---

[10]) Die Art der Begebung der nach engl. Recht zulässigen Inhaberwechsel wird hier unberührt gelassen.

[11]) Vgl. auch die Definition der Übergabe B. E. A. S. 2 s. v. „delivery".

[12]) Wechselsanhänge und Wechselabschriften werden grundsätzlich vom engl. Rechte nicht anerkannt; jedoch schreibt B. E. A. s. 32 (1) vor, daß Indossamente auf solchen Urkunden, insoweit es sich um Wechsel handelt, die in einem der anerkennenden Länder begeben werden, als gültig zu behandeln sind.

englischen Regierung (Corr. S. 54) behaupten, das Blankoindossament habe dieselbe Wirkung wie ein Indossament auf den Inhaber, so verkennen sie, daß ein Blankoindossament jederzeit durch Ausfüllung in ein gewöhnliches Indossament umgewandelt werden kann, während eine solche Umwandlung im Falle eines Indossaments auf den Inhaber unmöglich wäre.

bb) Blankoindossament.

Bezüglich des Blankoindossaments besteht kein Unterschied zwischen den Vorschriften der E. W. (Art. 12, 13, Abs. 2) und denen des englischen Rechts (B. E. A. ss. 8 (3), 34 (4)).

cc) Prokura- und Pfandindossament.

Ebenso wie nach dem Rechte der E. W. (Art. 17) kann nach englischem Rechte durch einen Vermerk im Indossament verhindert werden, daß der Indossatar selbständig Rechte aus dem Wechsel erwirbt. Ein solcher Indossatar übt die Rechte aus dem Wechsel lediglich als Beauftragter des letzten Indossanten aus (B. E. A. s. 35 (1)).

Die Vorschrift des Art. 18 der E. W., nach welcher ein Vermerk, der die Verpfändung ausdrückt, die gleiche Wirkung hat, ist im englischen Rechte nicht enthalten. Es ist in England üblich, Wechsel, die als Pfand hingegeben werden, in Blanko zu indossieren, und man würde, wenn eine dem Art. 18 der E. W. ähnliche Vorschrift eingeführt werden würde, wohl nur ganz geringen Gebrauch von ihr machen. Da übrigens nach Abk. Art. 4 jeder Vertragsstaat das Pfandindossament untersagen kann, so ist die Frage von nur untergeordneter Bedeutung.

d) Wirkung der Wechselbegebung nach Verfall des Wechsels.

Nach der E. W. hat die Fälligkeit des Wechsels an und für sich keinen Einfluß auf die Wirkung der Wechselbegebung, aber nach Erhebung des Protests mangels Zahlung oder nach Ablauf der hierfür bestimmten Zeit hat das Indossament nur die Wirkung einer gewöhnlichen Abtretung[13]). Nach englischem Recht tritt diese Wirkung sofort bei der Fälligkeit ein (B. E. A. 36 (2)).

---

[13]) Es ist anzunehmen, daß in den Ländern, in welchen gem. Abk. Art. 9 eine schriftliche Erklärung auf dem Wechsel an die Stelle des Protestes tritt, die Frist für die Aufnahme dieser Erklärung maßgebend ist; (über die Frist vgl. auch Abk. Art. 11).

3. Die Annahme.

a) Vorlegungsrecht.

Die E. W. (Art. 20) schreibt ausdrücklich vor, daß nicht nur der Inhaber, sondern auch jeder andere, der den Wechsel in Händen hat, berechtigt ist, den Wechsel zur Annahme vorzulegen. Die entsprechende Vorschrift des englischen Rechts (B. E. A. s. 41 (1 a)) hat zweifelsohne dieselbe Wirkung, ist aber weniger deutlich. Sie sagt, die Vorlegung müsse durch den Inhaber oder in seinem Auftrage (by or on behalf of the holder) erfolgen. Übereinstimmend schreiben beide Rechte vor, daß die Vorlegung bis zum Verfall geschehen kann. Nach der E. W. kann die Vorlegung nur am Wohnorte[14]) des Bezogenen erfolgen, nach englischem Rechte kann sie an jedem Orte geschehen, an dem sich der Bezogene oder ein bevollmächtigter Vertreter des Bezogenen befindet (Chalmers, S. 149). Anderseits schreibt das englische Recht ausdrücklich vor, daß die Vorlegung nur zu einer angemessenen Zeit an einem Werktage stattfinden darf. Die E. W. läßt die Vorlegungszeit unerörtert, doch wird wohl in allen beteiligten Ländern der geschäftliche Brauch die Aufrechterhaltung der englischen Regel sichern.

Nach der E. W. (Art. 21 Abs. 2, 3)) kann der Aussteller einen Vermerk in den Wechsel aufnehmen, nach welchem die Vorlegung zur Annahme überhaupt nicht oder nicht vor einem bestimmten Tage erfolgen soll; für Domizil- und Nachsichtwechsel darf indessen die Vorlegung zur Annahme nicht gänzlich ausgeschlossen werden. Das englische Recht kennt keine entsprechende Vorschrift.

Die in der dem deutschen Reichstag vorgelegten Denkschrift 50—58 für die Einführung dieser Änderung der deutschen Wechselordnung angeführten Gründe sind nicht überzeugend. Zwischen der vertragsmäßigen und der wechselrechtlichen Beschränkung des Vorlegungsrechtes besteht doch ein wesentlicher Unterschied.

b) Vorlegungspflicht.

Die Vorlegungspflicht besteht sowohl nach der E. W. als auch nach englischem Recht:

---

[14]) Jedoch ist bei der Feststellung des Wohnortes die Auslegungsregel von Art. 2 Abs. 3 der E. W. zu berücksichtigen.

1. Bei Nachsichtwechseln (E. W. Art. 22; B. E. A. s. 39 (1)).
2. Wenn der Aussteller durch einen Vermerk im Wechsel die Vorlegung bestimmt (E. W. Art. 21 (1); B. E. A. s. 39 (2)).

Nach der E. W. kann auch jeder Indossant (sofern nicht das unter (a) behandelte Vorlegungsverbot im Wechsel enthalten ist) die Vorlegung vorschreiben. Ferner kann sowohl der Aussteller wie jeder Indossant (sofern kein Vorlegungsverbot vorliegt) dem Vermerk über die Vorlegungspflicht eine Fristbestimmung beifügen. Das englische Recht hat keine derartigen Vorschriften, es wäre aber sehr wünschenswert, sie einzuführen. Derartige Fristbestimmungen dienen sehr nützlichen Zwecken und kommen tatsächlich auch in England häufig vor.

Nach englischem Recht genügt es im Falle eines nach Vorschrift des Ausstellers zur Annahme vorzulegenden Wechsels, daß eine Vorlegung zur Annahme vor der Vorlegung zur Zahlung erfolgt (B. E. A. s. 39 (2)), und es ist anzunehmen, daß nach der E. W. da, wo eine Fristbestimmung fehlt, die gleiche Regel anzuwenden ist. Ist eine Fristbestimmung vorhanden, so hat nach der E. W. (Art. 52 (Abs. 2)) die Nichteinhaltung der Frist den Verlust des Regreßrechtes zur Folge, jedoch tritt, wenn die Fristbestimmung von einem Indossanten herrührt, diese Folge nur diesem gegenüber ein (E. W. (Art. 52 Abs. 3)).

Das engl. Recht (B. E. A. s. 40 (1)) bestimmt keine kalendermäßige Frist für die Vorlegung der Nachsichtwechsel, sondern schreibt nur vor, ein solcher Wechsel müsse innerhalb einer „angemessenen Zeit" (reasonable time) entweder begeben oder zur Annahme vorgelegt werden. Was eine angemessene Zeit ist, hängt „von der Natur des Wechsels, dem kaufmännischen Brauch bezüglich ähnlicher Wechsel und von den Umständen des besonderen Falles" ab (B. E. A. s. 40 (3)). Nach der E. W. (Art. 22 (Abs. 1)) hat die Vorlegung innerhalb von 6 Monaten zu erfolgen, jedoch kann die Vorlegungsfrist sowohl vom Aussteller als von jedem Indossanten abgekürzt werden. Der Aussteller darf die Frist auch verlängern.

Die Befugnis des Ausstellers, die Vorlegungsfrist zu verlängern, scheint mir nicht zweckmäßig, dagegen verdient in jeder anderen Beziehung die Vorschrift der E. W. den Vorzug. Da, wo englisches Recht gilt, könnte der Umstand, daß der Aussteller einen besonders guten Kredit genießt, dazu führen, daß der Wechsel beständig weiterbegeben wird, ohne zur Annahme vorgelegt zu werden[15]). Die Bezugnahme auf „einen angemessenen Zeitraum" ist unter allen Umständen vom Übel. Im Wechselrecht ist die größte Bestimmtheit stets wünschenswert.

Die Nichteinhaltung der Vorschriften bezüglich der Vorlegung von Nachsichtwechseln hat den Verlust des Rückgriffsrechts sowohl nach der E. W. (Art. 52 (Abs. 2)) als nach englischem Recht (B. E. A. s. 40 (2)) zur Folge[16]).

Abweichend von der E. W. schreibt das englische Recht vor, daß Wechsel, die an einem anderen Orte als dem Wohnorte des Bezogenen zahlbar sind, zur Annahme vorgelegt werden müssen. Die Bedeutung dieser Vorschrift ist jedoch nur, daß der Wechsel, ehe die Vorlegung zur Annahme geschehen ist, nicht zur Zahlung vorgelegt werden kann (B. E. A. s. 39 (2)). Die Beseitigung dieser Bestimmung könnte nur vorteilhaft wirken. Namentlich wenn der Zahlungsort in einem anderen Lande liegt wie der Wohnort des Bezogenen, wirkt sie höchst unbequem. Eine Sonderbestimmung (B. E. A. s. 39 (4)) verlängert allerdings die Frist für die Vorlegung zur Zahlung in einem solchen Falle, insoweit dies nach Lage der Dinge nötig ist, aber dies hat wieder für die Vormänner eine nachteilige Wirkung und kann, wenn die Vormänner im Auslande wohnen, zu unliebsamen Streitigkeiten führen.

c) Überlegungsfrist zugunsten des Bezogenen.

Nach der E. W. (Art. 23 (Abs. 2)) braucht der Bezogene, dem ein Wechsel zur Annahme vorgelegt wird, sich über seinen Entschluß erst am Tage nach der ersten Vorlegung zu erklären. Das englische Recht hat eine ähnliche Vorschrift, aber in weit unbestimmterer Form. Nach B. E. A. s. 42 braucht der Inhaber des Wechsels die im Falle der Nichtannahme erforderlichen Schritte erst nach Ablauf des üblichen Zeitraums (customary time) zu ergreifen. Hiermit ist aber nicht gesagt, daß der Wechselinhaber nicht bereits vor Ablauf dieses Zeitraums berechtigt ist, die Annahme als verweigert anzusehen. Tat-

---

[15]) Von seiten der britischen Vertreter wurde bei der Konferenz ein Wechsel auf London vorgelegt, der in Bolivia ausgestellt war und erst 14 Monate nach dem Ausstellungsdatum zur Annahme vorgelegt wurde (Corr. S. 55). Die Vertreter führten dies als Argument dafür an, daß die Frist von 6 Monaten unter Umständen zu kurz sei. Nach meinem Dafürhalten ist dieser Fall ein Argument dafür, daß die Bestimmung einer Maximalfrist nötig ist.

[16]) Die Vorschriften über die Einwirkung der höheren Gewalt bezüglich der im Falle der Nichtzahlung zu ergreifenden Schritte (vgl. unten unter 6 (f)) gelten nach beiden Rechten auch bezüglich der im Falle der Nichtannahme vorgeschriebenen Formalitäten.

sächlich erfolgt eine Protestierung wegen Nichtannahme nie vor Ablauf der Wartezeit, und diese wird nach ständigem Brauch so berechnet, daß ein Wechsel, der vor Ablauf der Geschäftsstunden (4 Uhr nachmittags an gewöhnlichen Wochentagen, 1 Uhr mittags am Samstag) an einem Tage vorgelegt wird, erst nach Ablauf der Geschäftsstunden des nächsten Tages wegen Nichtannahme protestiert wird. Auch ist es üblich, den vorgelegten Wechsel während der Wartezeit in den Händen des Bezogenen zu lassen. Nach der E. W. (Art. 23 (Abs. 1)) hat der Bezogene nicht das Recht, dies zu verlangen.

Bei einer Revision des englischen Rechts wird es jedenfalls zweckmäßig sein, die Vorschrift über die Überlegungsfrist in eine klarere Form zu bringen, und man könnte ohne Bedenken die Bestimmung des Art. 23 (Abs. 2) der E. W. aufnehmen.

d) Form der Annahme.

Ebenso wie nach Art. 24 der E. W. genügt nach englischem Recht für die Annahme die Unterschrift des Bezogenen mit oder ohne Zufügung des Wortes „angenommen" oder eines gleichbedeutenden Ausdrucks. Jedoch fehlt im englischen Recht die nützliche Vorschrift, daß die Unterschrift auf der Vorderseite erfolgen muß, wenn durch sie ohne einen weiteren Zusatz die Annahme gekennzeichnet werden soll (B. E. A. s. 17 (2 a)).

Die E. W. spricht sich nicht darüber aus, ob die Annahme eines noch nicht vom Aussteller unterzeichneten oder sonst unvollständigen Wechsels statthaft ist. Das englische Recht erklärt das ausdrücklich für zulässig (B. E. A. s. 18 (1))[17], und es ist anzunehmen, daß jedenfalls in dem Gebiete des deutschen Reichsrechts derselbe Grundsatz anerkannt wird (vgl. RG. 2, 91; 5,57; 23, 210; 33, 44; 55, 338).

Die Streichung der Annahmeerklärung ist sowohl nach der E. W. (Art. 28) als nach englischem Recht (B. E. A. s. 21 (1)) gestattet, solange sich der Wechsel noch in der Hand des Bezogenen befindet und solange der Bezogene nicht den Inhaber von der Annahme benachrichtigt hat. Nach der E. W. kann auch nach erfolgter Benachrichtigung eines anderen, dessen Unterschrift sich auf dem Wechsel befindet,

---

[17]) Vgl. auch die in der B. E. A. s. 20 enthaltene Vorschrift, nach welcher vermutet wird, daß jemand, der ein mit dem Wechselstempel versehenes Blatt Papier mit seiner Unterschrift versehen einem anderen übergibt, diesen ermächtigt, einen Wechsel auszustellen, dessen Betrag nicht höher sein darf als Deckung für die Stempelsteuer vorhanden ist.

die Streichung nicht mehr erfolgen. Nach der E. W. ist die Benachrichtigung wechselrechtlich nur wirksam, wenn sie schriftlich erfolgt; nach engl. Recht genügt auch die mündliche Benachrichtigung.

Bei Nachsichtwechseln muß die Annahme nach der E. W. (Art. 24) datiert sein, nach englischem Recht darf der Inhaber, falls das Datum fehlt, dies ausfüllen. Nach der E. W. (Art. 24) hat der Inhaber das Recht, zu verlangen, daß der Vorlegungstag als Datum bezeichnet wird; in England besteht kein derartiges Recht, aber nach allgemeinem Gebrauch wird das Vorlegungsdatum eingestellt.

e) Inhalt der Wechselannahme.

Sowohl nach der E. W. als nach englischem Recht muß die Annahme unbedingt sein[18]) (E. W. Art. 25 (Abs. 1); B. E. A. s. 44). Eine dieser Vorschrift nicht entsprechende Annahmeerklärung wird im allgemeinen von beiden Rechten als Verweigerung der Annahme angesehen, jedoch gestattet die E. W. die Teilannahme. Diese Bestimmung ist dahin zu verstehen, daß der Inhaber sich zwar die auf einen Teil der Wechselsumme beschränkte Annahme gefallen lassen muß, daß ihm aber das Recht zusteht, wegen Nichtannahme des fehlenden Teils Protest erheben zu lassen, und daß ihm auch das Recht zusteht, Rückgriff auf seine Vormänner auszuüben (vgl. E. W. Art. 50).

Die Annahmeerklärung muß nach der E. W. (Art. 26) bei Domizilwechseln stets eine Zahlungsstelle angeben, und sie kann auch bei Wechseln, die am Wohnorte des Bezogenen zahlbar sind, eine Zahlungsstelle bezeichnen. In Ermangelung einer solchen Angabe wird angenommen, daß der Bezogene sich selbst zur Zahlung am Zahlungsorte verpflichtet hat. Ist eine Zahlungsstelle angegeben, so kann der Wechsel nur an dieser zur Zahlung vorgelegt werden.

Ganz anders verhält sich in dieser Beziehung das englische Recht. Auch wenn eine Zahlungsstelle in der Annahmeerklärung angegeben wird, kann der Wechsel bei Verfall dem Bezogenen vorgelegt werden, es sei denn, daß ausdrücklich erwähnt wird, der Wechsel sei nur an dieser Zahlungsstelle und nicht anderswo zahlbar. Im letzteren Falle aber gilt die Annahme als bedingt, und der Inhaber darf die Genehmigung der Annahme dann verweigern (B. E. A. s. 19 (2 c)).

---

18) Über die Rechte und Pflichten des Wechselinhabers in den Fällen, in welchen der Bezogene eine bedingte Annahme anbietet, vgl. unten unter (f).

Bedauerlich ist es, daß die E. W. die sogenannten „documentary bills" unberücksichtigt gelassen hat. Beim Ankauf derartiger Wechsel sichert sich der Käufer dadurch, daß ihm der Aussteller des Wechsels Konossement, Versicherungspolice und andere Urkunden übergibt, welche die Ware betreffen, gegen welche der Wechsel ausgestellt wird. Der Wechselinhaber händigt dann je nach Vereinbarung diese Urkunden gegen die Annahme des Wechsels aus oder behält sie auch nach der Annahme bis zur Zahlung des Wechsels zurück. Die Annahme erfolgt in letzterem Falle unter der stillschweigenden Bedingung, daß die Zahlung nur gegen Auslieferung der Urkunden verlangt werden kann, ist also eine bedingte Annahme. In England wird angenommen, daß in einem solchen Falle die bedingte Annahme stattfinden darf, da sie die Vormänner stillschweigend genehmigt haben (vgl. Chalmers S. 156). In dem Gebiete der E. W., in welchem eine bedingte Annahme überhaupt nicht stattfindet, könnte die Behandlung dieser Wechsel Anlaß zu Schwierigkeiten geben.

f) Pflichten des Inhabers bei Annahmeverweigerung.

Nach der E. W. (Art. 43 (Abs. 1)) ist eine Protesterhebung[19]) bei Annahmeverweigerung notwendig, wenn der Inhaber ein Rückgriffsrecht wegen Annahmeverweigerung (vgl. unten unter 8) ausüben will. Ferner müssen der unmittelbare Vormann und der Aussteller von der Annahmeverweigerung in der vorgeschriebenen Frist benachrichtigt werden. Die Unterlassung der Benachrichtigung bewirkt jedoch nicht den Verlust des Rückgriffsrechts, sondern begründet nur einen Anspruch auf Schadenersatz bis zur Höhe der Wechselsumme. Um die sonstigen Rechte dem Aussteller und den Indossanten gegenüber zu wahren, ist Protest mangels Annahme nur in den Fällen erforderlich, in welchen eine Vorlegungspflicht besteht (vgl. E. W. Art. 52).

Im Gegensatz hierzu verwirkt nach englischem Recht der Inhaber eines im Auslande ausgestellten Wechsels alle Rechte gegenüber dem Aussteller und den Indossanten, wenn er bei Annahmeverweigerung, auch in den Fällen, in welchen eine Vorlegungspflicht nicht besteht,

---

[19]) Die Vorschriften über Protest und Benachrichtigung sind dieselben — mutatis mutandis — wie die bei Zahlungsverweigerung anwendbaren. Siehe unten unter 6 (e).

keinen Protest mangels Annahme erheben läßt oder die vorgeschriebene Benachrichtigung versäumt (B. E. A. s. s. 42, 48).

Die Vorschrift wirkt häufig recht hart, da sie dem Inhaber nicht gestattet, in Fällen, in denen der Bezogene noch nicht in der Lage ist, sich zu erklären, einige Tage mit der Protestierung zu warten, und es wäre zweckmäßig, die Protestierungspflicht in derselben Weise zu beschränken, wie dies in der E. W. geschieht.

Bezüglich der bedingten Annahme besteht ein wesentlicher Unterschied zwischen dem Rechte der E. W. und dem englischen Recht. Nach dem Rechte der E. W. (Art. 25) ist der Wechselinhaber im Falle des Angebots einer bedingten Annahme den Vormännern gegenüber verpflichtet, die gleichen Schritte vorzunehmen, wie bei der Annahmeverweigerung. Nach englischem Rechte hingegen steht es ihm frei, die bedingte Annahme zu genehmigen oder zurückzuweisen. Genehmigt er, so verliert er jedem Vormanne gegenüber, der nicht ausdrücklich oder stillschweigend seine Einwilligung gegeben hat, das Rückgriffsrecht[20]). Stillschweigende Einwilligung wird dann angenommen, wenn ein Vormann, der von der bedingten Annahme benachrichtigt ist, innerhalb angemessener Zeit Widerspruch nicht erhoben hat.

4. Die Berechtigung des Wechselinhabers.

a) Begriffsbestimmung des rechtmäßigen Inhabers.

Der Ausdruck „rechtmäßiger" Inhaber wird in der E. W. (Art. 15, Abs. 1) auch für den Inhaber angewandt, der nach Abs. 2 desselben Artikels zur Herausgabe des Wechsels gezwungen werden kann. Im englischen Rechte wird zwischen dem nur legitimierten Inhaber und demjenigen unterschieden, der unter keinen Umständen zur Herausgabe des Wechsels gezwungen werden kann. Ersterer wird als „holder"[21]) letzterer als „holder in due course" bezeichnet (vgl. B. E. A. s. 2 s. v. „holder"; s. 38; s. 29 (1)). Der größeren Klarheit halber werde ich

---

[20]) Diese Vorschriften sind im Falle der Teilannahme nicht anwendbar; der Wechselinhaber kann diese nach seiner Wahl genehmigen oder zurückweisen. Genehmigt er und benachrichtigt die Vormänner, so wird sein Rückgriffsrecht nicht beeinträchtigt.

[21]) Der Ausdruck „holder" wird manchmal auch als Bezeichnung dessen angewandt, der den Wechsel nur in Händen hat, auch wenn er nicht als legitimierter Inhaber gilt (Chalmers S. 5).

den Inhaber, der nicht zur Herausgabe gezwungen werden kann, als vollberechtigten Inhaber bezeichnen.

Die in der B. E. A. (s. 2) enthaltene Begriffsbestimmung des „holder" entspricht der in Art. 15 (Abs. 1) der E. W. enthaltenen, wenn man von der Bezugnahme auf Inhaberwechsel absieht[22]). Es muß aber beachtet werden, daß nach B. E. A. (s. 24) ein Indossament, das eine gefälschte Unterschrift trägt oder von einem angeblich, aber nicht wirklich Bevollmächtigten des Indossanten herrührt, überhaupt nicht als Indossament gilt, und daß demnach der Inhaber eines mit solchem Indossament versehenen Wechsels, wenn auch im gewöhnlichen Sprachgebrauch als „holder" bezeichnet, doch nicht als „holder" im Sinne obiger Definition angesehen wird, und daher auch nicht zur Einziehung der Wechselforderung legitimiert ist.

Als vollberechtigter Inhaber gilt nach Art. 15 (Abs. 2) der E. W. derjenige legitimierte Inhaber, der den Wechsel in gutem Glauben und ohne grobe Fahrlässigkeit erworben hat. Nach englischem Recht hingegen gehört zur Definition des „holder in due course" auch der Erwerb gegen Entgelt[23]). Anderseits hat der Wechselinhaber die Rechte eines „holder in due course" auch dann, wenn er sich beim Erwerbe einer groben Fahrlässigkeit schuldig gemacht hat (B. E. A. s. 29 (1))[24]). Da die meisten Fälle der groben Fahrlässigkeit in das Gebiet des bösen

---

[22]) In der englischen Definition ist auch der Remittent erwähnt, während Art. 15 der E. W. nur von Personen handelt, die ihr Recht aus einem Indossament ableiten. Es ist indessen wohl anzunehmen, daß nach den Vorschriften der E. W. die Legitimation des Remittenten, wenn er den Wechsel in Händen hat, nicht bestritten werden kann.

[23]) Als Erwerb gegen Entgelt (for value) wird es auch angesehen, wenn der Wechsel zur Berichtigung einer bestehenden Schuld verwandt wird; im Falle eines Zurückbehaltungsrechts auf den Wechsel wird der Gläubiger als „holder for value" des Teils der Wechselsumme angesehen, der der Höhe der Forderung entspricht, für welche das Zurückbehaltungsrecht besteht. Wechselverpflichteten gegenüber, deren Verpflichtung erst nach der Zahlung des Entgelts entstanden ist, gilt der Inhaber nicht als „holder for value". Hiervon ausgenommen ist indessen der Annehmer.

[24]) Nach der Legaldefinition gehört zum Begriffe des „holder in due curse" ferner, daß er den Wechsel nicht nach eingetretener Fälligkeit erworben hat, und daß ihm zur Zeit des Erwerbs nicht bekannt war, daß der Wechsel bereits notleidend war oder daß sein Vormann einen mangelhaften Rechtstitel hatte. Aber da ein überfälliger Wechsel nicht begebungsfähig ist, gehört jedenfalls das erste dieser Merkmale nicht zur Definition. Die Kenntnis eines Mangels im Rechtstitel des Vormannes verhindert den Erwerb „in gutem Glauben".

Glaubens gehören, ist der letztgenannte Unterschied wohl von geringer praktischer Bedeutung[25]).

b) Berechtigung des legitimierten Inhabers.

Sowohl nach der E. W. als nach englischem Recht hat auch der nur legitimierte Inhaber das Recht, die aus dem Wechsel sich ergebenden Ansprüche im eigenen Namen geltend zu machen, und ein Wechselschuldner wird durch Zahlung an ihn, sofern diese im gewöhnlichen Geschäftsverkehr (in due course) stattfindet, in rechtsgültiger Weise entlastet (E. W. Art. 39 Abs. 3; B. E. A. s. 38 (1, 3)). Hier muß aber wieder daran erinnert werden, daß diese Legitimation nach englischem Rechte nicht vorhanden ist, falls eines der Indossamente gefälscht oder ohne die erforderliche Vollmacht unterzeichnet ist. In anderer Beziehung ist der mangelnde Rechtstitel eines Vormannes kein Hindernis. Daß ein solcher Vormann „die Hingabe des Wechsels oder seine Annahme durch Betrug, Erpressung, Zwang, Drohung oder auf andere widerrechtliche Art oder als Entgelt für eine widerrechtliche Handlung erlangt hat“ oder daß „die Begebung des Wechsels ein Vertrauensbruch war oder unter Umständen erfolgte, welche den Tatbestand des Betrugs bilden" (B. E. A. s. 29 (2)), beschränkt die Rechte des legitimierten Inhabers in keiner Weise. Durch ein gefälschtes oder ohne genügende Vollmacht gezeichnetes Indossament aber wird die Kette der Indossamente zerrissen. Der Verpflichtete kann die Zahlung verweigern, leistet er dem Inhaber in Unkenntnis des Rechtsmangels Zahlung, so wird er dem Geschädigten gegenüber nicht entlastet[26]).

Die Stellung des englischen Rechts zu dieser Frage entspricht weder den Bedürfnissen der Folgerichtigkeit noch denen des Verkehrs. Der Satz, daß der gutgläubige Erwerber eines Wechsels Rechte aus demselben ausüben kann, die seinem Vormanne nicht zustehen, ist einer der Grundpfeiler des Wechselrechts, der auch im englischen Recht anerkannt wird, und es ist kein Grund vorhanden, der Fälschung

---

[25]) Nach der in der B. E. A. (s. 90) enthaltenen Legaldefinition gilt eine Handlung als in gutem Glauben vorgenommen, wenn sie in ehrlicher Weise geschehen ist und zwar gleichviel ob Fahrlässigkeit vorhanden war oder nicht. Damit ist aber nicht ausgeschlossen, daß ein Grad von Fahrlässigkeit so hoch sein kann, daß man aus ihm auf einen Mangel von Ehrlichkeit schließen muß.

[26]) Der in der B. E. A. (s. 60) berührte Ausnahmefall kommt hier nicht in Betracht, da er einen Sichtwechsel auf einen Bankier betrifft; ein solcher Sichtwechsel ist nach engl. Recht ein Scheck (B. E. A. s. 73).

eine weitergehende Wirkung zuzuschreiben als dem Diebstahl oder dem Betrug. Daß die Zirkulationsfähigkeit des Wechsels durch die englische Vorschrift leiden muß, ist klar[27]), da ein Bankier, der einen Wechsel diskontiert, auch wenn die Zahlungsfähigkeit des Annehmenden unbezweifelt ist, nicht auf den Eingang des Wechselbetrages rechnen kann, weil es stets möglich bleibt, daß ein Indossament gefälscht war. Es ist zu hoffen, daß bei einer Revision des englischen Wechselrechts die Vorschrift des Art. 15 der E. W. aufgenommen werden wird.

c) Berechtigung des vollberechtigten Inhabers.

Nach der E. W. (Art. 16) macht es bei der Geltendmachung der Rechte aus dem Wechsel grundsätzlich keinen Unterschied, ob der Inhaber nur legitimiert oder vollberechtigt ist. Nur wenn der Erwerb des Wechsels auf einem arglistigen Einverständnis (entente frauduleuse) mit dem Vormanne beruht, können dem Inhaber Einwendungen entgegengesetzt werden, welche den Vormann betreffen. Nach englischem Rechte können dem holder, der nicht auch „holder in due course" ist (vgl. oben unter a), alle Einwendungen entgegengesetzt werden, welche seinen Vormann betreffen (B. E. A. s. 38 (2)). Der Unterschied hat mehr theoretische als praktische Bedeutung, da auch im Geltungsbereich der E. W. in den meisten Fällen, in welchen ein Wechsel anders als gegen Entgelt im oben unter a erwähnten Sinne erworben wird, die exceptio doli anwendbar sein wird. Bezüglich des „holder in due course" gilt auch im englischen Rechte der Satz, daß ihm keine Einwendungen entgegengesetzt werden können, die sich auf die unmittelbaren Beziehungen des Wechselverpflichteten zu dem Aussteller oder einem früheren Inhaber gründen[28]).

Art. 15 (Abs. 2) der E. W. muß wohl dahin ausgelegt werden, daß jemand, der vor Eingang eines Wechsels von dem legitimierten aber nicht vollberechtigten Wechselinhaber Herausgabe verlangen konnte, nach Eingang des Wechsels Zahlung der Wechselsumme beanspruchen kann. Nach englischem Recht ist hieran kein Zweifel. Nach englischem Rechte kann aber auch derjenige, der nach den son-

[27]) Die Bemerkungen der englischen Vertreter über diesen Gegenstand (Corr. S. 54) sind wenig einleuchtend und lassen sich leicht widerlegen. Das „Institute of Bankers" und die „London Chamber of Commerce" haben sich in energischer Weise für die Abänderung im Sinne der E. W. ausgesprochen.

[28]) Die Vorschriften von B. E. A. s. 28 über den Gefälligkeitswechsel (accommodation bill) sind selbstverständliche Folgen dieses Satzes.

stigen Kriterien vollberechtigt wäre, nachdem er den Wechsel eingezogen hat, wenn das Indossament gefälscht oder ohne genügende Vollmacht unterschrieben war, zur Zahlung der Wechselsumme an den besser Berechtigten gezwungen werden, so daß tatsäschlich, ehe die Verjährungsfrist abgelaufen ist, niemand mit Bestimmtheit sagen kann, ob er nicht für einen von ihm eingezogenen Wechsel wieder in Anspruch genommen werden wird.

d) Berechtigung im Falle des Verlustes eines Wechsels.

Die E. W. hat keine Vorschriften über die Rechte eines Wechselinhabers, der den Wechsel verloren hat, und nach Abk. Art. 15 kann jeder Vertragsstaat die Folgen eines derartigen Verlusts nach Belieben regeln. Nach englischem Recht kann ein solcher Wechselinhaber gegen eine genügende Schadloshaltung von dem Aussteller die Hergabe eines Duplikats verlangen oder Anspruch auf Zahlung ohne Hingabe des Wechsels erheben. (B. E. A. s. s. 69, 70.) Es wäre wünschenswert, daß bei der Revision der E. W. diese im Verkehr höchst nützliche Vorschrift (unter Freilassung der Möglichkeit anderweitiger Regelung durch die Vertragsparteien) aufgenommen werden würde. Die Aufnahme einer derartigen Bestimmung würde selbstverständlich das Kraftloserklärungsverfahren in den Staaten, in welchen ein solcher besteht, nicht beseitigen, aber dem geschädigten Inhaber die Möglichkeit geben, bereits vor Einleitung des Verfahrens oder bei noch schwebendem Verfahren Zahlung zu erlangen. Die Entscheidung darüber, was eine genügende Schadloshaltung ist, mag in einzelnen Fällen schwierig sein, aber die englische Erfahrung zeigt, daß die so entstehenden Schwierigkeiten nicht unüberwindbar sind.

5. Die Haftung der Wechselverpflichteten.

a) Haftung des Annehmers.

Sowohl nach der E. W. (Art. 27) als nach englischem Recht (B. E. A s. s. 17 (1), 54 (1)) haftet der Annehmer für die Zahlung des Wechsels bei Verfall. Diese Haftung richtet sich selbstverständlich nach dem Inhalt der Annahmeerklärung. Das englische Gesetz schreibt ferner vor, daß der Annehmer nach erfolgter Annahme weder das Vorhandensein des Ausstellers, die Echtheit seiner Unterschrift oder seine Ermächtigung zur Ausstellung des Wechsels, noch das Vorhandensein des Remittenten oder seine Fähigkeit, den Wechsel zu indossieren, einem vollberechtigten Inhaber gegenüber bestreiten kann[29]) (B. E. A. s. 54 (2)). Für die E. W. ist infolge von Art. 15 eine derartige Vorschrift überflüssig. Auch im englischen Recht wäre dies der Fall, wenn nicht die oben unter 4 (b) besprochenen Regeln über die Wirkungslosigkeit gefälschter Unterschriften, die auch dem vollberechtigten Wechselinhaber gegenüber Geltung haben, eine Bestimmung zum Schutze des letzteren erforderlich machten. Mit der Beseitigung der erwähnten Regeln würde auch die Notwendigkeit der zu Mißverständnissen Anlaß gebenden Vorschrift von B. E. A. s. 54 (2) entfallen.

b) Haftung des Ausstellers.

Nach der E. W. (Art. 9 (1)) und ebenso nach englischem Recht (B. E. A. s. 55 (1)) haftet der Aussteller für die Annahme des Wechsels und für die Zahlung. Die Haftung für die Annahme kann sowohl nach der E. W. (Art. 9 (2)), als nach englischem Recht (B. E. A. s. 16 (1)) ausgeschlossen werden. Nach englischem Recht kann der Aussteller auch die Haftung für die Zahlung ausschließen, nach der E. W. dagegen ist dieser Ausschluß der Haftung wirkungslos (E. W. Art. 9, Abs. 2; B. E. A. s. 16 (1)).

Der Unterschied ist von geringer praktischer Bedeutung; denn ein Aussteller, der seine Haftung für Zahlung ausschließen will, kann den Wechsel von einem Strohmann an seine Order ausstellen lassen und dann seine Haftung als Indossatar beschränken. Es ist wohl denkbar, daß der Aussteller eines Wechsels, der bereits Annahme gefunden hat, ihn à forfait zu begeben wünscht und daß sich jemand findet, der geneigt ist, den Wechsel lediglich im Vertrauen auf die Zahlungsfähigkeit des Annehmenden zu erwerben. Ein solches Rechtsgeschäft ist wirtschaftlich und moralisch einwandfrei; es liegt daher kein Grund vor, es zu verbieten.

Die Vorschrift von B. E. A. s. 55 (1 b), nach welcher der Aussteller einem vollberechtigten Inhaber gegenüber weder das Vorhandensein des Remittenten noch seine Fähigkeit zu indossieren bestreiten darf, ist für das Rechtsgebiet der E. W. durch Art. 15 überflüssig.

---

29) Der letztere Satz ist in noch etwas umständlicherer Weise ausgedrückt.

c) Haftung des Indossanten.

Die Haftung eines jeden Indossanten ist sowohl nach der E. W. (Art. 14), als nach englischem Recht (B. E. A. s. 55 (2)) in Ermangelung eines entgegenstehenden Vermerks die gleiche wie die des Ausstellers. Durch einen Vermerk kann nach beiden Rechten die Haftung sowohl für die Annahme als für die Zahlung ausgeschlossen werden; im Gebiet der E. W. wird die Haftung den Nachmännern gegenüber auch durch Verbot der Weiterindossierung ausgeschlossen (B. E. A. s. 16 (1); E. W. Art. 14, Abs. 2).

d) Haftung des Wechselbürgen.

Der Wechselbürge, der als solcher sich auf dem Wechsel[30]) bezeichnet hat oder — falls er nicht Aussteller oder Bezogener ist — seine Unterschrift schlechthin auf die Vorderseite des Wechsels gesetzt hat, haftet nach der E. W. (Art. 29 — Art. 31) in derselben Weise wie der Wechselverpflichtete, für den er sich verbürgt hat, und zwar auch dann, wenn die Verbindlichkeit des Hauptschuldners aus einem anderen Grunde als einem Formmangel nichtig ist.

Das englische Recht kennt die Wechselbürgschaft nicht als solche, bestimmt aber allgemein (B. E. A. s. 56), daß jeder, der seine Unterschrift anders denn als Aussteller oder Annehmer auf den Wechsel setzt, hierdurch die Verpflichtung eines Indossanten übernimmt.

Diese Vorschrift ist weit einfacher als die der E. W. und erfüllt denselben Zweck.

e) Haftung im Falle von Fälschungen und Änderungen oder von Zeichnung durch einen ungenügend Bevollmächtigten oder Wechselunfähigen.

aa) Fälschungen.

Nach der E. W. beeinträchtigt die Fälschung einer Unterschrift auf dem Wechsel in keiner Weise die Haftung der Wechselverpflichteten. Selbstverständlich haftet kein Wechselverpflichteter gegenüber dem Fälscher oder jemandem, der den Wechsel in Kenntnis der Fälschung erworben hat. Nach englischem Rechte ergibt sich aus der schon öfters berührten Bestimmung in der B. E. A. s. 24, daß da, wo

[30]) Nach Abk. Art. 5 kann auch die auf einem besonderen Blatte erklärte Wechselbürgschaft zugelassen werden.

ein Indossament gefälscht ist, jeder Wechselverpflichtete nur demjenigen, dessen Indossament gefälscht ist, und seinen Vormännern gegenüber haftet. Ist die Unterschrift des Ausstellers gefälscht, so haftet der Annehmer gem. B. E. A. s. 54 (2 a) jedem vollberechtigten Inhaber gegenüber, nicht aber gegenüber dem nur legitimierten Inhaber, er kann z. B. jemanden, der den Wechsel zwar in gutem Glauben, aber schenkungsweise erhalten hat, den Einwand der Fälschung der Unterschrift des Ausstellers entgegensetzen. Ist die Unterschrift des Annehmers gefälscht, so haften selbstverständlich die Vormänner eines legitimierten Inhabers diesem gegenüber, wenn der Wechsel bei Verfall nicht eingelöst wird.

Auch hier entsteht eine Schwierigkeit nur durch die mehrfach bedauernd erwähnte Vorschrift von B. E. A. s. 24, deren Beseitigung die Annahme der weit einfacheren Vorschriften der E. W. ermöglichen würde.

bb) Änderungen.

Sowohl nach der E. W. (Art. 69) als nach englischem Recht (B. E. A. s. 64 (1)) haftet jemand, der den Text eines Wechsels ändert ebenso wie alle anderen Personen, die den Wechsel nachher unterschrieben haben, nach dem Inhalt des geänderten Textes. Nach der E. W. haftet derjenige, der den Wechsel vor der Änderung unterschrieben hat, nach dem Inhalte des ursprünglichen Textes. Im englischen Recht besteht dieselbe Haftung nach der oben zitierten Vorschrift nur einem vollberechtigten Wechselinhaber gegenüber. Einem nicht vollberechtigten, sondern nur legitimierten Inhaber gegenüber haften diejenigen, die den Wechsel vor der Änderung unterzeichnet haben, insoweit es sich um eine wesentliche[31]) Änderung handelt, überhaupt nicht.

Der Grund zu einer derartigen Unterscheidung ist schwer einzusehen. Wenn z. B. jemand, indem er einer sittlichen Verpflichtung nachkommt, einem anderen schenkungsweise einen Wechsel von 500 Lstr. übergibt und ein Nachmann des Beschenkten, nachdem der Wechsel angenommen ist, die Wechselsumme in 5000 Lstr. verwandelt,

[31]) Unwesentliche Änderungen haben überhaupt keine Wirkung. Als wesentlich gelten nach der B. E. A. (s. 64 (2)) insbesondere Änderungen des Ausstellungsdatums, der Wechselsumme, der Verfallzeit, des Zahlungsortes und Hinzufügung eines Domizilvermerkes ohne Einwilligung des Annehmers. Änderungen im Namen einer Wechselpartei sind nicht besonders angeführt, sind aber wohl auch als wesentliche Änderungen anzusehen.

scheint es wenig gerecht, daß nach Nichteingang des Wechsels dem Beschenkten der Rückgriff wegen der ursprünglichen Summe von 500 Lstr. verweigert werden soll. Die Vorschrift der E. W. ist einfacher und praktischer.

cc) Unterschriften auf Grund ungenügender Vollmacht.

Die Vorschrift der E. W. (Art. 8), nach welcher jemand, der einen Wechsel als Vertreter eines anderen unterzeichnet, ohne die erforderliche Vertretungsmacht zu haben, selbst wechselmäßig haftet, besteht nicht im englischen Recht, aber jemand, der einen Wechsel in solcher Lage unterschreibt, haftet nach allgemeinen Grundsätzen jedermann gegenüber, der infolge der mangelnden Vertretungsmacht dem angeblich Vertretenen gegenüber keinen Anspruch hat.

Die Aufnahme der Vorschrift der E. W. in das englische Recht würde selbstverständlich die Geltung dieser allgemeinen Grundsätze nicht beeinträchtigen und wäre wünschenswert[32]).

Höchst eigentümlich ist die in B. E. A. s. 25 enthaltene Vorschrift, nach welcher eine Unterschrift mit dem Zusatz „per procura" als Ankündigung der Tatsache gilt, daß der Unterschreibende eine nur beschränkte Vollmacht hatte.

Es muß hier bemerkt werden, daß die Prokura des deutschen Handelsrechts dem englischen Recht unbekannt ist, daß aber nach allgemeinem Brauch englische Kaufleute häufig Prokuristen ernennen, deren Befugnisse mit denjenigen deutscher Prokuristen genau übereinstimmen. Im gewöhnlichen Geschäftsverkehr werden in England täglich Wechsel „per procura" indossiert oder angenommen, und es ist für die Beteiligten ganz unmöglich, sich über den Vollmachtsumfang im einzelnen Falle zu vergewissern. Nur ein ganz gewissenloser Vollmachtgeber würde in einem solchen Falle Vollmachtsüberschreitung geltend machen. Die Beseitigung der erwähnten Vorschrift ist daher dringend geboten.

dd) Unterschriften von Wechselunfähigen.

Sowohl nach der E. W. (Art. 7) wie nach englischem Recht (B. E. A. s. 22 (2)) hat die Tatsache, daß ein Wechsel Unterschriften wechselunfähiger Personen trägt, keine Wirkung auf die Haftung der wechselfähigen Wechselverpflichteten.

---

[32]) So auch die englischen Vertreter (Corr. S. 54).

f) Verhältnis der Wechselverpflichteten untereinander.

Nach der E. W. (Art. 46 (Abs. 1)) haften die Wechselverpflichteten dem Inhaber gegenüber als Gesamtschuldner. Hieraus ergibt sich aber nicht, daß sie auch im inneren Verhältnis zueinander die gleichen Rechte haben, wie sie in dem nicht durch Vereinbarungen oder besondere Normen bestimmten Gesamtschuldverhältnis gegeben sind. Insbesondere kann von einer eigentlichen Ausgleichungspflicht zwischen ihnen nicht die Rede sein, da die Ansprüche, welche der einzelne Wechselverpflichtete durch Einlösung des Wechsels erwirbt, in erschöpfender Weise durch die E. W. selbst geregelt sind (E. W. Art. 46 (Abs. 2, 3), Art. 48, Art. 49). Hieraus ergibt sich auch, daß ein befriedigter Wechselgläubiger, der für seine Wechselforderung einem bestimmten Wechselverpflichteten gegenüber durch ein Pfandrecht gesichert war, nicht gezwungen werden kann, sein Pfandrecht dem Wechselverpflichteten, der ihn befriedigt hat, abzutreten.

Im englischen Recht herrscht über diesen Punkt große Unklarheit. Man unterscheidet vielfach zwischen der primären Haftung des Annehmers und der subsidiären Haftung des Ausstellers und der Indossanten, und es werden auch häufig die letzteren als Bürgen für den ersteren bezeichnet (vgl. Chalmers S. 202, 225). Eine Entscheidung des House of Lords (Duncan Fox & Co. v. North & South Wales Bank, 6 App. C. 1) geht dahin, daß man zwar von einer eigentlichen Bürgschaft nicht reden kann, daß aber ein bürgschaftähnliches Verhältnis vorliegt, welches den Indossanten, der den Wechsel einlöst, berechtigt, die Abtretung der dem befriedigten Wechselinhaber zustehenden Pfandrechte zu beanspruchen.

Bei einer Revision des englischen Wechselrechtes wäre eine Klarerstellung dieser Frage höchst wünschenswert.

6. Die Wechselzahlung.

a) Vorlegungspflicht.

Nach beiden Rechten muß ein Wechsel, der nicht bereits mangels Annahme protestiert worden ist, innerhalb einer vorgeschriebenen Frist zur Zahlung vorgelegt werden. Die Versäumung dieser Frist bewirkt in der Regel den Verlust des Rückgriffsrechts (E. W.

Art. 52; B. E. A. s. 45 (11))[33]). Ein bereits mangels Annahme protestierter Wechsel braucht nicht zur Zahlung vorgelegt zu werden (E. W. Art. 43 Abs. 4; B. E. A. s. 43 (2)).

Ein an einem bestimmten Tage zahlbarer Wechsel[34]) darf nach der einheitlichen Wechselordnung am Fälligkeitstage, und muß spätestens am zweiten Werktage nach dem Fälligkeitstage zur Zahlung vorgelegt werden (Art. 37, Abs. 2); jedoch kann ein Vertragsstaat eine kürzere Vorlegungsfrist in der Weise festsetzen, daß ihre Nichteinhaltung den Wechselinhaber schadensersatzpflichtig macht (Abk. Art. 7). Nach engl. Rechte muß ein an einem bestimmten Tage zahlbarer Wechsel am Fälligkeitstage[35]) zur Zahlung vorgelegt werden (B. E. A. s. 14 (11).

Ein Sichtwechsel muß nach der E. W. (Art. 33, 22) spätestens sechs Monate nach dem Ausstellungstage zur Zahlung vorgelegt werden, doch kann sowohl der Aussteller als jeder Indossant diese Frist verkürzen und der Aussteller kann sie auch verlängern. Nach englischem Recht muß ein solcher Wechsel dem Aussteller gegenüber innerhalb eines angemessenen Zeitraumes[36]) nach dem Datum der Ausstellung und jedem Indossanten gegenüber innerhalb eines angemessenen Zeitraumes vom Datum seines Indossaments zur Zahlung vorgelegt werden (B. E. A. s. 45 (2)).

Bezüglich der an einem bestimmten Tage zahlbaren Wechsel ist nach meinem Dafürhalten die Vorschrift des englischen Rechts vorzuziehen, da es doch im Interesse aller Beteiligten liegt, daß die Vorzeigung möglichst rasch erfolgt, und sich aus der Notwendigkeit der Vorzeigung am Verfalltage in England keine Schwierigkeiten ergeben haben. Bezüglich der Sichtwechsel wird die in der E. W. enthaltene Bestimmung einer Maximalfrist, die vom Aussteller und jedem Indossanten abgekürzt werden kann, allen Anforderungen des Verkehrs gerecht, während der „angemessene Zeitraum" des englischen Rechts viel zu unbestimmt ist.[37]) Die Vorschrift der

---

[33]) Einzelnen Wechsel-Verpflichteten gegenüber kann selbstverständlich der Wechselverpflichtete infolge von besonderen Gründen von der Vorlegungspflicht befreit sein. Das englische Gesetz führt einzelne solche Fälle besonders auf (B. E. A. ss. 46 (c) (d)).

[34]) Über die Bestimmung der Verfallzeit siehe oben unter 1 (d).

[35]) Die sogenannten „days of grace" haben nur eine Bedeutung für die Berechnung der Verfallzeit. Bei einem Wechsel, der nach seinem Inhalt am 1. November zahlbar ist, ist der 4. November der Fälligkeitstag, falls er ein Werktag ist; falls der 4. November ein Sonntag iat, ist der 3. November der Fälligkeitstag.

[36]) Über die Bedeutung dieses Ausdrucks siehe oben unter 3 (b).

[37]) Vgl. hierüber die Bemerkung unter 3 (b) Anm. 15.

E. W., nach welcher der Aussteller die Vorlegungsfrist verlängern kann, gibt indessen zu Bedenken Anlaß. Eine Bank, die guten Kredit genießt, könnte durch die Ausstellung von Sichtwechseln auf ihre Filialen mit langer Vorlegungsfrist eine Art von Papierwährung schaffen, deren Einführung nicht wünschenswert ist.

Die Vorschrift des englischen Rechts (B. E. A. s. 45 (3)), nach welcher die Vorlegung eines Wechsels zur Zahlung zu einer angemessenen Stunde während der Geschäftszeit stattfinden muß, würde wohl — mutatis mutandis in dem Falle, daß der Bezogene kein Geschäftsmann ist — im Gebiete der E. W. als selbstverständlich angesehen werden.

b) Ort der Vorlegung zur Zahlung.

Über diesen Gegenstand schreibt die E. W. nur vor, daß ein nicht am Wohnorte des Bezogenen zahlbarer Domizilwechsel, der keinen Vermerk über die Zahlungsstelle enthält, so behandelt werden muß, als ob sich der Bezogene selbst zur Zahlung am Zahlungsorte verpflichtet hätte (Art. 26 Abs. 1), und ferner, daß die Einlieferung in einer Abrechnungsstelle der Vorlegung zur Zahlung gleichsteht (Art. 37), Abs. 2[38]). In England sind infolge der oben unter 1 (c) besprochenen eigentümlichen Vorschriften über den Zahlungsort genauere Regeln nötig, die an der erwähnten Stelle bereits angeführt worden sind. Die Vorschrift von B. E. A. s. 45 (5) nach welcher in Ermangelung der Auffindung einer am Zahlungsorte anwesenden Person, die zur Zahlung oder Zahlungsverweigerung fähig oder ermächtigt ist, die Vorlegungspflicht als genügend erfüllt gilt, wird in dem Gebiete der E. W. wohl als selbstverständlich angesehen werden.[39])

Sollten, wie zu wünschen ist, bei einer Revision des engl. Wechselrechts die Vorschriften über den Zahlungsort dem Muster der entsprechenden Vorschriften in der E. W. angepaßt werden, so würde dadurch eine wesentliche Vereinfachung dieser Regeln herbeigeführt werden.

c) Rechte des zahlenden Bezogenen.

Gegen Zahlung des ganzen Betrags der Wechselsumme darf der Bezogene nach beiden Rechten die Aushändigung des quittierten

[38]) Die Vorschrift des engl. Rechts B. E. A. s. 45 (8), nach welcher die Vorlegung durch das Postamt genügt, wird im Gebiete der E. W. wohl als selbstverständlich angesehen.

[39]) Ebenso die Vorschrift von B. E. A. S. 46 (2) (b), welche den Fall betrifft, daß der Bezogene eine „fingierte“ Person ist.

Wechsels verlangen (E. W. Art. 38 Abs. 1; B. E. A. s. 52 (4)). In den Vertragsstaaten, die nicht von der nach Abk. Art. 8 zulässigen Abänderungsbefugnis Gebrauch gemacht haben, muß sich der Wechselinhaber eine Teilzahlung gefallen lassen. Erfolgt eine solche, so kann selbstverständlich die Aushändigung des Wechsels nicht verlangt werden; jedoch kann der Bezogene eine Quittung über den gezahlten Betrag und die Einfügung eines dem Sachverhalt entsprechenden Vermerks auf dem Wechsel beanspruchen (E. W. Art. 38 Abs. 3). Nach engl. Recht darf der Wechselinhaber die Annahme einer Teilzahlung verweigern (Chalmers S. 21).

Das nach der E. W. (Art. 41) dem Bezogenen gegebene Recht zur Hinterlegung der Wechselsumme im Falle der nicht rechtzeitigen Vorlegung des Wechsels zur Zahlung besteht im engl. Rechte nicht (Corr. S. 57).

d) Begriffsbestimmung der Wechselzahlung.

Nur die vom Bezogenen oder für Rechnung des Bezogenen bewirkte Zahlung bei oder nach Verfall an einen vollberechtigten Inhaber befreit den Bezogenen (E. W. Art. 39 Abs. 3; B. E. A. S. 59 (1)). Nach der E. W. hat die Zahlung vor Verfall für den Bezogenen die Wirkung, daß er den anderen Wechselparteien gegenüber die Folgen der verfrühten Zahlung zu tragen hat (Art. 39 (2)). Nach engl. Recht wird die Zahlung vor Verfall überhaupt nicht als Zahlung, sondern als Erwerb des Wechsels angesehen (Chalmers S. 223). Der so zahlende Bezogene kann demnach den Wechsel weiterbegeben, und wenn dann die Zahlung bei Verfall unterbleibt, kann der dann vollberechtigte Inhaber gegen den, welcher die verfrühte Zahlung empfangen hat, sein Rückgriffsrecht ausüben.

Die Zahlung muß nach beiden Rechten in Geld erfolgen[40]); lautet der Wechsel auf eine am Zahlungsorte nicht geltende Währung, so muß nach engl. Recht in allen Fällen, nach der E. W. nur in den Fällen, in welchen der Wechsel keinen sogenannten Effektivvermerk trägt, die Zahlung in der am Zahlungsorte geltenden Währung unter Um-

---

[40]) Die Bemerkung bei Chalmers (S. 220), nach welcher mit Einverständnis des Wechselinhabers die Wechselforderung auch durch die Hingabe von Waren befriedigt werden kann, ist nach meinem Dafürhalten nicht zutreffend. Es liegt in einem solchen Falle ein Kauf und eine Aufrechnung zweier Geldforderungen vor.

rechnung der fremden Währung zum Tageskurse erfolgen (B. E. A., s. 72 (4); E. W. Art. 40)[41]).

Nach der E. W. und in der Regel auch nach engl. Recht kann die Zahlung der Wechselsumme, die nicht durch den Bezogenen oder für seine Rechnung erfolgt, nicht als endgültige Zahlung des Wechsels angesehen werden. Der Einlösende behält (vorbehaltlich der Vorschriften über die Wechselbegebung nach Verfall) die Rechte eines Wechselinhabers. Nach englischem Recht ist diese Regel folgenden Ausnahmen unterworfen: 1. kann der Aussteller eines an die Order eines anderen ausgestellten Wechsels, nachdem er den Wechsel eingelöst hat, nur dem Annehmer gegenüber die Rechte eines Wechselinhabers ausüben; 2. kann jemand, der einen aus Gefälligkeit gegen ihn in Umlauf gesetzten Wechsel eingelöst hat, den eingelösten Wechsel nicht wieder in Umlauf setzen, B. E. A. 59 (2) (3). Für die erste Vorschrift fehlt ein zureichender Grund; die zweite ist berechtigt, soweit es sich um das Rechtsverhältnis zwischen den ursprünglichen Beteiligten handelt; sie kann aber gutgläubigen Dritten gegenüber sehr ungerecht wirken. Die Beseitigung beider Vorschriften wäre erwünscht.

e) Pflichten des Wechselinhabers bei Zahlungsweigerung.

Nach beiden Rechten muß in der Regel der Wechselinhaber im Falle der Zahlungsweigerung Protest erheben lassen und die vorgeschriebenen Benachrichtigungen bewirken. Die Protestierung kann unterbleiben 1. nach beiden Rechten in den Fällen, in welchen bereits Protest mangels Annahme stattgefunden hat (E. W. Art. 43, Abs. 4; B. E. A. s. 51 (2))[42]); 2. nach beiden Rechten den Vormännern gegenüber, welche durch den Vermerk „ohne Kosten" oder einen ähnlichen Vermerk den Wechselinhaber von der Protestpflicht entbunden haben (E. W. Art. 45; B. E. A. 16 (2)); 3. nach englischem Recht ist bezüglich der im Inland ausgestellten Wechsel die Protestierung unnötig (B. E. A. s. 51 (1)).

Nach Abk. Art. 9 kann jeder Vertragsstaat bezüglich der in seinem Gebiete zu erhebenden Proteste vorschreiben, daß an Stelle einer

---

[41]) Die Auslegungsregel des Art. 40, Abs. 2. würde vermutlich auch in England gelten, z. B. bei Wechseln, die in Ägypten in £ ausgestellt sind.

[42]) Nach engl. Recht ist die Protestierung in einem solchen Fall gestattet (B. E. A. s. 51 (3)).

besonderen Protesturkunde ein Vermerk auf dem Wechsel genügt. Nach englischem Recht wird in allen Fällen die Protestpflicht durch das sogenannte „noting", d. h. durch das Aufkleben eines Zettels mit einem kurzen Vermerk über die Zahlungsweigerung, erfüllt, soweit dies in der vorgeschriebenen Frist erfolgt. Die Protesturkunde kann dann, wenn sie überhaupt verlangt wird, jederzeit ausgefertigt werden (B. E. A. s. 93).

Nach der E. W. (Art. 43 Abs. 2) muß die Protestierung innerhalb der Vorlegungsfrist erfolgen (vgl. oben unter (a)); in entsprechender Weise muß im Regelfalle in England die Protestierung am selben Tage wie die Vorlegung zur Zahlung (d. h. am Verfalltage) erfolgen. Abweichend hiervon kann nach Abk. Art. 10 jeder Vertragsstaat vorschreiben, daß der Protest mangels Zahlung erst nach dem Zahlungstag und zwar entweder am ersten demselben folgenden Werktage oder an einem der beiden auf ihn folgenden Werktage zu erheben ist.

Die Benachrichtigung über die Zahlungsverweigerung muß nach der E. W. (Art. 44) von jedem Rückgriffsberechtigten[43]) an seinen unmittelbaren Vormann innerhalb der vorgeschriebenen Frist gegeben werden. Der Wechselinhaber, der den Wechsel zur Zahlung vorgelegt hat, muß außerdem auch den Aussteller benachrichtigen. Nach englischem Recht muß jedem Vormann des Wechselinhabers eine Benachrichtigung innerhalb der vorgeschriebenen Frist zugesandt werden, jedoch zählt das Gesetz eine Reihe von Umständen auf, unter welchen eine Verlängerung der Frist oder die Unterlassung der Benachrichtigung zulässig ist (B. E. A. s. s. 48—50). Weder nach dem Rechte der E. W., noch nach englischem Recht ist eine besondere Form der Benachrichtigung vorgeschrieben; nach beiden Rechten genügt die Rücksendung des Wechsels (E. W. Art. 44, Abs. 4; B. E. A. s. 49 (6)). Das englische Gesetz schreibt vor, daß über die Nichtzahlung eines nicht angenommenen Wechsels eine Benachrichtigung unnötig ist, wenn die vorgeschriebene Benachrichtigung über die Nichtannahme erfolgt ist (B. E. A. s. 48 (2)). Nach dem Rechte der E. W. muß es als selbstverständlich gelten, daß im Falle eines mangels Annahme protestierten Wechsels, der überhaupt nicht zur Zahlung vorgelegt wird, eine Benachrichtigung über die Nichtzahlung unnötig ist. Wird aber

---

[43]) Nach Abk. Art. 11 kann ein Vertragsstaat die Benachrichtigung durch den Protestbeamten für genügend erklären.

der Wechsel zur Zahlung vorgelegt, so liegt kein Grund dafür vor, die Benachrichtigungspflicht zu erlassen.

Bezüglich der Fristen für die Protestierung und Benachrichtigung sollten nach meinem Dafürhalten dieselben Erwägungen maßgebend sein wie bei den Vorlegungsfristen. Von diesem Standpunkte aus erscheinen die Fristen der E. W. unnötig ausgedehnt. Wenn die Vorlegung, wie im engl. Recht, am Zahlungstage stattfinden muß, erscheint es indessen billig, die Protestierung und Benachrichtigung am nächstfolgenden Werktage für zulässig zu erklären. Die in der E. W. enthaltenen Vorschriften über die Einzelheiten der Benachrichtigungspflicht sind weit einfacher und zweckmäßiger als die des englischen Rechts und entsprechen weit mehr dem allgemeinen kaufmännischen Gebrauch.

f) Folgen der Verletzung von Vorzeigungspflicht, Protestierungspflicht und Benachrichtigungspflicht.

Die Versäumnis der rechtzeitigen Protestierung in den Fällen, in welchen die Protestierung nötig ist, und die Versäumnis der rechtzeitigen Vorlegung in den Fällen, in welchen die Vorlegung nötig ist, aber keine Protestierungspflicht besteht, hat nach beiden Rechten den Verlust des Rückgriffsrechts zur Folge; hingegen werden die dem Annehmer gegenüber bestehenden Rechte durch diese Versäumnis nicht berührt (E. W. Art. 52, Abs. 1; B. E. A. s. 45, 51 (2)).

Die Versäumnis der rechtzeitigen Benachrichtigung hat nach der E. W. (Art. 44, Abs. 6) nur die Folge, daß der betreffende Benachrichtigungspflichtige für den durch seine Nachlässigkeit entstehenden Schaden bis zur Höhe der Wechselsumme haftet. Nach englischem Recht hingegen verliert der Benachrichtigungspflichtige, der die Frist versäumt, sein Rückgriffsrecht jeder Partei gegenüber, die von der Versäumnis betroffen wird (B. E. A. s. 48).

Nach beiden Rechten wird die Fristversäumnis entschuldigt, insoweit sie durch höhere Gewalt veranlaßt war, doch bestehen folgende Unterschiede:

1. Die E. W. berücksichtigt nicht die rein persönliche Verhinderung des Inhabers oder seiner Vertreter (Art. 53 Abs. 6); hingegen schließt das englische Recht alle Fälle ein, in welchen trotz der Anwendung angemessener Sorgfalt (reasonable diligence) die Einhaltung

der Frist unmöglich ist, oder in welchen eine Verzögerung durch Umstände entsteht, die der Wechselinhaber nicht verhindern konnte, und die ohne sein Verschulden entstanden sind (B. E. A. s. 41 (2) (b); s. 46 (2) (a); s. 51 (9)).

2. Nach beiden Rechten muß nach Wegfall der höheren Gewalt die versäumte Pflicht baldmöglichst nachgeholt werden (E. W. Art. 53 Abs. 3; B. E. A. s. 51 (9)), jedoch gestattet die E. W. (Art. 53 Abs. 4, 5) bei einem Fortbestehen der höheren Gewalt, das dreißig Tage überdauert, den Rückgriff ohne Vorlegung oder Protesterhebung. Nach englischem Recht ist dies nicht zulässig[44]).

3. Die E. W. schreibt unverzügliche Benachrichtigung des unmittelbaren Vormannes und einen das Vorhandensein der höheren Gewalt bekundenden Vermerk auf dem Wechsel vor (Art. 53, Abs. 2, 5); das englische Recht hat keine entsprechende Vorschrift.

Die Vorschriften der E. W. über die Folgen der Versäumnis und die Einwirkung der höheren Gewalt verdienen in jeder Beziehung den Vorzug vor den entsprechenden Vorschriften des englischen Rechts. Die Verwirkung des Rückgriffsrechts im Falle der Versäumnis rechtzeitiger Benachrichtigung erscheint in einem Rechtsgebiet, das die Bereicherungsklage nicht kennt, besonders hart. Die Gewährung des Rückgriffsrechts in einem Falle, in welchem die höhere Gewalt einen gewissen Zeitraum überschreitet, ist eine den Verkehrsinteressen in hohem Grade förderliche Maßregel.

7. Der Ehreneintritt.

Bezüglich dieses Gegenstandes sind folgende Hauptunterschiede zwischen dem Rechte der E. W. und dem englischen Rechte zu verzeichnen:

1. Nach der E. W. bedarf es keiner besonderen Erwähnung des Ehreneintritts im Proteste, und die Ehrenzahlung eines Wechsels, der den Vermerk „ohne Kosten" oder einen ähnlichen Vermerk trägt, kann überhaupt ohne Protest erfolgen (Art. 54, Abs. 2, 56, 45; Denkschrift zu der Vorlage des Entwurfs an den Reichstag S. 385). Nach englischem Recht muß der Ehreneintritt im Protest besonders festgestellt werden (B. E. A. s. s. 65 (1), 68 (1) (3); Chalmers S 250).

[44]) In Fällen, in welchen trotz der Anwendung der angemessenen Sorgfalt die Protestierung überhaupt unmöglich ist, besteht nach engl. Recht ein sofortiges Rückgriffsrecht (B. E. A. s. 51 (9) in Verbindung mit s. 50 (2) (a)).

2. Nach der E. W. (Art. 58, Abs. 1) darf die Ehrenzahlung auch vor Verfall in den Fällen stattfinden, in welchen ein Rückgriff zulässig ist (Art. 58 Abs. 1). Nach englischem Recht kann eine Ehrenzahlung nur nach Zahlungsverweigerung bei Verfall eintreten (B. E. A. s. 68 (1)).

3. Nach der E. W. darf die Vorlegung zur Ehrenzahlung bei Verfall nur am Zahlungsorte erfolgen (Art. 59, Abs. 1). Nach englischem Recht ist, falls der Wohnort eines Ehrenannehmers nicht mit dem Zahlungsort identisch ist, eine Vorlegung am Wohnort des letzteren nötig (B. E. A. s. 67 (1) (2)).

4. Nach der E. W. (Art. 54 Abs. 3) darf auch eine bereits aus dem Wechsel verpflichtete Person als Ehrenannehmer eintreten, nach englischem Recht ist dies nicht gestattet (B. E. A. s. 65 (1)). Andererseits darf nach Art. 54 Abs. 3 der Annehmer eines Wechsels nicht Ehrenzahlung leisten, während dies nach englischem Recht erlaubt ist (B. E. A. s. 68 (1)).

5. Nach der E. W. (Art. 57, Abs. 2) darf der Wechselverpflichtete, zu dessen Ehre der Wechsel angenommen wird, ihn gegen Erstattung der Wechselsumme und Provision unter Abzug von Diskonto einlösen. Nach engl. Recht steht ihm dieses Recht nicht zu.

6. Nach der E. W. (Art. 59 Abs. 1) muß im Falle der Zahlungsverweigerung bei Verfall der Wechsel sämtlichen am Zahlungsorte befindlichen Notadressaten vorgelegt werden; nach englischem Recht ist nur die (auch nach der E. W. vorgeschriebene) Vorlegung bei den Ehrenannehmern nötig (B. E. A. s. 67 (2)). Nach der E. W. bewirkt die Verletzung der Vorschrift über die Vorlegung den Verlust des Rückgriffsrechts gegen denjenigen, der die Notadresse angegeben hat und gegen die durch die Ehrenannahme Honorierten sowie gegen deren Nachmänner (Art. 59, Abs. 2). Nach englischem Recht ist dies zweifelhaft (Chalmers S. 253).

7. Nach der E. W. muß die Ehrenzahlung spätestens am Tage nach Ablauf der Frist für die Erhebung des Protestes m. Z. stattfinden (Art. 58 Abs. 2). Dies bedeutet wohl nur, daß, falls dies nicht geschieht, Protest wegen unterbliebener Ehrenzahlung erhoben werden muß. Die englischen Vertreter fassen die Vorschrift so auf, als ob überhaupt nach Ablauf der Frist, solange der Wechsel sich noch in den Händen des Inhabers befindet, dieser die Ehrenzahlung nicht annehmen dürfte (Corr. s. 59), was wohl auf einem Irrtum beruht.

Die Vorschriften der E. W. sind im ganzen weit einfacher und zweckmäßiger als die des englischen Rechts; nur entbehrt das Verbot der Ehrenzahlung durch den Annehmer eines Wechsels der Berechtigung. Der Annehmer kann gegen den Aussteller des Wechsels eine wohl begründete Gegenforderung oder Einrede haben, und wenn er geneigt ist, einem Indossanten die durch die Ehrenzahlung bewirkte Kostenersparnis und den Zeitgewinn zugute kommen zu lassen, scheint es nicht richtig, ihm dies zu verbieten.

8. Rückgriffsrecht und Anspruch gegen den Annehmer.

Nach beiden Rechten besteht neben dem Rückgriffsrecht im Falle der Zahlungsverweigerung auch ein solches im Falle der Annahmeverweigerung (E. W. Art. 42 Nr. 1; B. E. A. s. 43 (2)). Nach der E. W. besteht außerdem auch ein Rückgriffsrecht im Falle des Konkurses oder der Zahlungseinstellung des Bezogenen oder einer fruchtlosen Zwangsvollstreckung gegen ihn. Im Falle des Konkurses des Ausstellers besteht ein solches Rückgriffsrecht nur bezüglich von Wechseln, deren Vorlegung zur Annahme verboten ist (E. W. Art. 42, N. 2, 3).

Wird das Rückgriffsrecht vor Verfall ausgeübt, so ist nach dem Rechte der E. W. der Abzug von Diskonto gestattet, was nach englischem Rechte nicht zulässig ist. Ebenso steht nach englischem Recht weder dem Inhaber eines notleidenden Wechsels, noch seinen Vormännern ein Anspruch auf Provision zu, während nach der E. W. sowohl der Inhaber als auch jeder den Wechsel einlösende Indossant eine Provision in der Höhe von $^1/_6$ Prozent beanspruchen kann; bei Wechseln, die im Auslande zahlbar sind, gestattet indessen auch das englische Recht einen Anspruch auf den vollen nach dem ausländischen Recht zahlbaren Betrag, der demnach auch die Provision einschließen darf (E. W. Art. 47, 48; B. E. A. ss. 47 (2), 57 (2)).

Der Verlust des Rückgriffsrechts, der bei Nichteinhaltung der Fristen für Vorlegung, Protestierung oder Benachrichtigung in der oben unter 6 (f) beschriebenen Weise eintritt, berührt weder nach dem Rechte der E. W., noch nach dem englischen Rechte[45]) den Anspruch gegen den Annehmer (E. W. Art. 52, Abs. 2; B. E. A. s. 52 (1) (3)).

[45]) Nach engl. Rechte kann der Annehmer, falls der Inhaber die so bedingte Annahme genehmigt, die rechtzeitige Vorlegung zur Zahlung zur Bedingung machen. Die Verletzung der Bedingung bewirkt indessen in Ermangelung anderweitiger Vereinbarung nur einen Anspruch auf Schadensersatz (B. E. A. S. 52 (2)).

Der Verlust des Rückgriffsrechts hat in den Ländern, in welchen dem durch diesen Verlust Geschädigten eine Bereicherungsklage zusteht (vgl. Abk. Art. 13) eine weit geringere Bedeutung als in England, wo eine solche Klage nicht erhoben werden kann.

Eine besondere, wechselrechtliche Verjährung, wie sie durch E. W. Art. 72, 73 vorgeschrieben und durch Abk. Art. 16 näher bestimmt wird, besteht im englischen Rechte nicht.

9. Geltungsbereich der Gesetze.

Bezüglich der in der E. W. Art. 74—76 enthaltenen Vorschriften über diesen Gegenstand muß zunächst darauf hingewiesen werden, daß die Angabe der englischen Vertreter (Corr. S. 60), diese Bestimmungen bezögen sich nur auf Streitfragen zwischen den Angehörigen der Vertragsstaaten, auf einer irrtümlichen Auffassung des Abk. (Art. 20) beruht. Die genannten Vorschriften haben, ebenso wie die denselben Gegenstand betreffenden Bestimmungen des englischen Rechts (B. E. A. s. 72), allgemeine Gültigkeit; es wird nur den einzelnen Vertragsstaaten freigestellt, in bezug auf außerhalb des Gebiets der E. W. eingegangene Verpflichtungen und in bezug auf die Anwendung außergebietlicher Gesetze abweichende Anordnungen zu treffen. Der Erlaß derartiger Anordnungen würde voraussichtlich nur als Vergeltungsmaßregel einzelnen Staaten gegenüber zur Anwendung kommen.

Die Vergleichung der Vorschriften der E. W. und derjenigen des englischen Rechts hat folgendes Ergebnis:

1. Nach beiden Rechten (E. W. Art. 75; B. E. A. s. 72 (1)) soll die Form einer Wechselerklärung sich nach den Gesetzen des Staates richten, in dessen Gebiete die Erklärung erfolgt. Es bestehen jedoch bezüglich der Ausdrucksweise ziemlich erhebliche Unterschiede. Die Formgültigkeit eines Wechsels hängt nach der E. W. von dem Rechte des Staates ab, in welchem der Wechsel unterschrieben ist, das englische Recht macht sie abhängig vom Rechte des Staates, in dem die erste Begebung erfolgt („place of issue" —vgl. B. E. A. s. 2). Beide Vorschriften sind unbefriedigend. Nach der E. W. wäre z. B. ein Wechsel, der Berlin als Ausstellungsort bezeichnet, aber von dem Aussteller während einer Geschäftsreise in England unterzeichnet ist, bezüglich der Formgültigkeit nach englischem Recht zu beurteilen. Nach dem englischen Recht ist überhaupt nicht klar, was gemeint ist. Wenn z. B. der in Berlin wohnende Aussteller

den Wechsel dem in London lebenden Remittenten übersendet, würde über die Frage, welcher Ort Begebungsort ist, voraussichtlich Streit entstehen. Bezüglich der Wechselerklärungen, die nicht in der Wechselausstellung bestehen, ist nach der E. W. der Ort der Unterschrift, nach englischem Recht der Ort entscheidend, an welchem der in der betreffenden Erklärung zum Ausdruck gebrachte Vertrag zustande gekommen ist. Gegen beide Vorschriften lassen sich ähnliche Bedenken geltend machen, wie gegen die Vorschriften über die Formgültigkeit des Wechsels.

Bezüglich der Urkunden, die nach dem Rechte des ersten Begebungsortes nicht als Wechsel gelten, aber nach englischem Rechte als solche anerkannt werden, schreibt letzteres vor, daß sie, soweit es sich um das Verhältnis der englischen Beteiligten untereinander handelt, als Wechsel zu behandeln sind. Diese höchst zweckmäßige Bestimmung fehlt in der E. W.

Die Vorschrift des Art. 19 des Abk., nach welcher kein Staat die Gültigkeit einer Wechselverpflichtung von der Beobachtung einer Stempelvorschrift abhängig machen darf, entspricht (bezüglich der im Auslande ausgestellten Wechsel) derjenigen des englischen Rechts (B. E. A. s. 72 (1)), nach welcher ein solcher Wechsel auch dann, wenn er nach dem Rechte des Ausstellungsortes wegen Verletzung der Stempelgesetze ungültig ist, soweit es sich um Rechte aus den in England abgegebenen Wechselerklärungen handelt, als gültig zu behandeln ist.

2. Nach beiden Rechten bestimmt sich die Form der zur Ausübung und Erhaltung des Wechselrechts erforderlichen Handlungen nach dem Rechte des Staates, in dessen Gebiet die Handlung vorzunehmen ist (E. W. Art. 76; B. E. A. s. 72 (3)). Auch diese Vorschriften lassen Raum für Streitigkeiten. Wie verhält es sich z. B. mit der Einhaltung der Fristen für die Vorlegung zur Annahme? Der Wechsel ist am Zahlungsorte, (bzw. am Wohnorte des Bezogenen) zur Annahme oder Zahlung vorzulegen. Muß demnach z. B. ein Wechselinhaber, der einen in England zahlbaren Wechsel in Deutschland erwirbt, die nach englischem Recht vorgeschriebene Vorlegungsfrist einhalten? Welche Wirkung hat bei einem solchen Wechsel die im Gebiete der E. W. von dem Aussteller oder einem Indossanten vorgeschriebene Vorlegungsfrist? Hat die Verletzung der Benachrichtigungspflicht, wenn sie nach dem Rechte

des Zahlungsortes den Verlust des Rückgriffsrechts bewirkt, diese Wirkung auch Wechselverpflichteten gegenüber, deren Wechselerklärungen im Gebiete der E. W. unterschrieben werden, da doch in diesem Gebiete die Verletzung der Benachrichtigungspflicht nur einen Anspruch auf Schadensersatz begründet? Daß nach der Ansicht der Verfasser der E. W. die Vorschriften über die Gestattung von Teilzahlungen und über die Form des Protestes durch die in E. W. Art. 74 festgestellten Kollisionsnormen nicht berührt werden, ergibt sich aus Abk. Art. 8 (Abs. 2) und Art. 9 (Abs. 2).

3. Über die Wechselfähigkeit einer Person entscheidet nach der E. W. (Art. 74) das Recht des Staates, dem die betreffende Person angehört unter Anwendung des Grundsatzes der Weiterverweisung und mit einem Vorbehalt zugunsten der Gültigkeit von im Gebiete eines anderen Staates übernommenen Verpflichtungen. Diese letztgenannte Bestimmung kann indessen von jedem Vertragsstaat bezüglich der von seinen Angehörigen übernommenen Verpflichtungen außer Wirkung gesetzt werden.

Das englische Recht hat keine besondere Vorschriften über diesen Gegenstand. Da aber nach der B. E. A. (s. 22 (1)) die Wechselfähigkeit identisch mit der allgemeinen Geschäftsfähigkeit ist, so gelten die allgemeinen Normen des englischen internationalen Privatrechts über die Geschäftsfähigkeit auch in bezug auf die Wechselfähigkeit. Im allgemeinen richtet sich die Geschäftsfähigkeit nach dem Rechte des Wohnsitzes, aber diese Regel ist einer Anzahl kasuistisch bestimmter Ausnahmen unterworfen, deren Erörterung hier unterbleiben muß. Jedenfalls besteht über diesen Gegenstand ein erheblicher Unterschied zwischen den beiden Rechten.

4. Das englische Recht (B. E. A. s. 72 (2)) schreibt vor, daß die Auslegung einer Wechselerklärung nach dem Rechte des Ortes bestimmt wird, an dem der in dieser Erklärung zum Ausdruck kommende Vertrag abgeschlossen wird. Die E. W. hat über diesen wichtigen Gegenstand, der z. B. die Wirkung der verschiedenen Vermerke, die bei einem Indossament zulässig sind, einschließt, keine Bestimmungen. Dies ergibt sich auch aus Abk. Art. 4 (Abs. 2).

5. Das englische Recht bestimmt, daß sich die Berechnung der Verfallzeit eines Wechsels nach dem Rechte des Zahlungsortes richtet (B. E. A. s. 72 (5)). Die E. W. hat eine ähnliche Bestimmung nur bezüglich etwaiger Abweichungen im Kalender (E. W. Art. 36). Daß

sonst bezüglich dieses Gegenstandes keine Regelung getroffen ist, ergibt sich auch aus Abk. Art. 6.

6. In beiden Rechten fehlt eine Vorschrift, welche den Geltungsbereich der Gesetze über den Erwerb der Berechtigung aus dem Wechsel regelt. Die bekannte, für das englische Recht maßgebende Entscheidung in Sachen Embiricos v. Anglo-Austrian Bank (1905) 1 K. B. 677 hat nach meiner Ansicht die Bedeutung, daß sich diese Frage nach dem Rechte des Ortes entscheidet, an welchem der Wechsel erworben wird. Aber es bestehen auch andere Ansichten über die Tragweite dieses Urteils (vgl. Chalmers s. 80 Anm. 7), und der Gegenstand bedarf jedenfalls sowohl vom Standpunkte der E. W. wie von dem des englischen Rechts eingehender Aufklärung.

7. Auch bezüglich anderer Gegenstände fehlen Kollisionsnormen, so z. B. bezüglich der Vorschriften über die Höhe der Verzugszinsen (vgl. Abk. Art. 12 (Abs. 1, Satz 2)), über die Behandlung verlorener Wechsel (vgl. Abk. Art. 15 (Abs. 2)) und die Verjährung (vgl. Abk. Art. 16 (Abs. 2)).

Diese Ausführungen zeigen, daß auf dem Gebiete, um das es sich handelt, noch erhebliche Unklarheiten und Unstimmigkeiten bestehen. In befriedigender Weise lassen sich diese nur durch internationale Verständigung beseitigen.

10. Gesamtergebnis der Vergleichung beider Rechte.

Bei der Vergleichung beider Rechte tritt zunächst die Klarheit des Ausdrucks und der Anordnung der E. W. gegenüber der weitschweifigen und häufig doch undeutlichen Redeweise und der Systemlosigkeit des englischen Gesetzes hervor. Ferner aber ergibt die Untersuchung der Unterschiede auch, daß, von wenigen Ausnahmen abgesehen, die Vorschriften der E. W. den Verkehrsbedürfnissen weit besser angepaßt sind als diejenigen des englischen Rechts. Daher würde, ganz abgesehen von dem Vorteil der Rechtseinheit, eine Revision des englischen Wechselrechts in der Absicht der Annäherung an das einheitliche Wechselrecht in jeder Beziehung wünschenswert sein. Daß das Bedürfnis einer solchen Reform in den englischen kaufmännischen Kreisen bisher nur in sehr geringem Grade geäußert wird, ist zum großen Teile dem Umstande zuzuschreiben, daß in der tatsächlichen Praxis, und besonders bezüglich der im Auslande ausgestellten Wechsel der regelmäßige Brauch sich den festländischen Regeln anpaßt, auch wenn sie mit den eigentlichen inländischen Rechtsregeln nicht übereinstimmen, und daß dabei die aus den letzteren sich ergebenden Mißstände nur selten zum Vorschein kommen. Trotzdem wird das Bedürfnis einer Revision in maßgebenden Kreisen in weit höherem Grade gefühlt, als dies nach den Äußerungen der englischen Vertreter angenommen werden möchte, und die oben in der Einleitung ausgesprochene Hoffnung auf eine weitgehende Umgestaltung des englischen Rechts steht daher auf einer sicheren Grundlage.

KRITISCHE ERÖRTERUNGEN AUS DEM GEBIETE DES HANDELSREGISTERS UND DER RECHTLICHEN ORGANISATION DER AKTIENGESELLSCHAFTEN.

Von HERMAN VEIT SIMON.

Mit dieser Abhandlung stelle ich eine Reihe von Fragen zur öffentlichen Erörterung, die sich mir im Laufe langjähriger praktischer Tätigkeit aufgedrängt haben.

Die wirtschaftliche Entwickelung des Aktienwesens, wie sie insbesondere in der Konzentration der Großbanken und der großindustriellen Gesellschaften in den letzten Jahrzehnten beobachtet wurde, hat rechtliche Zustände gezeitigt, die auf die Dauer nicht haltbar erscheinen. Es handelt sich dabei zum Teil um Unzulänglichkeiten, die den maßgebenden gesetzlichen Bestimmungen ohnehin anhafteten und durch die Entwicklung unseres Wirtschaftslebens nur augenfällig wurden.

Wenn aus den Kreisen der wirtschaftlichen Interessenten und der Juristen bisher der Ruf nach Reform nicht ergangen ist, so beweist dies nichts gegen die Reformbedürftigkeit. Man sucht sich eben schlecht und recht mit den bestehenden Verhältnissen abzufinden und macht sich zumeist nicht darüber Gedanken, ob nicht alles einfacher, besser und billiger abgewickelt werden könnte.

Der Ruf nach Vereinfachung und Verbilligung der Verwaltung ist überdies ein allgemeiner und hat ja in Preußen bereits zur Einsetzung einer Immediatkommission geführt. Durch die nachstehenden Vorschläge wird namentlich auch eine Vereinfachung und Verbilligung rechtlicher Einrichtungen bezweckt.

1.

Die Zeichnung von Unterschriften zur Aufbewahrung bei dem Handelsregister.

§ 14 HGB. bestimmt:

„Wer verpflichtet ist, eine Anmeldung, eine Zeichnung der Unterschrift oder eine Einreichung von Schriftstücken zum Handelsregister vorzunehmen, ist hierzu durch Ordnungsstrafen anzuhalten."

Das Gesetz unterscheidet also drei verschiedene Pflichten, die dem Handelsregister gegenüber zu erfüllen sind. Außer den zur Eintragung in das Handelsregister erforderlichen Erklärungen und außer den im Interesse der öffentlichen Ordnung dem Gericht einzureichenden Schriftstücken und Drucksachen besteht noch eine selbständige Verpflichtung zur Zeichnung von Unterschriften. Diese Zeichnungspflicht trifft solche Personen welche eine Firma nach außen zu vertreten haben. Die Art und Weise, wie die Zeichnung erfolgen soll, ist so kraus im Gesetz bestimmt, daß selbst einem unserer hervorragendsten Kommentatoren bei der Darlegung der Art, wie die Zeichnung zum Handelsregister zu erfolgen hat, ein Irrtum unterlaufen ist. Es sollen nämlich zeichnen:

1. der Einzelkaufmann die Firma ohne seine persönliche Unterschrift (§ 29 HGB.),
2. der vertretungsberechtigte Gesellschafter einer offenen Handelsgesellschaft die Firma nebst seiner Namensunterschrift (§ 108),
3. der vertretungsberechtigte persönlich haftende Gesellschafter einer einfachen Kommanditgesellschaft die Firma nebst seiner Namensunterschrift (§ 161 Abs. 2),
4. die Liquidatoren einer offenen Handelsgesellschaft oder einer einfachen Kommanditgesellschaft die Firma nebst ihrer Namensunterschrift (§§ 148 Abs. 3, 161 Abs. 2),
5. die Mitglieder des Vorstandes einer Aktiengesellschaft lediglich ihre persönliche Namensunterschrift ohne Firma (§ 195 Abs. 4),
6. die Liquidatoren einer Aktiengesellschaft die Firma nebst der Namensunterschrift (§ 196 Abs. 4),
7. die persönlich haftenden Gesellschafter und Liquidatoren einer Kommanditgesellschaft auf Aktien die Firma nebst ihrer Namensunterschrift (§ 320),

8. die Mitglieder des Vorstands einer juristischen Person nur ihre Namensunterschrift ohne Firma (§ 35),
9. die Geschäftsführer einer G. m. b. H. nur ihre Namensunterschrift ohne Firma (§ 8 Abs. 2 GmbHG.),
10. die Liquidatoren einer G. m. b. H. die Firma mit ihrer Namensunterschrift (§ 67 GmbHG.),
11. die Mitglieder des Vorstandes einer Erwerbs- und Wirtschaftsgenossenschaft ihre persönliche Unterschrift ohne Firma (§ 11 GenG.),
12. die Liquidatoren einer Genossenschaft gleichfalls nur ihre persönliche Unterschrift ohne Firma (§ 84 Abs. 3 GenG.),
13. die Prokuristen aller Einzelkaufleute, Handelsgesellschaften und juristischen Personen die Firma und ihre Namensunterschrift (§ 51 HGB.).

Wie man sieht, kommen alle Arten von Zeichnungen vor. Die einen sollen nur die Firma zeichnen, die anderen nur ihre Namen, die dritten Namen und Firma. Weshalb z. B. die Zeichnung bei der Aktiengesellschaft und der G. m. b. H. verschieden geordnet ist für die Vorstandsmitglieder und Geschäftsführer einerseits und für die Liquidatoren und Prokuristen andererseits, wird auch dem Scharfsinnigsten verborgen bleiben. Bei der offenen Handelsgesellschaft zeichnet in der Praxis niemals ein Gesellschafter etwas anderes als lediglich die Firma, sofern nicht etwa nach dem Gesellschaftsvertrage die Unterschrift von mehreren Gesellschaftern erforderlich ist; trotzdem soll jeder Gesellschafter die Firma mit seinem Namen zeichnen, also in einer Form, in der er sie praktisch niemals zeichnet. Der Prokurist muß auch in den Fällen die Firma mitzeichnen, in denen Vorstand, Geschäftsführer usw. die Firma nicht zu zeichnen brauchen.

Die komplizierte und verschiedenartige Ordnung des Zeichnungswesens führt denn auch in der Praxis dazu, daß nicht selten formale Fehler vorkommen und daß dann energische Verfügungen seitens der Gerichte an die Notare wegen solcher grober Rechtsverstöße ergehen.

Die Zeichnung der Firma wird überdies von den Gerichten als etwas besonders Feierliches behandelt. Das Kammergericht hatte in der Entscheidung vom 8. Dezember 1902[1]) entsprechend der vor dem

[1]) RJA. 3, 192.

1. Januar 1900 herrschenden Praxis es für ausreichend erachtet, wenn die im Handelsgesetzbuch vorgeschriebene Zeichnung der Firma oder der Namensunterschrift vor dem Notar anerkannt ist. Das Oberlandesgericht Dresden hatte sich in einer Entscheidung vom 1. März 1901 auf den Standpunkt gestellt, daß die Zeichnung selbst vor dem Notar persönlich erfolgen müsse. und daß die Anerkennung der Zeichnung vor dem Notar nicht genüge[2]). In einer bei dem Oberlandesgericht Karlsruhe anhängigen Registersache wollte dieses Gericht von der Entscheidung des Kammergerichts abgehen, und so kam dann diese hochwichtige Frage vor das Reichsgericht. Das Reichsgericht gelangte trotz der Bestimmung in § 183 Abs. 1 FG., wonach die notarielle Beglaubigung erfolgen darf, wenn die Unterschrift in Gegenwart des Notars vollzogen oder anerkannt wird, zu der Entscheidung, daß hier nur die Vollziehung vor dem Notar ausreicht. Zur Begründung führt das Reichsgericht an[3]):

> „Hier dient die Zeichnung nicht zur rechtsgeschäftlichen Genehmigung einer „Erklärung", sondern sie wird um ihrer selbst willen abgegeben. Das Bild der Unterschrift, wie sie entsteht, wenn der Zeichnende sie persönlich bewirkt, soll zu dauernder Aufbewahrung geschaffen werden."

Welchen Sinn oder welchen Zweck haben denn nun aber die gesetzlichen Vorschriften über die Zeichnung der Unterschrift einer Person, einer Firma, oder beider? Die Antwort kann nur lauten: gar keinen. Die gesamten Vorschriften sind völlig sinn- und zwecklos.

Länger als ein Menschenalter bin ich jetzt in der Rechtspraxis tätig und besonders auch mit Angelegenheiten des Handelsregisters befaßt. Während all dieser Jahre habe ich noch keinen einzigen Fall erlebt, in welchem die vom Gesetz geforderte Zeichnung zu irgendeinem Zwecke gebraucht worden ist. Seit längerer Zeit befrage ich auch andere praktische Juristen darüber; noch niemals konnte mir jemand einen Fall anführen, in dem sich herausgestellt hätte, daß die Zeichnung der Unterschrift zur Aufbewahrung bei Gericht irgendeinen praktischen Zweck gehabt hat. Das Kammergericht meint zwar

---

[2]) Annalen des Sächs. OLG. Dresden, Bd. 22, 657.

[3]) RGZ. 54, 172.

in einer späteren Entscheidung vom 24. September 1908[4]): die Vorschrift bezwecke, den Beteiligten eine möglichst sichere Unterlage für die im Handelsverkehr häufig erforderliche Prüfung der Echtheit von Unterschriften zu gewähren. Indessen glaube ich auf Grund meiner Erfahrungen behaupten zu dürfen, daß eine solche Prüfung niemals erfolgt. Mindestens geschieht es so selten, daß der tägliche Aufwand an Zeit und Kosten im Deutschen Reich in keinem auch nur annähernden Verhältnis zum Erfolg steht. Der Verkehr ist ein viel zu gewaltiger für derartige Nachforschungen im Handelsregister. In denjenigen Fällen, in denen eine Vergleichung der Unterschrift erforderlich ist, lassen die in Betracht kommenden Interessenten sich von dem Firmeninhaber die Originalunterschrift behufs Vergleichung kommen. Dies gilt insbesondere von der Reichsbank und von den Banken, die Schecks, Akkreditive und dergleichen einzulösen haben. Nach dem Handelsregister könnten sie nicht schicken.

Es wird nicht erforderlich sein, geschichtlich näher zu untersuchen, wie die eingangs gedachte Bestimmung in das Handelsgesetzbuch hineingekommen ist. In Preußen hatten wir

— §§ 504, 505 II 8 ALR. —

die Bestimmung, daß die Firma oder Unterschrift, deren sich der Disponent bedienen soll, unter dessen Handschrift dem Korrespondenten mitgeteilt, und auf der Börse, wo aber keine Börse ist, auf dem Gericht, verwahrlich niedergelegt werden soll. Dagegen waren für den Firmeninhaber ähnliche Bestimmungen nicht gegeben.

Vorschriften über die Zeichnung von Unterschriften finden sich nur in den Ländern, die auf dem deutschen HGB. aufgebaut sind, wie in der Schweiz und Ungarn. In allen anderen Ländern, auch wo ein Handelsregister, wie z. B. in Spanien, besteht, kennt man eine Zeichnung nicht. Es geht auch so.

Die völlig überflüssigen Zeichnungen haben in der Praxis viel Schwierigkeiten hervorgerufen. Eine Vollmacht zur Zeichnung zum Handelsregister kann nicht erteilt werden. Es ist sowohl streitig, was geschehen soll, wenn der zur Zeichnung Verpflichtete infolge einer Krankheit oder eines sonstigen körperlichen Gebrechens nicht in der Lage ist, die Zeichnung vorzunehmen, als auch, was geschehen soll,

---

[4]) RJA. 9, 246.

wenn ein schreibunkundiger zur Vertretung der Firma berechtigter Geschäftsinhaber vorhanden ist[5]).

Ist die Zeichnung der Firma, der Namensunterschrift usw. überflüssig, so ist sie schädlich. Sie belastet unnötig das Publikum, die Gerichte und die Notare. Hören alle diese Zeichnungsvorschriften auf, so wird dadurch lediglich unnötiges Schreibwerk vermieden, während irgendwelche schutzbedürftigen Interessen dadurch nicht verletzt werden.

II.

Die Eintragungen bei dem Registergericht der Zweigniederlassungen.

Nach § 13 HGB. sind die Eintragungen im Handelsregister und die hierzu erforderlichen Anmeldungen und Zeichnungen von Unterschriften sowie die sonst vorgeschriebenen Einrichtungen zum Handelsregister bei jedem Registergericht, in dessen Bezirk der Inhaber der Firma eine Zweigniederlassung besitzt, in gleicher Weise wie bei dem Gericht der Hauptniederlassung zu bewirken. Bei Aktiengesellschaften ist bestimmt, daß die Anmeldung der Gesellschaft zur Eintragung in das Handelsregister und die Eintragung der Erhöhung lediglich auf Antrag des Vorstandes zu bewirken ist; auch im übrigen sind die Vorschriften über die Eintragung bei der Zweigniederlassung gegenüber den Vorschriften über die Anträge bei der Hauptniederlassung etwas vereinfacht. (§§ 201, 286 HGB.)

Auch die Prokuristen müssen bei den Zweigniederlassungen eingetragen werden. Die Ernennung besonderer Prokuristen für Zweigniederlassungen ist nur dann gestattet, wenn für die Zweigniederlassung der Firma ein Zusatz beigefügt ist, der sie als Zweigniederlassung der Firma bezeichnet. (§ 50 Abs. 3.)

Die Eintragung beim Gericht der Zweigniederlassung findet erst statt, wenn die Eintragung beim Gericht der Hauptniederlassung geschehen ist. (§ 13 Abs. 2.)

Anderseits ist für den Geschäftsverkehr mit der Zweigniederlassung die Eintragung beim Gericht der Zweigniederlassung maßgebend. (§ 15 Abs. 3).

Der Registerrichter der Zweigniederlassung hat für alle bei ihm beantragten Eintragungen und Löschungen ein selbständiges Prüfungs-

---

[5]) Vgl. über diese Streitfragen Staub § 12 Anm. 4; Makower § 12 Anm. III, Goldmann § 12 Anm. 3 und 4, Düringer-Hachenburg § 14 Anm. 12; Brand § 12 Anm. 1b.

recht und eine selbständige Prüfungspflicht[6]). Da der Registerrichter der Zweigniederlassung erst eintragen darf, wenn die Eintragung bei der Hauptniederlassung erfolgt ist, so ergibt sich daraus allerdings, daß er gar nicht in die Lage kommen kann, eineEintragung zu bewirken, wenn der Registerrichter der Hauptniederlassung einen Eintragungsantrag für unbegründet hält. Wenn dagegen der Registerrichter der Zweigniederlassung eine von dem Registerrichter der Hauptniederlassung verfügte Eintragung für ungerechtfertigt erachtet, so muß er seinerseits die Eintragung ablehnen. Zweckmäßig wird er dann dem Registerrichter der Hauptniederlassung von seiner Entscheidung Nachricht geben. Eine Rechtspflicht hierfür besteht aber nicht. Verbleibt der Registerrichter der Hauptniederlassung bei seiner Auffassung, so kann der Firmeninhaber bei der Zweigniederlassung eine Eintragung nicht durchsetzen, die er bei dem Gericht der Hauptniederlassung erhalten hat. Eine Lösung dieser Widersprüche kennt das Gesetz nicht.

Welche unnötige Zeit und Arbeit wird hier aufgewandt! Es gibt Großbanken, die jetzt an die 30 Zweigniederlassungen in Deutschland haben. Mir ist eine offene Handelsgesellschaft bekannt, die 80 Zweigniederlassungen, eine G. m. b. H., die gegen 90 Zweigniederlassungen besitzt. Jeder Registerrichter muß das Material wieder neu prüfen. Es kommt gar nicht so selten vor, daß in derartigen Fällen der Registerrichter der Zweigniederlassung beanstandet, was der Registerrichter der Hauptniederlassung eingetragen hat. Daß dieselben Rechtsvorgänge von gleichgeordneten Gerichten so oft geprüft werden, wie der Firmeninhaber Niederlassungen hat, ist eine durch keinen gesetzgeberischen Grund gerechtfertigte Verschwendung gerichtlicher Arbeitskraft. Genügt es bei einer Gesellschaft von 100 Millionen Mark Kapital, die keine Zweigniederlassungen hat, daß lediglich e i n Amtsgericht die Voraussetzungen für Eintragungen in das Handelsregister prüft, so wird dies bei einer Gesellschaft von 20 000 M. Kapital mit 10 Zweigniederlassungen auch genügen. Die selbständige Prüfung der Gerichte der Zweigniederlassung ist überflüssig.

Ist dies aber richtig, so steht nichts im Wege, die Anmeldung bei den Zweigniederlassungen überhaupt in Fortfall kommen zu lassen.

[6]) Staub-Bondi § 13, Anm. 8 in Übereinstimmung mit Entsch. des Kammergerichts in OLG. 4 S. 453 und 10 S. 232, Brand § 13 Nr. 4, Makower § 13 II c 4. A. M. Lehmann-Ring zu § 13 Nr. 10, Denzler, die Stellung der Filiale, S. 188.

Abschriften der Eintragungen bei dem Gericht der Hauptniederlassung müssen ja jetzt schon infolge der Bestimmungen des § 13 Abs. 2 dem Gericht der Zweigniederlassung eingereicht werden, bevor die Zweigniederlassung eingetragen werden kann, und es muß daher das Gericht der Hauptniederlassung so viel Ausfertigungen oder beglaubigte Abschriften der Eintragung gewähren, als Zweigniederlassungen vorhanden sind. Es würde daher den Geschäftsgang nur vereinfachen, wenn der Firmeninhaber dem Gericht der Hauptniederlassung von der Begründung der Zweigniederlassung Kenntnis gibt, und das Gericht der Hauptniederlassung dann dem Gericht der Zweigniederlassung unmittelbar beglaubigte Abschrift der für die erste Eintragung der Zweigniederlassung und auch weiterhin erforderlichen Eintragungen übersendet. Würde z. B. bei einer Aktiengesellschaft ein neues Vorstandsmitglied eintreten, so würden die Gerichte der Zweigniederlassungen vom Gericht der Hauptniederlassung eine unmittelbare Nachricht erhalten, worauf dann die Eintragung auch im Handelsregister der Zweigniederlassungen stattzufinden hätte. Eine derartige Regelung würde eine erhebliche Vereinfachung des Verfahrens für die Gerichte bedeuten, zumal man, wenn das Gericht der Zweigniederlassung keine materielle Prüfungspflicht mehr hat, die Erledigung der nunmehr rein formalen Geschäften des Gerichts der Zweigniederlassung getrost dem Gerichtsschreiber überlassen könnte.

Ein noch erheblicherer Vorteil würde sich hierdurch für die Parteien ergeben. Zunächst könnten die Eintragungsgebühren der Gerichte bei den Zweigniederlassungen entsprechend deren geminderter Tätigkeit erheblich herabgesetzt werden. Dann würden aber die Notariats- und die Stempelkosten für alle die Anträge auf Eintragungen in das Handelsregeister vollständig fortfallen.

Um ein Bild davon zu geben; um welche Beträge es sich hierbei handelt, mögen zwei Beispiele unter Zugrundelegung der in Preußen erwachsenden Kosten angeführt werden:

1. Eine Großbank mit einem Kapital von 100 Millionen Mark erhöht ihr Grundkapital um 20 Millionen Mark und meldet die Erhöhung bei 25 Gerichten der Zweigniederlassungen an:
   a) Gebühren der Eintragung bei den Gerichten der Zweigniederlassungen einschließlich des Pausch satzes nach §§ 72, 73 Absatz 1 des Preuß.

Gerichtskostengesetzes vom 25. VII. 1910 je 320 M. . . . . 8000 M. — Pf.

b) Gebühren des Notars für Entwurf und Beglaubigung der 25 Anträge einschließlich des Pauschsatzes, wenn man den verhältnismäßigen Anteil jeder Zweigniederlassung an dem erhöhten Grundkapital gemäß § 40 PrGKG. auf durchschnittlich 500 000 M. annimmt, je 115 M. 50 Pf. . . . . . . 2887 M. 50 Pf.

c) Stempelkosten für die Unterschriftsbeglaubigungen 25×3 M. . . . . 75 M. — Pf.

Summa 10962 M. 50 Pf.

Würde man künftig in solchem Falle lediglich dem Gerichte der Hauptniederlassung aufgeben, die Eintragungen dem Gericht der Zweigniederlassung mitzuteilen, so würden die Kosten zu b) und c) vollständig wegfallen und die Gerichtskosten zu a) könnten entsprechend der verminderten Tätigkeit mindestens auf die Hälfte herabgesetzt werden.

2. Ernennung eines neuen Geschäftsführeres bei einer G. m. b. H. von 200 000 M. Kapital, die 80 Zweigniederlassungen hat:

Der Wert einer solchen Anmeldung ist nach § 23 PrGKG., soweit die Notariatskosten in Betracht kommen, schätzungsweise zu bestimmen und wird in einem solchen Falle unter Berücksichtigung des Umstandes, daß das Jahresgehalt eines solchen Geschäftsführers doch wenigstens 5000 M. betragen soll, wohl auf 20 000 M. angenommen werden können. Die gerichtlichen Eintragungskosten einer solchen Zweigniederlassung richten sich gemäß §§ 73, 72 N 3 b, 72 N 1 b PrGKG. nach der Gewerbesteuerklasse, in welche der Betrieb gehört; der Kostensatz würde bei einer solchen Gesellschaft etwa auf 45 M. anzunehmen sein. Unter diesen Voraussetzungen würden betragen:

a) die Kosten der Eintragung 80×45 M. . 3600 M. — Pf.

b) Notariatskosten einschließlich der Pauschgebühr 80×23 M. 10 Pf. . . . . 1840 M. 80 Pf.

c) Stempel zur Unterschriftsbeglaubigung 80×3 M. . . . . 240 M. — Pf.

Summa 5680 M. 80 Pf.

Auch hier würden bei Annahme meiner Vorschläge die Kosten zu b) und c) vollständig fortfallen, während die Kosten zu a) sich um die Hälfte ermäßigen könnten.

Das Publikum würde hiernach auch einen erheblichen Vorteil durch die Kostenersparnis haben. Seine Vorteile würden aber noch erheblich größere sein. Denn es würden die großen Schreibereien und Scherereien in Fortfall kommen, die bei jeder Aenderung in der Zusammensetzung des Vorstandes, bei Ernennung von Prokuristen, bei Änderung der Gesellschaftsverträge u. s. f. jetzt erforderlich sind.

Besonders lästig ist die Eintragung von Zweigniederlassungen alter Aktiengesellschaften in das Handelsregister. Denn nach der Auffassung des Kammergerichts genügt es nicht, daß ein Exemplar des Gesellschaftsvertrages mit einem Vermerk des Registergerichts eingereicht wird, inhalts dessen dieser Gesellschaftsvertrag zurzeit in Kraft ist. Vielmehr müssen alle Urkunden über die Errichtung der Gesellschaft und die Abänderung des ursprünglichen Gesellschaftsvertrages mit Nachweis der Eintragung bei der Hauptniederlassung bei dem Gericht der neuen Zweigniederlassung eingereicht werden[7]); der Registerrichter der Zweigniederlassung hat dann die Eintragung nachzuprüfen, was vielleicht bei einer Gesellschaft, die vor sechzig Jahren gegründet ist, mit Rücksicht auf die fünf in Betracht kommenden Rechte (v o r dem ADHGB., ADHGB., Novelle von 1870, Gesetz von 1884, HGB.) recht schwierig ist, wenn die Aufgabe ernst genommen wird. Nur wenn die Gesellschaft einmal ein vollständig neues Statut angenommen hat, gestattet das Kammergericht — vielleicht an sich nicht ganz folgerichtig, aber jedenfalls zweckmäßigerweise —, daß der Registerrichter der Zweigniederlassung auf ältere Urkunden nicht zurückgeht.

III.

Zentralhandelsregister für Aktiengesellschaften und Kommanditgesellschaften auf Aktien.

Unsere Warenzeichen wurden früher bei den einzelnen Amtsgerichten geführt; nur für die Warenzeichen der Ausländer fand eine Zentralisierung in Leipzig statt. Mit der Dezentralisierung hat man üble

---

[7]) Vgl. Entscheidung. des Kammergerichts vom 9. November 1913 bei Johow XXVI A 225.

Erfahrungen gemacht. In der Begründung zum Gesetzentwurf zum Schutz der Warenzeichen[8]) heißt es:

„Die Erfahrung hat aber gezeigt, daß in der Behandlung der mannigfachen, mit der Anmeldung, Eintragung und Löschung von Zeichen zusammenhängenden, vielfach in das Gebiet weitreichender und internationaler Handelsinteressen übergreifenden Fragen die örtlichen Gerichte nicht immer die geeignete Stelle sind, und daß eine einheitliche und gleichmäßige Praxis, wie solche namentlich für die Zwecke des internationalen Geschäftsverkehrs notwendig erscheint, nur schwer sich herausbilden kann, wenn die Entscheidung in der Hand zahlreicher, in einer gemeinsamen Spitze nicht vereinter Lokalbehörden beruht."

Diese Erwägungen sind im wesentlichen auch für das Handelsregister der Aktiengesellschaften und Kommanditgesellschaften auf Aktien zutreffend und müssen zu dem gleichen Schluß führen.

Trotz des gegen die Entscheidungen der Registerrichter gegebenen Instanzenzuges fehlt es in Wirklichkeit an einer einheitlichen Behandlung des Registerwesens, namentlich für die Aktiengesellschaften. Es gibt Registerrichter, die sich fast einen Sport daraus machen, Anträge abzulehnen; andere wiederum, die es an einer genaueren Prüfung fehlen lassen. An die höheren Instanzen können nach dem gegenwärtigen Stande der Gesetzgebung, der mir übrigens nicht unbedenklich erscheint, regelmäßig nur solche Fälle kommen, in denen Eintragungen abgelehnt sind.

Äußert der Notar dem beteiligten Publikum gegenüber Bedenken wegen Zulässigkeit dieses oder jenes Antrages, so wird ihm nicht selten erwidert: bei uns wird das eingetragen.

Vom rechtspolitischen Standpunkt aus am schlimmsten wirkt der Umstand, daß die Praxis der einzelnen Gerichte bei Gründung der Aktiengesellschaften, bei Erhöhung und Herabsetzung des Grundkapitals zum Teil eine ganz verschiedene ist. Hier sei nur auf einen besonders schwerwiegenden Punkt hingewiesen:

Nach § 186 Abs. 2 HGB. soll im Gesellschaftsvertrage nicht nur

---

[8]) Begründung zum Warenzeichengesetz, Stenographische Berichte 1893—1894 Anlage-Band I, 503.

der Fall geordnet werden, daß gegen Gewährung von Aktien Sacheinlagen gemacht werden; vielmehr soll in allen Fällen, in denen die in der Gründung befindliche Aktiengesellschaft Gegenstände gegen Barzahlung oder sonstige geldwerte Vergütung übernehmen soll, dies auch im Gesellschaftsvertrage nach näherer Bestimmung des Gesetzes zum Ausdruck gebracht werden. Die Prüfung der Gründer und der von der Handelskammer ernannten Revisoren soll sich auf diese Übernahmen erstrecken (§§ 192f. HGB.); auch bei der Anmeldung der Gesellschaft zum Handelsregister sind diese Übernahmen zu berücksichtigen. Die Rechtsprechung nimmt an, daß unter die Bestimmung des § 186 Abs. 2 nicht nur die festen notariellen oder auch nur schriftlich vor der Gründung abgeschlossenen Verträge fallen, sondern daß alle vor der Errichtung der Gesellschaft tatsächlich, wenn auch formlos getroffenen Vereinbarungen im Gesellschaftsvertrage zu berücksichtigen sind, wenn nur zurzeit der Errichtung der Gesellschaft feststeht, daß die neue Aktiengesellschaft gewisse Gegenstände übernehmen soll. Aus dieser Erwägung heraus ist z. B. bei Gründung einer Kleinbahngesellschaft die Aufnahme des wesentlichen Inhalts eines ununterschriebenen Vertragsentwurfs in das Statut verlangt worden, auf Grund dessen die an der Gründung interessierte Baufirma den Bau der Kleinbahn vornehmen sollte[9]).

Mit vollem Recht fragt daher z. B. der Berliner Registerrichter, wenn eine Terrain-Aktiengesellschaft gegen Bareinlagen errichtet wird, regelmäßig zunächst bei dem Vorstand an, ob irgendwelche Vereinbarung wegen zu übernehmender Grundstücke bereits besteht; auf diese Weise wird einer dem Zweck des Gesetzes widersprechenden Eintragung in das Handelsregister vorgebeugt. Anderwärts sind derartige Rückfragen so gut wie unbekannt, und so kommt es, daß zahlreiche Aktiengesellschaften eingetragen werden, ohne daß, wie das Gesetz es erfordert, die zu übernehmenden Gegenstände im Gesellschaftsvertrage verzeichnet sind und die Prüfung des Gründungsherganges auf diese erstreckt wird. Während somit einzelne Registerrichter dem Gesetzeszweck entsprechend eingreifen, erfolgen bei den meisten Amtsgerichten die Eintragungen ohne jede nähere Prüfung nach dieser Richtung.

Schon aus diesen Erwägungen habe ich im Anschluß an eine

---

[9]) Vgl. Entsch. des Kammergerichts Johow XXV A 87.

Anregung Karl Lehmanns[10]) auf dem Deutschen Juristentage 1912 zunächst für Österreich die Frage angeregt, ob sich nicht eine Zentralisierung des Handelsregisters empfiehlt[11]).

Wenn die wichtigsten aktienrechtlichen Bestimmungen namentlich über die Gründung im Deutschen Reiche in vollem Umfange zur Geltung kommen sollen, so muß die Führung des Handelsregisters bei einer Zentralstelle vereinigt werden.

Diese Zentralisierung empfiehlt sich noch aus weiteren Gründen:

Das Deutsche Reich ist mehr und mehr ein einheitliches wirtschaftliches Gebiet geworden. Wer sich in das Handelsregister eintragen läßt, tut dies regelmäßig nicht nur mit Rücksicht auf die Beziehungen zu Mitgliedern seines Gerichtssprengels; die geschäftlichen Beziehungen der Aktiengesellschaften umfassen zumeist das ganze Deutsche Reich und vielfach auch das Ausland. Man wird mit Rücksicht auf die weit verzweigten Unternehmen sogar jetzt annehmen dürfen, daß in den wenigsten Fällen die Angehörigen des eigenen Gerichtssprengels ein überwiegendes Interesse an der Einsicht des Registers haben. Auch aus diesem Grunde empfiehlt sich die Zentralisierung. Materiell würde übrigens bei dieser Gelegenheit auch zu bestimmen sein, daß sich jede Firma einer Aktiengesellschaft oder einer Kommanditgesellschaft auf Aktien von jeder anderen deutschen Firma deutlich unterscheiden muß. Wenn z. B. heute in Köln eine Aktiengesellschaft unter der Firma Allgemeine Elektrizitäts-Gesellschaft errichtet würde, so wäre dies für die bekannte Berliner Firma und für das Publikum kaum weniger störend, als wenn eine Berliner Aktiengesellschaft eine solche Firma annähme. Deutschland bildet eben jetzt einen einheitlichen Wirtschaftssprengel; seine Registerverhältnisse lassen sich nicht mehr in der Weise lokalisieren, wie dies vor fünfzig und vielleicht noch vor fünfzehn Jahren möglich erschien.

Die Zentralisierung würde aber nicht nur die einheitliche Behandlung der Registersachen fördern und den Verkehrsinteressen entsprechen, sondern auch den Geschäftsgang erheblich vereinfachen.

---

[10]) Vgl. Lehmann im Archiv f. civil. Praxis 86, 302f; Recht der Aktiengesellschaften I 301; Gutachten f. d. Deutschen Juristentag 1912, 533.

[11]) — Vgl. Verhandlungen des 31. Deutschen Juristentages III. 440 ff. —

Wo es sich um reine Formalitäten handelt (Eintragung neuer Vorstandsmitglieder, Prokuristen und dergleichen), würde die Erledigung der Registersachen in die Hände mittlerer Beamter (Sekretäre) gelegt werden können, die bei einer Zentralbehörde für die besonderen Zwecke besonders geschult werden könnten. Die Tätigkeit der höheren Beamten könnte auf die Erledigung der wichtigeren Angelegenheiten (Gründung, Erhöhung des Grundkapitals, Herabsetzung, Statutenänderung und dergleichen) beschränkt werden.

Gegen die Entscheidungen der Zentralbehörde würde eine einzige Beschwerde-Instanz entweder (nach dem Vorgang des Patentamts) bei der Zentralbehörde selbst oder bei dem Reichsgericht eingerichtet werden können. Diese eine Beschwerdeinstanz würde an Stelle der jetzigen Gerichte treten, die auf Beschwerden zu entscheiden haben; nämlich der Landgerichte, Oberlandesgerichte und unter Umständen auch des Reichsgerichts.

Die Praxis würde bald eine so einheitliche werden, daß die gegenwärtig häufig vorkommende Frage, ob ein Beschluß eintragsfähig ist, dadurch sich von selbst bald erledigen wird. Auch würde eventuell in das Gesetz eine Bestimmung aufgenommen werden können, wonach die Behörde mit verbindlicher Kraft Auskünfte über die Eintragungsfähigkeit beabsichtigter Beschlüsse zu geben hat. Einzelne Registerrichter geben bereits jetzt verständigerweise solche Auskünfte (so in Berlin), wodurch den Beteiligten und den Gerichten Mühe und den ersteren auch nicht selten Kosten erspart werden; doch sind solche Auskünfte namentlich bei Eintritt eines Feriendezernenten oder Änderung der Besetzung des Gerichts unverbindlich. Andere Registerrichter lehnen solche Auskünfte ab, weil sie „im Gesetz keine Grundlage haben", — eine Auffassung, die der dem Registerrichter obliegenden Verwaltungstätigkeit in keiner Weise gerecht wird.

Eine weitere Vereinfachung würde sich bei Einführung eines Zentralhandelsregisters ohne weiteres daraus ergeben, daß Aktiengesellschaften, die Zweigniederlassungen haben, sich künftig nur noch an dieser einen Stelle eintragen zu lassen brauchen, und daß an dieser einen Stelle alles für sie Erforderliche zu entnehmen ist. Die Kostenersparnis würde dadurch noch größer werden, als dies oben (S. 9) vorgesehen ist.

Endlich würde dadurch eine ganz andere Übersichtlichkeit über die Verhältnisse unserer Aktiengesellschaften und Kommanditgesellschaften auf Aktien ermöglicht werden. In Berlin und anderen Großstädten erscheinen jährlich oder doch periodisch Bücher, die die gesamten Eintragungen in das Handelsregister enthalten. Diese Bücher (Jahrbücher) werden von einer großen Anzahl von Firmen, Notaren, Rechtsanwälten und sonstigen Personen, für welche die Eintragungen von Bedeutung sind, gehalten, weil aus ihnen ohne weiteres das Handelsregistermaterial des Amtsgerichts entnommen werden kann. Wird ein Zentral-Handelsregister für die Aktiengesellschaften und Kommanditgesellschaften auf Aktien geführt, so würde ein entsprechendes Jahrbuch von der Behörde selbst herausgegeben werden können; dadurch würde einem im Verkehr dringend empfundenen für das ganze Deutsche Reich gleichmäßigen Bedürfnis Rechnung getragen werden.

IV.

Vorstand der Zweigniederlassungen von Aktiengesellschaften.

Bei Aktiengesellschaften aller Art, insbesondere bei Banken, ist die Zahl der Zweigniederlassungen fortdauernd im Wachsen. Über die Organisation der Zweigniederlassungen enthält das Gesetz bisher keine Bestimmung. Jede Zweigniederlassung muß eine gewisse Selbständigkeit gegenüber der Hauptniederlassung haben. Diese Selbständigkeit soll sich einerseits in ihrer Organisation zeigen, andererseits auch bei den durch sie betriebenen Geschäften, deren Abschluß der Leiter einer Zweigniederlassung auf Grund eigener Entschließung und nicht nach genau bestimmten Anweisungen der Hauptniederlassung oder von dieser gegebenen Schematen des Vertragsinhalts vornimmt[12]). Daher muß jede Zweigniederlassung einen oder mehrere selbständige Leiter haben, die nach dem natürlichen Lauf der Dinge der Zentrale unterstellt sind. Ausnahmen von der letzteren Regel kommen vor, so z. B. bei der Bank für Handel und Industrie, deren Sitz Darmstadt ist und deren Hauptgeschäft wohl jetzt in der Berliner Zweigniederlassung liegt, die formell nur als Zweigniederlassung eingetragen ist, an deren Spitze aber mehrere ordentliche Vorstandsmitglieder stehen.

Während jede Zweigniederlassung einen Leiter haben muß, kennt das Handelsgesetzbuch einen solchen nicht; im Handelsregister ist für den Leiter einer Zweigniederlassung als solchen kein

---

[12]) Vgl. hierzu neuerlich OLG. Hamburg, 2. Juni 1912 LZ. 1913, S. 86.

Platz[13]). Formell kann die Zweigniederlassung von einzelnen Mitgliedern des Gesellschaftsvorstandes versehen werden, wie dies in den Berliner Zweigniederlassungen der Dresdner Bank und der Bank für Handel und Industrie zu Darmstadt der Fall ist. Regelmäßig wird sie aber geleitet von Prokuristen, Bevollmächtigten oder Beamten. Nach außen pflegen diejenigen, welche die Leiter einer Zweigniederlassung sind, als Direktoren bezeichnet zu werden; in den Zirkularen, Bekanntmachungen und dergleichen wird auch regelmäßig eine dahingehende Mitteilung gemacht[14]).

Sind die sogenannten Direktoren der Zweigniederlassung Prokuristen im Sinne des HGB., so ergibt sich ihre Vertretungsmacht aus dem Gesetz. Sind sie dagegen nur Bevollmächtigte, so ergibt sich ihre Vertretungsmacht an sich aus dem Inhalt der Vollmacht und ergänzend aus § 54 HGB. Der Direktor einer Zweigniederlassung ist daher, wenn ihm nicht Prokura erteilt ist, mangels anderweitiger Vollmacht nur zu solchen Geschäften und Rechtshandlungen ermächtigt, die der Betrieb einer derartigen Zweigniederlassung und die Vornahme der Geschäfte einer derartigen Zweigniederlassung mit sich bringt. Zur Veräußerung oder Belastung von Grundstücken, zur Eingehung von Wechselverbindlichkeiten, zur Aufnahme von Darlehen und zur Prozeßführung ist dagegen der nicht zum Prokuristen bestellte mit Handlungsvollmacht versehene Direktor einer Zweigniederlassung nur befugt, wenn ihm eine solche Befugnis besonders erteilt ist.

Einzelne Banken erteilen den Vorstehern ihrer Zweigniederlassungen besondere Vollmachten, die sich auch ganz oder teilweise auf diejenigen Geschäfte erstrecken, auf die sich nach § 54 Abs. 2 Handlungsvollmachten nicht beziehen.

Im Publikum ist die genannte Beschränkung nicht bekannt. Man wird nicht fehlgehen in der Annahme, daß nach Auffassung des Publikums der Direktor einer Zweigniederlassung zu deren unbeschränkter Vertretung befugt ist. Trotzdem ist dies unrichtig. Auch abgesehen von den Fällen, in denen nach § 54 HGB. Sondervollmacht erforderlich ist, beschränkt sich ja die Vollmacht auf solche Geschäfte, die der Betrieb einer derartigen Zweigniederlassung gewöhnlich mit sich bringt. Außergewöhnliche Geschäfte, die ein solcher Direktor

[13]) Entsch. des KG. bei Johow XII, 34.
[14]) Entsch. des RG. vom 8. April 1904, JW. 1904, 298.

einer Zweigniederlassung macht, sind unverbindlich. Wenn z. B. der bevollmächtigte Leiter einer Bankfiliale eine Ladung Steine kauft, so wird dadurch die Bank nicht verpflichtet werden, weil es sich hier um Geschäfte handelt, die der Betrieb einer Bank oder gar einer Zweigniederlassung gewöhnlich nicht mit sich bringen wird. Das Außergewöhnliche kann nicht nur in der Qualität der Geschäfte, sondern auch in der Quantität liegen. Wenn z. B. der bevollmächtigte Vorstand der Bankfiliale in einer kleinen Provinzstadt an eine Berliner Börsenfirma Aufträge zum Ankauf von Wertpapieren gibt, die in die Millionen gehen, so sind das keine Geschäfte, die der Betrieb einer derartigen Zweigniederlassung gewöhnlich mit sich bringt.

Dieser Rechtszustand ist kein erfreulicher und steht im Gegensatz zu der ganzen Tendenz des deutschen Handelsrechts, wonach die nach außen hervortretenden Leiter einer Firma diese Dritten gegenüber tunlichst unbeschränkt verpflichten sollen.

Der jetzige Rechtszustand, wonach es einen Vorstand einer Zweigniederlassung mit klar umschriebener, für Dritte erkennbarer und diesen gegenüber möglichst unbeschränkter Vertretungsmacht nicht gibt, ist aber auch noch aus einem anderen Grunde nicht haltbar.

Die Vorsteher der Zweigniederlassung legen nicht mit Unrecht auf die Bezeichnung „Direktor" Wert; sie haben zum großen Teil kaufmännisch und gesellschaftlich eine Position, die höher als die der Prokuristen ist. Ein nicht geringer Teil der Vorsteher der Zweigniederlassungen besteht aus den früheren Inhabern von Bankgeschäften, die ihr Unternehmen einer auswärtigen Bank verkauft haben und nun als Leiter der Zweigniederlassung der Bank ihr Unternehmen weiterführen. Solche Persönlichkeiten werden es als Herabsetzung empfinden, wenn sie nunmehr Prokuristen werden. Das gleiche gilt von Direktoren einer Bank, die durch Fusion in eine größere Bank aufgeht. Auch diese wollen niemals sich als Prokuristen eintragen lassen. Derartige Persönlichkeiten sind z. B. nicht selten Handelsrichter oder haben sonstige Ehrenämter, die Prokuristen als solchen vorenthalten sind.

Hierdurch entsteht nun eine ganz eigenartige Rechtslage. Die Vorsteher der Zweigniederlassung sind, soweit sie nur Handlungsbevollmächtigte sind, nicht in das Handelsregister eingetragen, weil das Handelsregister keinen Platz für Handlungsbevollmächtigte hat. Die Prokuristen der Zweigniederlassung, die den Vorstehern der

Zweigniederlassung unterstellt sind, werden aber in das Handelsregister eingetragen. Überdies ist mit Rücksicht auf § 54 HGB. die Vertretungsmacht der in das Handelsregister nicht eingetragenen Vorsteher der Filialen regelmäßig geringer als die Vertretungsmacht der ihnen unterstellten Prokuristen, welche letzteren das Unternehmen, abgesehen von der Veräußerung und Belastung von Grundstücken, gemäß §§ 49, 50 HGB. unbeschränkbar zu vertreten befugt sind. Demgemäß findet bei den Zweigniederlassungen einerseits eine vollständige Umkehrung der natürlichen Verhältnisse bezüglich der Vertretungsmacht statt; andererseits gibt das Handelsregister über die Rechtsbeziehungen der Zweigniederlassungen und namentlich ihrer Leiter vielfach keinen ausreichenden Aufschluß, weil gerade die Leiter der Zweigniederlassungen häufig nicht in das Handelsregister eingetragen werden.

Abhilfe ist nötig. Man muß die Möglichkeit schaffen, den Vorstand einer Zweigniederlassung als solchen in das Handelsregister einzutragen. Die Vollmacht dieses Vorstands wird weiter gehen müssen als diejenige der Prokuristen. Es ist anzunehmen, daß dies ohnehin der Verkehrsauffassung entspricht. Wieweit die Vollmacht zu erstrecken ist, wird Sache besonderer Erwägung sein.

V.

Stellvertretende Mitglieder des Vorstands von Aktiengesellschaften.

Einer Klärung bedürfen die Verhältnisse der stellvertretenden Mitglieder des Vorstandes der Aktiengesellschaften.

Die Einrichtung der stellvertretenden Mitglieder des Vorstandes hatte sich durch Übung allmählich praeter legem eingebürgert. Zuerst lehnten die Registerrichter zum Teil die Eintragung ab, weil das Gesetz sie nicht vorsehe. Das jetzige HGB. bestätigt die Übung; es bestimmt überdies in § 242, daß die für die Mitglieder des Vorstandes geltenden Vorschriften auch auf die Stellvertreter Anwendung finden. Die Bedeutung dieser Bestimmung ist aber durchaus zweifelhaft.

Gemeinhin wird gelehrt, daß das stellvertretende Mitglied des Vorstandes eben Vorstandsmitglied ist, und daß die Vorschrift daher ihrem Inhalte nach selbstverständlich sei[15]). Das ist aber durchaus nicht

[15]) Staub HGB. § 242 Anm. 1; Lehmann-Ring 2. Aufl., zu § 242; etwas anders Makower HGB. § 242 Anm. 2 I, II.

der Fall. Denn aus dem Wesen der Stellvertretung ergibt sich, daß der Stellvertreter nur einzutreten hat, wenn die Voraussetzungen vorliegen, unter denen eine Stellvertretung eintreten soll. Wenn z. B. nach § 260 HGB. der Vorstand Bilanz, Gewinn- und Verlustrechnung und einen Geschäftsbericht vorzulegen hat, so wird dieser Anordnung genügt, wenn die ordentlichen Vorstandsmitglieder der Pflicht entsprechen. Für eine Tätigkeit der stellvertretenden Vorstandsmitglieder ist dann kein Raum.

Ob und inwieweit eine Vertretung stattzufinden hat, wird regelmäßig von dem Willen der ordentlichen Vorstandsmitglieder abhängen; vielfach wird auch der Aufsichtsrat bei der Frage der Geschäftsverteilung mitzusprechen haben. Praktisch nehmen in der Hierarchie der Aktiengesellschaft die ordentlichen Vorstandmitglieder die oberste Stellung ein; nach ihnen folgen die stellvertretenden Vorstandsmitglieder, dann die Prokuristen und die sonstigen Bevollmächtigten und Angestellten. In manchen Anstellungsverträgen ist auch ausdrücklich zum Ausdruck gebracht, daß die stellvertretenden Vorstandsmitglieder den Weisungen der ordentlichen Vorstandsmitglieder unterstellt sind. Wo dies nicht der Fall ist, entstehen bisweilen Schwierigkeiten in der Geschäftsführung.

Was die Vertretung nach außen anbetrifft, so ist darüber im Wesentlichen Einigkeit, daß die Legitimation Dritten gegenüber nicht von dem Nachweis des Vertretungsfalles abhängt, daß die Stellvertretung also insoweit nur als Beschränkung nach innen wirkt[16]).

Stellvertretende Vorstandsmitglieder sind, wenn sie als solche handeln, gesetzliche Vertreter. Zweifelhaft ist aber z. B. wiederum, inwieweit sie als Zeugen vernommen werden können. In der Entscheidung des Reichsgerichts vom 30. Juni 1900[17]) wurde die Unzulässigkeit der Vernehmung eines stellvertretenden Mitgliedes des Vorstandes angenommen. Irrig ist aber, wenn diese Entscheidung in der Literatur dafür angeführt wird, daß eine solche Vernehmung schlechthin unzulässig sei. Vielmehr heißt es in der gedachten Entscheidung:

> Aber wenn nun auch dahingestellt bleiben kann, welche Stellung diese stellvertretenden Direktoren im übrigen haben

---

[16]) RGZ. 24, 82; KGJ. 24 A 196.
[17]) JW. 1900, 622.

und insbesondere, ob sie in aller und jeder Beziehung als gesetzliche Vertreter der Aktiengesellschaft im Sinne der Prozeßordnung zu behandeln sind, so leidet doch letzteres jedenfalls für den hier in Frage stehenden Vorgang nach dem Inhalt des Statuts keinen Zweifel. Es handelt sich hier um eine Handlung, die gerade dieser stellvertretende Direktor in dieser seiner Eigenschaft vorgenommen haben soll . . . . . Das Statut stellt einen stellvertretenden Direktor, mindestens dann, wenn er in solcher Eigenschaft in Tätigkeit getreten ist, den eigentlichen Direktoren gleich, und damit ist von selbst gegeben, daß ein stellvertretender Direktor jedenfalls unter solchen Umständen als gesetzlicher Vertreter der Aktiengesellschaft gelten muß."

Die Entscheidung ist wenig klar. Da ein stellvertretendes Mitglied des Vorstandes nur dann als solches sich zu betätigen hat, wenn der ordentliche Vorstand behindert ist, so braucht es z. B. jedenfalls dann, wenn die zur Vertretung ausreichende Zahl von ordentlichen Vorstandsmitgliedern vorhanden ist, nicht als gesetzlicher Vertreter im Rubrum der Klage aufgeführt zu werden. Er ist also für den ganzen Prozeß unter solchen Umständen nicht gesetzlicher Vertreter. Daher wird grundsätzlich seiner Vernehmung als Zeuge nichts entgegenstehen.

Nach § 239 HGB. hat der Vorstand dafür Sorge zu tragen, daß die erforderlichen Bücher der Gesellschaft geführt werden. Daraus wird geschlossen[18]), daß auch der stellvertretende Vorstand diese Pflicht hat. Dies erscheint in solcher Allgemeinheit nicht zutreffend. Nicht sämtliche Mitglieder des Vorstandes haben nach § 239 für die Buchführung Sorge zu tragen, sondern der Vorstand. Soweit das stellvertretende Mitglied des Vorstandes nicht zur Stellvertretung berufen wird, ist es gar nicht berechtigt, auf die Buchführung Einfluß zu nehmen; daher trifft ihn auch die Verpflichtung aus § 239 nicht schlechthin. Nur wenn ausdrücklich das Gesetz irgendwelche Erfordernisse allen Mitgliedern des Vorstandes auferlegt (wie z. B. bei gewissen Eintragungen in das Handelsregister), wird man allenfalls annehmen können, daß auch die Mitwirkung der stellvertretenden

[18]) Staub HGB. § 239 Anm. 2.

Vorstandsmitglieder mit Rücksicht auf die Fassung des § 242 allgemein erforderlich ist.

Die dargelegten Streitfragen lassen eine zusammenfassende Ordnung der Rechte und Pflichten der stellvertretenden Vorstandsmitglieder als dringend wünschenswert erscheinen. Diese sind nicht selten im Zweifel wegen ihrer Verantwortlichkeit und müssen auf der anderen Seite befürchten, bei selbständigem Widerspruch gegen Handlungen der ordentlichen Vorstandsmitglieder den kürzeren zu ziehen.

Die gesetzliche Bestimmung wird dahin zu ändern sein, daß die stellvertretenden Mitglieder des Vorstands die Rechte und Pflichten der Vorstandsmitglieder nur insoweit haben, als sie zur Vertretung berufen sind, dritten Personen gegenüber aber diese Einschränkung keine Wirkung hat.

ZUM STRAFRECHTLICHEN SCHUTZ DER WERTPAPIERE.

Von ERNST SPRINGER.

Die nachstehende Arbeit hat sich keine dogmatische Darlegung zum Ziel gesetzt. Sie will sich darauf beschränken, die bei uns bestehenden Gesetze mit Rücksicht auf den strafrechtlichen Schutz der Wertpapiere zu betrachten und zu prüfen, ob dieser Schutz den jetzigen Verkehrsbedürfnissen entspricht.

Es würde über diesen Rahmen hinausgehen, wollte sie in eine Erörterung und Würdigung der umfassenden Literatur über die Theorie und die juristische Natur der Wertpapiere, insbesondere der Inhaberpapiere eintreten. Auch die ausländische Gesetzgebung soll außerhalb der Erörterung bleiben, trotz mancher Anregung, die aus ihr gewonnen werden kann.

Jedes Wertpapier ist seiner Natur nach für den Verkehr bestimmt. Bei seiner Schaffung wird von vornherein an seine spätere Übertragung gedacht, an einen Umlauf zu wirtschaftlichen Zwecken im Dienste der verschiedenartigsten Rechtsgeschäfte, mögen diese in Kauf, Tausch, Darlehn, Miete, Leihe, Verpfändung oder in einer Kombination hiervon bestehen. In ganz besonderer Weise ist dies der Fall bei denjenigen Wertpapieren, die in Mengen gleichartiger Stücke geschaffen, und losgelöst von den Beziehungen zwischen dem Aussteller und dem ersten Nehmer, geeignet sind, nicht nur Gegenstand gelegentlicher Rechtsgeschäfte zu sein, sondern als Ware Objekt eines Marktverkehrs zu werden oder in vereinzelten Gruppen gar als Surrogate des Geldes zu dienen.

Je intensiver der Verkehr in solchen Wertpapieren stattfindet, um so mehr wächst die Gefahr, daß Fälschungen oder Verfälschungen begangen werden, welche gerade bei dem häufigen Wechsel von Hand zu Hand erst nach eingetretener Schädigung gutgläubiger Personen entdeckt werden. Dieser typischen Gefahr soll freilich in erster Linie der Fortschritt in der Technik bei und in der Herstellung der Wertpapiere entgegentreten, und es ist wohl der Nachprüfung wert, ob in Ansehung der Wertpapiere privaten Ursprungs bei uns in Deutschland nach dieser Richtung hin überall die wünschenswerte Sorgfalt angewandt wird. Da aber auch der moderne Verbrecher sich die Fortschritte der Technik in hohem Maße zu eigen gemacht hat, so sind die strafgesetzlichen Vorschriften zum Schutze der Wertpapiere unter allen Umständen von ungemeiner Wichtigkeit.

I.

Das gegenwärtig geltende Strafgesetzbuch für das Deutsche Reich vom 31. Mai 1870 (15. Mai 1871), nimmt gewisse Wertpapiere in bezug auf ihren strafrechtlichen Schutz aus der Reihe der bloßen „Urkunden" heraus, und stellt sie, wie es sich ausdrückt, „dem Papiergelde gleich." (§ 149). Da Wertpapiere, wie man sie auch begrifflich definieren mag, unter allen Umständen Urkunden über irgendein Vermögensrecht darstellen müssen, so sind die Fälschungsdelikte an ihnen, soweit sie nicht „dem Papiergelde gleich geachtet" werden, nach unserem Rechte nach den Grundsätzen der Urkundenfälschung (§ 267 flg.) zu beurteilen, soweit sie aber „dem Papiergelde gleich geachtet" werden, nach den Grundsätzen des Münzverbrechens.

Würden nun die beiden Deliktsgruppen der Urkundenfälschung und des Münzverbrechens in bezug auf Vorbereitungs- und Versuchshandlungen, Mittäterschaft, Beihilfe, Fahrlässigkeit usw. analog behandelt, so würde die Zuteilung der Fälschungsdelikte teils an das Gebiet der Urkundenfälschung, teils an das Gebiet des Münzverbrechens im wesentlichen — abgesehen von dem Strafmaße — eine theoretische Bedeutung behalten. Aber nicht nur im Strafmaß und im Zusammenhange damit in der Zuweisung an verschiedene Gerichte (Schwurgericht, Strafkammer oder Schöffengericht) unterscheiden sich die Vorschriften über den Normalfall der Urkundenfälschung und des Münzverbrechens, sondern die beiderseitigen Strafbestimmungen sind in bezug auf die Bewertung der einzelnen Tatbestandsmomente grundverschieden. Diese Verschiedenheit, die sich z. B. in der Gestaltung wissentlicher, auch fahrlässiger Vorbereitungshandlungen innerhalb der Gruppe der Münzverbrechen zu selbständigen Delikten zeigt, macht die Scheidung zwischen den Wertpapieren, welche Gegenstand einer Urkundenfälschung, und welche Gegenstand eines Münzverbrechens sein können, zu einer tief einschneidenden.

§ 146 bestraft: wer inländisches oder ausländisches Metallgeld oder Papiergeld nachmacht, um es als echtes zu gebrauchen, oder sonst in Verkehr zu bringen, oder wer in gleicher Absicht echtem Gelde durch Veränderung den Schein höheren Werts, oder verrufenem Gelde durch Veränderung das Ansehen eines noch geltenden gibt. (Zuchthaus nicht unter 2 Jahren, bei mildernden Umständen Gefängnis.)

§ 147 bestimmt das gleiche für den, welcher das von ihm auch ohne jene Absicht nachgemachte oder verfälschte Geld als echtes in Verkehr bringt, sowie auch für den, welcher nachgemachtes oder verfälschtes Geld sich verschafft und es entweder in Verkehr bringt oder zum Zwecke der Verbreitung aus dem Auslande einführt.

§ 148 bestraft, wer nachgemachtes oder verfälschtes Geld als echtes empfängt, und nach erkannter Unechtheit als echtes in Verkehr bringt. (Gefängnis bis zu 3 Monaten oder Geldstrafe bis zu 300 M.)

Der Versuch ist in allen drei Fällen strafbar, bei den Verbrechen der §§ 146 und 147 infolge des § 43, bei dem Vergehen des § 148 infolge der Anordnung seines zweiten Absatzes.

§ 151 bestraft, wer Stempel, Siegel, Stiche, Platten oder andere zur Anfertigung von Metall- oder Papiergeld dienliche Formen zum Zwecke eines Münzverbrechens angeschafft oder angefertigt hat. (Gefängnis bis zu 2 Jahren.)

Nach § 152 ist die Einziehung des nachgemachten oder verfälschten Geldes, sowie der Stempel usw. zulässig, auch wenn die Verfolgung oder Verurteilung einer bestimmten Person nicht stattfindet.

In den Rahmen dieser Vorschriften fügt nun der § 149 hinein: „Dem Papiergelde werden gleich geachtet die auf den Inhaber lautenden Schuldverschreibungen, Banknoten, Aktien oder deren Stelle vertretende Interimsscheine oder Quittungen, sowie die zu diesen Papieren gehörenden Zins-, Gewinnanteils- oder Erneuerungsscheine, welche von dem Reich, dem Norddeutschen Bunde, einem Bundesstaate oder fremden Staate oder von einer zur Ausgabe solcher Papiere berechtigten Gemeinde, Korporation, Gesellschaft oder Privatperson ausgestellt sind."

Diese nach § 149 privilegierten Wertpapiere erfreuen sich also desselben Schutzes wie das Papiergeld, eines Schutzes, welcher um so weiter reicht, als auch im Abschnitte des Strafgesetzbuches von den Übertretungen gewisse zur Vorbereitung dieser Fälschungen geeignete Handlungen ohne Rücksicht auf die münzverbrecherische Absicht mit Strafe belegt werden.

§ 360 bedroht mit Geldstrafe bis zu 150 M. oder mit Haft: (4) wer ohne schriftlichen Auftrag einer Behörde Stempel, Siegel, Stiche, Platten oder andere Formen, welche zur Anfertigung von Metall- oder Papiergeld, oder von solchen Papieren, welche nach § 149 dem Papiergelde gleich geachtet werden, oder von Stempelpapier, Stempelmarken, Stempelblanketten, Stempelabdrücken, Post- oder Telegraphenwertzeichen, öffentlichen Bescheinigungen oder Beglaubigungen dienen können, anfertigt oder an einen anderen als die Behörde verabfolgt; (5) wer ohne schriftlichen Auftrag einer Behörde den Abdruck der in Nr. 4 genannten Stempel, Siegel, Stiche, Platten oder Formen, oder einen Druck von Formularen zu den daselbst bezeichneten öffentlichen Papieren, Beglaubigungen oder Bescheinigungen unternimmt, oder Abdrücke an einen anderen als die Behörde verabfolgt; (6) wer Waren-Empfehlungskarten, Ankündigungen oder andere Drucksachen oder Abbildungen, welche in der Form oder Verzierung dem Papiergelde oder den dem Papiergelde nach § 149 gleich geachteten Papieren ähnlich sind, anfertigt oder verbreitet, oder wer Stempel, Stiche, Platten oder andere Formen, welche zur Anfertigung von solchen Drucksachen oder Abbildungen dienen können, anfertigt.

Neben der Geldstrafe oder der Haft kann auf Einziehung der Stempel, Siegel, Stiche, Platten oder anderen Formen, der Abdrücke oder Abbildungen erkannt werden, ohne Unterschied, ob sie dem Verurteilten gehören oder nicht.

Um sich ein Bild von der Wirkung des § 149 zu machen, hat man sich zu vergegenwärtigen, wie der strafrechtliche Schutz der darin behandelten Wertpapiere beschaffen sein würde, wenn dieser Paragraph nicht bestände. Es ergibt sich dann folgendes:

Ohne das Bestehen des § 149 würde das an einer Banknote oder einem der übrigen dort aufgeführten Wertpapiere begangene Fälschungsdelikt darauf untersucht werden müssen, inwieweit es den Tatbestand der die Urkundenfälschung behandelnden §§ 267—270 erfüllt.

Die auf den Inhaber lautenden Schuldverschreibungen, Banknoten, Aktien, Interimsscheine in- und ausländischer Staaten, Gemeinden oder Privater des § 149, stellen in jedem Falle teils inländische oder ausländische öffentliche Urkunden, teils solche Privaturkunden dar, welche zum Beweise von Rechten oder Rechtsverhältnissen von Erheblichkeit sind. Ihre fälschliche Anfertigung oder Verfälschung fällt demgemäß unter den Begriff der Urkundenfälschung des § 267, sobald der Umstand hinzutritt, daß der Täter von ihnen zum Zwecke einer Täuschung Gebrauch macht.

Die fälschliche Anfertigung oder Verfälschung für sich allein genommen erfüllt nicht selbständig den Tatbestand des § 267 und auch nicht eines sonstigen Strafgesetzes. Auch den strafbaren Versuch einer Urkundenfälschung kann sie nur in Verbindung mit anderen Tatumständen darstellen. Denn der § 267 droht für die Urkundenfälschung Gefängnis an, so daß dies Delikt gemäß § 1 Absatz 2 ein Vergehen ist, und dessen Versuch ist nur in den durch das Gesetz ausdrücklich bestimmten Fällen, zu welchen § 267 nicht gehört, strafbar.

Hier greift allerdings der § 268 ein, welcher, je nach dem es sich um eine Privaturkunde oder eine öffentliche Urkunde handelt, Zuchthaus bis zu 5 Jahren oder 10 Jahren neben Geldstrafe androht, wenn die Urkundenfälschung in der Absicht begangen wird, sich oder einem anderen einen Vermögensvorteil zu verschaffen, oder einem anderen Schaden zuzufügen. Da nun die fälschliche Anfertigung oder Verfälschung eines Wertpapiers, wenn sie überhaupt zwecks Gebrauchs zu einer Täuschung geschieht, fast ausnahmslos auch der Absicht entspringen wird, sich oder einem anderen einen Vermögensvorteil zu verschaffen, oder einem anderen Schaden zuzufügen, so würde in der Mehrzahl der Fälle die zu Täuschungszwecken bewirkte Fälschung einen strafbaren Versuch nach § 268 bilden, selbst wenn es nicht zur Vollendung des Verbrechens gekommen wäre, und sich die Handlung des Täters auf die fälschliche Anfertigung oder Verfälschung des Wertpapieres beschränkt hätte.

Es bleiben aber dann immerhin die Fälle außerhalb des Rahmens des Versuchs, in welchen trotz festgestellter Absicht des Täuschungsgebrauchs es zu diesem nicht gekommen ist, und ein beabsichtigter Vermögensvorteil oder eine Schadenzufügung nicht in Frage kommt. Man denke an die Fälle, in welchen Vorteile ideeller Art, solche, welche überhaupt nicht auf wirtschaftlichem Gebiete liegen, durch die Fälschung erstrebt werden.

Es bleiben aber auch straflos die Fälle, in welchen, so wahrscheinlich die Absicht auf einen Vermögensvorteil oder auf die Schädigung eines anderen auch erscheinen mag, eine solche dennoch nicht mit der erforderlichen Sicherheit festgestellt werden kann. Diese Schwierigkeit tritt besonders auf bei einem Zusammenwirken mehrerer Personen unter Teilung ihrer Funktionen.

A läßt durch B die Wertpapiere fälschlich anfertigen, um sie selbst als echte in den Verkehr zu bringen. Das vollendete Delikt, nämlich die Durchführung der verbrecherischen Handlung bis zum Gebrauch des Falsifikats zum Zwecke einer Täuschung in der Absicht eines Vermögensvorteils, macht beide Personen nach §§ 267, 268 und 270 strafbar, wobei je nach dem Umfang und der Art des Tätigwerdens des B, dieser als Mittäter oder als Gehilfe zu behandeln ist. Aber die Haftbarmachung des B, welcher die eigentliche Fälschungshandlung begangen hat, setzt voraus, daß die notwendigen Tatbestandsmomente des Deliktes, welche sich im übrigen gerade auf seiten der Person des A abspielen, ihm bekannt gewesen sind. Ist ihm, dem technischen Ausführer der Fälschung, die auf den Täuschungsgebrauch, im besonderen Falle die auf den Vermögensvorteil gerichtete Absicht des A nicht bekannt, so entfällt ein für seine eigene Bestrafung notwendiges Tatbestandsmoment, welches selbst durch grobe Fahrlässigkeit auf seiner Seite nicht ersetzt werden kann.

Es bestände also die Gefahr, daß bei dem Fehlen äußerer, objektiver Merkmale für jene Kenntnis des eigentlichen Fälschers gerade diejenige Person straflos ausgeht, welche die bei der Fälschung von Wertpapieren besonders wichtige und schwierige technische Arbeit verrichtet hat.

Diese Gefahr steigert sich, falls das unter solcher Teilung der Funktionen zwischen mehreren Personen vorbereitete Delikt nicht zur Vollendung gekommen ist, weil dann häufig die andernfalls aus der Durchführung der Tat sich ergebenden Indizien für den Umfang der Kenntnis der beteiligten Personen fehlen. Eine hier gleich zu berührende Eigenart der Fälschung von Wertpapieren besteht nun darin, daß sie praktisch ebenso wie die Ausgabe der echten eine Massenproduktion bezweckt und sich nicht auf ein einzelnes Stück beschränkt, so daß sich die Technik der falschen Anfertigung in zwei Stadien vollzieht, nämlich der Herstellung einer Platte, und der Anfertigung von Abzügen dieser Platte auf Papier. Es ist daher eine weitere Teilung der Funktionen möglich, indem eine dritte Person zur Verfertigung der Abzüge herangezogen wird.

Je mehr es dem Urheber des Verbrechens auf diese Weise gelingt, die Arbeit unter die verschiedenen Personen zu verteilen, um so mehr werden die gesetzlichen Tatbestandsmomente des Deliktes auseinandergerissen, und um so schwerer wird es tatsächlich, die Einheitlichkeit des verbrecherischen Willens, die Kenntnis der Zusammengehörigkeit der getrennt gehaltenen Manipulationen bei den verschiedenen Personen festzustellen.

Um so leichter wird es aber auch dem Urheber, den von ihm als Mitarbeiter hinzugezogenen Personen den wahren Zusammenhang vorzuenthalten, und sie durch mehr oder minder glaubhafte Vorspiegelungen in einen Irrtum über den Zweck ihrer Arbeit zu versetzen.

Das hierin liegende Gefährdungsmoment wird durch die Gleichstellung der in § 149 aufgeführten Wertpapiere mit dem Papiergelde für diese Gattung von Wertpapieren wesentlich herabgemindert und zum Teil beseitigt. Die mehreren Handlungen, welche nur in ihrer Vollendung oder nur bei ihrem Zusammentreffen unter einheitlichem Willen eine Urkundenfälschung bilden, stellen in der Mehrzahl der Fälle selbständige Delikte oder strafbare Versuche im Rahmen der Münzverbrechen dar, wobei noch das objektive Verfahren nach § 152 (die Einziehung der Falsifikate und Formen auch ohne Verfolgung oder Verurteilung einer bestimmten Person) und die Übertretungen des § 360 Ziffer 4 folgende ihre Rolle spielen.

Die letztgedachten Vorschriften des § 360 fordern zu einer besonderen Betrachtung auf.

Die Ziffer 4 verbietet u. a. ohne schriftlichen Auftrag einer Behörde Stiche, Platten, Formen zur Anfertigung der dem Papiergelde gleichgeachteten Wertpapiere anzufertigen. Das Gesetz bezweckt offensichtlich, in dem obigen Gedankengange dem intellektuellen Fälscher, welchem die eigene technische Fertigkeit oder die erforderliche Apparatur fehlt, die Mitwirkung eines gutgläubigen Fachmannes zu erschweren, indem es letzterem verbietet, ohne besondere Kautelen den Auftrag zur Anfertigung der Stiche, Platten usw. für die Wertpapiere entgegenzunehmen und auszuführen. Die Bestimmung knüpft hierbei an das alte preußische Gesetz vom 6. Juni 1835 an, dessen Wortlaut sie zum Teil wiedergibt. Aber dies alte Gesetz hatte seine Fürsorge nur den vom Staat und öffentlichen Korporationen ausgegebenen Wertpapieren angedeihen lassen und deshalb folgerichtig die Herstellung der Stiche und Platten an den Auftrag einer Behörde geknüpft, als welche es die höheren Provinzialbehörden bezeichnete. Der § 360 Ziffer 4 wiederum erstreckt sich ausdrücklich auf die ganze Gattung der im § 149 dem Papiergelde gleichgestellten Wertpapiere. Zu diesen gehören auch solche, welche von Privaten ausgestellt sind; z. B. die Inhaber-Aktien der Aktiengesellschaften oder Aktien-Kommanditgesellschaften, die Pfandbriefe der Hypothekenbanken, die mit Inhaberprivileg ausgegebenen Teilschuldverschreibungen der industriellen Unternehmungen. Auch die Anfertigung der Stiche und Platten für diese vom § 149 mitumfaßten Wertpapiere ist nach dem Wortlaut des § 360 Nr. 4 ohne schriftlichen Auftrag einer Behörde bei Strafe verboten. Es gibt nun aber jedenfalls in Preußen, vermutlich auch in den übrigen Bundesstaaten, keine Behörde, welche den schriftlichen Auftrag zur Anfertigung dieser von privaten Gesellschaften oder Personen auszugebenden Wertpapiere zu erteilen berufen wäre. Demgemäß unterliegt es keinem Zweifel, daß seit dem Inkrafttreten des Reichsstrafgesetzbuches fortgesetzt von den berufsmäßig mit der technischen Herstellung von Wertpapieren beschäftigten Personen und Anstalten durch den Druck von Inhaber-Aktien, von Pfandbriefen der Hypothekenbanken, von Teilschuldverschreibungen mit Inhaberprivileg usw., Zuwiderhandlungen gegen jene Anordnung begangen werden, und zwar ohne daß jemals eine Strafverfolgung eingeleitet worden wäre. Ungezählte Millionen von Pfandbriefen, von Inhaber-Aktien und entsprechenden Schuldverschreibungen privater Gesellschaften nebst Gewinnanteilscheinen und Zinsscheinen wurden und werden alljährlich in Deutschland zu legitimem Umlaufe hergestellt, ohne daß ein schriftlicher Auftrag einer Behörde im Sinne des erwähnten Paragraphen vorgelegt wird und auch nur vorgelegt werden könnte. Eine Verstärkung erhält dieser Widerspruch zwischen der Anordnung des Gesetzes und der Gestaltung des Verkehrs noch dadurch, daß die Ziffer 5 auch den Abdruck von den Stichen und Platten, selbst wenn diese dem Drucker fertig geliefert werden, ohne schriftlichen Auftrag der Behörde verbietet und die Ablieferung der Abdrücke an andere als an die Behörde bei Strafe untersagt.

Es unterliegt wohl keinem Zweifel, daß zwischen dem § 149 und dem § 360 Nr. 4 und 5 eine klaffende Lücke besteht, die darauf zurückzuführen ist, daß bei der Beratung des Reichsstrafgesetzbuches das ganze Wertpapierwesen und was mit ihm zusammenhängt bei uns noch in den Anfängen der Entwicklung lag. Erst das fast gleichzeitige Gesetz vom 11. Juni 1870, welches die Aktiengesellschaften von der Konzessionierungspflicht befreite und ihre Gründung unter allgemeine Normativbestimmungen stellte, hat die Schaffung von Inhaber-Aktien ohne jeden Einfluß einer Verwaltungsbehörde gestattet, und erst die nach dem Friedensschluß 1871 einsetzende, mächtige, wenn auch zuerst trügerische Entwicklung des Börsenverkehrs erzeugte in Deutschland die unabsehbare Fülle von Inhaber-Papieren, bei deren Schaffung von dem Auftrag einer Behörde grundsätzlich nicht mehr die Rede sein konnte. So wird wohl nichts übrig bleiben, als in die Nr. 4 und 5 des § 360 des geltenden Strafgesetzbuches den immerhin etwas fragwürdigen Zusatz hineinzudenken „soweit eine Behörde zur Erteilung eines solchen Auftrages berufen ist.“

Der Vorentwurf zu einem neuen Strafgesetzbuch hat, wie bemerkt werden mag, diese Klippe dadurch zu umschiffen versucht, daß er (§ 308 Ziffer 3) an Stelle des schriftlichen Auftrages eine schriftliche Erlaubnis einer Behörde setzt. Aber eine solche vorgängige Erlaubnis für die Anfertigung der auf freiem Willen von Privaten beruhenden Wertpapiere würde voraussetzen, daß den Behörden eine ihrer sonstigen Amtstätigkeit fernliegende und zeitraubende Arbeit und Prüfung zugewiesen werde. Bei der ersten Lesung des Vorentwurfes hat denn auch die Kommission, wie man erfährt (Ebermayer, in der D. J. Z. 1913 Nr. 6 S. 379), sich entschlossen, bei den von Privaten ausgehenden Wertpapieren an Stelle des schriftlichen Auftrages einer Behörde, einen solchen des Privaten selbst zu fordern. und für diese Fälle die Aushändigung nicht an einen anderen als die Behörde, sondern an einen anderen als den Privaten unter Strafe zu stellen.

Freilich darf nicht verkannt werden, daß hierin eine wesentliche Abschwächung der Sicherungstendenz des jetzigen § 360 Nr. 4, 5 liegt. Denn es ist leichter, dem gutgläubigen Stecher oder Drucker das Vorhandensein des schriftlichen Auftrages eines Privaten, als einer

Behörde vorzutäuschen. Man könnte in Erwägung ziehen, ob nicht etwa im Einführungsgesetze dem Bundesrat die Ermächtigung erteilt werden soll, Vorschriften für eine Kontrolle der gewerblichen Herstellung von Wertpapieren zwecks Sicherung des Verkehrs in solchen zu erlassen. In dieser beweglicheren Form kann man dem Bedürfnis besser Rechnung tragen. Man könnte die Anordnung, welche keine große Organisation zu erfordern brauchte, an die ohnehin bei stempelpflichtigen inländischen Wertpapieren gemäß § 3 des Stempelgesetzes in gewissem Umfange zu führende Kontrolle anknüpfen. Die Strafandrohung des § 360 Abs. 4, 5 würde dann auf die Übertretung dieser Vorschriften auszudehnen sein.

II.

Aus dem Vorstehenden ergibt sich, in wie hohem Grade die Sicherheit des Verkehrs in Wertpapieren durch die strafrechtliche Gleichstellung ihrer Fälschungsdelikte mit den entsprechenden Münzdelikten gefördert wird. Trotzdem die Natur des Münzgeldes und des Papiergeldes grundverschieden von der Natur der Wertpapiere ist, und, rein dogmatisch betrachtet, im Abschnitt der „Münzverbrechen und Münzvergehen" kein Raum für die Behandlung der Fälschung der Wertpapiere zu sein scheint, ist die Regelung beider Deliktsgattungen nach den gleichen Grundsätzen nicht nur gerechtfertigt, sondern sogar geboten. Für die Reichsbanknoten versteht sich dies jetzt von selbst, seitdem sie durch das Gesetz vom 1. Juni 1909 Art. 3 zu gesetzlichen Zahlungsmitteln erklärt wurden; und die Natur der Dinge gestattet nicht, die Banknoten beschränkteren Rechts der übrigen deutschen Notenbanken oder die ausländischen Banknoten anders zu behandeln. Die Banknoten sind immerhin geschaffen, um gegebenenfalls bei übereinstimmendem Parteiwillen als Geldsurrogate verwendet zu werden.

Die übrigen Wertpapiere des § 149 sind nicht dazu bestimmt — und mit Ausnahme der fälligen „Zinsscheine" auch gar nicht dazu geeignet — als Geldsurrogate zu dienen. Aber einmal sind sie zum Umlauf von Hand zu Hand bestimmt, und zwar nicht als an sich individuell gestaltete Stücke von verschiedenem wirtschaftlichem und rechtsgeschäftlichem Inhalte, sondern regelmäßig als gleich gestaltete Teile einer zur Ausgabe gelangenden größeren Menge, deren Gesamtheit man in gewissem Sinne als eine Einheit betrachten kann. Ihr Besitzwechsel soll sich rasch und einfach ohne Legitimationsnachweis vollziehen, die Prüfung der Echtheit — soweit überhaupt jeweilig dazu ein Anlaß vorliegt — darf nicht zeitraubend sein und muß sich auf die Übereinstimmung der charakteristischen Merkmale mit denen anderer Stücke der gleichen Gattung, wenn solche bereits bekannt sind, beschränken können.

Trotz aller inneren Verschiedenheit zwischen Papiergeld und Wertpapier in rechtlicher und wirtschaftlicher Beziehung ist die Art, wie der Verkehr beide äußerlich behandelt, die Manipulation, wesentlich gleich.

Als zweites Moment tritt die Gleichheit der Herstellungsweise hinzu. Beide Gattungen, Papiergeld wie Wertpapiere, werden in Massen gleicher Stücke hergestellt. Die Herstellung setzt die Anfertigung von Platten oder dergleichen und danach die Vervielfältigung mit der Druckerpresse voraus. Die auf diesem Wege liegenden Gefahren eines Mißbrauchs sind bei der einen wie der anderen Gattung genau dieselben. Die Gefährdung des Verkehrs ist in dem einen wie dem anderen Falle schwerwiegend.

Der Schutz des Verkehrs ist es also, um den es sich hier handelt, und zwar eines besonderen Verkehrs, welcher ebenso wie der Zahlungsverkehr mit Geld in hervorragendem Maße auf Treu und Glauben aufgebaut ist, nämlich auf dem Vertrauen zur Echtheit der umlaufenden Wertpapiere, deren umständliche, jedesmal ins einzelne gehende Prüfung ohne besondere Verdachtsgründe den Umlauf hindern, den Verkehr unerträglich belasten und das geschäftliche Leben nach vielen Richtungen hin schwer beeinträchtigen würde. An den Effektenschaltern der großen Banken und Bankinstitute, bei den Massenablieferungen auf Grund des Börsenverkehrs, können die zur Ein- und Auslieferung gelangenden Wertpapiere in bezug auf die Kontrolle der Echtheit nicht anders behandelt werden, als an den Kassenschaltern die Banknoten, das Papiergeld und Bargeld. Der dort amtierende Fachmann hat den Typus und neben den allgemeinen auch die besonderen Merkmale der einzelnen Wertpapiere auf Grund seiner Erfahrung ebenso im Kopfe, wie der Privatmann die Kennzeichen der Geldstücke und Scheine. Die Erfordernisse des Verkehrs nötigen ihn, wenn nicht besondere Verdachtsgründe vorliegen, bei der Übereinstimmung des vorliegenden Stückes mit dem in seiner Erinnerung aufbewahrten Bilde es als echt zu behandeln. Der kleine Bankier in der entfernten Provinzstadt ist häufig nicht einmal in der Lage, eine solche Vergleichung anzustellen; er muß oft auf Treu und Glauben ein äußerlich als rechtmäßig ausgegeben sich bezeichnendes Wertpapier, welches in einer für derartige Gattungen gebräuchlichen Ausstattung und Form ihm vorgelegt wird und die im Prospekt oder anderwärts erwähnten Merkmale und Zeichen aufweist, als echt behandeln. In noch schlechterer Lage ist der Privatmann, der im rechtsgeschäftlichen Verkehr dergleichen Wertpapiere als Pfand, an Zahlungs Statt oder dergleichen entgegennehmen muß, ohne jedesmal seine Entschließungen von einer besonderen Echtheitsprüfung durch Sachverständige abhängig machen zu können.

Der Fall der für den Massenverkehr bestimmten Wertpapiere liegt eben sehr anders als der Fall der individuellen, wenn auch urkundlich verbrieften und daher ebenfalls leicht umlaufsfähigen Forderungen oder Ansprüche wie z. B. der Wechsel, der Konnossemente, Anweisungen oder Schecks. Derartige individuelle Papiere ist der Verkehr gewohnt auch individuell zu prüfen.

III.

Der § 149 erklärt nun jenes Verkehrsbedürfnis als durch das Bedürfnis der Inhaberpapiere erschöpft, indem er den besonderen auch durch das Strafmaß und die Strafart erhöhten Schutz der für den Massenumlauf bestimmten Wertpapiere auf die Inhaberpapiere und deren Zubehör (Zins-, Gewinnanteils- und Erneuerungsscheine) einschränkt.

Diese Einschränkung ist nur historisch zu verstehen. In älterer Zeit dienten dem vorgeschilderten Verkehr im wesentlichen Inhaberpapiere. Die auf Namen gestellten Papiere waren ursprünglich entweder individuellen und daher für den Massenverkehr nicht geeigneten Inhalts, oder aber ihrer Gestaltung und Übertragbarkeit nach zu schwerfällig für den Massenverkehr. Das erstere trifft z. B. für die auf Namen gestellten, durch Blankozession übertragbaren Grundschuldbriefe älteren Rechts zu, deren Übertragbarkeit und Umlaufsfähigkeit durch diese Form zwar ungemein begünstigt wurde, deren individueller Inhalt aber sie von dem Massenverkehr ausschloß. Wo man aber fungible Gattungspapiere auf Namen und nicht auf Inhaber ausstellte, verband man die Absicht damit, den beliebigen freien Umlauf zu erschweren. Man denke an die Zeit, in welcher es zwar bereits gestattet war, die Aktien der Aktiengesellschaften auch auf den Inhaber zu stellen, die Aktien der Aktien-Kommanditgesellschaften aber nur als Namenspapiere auszugeben. (Art. 173 des HGB. noch nach der Novelle vom 11. Juni 1870.) Der Umlauf der Namensaktien wurde sodann vielfach durch statutarische Anordnungen erschwert, wie sie jetzt nur noch ausnahmsweise aus besonderer Veranlassung, z. B. bei den Aktien der Versicherungsgesellschaften üblich sind. Aber auch hier setzte das Verkehrsbedürfnis verhältnismäßig früh ein und nötigte die Interessenten, von der leichten Übertragungsform des Blanko-Indossamentes Gebrauch zu machen und die statutarischen Hindernisse zu beseitigen oder zu vermindern. Das diese Entwickelung einleitende Gesetz vom 11. Juni 1870 scheint aber ohne Einfluß auf das etwa gleichzeitig bearbeitete Strafgesetzbuch geblieben zu sein. Tatsächlich lautete auch damals noch die große Masse der im Verkehr umlaufenden und gehandelten Wertpapiere privaten und öffentlichen Ursprungs auf den Inhaber. Die auf Namen lautenden ohne statutarische Beschränkung durch Blankogiro übertragbaren Aktien können nur einen verschwindenden Teil gebildet haben, welcher zu einer Übertragung des Schutzes der alten Inhaberpapiere auf ihn noch nicht aufzufordern schien. Ein Blick auf die Kurszettel der Börsen damaliger Zeit stellt dies klar.

Seither hat dies Bild aber eine vollständige Veränderung erfahren. Die unmittelbar nach dem Friedensschluß 1871 einsetzende wirtschaftliche Bewegung hat eine ungemessene Zahl von Aktiengesellschaften ins Leben gerufen, welche unter Benutzung der neuen gesetzlichen Normativbestimmungen der leichten Begebbarkeit halber sofort Inhaberaktien ausgaben, und vermöge der dadurch erleichterten Mobilisierbarkeit des investierten Kapitals durch die jeweiligen Aktionäre auch den älteren Gesellschaften den Anreiz gaben, bei künftigen Emissionen von der gebundenen Namensaktie zur frei girierbaren und zur Inhaberaktie überzugehen. Es darf bei der Beurteilung dieser Verhältnisse nicht außer Betrachtung bleiben, daß lange Zeit die Namensaktie trotz der Zulässigkeit des Blankogiro hinter der Inhaberaktie insofern zurückstand, als zwar Art. 11—13 der Wechselordnung über die F o r m des Indossaments auf sie Anwendung fanden, nicht aber die Art. 36 und 74, welche die Legitimation des Besitzers der Urkunde und seine V e r p f l i c h t u n g z u r H e r a u s g a b e behandeln. Der gutgläubige Erwerber einer dem Veräußerer nicht gehörenden Namensaktie mit Blankogiro entbehrte daher noch des dem Erwerber von Inhaberpapieren gewährten Schutzes. Diese der Verkehrssicherheit gesetzte Schranke ist erst am 1. Januar 1900 durch § 222 Abs. 2 Satz 3 des HGB. gefallen. Die Vorzüge der Inhaberaktie lagen unter solchen Verhältnissen auf der Hand und wurden benutzt. So mag daran erinnert werden, daß die Disconto-Gesellschaft, deren erste Anteile, als vor der gesetzlichen Regelung der Aktien-Kommanditgesellschaft durch das Allgemeine Deutsche Handelsgesetzbuch ausgegeben, noch auf Inhaber lauteten, und welche spätere Emissionen unter dem Zwange des Gesetzes (Art. 173 Abs. 2) auf Namen ausgestellt hatte, dazu überging, die weitere Ausgabe nach der Abänderung des Art. 173 durch das Gesetz vom 18. Juli 1884 wieder in Form von Inhaberanteilen zu bewirken. So kommt es, daß von ihren jetzt gleichmäßig im Umlaufe befindlichen Anteilen 40 000 Stück, nämlich die Nrn. 60 001 bis 100 000 auf Namen lauten und durch (Blanko-) Indossament übertragbar sind, während die übrigen Nummern von 1 bis 60 000 und von 100 001 ab auf Inhaber lauten. Es liegt auf der Hand, daß der Verkehr keinen qualitativen Unterschied zwischen diesen Gattungen von Anteilen der Disconto-Gesellschaft macht. Wer an der Börse oder außerhalb 30 000 M. Disconto-Kommandit-Anteile kauft, hat sowohl Inhaber-Stücke als auch auf Namen lautende in blanko girierte Stücke als Erfüllung anzunehmen, wie sie ihm der Verkäufer anbietet. Es ist ihm auch völlig gleichgültig, ob er von dieser oder jener Kategorie Stücke erhält. Der Privatmann, welcher einen solchen Ankauf durch seinen Bankier tätigen läßt, erfährt nicht einmal, welcher dieser beiden Kategorien seine Stücke angehören, es sei denn, daß ihm die vorhandenen Unterschiede der Nummern bekannt sind, und er daraufhin das ihm übersandte Nummernverzeichnis durchstudiert. Der Verkehr macht ganz allgemein keinen Unterschied zwischen der Behandlung der auf den Inhaber und der auf den Namen lautenden mit Blankogiro versehenen Aktien: er vollzieht sich in den auf Namen lautenden Anteilen der Berliner Handelsgesellschaft genau so, wie in den auf Inhaber lautenden Aktien der Deutschen Bank. Kein Erwerber einer Aktie denkt an die Möglichkeit, daß er, wie es nach Lage der jetzigen Gesetzgebung tatsächlich der Fall ist (§ 149 StGB.), in bezug auf eine Deutsche Bank-Aktie und deren Gewinnanteilscheine und Talons einen durch die Strafbestimmungen in höherem Maße gesicherten Schutz gegen Fälschungen besitzt, als bei einem Anteile der Berliner Handelsgesellschaft, der auf Namen lautet. Er ahnt es nicht und würde es sicherlich nicht begreifen, wenn man es ihm darlegte, daß, wenn unter seinen Disconto-Kommandit-Anteilen sich Stücke aus den Nummern zwischen 60 001 und 100 000 befinden, diese und ihre Gewinnanteilscheine nebst Talons in geringerem Maße gegen Fälschungen durch das Gesetz geschützt werden, als die übrigen ihm gehörigen mit den früheren oder späteren Nummern versehenen Stücke.

Aber noch viel gewaltiger ist die Entwickelung nach einer anderen Seite vorgeschritten, nämlich durch die ohne Staatsprivileg ausgegebenen Partial-Obligationen, namentlich der industriellen Gesellschaften. Anknüpfend an die gesetzlichen Bestimmungen über die kaufmännischen Verpflichtungsscheine (jetzt § 363, früher Art. 301, 303 HGB.) sind Privatfirmen und Aktiengesellschaften, später auch die Gesellschaften mit beschränkter Haftung und Gewerkschaften dazu übergegangen, ihr Anleihebedürfnis durch auf Namen und Order gestellte, also durch Blankogiro übertragbare, verzinsliche Schuldverschreibungen zu befriedigen, welche in ihrer ganzen äußeren Ausstattung und inneren Gestaltung den Inhaberpapieren nachgebildet sind. Nur ausnahmsweise wird noch gelegentlich von der Privatgesellschaft die Anleihe mittels Ausgabe von Inhaberpapieren unter behördlichem Privileg (§ 795 BGB.) gewählt, seitdem die neue Form die Interessenten in den Stand setzt, die mit der Nachsuchung des Inhaberprivilegs im besten Falle verbundenen Umstände und Verzögerungen zu vermeiden. Im Kurszettel der deutschen Börsen nehmen die Anleihen der industriellen Gesellschaften einen ganzen, recht stattlichen Abschnitt ein, ohne dabei auch nur erkennbar zu machen, ob es sich um Inhaberpapiere oder um Orderpapiere handelt, und die nähere Prüfung ergibt, daß die Inhaberpapiere in diesem Abschnitt nur die verschwindende Minderheit bilden. Auch das Publikum macht keinen Unterschied zwischen beiden Kategorien, und der Verkehr in den Wertpapieren der einen Art vollzieht sich in der gleichen Weise und mit dem gleichen Bedürfnis der Sicherheit, wie der Verkehr in den Wertpapieren der anderen Art. Die Obligationen des Norddeutschen Lloyd, welche auf Inhaber lauten, werden nicht anders behandelt als die Obligationen der Laurahütte, welche auf Namen lauten und Blankogiro tragen. Die Stücke der älteren, auf Inhaber lautenden Anleihe der Königin-Marienhütte werden ebenso behandelt wie die Stücke ihrer zweiten Anleihe, welche auf Namen mit Blankogiro gestellt sind. Das gleiche gilt von Zins- und Gewinnanteilscheinen und den Erneuerungsscheinen aller dieser Papiere, die getrennt von der Stammurkunde nicht einmal erkennen lassen, ob sie zu einem Inhaber- oder Namenspapier gehören.

Hierbei ist zu beachten, daß, während bei Namensaktien im Verhältnisse zur Gesellschaft nur derjenige als Aktionär gilt, welcher als solcher im Aktienbuche verzeichnet ist (§ 223 Abs. 3 HGB.), eine solche Einschränkung bei den als Orderpapier ausgegebenen Partial-Obligationen nicht besteht. Hier kann also auf Grund des Blankogiros (gemäß § 363 bis 365 HGB. und Art. 10, 36, 74 WO.) jeder Inhaber des in Blanko girierten Wertpapiers alle Rechte aus demselben ohne Ausnahme geltend machen. Aber auch bei der Namensaktie bildet die erwähnte Vorschrift des § 223 Abs. 3 tatsächlich kein Hemmnis im Umlaufsverkehr. Denn sie hindert weder die jederzeitige Realisierbarkeit des vom Aktionär investierten Kapitals durch Veräußerung mittels einfacher Übergabe, noch bis zur erfolgten Veräußerung die Einziehung der Erträgnisse der Aktie auf Grund der zugehörigen Gewinnanteilscheine. Und auf diese beiden Punkte kommt es dem Erwerber der Aktie im Markte in der Regel einzig und allein an. Daß die Ausübung des Stimmrechts in der Generalversammlung, die Erhebung von Protesten gegen Generalversammlungsbeschlüsse, die Anfechtung von solchen, die Geltendmachung von Minderheits- oder Sonderrechten nach dem Gesetz bei Namensaktien nicht dem bloßen Inhaber des mit (Blanko-) Giro versehenen Wertpapieres zusteht, sondern dem im Aktienbuche als Aktionär eingetragenen, spielt hierbei keine Rolle. Zudem ist der Blanko-Inhaber jederzeit in der Lage, die Eintragung auf seinen Namen herbeizuführen (Art. 8, 13 Satz 1 WO.; § 222 Abs. 3 Satz 2, § 223 Abs. 1 und 2 HGB). Im übrigen kann aber auch bei den Inhaberaktien die Ausübung wichtiger Aktionärrechte, insbesondere des Stimmrechts in der Generalversammlung, von besonderen Voraussetzungen abhängig gemacht werden, was bekanntlich in der Form der vorgängigen fristgemäßen Hinterlegung der Inhaberaktien ganz allgemein üblich ist. Es finden sich aber auch darüber weit hinausgehende Vorschriften. So gibt z. B. das Statut der Disconto-Gesellschaft in Art. 31 überhaupt nur demjenigen Anteilseigner das Stimmrecht in der Generalversammlung, dessen Anteil mindestens 8 Tage vor Berufung der Generalversammlung im Aktienbuche auf seinen Namen eingetragen ist. Da diese Bestimmung gleichmäßig für die auf Namen und für die auf Inhaber lautenden Anteile der Gesellschaft getroffen ist, und die Eintragung auf den Namen schon bewirkt sein muß, ehe die Generalversammlung überhaupt einberufen wurde, nach öffentlich bekanntgegebener Einberufung also nicht mehr möglich ist, so leuchtet ein, daß eine gewisse Bindung in der Ausübung spezifischer Aktionärrechte gegenüber der Gesellschaft abgesehen von dem an den Besitz des Gewinnanteilscheins geknüpften Gewinnanteil nicht etwa eine notwendige Eigentümlichkeit der Namensaktien im Gegensatz zu den Inhaberaktien bildet.

Mag daher auch für den Zeitpunkt der Ausarbeitung, Beratung und Verkündung des Reichs-Strafgesetzbuchs ein Bedürfnis für den Schutz von auf Namen lautenden, durch Blankogiro übertragbaren, dem Umlauf dienenden Obligationen und Aktien noch nicht erkennbar gewesen sein, so ist für den jetzigen Zeitpunkt die Gleichstellung dieser Kategorien mit den entsprechenden auf Inhaber lautenden Wertpapieren unabweislich.

Es mag damals, auch ohne daß man sich dessen völlig bewußt wurde, der Gedanke mitgewirkt haben, daß die Inhaberpapiere gewissermaßen eine besondere staatliche Sanktion genießen, da ihre Ausgabe nicht unbeschränkt gestattet, sondern der Regel nach von vorgängiger behördlicher Genehmigung abhängig sei.

Während das allgemeine Landrecht an keiner Stelle erkennen läßt, daß zur Ausgabe von Inhaberpapieren im allgemeinen eine staatliche Erlaubnis erforderlich sei, führte in Preußen bekanntlich das Gesetz vom 7. Juni 1833 das Erfordernis einer staatlichen Genehmigung ein zur Ausstellung von Papieren, welche eine Zahlungsverpflichtung an jedem Inhaber enthalten. Dieselbe Richtung schlug die Gesetzgebung in fast allen Bundesstaaten ein, eine Entwicklung, welche in dem § 795 BGB. für uns ihr Ende erreicht hat: „im Inland ausgestellte Schuldverschreibungen auf den Inhaber, in denen die Zahlung einer bestimmten Geldsumme versprochen wird, dürfen nur mit staatlicher Genehmigung in den Verkehr gebracht werden.“ Aber nicht die staatliche Genehmigung zur Ausgabe solcher Inhaberpapiere ist es, welche deren Fälschung den Münzdelikten gleichzustellen gestattet. Nicht etwa die Verletzung der Autorität des Staates, welcher die Genehmigung erteilt hat, sondern die Sicherheit des Verkehrs bildet die Grundlage für die Gestaltung des Schutzes gegen

Fälschung. Von jenem Gedanken mag noch das preußische Strafgesetzbuch von 1851 beherrscht worden sein, welches in § 124 von Schuldverschreibungen spricht, die von dem preußischen oder einem fremden Staate oder unter deren Autorität von Korporationen, Gesellschaften oder Privatpersonen ausgegeben werden. Aber diese Auffassung ist im Reichsstrafgesetzbuch aufgegeben, welches trotz sonstiger Anlehnung an die Behandlung der Wertpapiere durch das preußische, jene Fassung nicht wiederholt. Im Gegensatz zu dem preußischen § 124 umfaßt seinem Wortlaute nach der § 149 nicht nur die genehmigungsbedürftigen Inhaberpapiere, sondern einerseits allgemein die Schuldverschreibungen auf Inhaber, also auch solche, welche nicht eine Zahlung, sondern anderweite Leistungen an den Inhaber versprechen und deshalb (wie früher nach preußischem, so jetzt nach Reichsrecht) nicht genehmigungsbedürftig sind, andererseits die Inhaberaktien, deren Schaffung seit dem Gesetz vom 11. Juni 1870 jeder Aktiengesellschaft freisteht. Daß auch solche Inhaberpapiere, welche nicht das Versprechen einer Zahlung, sondern einer anderweiten Leistung jedenfalls für den heutigen Verkehr im Markte eine bedeutende Rolle spielen, wird an späterer Stelle ausgeführt werden.

Es könnte nun an den Einwand gedacht werden, daß die auf Order gestellten Wertpapiere des starken Schutzes gegen Fälschung, wie ihn die Inhaberpapiere durch Gleichstellung mit dem Papiergelde genießen, um deswillen nicht bedürften, weil bei ihnen die mechanische Fertigung der Unterschrift im Gegensatz zu den Inhaberpapieren des § 793 Abs. 2 Satz 2 nicht gestattet sei und sie außerdem noch ein handschriftliches (Blanko-) Indossament tragen müssen. Aber einmal ist das Privileg der mechanischen Unterfertigung, soweit es sich um Aktien (vgl. auch Interimsscheine von Aktien) handelt, nicht auf Inhaberstücke beschränkt. (§ 181 HGB.) Und dann ist auch bei den mit facsimilierter Unterschrift ausgegebenen Wertpapieren ein besonderer handschriftlich vollzogener Ausfertigungsvermerk ganz allgemein, man muß wohl, wenn die Banknoten und Reichskassenscheine beiseite gelassen werden, sagen ausnahmslos, üblich. Es läßt sich nicht beweisen, daß die rechtzeitige Entdeckung von Fälschungen im Verkehr gesicherter ist, wenn mehrere handschriftlich vollzogene Unterschriften auf der Urkunde sind. Bei der massenhaften Vollziehung der Urkunden oder des Blankoindossamentes werden die

Schriftzüge des Unterfertigenden naturgemäß besonders flüssig und zeigen größere Abweichungen voneinander als sonst, so daß die Fälschungen leichter als bei Einzelurkunden ausführbar sind und sich der Wahrnehmung leichter entziehen.

Es mag daran erinnert werden, daß vor einer Reihe von Jahren Fälschungen von Aktien eines angesehenen sächsischen Unternehmens in Umlauf gesetzt wurden, dessen echte Stücke den Satzungen entsprechend zwei eigenhändige Unterschriften trugen, und daß vor Eintritt der anderweit erfolgten Aufdeckung der Fälschung nirgends bemerkt worden war, daß die Falsifikate die Unterschriften in sehr gut gelungener mechanischer Vervielfältigung aufwiesen. Sie waren durch die Hände erster Banken und Bankhäuser gegangen, hatten also der verkehrsüblichen Prüfung wohlerfahrener Fachmänner auf diesem Gebiete standgehalten.

Ist die Fälschung des Stückes selbst technisch gut gelungen, in Druck und Papier, wie es namentlich bei der Verwendung echter Formulare (Mehrdruck durch betrügerische Arbeiter des Druckers, Verwendung von Ausschußabzügen, aber auch von unfertigen Reservestücken für künftigen Ersatz) regelmäßig der Fall ist, so ist der Schutz durch eine oder mehrere Unterschriften nicht wesentlich höher als durch das Facsimile. Der Verkehr verlangt die gleiche Sicherheit und den gleichen Schutz, mögen die umlaufenden Wertpapiere als Aktien oder Inhaberschuldverschreibungen mechanischer Unterfertigung zugänglich sein, oder als in blanko girierte Schuldverschreibungen auf Order der eigenhändigen Unterschriften bedürfen.

Der tatsächlichen Gleichstellung von Inhaberpapieren und in blanko girierten Orderpapieren seitens des Verkehrs entspricht übrigens in unserer neueren Gesetzgebung auch eine rechtliche Gleichstellung nach manchen Richtungen. Man beachte folgende Bestimmungen des Bürgerlichen Gesetzbuches:

Zur Sicherheitsleistung werden Wertpapiere nur zugelassen, wenn sie, abgesehen von sonstigen Eigenschaften, auf den Inhaber lauten. Aber „den Inhaberpapieren stehen Orderpapiere gleich, die mit Blanko-Indossament versehen sind." § 234 BGB. (vgl. ZPO. § 108 für die prozessualische Sicherheit.)

Erwirbt der Mann mit Mitteln des eingebrachten Gutes, oder der Vater mit Mitteln des Kindes Inhaberpapiere oder Orderpapiere mit Blankoindossament, so geht prinzipiell mit dem Erwerb das Eigentum auf die Frau resp. das Kind über. §§ 1381, 1646.

Liegen die Voraussetzungen vor, unter denen der Mann zur Sicherheitsleistung verpflichtet ist, so hat er auf Verlangen der Frau die zum eingebrachten Gute gehörenden Inhaberpapiere zu hinterlegen. „Den Inhaberpapieren stehen Orderpapiere gleich, die mit Blankoindossament versehen sind." § 1392.

Dieselbe ausdrückliche Gleichstellung findet sich mit denselben Worten bei der Abgrenzung der Pflicht zur Hinterlegung von Mündelvermögen durch den Vormund (§ 1814) und von Erbschaftstücken durch den Vorerben. (§ 2116.)

Im Falle des Nießbrauchs an Inhaberpapieren und an Orderpapieren mit Blankoindossament wird der Besitz des Papieres und der zugehörigen Zinsscheine usw., die Frage der Hinterlegungspflicht, die Art der Einziehung des Kapitals und die sonstige Verwaltung, vollkommen übereinstimmend geregelt §§ 1081—1084. Die so wichtige hypothekarische Sicherung von Umlaufspapieren und die Schaffung eines gemeinsamen Vertreters der jeweiligen Gläubiger zur Verfügung über die Hypothek oder zu ihrer späteren Geltendmachung regeln die § 1187, 1189, ohne hierbei einen Unterschied zwischen Inhaber- und Orderpapieren zu machen. Ja im besonderen Abschnitte über die „Schuldverschreibungen auf den Inhaber" hat das Gesetzbuch die Bestimmung über die zulässigen Einwendungen des Ausstellers gegenüber dem Inhaber des Papiers (§ 796) bewußt und absichtlich den entsprechenden älteren Bestimmungen über die Orderpapiere (Art. 82 WO. Art. 303 Abs. 2 HGB.) nachgebildet.

In der Zivilprozeßordnung wird bei der Zwangsvollstreckung wegen Geldforderungen sowohl die Pfändung von Inhaberpapieren und von Orderpapieren (§§ 808, 831), als auch der Pfandverkauf derselben (§ 821) übereinstimmend geregelt.

Das Gesetz betr. die gemeinsamen Rechte der Besitzer von Schuldverschreibungen vom 4. Dezember 1899 macht ebensowenig wie das Gesetz betr. die Pflichten der Kaufleute bei Aufbewahrung fremder Wertpapiere vom 5. Juli 1896 oder wie das Börsengesetz und die Bekanntmachung des Bundesrats betr. die Zulassung von Wertpapieren zum Börsenhandel vom 4. Juli 1910 einen Unterschied zwischen auf Inhaber oder auf Order lautenden Wertpapieren, und das seiner Natur nach notwendigerweise dem Gange des Verkehrs und seinen Besonderheiten äußerst genau folgende Reichsstempelgesetz stuft zwar den Stempel der Wertpapiere und ihrer Umsatzgeschäfte nach den Gattungen Aktien, Anteilscheine, Schuldverschreibungen usw. ab, und innerhalb dieser Gattungen wieder nach gewissen Merkmalen — inländische, ausländische, staatliche resp. kommunale usw., und private Emission und dergleichen —, nicht aber nach der äußeren Gestaltung als Inhaber oder in Blanko giriertes Orderpapier.

Alles dies steht im Zusammenhange mit dem Bedürfnisse des Verkehrs nach Wertpapieren, die einfach durch Übergabe übertragen und verpfändet werden können, wofür sich eben zwei Formen herausgebildet haben, das Inhaberpapier und das in blanko girierte Orderpapier. So verschieden bei beiden die Voraussetzungen ihres Entstehens und ihr rechtlicher Aufbau sind, so treffen in dem für den Verkehr wichtigsten Punkte, der Wirksamkeit der Übergabe für die Übertragung des in dem Papiere verbrieften Rechtes, die gesetzlichen Bestimmungen trotz ihrer verschiedenen Ausgangsstellen zusammen. (Vgl. namentlich §§ 1292, 1293, vgl. auch § 222 Abs. 3 Satz 2 HGB. für die Namensaktie im Gegensatz zu dem alten Art. 182.) An diesem Punkte ist eben im Verkehrsinteresse bei beiden Gattungen die körperliche Natur des fungiblen Wertpapiers stärker als die dem Obligationsrechte angehörige Natur des verbrieften Anspruchs, welcher gewissermaßen ganz von der Person der jeweiligen Gläubiger losgelöst, durch deren Wechsel nicht berührt wird und im Besitzer ohne Rücksicht auf das Recht des Vorgängers neu entsteht.

Die bisherige Ausschließung der in blanko indossierbaren auf Namen ausgestellten Aktien und Schuldverschreibungen von dem den entsprechenden Inhaberpapieren gewährten Schutze ist daher nicht mehr aufrechtzuerhalten.

IV.

Aber auch nach anderer Richtung hin bedarf die Bestimmung des § 149 einer Erweiterung. Denn seither sind in den Kreis der negotiablen Wertpapiere des Massenverkehrs noch andere hineingetreten.

Hierher gehören in erster Linie die Reichsbank-Anteile. Die durch das Statut der Reichsbank gemäß § 40 des Bankgesetzes vom 14. März 1875 geschaffenen Reichsbank-Anteilscheine lauten auf Namen und sind durch Indossament nach Art. 11—13 WO. übertragbar (§§ 3 und 5), obwohl im Verhältnis zur Reichsbank nur derjenige als Anteilseigner gilt, welcher als solcher in den Stammbüchern eingetragen ist (§4 Abs. 3.) Den Anteilen sind Gewinnanteil- und Erneuerungsscheine auf Inhaber beigegeben.

Wenn auch die Reichbank keine Aktiengesellschaft, ihre Anteile keine Aktien sind, so sind die Rechtsverhältnisse der Anteilseigner, die mit dem Anteilsscheine verbundenen Rechte und deren Übertragung ganz analog denen bei Namensaktien gestaltet. Auf dem Reichsbankanteilschein — dessen Inhalt durch § 3 Satz 3 des Statutes festgelegt ist — wird auf die Übertragbarkeit durch Blankogiro („mittels bloßer Namensunterschrift") ausdrücklich hingewiesen.

Im Handel, auch im börsenmäßigen Verkehr laufen die Scheine mittels Blankogiro um, dessen Ausfüllung ebenso wie die Umschreibung in den Stammbüchern wohl nur ausnahmsweise stattfindet. Es besteht kein Grund, ihre Fälschung strafrechtlich anders zu behandeln, als die von Inhaber- oder in blanko girierbaren Namensaktien.

Dann aber hat die neuere wirtschaftliche Entwicklung eine ganze Kategorie für den Umlauf bestimmter Anteilscheine hervorgebracht, welche großenteils als Inhaberpapiere zur Ausgabe gelangten und in dem § 149 noch fehlen. Es sind dies die Anteile an den Kolonialgesellschaften gemäß § 8 des Schutzgebietsgesetzes vom 15. März 1888 (§ 10 in der Fassung vom Jahre 1900).

Auch deren äußere Gestaltung und rechtliche Konstruktion sowohl wie wirtschaftliche Bedeutung entspricht den Aktien der Aktiengesellschaften. Aber jene Gesellschaften sind keine Aktiengesellschaften und die Kolonialanteile keine Aktien. Ihre im Wachsen begriffene, schon jetzt hoch bedeutsame Zahl und der Umfang des Handels, welcher in Kolonialanteilen teils auf Grund erfolgter Zulassung im Börsenverkehr, teils außerbörslich im Handel mit unnotierten Werten stattfindet, nötigen dazu, nicht an ihnen vorüberzugehen, sondern sie bei einer Neuregelung des Strafgesetzes den Aktien gleichzustellen.

Nicht hierher gehören die Kuxe der unter dem Berggesetz stehenden Gewerkschaften neuern Rechts, trotz des lebhaften Handels, welcher in ihnen stattfindet. Denn die auf dem Zubußensystem beruhende Gewerkschaft steht naturgemäß zu dem einzelnen Kuxenbesitzer in einer engeren, weniger leicht lösbaren Beziehung als die Aktiengesellschaft zum einzelnen Aktionär. Inhaberkuxe sind gesetzlich ausgeschlossen, und der Wechsel der Beteiligten kann sich auch nicht etwa durch Übergabe des mit Blanko-Abtretungsvermerk versehenen

Kuxscheins vollziehen, sondern setzt eine schriftliche Abtretung des eingetragenen Gewerken an den Erwerber voraus (vgl. auch neuerdings RG. 7. 6. 12, Str. S. Bd. 46 S. 144).

Die Verhältnisse, unter welchen sich der Umlauf von Kuxen vollzieht, liegen daher völlig anders.

Wohl aber kommen des weiteren in Betracht die Genußscheine, unter welchem Namen Beteiligungen gesellschaftlichen Ursprungs mehrfacher Art, mannigfachsten wirtschaftlichen Inhalts und verschiedenster rechtlicher Natur zusammengefaßt werden.

In vereinzelten Fällen wohnt ihnen trotz des anderen Namens Aktiennatur bei. Es sei an die Genußscheine der Bazar-Aktiengesellschaft erinnert, welche den Inhabern der aus den Überschüssen der Gesellschaft zurückgezahlten Aktien gegen deren Einziehung verliehen wurden. Nachdem durch diese Tilgung längst auch die letzte Aktie zur Einziehung gebracht ist, bestehen nur noch 4250 Genußscheine als Träger der Anrechte am Gesellschaftsvermögen, über deren Aktiennatur kein Zweifel herrschen kann; würde doch ohne dem ein Fortbestand der Aktiengesellschaft rechtlich nicht möglich sein.

Zumeist verkörpert sich aber in den Genußscheinen ein an das Papier gebundenes Gläubigerrecht, welches jedoch nicht eine bestimmte Geldsumme, sondern einen quotativ umschriebenen Anteil an künftigen Gewinnen der Gesellschaft oder eine sonstige der Höhe wie der Fälligkeit nach noch nicht feststehende Leistung verbrieft.

Diese Gattung von Wertpapieren hat eine bedeutende Ausdehnung gefunden und befriedigt ein wirtschaftliches Bedürfnis. Sie findet sich nicht nur im Rahmen der Aktiengesellschaften; so sei an den Aufbau der Otavi Minen- und Eisenbahn-Gesellschaft erinnert, die als Kolonialgesellschaft neben ihren 200 000 Anteilen von jetzt je 20 M. noch 200 000 Stück selbständiger auf Inhaber lautender Genußscheine emittiert hat, die an der Berliner Börse zum Handel zugelassen sind. Man hat solche regelmäßig als Inhaberpapiere ausgestellte Genußscheine unter die Schuldverschreibungen im weiteren Sinne des § 793 BGB. mit einzurechnen.

Mitunter finden sich bei Genußscheinen nicht nur die Rechtsverhältnisse zu dem Aussteller, sondern auch die der Inhaber der Genußscheine zueinander, und zwar in letzterer Beziehung durchaus gesellschaftsähnlich geregelt, unter Vorsehung von Versammlungen der Genußscheininhaber, von Beschlüssen nach der Mehrheit der Erschienenen mit bindender Kraft für die Minderheit und für die Nichterschienenen, in einem Umfange, welcher weit über die Grenzen des Gesetzes vom 4. Dezember 1899 hinausgeht und selbst die Aufhebung der Rechte aus den Genußscheinen und die Festsetzung der Höhe der Entschädigung dafür umfassen kann.

Die Verbriefung der Rechte der Interessenten, ihre Bindung an das Papier und dessen Umlaufsfähigkeit stehen aber in Widerspruch mit den Grundsätzen der Gesellschaft bürgerlichen Rechts (§ 719, Satz 1 BGB.), so daß man auch in diesen Fällen in den Genußscheinen nicht Urkunden über einen Gesellschaftsanteil wird erblicken dürfen. Man hat vielmehr wohl die Gesamtheit der aus allen gleichartigen Genußscheinen gegen den Aussteller entspringenden Ansprüchen als ein den sämtlichen Inhabern gemeinschaftliches Recht zu betrachten, dessen sei es geteilte, sei es gemeinsame Ausübung im Anschluß an die gesetzlichen Bestimmungen über die Gemeinschaft (§§ 741 flg. BGB.; vgl. dazu § 420) in dem Papiere selbst geregelt ist.

Obwohl hier nicht, wie im Falle des § 746 BGB. die Teilhaber die Verwaltung des gemeinschaftlichen Gegenstandes geregelt haben, sondern der Aussteller, und zwar in demselben einseitigen Akte, welcher die Wertpapiere geschaffen hat, so wird man die Wirksamkeit der getroffenen Bestimmung sowohl für die ersten Nehmer als auch für und gegen die späteren Inhaber rechtlich nicht in Zweifel ziehen können. Die Bestimmung ist im übrigen weder etwas Selbständiges noch die Hauptsache des Inhalts des Wertpapiers, sondern ergreift nur die Modalitäten der Geltendmachung und Durchführung der Rechte gegen den Aussteller, und dessen Verpflichtungen bestehen in einer Leistung. Es hindert also ein solcher Inhalt von Genußscheinen nicht, sie als Urkunden zu betrachten, in welchen „der Aussteller dem Inhaber eine Leistung verspricht." (§ 793 BGB.) Da der § 149 RStrGB. von Schuldverschreibungen im allgemeinen, nicht ausschließlich von den auf Zahlung einer bestimmten Geldsumme gerichteten (Preuß. Gesetz vom 7. Juni 1833 § 1) spricht, so genießen daher auch diese Genußscheine seinen Schutz. Es dürfte aber empfehlenswert sein, bei einer Neuordnung die Genußscheine ausdrücklich mit in den § 149 aufzunehmen, um die leicht auftretenden Zweifel über ihre rechtliche Natur nicht im Rahmen eines Strafverfahrens zum Austrag zu bringen.

Unter den im Umlauf befindlichen Wertpapieren spielen ferner „Certificate" verschiedener Natur eine große Rolle. Hierher gehören die von ausländischen Aktiengesellschaften, namentlich amerikanischen Ursprungs, über die Beteiligung am Gesellschaftskapital ausgegebenen, auf Namen lautenden, Blankoübertragungen vorsehenden Zertifikate. Diese werden von unserer Rechtsprechung als Aktien behandelt, deren Rolle sie auch im inländischen Börsenverkehr vollkommen spielen, obwohl ihre äußerliche wie ihre rechtliche Ausgestaltung sie von unseren Aktien nicht unwesentlich unterscheidet. (Vgl. z. B. die Urteile des RG. Bd. 36 S. 154, Bd. 37 S. 114.)

Dehnt man den Schutz des § 149 über die Inhaber-Aktien hinaus auch auf die umlaufsfähigen Namensaktien aus, so gehören danach auch diese Zertifikate hinein, und es wird nur eine Frage der Redaktion bleiben, ob sie durch die allgemeine Begriffsumschreibung mit erfaßt oder besonders aufgeführt werden sollen.

Es kommen aber noch ganz andere Arten von Zertifikaten in Betracht, nämlich solche, welche von Schutzvereinigungen für notleidende Wertpapiere ausgegeben werden, um den Interessenten, welche ihre Stücke zwecks gemeinsamen Schutzes an eine Zentralstelle eingeliefert haben, die Möglichkeit zu verschaffen, ihr darin angelegtes Vermögen bereits während der schwebenden Schutzaktion zu realisieren. Diese ungemein zweckmäßige Art des Vorgehens findet sowohl bei notleidenden (ausländischen) Staatspapieren als bei Wertpapieren privaten Ursprungs Anwendung. Es sei als ein Musterbeispiel an die Zertifikate der „Vereinigung zum Schutze der Inhaber von Pfandbriefen der Preußischen Hypotheken-Aktien-Bank" vom Jahre 1900 erinnert, welche nicht nur durch die Höhe des Kapitalbetrages der ausgegebenen Zertifikate (zuletzt mehr als 320 Millionen Mark), sondern auch durch den Erfolg besonders beachtenswert ist, der in der Heilung und Aufrechterhaltung dieser stark gefährdeten Bank unter Vermeidung nennenswerter Verluste für die Pfandbriefgläubiger bestand, ein Erfolg, welcher ohne die auf der Ausgabe umlaufsfähiger Zertifikate sich aufbauende Konstruktion der Schutzvereinigung nicht hätte erzielt werden können. Nur durch teilweisen Verzicht auf Kapital von seiten der Pfandbriefgläubiger der Bank, welcher bei der Höhe des Pfandbriefumlaufs für jeden einzelnen nur eine geringe Quote bedeutete, war der Konkurs der Hypothekenbank damals zu vermeiden. Das Gesetz vom 4. Dezember 1899 gestattet aber nicht, Kapitalverzichte durch Mehrheitsbeschlüsse den nicht freiwillig zustimmenden Gläubigern aufzuerlegen. Daher konnte die Versammlung der Pfandbriefgläubiger nur einen Zinsverzicht, namentlich den Verzicht auf Zinsen für 20 pCt. ihrer Pfandbriefforderungen auf 10 Jahre beschließen. Bei freiwilligem Zusammenschlusse sind jedoch der Vertragsfreiheit derartige Grenzen nicht gesetzt, so daß die Satzungen der auf freiwilligem Beitritt beruhenden Schutzvereinigung diese im Gesetz vorhandene Lücke ausfüllen konnten. Es konnte denn auch auf Grund dieser Satzungen die Versammlung der Zertifikatsinhaber mit Stimmenmehrheit rechtsverbindlich hinsichtlich der bei ihr niedergelegten Pfandbriefe über die dem 10jährigen Zinsverzicht unterliegenden 20 pCt. anderweitig verfügen; und zwar sollten 15 pCt. zwecks Bezuges neuer Aktien bei den erforderlichen Kapitalregelungsbeschlüssen der Bank in diese durch Mitglieder des Vorstandes der Schutzvereinigung eingebracht, auf 5 pCt. aber endgültig verzichtet werden. Nach der Durchführung aller erforderlich gewordenen Transaktionen erhielt jeder Zertifikatsinhaber gegen Abstempelung seines Zertifikats den zugehörigen durch Stempelaufdruck um 20 pCt. des Nennbetrages gekürzten Pfandbrief zurück. Das abgestempelte Zertifikat gab nur noch, entsprechend den erwähnten 15 pCt. des Nennbetrages, ein Anrecht auf eine Quote an den neuen Aktien. Soweit alsdann durch Einreichung einer Mehrzahl von abgestempelten im Börsenhandel käuflichen Zertifikaten der Nennbetrag einer neuen Aktie erreicht wurde, wurde diese einfach gegen jene ausgetauscht. Soweit dies nicht der Fall war, wurden die Aktien veräußert, und es verwandelte sich der Anspruch aus dem Zertifikat in einen solchen auf den ratierlichen Anteil am Erlöse.

Die Ausstellung der Zertifikate geschah durch „den Vorstand" der Schutzvereinigung unter faksimilierter Unterschrift zweier Vorstandsmitglieder. Sie enthielten die Bestätigung über die Einlieferung je eines von der betreffenden Annahmestelle nach Nummer und Serie bezeichneten Pfandbriefes, die Angabe seines Nennbetrages, einen Abdruck der „Satzungen", lauteten auf den Inhaber und verbrieften dessen in den „Satzungen" umschriebene Ansprüche. An der Berliner Börse wurden sie notiert und unter verhältnismäßig nur geringen Kursschwankungen gehandelt, während ohne ihre Schaffung die durch den drohenden Zusammenbruch der Bank (und der ihr damals geschäftlich nahestehenden, rettungslos verlorenen Grundschuldbank) stark verängstigten Pfandbriefgläubiger ihre Pfandbriefe nur mit den schwersten Verlusten hätten realisieren können. Man erwäge die Wirkung der Einstellung der Zinszahlungen auf die Bewertung der Pfandbriefe und auf die wirtschaftliche Lage ihrer Inhaber, während die Schutzvereinigung den Zertifikatsinhabern — gegen entsprechende Abstempelung — vorschußweise den Zinsbeträgen gleichkommende Zahlungen leisten konnte, zu denen sie sich durch Lombardierung der Pfandbriefe selbst die Mittel verschaffte.

In Vorstehendem sind die Verhältnisse dieser Zertifikate etwas eingehender berührt worden, um zu zeigen, wie das Bedürfnis des Verkehrs eintretendenfalls neue Formen von vertretbaren Wertpapieren für den Umlauf im Markte schafft, deren rechtliche Natur infolge der innigen Mischung ihrer verschiedenen Elemente nicht leicht zu bestimmen ist. Zweifellos treten bei den Zertifikaten solcher Schutzvereinigungen die gesellschaftsähnlichen Momente sehr scharf hervor, wie sich auch daraus ergibt, daß man die Bestimmungen zur Regelung der Rechtsbeziehungen der Zertifikatsinhaber als „Satzungen" bezeichnet hat. Es kann hier das Problem ihrer juristischen Klassifizierung nicht eingehend erörtert werden: der Verkehr behandelt jedenfalls die Zertifikate als Vertreter der hinterlegten Wertpapiere selbst, er erblickt in ihnen die in umlaufsfähiger Form vorliegende wirtschaftliche Verkörperung der bei dem Aussteller der Zertifikate eingelieferten Wertpapiere, oder dessen, was im weiteren Laufe der Dinge jeweilig an deren Stelle tritt. Der Verkehr legt hauptsächlich wenn nicht ausschließlich, Wert auf die Verpflichtung des Ausstellers des Zertifikats, jedem einzelnen Inhaber eintretendenfalls das auf ihn Entfallende herauszugeben, mag dies das Wertpapier selbst in unveränderter oder veränderter Gestaltung sein, mag es in einem ratierlichen Anteil an dem bestehen, was schließlich an dessen Stelle getreten ist. Von dieser Verkehrsauffassung aus erscheint das Zertifikat als eine Verbriefung der nach den Satzungen sich ergebenden Verpflichtung des Ausstellers (im obigen Falle des namentlich bezeichneten Vorstandes) zu den dort umschriebenen Leistungen. Die gesellschaftlichen Beziehungen der Zertifikatinhaber untereinander treten hiernach in den Hintergrund, was sich juristisch rechtfertigen läßt, wenn man in ihnen eine Verwaltungsregelung analog dem Fall des § 746 BGB. erblickt. Solchergestalt würden auch diese Zertifikate zu den Schuldverschreibungen auf den Inhaber im weiteren Sinne gehören, die in den Rahmen des § 149 StrGB. einbezogen sind. Es muß aber zugegeben werden, daß die rechtliche Konstruktion eine schwierige ist. Vom Standpunkte der Sicherheit des Verkehrs wäre es sehr bedauerlich, wenn zwar die hinterlegten Wertpapiere selbst unter die Bestimmung des § 149 fielen, aber die Entscheidung über die Behandlung der Inhaberzertifikate von der Lösung der subtilsten aus den Satzungen sich ergebenden Fragen im Strafverfahren abhinge. Bei der Neuredigierung des § 149 wird sich eine jeden Zweifel ausschließende Klarstellung empfehlen.

Während die letzterwähnten Zertifikate wirtschaftlich eine Vertreterrolle für bereits geschaffene Wertpapiere übernehmen sollen, ist es die Aufgabe einer anderen Gattung, noch nicht geschaffene Wertpapiere zu repräsentieren, deren Ausgabe erst bevorsteht.

Es sind dies die Interimsscheine.

Hierbei ist zu unterscheiden zwischen Interimsscheinen für Aktien und Interimsscheinen für Schuldverschreibungen.

Die Interimsscheine für Aktien werden von der Aktiengesellschaft selbst ausgegeben, fast ausnahmslos nur, falls die Vollzahlung noch nicht geschehen ist. Sie enthalten dann Rubriken zur Bescheinigung der vorgesehenen mehreren Einzahlungen. Erwähnt werden sie in dem § 149, und zwar werden dort hinter den auf Inhaber lautenden Aktien auch die „deren Stelle vertretenden Interimsscheine oder Quittungen" aufgeführt. Die Gleichstellung mit Quittungen, welche naturgemäß nicht auf Inhaber lauten, sondern nur auf den Namen einer bestimmten Person, wenn auch übertragbar, ausgestellt sein können, schließt von vornherein die Möglichkeit aus, daß man hier an Interimsscheine auf den Inhaber gedacht haben könne. Nun war aber auch die Ausgabe von Inhaber-Interimsscheinen für Aktien bereits durch Artikel 222 des HGB. in seiner ältesten Fassung verboten, in Preußen bereits durch das Gesetz vom 9. November 1843 § 11, Nr. 1, also schon zur Zeit des Inkrafttretens des Reichs-Strafgesetzbuches unzulässig. Hieraus ergibt sich mit zwingender Notwendigkeit, daß der § 149 für den Schutz der Interimsscheine nicht voraussetzen kann, daß diese auf den Inhaber lauten, sondern nur voraussetzt, daß sie die Stelle von Inhaberaktien zu vertreten berufen sind. Er schützt also gerade nach Artikel 222 (jetzt § 179) HGB. auf Namen lautende Interimsscheine. Die entgegengesetzte Auslegung würde zu dem widersinnigen Ergebnis führen, daß die erwähnte Bestimmung sich nur auf gewisse ausländische oder auf ältere, aus der Zeit vor 1861 (oder 1843) stammende Aktien-Interimsscheine beziehe, was sicherlich nicht beabsichtigt gewesen ist. Vom Standpunkte des Verkehrs aus ist aber jetzt der Schutz des in blanko girierbaren Interimsscheins für spätere Namensaktien keinesfalls entbehrlicher als der des ebenso ausgestatteten Interimsscheins für Inhaberaktien; der Schein selbst enthält nichts darüber, ob die gegen ihn erhältliche endgültige Urkunde eine Inhaber- oder eine Namensaktie sein wird.

Eine etwas andere Natur haben die Interimsscheine über Schuldverschreibungen. Diese finden sich hauptsächlich als Vorläufer der Stücke von Staatsanleihen, und zwar von inländischen wie von ausländischen. Regelmäßig werden sie auch hier ausgestellt, wenn die Einzahlungen auf die zur Subskription gebrachten Anleihen in mehreren, insbesondere zeitlich nicht ganz naheliegenden Raten erfolgen. Sie sollen dann dem Bedürfnis Rechnung tragen, das Engagement durch Weiterveräußerung zu mobilisieren. Diesem Zwecke dienen die auf Inhaber gestellten, die Einzahlungen nacheinander beurkundenden Skrips. Es kommt aber auch vor, daß z. B. bei ausländischen Staatsanleihen die Herstellung und Lieferung der endgültigen Stücke auch bei alsbaldiger Volleinzahlung längere Zeit in Anspruch nimmt als dem Mobilisierungsbedürfnis des Verkehrs entspricht, und daß aus diesem Grunde einfacher ausgestattete, namentlich der vollen Zinsscheinbogen entbehrende, Interimsscheine zur Ausgabe gelangen. Diese Interimsscheine (Skrips oder wie sie sonst bezeichnet werden) unterscheiden sich aber dadurch von den Interimsscheinen der Aktien, daß sie zumeist nicht von dem Aussteller des Wertpapiers selbst, sondern von den Mitgliedern oder dem Führer des Übernahmekonsortiums ausgestellt werden. Dies gilt auch für die Reichs- und preußischen Staatsanleihen, deren Skrips von der Reichsbank resp. der Seehandlung ausgestellt werden. Sie stellen dann das urkundliche Versprechen dieser Instanzen dar, dem Inhaber des vollgezahlten Interimsscheins das entsprechende endgültige Stück nach Erscheinen zu liefern. Es handelt sich also bei diesen um das Versprechen einer Leistung an den Inhaber seitens des Unterzeichners, somit um eine Schuldverschreibung auf Inhaber im weiteren Sinne des § 793. Diese Interimsscheine liegen also auch innerhalb des Rahmens des § 149, der in dieser Beziehung nach seiner jetzigen Fassung dem Bedürfnis des Verkehrs Genüge leistet, obwohl er von der Gruppe der Interimsscheine nur die über Aktien aufführt.

Endlich ist zu beachten, daß, soweit dieser Paragraph die Wertpapiere selbst schützt, sich auch sein Schutz auf die „zu diesen Papieren gehörenden Zins-, Gewinnanteil- oder Erneuerungsscheine" erstreckt. Werden die in blanko girierbaren Aktien und die anderen vorhin behandelten Gattungen von Wertpapieren in den zu erweiternden § 149 aufgenommen, so hat das gleiche von ihren Zubehörstücken zu gelten.

V.

Es ergibt sich aus alledem, daß zwar an dem Grundsatze des § 149 festzuhalten ist, nämlich an der Gleichstellung der für den Massenverkehr wichtigen Wertpapiere mit dem Papiergelde, insofern es sich um Fälschungsdelikte handelt, daß aber, der Gestaltung des Verkehrs seit dem Erlaß des Strafgesetzbuchs vor mehr als vier Jahrzehnten entsprechend, die Abgrenzung dieses Schutzes nach anderen Kriterien als damals zu erfolgen hat, und daß insbesondere die Einschränkung auf Inhaberpapiere nicht mehr aufrechterhalten werden kann.

Im Gegensatz hierzu hat der bereits oben erwähnte Vorentwurf zu einem neuen deutschen Strafgesetzbuche nicht eine Ausdehnung, sondern eine Einschränkung des Kreises der gewissermaßen strafrechtlich privilegierten Wertpapiere vorgenommen. Auch dieser Entwurf bleibt bei der auf der preußischen Tradition beruhenden systematischen Anordnung, welche die Fälschung gewisser Wertpapiere im Abschnitte über die Münzverbrechen und Münzvergehen behandelt, indem er sie „dem Papiergelde gleichstellt". Der Entwurf hat, wie in seiner Begründung ausgeführt wird, die in der Praxis bewährten und auch in der Wissenschaft nicht angefochtenen Grundgedanken, auf denen die Aufstellung der einzelnen Tatbestände für die eigentlichen Münzdelikte beruht, aufrechterhalten und nur weiter ausgebaut. Die Abweichungen des Entwurfes in den §§ 159 bis 163 gegenüber den bisherigen §§ 146—148 und 150—152 bedürfen an dieser Stelle keiner Erörterung. Wohl aber enthält der § 164 des Entwurfes gegenüber dem § 149 tief einschneidende Änderungen.

Er lautet:

„dem Papiergelde stehen gleich Banknoten, Schuldverschreibungen, in denen die Zahlung einer bestimmten Geldsumme versprochen wird, Aktien, Interims-, Zins-, Gewinnanteils- oder Erneuerungsscheine, soweit diese Papiere auf den Inhaber lauten und von einem zur Ausgabe Berechtigten ausgestellt sind."

Unverändert bleibt danach die Behandlung der Banknoten.

Der Unterschied zeigt sich sodann in dem an den Schluß gestellten Satz „soweit diese Papiere auf den Inhaber lauten". Dieser hat eine doppelte Wirkung. Während nämlich, wie oben dargelegt, der § 149 die Zins-, Gewinnanteils- oder Erneuerungsscheine schützt, sofern das Wertpapier, zu dem sie gehören, selbst diesen Schutz genießt, nimmt der Entwurf von dieser Voraussetzung Abstand, schützt sie aber andererseits nur dann, wenn sie auf den Inhaber lauten.

Die Tragweite mag an folgendem gezeigt werden:

Die Erneuerungsscheine haben an sich nach unbestritten herrschender Auffassung nicht die Natur von Inhaberpapieren. Es steht dem die Bestimmung des § 805 BGB. entgegen, wonach der Inhaber des Wertpapiers die gegen den Erneuerungsschein auszugebende neue Reihe von Zinsscheinen (oder Gewinnanteilscheinen) beanspruchen kann, wenn er der Herausgabe an den Inhaber des Erneuerungsscheins widerspricht. Es ist zweifelhaft, ob selbst die ausdrückliche Erwähnung des Inhabers als Empfänger der neuen Zinsscheinreihe im Texte des Erneuerungsscheins diesen überhaupt zu einem echten Inhaberpapier machen kann. Jedenfalls ist es für den Verkehr bedeutungslos, ob der Erneuerungsschein auf den Inhaber lautet oder keinerlei solchen Vermerk trägt. Den besonderen Schutz des § 164 soll er aber in letzterem Falle nach dem Vorentwurf genießen. Zufälligerweise lauten nun die Erneuerungsscheine gerade eines Wertpapiers, welches selbst nicht in den Rahmen des § 164 des Entwurfs aufgenommen ist, dem Wortlaut nach auf den Inhaber; Reichsbank-Anteilscheine, welche auf Namen lauten müssen, sind mit auf Inhaber lautenden Zinsscheinen und auf Inhaber lautenden Erneuerungsscheinen versehen (vgl. das dem Statut der Reichsbank und dem Gesetz vom 18. Dezember 1909 anliegende Formular). Nach dem Entwurf würde daher der Fälscher eines Reichsbank-Anteilscheins nur nach den Grundsätzen der Urkundenfälschung, der Fälscher eines zugehörigen Erneuerungsscheins oder eines Zinsscheins dagegen als Münzverbrecher zu bestrafen sein. Da nun an ein Inverkehrbringen von Reichsbank-Anteilscheinen ohne die zugehörigen Zins- oder Erneuerungsscheine praktisch nicht zu denken ist, so würde der Fälscher bei vollendeter Tat auf einem Umwege regelmäßig unter die Strafe des Münzdeliktes fallen, aber nicht, weil er das Wertpapier, sondern weil er ein bloßes Zubehör desselben gefälscht hat. Bei einer Unterbrechung seines Vorhabens aber, welches die bis dahin getroffenen Maßnahmen nur als Vorbereitungshandlungen kennzeichnete, würde es darauf ankommen, ob er mit dem für ihn wichtigsten, dem Wertpapier selbst, oder aber mit dem Zubehör begonnen hat, und in dem ersteren, zweifellos gefährlicheren Fall würde nicht einmal ein strafbarer Versuch der Urkundenfälschung vorzuliegen brauchen, während in dem letzteren Fall er bereits in die Fußangeln des Münzdeliktes geraten wäre. Es bedarf wohl keines weiteren Nachweises, um zu zeigen, daß es viel richtiger ist, mit dem bisherigen § 149 für die Zins-Gewinnanteils- und Erneuerungsscheine den besonderen Schutz nur von der gleichen Schutzberechtigung des Wertpapiers, zu welchem sie gehören, abhängig zu machen.

Während ferner der § 149 alle auf den Inhaber lautenden Schuldverschreibungen ohne Einschränkung erfaßt, also alle Urkunden, in denen der Aussteller dem Inhaber der Urkunde eine Leistung verspricht (ein nicht etwa erst durch das BGB. eingeführter Begriff, vgl. ROHG. Bd. 25 S. 352), schränkt der Entwurf den besonderen Schutz bei Inhaberschuldverschreibungen auf solche ein, in denen die Zahlung einer bestimmten Geldsumme versprochen wird. Er entzieht somit den Schutz allen denjenigen Zertifikaten, Genußscheinen usw., deren gewaltiger Bedeutung für den gegenwärtigen Verkehr oben Erwähnung getan ist. Nicht einmal die Skrips und Interimsscheine für Anleihen bleiben verschont, denn wie die Begründung ergibt, will man unter „Interimsscheinen" im Texte nur solche für Aktien, wie in § 149, verstehen.

Die Begründung geht lediglich dahin, daß im gegenwärtigen § 149 unter Schuldverschreibungen nur die auf Zahlung einer bestimmten Summe gerichteten gemeint seien und daß gegenüber dem weiteren Begriffe von Schuldverschreibungen auf den Inhaber nach § 793 BGB. ausdrücklich diese Beschränkung stattfinden müsse. Zunächst könnte es hier ganz dahingestellt bleiben, ob es richtig ist, für den Zeitpunkt der Verkündung des Reichsstrafgesetzbuchs Schuldverschreibungen auf den Inhaber in diesem engen Sinne aufzufassen und ob, wenn es der Fall wäre, mit dem jeweiligen Wandel und der Ausdehnung des

Begriffes, der niemals die Grenzen eines umlaufsfähigen Inhaberpapiers obligatorischen Inhalts überschritt, nicht auch von selbst eine Ausdehnung des strafrechtlichen Schutzes nach der Fassung und der Absicht des § 149 eintrete, ob insbesondere nicht durch die ausdrückliche dem Verkehr folgende gesetzliche Sanktionierung der Verbriefung auch anderer Schuldverbindlichkeiten als von Zahlungen durch Inhaberpapiere, automatisch der Schutz des § 149 die bis dahin weniger vorkommenden neuen Gattungen von Wertpapieren mitergreife. Jedenfalls wäre, auch vom entgegengesetzten Standpunkte aus, es doch wohl richtiger gewesen, zunächst zu prüfen, ob nicht unter den dem Wortlaute nach unter § 149 RStrGB., nicht aber unter § 164 des Vorentwurfs fallenden Inhaberschuldverschreibungen sich solche finden, welche nach den Bedürfnissen des Verkehrs gegen die Fälschungsgefahr in gleicher Weise geschützt werden müssen.

Man kann den Eindruck nicht abwehren, daß bei der Kritik des § 149 zwecks Neufassung für den Vorentwurf hauptsächlich der Gesichtspunkt juristischer Abstraktion und nicht der Gesichtspunkt zweckmäßiger Gestaltung nach Maßgabe des Bedürfnisses obgewaltet hat. In der Begründung des § 164 ist an dieser Stelle vermerkt, man redigiere die Bestimmung „entsprechend der Fassung des § 795 Abs. 1 BGB., der bekanntlich die staatliche Genehmigung für die Ausgabe inländischer Schuldverschreibungen auf den Inhaber, in denen die Zahlung einer bestimmten Geldsumme versprochen wird, erfordert." Es scheint danach, als ob der Vorentwurf unbewußt von der Vorstellung ausgeht, daß der innere Grund des besonderen Schutzes der in Betracht kommenden Wertpapiere eben in der ihrer Schaffung vorausgehenden besonderen staatlichen Sanktion liege. Das Irrige eines solchen Zusammenhangs dürfte oben zur Genüge nachgewiesen sein.

Es ist dringend erforderlich, daß bei einer Neuordnung dieser für den Verkehr ungemein wichtigen Materie eine erneute Prüfung vorgenommen wird, welche in erster Linie von dem Bedürfnis des Verkehrs ausgeht. Dann wird sich mit voller Klarheit ergeben, daß der erhöhte Schutz für die als Gegenstand des Massenverkehrs dienenden Wertpapiere nicht mehr abhängig gemacht werden kann von ihrer Inhabereigenschaft. Vielmehr wird zugegeben werden müssen, daß diese Inhabereigenschaft nur ein Mittel für die erleichterte Umlaufsfähigkeit ist, und daß für diese nach der Gewohnheit und Handhabung im Verkehr das Blankogiro des Orderpapiers genau die gleiche

Bedeutung besitzt. Der § 149 RStGB. muß daher in seiner neuen Gestalt die in blanko girierbaren Wertpapiere des Massenverkehrs, seien es Schuldverschreibungen, seien es Anteilscheine, ebenso schützen wie die entsprechenden Inhaberpapiere, und die Grenze des erhöhten Schutzes darf nicht gezogen werden vor den Schuldverschreibungen mit anderem Leistungsinhalt als der Zahlung bestimmter Geldsummen (§ 795 BGB.), auch nicht vor den ihrer rechtlichen Natur nach nicht immer scharf zu klassifizierenden Zertifikaten und Genußscheinen.

GERICHTSBUCH DER STADT CASSEL AUS 1505 UND 1506.

Von ADOLF STÖLZEL.

Cassel, das gegenwärtig seine Tausendjahrfeier begeht, hat sicher einst ein reichhaltiges Archiv besessen. Davon sind aber nur geringe Reste auf unsere Zeit gekommen. Nach mündlicher glaubwürdiger Überlieferung wurde, als es sich mit Einführung der französischen Gesetze in das Königreich Westfalen 1807 um Abhaltung des ersten Schwurgerichts in Cassel handelte, der damalige Polizeidirektor angeheißen, eiligst eine passende Lokalität dafür zu beschaffen. Er schlug den Saal des Rathauses vor, in welchem sich das Archiv befand. War ja doch das Rathaus seit alters die Gerichtsstelle der Stadt. Da die Räumung des Saales binnen 24 Stunden befohlen wurde, wanderten die alten Akten und Urkunden fuderweise in die Kasernen, um zur Anfertigung von Patronen benutzt zu werden, oder sie gelangten in die Papiermühlen zur Vernichtung. Was übrig blieb, füllt gegenwärtig etwa einen Aktenschrank des Rathauses. Neben 9 Kämmereirechnungen aus der Zeit von 1468 bis 1553, die im 3. Supplement der Zeitschrift des Vereins für hessische Geschichte und Landeskunde 1871 veröffentlicht sind, hat sich auf 77 Folioseiten das Gerichtsbuch der Stadt aus der Zeit vom November 1505 bis zum Oktober 1506 als spärliche Quelle für Nachrichten über die ehemalige Stadtgerichtsbarkeit erhalten. Die hier folgenden Blätter sollen den Abdruck dieses Gerichtsbuches bringen. Über seinen Inhalt und seine Bedeutung für die Geschichte des Gerichtswesens, die damals auf der Scheidelinie zwischen dem Verschwinden des heimischen und dem Eindringen des römisch-kanonischen Rechtes stand, äußerte sich der Herausgeber bereits früher (1872) in seiner „Entwicklung des gelehrten Richtertums" Bd. 1 S. 469 bis 475. Die Blätter sind von demselben Papier und demselben Format (21 cm breit, 30 cm hoch) und bilden drei gesondert zusammengeheftete Blattlagen, die unter einander ihren Halt durch zwei 12 cm lange und $3\frac{1}{2}$ cm breite Pergamentstreifen erhielten. In jedem dieser Streifen sind die Blattlagen am oberen wie am unteren Teile eingeheftet worden. Der obere Pergamentstreifen fehlt gegenwärtig.

Die erste Blattlage hält 12 Bogen des Aktenpapiers = 24 Blatt oder (mit Abrechnung des leergelassenen ersten Blattes) 46 Seiten. Die zweite Blattlage enthält, weil das erste und die drei letzten Blätter weggeschnitten sind, 5 Bogen = 6 Blatt oder 12 Seiten, deren letzte Seite leer ist. Diese Blattlage reicht also von Seite 47—58 einschl. Die dritte Blattlage enthält ebenfalls 5 Bogen und reicht von S. 59 bis 77. Von dem Schlußblatt, das nur auf einer Seite beschrieben war, ist ausschließlich die untere, vom Ganzen getrennte, sehr lädierte Hälfte der S. 77 vorhanden.

Allein die beiden letzten der drei Blattlagen sind ursprünglich in den Pergamentstreifen eingenäht gewesen. Dann wurde die erstere stärkere Blattlage den beiden andern Blattlagen in demselben Pergamentstreifen mit besonderem Heftgarn vorgenäht. Die erste 12 Bogen haltende Blattlage besteht wieder aus zwei eigentümlich verbundenen Teilen. In ihre jetzigen ersten drei Bogen sind die übrigen 9 Bogen, nachdem sie beschrieben waren, hineingeheftet, und dann ist das Ganze dem Pergamentstreifen eingefügt; die sechste Seite der drei umschließenden Bogen blieb bis auf drei Zeilen der S. 4 leer; der Text der letzten sechs Seiten (S. 41 bis 46) steht aber in unmittelbarem Zusammenhang mit der vorausgehenden Seite der umschließenden Bogen. Die leere letzte Seite der 12 Bogen (S. 46) ist verwendet als Überschrift für den die zweite Blattlage beginnenden Rechtsfall. Völlig leer geblieben ist die letzte Seite der zweiten Blattlage (S. 58), wie die der dritten Blattlage (S. 78). Die untere lädierte Hälfte der Schlußseite endet mit einem Klageantrag, der möglicherweise auf dem zerstörten Stücke der folgenden Seite eine Fortsetzung hatte.

Ausweislich dieses Befundes ist die Aufschrift dem Buche erst gegeben, nachdem der Inhalt desselben bereits niedergeschrieben war, ohne daß bei der Niederschrift die Absicht bestand, das in verschiedenen Blattlagen Niedergeschriebene, nachdem es niedergeschrieben war, zu einem „Gerichtsbuche" zusammenzufassen. Das als ein Ganzes Zusammengefaßte erhielt dann von anderer Hand als derjenigen, welche die Einträge schrieb, aber noch in alter Zeit, auf dem leergebliebenen ersten Blatte den Titel „Gerichtsbuch Casselen" mit einem über dem Endbuchstaben befindlichen zirkumflexartigen Zeichen, nach welchem wohl Casselensis oder Casselense zu lesen ist.

Das Gerichtsbuch bildet sonach, weil es in eigentümlicher Weise nach und nach aus mehreren verschiedenen Blattlagen zusammengeheftet ist, keine Einheit; es stellt sich nicht etwa als ein gebundenes Buch dar, in das man die Gerichtsverhandlungen eingetragen hätte, wie sie zeitlich aufeinander folgten. Ein ordnungsmäßiger Anfang fehlt ebenso wie ein ordnungsmäßiger Schluß. Die meisten der vorkommenden Datierungen beschränken sich auf Angabe des Monatstags ohne die Jahreszahl. Letztere bringt zum ersten Male die Seite 14 (5. post omnium sanctorum 1505 = 6. Nov.), dann die Seite 24 (Montag St. Catharine Abend Quinto = 25. Nov.). Die übrigen Stellen mit Jahresangabe[1]) nennen das Jahr 1506. Die Einträge, welche ohne Jahresangabe dem Eintrag des 25. Nov. 1505 vorausgehen[2]), nennen sämtlich Tage, die vor dem 25. Nov. liegen. In das Jahr 1505 werden dann noch die nachfolgenden Dezembereinträge[3]) zu setzen sein, während die weiteren vom Januar bis Oktober datierten nachfolgenden Einträge[4]) sämtlich in das S. 44 zum ersten Male genannte J. 1506 gehören. Von den S. 47 bis 77 folgenden Datierungen geben sechs das Jahr 1506 an; die übrigen ohne Jahresangabe bewirkten Datierungen[5]) dürfen wohl hiernach auch dem Jahre 1506 zugerechnet werden. Aber es fallen die S. 54, 55, 56, 57, 71 angegebenen Data sämtlich v o r das Oktober-Datum 1506, welches auf S. 44 angegeben ist, und die Datierung S. 47 nennt sogar das Jahr 1505.

Einen vollständigen Einblick in das Geschäftsgebaren des Gerichts gewährt das Gerichtsbuch nicht. Die amtierenden Gerichtspersonen bleiben ungenannt. In zwei Fällen (S. 36 und 44) werden die drei Termine, in denen Parteihandlungen im Laufe des Prozesses

---

1) S. 44, 55, 56, 57, 71 und 72 des Gerichtsbuches.
2) Das. S. 6, 9, 14, 20.
3) Das. S. 26, 34.
4) Das. S. 34, 36, 38, 40.
5) S. 59, 77.

stattfinden sollen, den Parteien alsbald verkündet; wieweit im übrigen das Erscheinen der Parteien etwa auf Ladung beruht, ersieht man nicht.

Von den gemachten Einträgen besteht der größte Teil aus Nachrichten über erhobene Klagen auf Geldleistungen oder Leistungen anderer Art. Sechzehn Einträge solcher Art enthält z. B. Seite 6 des Gerichtsbuches an dem ersten darin genannten Gerichtstag desjenigen Stadtteils, der den Namen der „Freiheit" führt, ein Namen, der noch gegenwärtig in Cassel fortlebt. Das Gericht wurde als judicium libertatis gehalten „quarta" (scil. feria) post Simonis et Jude, d. h. Sonnabend, am 1. November 1505. Die meisten Einträge umfassen nur eine Zeile in der Form „Item hospes zum swanz beschuldet (oder schuldet, wie es in der Regel heißt) Conrad mebs vor 1 gl primum" (oder secundum oder tertium). Das bedeutet: X erhebt gegen Y Klage auf einen Gulden heute als zum ersten (oder zum zweiten, oder zum dritten) Termine. Dreimaliger Terminsladung zum Gerichtstag mit vierzehntägiger Zwischenpause bedurfte es zur Schuldigsprechung eines Beklagten. Das Gerichtsbuch stellte fest, daß der Beklagte dreimal „beschuldigt" war. Welchen Erfolg bei Nichterscheinen des Beklagten das hatte, erfährt man nicht.

Neben diesen Schuldigungen enthält das Gerichtsbuch auch vollständige Streitverhandlungen der Parteien. Es ist noch eine Seltenheit, daß die Parteien Prozeßschriften einreichen. Was sie oder was ihr „Redener" (d. h. ihr Prozeßvertreter) vorbringt, wird dem Gerichtsschreiber „in die Feder dictirt". Eine aus überreichter Schrift in das Gerichtsbuch übertragene Erklärung findet sich S. 26. Mit einer Verhandlung in Sachen des Weinschenken von Cassel Cuntz Koch gegen Walpurgis, verehelichte Goldschmidt, „etliche Schmäh- und Scheltworte betreffend," beginnt unser Gerichtsbuch (S. 1 bis 4) und setzt sich S. 20 bis 23 dahin fort, daß beide Streitteile auf ihre Bewilligung „in der Güte geschieden und vertragen" werden. Zwei ähnliche durch „Vertrag" erledigte Injuriensachen enthält das Gerichtsbuch S. 5, 59 bis 69 und beweist damit die in solchen Sachen noch fortdauernde Anwendung des deutschen Rechtes.

Der wichtigste unter den im Gerichtsbuch verhandelten Prozessen betrifft die Klage einer Witwe Schadewulf gegen Georg Glesener, einen Sohn aus der ersten Ehe der ersten Frau ihres Ehemannes, auf Herausgabe zweier den Vikarien der Neustadt Kassel von den Eltern Glesener verpfändeter, von Georg Glesener nach Schadewulfs Tode in Besitz genommenen Äcker. Das Nähere dieses Prozesses ist in Band 1 S. 470 bis 473 meiner Schrift über die Entwicklung des gelehrten Richtertums mitgeteilt. Es erhellt daraus, wie in die sonst noch von römischen Elementen freien Verhandlungen der „hochgelerte Dr. Bruhan", damals Notar und Anwalt des Georg Glesener, später doctor decretorum und Canonikus des Casseler Martinsstiftes, den Versuch macht, römische Gesetzesvorschriften zugunsten seines Klienten heranzuziehen. Die Klägerin protestiert dagegen; denn dies Recht zu allegieren sei für einen Streit „unter Laien ohne Not gewesen; es tauge zu der Sache nicht". Das Gericht läßt die zitierten Bestimmungen außer acht und wendet das in Hessen gebräuchliche fränkische Güterrecht zugunsten des Beklagten an (S. 26 bis 36 des Gerichtsbuches). Als Endresultat ist im Gerichtsbuch (S. 36 oben) nachträglich mit kleinerer Schrift eingeschaltet: „Darauf ist erkannt, daß Georg Schadewulf[1]) solich lant als syn veterlich erbe luts der kunde[2]) bilche eingenommen hait." Die Urteile sind mündlich gesprochen. Es blieb den Parteien überlassen, sich eine Beurkundung zu erbitten.

Als Gerichtspersonal wird im Gerichtsbuch mehrfach bezeichnet „Schultheis, Bürgermeister und Rath". Der Schultheiß ist landgräflicher Beamter. Der Bürgermeister wird — so bezeugt der Rat 1530[3]) — „nach altem Brauche" aus etlichen jährlich vor Pfingsten dem Landgrafen anzugebenden Personen vom Landgrafen „auf den Pfingstabend bestätigt".

Die Ratsglieder fungieren als Schöffen. Im Jahre 1506 sind sechs Tage nach Pfingsten zwölf „novi scabini" gewählt (Gerichtsbuch S. 57). Darunter finden sich noch heute in Cassel bekannte Familiennamen. Der Schultheiß von 1506, Georg Nusbicker, gehörte einer (jetzt längst ausgestorbenen) alten Juristenfamilie der Stadt an; ein Notar seines Namens aus dem Jahre 1417 hatte 1414 in Erfurt studiert;

---

[1]) Hier wird der Beklagte nach dem zweiten Ehemann seiner Mutter benannt.

[2]) = Zeugenaussage über die Eheberedung des Ehepaares Schadewulf.

[3]) Stölzel, Gel. Richtertum I, 454.

ein anderer Nusbicker, wohl der 1481 in Erfurt immatrikulierte Johann, handelte 1531 als Parteivertreter der Stadt Cassel beim Hofgericht in Rotweil; sein Sohn war der Schultheiß von 1506. Er wurde bald danach landgräflicher Kammermeister, scheint aber nicht akademisch gebildet gewesen zu sein; wenigstens nennt ihn die Erfurter Matrikel nicht; sein Sohn gleichen Namens, 1511 in Erfurt immatrikuliert, brachte es zum Casseler Vizekanzler und damit zu einem Hauptvertreter des gelehrten Rechtes. Der Bürgermeister des Jahres 1505, Job Schrendeisen[1]), scheint noch keine rechtsgelehrte Bildung gehabt, aber zwei Söhne 1520 nach Erfurt geschickt zu haben[2]). Ähnlich mag es sich mit dem Bürgermeister des Jahres 1506 Henne Merkel[3]) verhalten. Er saß von 1496 bis 1532 im Casseler Rate; der Johannes Merkel aus Cassel[4]), welcher 1493 in Erfurt immatrikuliert ist, wird als Sohn des Bürgermeisters Inhaber des von einem Casseler in der zweiten Hälfte des fünfzehnten Jahrhunderts zu achtjährigem Studium „in der heiligen Schrift, auch etwas in den g e i s t l i c h e n Rechten" gestifteten Erfurter Stipendiums und derjenige „Mayster (= Magister) Merkel" gewesen sein, der laut der Stadtrechnung im Jahre 1506 mit einem Begleiter und drei Pferden „zehn Nacht zu Erfurt in der Sach des Stipendiums" zubrachte. Sein Studium verschaffte ihm 1509 ein Canonikat des Casseler Martinsstiftes und später die Kanzlerwürde in Osnabrück[5]). Noch im neunzehnten Jahrhundert bekleidete ein Merkel lange Zeit eine Richterstelle am Stadtgericht Cassel.

Das schriftliche Verfahren fängt an, in den wichtigeren Sachen sich einzubürgern. Aus der Zeit unmittelbar vor Entstehung des Gerichtsbuchs von 1505-1506, nämlich aus den Jahren 1499 bis 1503, haben sich einige wenige Prozeßschriften erhalten, die dem Stadtgericht Cassel eingereicht sind[6]). Daß damals bereits nebenher ein

[1]) Vgl. Stölzel, Bürgerm. und Rat der Stadt C., in der Ztschr. f. hess. Gesch. N. F. V, S. 27.

[2]) Das. Suppl. v. 1875 S. 82.

[3]) Das Gerichtsbuch S. 57 nennt ihn irrig Merker, die Stadtrechnung von 1506 (Stölzel, Kasseler Stadtrechnungen S. 114) richtig Merkel. Die Angabe des Gerichtsbuches ist in meinen Aufsatz der Ztschr. f. hess. Gesch. N. F. V, 28 (1873) übergegangen.

[4]) Nicht aus Cappel, wie mein Verzeichnis der Studierenden aus Hessen (Suppl. der in vor. Note gen. Ztschr. N. F. VII, 31, 78) sagt.

[5]) s. Stadtrechnungen S. 126. Was ward aus dem Stipendium?

[6]) Besprochen in Stölzel, Gelehrtes Richtertum I, 464 ff.

Gerichtsbuch bestand, davon finden sich keine Spuren, wohl aber läßt sich aus verschiedenen Einträgen im Gerichtsbuch von 1505-1506 vermuten, daß mindestens unmittelbar vor diesen Einträgen analoge Niederschriften gerichtlicher Verhandlungen bereits beim Stadtgericht Cassel stattfanden; denn wenn wir schon S. 6 des Gerichtsbuches lesen: „Item H. B. schuldet W. W. secundum ut supra", und wenn wir dieses „ut supra" fernerweit wiederkehren sehen, so kann das doch wohl nur auf eine frühere Niederschrift verweisen wollen. Derjenige aber, der auf das Titelblatt die Aufschrift setzte, kannte weder ein vorhergegangenes, noch ein später gefolgtes Gerichtsbuch; sonst würde er der von ihm gewählten Aufschrift entweder die Jahre, die es umfaßt, oder eine Bezeichnung hinzugefügt haben, welche diesem Gerichtsbuch eine Nummer gab. Von den Casseler Stadtrechnungen bezeichnet sich die von 1468, die übrigens ebenfalls aus ursprünglich getrennten Heften besteht, ausdrücklich in ihrem Eingang als „primum registrum"[1]). Nachrichten darüber, daß noch fernere Gerichtsbücher Cassels je vorhanden gewesen seien, liegen nicht vor. Die Schlußseite des erhaltenen Gerichtsbuches ist vom Alter so sehr gedunkelt, daß die Annahme ausgeschlossen ist, das Gerichtsbuch habe in alter Zeit noch weitere Blätter und Einträge gehabt. Beschlüsse oder Urteile der Schöffen sind mehrfach unmittelbar zwischen den eingetragenen Parteierklärungen oder in sichtlich später gemachten Nachträgen oder Einschiebseln wahrzunehmen[2]). Der landgräflichen Kanzlei, auf welche der Schultheiß eine Partei geladen hat, geschieht nur einmal (S. 63) Erwähnung, ebenso nur einmal einer „Appellation", die „in scriptis vorzutragen" (S. 67 . 69). Soviel ergibt aber immerhin das Gerichtsbuch, daß zu seiner Zeit die Erledigung der Rechtsstreite unzweifelhaft häufiger vergleichsweise oder durch außergerichtliche Leistung, und wenn es zu durchgeführtem Verfahren kam, jedenfalls rascher und billiger erfolgte als heutzutage. Weder ermöglichten es die Gesetze, noch brachte es die Streitlust der Parteien zuwege, daß, wie wir jetzt erleben, um 16 Pfennig beizutreiben, zwei Instanzen angerufen werden und das Zwölffache des Streitobjektes als Kostenbetrag erwächst. Auch mußten einst

---

[1]) S. das oben S. 1 zitierte Supplement S. VI und S. 1.

[2]) Vgl. S. 16, 23, 34, 36, 43, 64, 66, 70, 71, 75, 76 des Gerichtsbuchs.

einer Summe von 40 Pf. halber nicht feinste Rechtsfragen mit weit erheblicherem Kostenbetrag und großer Gelehrsamkeit erörtert oder einer Summe von 30 M. halber fünf Instanzen (Amtsgericht, Landgericht, Kreisausschuß, Regierung und Kompetenzgerichtshof) zwölf Jahre hindurch die Frage zu prüfen angehalten werden, welche Instanz zur Entscheidung über die Zahlpflicht zuständig sei, damit endlich vielleicht im dreizehnten oder vierzehnten Jahre der Spruch ergehen könne, ob der Beklagte die 30 M. zu zahlen oder nicht zu zahlen habe[1]).

Sollten darum am Ende doch nicht die Gerichtsinsassen des sechzehnten Jahrhunderts sich mit Fug wohler unter ihrer Rechtspflege befunden haben als wir jetzt unter der unsrigen? Auch wissen unsre heutigen Erkenntnisse nichts mehr von der Kraft und fast poetischen Schönheit altdeutscher Urteilssprache, nach der z. B. ein mit Unrecht Bescholtener der ihm anhaftenden Beschimpfung „entschlagen und wiederum in sein Landrecht eingesetzt wird, so daß er nach den Scheltworten so fromm ist, als er vorher gewesen, und wiederum gehen mag zu Ruhme und Rate, zu Kirchen und Klausen und zu allen Ehren."

---

[1]) Vgl. Stölzel, Entwicklung der gelehrten Rechtsprechung II, 800 ff.

1 Item[1]) diwil nu der schultheiß als ein richter mir vor die Fraw walburgis zo reden erlaubt hait behalt Ich mir friheit gnad und recht Die einem Jeglichten reddener In Recht geburt vnd darmit mit solchir protestation gnuglich angedingt haben vfdas die Fraw dem richter vnd dem erbaren Rathe vff gethane clage antwort geben moge bit sie dieselbige zolesen diwil sie solichs nicht nehir gehort hat

Nach verlesung solicher scharffen clage die der Frawen einer magh Ire glimpff vnd ere betreffen wollen stelt sie zum rechten ob sie sich nicht moge zo Irer exception vnd antwort gotlichs vnd keserlichs rechten gebruchen vnd bittet was recht ist Zoerkennen.

Ir echt vnd ehelich man hait hie gestanden vnd hait begert das er nicht horen des anclage des schenken wie er dan gehort hait vnd begert Zceit vnd Raith das er das an sine fraw mocht bringen das mir gemeint sein neyn Er habe sich horen lasse er stehe an statt seiner frawen und gebeten hait noch lut der clage sich rodes Zonemen dasselbe gegenteil gewiddert sein So hab der richter und Raith gebeten vnd erkannt beide partien zu gude vff einen tag hie Zosein erkannt Das wir dan gebeten han den weinschenken die sach zo gude zohalten

---

[1]) Item für sich allein genommen beweist im 16. Jahrh. noch nicht, daß das Folgende eine Fortsetzung von etwas Vorausgegangenem ist. Gesetze, wie z. B. die Carolina von 1532, beginnen mit Item. Beginnt ja doch auch in diesem Gerichtsbuche, wie in anderen Gerichtsbüchern, z. B. in dem Hanauer des J. 1471 (s. Festgabe der Berliner Jur. Fac. für O. Gierke 1910, S. 310 ff.) jeder Gerichtstag mit Item.

---

2 zum nechisten gerichtstage vnd also verloffe ist das nymens solde sein da man ymants wolde eynichs rechten weigerung thun also verlaissen

zo dissem tage der schenck nachfolge seiner clage zuthun vnd stehit nu vnd clagt wie vor und begert rechts daruber gnuglich seiner ere Zuorantworten vnd stelt das zoerkennen Ob aber die fraw wolt des rechten vfschub nemen das hie echte eliche man gestanden hait

Item anzufechten vnd Zorucke Zofuren die vnbegrunte antwort vff vnser gethane anstellung zum rechten In welcher siner vnbegrunten langen redde vil vnfugliche vergeben worte geflissen vnd an tag bracht hait vnd sonderlich In dem Articel das der man gestanden hab In stait der Frawen begern wir von yme zohoren mit vernemlichen lautern worten wen er mit solicher clage gemeint vnd lauterlich an tag geredt wil haben Das er aber wult mit solichen leren vnfruchtbaren worten uns von vnser anstellung dringen wult sie er nicht beglaubt

---

Item vf den andern punct In seiner vngeburlichen redde da er 3
sich horen leßt das der widderteil nach solicher Injurien und snotheit[1]) als sie anzyhen den richter sollen ersucht haben mit demutiglicher bith solicher worte zu gut halten vnd tragen biß zom nechisten gericht dorzu redt die fraw also es sult sich woil geboren wan man eyn dinck pinlich anclagen wil sonderlich umb Injurien oder snotheit[1]) Das dasselbe gescheen solt sein aber is vffentlich bewuste vnd am tage das sidder zwey oder dry gerichte vergangen sein Ist es dann gescheen vor dem schultheiß ist yme bewust Die Fraw sagt auch vffentlich das ein stattknecht bey ir gewest sey er hab abir noch dem man gefragt vnd sie nichts bescheiden dann er hab gesprochen wo Ir man sey daruff hait die gutige fromme fraw gesagt wais sol dir myn man Du hait er gsprochen Der man sol sich verantworten von des wins wegen Ob er darmit den man odir sie midde gemeint wil haben Sagt Die fraw noch wie vor Ir solle bilche vnd In recht so die klage sie betreff gotlich vnd keiserlich recht zogelassen werden vnd solle mit den leren und ytelen worten von Iren angestalten rechte nicht gedrungen werden

[1]) = Schnödheit.

Der Richter hait den partien zogelassen keiserlich gotlich vnd 4
erlich recht und wois zo Cassel gewonlich ist vnd landleufftig Ist[1])

[1]) Fortsetzung s. S. 20—23 des Gerichtsbuches.

---

5 Bey der Erbaren statt Cassel verflissen Termyns von Ir gehort oder gesehen habe[1]) Das sie einicher bosen thait dibstals oder anders rechtlich besagt sey diwil nu als dorch den Anwalt Hermann Nolke In kortzuerschenen tagen vor dem erbaren Rath zo Cassel smehe worte an sie geludt vnd gegangen sin Die Ir dan ere vnd glimpff betreffen erschynet sy hie entgegen vnd Ist orpettig solicher worte sich noittorfftiglich zuentleddigen Nach gewonheit des lants zo Hessen vnd der stait Cassel mit bitmodiger bit den richter vnd den Raith ir solichs Zuweisen vnd stellet das zom rechten

Antwort Herman Nolken

Das gantz Handwerk der Weißgerber hait vffentlich gesagt sie wissen von Conroit Klumpels anders nicht dan von einem frommen man sie wollen allesampt thun wais ym lib ist und ist yme vnschedlich an sinen eren vnd soll aller vnwille gutlich hingelegt vnd vertragen sein vnd Ist damit In alle ere und wurde gesatzt dorIne er vormals gewest ist vnd yne auch vor ein gildebruder halten[2]).

Conroit kumppels

Die grumpelschen schuldet Adam Herßfeld vmb 6 acker wizzen vnd lant am Lindenberge Item vmb 1 stuck lants am Grasewege veterlichs guts von wegen Irer Kinder Item vmb 14 gl. schult als Ir Hußwirt an seinem letzsten ende bekent hait Item vor 6 gl. Hußzins In tiln holtzs

[1]) Der Anfang dieses Prozesses fehlt. Mit dieser Fortsetzung beginnt eine separat geheftet gewesene Lage von 9 Bogen, um die später 3 weitere Bogen geheftet sind. Deren 1. Bl. bildet jetzt das Titelbl. des Ganzen; Bl. 2 und 3 enthalten die oben mitgeteilten Seiten. Die drei letzten Blätter der Lage enthalten, was S. 39—45 folgt.

[2]) Am Rand steht „vertracht", d. h. gütlich erledigt.

---

6 bericht ist als von 18 gl. vor Iren teil Idem ymb 3 metzen lyns 4 zaspiln garns vnd 4 bh primum[1])

Item Juditium libertatis quarta post Simonis et Jude[2])

Item hospes zum swanz beschuldet Conrait mebs vor 1 gl. 8 albus primum[3])

[1]) Siehe unten S. 14, 36, 37, 38.

[2]) = Gericht der Freiheit am Sonnabend, dem 1. Nov. 1505.

[3]) Beschuldet oder schuldet = verklagt. In einem Baseler Gerichtsbuch aus der Zeit von 1470 ist die im Casseler Gerichtsbuch sich nicht findende Eintragsform gebräuchlich: Item A. S. confitetur IX Sch. (Ztschr. f. RGesch. Bd. 6 S. 144 ff. 1867). Vergleichsweise dürfte auch das Hanauer Gerichtsbuch von 1471—72 heranzuziehen sein, von welchem ein Stück in der Festgabe der Berliner Juristenfakultät für Otto Gierke 1910 Bd. 2 S. 310 ff. abgedruckt ist.

Item hen dener schuldet Cuntz schuwirt vor 1 gl. primum

Idem hospes schuldet Cuntz kulen vor 11 albus primum

Item Johan Corbach schuldet Cuntz hartman vor 1 gl. primum

Idem schuldet hans Gregen vor 18 albus primum

Idem schuldet ytel volgman vor 3 pfunt vngeuerlich primum

Item herman lutzen schuldet henrich vochen secundum ut supra[4])

Item Die gilsemen schuldet hen Iren sohin vmb 9 wochen verdint lohins

Item hans banse schuldet wilhelm twerman secundum ut supra

Item henrich mohen schuldet Conroid pfluge vor 1 gulden den er schultig Ist primum

Item henne Resch schuldet die Eychenenschen vor 4 lb vor 1 swyn primum

Item henne Agnese schuldet Tilen schuwirten secundum ut supra

Idem schuldet Griffelmansfrauw secundum

Idem schuldet Joist Eschweg vor 23 albus ad computationem[5]) primum

Idem schuldet hans bygen vor 4 gl. primum

Idem schuldet henrich Nugenhayn vor rechenschafft primum

---

[4]) Hier und ferner wird auf früheres Schulden verwiesen; mithin gab es eine ältere gerichtliche Niederschrift.

[5]) s. zweitnächste Zeile: „vor Rechenschaft".

Item Henne tucherers Anclage vff Irrung eyns winkels[1]) Cuntz Kersten erklagt sich wie das Im sein wasser vnd gang der vor lange gegangen hait Genchen tuchscherers zugestoppt hait das dan ein erbar Rath hiebevor Besichtung vnd auch widderumb vfzuthun bevolen vnd erlaubt haben vnd hofft hennen dahyn Zuweisen solichs gehen Zulassen 7

Item Zuexcepyren vnd anzufechten[2]) die vnbegrunte clage von widderteil gescheen der hen tuchscherer (sic!) nit gestehet vnd dorzu luter neyn sagt vnd doruff dem schultheiß an stait meyns gnedigen herrn vnd den Erbarn Rode weyter bericht furZutragen sagt er also. Wie das er eyn huß gekaufft vnd bezalt hatt Inhalts Brif vnd Sigel daruber gegeben an welchem huße ein schener gart grun nit große

---

[1]) Klage i. S. Kersten w. Tuchscherer, nachbarl. Irrung betr.

[2]) Klagebeantwortung.

gewest ist vor einem huße ringe umbher biß an das ander abir von seinem nachburn Cuntz Kersten wirt yme mitselbgewalt sonder laube des richters oder der vbirkeit ein winkel gemacht vnd die erde vßgegraben vnd hinweg geschoben vnd also yme das wasser dardoch gewißt wilchs ym Zu schaden sins guts dynet vnd sonderlich In der gestalt das es yme verderbt hat cyn trebirkule dovor er liber 5 gl. enperen wulde vnd Ist dahyn gedrungen wyter schaden Zuuerworen hait eyner mussen eyn vfworff odir hee machen dardoch das wasser

8 dahin zu laufen Diwil nun Cuntz Kersten der gegenteil nicht anzceigen kan das by myns g. herrn schultheiß das erloubet oder geheissen vnd solichs sonder laube gethan hofft er zu Got dem rechten das widder abezutun vnd solichen schaden Zugelten vmb die gwalt zu uben stelt er an die vberkeit

Cuntz Kersten bit die gebrechen zobesichtigen vnd das zubehalten wie von alters her gescheen

Die party gibt der vnformlichen antwort kene macht dan sie wirdt abiren oder gslantt(?) vnd nicht in die fedder geredt vnd sagt nach wie vor Diwil aber Cuntz Kersten solichs sonder laube des schultheißen getan hait so solle ers bilche abethun wo es yme aber zogelassen vnd erlaubt wer des er doch nicht glauben will, so behelt er dagegen seine redde vnd bit sine nottorfft auch zohoren[1])

Item Cuntz Range schuldet Schmidten vor 12 albus primum
Item Henne fyme schuldet henrich rucken secundum ut supra
Idem schuldet Eilen guchen vor 5 alb garten Zins tertium

[1]) Fortsetzung s. S. 57, wo der Streit verglichen wird.

9 Item Antwort eile guchen fyme habe ir zogesagt den zozomachen vnd das nit gethan vnd hofft er sy nicht schultig vnd grundt sich des vff seinen eigen munt

Item Walden schuldet Henrich bygen vor 1 gl. ad computationem
Idem schuldet Jacob golscht secundum ut supra
Item Henrich Range schuldet Cuntz Rangen secundum ut supra
Item die scheltworte als Cuntz Refort widder Nuthansen im winkeller sol gethan haben Ist er nit gestendig vnd weis von hansen anders nicht dan von eyn frommen knecht

Affterruge[1]) noue et antique civitatum tertia post omnium sanctorum[2])

Item karolus steindecker hait einen da fornne in der gassen gehawen das ist also In geruchtweise angelangt Es sein abir keine borger dabey geweist das sie bescheit muchten geben wie die sach zogegangen wer

Item in der Aldenstatt Ist nichts gerugt.

Juditium ibidem ut supra

Item Hentz falsch schuldet seinen sohn vmb einen verdracht, sonderlich vmb 5 gl. vnd darzo wais hen des seinen noch hinter yme hait beiseins frommer lude primum

2. vmb einen werdt, den er yme auch vorhelt vnd lam legt

[1]) Afterdinge, judicia posteriora, die den ordentlichen Gerichten zur Entscheidung unerledigter Sachen nachfolgen, meist noch an demselben oder am folgenden Tage. Grimm, Rechtsaltertümer, 3. Aufl. Bd. 2, 466.

[2]) Dienstag, d. 4. Nov. 1505.

Item Nestey[1]) beschuldet henrich portemer vor 1 gl. hußzins **10**
secundum

Item Idem Nestey schuldet Cuntz Gotzen vor 4 albus primum

Item herman Rudewig schuldet hans heisen vor 16 albus primum

Item henrich noegbor schuldet Baltasar swinbraten secundum

Idem schuldet Conrait Kymmen secundum ut supra

Item Martin Meile schuldet Herman Crunaugen vor 2 gl primum

Item Pawel pfeffirsack schuldet hen roden vor 6 gulden von wegen eins hußes primo

Item Hentz Ose beclagt sich wie das er in vergangener Zceit der fraw als vor dem heiligen Krutz sitzet zcuvercauffen getan hait einen rock solchen rock ist verloren vnd von der hant kommen Er hait auch in guter Zceit vnd wile nit mogen gewissen wo sein rock hin kommen sey dan von angeschicht ist er das marckt heran gegangen vnd also sinen rock an Hentz Tomas funden. Als nu hentz tomas Osen sichtig worden ist er mit widen schridden zu huse geriden also Ist solich rock verswunden vnd eyn anderer an Hentz tomas Libe geweist Du hait hentz Ose getan als einer der sinem verloren gude

[1]) Vgl. S. 25.

nachgefolgt hait vnd also In hentzen huß gegangen vnd gesprochen hentz wo ist der rock den du itzo anegehabt haist antwort hentz ich hab einen rock der ist myn daruff hait Ose antwort du ich den rock zoletzst gesehen habe do ist er myn geweist Ich wil yne widder haben Du hait hentz tomas gesagt Es sey gut gericht vnd recht Mege er yne nicht sonder ansage glassen so solt er yne mit gericht vernemen

---

11 Diwil nu solicher tunckel handel des rockshalber von hentz tomas vorgenommen wirdt stellet hentz Ose zum rechten Er solle yme bilche In dissen gericht vnd Instantien antwort gebin vnd stelt das Zo-erkennen

Item Wilhelm beclagt hen roden das er yme schultig ist 18 albus die er yme von solde abuerdient hait in großer ferlichkeit seines libs vnd lebens Diwil er nun sawer verdient lohin ist vnd er seinen lib darumb gewogt hait hofft er solle yne bey schiner sonner[1] (?) vßrichten vnd bezcalen vnd stelt das zo erkennen

Item Ciriacus Johen schuldet hans guntern secundum ut supra

Item hentz Corns schuldet Gabriel rose vor 12 albus primum

Item Seddich schuldet henckel foil secundum ut supra

Antwort Henckel vnd hofft hen Eichman solle yne schadelois halten Nachdem er In solichen Kauff getreten ist

Item herman Lutz schuldet herman swartzen secundum ut supra

Item Conrait ditmor schuldet hentzen herßfeld wie das er yme hoit enen briff zu seinen handen gethon In true vnd In glauben das er yme den so glaublich widder stelle vnd hofft bilche primum

Item henne gilseman schuldet sein stiffmutter vor 21 albus die sie von yme ufgnommen hait vnd nicht vordinet primum

[1]) = scheinender Sonne? Vgl. S. 27: schynem Tag.

---

12 Antwort hentz tomas vff Osen clage wie das er hab gekaufft einen rock von einem der zo yme kommen ist In sein huß, Hentze Ose auch vilichte kommen sey vnd solichen rock angesprochen zu der Zceit sein sie kommen bey den borgermeister Job[1]) vnd haben also vertracht das er Osen sinen rock solt widderumb gebin kendestu

[1]) Über ihn s. oben S. 6 der Einleitung.

abir den ankennen der dir solichen rock verkaufft hette so wult Ich auch darIne thun wais mir von amptswegen als vor eyn borgemeister geboren wult das ist hentz thomas alle Zceit vrpettig gewest Osen seinen rock widder zogeben vnd hofft yme nichts wyter schultig zosein vnd stelt das zoerkennen

Inredde hentz Osen vff die tunckel vnformlich vnbegrunte antwort hentzen Thomas wilcher sich in seiner antwort vffentlich am tag horen leßt wie das einer kommen sey vnd yme solichen rock verkaufft Des glaubt hentz ose nicht Er bringe soliches dan bey zo rechten genugsam Dan er sichst dafor an das er solichen rock gekaufft vnd nit bezcalt hait, vff den zweiten artickel des hentz Ose mitsampt Hentz Thomas vor dem borgermeister kommen sey pp das gehit Osen nichts an Vff den dritten artickel das Thomas Hentz Osen angebotten habe den rock widder zogeben sagt er neyn zu vnd stelt zomrechten solle yme solichen rock bilche mit borem gelde bezcalen wie

---

er den gekaufft hait vnd yme des seinen mogelichen schaden gelten 13
das er das solange enperen hait wo er abir den kauffer nit bringen kan als er sich horet leßt das gibt er dem schultheissen zoerkennen vnd stellet das mit obgemelten puncten zom rechten

Hentz thomas bit Nach wie vor wie es der borgermeister zuschen yne gemacht hait dis ist er vrpettig vnd hofft bilche

Antwort[1]) henne falsch nach lut einer verdracht des sich dan henne nicht enthalde vnd gesthee dorane vngutlichen dan es haben fromme lude zuschen dem vater vnd yme geredt das sich hen gegrundt hait In fruntschafft vnd grunt sich des auch Im rechten vff die frommen lude nemlich Er Ditmor heller, ditmor lappe Gerhart schilten vnd Herman reuters wes yne die frommen lude bescheiden das er dem vater pflichtig sey vnd begert die darumb zuuerhoren

Item Vff die cleyter kue vnd alle gifft damit leßt henne falsch seine Tochter gewerden vnd gehit yne nichts an Sie habe yne lange Zceit gedinet In versehunge sie hab solichs an Irem lohne empfangen Hentz falsch but seine sach auch an fromme lude die von seiner wegen auch dobey geweist sein

[1]) Vgl. S. 9 a. E.

---

14 Item die grumpelischen schuldet Adam herßfelden secundum ut supra[1])

Adulff (sic!) herßfeld gestehet solcher klage nicht zu preter 6 gl wil (?) soluere

Item Clawes Kutel schuldet Clawes seltzern vor $3^1/_2$ lb. vnd 1 fertel korns vordinet lohin

Antwort seltzer die sach sey ans hantwerck geschobben Et debent audire inter se

Adam schrendeisen schuldet hen Zucken den Jungen vor 1 gl. den er yme Im hor gethan hait primum

Idem vmb auch 6 albus von sintwegen vfgenommen

Item umb einen rock gelichen primum

Item Conrat Nolten schuldet Claws Nestey vmb 1 hoff der yme verbotten ist dorch myns, g, hern knechte vnd bittet den liggen zoloissen primum

Item Joannes harnasch schuldet hans kortensack vor ½ gl primo

Idem schuldet seine stiffmutter secundum ut supra

Item Hene Crunouge schuldet bechten Crunougen vor 20 gl capitel vmb 13 Jor Zins retardata

Item vmb 1 Lybzucht die Ir nicht gehalten ist Doruß sie gedrengt ist Item vor 5 gl. uß der mutscharunge empfangen

Afterruge[2]) libertatis quinta post omnium sanctorum.

Item vor der henckery ist ein handel gewist ut constat

Juditium ibidem eodem die ut supra

[1]) Siehe S. 5. Das hier auf S. 14 mitgeteilte Zugeständnis bildet die erste Zeile von S. 15, ein vorgesetztes Zeichen deutet aber an, daß die Zeile auf S. 14 als zweite Zeile gehört.

[2]) S. Note zu S. 9. Die Afterruge fand statt am Donnerstag, den 6. Nov. 1505.

---

15 Item Clawes koch schuldet hans vochs vor 2 lb primum

Item henne agnese schuldet quartus (?) eidem secundum ut supra

Item henne hofeman schuldet henrich vachen secundum

Idem schuldet henne Guegen secundum

Item Adolff herßfeld schuldet Claws gilseman secundum

Item Meysnitz schuldet volgman vor 17 albus primum

Item pawel moller schuldet hennen breden vor 10 lb primum

Item Clawes Coch schuldet idem hennen vor 11 schilling primum

Item Doner von wulffßanger schuldet Cuntzen schuwirten secundum

Item henne hernick schuldet henrich runcken vor 19 al primo

Item Cuntz range schuldet Cuntz schuwirte secundum ut supra

Item hentz Thomas schuldet Nettilgansen vor 4 lb ad computationem primo

Idem schuldet die Zuchterlings frauwen

Idem schuldet hennen Fabern vor 14 albus primum

Item Henrich brod schuldet die spittalermeister primum

Item hans wilkynns vnd sein geswister schuldet die sustern vmb nachglassen guter Irer muter primum

Item henrich moeg schuldet volgman vor 1 gl primum

Item Jacob begert noch vmb seinen verdinten lohin tertium

Item antwort der sustern die muter hab yne Zogesagt beisein Irer Kinder vnd andrer frommer lude alle Ir gut zosampt 8 gl nach irem tode bey yne Zulassen

---

Item die Fondyn schuldet Jacob breden vor 2 gl ad computationem 16
primo

Item henrich wingarte schuldet homuden ut supra

Item hans wyman schuldet Ties biegen secundum ut supra

Die sustern sollen ire anclage beweisen[1]) dem rechte genugsam luts Irer schulde[2]) Sin autem non alsdann soll furter gescheen wais recht ist

Item Joist Schacht schuldet Pawel herman vor 20 al primum

Idem schuldet herman frebels vor 1 postulaczs gulden vnd $9^1/_2$ bh primum

Item Joanes Corbach schuldet Cregen secundum ut supra

Idem schuldet volgmann secundum

Idem schuldet Cuntzen hartmann secundum ut supra primum

Item Joist trumper schuldet elisabeth rinlender vor 14 al

Item Cuntz am ende schuldet Martin Nedel vor 19 gl. 10 albus berechtsgelde beisein frommer lude Item vmb 1 gebruch den er yne auch verlegt vnd vfgezcoggen hait primum

---

[1]) Am Rand steht „Re" (= resolutio).

[2]) Die drei letzten Worte sind gestrichen, und „antworte" ist darüber geschrieben.

Item hans wilkyn burgermeister vnd raith vor 10 albus vnd ist hans Luckeneigers

Item Anna cloren als vormunderin Irer kinder schuldet Martin Torlon secundum ut supra

---

17 Item herman frebel verclagt sich wie das er In vergangener Zeit gesessen In Jocob golscht huß gesessen hab vnd sey aldo Jammerlich sonder schult von Michael widdekint gslagen vnd verwont vnd solichs slagen halber lam worden Diwil er nu so Jamerlich sonder schult vmb sine gesont kommen ist vnd auch grossen smertzen vnd wetage erlitten stelt er zum rechten ob er nit sult solichs kor vnd wandel thun vnd auch gelten den verseumniß den er in der sach zosampt dem artzlohin gelitten vnd verdult hat primum

Item Henrich Range von velmor schuldet Cuntzen rangen zu Cassel vmb etlich wissen vnd lant bey yme funde das sin veterlich vnd muterlich erbe sey luts eins Instruments das ym nach toitlichem abgange siner muter ziggen rangen verschriben ist vnd hofft das Zu sinen handen zostellen vnd legt das damit bey vnd bit die zolesen

Item ehir Cuntz range antwort gibt vf die anclage[1]) stelt er an ein orteil vnd sagt also wie das er von Henrich Rangen an sinem ruwelichen beseß jemmerlich betrubt vnd also spolyrt sey do er dan myns gnedigen hern richter hoit mussen vmbsuchen yme das widder zorestituiren vnd Inzosetzen wann yme nun solich schade abgelegt vnd gegulten ist alsdan behalt er vor sine noittorfft Zum rechten

[1]) Am Rande der Zeile steht: Rangen sach.

---

18 Item antwortt Cuntz Range wie das yne verwundert solicher vnbegrunten schulde die henrich Range sin stiffbruder an yne setzt dan er hab solich lant vnd wizzen obir die 30 jor darzu jor vnd tag bey gutem gericht vnd zceit sonder eynichs menschen rechtlich ansage inegehabt vnd gestehet yme oder nymans an solichem lande odir wizzen nichts zue vnd hofft vnd getrawet zo got vnd zum rechten er solle yme mit solichem instrument sinen langen ruelichen Besitz nicht swechen odir krencken vnd stelt das zo recht zoerkennen vff das der richter zosampt dem erbarn rathe wyter berichtung vnd grunt der sach erlernen mogen so bit Cuntz Range dorumb grefen wilkyn

Calperner zo felmorn vnd henckel smedt zuverhoren vnd dan wyter gescheen lassen wais recht Ist. Diß ist Henrich Rangen inredde wie sich Cuntz Range horen leßt vnd grundet vf enen beseß vnd des sich horen leßt kuntschafft darumb zu uerhoren wil henrich Range yme furbehalten haben nach noittorfft des rechten zuwidderfechten vnd sagt so vile wyter vnd helt yme Cuntzen range beseß an seinem erbfal vnschiddelichen dan er habe nicht ehir zu erbfalle zogriffen gehabt dan nach toitlichem abgange seiner mutter die dan die lybzucht bilche hatte noch

---

lands gewonheit, wilch mutter ungeuerlich vor 1 jor verstorben 19
vnd solich briff vnd schein in seinen kinttagen biß an dissen tag sein mutter verstorben, vnd ob daruber Cuntz Range sollche wizzen vnd lenderey bey sich broicht hette In henrichs vnmündigen Zeyten oder ehir dem erbfalle das wil yme henrich vnscheddelich behalten han So nuh solich lenderey by Cuntzen rangen findt luts eins yffen Instruments so solle yme solich beseß do sich dan Cuntz yff grundt Sinen erbfall nicht benemen Dan wie vorgereddt vnd angezceigt hait sine vnmundige Zceit vnd erbfal hofft er noch er habs bilche zufordern.

Nachredde Cuntz Rangen vff die vnbegrunte vnformlich lange Inredde sagt Cuntz Range nach wie vor das er mit der redde yme sinen langen beseß nicht brechen sol vnd stellet das zo recht

Item als er nicht widderficht den beseß vnd sweigend zuleßt wil er angenommen haben

Item als er sich wyter horen leßt das er In sinen vnmundigen Joren vnd kinttagen nicht gewußt dabey ist abzonemen das solicher person nicht alter ist dan die jor der beschidenheit vnd besleußt nach wie vor das die obgezceigten dry[1]) der richter vnd raith des hanels woil bescheiden werden.

[1]) scil. Zeugen.

Sloßredde Henrich Rangen repetirt sine schulde vnd Inredde 20
sein erbfall solle yme damit nicht aberkant werden er bringe dan besser recht vor dan noch gescheen vnd gehort Ist.

Item Ludewig koch schuldet die Nisen vor 9½ lb. primum

Idem Henrichen honnets pro computatione secundum ut supra

Juditium vff der Aldenstaidt secunda post quatuor Coronatorum[1])

Antwort Fraw Walpurgis[2]) vff die gethane anclage des winschenken Zo Cassel vnd sagt also wie das sie In vergangener Zceit Ir maget vßgeschickt eyn halbe wins Ins roiths keller zoholen Da die maget widderkommen vnd solichen win gebroicht hait du ist es nicht vol moiß[3]) sondern wen gewesen Du hat die fraw zu der magt gesaget sichstu es diß moiß ist nit vol sonder gang hin vnd bringe vol moiß nicht das sie das In vngut odir arg vff den schenken gesagt solt haben Inmassen als sin schulde[4]) meldt Dan sie hat sich laissen dunken Ir magt mocht solichs getrunken oder verschottet haben. Auch also das meitlein widderumb hynweg getribben

[1]) Montag, d. 10. Nov. 1505.
[2]) Einrede und Widerklage zu S. 1—4.
[3]) = Maß.
[4]) = Klage.

21 Dornoch ist das Meitlein widderkommen vnd den wein broicht wie vor Dornach hat die frawe abermals noch eins vnd ye mehir gemeint das meitlein habe solichen win getruncken odir verschuttet Ist es auch du Im keller geweist do hait sie kein gewissen von vnd zum Zweiten also widder hynweg gegangen Auch eyn eben willyn also vsseblibben. Du ist die fraw selbst yme nachgegangen vnd wollen sehin wo Ire magt blibben Ist vnd ist also vor den winkeller kommen vnd Ir magt derInne fundin stehin vnd gesagt Meitlyn wiltu nit widderumb heym gehin Du hait des schenken fraw angehoben Liebe fraw mit wais gestalt schickt Ir vns den win widder Du hait die fraw Walpurgis gesagt vnd also In Keller gegangen Liebe fraw sehet der win ist nit vol Ich hab auch wollen sehen ob myn magt solichen win getruncken oder vergossen hette Alsbald ist der schenk zom zorn vnd Nidt bewegt wurden vnd widder fraw walpur gsprochen Du alter sack. das dich sanct valntins pfloge[1]) angehe Auch ein fust vber sie gezocht wilches schelden vnd solichs obirlauffens sie vff die Zceit als wol abzunemen ist eyn frawlich person eyn frawlichen schrecken empfangen do sie nicht 20 gl vor nemen wult den noch eyn mal Zulyden hait abir das

[1]) Valentinsplage = Veitstanz.

Meitlein mit dem schencken wyter wort gehabt Die sie es nicht 22
geheissen hait das gehit der frawen nicht zuschaffen vnd ist auch In dem fal antwort Zogeben vor Ire maget nicht pflichtig

Item Diwil nun soliche worte wie der schencke die fraw eyn alten sack geschulten vnd Ir eyn bosen fluch wie obig gegeben hait auch ander freulich schrecken die nit lautbar Zomachen sein stellet die fraw Ins recht wie sie sich solichs worts das sie kein alter sack Ist vnd auch nymmermehr keiner werden wil entleddigen solle vnd darmit Ire frawlichen ere verantworten Nach gewonheit des landes Zo Hessen vnd der stait Cassel vnd stellet das zo recht

Item vnnd auch wie der schenck anzucht In siner Klage yne zu Smoch vnd Injuria (?) gescheen solt sein Vnd dodorch den win widder geschickt do sagt die fraw luter neyn zu Sie wisse auch nit anders von yme dan von eynem frommen gesellen vnd setzt das mit obin angezceigtem artickel zu recht.

Item Darbeneben hait genannte Walpurgls vffentlich gesagt 23
vor richter vnnd rade sie hab solich worte gegen Cuntzen nit gehabt oder luden laissen als Ir got helff vnd die heiligen

In der sach zwischen Cuntzen koch der von Cassel weinschenken an einem, Walpurgis goltsmits am andernteile umb ansag etlicher Smehe vnd scheltworte betr. Diwil die gedachte walpurgis nit gestehit das sie soliche worte des vnrechten moißs halber gegen Cuntzen zo Smehe odir nochteil wil geredt odir gemeint haben luts Irer schrifftlichen antwort vnd darbeneben vffentlich gesagt Sie wisse von nicht[1]) anders den von eyn frommen gesellen Dargegen auch gemelten Cuntz sich hait horen laissen Er hab walpurgis auch nicht gesmecht odir geschulden So erkennen wir dar Inne In der gute vff ir beiderteil verwilligunge das soliche handelunge yne von allen teilen vnschedlich vnd vnbesmuzt an iren eren sin sollen damit dann beide party in der gute also gescheiden vnd vertragen sein sollen vnd bliben Datum ut supra

[1]) Hier steht am Rande „Cuntzen“ zur Andeutung, daß es sich in Cuntzes Sache um deren Erledigung (durch einen bewilligten Schiedsspruch handelt).

---

24 Henne Crunauge schuldet sein swester secundum ut supra
Item Conroit Ditmor schuldet hentzen herßfeld secundum
Item Auwel hudenmecher schuldet Michael preuten vor 2 gl. 1 ort secundum ut supra
Item henrich moeg ber (bürger?) schuldet Baltasars swinbraten vor 16 albus tertium.
Item Clobs Gukel schuldet Claws seltzer vor 3½ lb vnnd 1 fertel korns et Judicia[1]) tertium
Item Claws Nestey schuldet henrich Portemer vor 1 gl. tertium
Antwort henrich vnd gestehit ym der schulde nicht zu den er hab mit seinem vater Zutun
Item hentz Tomas schuldet gabrielis rosa secundum
Item henrichen steins schuldet idem gabriel primum
Item henrich kangisser Claws seltzern vor 3 wogen ysens tertio et Judicia, Luitus[2]) tertio
Item Job Weiners schuldet Lotz lancken
Item Adam schrendeisen schuldet hen Zucken secundum ut supra.

Juditium vff der Aldenstatt vff Montag sanct Catherinen abint[3])

Item Henz Ziegeler schuldet herman kucken vor 25 albus tertium
Item hen pflucke schuldet Johans placzen vor 13½ albus primum herman facere computationem et debet facere vt supra

---

[1]) = Gerichtskosten?
[2]) = bezahlt (von luere).
[3]) Am Rande steht: „Quinto" (= 1505). Katharinentag ist in 1505 Dienstag, d. 25. Nov.

---

25 Item Hans Ruthwig schuldet hans heisen secundum ut supra
Item Anna widolts schuldet Claws heisen vmb 1 pfunt das er zogesaget hait zolibbern tertium Et debet facere
Item Claws Nestey schuldet henrich Pfortemer vor 1 gl et Judicia tertium
Antwort[1]) henrich Portemer vnd gestehit Nestey nichts zu vnd saget der borgermeister Job hab dorInnen gehandelt
Item Martin Wychman schuldet Conroit kloppel vor 1 gl. primum
Item Leonhard schenck schuldet herman rupel vor 12 albus primo

---

[1]) Vgl. S. 10 oben.

Item hans weidolt schuldet herman rudewigen vor 24 al tertium

Item hermann schindehutte schuldet katerinen schindehutte vor 10 gl ad computationem primum

Item adam schrendeisen schuldet hentz Zincken vor 1 gl 6 al vnd einen rock tertium Idem non constait des rocks vnd zucht sich des an fromme Lude et facere computationem

Item hentz thomas schuldet gabriel rose vor 12 albus tertio

Item henne stein schuldet idem gabriel secundum ut supra

Item Andre feule schuldet hen rode vor 20 gl 1 budden 1 leiter et alia von eins hußs wegen primo

Item herman teche schuldet Ciriacus techen pro computatione et brüderliche teilunge

Idem herman schuldet die rossen vor 3 Jor broit vffgenommen Zum Anenberge von sinetwegen, ex parte patris

---

Item Tilo frantz schuldet herman Ortten vor 7 gl. ut supra[1]) 26

Sexta post katarine virginis[2]) Anthonius schultheiß noster civis Elisabeth uxor vendiderunt domino hermano heymeln et successoribus 2 gl jerlichs Zinses zu der Comende vff der aldenstait[3])

Eodem die hait hermanus heimel quitirt Anthonium Schultheißen vor 30 gl capital als er vff alban longs huse gehabt hait vnd ob die alt verschreibung hiernach funden wurde Alsdan sol sie toit vnd krafftlois sein vnd ob alter odir besser verschreibung funden wurde der sollen sie abtrag machen pro se et successoribus

Item vor vnser stathafftigen vnd weisen schultheiß Borgermeister vnd raith erschinet gerdrut Johens schodewolffs nachgelassen withwen also vnd gehorsam borgerin vnd legt vor 1 Briff[4]) mit demutiger bith denselbigen zolesen vnd gutigen ores zuhoren vnd dan ferner zoredden naich irer noitdorfft.

Item vffentlich vnd am tag ist es wie das Jorge glesener vnd Guckel sein hußfrau den got gnedig vnd bormhertzig sey zwen acker

[1]) Vgl. S. 37.
[2]) 1. Dez. 1505 (Montag).
[3]) Durch vorstehenden Eintrag gehen, um ihn zu tilgen, zwei Striche; am Rande stehen drei Buchstaben, die Error bedeuten können.
[4]) Nämlich die nachfolgende schriftliche Klage.

27 lands vor 25 gl verpfendt vnd versatzt haben wilch lant von Schadewolff als ein nachkommer Jorgen gleseners zu vnd an sich erloist hait Diwil nun gerdrut Johens als eyn hußfrau schadewolffs dem Got gnedig sey von irem hußwird seliger gedechtnisse vff vnd an gerdrut Johens als ein pfantschafft erstorben Ist beclagt sie sich wie in nechst uergangenem sommer Jorge glesener do zu kegen odir anders ymants von sinetwegen Ir der frawe an soliche forende hafe gegangen Ir korn mit selbgewalt sonder laube dopperlich genommen und hynweggefurt poben alle dos Jene dos die arm elendig widtfraw sich zu ehirst vff myn g h als eyn forsten des landes darnach an siner g schultheiß zo Cassel vnd borgermeister vnd Rath zom rechten vnd ins recht geboten hait Diwil nun die arme widtfraw solich ir tapperlich vnd groiß recht repicieren nit hot mogen zohilff komen vnd sie ires pfantguts vnd farendehaffe widder recht spolyrt vnd beraubt ist hofft sie zum rechten sie solle bey schynem tag widderumb restituyrt werden Mag dan Jorg schadewolff odir sein nhamig die witfraw sonder ansag nit glossen so wil sie yme tapperlichs vnd gnuglichs rechten vor dem Erbaren Rath erschinen

28 Ob auch solich lant nit 25 fl wert wer hofft die fraw zom rechten so solle Jorg schadewolff als eyn erbnemen solich lant vor 25 gl gut genug mochen was aber vmb die gewalt vnd selbstrecht recht sey geben sie dem Richter an stait myns g Hern zu betreffen mit anstellung rechtlichs erkenntnißs dorin zogescheen mit furbehaltung aller noittorfft zum rechten gehoren

Vff gethane clage gerdrut schadewolffs gibt Jorge Glesener diß nachfolgende sein antwort So dan in vermeinter clage ehrstlich furgetragen ist wie schadewolff seliger gedechtnis solle etlich pfantschafft geloist haben solichs Ist Jorge glesener nicht gestendig Zugt sich des vff ingelegte Instrument[1]) das nicht pantschafft sondern eynen erbkauf vermeldet wo abir gnanter schadewolff solich Instrument wult gedewt oder verstanden haben vff pfantschafft het ymen luts desselben Instruments die abelosung gezimpt sondern den erben der verkauffer in angezoeigten Instrument gnant

[1]) Fehlt.

Als auch furter In angeczeigter vermeinter clage gesagt Ist Jorge gle- 29
sener solle spolyrt haben die clegerin Inhalts vermeinter clage dargegen Excipiret Jorge Glesener ehrstlich In gemeyn vnd ist solichs spoliums odir entsetzung nicht gestendig sagt furter er habe angezceigte acker lants luts der clage nicht vnbilch sondern Zu recht vnd bilche als eyn rechter erbe seins vaters Jorgen glesener seliger gedechtniß ingenommen. Das er solichs bilche getan habe vnd mit rechte beweis er vß folgenden Orsachen Ehrstlich darumb das solich lant darvon die clage sy vnd ist wie obgemelt sin vaterlich erbe. Nu geben die rechte clerlichen das eigentom vaterlichs guts wirt vererbt vff sine kinder vnd erben Es wirt dan bewehret verfallen vff einen frembden als geschriben ist in lege siue possidetis codice (sic!) de probationibus[1]) mit andern vilen rechten Es ist auch eyn lantrecht alde gebruchte gewonheit vbir menschen gedechtnis des forstentumbs Zu hessen sonderlichs der stait Cassel das kinder oder erben mugen in rechte vnd bilche Innemen vnd empfangen on gerichts erkenntnis Ir vaterlich

[1]) l. 16 Cod. 4, 19.

---

oder muterlich erbe vnd guter In solichem stande als sie verleddigt 30
werden Solich lants gewonheit vnd staitrecht ist kuntlich vnd vffenbar demnach hait gnant Jorg beclaget sin vaterlich erb gnant ecker mit rechte vnd bilche Ingenommen gestehet der clagerin darumb irer clage nicht 2. das Jorge der beclagte angezceigte Acker bilche Ingenommen habe, ist diß die vrsache In Zceiten als seligs gedechtniß Jorgen libliche mutter gnant Luckel sich hait wollen verelichen mit gnantem Schadewolffen Ist In beywesen viler frommer lewt vffgericht beredt vnd gemacht eine ehebereddunge vnd pactum dotale. In wilcher ehebereddung vnd vor der ehe clerlich beredt ist dorch gnant Lucklen angeben wie Jorge glesener der elter In seinen letzsten beuolen habe gnanter Luckel sie solle dem vngeborenen Kinde darmit sie schwanger gegangen ist so sie gebert vnd lebendig blibbe mit etlichem glase eyn miriglich Zcal vnd auß andren iren gutern gelden vnd bezcalen Die schult den vicarien In der Nuwenstait luts angezceigts Instruments vnd solich lant daruor verschriben wie obgen. irem kinde Jorgen gleseners gewertig

---

31 lois machen solichs zuthunde hait gen. Luckel In angezceigter ehebereddung vnd pacto dotali geredt und gelobet mit verwilligung der doch In recht nicht noit wais genants schadewolffs Zucht sich solichs vff die Zugen die bei solichem pacto dotali vnd Zosage geweist sein mit bede wo es die noittorfft fordert vnd nicht anders dieselbigen daruff zuuerhoren ist hierumb der beclagter der clegerin an obgnanten eckern keiner gerechtigheit noch Irer clage gestendig biddet darumb gnanter Jorge beclagter sich von anclage gnanter gerdrut clegerin loiß zuorteiln mit erstatung kosten vnd schaden stellet solichs auß erzcalten orsachen vnd der rechte zu recht Zoerkennen mit furbehaltung aller vnd Jglicher noitturfft.

Inredde Gerdrut Johens vff die lange unbegrunte vnformlich antwort vff vnser schulde von dem wirdigen vnd hochgelerten doctoris Bruhan[1]) ußgangen vnd gescheen Ist wie das das Instrument von Jorgen glesener vater vnd mutter yme solle eigen vnd schadewolffs witwe nicht Doruff sagt die fraw also . wie das Ir hußwirt 25 gl. bezcalt vnd sie als die Jene die eyn soliche pfantschafft als farnde hafe von ym ererbt hoit bilche vnd In rechte

[1]) Siehe oben S. 5 der Einleitung.

32 eigent Es ist auch vffentlichen am tage auch dißs hußs gewonheit das eyn Jeglich frommer borger seine nachgelassene witfrauw mit solicher pfantschafft als farende hafe an sie ersterben muge

Item zum Zweiten vff die lange gethane redde dorIn myn her der Doctor vil guts dings yß den rechten allegirt hoit das doch vor uns leigen on noit gewesen wer dan es taugt(?) zu der sach nicht mer nemen solichs auch nicht an vor ein antwort dan es gehet alleyn vffs erbe vnd nit vff die pfantschafft oder farende hafe · dan wan vns myn her doctor Jorge glesener oder wer der wer 25 gl do schadewolff sin hußfraw nit als farendehafe widder zu vnsern handen stelt wuste gerdrut Johens nit dem grunnde wo der hyn gehorte woil zu halten

Item wo er auch wyter anzugt das Jorge glesener der Junger soliche spolium bilche getan solt haben Darzu sagt die fraw neyn Es sy auch hie nicht diegewonheit das ener vß crafft beschribben rechte soll ener witfraw ire pfantschafft also spoliyren Abir woil hett die fraw mogen erleiden

das Jorg glesener Ir 25 fl zu Iren handen gestalt hat damit Ir huß- 33
wirt schadewolff solich beswert lant leddig gemacht hoit vnd Ir von Irem hußwirt als farendchaffe anerstorben ist Diwil solichs nit gescheen ist und Ir mitselbgewalt ane laube luts der clage hoffen mir er hab solichs vnbilch vnd nicht bilche getan

Item vff den letzsten punct genant pactum dotale Wie das die fraw Luckele solt In der ehebereddunge etlich glais eyn mirglich Zcal damit solich lant erloist pp solichs glaubt die fraw nicht Es werde dan vffentlich wie recht ist an den tag broicht vnd sagt noch wie vor das sie Ires pantguts Jamerlich spoliyrt vnd beraubt ist vber alle rechterbitnus Diwil nu die rechte sagen das nymants vor dem rechte solle pfantbarlich erschinen vnd auch mit zwen ruten gestraft werden hofft die fraw Zo got vnd dem rechten sie solle bilche widderumb Ingesatzt vnd restituirt werden Mag sie dan Jorge ansage nicht verlassen darumb wil sie ym zum rechten stehen wie sie sich des vor erbotten hoit wo aber wyter kunde angezcoggen werde behelt die frauw Ire noittorfft dargegen

---

Jorge gleseners leßt es dißmals bie seiner gethanen antwort biddende 34
wie do selbst gebeten ist vnd hiermit zo beslissen

Nach beider party vorbringen Erkennen wir vor recht das die geceugen als bey der ehebeteidigung geweist sein sollen bilche vffgeschribben vnd verhört werden vnd alsdan sol furter gescheen wais recht ist

Erstlich henne falsch Anna uxor ejus Herman ruter herman Lynwebir Jutte pfiffers mit furbehaltung Jorgen gleseners ob er mehir kunde erfaren mocht auch wie recht zuuerhoren

Item die fraw redt dargegen das soliche anstellung von Doctor vnbilch vnd widderrecht gesagt werde vß Orsach es sey die gewonheit des hußs nicht vnd ob eynicherley zuge erfaren oder funden worden solle nicht vfgenommen oder gehort werden vnd wil daruff protestirt haben Datum sexta post katarine virginis[1])

primus terminus erit sabatho post conceptio marie virginis[2])
secundus secunda feria post Innocentium[3])
tertius quarta feria post trium regum[4])

[1]) Montag, 1. Dezember 1505.
[2]) 13. Dez. 1505.
[3]) Dienstag, d. 30. Dez. 1505.
[4]) Freitag, d. 10. Jan. 1506.

---

35 Vff den andern termyn haben Jutte Pfiffers vnd Anna falschs vor zweien scheffen gesaget Diwil sie kranck gelegen vnd nicht vor gericht haben erschynen mugen Sie haben gehort In der eheteydigung Schadewulffs vnd Luckeln fischers das genant Schadewulff geredt vnd zogesagt hait Er wolle Jorgen Irem Shone das lant vor dem gehege von den vicarien vff der Nuwenstatt widderumb losen ane sinen schaden vnd das wollen sie also behalten vff Ir letzst ende vnd hynnefart.

Item vff den dritten vnd letzsten termin haben In disser sach zo kunde gesagt als hernachfolgt

Joannes Wenefridt geeidt vnd gemacht (?) wie recht Ist hait gesagt Er sey dobey obir vnd ane gewest das hermann schadewulff In der ehebeteidigung Zogesaget hait Jorgen gleseners das lant vor dem gehege widder Zolosen vnd dasselb gelt dorvon er solich lant losen sol Ist von Jorgen mutter wegen herkommen

Item henne falsch hait disse kuntschaff mit seiner sage becrefftigt mit dem anhange das Schadewulff disse losunge thun solt mit glase als er von wegen Jorgen mutter Ingenommen hoit

---

36 Darvff ist Erkannt[1]) das Jorg Schadewolff solich lant als syn vaterlich erbe luts der kunde bilche ingenommen hoit

Herman Lynwebir hoit gesagt bey der ehebeteidigung herman Schadewulffs vnd Luckel Fischers sey er nicht geweist Aber nachfolgend obir etliche Zyt Ist zu yme kommen genant Luckel vnd zu yme gesprochen swoger herman ich clage vch das mir schadewulff nit heldet wais er mir Zogesagt hait vrsach er lost myn Shone Jorgen das lant vor dem gehege nicht widder des verdreußt mich gar vbel Dornach ist Schadewulff vff dem steinwege zum siechen auch zo yme kommen vnd gesagt myn fraw vnd ich haben vnwillen zuhauff des lantshalber das ich das so lange vngloist lasse nu han Ich Ir zogesagt das Zolosen vnd wils auch thun aber Ich wil myn gebruch diwil ich lebe dorane haben so Ichs losen sol Datum etc.

Dissen widderpartye sein zogelassen vnd gegeben widder disse kunde Zosagen Ir geburlich vnd rechte Zceit sechs wochen vnd dry tage

---

[1]) Das gerichtliche Endurteil, das mit kleinerer Schrift nachträglich eingeschaltet ist. Die Zeugenaussagen, auf die es sich stützt, gehen teils voraus, teils folgen sie nach.

Vnd Ist der ehirst termyn vff Donnerstag Nach Conversio pauli[2])
Der ander vff freitag noch Appolonie virginis[3])
Der dritte vnd letzst vff Sonnobent nach Matthie apostoli[4])

Nach beder party vorbringen Erkennen die scheffen vor recht[5]) das die grumpelischen von wegen Ires sohns sol bilche zum halben teil des ackers am grasewege gelaissen werden vnd die fruchte vf solichen acker sol ir diß jor gantz folgen gegen die nottzung die adam senior Ingenommen hoit Dazu sol auch Adam herßfelt vnd sein hußfraw Ir die 6 gl als sie bekant haben vßrichten vnd wes dabey die grumpelischen Irer anclage furter beweisen mag das sol sie bilche genissen Mag sie aber solicher beweisunge nit getun so sol abermals vnd furter gescheen was recht Ist[6])

---

2) 29. Jan. 1506.
3) 13. Februar 1506.
4) 28. Febr. 1506.
5) Urteil in der S. 5, 14 verhandelten Sache.
6) Auch dieses Erkenntnis ist nachträglich mit kleinerer Schrift eingefügt. Am Rande steht: „Grumpelischen.“

Juditium Nove et antique Civitatum secunda post Reminiscere[1]) 87

Item Hans Widolt schuldet hen hofeman pro computatione et satisfactione primum

Item Silo schuldet Michael Thinen pro computatione et satisfactione vor gerste primo

Idem schuldet Joannes schachten pro computatione secundum

Item Hentz Haas (?) schuldet hans gunter vor 12 alb tertium, Luitus tertium[2])

Idem schuldet Cort Tamers vor 18 albus ad computationem primum

Item henrich pfersch schuldet gunter Risch vor 3 gl. ad computationem

Item tilo frantz hait seine schult an Herman Orten erobbirt was sich In der rechenung finden wird[3])

Item potel von der Walda schuldet die Grunaugen vor 12 lb primum

---

1) Dienstag, d. 10. April 1506.
2) s. Note 2 zu S. 24.
3) Vgl. S. 26.

Item herman Essekuch schuldet herman kucken vor 5 lb 2 albus 2 h primum

Eodem die hait Usener zosampt herman Nolken Asmus widderßhen, herman roden, vor schultheiß borgermeister vnd Rade siner tochter Kinde zo vormund gesatzt[4]) henrich forster vnd Clawes lober Die solich vormundschafft In crafft als vormunder geburt, angenommen vnd Zogesagt In allen sachen des kinds guter betr. das best zutun wie getruw vormunder von rechtswegen zuthun schultig sein

Die grumpelischen hoit gewilligt wo hen becker vff Montag Nachbartho.[5]) sollen bede party zu Iren eiden glassen werden

Item Henne Becker von homberg sol die grumpelischen mit rechte vß Irem besitz bringen der 6 acker lands vnd den wizzenflecken halber am Lyndenberge gelegen

Item in den acker lands am grasewege diwil der Im vertrage hiebeuor nicht angeregt auch als erbe und bis daher unverteilt Ist So sollen darzu biliche Peter grumpels Kinder als zum halben teil glassen werden Datum sexta post visitationem marie virginis anno quarto[6])

---

[4]) Am Rande: „Vormundschaf".
[5]) 31. Aug. 1506. Vgl. auch S. 5, 14, 36, 38.
[6]) Dieser ganze Absatz ist durch einen schräggehenden Strich getilgt. Das am Schlusse genannte Datum (= 8. Juli 1504) ist wohl das Datum des „Vertrags hiebevor". Am Rande steht: „XIIII tagen".

---

38 Die grumpelischen hoit gewilligt wo hen Becker sich benympt obir die Heiligen[1]) als recht ist das yme peter grumpel die 6 acker vnd wizzen am Lyndeberge nit bezalt hoit als dan wie sie yne darmit als mit sinem guten gewerden loissen

Juditium noue et antique Civitatum 3. feria post Exaltationis sancte Crucis[2])

Item Henrich schaffenroth schuldet Cuntzlein ferten vor $6^1/_2$ lb primum

Item Tilemann gipper schuldet Conroit Rischen vor 14 gl 34 gl ad computationem primum

Item herman Lutze schuldet herman swartzen vor 10 albus ver-

---

[1]) Sich benehmen über die Heiligen = beschwören. Vorausgehende Verhandlung s. S. 5, 14, 37.
[2]) Donnerstag, d. 19. Sept. 1506.

sessener zins vnd dry scherff in sein huß gehorend ober 20 Jor versessen[3])

Item Bernhard Clugen schuldet hans vrffen vor 8 albus primum

Item Martin Nedel schuldet herman Rupeln vor 3 gl minus 3 albus primum

Item Henrich Noen schuldet Cuntz buteler vor 650 felle vmb Zusage darfon vff Jacobi gemacht primum

Item die buwmeister sancte Marie Magdalene schulden Cuntz buteler vor 4 lb waßs verzessener Zinse ex domo spiar[4])

Item hans foyle schuldet henrich mebs vnd frenz vor 10 gl. 3 acker landes primnm

Item Claws Pilgerim schuldet hermann Cleynsmidden vmb besserung etlich lands primum

Item Conrad Wenefrit schuldet herman techen vor 20 albus primum

Item henrich hudemecher schuldet scheffirhennen vor 7 gld. ad computationem primum

Idem schuldet volgman vor 1 gl. primum

---

[3]) Antwort s. folg. Seite.

[4]) = sororum piarum?

Item Ciriacus Johen schuldet hans gunters vmb 1 hellebarte 39

Item 1 kessel 1 lanck messer das er Im gutlich geliehen hoit Ins her tertium, Luitus tertium[1])

Item Herman Rudewig schuldet hans heisen vor 16 albus tertium

Item Herman Swartz schuldet gerwig dohm vmb schaden der Ime zugefugt Ist von seinem dache das In der gassen gelegen Ist

Item henne hofeman schuldet hans heisen vor 7 Virtel maltzs vnd etlich sniddegezeugs

Item henne resch schuldet Johannes schachten vor 6 albus secundum

Item Resch schuldet Michael fugssen vor 4 albus tertium

Item Idem Henne Resch schuldet til gurden vmb 1 Zaun vnd rechinschaffts eins rindes primum

Item Joist Kruger schuldet herman orten vor 3 Virtel Jors Lohin vnd ist vordint Lohin auch 4 eln fuldischs tuchs, 1 hermel vnd etliche schuw

---

[1]) s. Note 2 auf S. 24.

Antwort herman swartz[2]) vff anclage Herman Lutzen Es mege sein das brif vnd sigl anzeigung geben obir solichen zins der 5 albus In der schulde geludt abir diwil yme die stur die sein huß vom alten huse gehabt hoit abgangen ist er yme nit schultig solichen zins zu geben, 2. das er yne obirbwet hoit mit trouffen vnd dache Item der drier scherffe gestehit er Ime nicht zu vnd hofft herman Lutze sey schultig die zugeben Inhalt brifen vnd sigeln

Item Antwort Herman Orten vnd gestehit solicher schulde nit zue dan er sey one sinen willen sonder vrsach vß seinem Dinste gegangen vnd Ine darumb In schaden gefurt

[2]) Auf die Klage S. 38 des Gerichtsbuchs.

---

40 vnd hofft darumb seyn knecht sei Ime schultig kosten hinder vnd schaden Zugelten Er wil auch nicht gestehin das yme sein frauw hab vrlob Zugeben hinter Ime

Diwil Jost Crüger vß seinem dinste ane alle schult vnd vrsach gegangen Ist er schultig sinen dinst zu halten nach wissen vnd willen sins hern vnd seinen lohin zuuerdienen, Wo er aber solichs Zutun nit willig wer alsdan solt er herman orten bilche vnd von rechtswegen vnangefordert lassen[1])

Vff Dingstait noch Mathei apostoli[2]) sol wilhelm erschinen vff dem Rathuse Zu Cassel In der sach zwischen herman rupel sinem weib vnd der Krußhaupten recht zu geworten vff aller party vorbringen[3])

Juditium libertatis quinta feria post Crucis Exaltationis[4])

Henne fyne schuldet Cuntzen schuwerten vor 2 virtel korns vnd 1 Lyns 1 malter habern primum

Item Michael preuten schuldet Adam Wyngarten vor $3^1/_2$ gl. et Judicia tertium

Item Cyes kompan schuldet Johan gelluck vor 1 gl. primum

Item Conrad Wenefrit schuldet Adam widolt vor 10 bowholtzer die er Ine abgefurt hoit primum

Item henrich faber schuldet die wickenanden vor $2^1/_2$ albus primum

[1]) Urteil des Gerichts.
[2]) Freitag, d. 25. Sept. 1506.
[3]) Ladung durch das Gericht auf einen Gerichtstag.
[4]) Freitag, d. 19. Sept.

Antwort Leonhart von wegen seiner hußfraw vnd grumt sich solicher arbeit vff das hantwerck zubesichtigen

---

Item hans belnhusen schuldet Margreten rullen vor 6 lb. primum 41
Idem erkendt sich das soliche schult nemlich 22½ albus vor recht[1]) vnd bekontlich schult Ist luts der schulde dis sol henrich faber bilche genissen hoit dabey leonhard henrich fabern vmb arbeit von pilzen oder anders anzusprechen darumb mag er yme mit rechte vornemen[2]).

Schulde henrich Dietherichs[3])

Vor euch Ersamen sch, b v, r[4]), bringt der Anwalt Henrich Dietherichs In der besten form vnd moiß wie von recht gescheen sol konen vnd mogen Klagende vor vnd saget wie der gegenteil wenddorn genant obgenanten henrich Dietherich cleger Intrage In sein veterlich vnd bruderlich gut thu vnd sonderlich In dem stuck das er In vergangener Zceit sein mutter des clegers furgehalten vnd obbereddet habe das der cleger von solichen geerbten gutern Im 20 gl. vng. Zutun pflichtig sey vß wilchem thun die frauw als eyn kranke person vß freulicher blodickeit sonder Iren verwanten vnd des kindes vormunden winddorn dem kegentil acht gld. versprochen vnd Zogesagt hoit Also vß vnd von wegen henrich Dietherichs gutern bit darumb mit recht Zuerkennen vnd vßZusprechen Das er soliche 8 gl. der er vier hynweg hoit vnbilch vfgenommen vnd gefordert hoit mit Irstattung der kosten hinder vnd schaden primum

Antwort Adam[5]) vnd gestehit yme nichts zu das solich holtz sein gewest sey

Cuntz seddige schuldet henrich widdeman 1 ort minus 12 gl. primum

Conroit Wenefrit sol beweisen dos solich sein geweist vnd yme adam abgefurt hoit des sol er bilche genissen[6])

---

1) Zugeständnis der Schuld.
2) Am Rande steht: „Res.“ (= Resolutio des Gerichts).
3) Klage des Anwalts der Partei.
4) = Schultheiß, Bürgermeister und Rat.
5) auf die Klage voriger Seite.
6) Vgl. S. 40.

Item dißs gerichts Ist Adam widolt lois gewest vnd yme darumb gerichtschaden zugelten[1]) 42

---

1) Gerichtsbeschluß.

Item herman profant schuldet hans Luckeneiger vor 6 albus primum

Item katarina probsts schuldet tiln schuwirte vor 2 gl. primum

Item hans tuchscherer schuldet henrich stoiber vor 1 gl. primum

Item Henne Risch schuldet die eythemen vor 4 lb. gelts das sie von eins swinswegen Ingenommen hoit tertium[2])

Item Mortin Nedel schuldet die hecken vor dry eln 1 brusthuffe 1 spaden Auch etlich soltgeld primum

Item henne Nedel schuldet Turlemen secundum ut supra

Ehir begrifflich der Eythemen antwort[3]) Nympt sie an Zu bote vnd steur Iren rechten alle das Ir dinlich vnd retlich ist Zuuolfurung Irer antwort wois abir widder sie vnd Ir gut recht wult sein Das wil sie alles widdersprochen haben vnd sagt darzu generalia pro et contra vnd antwort also Es moge sein das hen risch cleger vor etlicher vergangener Zceit In leben Ires hußwirts vnd Irer In Ire huß kommen sey vnd vmb eyn gut gesont swyn gekaufft also das die eythemen vnd Ir man dem got gnode das swyn darumb hen Risch als cleger gekaufft hoit vff dem eren am lychtentage vmb vesperzceit do dan hen Risch cleger solich swyn besehen begriffen vnd befulet hoit vnd du gesprochen widder Iren hußwirt vnd sy das swyn trage do lyge yme nun nicht ane wo er des kauffs mit Ime eyns werde so wolle ym mit der ax versniden Du hoit Ir hußwirt vnd sie gesprochen des omen sie woil sie wollen yne nit wyter wehern dan vor die thor Sie wollen auch nit gut vor tragen odir nit tragen

²) Fortsetzung am Schlusse dieser Seite.

³) auf die kurz vorhergegangene Klage dieser Seite.

---

48 daruff gekoufft vnd hynweck getribben vnd zihet sich des vff hen rischs eygen munt

Henne risch stelt Zoerkennen Nachdem die frauw das swyn widderumb Zu huse vnd hofe genommen hoit sie solle yme bilche zu seinem gelde antworten vnd bezalung machen

Die frauw Zugt der handelung vff Iren eygen munt wie vor gescheen

Item Joist Schacht schuldet Herman Frebe lvnd sinem stiffatter secundum ut supra

Kan hen risch beweisen als recht Ist Das er das gekauft swyn der eythemen widderumb zugeschickt vnd sie auch das widderumb Ingenommen hoit dis sol er bilche genissen Sin autem non alsdan sol furter gescheen was recht Ist[1])

Item Claws Nestey schuldet Meinecken vmb kosten hinder vnd schaden etlichs mists vnd ackerlohnis halber Nachdem er Ime nit haben moge den Couff halten

Antwort Meinecke er hab Clawes Nestey nichts sonder sinem vater vnd mutter verkauft vnd gestehit Ime nichts Zuw

kan Nestey beweisen als recht Ist das er die besserung nit an soliche lande getan vnd yme die auch meyneke Zubezalen Zogesagt hoit des sol er bilche genissen, Sin autem non alsdann sol furter gescheen wais recht Ist[2])

Item Cuntz Kalpormer schuldet ytel volgman vmb 1 Lybzucht eyns hußs das Im verkouffe gludt ist Die er yme nit helt Er hoit yme auch etlich gelt verpffent In huse vers.[3]) Item vmb 20 albus verdint Lohin Item vmb mist der yme Zustehet primum

[1]) Am Rande steht: Res. (= Gerichtsbeschluß).
[2]) Am Rande steht: Re (= Gerichtsbeschluß). Fortsetzung s. folg. Seite.
[3]) = verschrieben.

Volgman bit fromme Lude die bey dem Winkouff geweist zu- 44
horen vnd wie der kouff gemacht verteidingt vnd gemacht ist Inhalts Instrumenta dem wil er also getruwlich nachkommen

Item Martin Nedels schuldet belnhusen secundum ut supra

Der ehirst termyn der beweisunge Nesteyes[1]) sol sein vff Freitag nach Michaelis

Der ander sol sein vff Sonnobent (nach?) galli

Der dritter vnd letzster sol sein vff Dinstagk nach Omnium sanctorum Anno vt supra[2])

Juditium vff der der Aldinstatt am Dinstag Nach Dionisy Anno sexto[3])

Item hans Waldenstein schuldet stalhans pro computatione et satisfactione primum

[1]) Vgl. vorige Seite.
[2]) 2. Okt., 17. Okt., 3. Nov. 1506.
[3]) 13. Oktober.

Item herman Conroit schuldet herman Daschenera pro floreno (?) primum

Item henrich hudemecher schuldet volgman secundum ut supra

Idem schuldet Schefferhansen secundum ut supra

Item Adulff herßfeld schuldet Claws seltzern vor 6 albus primum

Item Claws koch schuldet Ciriacus Johen vor $4^1/_2$ lb als borgen vnd selbstschuldig primum

Item furhans schuldet Kort Duner secundum ut supra

Item herman Daschener schuldet greten scherers sin hobefraw vor 3 gl. 3 albus hußzins primum

Idem schuldet Cuntz Muntzer vor 1 gl secundum

45 Idem schuldet herman Rupeln secundum ut supra

Item herman schindehutte schuldet die calpornern vmb eyn krebß primum

Idem schuldet katharinen schindehutten secundum vt supra

Item Daschemers sohin schuldet herman Conzen vor 10 albus verdint lohin von sinen kuben

Item fraternitas beate Marie Magdalene schuldet Cuntz butelern vmb . . . . [1]) versessener Zinse

Item hans Smit schuldet Claws Rymensnider vnd sinen bruder vmb 1 hoichzeit vnd cleydung Irer swester midtgeredt

Item herman Lutze schuldet herman Swartzen secundum ut supra

Item Henne Risch schuldet Dilen gurden secundum vt supra

Item Hans yste schuldet henrichen mebs & frenz sinnen secundum

Item Diethard Crunauge schuldet Caspar kortzsack vor 3 lb 1 fuder holtzs wegen (?) verdint Lohin

Antwort Caspar vnd sagt der knecht sei von Ime gegangen vor der ernt vnd gestehit yme nichts zu Nachdem er yme vß sinem Dinste gegangen Ist ane alle schult vnd ursach

Item henrich kirchpeter schuldet Gabriel de rosa vor 7 lb schuldet 4 lb 1 scheffel hafer primum

Item Tileman pippers schuldet Conroit Ditmar pro computatione et satisfactione secundum vt supra

---

[1]) Die Stelle für Angabe der Summe ist leer gelassen.

Weissenhofer vmb pergamentergüter[1]) 46

[1]) Auf eine leere Seite des Gerichtsbuches und zwar die letzte der ersten, 12 Bogen haltenden Blattlage als Ueberschrift zum folgenden gesetzt. Die Weissenhofer sind die Mönche „des Gotteshauses, genannt Weißhof zu Cassel“, nach welchem heute eine kurze Straße Cassels „weißer Hof“ heißt, eine früher vom Bürger Seeweiß besessene Gegend. Gefällige Auskunft des Herrn Geh. J.-Rats Büff in Kassel).

Anno 15 C quinto Schulde vnd antworte Zuschen den Hern In wissenhofe an enem vnnd Johann pergamenter nachglassen guter am anderteil gescheen am Dinstage nach Assumptionis marie virginis gloriosissime[1]) 47

Der geistlich pater des gotshuß gnant wisshoff Zo Cassel In namen desselbigen gotshuß thut ehirstlich diß folgende protesten vnd bedingung das er nicht wyter moge willigen In borgemeister vnd Rath oder richter dan so fern vnd vile yme Im rechten zoglassen wirdt[2]) Nach solch gethan protestation Klagt vnd spricht[3]) gnanter vater In namen wie berurt ist Es sey kuntlich vnd vffenbar das zo Cassel glegen ist ein gotshuß gnant der wißhoff gestifft vnd bestetigt wie gewontlich ist mit andern gotshusern dorIn etlich hern vnd geistlich person semptlich vnd In gemeyn leben Geistlich leben haben vnd holden pp Inhalts Ir fundation vnd confirmation Item setzt vnd spricht das In vergangenen Joren vngeuerlich bey den 20 Joren ener gnant Joanes wißgerber odir pr[4]) mit wissen vnd willen seiner aldern vater vnd mutter etwan Ciriacus wißgerbers vß geistlicher guter neygung godde zudienen sich personlich gegeben vnd gegangen In gnant gotshuß den wissenhoff DorIn sein prube Jor gehabt vnd gehalten Inhalts der rechte vnd der statuten derselbigen sammenonge[5])

---

[1]) 19. August 1505.
[2]) Vorbehalt etwaiger Unzuständigkeit des weltlichen Gerichts.
[3]) Die Klage wird in „die Feder geredet“.
[4]) Hier pr = pergamenter, was dasselbe ist wie Weißgerber.
[5]) Zwischen die Blattlagen ist folgender zu diesem Prozesse gehörige Zettel geschoben: Vffzceichnung hern Johan pr (= pergamenter) nachgelaissen schult betreffen
Item 43 gl Claws koch
Item 26 gl Tilo frantz
Item 12 gl Syman

Tax siner guter

Item das huß ist geacht vff 54 gl
Item der garten ist geacht vff 53 gl
Den hern Im weissenhofe 10 gld vocken tochter darmit zu den eren zobringen 15 gl, Obir alle vfrichtige vnd bekantliche schult Johan per-

Item Setzt vnd sagt das gnanter Johanes pergamenter noch vßgange seins pruf Jores mit friem willen sinen Lyp vnd gut gnantem Gotshuß vnd seiner sammunge Zo eigen gegeben

gamenter ist obir blibben von allen nachgelassen gutern gemelts er Johans 25 gl der sein wurden 15 gl einer armen Junckfrawen des gemelten hern Johans mutter swester tochter Die vberigen 10 gld sein Zoglassen den hern Im weissenhofe vor Iren Kosten Den er vormals bey yne gehalten hait Datum Cassel am freitag naich bartholomei. anno XVC quinto (= 29. August).

48 geeignet vnd ein gehorsam vnd profession getan hoit nach Inhalt der rechte vnd sonderlich gnanter sammung vnd gotshuß statuten vnd privilegia vnd ist also dorch den pater gnantis gotshußs vnd sein sammung Zu der Zceit In Ire regel leben vnd bruderschafft vfgenommen

Item Setzt vnd sagt das gnanter Joannes pergamenter In obgemelter sins Ingangs profession vnd vfnemung Zu vbirfluß sipheit vnd merer sicherheit alle sine guter beweglich vnd vnbeweglich gnantem gotshuß dem wissenhofe siner sammung mit gutem friem willen In beiwesen Notarien vnd Zugen geeignet vnd gegeben hoit Inhalts eins vffen Instruments hir bey glegt[1]).

Item setzt vnd sagt das gnanten Joannes pergamenter Iren mitbruder vnd profeß In kortuergangenen Zyten dorch toitlichen abgang seliger gedechtniß sines vater vnd mutter Ciriacus pergamenter vnd Im letzsten siner mutter Catherinen sein veterlich vnd muterlich erbe vnd guter beweglich vnd vnbeweglich vff vnd an erstorben sein Damit gnant gotshuß der wißhoff berechtigt worden ist

Item setzt vnd spricht das gnant Pater sein sammung vnd Gotshus der weißhoff seint by[2]) rechten vnd nechsten erben Zu solichen nachgelaissen guttern Ciriacus pergamenter vnd seiner frauw seligen In namen vnd von wegen gnantes Jo. pergamenter ires liplichen sohnes vß dem derselbiger

[1]) Liegt nicht bei.
[2]) Wohl verschrieben für dy?

49 wie obgemelt ist sich seine guter gnanten gotshuß siner sammunge nach ordenung der rechte fundation confirmation vnd statuten gnants gotshußs der sammung gegeben geeignet vnd sein profession getan hoit Darumb gnanter vater vnd sein sammung gemelts erbfals

vnd nachlaiss wie obgemelt recht vnd nechste erben sein luts der rechte In besonderheit autentice ingressi codice (sic!) de sacro sanctis ecclesiis in . . . . .[1])

Auch nach Inhalt bobstlicher bullen vnd privilegien alhir beygelegt[2]) biddet darumb gnanter pater In nomen siner sammung vnd gotshuß vch Erbarn schultheis borgermeister rath vnd ordentliche richter der angezcelten guter vnd Erbfals yme vnd sein gotshuß dorch vwer gerichtlich decret vnd erkenntnis In gemelt nachglassen guter vnd erbfall huß hoiff vnd wie sie gnant sein Inzosetzen vnd InZofuren vnd Ingesatzt mit recht Zohanthaben vnd enthalten stellet soliches In recht Zuerkennen mit furbehaltung aller vnd Jglicher noitturfft[3])

[1]) Auth. de monachis zu l. 13 Cod. 1, 2: Ingressi monasteria ipso ingressu se suaque dedicant Deo nec ergo de his testantur, utpote nec domini rerum.

[2]) fehlen.

[3]) Folgt eine leer gelassene Hälfte der Seite.

Item her Jost beschuldet reddet vnd hofft die scheffen woil erkennen der Lynien nach wer Zo solichen gutern die nechsten erben sein 50

Darzu leßt Symon[1]) furwenden Er hab ym ein pfert verkauft derglich ander vnd mehir schult vffgetragen hofft die solle yme bilche wir solch gut erbt gegolten werden

Henne Vocke[1]) sagt yme benge an rechte vnd ist der schulde der hern also nit gestendig vrsach es mag gescheen sein das er Johan wißgerber[2]) mag In den wissenhoff gegangen In sinen kinttagen vnd soll dor haben getan sinen gehorsam das laßt er In macht als vile das gehaben mag dan du er Johan ist kommen Zo siner vernunfft da hait er von vnd vß dem orden gegangen vnd werntlich hendel an sich gnommen mit lere Zo Erffort vnd anderßwo das er ist worden ein werntlich prister das dan die hern In wissenhofe also haben gescheen[3]) darumb gibt er Ir ansproich keine macht Da der vater gestorben ist do hoit he vererbt sin hußfrauw vnd sine sohin do es die hern auch bie glassen haben Die muter ist darnach gestorben

[1]) Einer der auf dem eingelegten Zettel (s. S. 47) genannten Erbschaftsgläubiger.

[2]) Der ursprüngliche Familienname des nachherigen Weißenhofer Paters oder Priesters Johann. Für Weißgerber wird auch der Name Pergamenter als identisch gebraucht (s. S. 47. 52).

[3]) scil. lassen.

vnd men son vererbt daby es aber die hern glassen haben vnd yne mit sinem gute gewerden laissen So dan der prister vnd herre nun gestorben ist So trit hen fockeln als ein rechte libs vnd nechster erbe vnd hoft solichs nachloiss

51 vnd guter das sey huß hoff alle seine guter beweglich vnd vnbeweglich hie odir anderßwo des sy henrich Vocke ein naturlicher rechter erbe vnd nehir dan die wissenhofer vnd stellet das Ins recht mit furbehaltung aller noitturfft zum rechten gehorend

Claws Koch vnd Thilo holtz[1]) lassen redden wem soliche guter Zogeteilt vnd erkant werden der solle yme bilche zo Irer schult nach lut Instrumenta vnd hantschrifft antwortgebung mit furbehaltung pp

Replicatio des patris Im wissenhofe vff die vorgetragen antwort hennen Vocke widderparty vnd sinen anhange repliciret der pater Inmassen wie folgt

Ehirstlich In gemeyn Ist er solichs vortrags vnd antwort nicht beglaubt noch gestendig yme vnd sinem recht vnschedelich spricht darumb der pater wie vor repetirende vnd ernuweren sine getan schulde vnd clage In besonderheit der letzsten Zwen artikel mit biegelegten brif vnd Sigeln Als aber der widderpart furgebracht hoit Ins ehirst In siner vermeinten antwort genanter Johannes pergamenter solle In kinttagen Ingegangen vnd sinen gehorsam getan Im wissenhofe dornach In Joren siner vernunfft vß solichem huß vnd sammung gegangen vnd werntlicher prister worden pp luts der vermeinten antwort Doruff sagt der pater des wissenhofes vnd ist nicht gestendig das Joannes pergamenter

[1]) Die beiden weitern auf dem eingelegten Zettel genannten Erbschaftsgläubiger.

52 In der Zeit als er In den wissenhof gegangen ist vnd seinen gehorsam wie obgemelt getan hait gewest sey so clein Jerig so Jung odir kindisch das er zo solichem Ingange vnd gehorsam alters oder Jor halber vntogelich geweist sey wante die rechte geistlich vnd werntlich Auch statuta vnd ordenung gemelts gotshuß seiner Canonicken vnd sammung clerlich beweren vnd sagen wais Jor vnd alter gnugsam sey sich Zogeben In geistlich leben vnd gehorsam Zutun Ist vngezwifelt solichs alles ist also gescheen vnd sonderlich vber alle so ist gnanter Jo pr In gnantem gotshuß vnd sammung nach sinem

Zugang vnd profession vile Jar gelebt vnd gewonet, cleydung getragen nach ordenung Irer sammung vnd zu genuglichen vberigen Joren vnd alter geweist so lange das er vß Ingebung boses geists vß gnantem Huß vnd sammung widder willen des paters seiner sammung Ir fundation priuilegien vnd statuten Auch widder willen siner liplichen altern vater vnd mutter als ein vngehorsamer vßgegangen vnd verlauffen Ist further als der widderparty spricht das die muter katarina pergamenters In Irem toitlichen abgang solle beerbt haben gnanten Johan Pergamenter Iren sohen vnd nicht die hern Im wissenhofe pp. Solichs vortrags In dem rechten vnbegrunt Ist der pater nit geständig Zeicht sich dis vff alle beschribben rechte vnd sonderlich vff gemelt

Autenticam Ingressi C de sacro sanctis ecclesiis vnd vff die biegelegten[1]) **58**
priuilegien vnd bebstlichen bullen Eugeny dorInne clerlich gfunden wirt das dorch toitlichen abgang Katerinen pergamenters mit Iren nochglossen gutern nicht Iren son Joannes Sonder gnanter wißhoff vnd seine sammung beerbt sein So auch Zumdritten vom gegenteyl furgebracht ist die herren des wissenhoffs sollen geswiggen haben von Zceit des unbilchen vßgangs obgemelt Jo pr yne mit sinen gutern nach sinem willen gewerden laissen pp Doruff repliciret der pater Die angezalten guter die sint eigen gewest Ciriacus pergamenters vnd siner hußfrauw seligen biß In Iren toit Aber noch toitlichem abgange der letzsten person vnd mutter katarinen obgnant sey ehirst solich erbfal vnd gut dem gnanten gotshuß dem wissenhof erleddigt vnd vfgestorben Wilcher toitlich abgange melter Katerinen vngeuerlich bynnen 5 odir 6 Joren gescheen ist Das abir noch solichem toitlichen abgang der mutter gnanter pergamenter solicher guter nicht vndirzoggen sonder gnanten hern Johann pater Damit gewerden laissen das sey gescheen vß Zweien vrsachen Ehirstlich darumb das gnanter er Joannes pergamenter Zo vile moilen vnd sonderlich In dissem gegenwertigen Jor als der lest hie gewest ist Zo gnantem pater vnd andern mehir gesprochen hait Er hoff zu got er wolle nicht sterben sondern sich widder In den wissenhoff vnd gehorsam geben Zum andern darumb das gnant er Johan noittorfft seins Lybs vnd findung (?) von solichen

[1]) Liegen nicht bei.

54 Gutern haben mocht, getruwet der pater stelt das auch In recht Zoerkennen das solicher gedult vnd sein sweigen vngeuerlich 5 odir 6 Jar vß angezceigten vrsachen gescheen Ist yme vnd seinem gotshuß an siner angestalten action vnd angezalten gutern vnschedelich want In dem fal kene ver Jerung noch prescriptio stait haben magk wais auch der gegenteil In siner furgetragen antwort bekant hait dem pater botlich zo sinen guten rechten wil er vor gerichtlichs vnd genuglich bekenntniß so gescheen angnommen haben vnd bittet noch wie vor sich in angeclagte guter Inzosetzen wie ehirst In seiner clage gebeten Ist

Item vff freitag nach appolonie virginis[1]) hat Henne pflucke sein huß widderumb Zo sich gnommen Diwil eyn Zanck vnd Insproch von dem Muntzmeister ankommen Ist vnd alsbald sinem sohne Er Johannes pflucken solich huß obirgeben Anno sexto

[1]) 13. Februar 1506.

---

55 **Noldenners Kinder betr.**

Anno 15 C sexto am Sonnobent Nach Oculi[1]) hait Eua Krugers Sanct Volgmans et qnz (?) wilnern zum Anenberge obirgeben 1 verschreibung henrich yserngart belangend 2 gl Jerlichs Zinss dargegen haben Ir die vorstender Zogesagt solich 2 gl Zinss Ir libslang folgen Zolaissen

Eodem die han die Kammerer Gosenhusen vnd Wingarten herman Noldenners kindern geliffert 17 gl an gelt vnd an Muntz als die testamentirer hinterlegt haben Doruff han sie auch alsbald den roith solicher somm quitirt vnd lois gesagt

Dorbeneneben hoit der Raith hinter sich behalten 10 gl Die warten vff die elich frauw habet nouem florenos et quitat (?) pueros De omnibus bonis sexta post seruaciy[2])

Item 10 gl kersten von Colln zu gottingen geandelogt damit hait er vor sich vnd sein hußfrauw verzicht getan vff alle guter herman Noldenners lyggende odir farende, vor dissen briff vnd vorzcicht ist godtfrit poßke gut worden

Von 3 gl 10 albus sind Jglichem Kinde worden vnter Ir funffen an barem gelt

Item Am Montag Nach Oculi[3]) Ist Henrich Wulghart erschenen

[1]) 1. März 1506.
[2]) Dienstag, 19. Mai 1506.
[3]) 16. Mai 1506.

vff die 14 Tage die er angenommen hait gewartet vnd hofft damit Ir sach erstanden

---

Item am Montag Nach quasimodogeniti Im Jar V C sexto Ist Zo Cassel vor euch Ersamen vnd wisen schultheis burgermeister vnd rath erschienen der Junge hen ryman gehorsamlich vnd clagt wie das hans Cramer In vergangener Zceit 1 briff furter (?) von der Numborg dem Junge hen ryman gegeben habe des er in wirglichen großen schaden kompt wiewoil das sich solcher briff bilche von hans Cramer zu geben nit gebort hatte bit darumb solichen briff Zulesen vnd ferner die noitturfft zu redden 56

Noch verlesung solichs briffs der In sinem Inhalt vnd Clausuren drier stuck natur ist Vnd sonderlich Im chirsten dorInne sich hans Cramer berumpt das her dem Jungen ryman Inselbigen kouff den weidt widder glassen habe. Do sagt ryman lauter neyn Zue vnd bit darumb das recht

Item Vff den andren punct dorInne sich hans Cramer auch berumpt Junge hen ryman solle vor hans Cramer In verlouffener Zceit erscheinen sein vnd gsagt er solle Zu Erffort empfangen haben 8 cubel wits 191 (?) virtel pp. Darzu sagt er lauter neyn vnd begert darumb das recht

Item Vff den dritten punct dorIn sich hans Cramer verpflicht vnd glaublich gesetzt hoit wo Jonge hen ryman beweisen mocht Das er borge vor hans Cramer worden wer vngeuerlich desselbigen artickels so wult er gutwillig sein yne Zobezalen also erbiet sich gnanter Ryman solichs Zubeweisen doch nit das he zu vbirflussigen adir vnnutzen beweiß genottigt sein wil mit bit den erbarn[1])

[1]) Hier sind zwei Blätter bis auf zwei schmale Streifen weggeschnitten; gleichwohl schließt das auf dem nächsten Blatt folgende richtig an.

Rath Hans Cramer dahin Zuweisen solichs schaden vnd burgschafft wulle erstattung thun 57

Anno sexto quarta post oculi[1]) haben der Raith hen tuchscherers vnd Cort Kersten mit verwilligung beder partye gutlich vertragen des gangshalber mit wuste vnd vnfladen also das hen tuchscherers gonnen vnd lyden soll regenwasser vnd eyn adeloch von vnd vß Cort

[1]) 19. März 1506

Kerstens huße Vnd wais sunst vor vnfleit gemacht wirt der sol seinen vßgang obin vß noch der straissen In die trusel gewissen werden vnd wais der arbeit dißs ganges kosten wirdt den winkel zugereden den solten sie von beidteilen gleich gelten vnd tragen vnnd sollen darmit gruntlich vnd fruntlich gescheiden vnd vertragen sein[2])

Anno XVC sexto In sexta Pentecoste[3]) sunt electi Noui scabini, Clawes Anebolt, Hen sachsse, herman bune, Joanes schacht, Henrich Wingart, Joist Schindehutte, Ludewig koch, Claws ysernhart, gerhart Schilten, Herman almener, Hans Wynman, Ditmar lap

Borgermeister Henne merker[4])

gemein borgermeister { Ledderhose Andre feule / Ernst Widderolt diß Jors }

Henne Waldenstein Cuntz Winters Joanes Wenefrits

Scheffen ab alio latere / Job schrendisen / Claws nix / Reynhart gasenhuß / henrich schafferoit / hayman / Claws koch / Tilo frantz / Henn agnese / herman Nolten / Johan corbach henrich mebs[5])

---

[2]) Am Rande steht: compositio tuchscherers. Die vorausgegangenen Verhandlungen stehen S. 7, 8 des Gerichtsbuchs.

[3]) Sonnabend, d. 6. Juni 1506.

[4]) Im Original verschrieben für Merkel (s. oben S. 6 der Einleitung).

[5]) Folgt eine leer gelassene Seite als letzte vom 6. Blatte der zweiten Bogenlage.

---

58 (leergelassene Seite)

---

59 Schulde vnnd antwort Zuschen dem Dorff Kauffungen vnd meister gensingk, vnd Freitag nach omnium sanctorum vßgangen[1])

Nachdem die von Kauffungen als das große teil der sammung sich vffentlich vor richter vnd Rade erpieten sie wollen gut sein In disser sach vor alle Ire nachgebur wois der nicht gegenwartig weren odir abir zur stedde erschenen gebrechen halber vnd In alle rechte So erkennen die scheffen zu recht das gensinck der sey pflichtig den von Kauffungen vff Ire clage Zoantworten sonderlich bei LXXX personen[2])

---

[1]) Am Rande steht: In nomine patris et fily — Das Datum ist 6. Nov. 1506.

[2]) Die vorstehenden sechs Zeilen sind durch zwei schräg hindurchgehende Striche getilgt. Ebenso sind getilgt mehrere weitere unleserliche Zeilen.

Item ehir meister gensinck antwort vff siner fruntlichen lieben nachburn anclag gibt stelt er ein vrtel Ins recht wie das sie ..... peinliche vnd swere clage an yne wegen sein glimpff vnd ere betr Ob sie yme nit gutlich versicherung setzen vnd thun sollen Ob yme got vnd das heilige rechte hulffe das er der ansage von yne leddig erkannt werde nicht bilche die pen luden solten darIn sie Ire vermeinte vorbringen vnd bit vmb Gots willen wais recht Zoerkenne[3])

[3]) Die ganze Seite ist durch besonders schlechte Schrift und durch kreuz und quer gesetzte Worte fast unleserlich; sie sollte wohl nur als bedeutungsloses Konzept dienen.

Gegenredde meister gensings vff die vnformlich antwort vff sein anstellung des rechten wie das im vorgnanten orteil Meister gensingen aberkant sein solt das er vff ein pinliche clage nit versicherung haben sult des ist er nicht begleubt **60**

Item In Zweiten das es schaumslege solten sie des lest gensinck In der macht beruen vnd stellet Noch wie vor wais recht ist Zoerkennen

Die von Cauffungen ruffen an Richter vnd scheffen erinneren dise des gewisten orteils aller lest gesprochen vnd stellen Ins recht dem solle bilche gelebt werden dan solte soliche schaumslege vnd vmbswenke angstalt mechtig erkant werden alsdann mußten sie von rechtswegen vor den gestalten ortel gefordert sein vnd stellen das wie vor Ins recht vnd fordern Ire entslahunge wie vor gfordert ist

Vff die angstelte Caution Nach beider party vorbringen Erkennen die scheffen Zo recht Die von Cauffungen die Meister gensingk schultig sein Zuthun Gensingk hait die Caution fallen laissen[1])

[1]) Dieser letzte Absatz ist durchstrichen.

Anclag der von Kauffungen **61**

Die von Obercauffungen setzen eyn clage wie sie Meister gensinck vor dem schultheiß zo Cassel In sitzendem Gerichte mitsamt scheffen vnd greben verordent vnd auch etzlich vmbstender des gerichts Do der egnant Meister gensinck auch die vorgnanten von Cauffungen verclagt wie das die von obercauffungen Obir Meister gensingen eyne falsche ruge gethan vnd gescheen haben loissen Dieselbigen yne auch seine eppel vnd bern gstolen haben Vnd sein haw nemen laissen des er sich Zo yne nicht versehen hette vnd des aldo den schultheiß gebeten bit yme Zuerschaffen das solichs nicht mehir geschee

Item Amselbigen gerichte Mag auch geludt haben In seiner clage so vile wiss er das yme sine fenster vßgeslagen sein vnd sein hopffe abgesnitten vnd den schultheiß abirmals angeruffen liber schultheiß es ist mir zo Cauffungen gescheen vnd also gehit man mit mir vmb vnd also thun sie mir auch In disser sach mit dissem hergelde Also sein dargegen gestanden die vorgenger der von Kauffungen vnd sich solich worte widerredt vnd sich horen laissen Das sie sich vnd Ire nachburn vnschuldig wissen solicher bezychtigung vnd haben

---

62 den richter alsbald gebeten yne eine anstellunge Zutun an scheffen vnd greben des gerichts wie sie sich solicher vnwarhafftiger clage entleddigen mogen Nach gewohnheit des landes Zo Hessen vnd auch als recht sey vnd bitten vnd begeren Noch vom richter eine anstellung des rechten an den erwurdigen Roit zu Cassel do es Zur Zeyt solich clage an erwachssen ist Sich noch zu untirweisen wie sie sich eines solichen noch vnschultig machen mochten Das sie Zo Iren landrechte widder kommen muchten wie sie das gewißt vnd gelernt werden zom rechten gnug sein sie vrputtig vnd stellen das Ins recht Zoerkennen

Antwort Meister Gensing vff den ehirsten artikel Die ruge betr. Wie er solt In vergangener Zceit vor dem schultheiß meins g. hern Die vorgenger des dorffs Obirncauffungen Mit solicher ruge semptlich oder enem In besondern gemeint haben do saget er luter neyn Zo dan er wisse nicht anders von den von Cauffungen dann von liben Nachburn vnd frommen Luden Er sey hievor von geheiß des schultheiß vf dye

---

63 Cantzley geeischt vnd aldo erschenen vmb Irrung etlichs hergelts DorJn gensinck sich solt vngehorsam vnd nicht nachburlich gehalten haben dan hait er gesprochen liber schultheiß Es sein In vergangener Zceit mir myn fenster vßgeschlagen Auch bey nechtlicher Zceit vnd Weile mit eyn steine In myn haupt hart verwont geworffen Myn obs vnd hauw verloren Also hait mirs Zo Cauffungen ergangen Du sein die vorgenger von kauffungen zum Zorne bewegt vnd gereisset worden vnd also mit hen guden In raith getreten Es ist auch In der Zceit eyn gros Irrung vnd gericht in der stobben gewesen Vnd

In solichem gericht vff den tisch gelegt vnd dem schriber ein clage In die fedder gethan Das abir gensinck nit alle vnd luter hait horen mogen Doch hait er sich Auch vff den tisch gelegt vnd also zum schriber gesprochen Er gesthee des also nit das er alle die von kauffungen darmit gemeint habe sonder die Jenen die yme solichen schaden an fenstern vnd anderen gethan hoben Er wisse auch nicht von den von kauffungen wan von guten frommen Luden vßgenommen allein die Jenen die yme obin angezceigten schaden gethan haben Das er solichs auch

---

alsbald vff derselbigen Instanz widderfochten hait Zceucht 64
er sich vff myns g hern, schultheiß vor eyns Den probst zum Anberge Zum Zweiten Symon Crußkopf vnd den schreiber der das schreiff Grefen Wilkyn kisteman zu Volmerßhusen vnd Kuntzen koler vnd hofft Zo got vnd dem rechten Er solle mit solicher sage do er gar vnvorschult Zu kompt nymants pflichtig sein dan er wisse von den andern von Cauffungen anders nicht dan von frommen Luden wie vor gehort Ist.

Der von Cauffungen Inredde ist das Sie nicht gesettigt sin mit der gethane antwort dorch gensinck gescheen damit er wil eyn pinlich clage verantwort haben vnd das nun zur Zceit nicht gemeint wil haben die von Cauffungen wilch clage doch vormals vffentlich vor dem richter vnd gericht scheffen vnd grefen muntlich vnd nicht mit gedanken vßgangen ist Darumb haben sie an der antwort kein genuge stellen auch Ins recht Ire entslahung die sie Zutun gebodden haben solle yne darmit nicht gebrochen sonder zu Irer entslahung Zoglassen werden Sy sein auch dem rechten vngeZweuelt die entslahung solle yne mit recht erkant werden vnd stellen das Ins recht[1]).

---

[1]) Folgt der zwischen dieser und der folg. Seite eingelegte Zettel: Diwil Meister gensinck dem Rechtsproche In disser sach gescheen nit gefolgt vnd nu vff dissen letzsten vnd dritten termyn der vfgelegten beweisung gegen den fleischhauwern nidderfellig worden ist darzu wir Ime auch vierzehn dage die yme doch von rechtswegen nit geburt hetten zuglassen vnd geben haben sich dorinne seiner noittorfft zubedencken das alles er vorechtlich abgeslagen vnd zu vßgange der vierzehn dage ysseblibben ist Demnach ist er schultig den fleischhauwern vmb die vorclegte smehe vnd scheltworte in actis grundt kor vnd wandel zutun so vil sich von rechtswegen geburt. Datum an Dinstag nach Crucis exaltationis. Anno sexto (In dorso steht „Gensingshandel").

---

65 Item Wie aber gehort wirt In solicher antwort vßgegangen dorch gensingen das er alle die von Cauffungen nicht wil gemeint haben So wollen sie daruff protestirt haben Ob den von obirn Cauffungen Ir entslahunge Zoruck solt gedrungen sein Dorch die gethane antwort Meister gensings des sie doch Got vnd dem rechte nicht getruwen so soll doch Gensinck Zumwenigsten die anzceige vnd namhafftmachung luts seiner antwort die yme solichen obinangezceigten schaden solten Zogewant haben darmit alsdant der grunt am tage nicht funden worden Wie auch gensinck hait redden laissen das er die clage wult widderfochten haben vnd sich zuhet vnd grunt vf etzwilch person die darbey geweßen sollen sein Sprechen die von Cauffungen solle sie nichts behindern Es sey auch nit zomrechten genung widderfochten vnd hoffen noch bilch zu Irer entslahung Zu kommen mit furbehaltung pp

Nachredde Meister Gensincks In kortzen Worten ernuwert sin antwort vnd saget nach wie vor Er wiß von den von Cauffungen nichts dan alles gut vßgenommen alleyne die Ienen die yne den schaden gethan haben Er hab auch

---

66 solichs In gegenwertigkeit obgnanter personen widderfochten dan es sey nicht von noiden lange brw abir wenig festhe Zumachen vnd setzt sein sach Zo recht Zoerkennen

Die obirncauffungen stellen Noch wie vor gestalt ist Item Meister gensinck bit die angezceigten gerichtlich Zuuerhoren vnd hofft bilche[1])

Diwil Meister gensinck nit gesteen wil das er die von Cauffungen mit solchen worten gemeint, sondern die Jenen die yme solichen schaden zogefugt vnd gemeint wil haben vnd gethon han luts der antwort Doruff erkennen Die scheffen Zo recht Das er die Jenen die yme solichen schaden Zugefugt bilche namhafftig machen vnd anzceigen vnd mit solichen auch alsdan furter gescheen sol wais recht ist vnd die andern von Cauffungen daruon er nicht saget dan alles gut sollen bilche zu yrem lantrechte kommen vnd glaissen werden

Item disse hiernachbenamten haben gesingen schaden getan Mit-

---

[1]) Hier steht am Rande b zum Zeichen, daß die mit a bezeichnete Seite 68 vorausgehen soll.

nomen vnd Ins ehirste hen bergenan hoit yme geworffen mit eyn steyne Item henrich Windeknecht einer mit den Fenstern[2])

[2]) Von „Diwil Meister gensinck“ bis zum Schlusse der Seite durchstrichen, zwischen S. 66 und 67 ist aber eingeschoben folg. Zettel:
Zwischen Syfert Fleischhawer von obern Kaufungen von wegen seines vaters vnd Iren verwanten eyns Meister gesinge burger zu Cassel andersteils wie dan solicher handel wyter angelangt vnd vorbroicht Ist von vns dem Rade zu Cassel vor recht Irkant Nachdem Gensinck den Fleischhauwer offentlich vor richter vnd Rade angezeigt vnd mit dem Hauw eppel vnd bern wil gemeynt haben Dorumb sol er In disser sach zu keynem neyn gelassen werden Sondern das wie recht vff yne bringen So er das nicht an tag bringt dem rechte genugsam So sol er darumb bylche kor vnd wandel thun wie sich von rechtswegen geburet. Datum Am Freitage Nach Marg. virg. Anno XVC sexto. (In dorso: S. Fleischhauer).

henrich berte der ander Item der mit dem hauw eppel vnd bern ist 67
hentze fleischhauwer

Gensinck hait sein geburliche Zceit genommen Zu seiner appellation in scriptis vorZutragen vnd ist darmit abgetreten

Die von Cauffungen haben Ir lantrecht gethan vnd doruff Zoglassen vnd Irkannt als from sie vor den scheltworten geweist sein vnnd mogen nu widderumb gehin Zu kerchen zu Clusen Zu rume vnd rade vnd zu allen eren vnd wurden wie vor gescheen Ist[1])

[1]) Die ganze Seite ist durchstrichen. Zu vergl. das Urteil S. 76.

[1]) 68

Item in der sach Zuschen den von obircauffungen eins Meister gensingen anderteils Nach beider party vorbringen erkennen die scheffe Diwil Meister Gensinck nit gestehin wil das er die von Cauffungen mit solichen worten gemeint vßgnommen die Jenigen die yme schaden Zogefugt vnd gethan haben luts seiner antwort Demnach Erkennen die scheffen vor recht das gnanter gensinck bilche die Jenen die yme schaden Zogefugt vnd getan han Namhaftig mache vnd an Zceige mit wilchen auch furter wais recht ist gescheen sol vnnd die andern von Cauffungen darvon er nicht sagt dan alles gut sollen bilche Zu Irer entslahung vnd lantrecht kommen vnnd glaissen werden Datum ut supra

[1]) Hier steht am Rande a zum Zeichen, daß diese Seite vor b auf Seite 66 gehört.

Vff dissen gemelten spruch sein die von Kauffungen In Ir Lantrecht geweist das dan auch wie lentlich ist gethan vnd daruff alsbald Irkent vnd Zoglassen als from sie vor den scheltworten geweist sein Vnd mogen doruff widderumb gehin vnd stehin Zu kirchen Zu clussen zu rume vnd rode Zu allen eren vnd wirden wie vor gescheen Ist

Czue dissem sproch hait gensinck sein geburlich Zyt gnommen Zu der appellation Die In scriptis furzutragen vnd ist doruff abgetreten.

Diesse hernachbenannten hait gensinck angezceigt als vor Die Jenien so yme schaden gethan haben

[2])

Meister Gans stelt an Zoerkennen diwil er von alle den von Cauffungen verbot ist so hofft er die da genwertig sein sollen gnugsamlich fulmacht von den die nicht da sein, vorlegen vnd hofft bilche

Dargegen sagen die von Cauffungen also vnnd erpieten sich ob ymants do heym glassen wer von kranken Lamen vnd gebrechlichen Luden vnd auch die nicht anheimisch sint vor die alle sie gut vnd der mechtig sein wollen zu aller sach vnd hoffen sie werden bilche Zo Irer anclage glassen

[2]) Hier steht am Rande ein Zeichen, wonach die folgenden zwei Absätze an den Schluß von S. 68 gehören.

---

69 Vff solich vorbringen Ist der scheffen erkentnisse also Diwil die von Kauffungen als vor das groissest teil Irer sammung Sonderlich by 80 personen genwertig erschynen vnd auch sich vffentlich vor Richter vnd Rode erpieten Sie wollen gut sein Zu disser sach Zogewinst Zouerlust vnd Zo allem rechten vor alle ire nachburn die nit genwertig weren Odir abir Itzo Zur stedde gebrechen halber kommen mochten So erkennen die scheffen vor recht Das Meister gensinck von rechtswegen schultig ist ynen vff ir anclag Zuantworten Datum pp

folgt die clage Also Item die von kauffungen setzen vnd klagen wie sie meister gensinck vt sequitur

---

70 Item henne bergmann hait yne mit dem steyne geworffen

Item Henrich Windeknecht ist eyner mit den fenstern

Item henrich berte ist der ander mit den fenstern

Item hentz fleischauwer wil er gemeint haben mit dem hauw eppel vnd bern

In der sach zuschen dem Confent zum Anenberge eins vnd hans waldensteyn anderteils vmb Ansage etlichs Zinßs Zu eynem garten halten Doruff erkennen die scheffen Zu recht kan der probst von wegen des Confents beweisen als recht ist das sie eyn Zins in solichem garten gehabt haben den nu Waldensteyn gebrucht des sollen sie bilche genissen Sin autem non So sol er der ansage bilche verlaissen werden Datum Cassel am freitag nach Margarethe virginis Anno sexto[1])

primus terminus erit sabatho post panthalaonis secundus termynus secunda post Marie assumptionem tertius am Dinstag Nach Felicis vnd audacti

Syfert fleischauer von wegen seins vaters hentzen fleischhauwers mit sinem anhange vnd frunden erschinen vor richter vnd rode vnd bitten sich Zulernen wie sie Iren vater vnd frunt nach toder hant vnd auch sich selbst entleddigen sollen der Inglegten smehe von gensinge gescheen luts der acta darfon vermeldtt[2])

Antwort gensinck vnd wil nit gestehin das er die fleischhawer an eren odir glempffe wil gemeint haben dan es sey hievor der sachen halb eyn vertrag vfgericht vnd wisse vnd den nit anders dan von frommen luden vnd hofft darumb er sey dem vater odir frunden wyter nichts schultig. Nach beyder party vorbringen erkennen[3])

[1]) Am Rande steht: „Re.“ (= resolutio) und darunter: „Anenberger rechtsproch“.

[2]) Vgl. S. 61 und den folgenden zwischen S. 70 und 71 eingelegten Zettel: Diweil Meister gensinck dem Rechtsproche In disser sachen gescheen nit gefolgt vnd uu vff dissen letzsten vnd dritten termyn der vfgelegten beweisung gegen den fleischhawer nidderfellig worden ist darzu wir Ime auch 14 dage die yme doch von rechtswegen nit geburt hetten zuglassen vnd geben haben sich der Jenie seiner noittorfft Zubedencken Das alles er vorechtlich abgslagen vnd Zu vßgange der 14 dage vsseblibben ist Demnach Ist er schultig dem Fleischhauwer vmb die vfgelegte smehe vnd scheltworte in actis grundt kor vnd wandel Zutun so vil sich von rechtswegen geburt Datum am Dinstag Nach Crucis exaltationis Anno sexto (Sept. 1506). Auf der Rückseite steht „Gensingshandel“.

[3]) Die Fortsetzung bilden die Schlußabsätze der folgenden Seite.

In der sach Zuschen ern henrich Ortea eins vnd dem Capittil 71
zu Sanct Martins andersteils vmb Irrung vnd gebrechen eyns heymlichen gemachshalber wie nu solich handel In schulden vnd antwort wyter anglangt Ist von borgermeister vnd Raith zu Cassel vor recht erkant Diwil solich gemach bey ern wernher Elemans Zcyten selige In solichem winckel vffgericht vnd nachfolgend Er Ortea dasselb bey

seiner Zceit vngeferlich bey 16 Jorn gelitten vnd auch In der Zceit als yne das Capittel vnd der buw solich huß verkaufft nicht angefochten hoit so ist er schultig solich gemach hinfurter zuliden Wo yme abir solichs nit lydelich sein wult So sollen yme das Capitel vnd buw solich huß widderumb bezcalen Inmassen er das von yne gekaufft hoit Vnnd sich alsdann Zu Irem huse halten Datum sexta feria post Johannis sancti baptiste Anno sexto[1]).

Secunda post Margarete virginis hait sich hentz herßfeld begeben in 9 gl houptgelds darfon ½ gl. Zinss vff Jacobi Zobezalen vß 2 acker lands vor dem Anenberge vff beit syten Reo (?) mit 9 gl Reo (?) quando placet Sanct Joists bruderschafft In der Nuwenstat et successoribus

Zuschen Sjfert fleischhauwer vnd sinen verwanten von wegen sins vaters vnd frunts Hentz fleischhauwers eins Meister gensings anders teils wie dan solicher hantel wyter angelanget Ist wird von den scheffen Zo recht Erkannt[2])

Nach beider party vorbringen Erkennen die scheffen Zo Cassel vor recht Diwil meister gensinck den fleischhauwer vffentlich vor richter vnd rade angezceigt vnd mit den hauw eppel vnd bern wil gemeint haben Inhalts der vfzceichnung in actis gescheen so sol er Zu keynem neyn glassen werden sondern das wie recht ist vff yne bringen, So er das nicht an tag bringt dem rechte genugsam so sol er darumb kor vnd wandel thun wie sich von rechtswegen geburt Datum am Freitag nach Margarete virginis 6 wochen vnd dry eyner partye zu bit zubringen der andern wis furbrocht wirt Zogewerten

[1]) Am Rande steht: „Rechtsproch Er (= Herr) Ortea".
[2]) Vgl. Note 3 der vorigen Seite.

72 Die ancleger hoffen gensinck solle geschickt sein vff[1])

Nachdem Meister gensinck dem rechtsproche nit gefolgt vnd der vfglegten Beweisung in disser sach gescheen desselben sprochs fellig wirden ist er schultig den fleischhauwer vmb soliche vfgelegte smehe kor vnd wandel zutun so vil sich von rechtswegen geburt vff den letzsten vnd dritten termyn insderfellig worden darzu wir yne auch obir das 14 dage die yme doch von rechtswegen nicht geburt hett gegeben, so ist er schultig[2])

[1]) Nachgetragene Zeile.
[2]) s. S. 70 Note 2.

Gericht am Dinstag Nach Dionisy In der Aldenstatt[1])

Vor vch samthafftigen vnd weisen hern richter, bürgermeister vnd scheffen beclagt sich hans scherer wie das In vergangenen tagen Auch bey nechtlich Zeeit vnd wile als meister vß der von Cassel fur winkeller hait gehin wollen Also ist Meister Hans cleger von drien wie gnannt Adam scherer Hans Andren vnd Claws Rymensniders wilche obgnante drey vnterstanden haben Meister hansen Zoentweldigen Lybs vnd guts wo Im got der Almechtig nicht darfonne geholffen het das er den gnanten dren thetern also In der von Cassel winkeller kommen wer

Item die obgnanten dry beclagten haben es bey solicher gewalt vnd selbrecht nicht glassen, sonderlich Meister hansen den cleger vnd sonderlich Adam der scherer der hoit gnanten hansen geschulten vorreter Dyb vnd bosewicht Bit vnd begert vilgemelter hans scherer euch furgeachten vnd weisen liben herren Auch so Ime die worte ere sele vnd Lyb betreffend mit recht Zoerkennen vnd vßzusprechen

---

[1]) Am Rande steht Anno sexto.

Das chirstlich vmb den obirlauff von den drien gescheen Auch 73
dornoch vmb die sweren pynlichen worte von Adam alleyne kor vnd wandel schultig zutun sein Auch wie er sich solicher worte Nach weise vnd gewonheit des hußs zo Cassel entleddigen solle mit furbehaltung aller noittorfft Zum rechte gehoren

Meister Adam sagt solche pinliche clage sey Ime nicht Dorch den statknecht verkunt worden dermassen Zugescheen vnd hofft darumb nit schultig sein vff die clage vff diesser Instanz antwort Zugeben

Item vff des widderteils vnbegrunt vnformlich tunckel wintslege exception In meynung vnd gemute Meister hansen sein clage Zostoppen vnd sich vfzuhalten daruff den krig Zubefestigen nit schultig sey Nachdem aber das ym der knecht darZu nit vorbot hab yme auch nit mehir dan eyn hlr geben hab des auch kein gwissen, Sagt Meister hans ehirstlich Er hab dem knechte 6 H geben Vnd ab er yme keyn hlr gegeben het So hab er doch guts gewissen Auch richter und roid das hans scherer vor drien wochen vngefehr vmb soliche geweltigliche obirleuffen auch swere tyffe worte yme sele Lyb vnd ere antreffend beclagten Rufft vch des an vmb gots willen yne dahin Zozwingen das er schultig sey, vff disse clage antwort Zogeben vnd stellet das Zoerkennen

Nachdem das er nicht geeischt ist Nach der gewonheit des Lants Zo Hessen so solle er nicht schultig sein Vff disse clage Zo antworten

— —

74 Adam Stroman ist schultig Nach beider party vorbringen vff die clage hans scherers antwort Zogeben

Nachdem disse sach Pynlich ist so wil vns nit geburen vffschub zogeben zu disser antwort ane verwilligung der partye, vnd erkennen darumb bilch Zur antwort.

Antwort Adam scherer so er Meister hansen sol verlumbet haben mit etzwelchen worten Do sey Jo etzwais von gerugt Vnd bit darumb die ruge Zulesen alsdann wil er forter antwort geben so vile sich geburt

Adam scherer saget die ruge vermelde nicht das er hans scherern alleyn schulden hab luts der ruge vnd hofft darumb er sey nit schultig hinter dan andern die In solichem thun gemelt vnd geweist, antwort Zugeben

Inredde Meister hanßs vff die vnbegrunt antwort des gegenteils saget hans also das er an solicher wintslegigen antwort nit benugt odir gesettigt sey vnd auch diwil solche yme ere vnd glimpff betr. Vnd auch von Adam als beclagten der Orsprung vnd hadder Auch die verlumpten worte hergekommen sein Bit Meister Hans yme Zo sinem lantrecht kommen Zolaissen alles nach weise vnd gewonheit dißs hußs vnd gewonheit des lants Zo hessen vnd bit vmb das orteil mit furbehaltung vnd vbirgeben alle das Jene das vns In recht geburt

— —

75 Lieber richter, burgermeister vnd Roith do ist eyn ruge de lossen me In Irer macht als vele sie gehaben kan Auch die ruge nit vermeldet In sonderheit meister adam yne geschulden solle haben na Lut Irer clage Vnd hofft nademe daß yne Meister hans also angezogen vnd die ruge nit vermeldet so stelt er Zoerkennen er sey yne nit schultig alleyne antwort Zogeben

Meister hans bit vmb gots willen Zom rechten Zokommen Nach gewonheit des hußs Zo Cassel

Nach beider party vorbringen Erkennen die scheffen Zorecht Das Adam scherer vor sein person vnangesehen die andern mit solicher ruge angezoggen, richtig antwort geben vff sine clage

Hie stehet Meister Adam vnd leßt die ruge In Irer Macht als vile sie gehaben kan vnd hofft Meister Johann sey keiner entslagung wyter von noit dan er hab yne nit geschulden vnd wiß auch von yme anders nicht dan von eyn frommen man Und zuget sich des vff die ruge das er yne nit gescholten hoit

Diweil nu Adam der scherer als beclagter von Meister hansen dem cleger nichts anders den gut vnd fromkeit weiß luts der antwort vnd auch Ine sein

---

Lantrecht nicht Zobrechen weiß bit vnd begert Meister hans vmb 76
gots vnd des rechten willen Ine zo solchen seinem lantrechte wie gewontlich ist Zozolassen vnd Alsdann wen solichs gescheen ist wie sich geburt ferner nachzofolgen vnd stelt das Zoerkennen

Die entslahung als Meister hans angestalt hoit lassen wir zu es sey dan sach das yme die widderteil gebrechen mag wie recht ist.

Nach solicher entslahung die Meister hans wie recht getan hoit Ist er widderumb In sein lantrecht gesatzt vnd ist In dissor sach vnd rechtfertigung als fromm Nach den scheltworten als er dafor geweist ist Vnd mag nu widderumb gehin zu rume vnd rade zu kirchen vnd clusen vnd Zu allen eren

Item Meister hans stelt Zu recht wais er nu mit siner forderthant Nach gewonheit des hußs Zo Cassel verdint hait

Item Meister hans stelt an Ob er nicht kost vnd schaden kor vnd wandel In disser sach gegen Adam Adam scherer erstanden hab.

Antwort Meister Adam es sey so nit gewontlich als er verstehe vnd zugt sich des ans lantrecht vnd hofft er sey yme nit schultig kosten vnd schaden Zogelten dan er hab yne nit geschulden

Item Meister Hans blibt bey seiner vorigen anstellunge vnd stelt Zu recht wie vorgestalt ist.

Die größere obere Hälfte des letzten Blattes, das die S. 77-78 bildet, 77
fehlt. Aus dem Reste der allein beschriebenen Seite 77 ist nur so viel ersichtlich, daß am Abend Andreä Apostoli ein Kläger wegen zweier Betten und deren Zubehör Klage erhebt und das „ins recht zu erkennen stellt". Das letzte im Gerichtsbuch genannte Datum einer Klagerhebung ist hiernach der 30. November 1506. Die zweite Seite des Blattes war, wie dessen Ueberbleibsel ergibt, jedenfalls in ihrer untern Hälfte leer. Ihre vom Alter bewirkte tiefdunkele Färbung beweist, daß wir nicht etwa ein erst gelegentlich der Zerstörung des Stadtarchivs im Jahre 1807 verstümmeltes Gerichtsbuch vor uns haben.

FÜR EINE REFORM DES ITALIENISCHEN AKTIENRECHTS.

Von CESARE VIVANTE.

Al Professore Riesser che studiò
il diritto guardando alle cose.

Die in den letzten zwei Jahrzehnten ausgearbeiteten Reformprojekte sind bereits in den Archiven der italienischen Ministerien veraltet, ohne in einem Gesetze Leben gewonnen zu haben. Die inzwischen eingetretenen ökonomischen Krisen und die nach und nach in der Rechtsprechung gewonnenen Erfahrungen machen eine Revision dieser Projekte erforderlich, sofern eine Reform, falls eine solche überhaupt zustande kommt, den gegenwärtigen volkswirtschaftlichen Anforderungen entsprechen soll.

Das Problem der Aktiengesellschaften ist komplizierter Art, es hat zunächst eine technische Seite, denn das Gedeihen der Gesellschaften beruht auf dem Werte der Betriebe und der leitenden Persönlichkeiten, sodann eine ökonomische, denn es ist durch die Beschaffung der erforderlichen Kapitalien bedingt; ferner eine finanzwissenschaftliche, denn es hängt nicht minder von der Einhaltung vernünftiger Grenzen der Besteuerung ab; vor allem aber eine moralische, denn wenn nicht die reiche Ader der Ehrlichkeit den Organismus der Aktiengesellschaften durchdringt, löst sich dieser in Krisen und Zusammenbrüche auf.

Allgemeine Fehler des bestehenden Gesetzbuchs.

Ich will mich hier mit der gesetzlichen Regelung des Aktienwesens beschäftigen, ohne die Tragweite einer sich auf dieses Gebiet beschränkenden Reform zu überschätzen, und muß hier gleich mit einer peinlichen Feststellung anfangen: Unser Gesetzgeber hat auf diesem Gebiete das Bewußtsein seiner Verantwortlichkeit nicht gehabt, denn er hat dem Gesetze die zur Verwirklichung seines Willens erforderlichen Machtmittel nicht verliehen. Unser Gesetz besteht zum großen Teil aus einer Reihe nützlicher Ratschläge, die wohl für diejenigen gut sind, die schon vor dem bloßen Worte des Gesetzes Respekt haben, welche aber gegenüber Leuten versagen, die, ihren besonderen Interessen zuliebe, das Gesetz zu umgehen gewillt sind. Es mußte leider so kommen, denn in unserem Lande verteilt und zerstreut sich die gesetzgeberische Verantwortung auf viele Kommissionen und zahlreiche Kommissare, ohne daß einer dabei in der Lage ist, die ganze Arbeit mit zielbewußter Energie zum Ende zu führen. Wer sich die Art und Weise der Zusammensetzung solcher Kommissionen vergegenwärtigt, wird mir recht geben. Sie bestehen meistens aus Professoren und hohen Beamten: der Professor fühlt sich glücklich, wenn es ihm gelingt, im Gesetze irgendein Prinzip zum Ausdruck zu bringen; der eine der Kollegen würde eine ruhmvolle Krönung seines wissenschaftlichen Lebenswerks darin erblicken, wenn es ihm gelänge, dem Satze Rechtskraft zu verschaffen, daß die Handelsgesellschaften als juristische Personen anzusehen sind, während ein anderer sich glücklich schätzen würde, wenn er das gerade entgegengesetzte Prinzip zur Geltung brächte. Und doch glaube ich, daß ein Obsiegen der einen oder der anderen Bestrebung für die gesetzliche Regelung des Gesellschaftswesens von ziemlich geringem praktischen Nutzen sein dürfte. Der Justizbeamte, den manche Zweideutigkeit, mancher Widerspruch des Gesetzes mit quälendem Mißbehagen erfüllt, würde ganz befriedigt heimkehren, wenn es ihm vergönnt wäre, mittels einer authentischen Auslegung über den Widerspruch, der ihn beunruhigte, hinwegzukommen. — Nachdem ihre Arbeit erledigt ist, rufen nunmehr die hervorragenden Juristen einen oder mehrere Sekretäre zu sich und beauftragen sie, die in den Protokollen aufgestellten Grundsätze zu einem Ganzen zu verbinden und die erforderlichen Strafbestimmungen hinzuzufügen. Der Sekretär, der die Tragweite jener Regeln nicht ahnt und ihre latente Kraft nicht kennt, fügt hie und da nach Gutdünken eine Strafvorschrift ein, und zwar meist dort, wo sich ihm gerade ein augenfälliger Anlaß hierfür zu bieten scheint. Auf solche Weise entstand unser Gesetzbuch: wo es darauf ankam, das Gewebe seiner Bestimmungen durch zivil- und strafrechtliche Sanktionen zu f e s t i g e n , haben diese es im Gegenteil g e l o c k e r t , weil es an hinreichend klarem Verständnis für die praktischen Endziele des Gesetzes fehlte.

Dieser Fehler ist auch in anderer Hinsicht in sehr hohem Maße vorhanden.

Wir stehen hier auf einem Gebiete, auf dem es zahlreicher und zweifelsfreier Bestimmungen öffentlich-rechtlichen Charakters bedarf, denn es handelt sich nicht nur um die Interessen der Gläubiger, sondern auch um die der Gesellschafter, die oft zu Tausenden auf der ganzen Welt verstreut sind und des Schutzes bedürfen. Es wäre nötig gewesen, daß sich der Gesetzgeber darüber ausgesprochen hätte, welche Bestimmungen im Wege der Vereinbarung geändert werden können und welche nicht. Die Verfasser des Gesetzbuchs hingegen haben sich mit der Lösung dieser Frage nie befaßt. Beispiele hierzu ließen sich zu Dutzenden anführen; ich führe nur eins an, das den Gerichten als ein noch zu lösendes Problem tagtäglich vorliegt. Das Gesetz sagt: die Gesellschafter haben ein Rücktrittsrecht, wenn eine Änderung des Gesellschaftsvertrages vorgenommen wird. Trotz dieser Bestimmung legen jedoch viele Statuten ihren Gesellschaftern den Verzicht auf das Rücktrittsrecht auf. Infolgedessen würde die Majorität, falls diese Klausel gültig wäre, ermächtigt sein, eine Elektrizitätgesellschaft in eine Bank oder eine Bank in eine Bodengesellschaft umzuwandeln, ohne daß den Aktionären das Recht, zurückzutreten, zustände. Darf man aber dadurch dem Gesetze Abbruch tun, daß man den Gesellschaftern das Rücktrittsrecht entzieht? Ich glaube es nicht, denn der Gegenstand des Gesellschaftsvertrages muß ein von vornherein fest bestimmter sein. Nichtsdestoweniger wird das Schweigen des Gesetzes von manchen Geschäftsmännern und solchen Advokaten ausgenutzt, welche ihren Scharfsinn zur Umgehung des Gesetzes aufzubieten pflegen, während sie denselben zur Ergründung des wesentlichen Inhalts der Gesetze und zur Verwirklichung ihrer Absicht anzuwenden verpflichtet sind. Ein weiteres Beispiel: dürfen die Statuten bestimmen, daß nur eine qualifizierte Mehrheit, beispielsweise von drei Vierteln der Aktionäre, die Geschäftsführer auf dem Klagewege zur Verantwortung ziehen könne? Ich glaube es nicht, denn diese Bestimmung käme einer Beseitigung der Verantwortlichkeit in dem Falle wenigstens gleich, wo die Geschäftsführer und ihre Freunde eine Aktie über das restliche Viertel in Händen haben. Dennoch gibt es viele Statuten, die den Versuch machen, auf diese Weise das Gesetz zu umgehen.

So wird das im Gesetzbuch festgelegte System, die gesetzliche Struktur der Gesellschaft nach und nach durch das Überhandnehmen freier Statuten überwuchert, die auf eine Verneinung des Gesetzes hinauslaufen. Käme der Gesetzgeber von neuem zur Welt, er würde sein Werk nicht wiedererkennen.

Ein weiterer Fehler allgemeiner Art besteht darin, daß die Anwendung der spärlichen strafrechtlichen Bestimmungen, die im Gesetzbuch enthalten sind, der Staatsanwaltschaft anvertraut sind, die im Hauptamt anderweitig beschäftigt ist. Wollte dieselbe den Weg der repressiven Maßnahmen beschreiten, so würde sie sehr bald durch eine Unmasse äußerst gewandt im Interesse der Verwaltung verfaßter Gutachten überwältigt werden.

Es fehlt bei uns ein Registerrichter. Diese Institution entfaltet ihre geordnete Tätigkeit in Deutschland: sämtliche Funktionen, die bei uns der freiwilligen Gerichtsbarkeit unterliegen, sind dem Registerrichter anvertraut, und außerdem liegt die Anwendung der strafrechtlichen Bestimmungen im Bereich seiner Zuständigkeit. Infolgedessen haben alle Handelskammern, Notare, fiskalischen Beamten, Gerichtskanzleien diesem Richter alle zur regelmäßigen Führung des Handelsregisters erforderlichen Mitteilungen zu machen. Wenn irgendeine Gesellschaft die erforderliche Eintragung zu veranlassen versäumt, so verhängt er eine Geldstrafe über deren Vorstand und wiederholt alle vierzehn Tage dieselbe Maßnahme, bis der Verstoß gegen die gesetzliche Ordnung beseitigt ist. Solche Strafen, die bei uns nur dann verhängt werden, wenn das Ärgernis bereits öffentlich und keine Abhilfe mehr möglich ist, finden dort systematische Anwendung und zwar mit einer Unnachsichtigkeit des Verfahrens, die an das feste Klopfen einer automatischen Maschine erinnert. Dort bilden die Gesetze ein dichtes Netz, aus dem es für jemand, der seine Pflicht nicht erfüllt hat, keinen Ausgang gibt, so daß die Beobachtung des Gesetzes immer mehr zur Gewohnheit wird und aus dem Kaufmannstand eine Armee geworden ist, die auf einem genau geregelten Boden in strenger Disziplin sich bewegt. Falls Deutschland eine schwere Krise durchzumachen hätte, würde dort das Recht dem Umsichgreifen des Übels gewaltige Schranken setzen, denn es ist dort für die Gläubiger viel leichter als bei uns möglich, gewährbietende Grundlagen des Vermögens eines Schuldners ausfindig zu machen.

Dieser Mangel an geeigneten Organen zur Anwendung des Gesetzes hat bei uns die de-facto-Zustände vermehrt, die außerhalb des Gesetzes, vom Gesetze geduldet oder sogar verschuldet, sich behaupten können. Wir haben Kaufleute de facto, Vollmachten de facto, Geschäftsführer de facto, Gesellschaften de facto, Situationen de facto, die immer zahlreicher werden, eine Art wilde Ehen der gesetzlichen Ehe gegenüber; noch schlimmer sogar, denn wilde Ehen werden systematisch ignoriert, während den Gesellschaften de facto der Gesetzgeber eine so weitgehende Duldung bezeugt hat, daß er sie, wenngleich sie von ihm als Urheber ökonomischer Störungen betrachtet werden, im neuen Gesetz betreffend die Handelskammern ermächtigt hat, sich anzumelden, ohne sich damit dem Zwang einer dem Gesetz entsprechenden Regelung ihrer Verhältnisse zu unterwerfen. Ich erhalte jeden Monat das von meinem verehrten Freunde, dem Prof. Bertolini geleitete Journal der Handelskammer zu Bari: darin sind alle in der Provinz Bari existierenden Handelsgesellschaften verzeichnet. Unglaublich, aber wahr! In der letzten Dezembernummer kommt unter siebzehn Gesellschaften eine einzige offene Handelsgesellschaft vor, die in Gemäßheit des bestehenden Gesetzes gegründet ist; alle anderen haben sich eingeschmuggelt. In offensichtlicher Abweichung von der gesetzlichen Richtschnur rechtfertigt das Gesetz selbst ihre Existenz und die Fortsetzung dieser rechtswidrigen Existenz dadurch, daß ihnen mittels Eintragung in die Register der Handelskammern eine beinahe rechtmäßige Grundlage geschaffen wird. Ich kenne in Italien einen einzigen Zweig der Gesetzgebung, der ernstlich gewillt ist, die wirklichen Verhältnisse zu erfassen, um sie zu beherrschen: die Steuergesetzgebung. Die Steuergesetze entbehren leider sehr oft allgemeiner Grundsätze, und es gibt sogar Steuergesetze, die nicht einmal das zu besteuernde Objekt genau bestimmen; aber in bezug auf Untersuchungen, Geldstrafen, Rechtsverwirkung usw. hat die italienische Steuergesetzgebung einen wahrhaft deutschen Charakter.

Besondere Fragen.

Dieses Thema ist ungemein groß. Die Aktiengesellschaft ist heutzutage kein einheitliches, isoliertes Wesen, als welches der Gesetzgeber im Jahre 1880 sie sich vorgestellt hat: sie ist zum Mittelpunkt eines ganzen Systems ergänzender Nebeneinrichtungen geworden. Die Gesellschaft ist oft umgeben von zahlreichen Konsortien: der Gründer, der Obligationsinhaber, der priviligierten Aktionäre, der zwecks gegenseitiger Unterstützung vereinten Angestellten. Ich werde hier nur einzelne Punkte berühren.

Verantwortlichkeit bei Sacheinlagen.

Die moderne Wirtschaftsordnung strebt nach einer Konzentration der Kapitalien. Dieselbe Glocke, die eine private Unternehmung zu Grabe läutet, verkündet oft die Geburt einer kollektiven Unternehmung. Die Gesellschaften treten an die Stelle des Einzelkaufmanns. Aber am Herzen dieser kollektiven Unternehmungen nagt allzuoft der Wurm einer Sacheinlage, der ein imaginärer oder übertriebener Wert beigelegt wurde: ausgebeutete Gruben, Gasthäuser ohne Kundschaft, Dampfer, die mehr Kohlen fressen als Kilometer zurücklegen. Einige Jahre hindurch behauptet sich das Unternehmen dadurch, daß Dividenden zur Verteilung gelangen, die aus den Bareinlagen der Aktionäre oder aus den geliehenen Kapitalien bestritten werden; dann stockt es eines Tages, und die Zahlungen werden eingestellt. Gibt es ein Mittel, das geeignet ist, dem Zustandekommen solcher schwindsüchtiger Organismen vorzubeugen oder zu verhindern, daß sie es unterwegs infolge zweifelhafter Sacheinlagen werden? Die von der italienischen Gesetzgebung getroffenen Vorsichtsmaßregeln sind unwirksam, um nicht zu sagen, lächerlich: nach unserem Gesetz soll die konstituierende Versammlung ihre Ansicht über den Wert der eingelegten Mobilien und Immobilien äußern, und diese Ansicht soll den Mitgliedern und den Gläubigern eine genügende Gewähr gegen übermäßige Einschätzung der Sacheinlagen bieten! (Art. 134 sub 1.) Ein solches Schutzmittel ist geradezu lächerlich: die Versammlung pflegt meistens den Gründern großes Vertrauen entgegenzubringen und keine Sachkenntnisse zu besitzen; sie ist infolgedessen außerstande, den Wert der betreffenden Einlagen sachlich zu erörtern. Eben deshalb, weil sie betrogen wird, ist sie nicht in der Lage, den Betrug zu entdecken.

Weniger naiv, aber auch wenig wirksam, ist die deutsche Gepflogenheit, den Revisoren diese Kontrolle anzuvertrauen (§ 192 ff.); wenig wirksam, weil Sachverständige weder unbeeinflußbar noch unfehlbar sind, und weil es oft unmöglich ist, den Ertrag der Unternehmung nach erfolgter Aufnahme ihres Betriebes durch die Gesellschaft vorauszusehen.

Bei der Wahl eines Mittels ließe ich mich gern durch die Erfahrung belehren. In England wird folgendermaßen verfahren: wenn eine Gesellschaft gegründet wird, bei der einige Mitglieder bares Geld, andere dagegen Sacheinlagen einbringen, so werden jenen privilegierte Aktien gegeben, die bei der Gewinnverteilung den Vorzug, beispielsweise bis zu 4 pCt., haben, und den anderen gewöhnliche Aktien zugeteilt, auf die nur in zweiter Linie Dividenden entfallen. Sobald die beiden Gruppen der Aktionäre ihre Dividenden in gleichem Maße, z. B. bis 4 pCt., erhalten haben, wird dann der Überschuß gleichmäßig verteilt. Auf diese Weise wird den Kapitalisten die dem am Mangel an Barmitteln laborierenden Unternehmen ihre Kapitalien zugeführt haben, eine beinahe sichere Gewähr dafür geboten, daß ihre Einlagen einen entsprechenden Nutzen abwerfen werden, und andererseits können dabei entwicklungsfähige Unternehmungen auch den Einbringern einen Nutzen verschaffen, wenngleich dieser Nutzen erst nach angemessener Verzinsung der zur Unterstützung des Betriebes eingebrachten Bareinlagen zu erwachsen anfängt.

Diese gesunde Gepflogenheit, die allmählich auch in Frankreich Nachahmung findet, kann einen Schutz gegen Benachteiligungen von seiten der Unternehmer gewähren; nur muß sie den Anforderungen angepaßt werden, die sich aus dem bei uns einzuführenden System mit gebieterischer Notwendigkeit ergeben.

Man kann nicht alle Gesellschaften, die auf Grundlage der Apports zustande kommen -- und das sind die meisten — dazu zwingen, eine dauernde Teilung der Aktien in zwei Kategorien vorzunehmen. Einmal diskreditieren die privilegierten Aktien die anderen, sodann aber liegt von dem Augenblick an, da das Unternehmen den erhofften Ertrag mehrere Jahre hindurch abgeworfen hat, keine Veranlassung mehr vor, die Gründer weiter in einer untergeordneten Stellung zu halten, zumal da die etwaigen in der Folge eintretenden Verluste ihre Ursache in der Unfähigkeit der Verwaltung oder in einer allgemeinen Krise des Marktes haben können. Das Rezept wäre also folgendermaßen abzuändern: „Bei Gesellschaften, die mit Sacheinlagen errichtet oder vergrößert werden, erhalten deren Einbringer Gründungsaktien, die erst dann dividendenberechtigt sind, wenn auf die Aktien der Bareinlagen ein Dividendenbetrag entfallen ist, der mindestens 4 pCt. des Nennwertes dieser Aktien darstellt. Sobald dann auch auf die Gründungsaktien eine Dividende von 4 pCt. verteilt ist, wird der Überschuß gleichmäßig verteilt. Nachdem dieses Dividendenminimum sechs Jahre hintereinander auf alle Aktien entfallen ist, können die Gründungsaktien in Normalaktien umgewandelt werden. Vor Abschluß des sechsten Betriebsjahres kann die Generalversammlung durch Abstimmung auch nur eines Zwanzigstels sämtlicher Aktien die Revision der Bilanzen zwecks Feststellung der Richtigkeit der bis dahin verteilten Dividenden beantragen. Für Ansprüche wegen arglistigen oder schuldhaften Verhaltens der Gründer bleiben die Gründeraktien bis zum Zeitpunkt ihrer Umwandlung haftbar."

Das deutsche System hat den Fehler, daß es durch vorherige Schätzung den Reinertrag eines Unternehmens bestimmen will, welcher in vielen Fällen eine nicht feststellbare Größe ist, die sich infolgedessen zu den willkürlichsten und betrügerischsten Kalkulationen verwenden läßt. Das von mir befürwortete System hat den Vorteil, daß es für den Mißbrauch eine Strafe vorsieht, und zwar eine solche, welche dem Mißbrauch angemessen ist. Denn dabei unterliegt der Verkäufer des Unternehmens sechs Jahre hindurch den Wechselfällen der entfallenden Erträge dadurch, daß sein Profit von dem der Baraktionäre abhängig gemacht wird, und ferner büßt er dabei die Mängel seiner Unternehmung mit einer proportionellen Reduktion seines Profits bis zum gänzlichen Verlust desselben ab. Mit anderen Worten: es kommt hierbei der Verkäufer der Unternehmung den Baraktionären gegenüber für die Reellität seiner Sacheinlage auf. Dadurch, daß er in der Gesellschaft, die sich auf seinem Unternehmen gegründet hat, die Stelle des Geschäftsführers oder des Direktors einnimmt — und das ist fast immer der Fall —, wird er die Verwandlung seines privaten in ein gesellschaftliches Unternehmen erleichtern und vermöge seines andauernden Interesses für die Ertragsfähigkeit der Gesellschaft die allerbeste Garantie für die Aufrichtigkeit der von ihm gemachten Versprechungen bieten. Wer heutzutage sein Unternehmen als Sacheinlage eingebracht hat, der kümmert sich lediglich darum, so schnell wie möglich und zu den höchsten erreichbaren Preisen die für seine Einlage erhaltenen Aktien zu veräußern und gibt sich oft alle Mühe, durch Börsenmanöver die Preise derselben hochzuhalten, um sich demnächst aus der ganzen Sache zurückzuziehen, sobald er seine Aktien an den Mann gebracht hat. Hingegen ist er nach dem vorgeschlagenen System im eigenen Interesse gehalten, eine rentable Sacheinlage zu machen und die gesellschaftliche Unternehmung mit Rat und Tat weiter zu unterstützen, damit er sich einen Nutzen sichern und den ihm drohenden genau präzisierten Folgen seiner Haftbarkeit entgehen kann.

Die Verwaltung und deren Kontrolle durch Aufsichtsräte.

Bekanntlich besteht die ausführende Gewalt nach italienischem System in dem Zusammenwirken von Geschäftsführern und Aufsichtsräten. Dem Geschäftsführerkollegium liegt die Verwaltung, den Aufsichtsräten die Überwachung ob. Man sollte meinen, daß aus dieser Gegenüberstellung von Funktionen, aus dieser strengen Scheidung eine vollkommene, bei jeder Handlung wachsame und überwachte Verwaltung hervorgehen müßte. In der Praxis jedoch weist dieses System eine Menge von Mißständen auf. Das Kollegium der Geschäftsführer setzt sich aus einer beträchtlichen Anzahl von Mitgliedern zusammen, von denen einige lediglich wegen der Präsenzmarken erscheinen, andere nur deshalb zur Stelle sind, weil sie sich für anderweitige private Geschäfte orientieren wollen, nur wenige aber ihre volle Tätigkeit im Interesse der Gesellschaft einsetzen. Das Gesetzbuch begeht das Unrecht, sämtliche Gesellschaftsbücher zur Verfügung dieser Geschäftsführungs-Mitglieder zu stellen und sie zur Teilnahme an jeder Beschlußfassung zu berufen. Dieses System ist gefährlich, denn dadurch werden die Interessen der Gesellschaft in die Hände allzu vieler Personen gelegt und zwar selbst während der vorbereitenden Verhandlungen. Wie werden nun aber die größeren Institute in Italien errichtet? Dieselben erwählen unter den Geschäftsführern ein Exekutivkomitee, welches alles weiß, alles sieht und erst bei vollzogenen Tatsachen dem großen Rate von seinen Beschlüssen Mitteilung macht. Dies entspricht dem System des Gesetzbuchs wohl nicht, nach dem sämtliche Geschäftsführer in sämtliche Geschäfte und sogar in alle Vorbereitungen eingeweiht werden sollten. Das Gesetz müßte sich an jene durch die Erfahrung bewährte Handlungsweise enger anschließen. Diesem Prinzip entspricht denn auch das deutsche System, bei welchem die Möglichkeit eines großen Verwaltungsrates vorgesehen ist, der für die Richtigkeit der Bilanzen einsteht und der in den wichtigsten Angelegenheiten um Rat angegangen wird, die wirkliche Verwaltung jedoch einer kleinen Anzahl von Personen anvertraut wird, die der Gesellschaft ihre Tätigkeit dauernd widmen und als Mitglieder des ausführenden Organs fungieren (Vorstand).

Nach dem italienischen System stehen den Geschäftsführern die Aufsichtsräte gegenüber, deren Aufgabe es ist, die Verwaltung einer ständigen Überwachung zu unterziehen und über sie an die Generalversammlung zu berichten. Ich bin der Ansicht, daß die äußerst schlechten Erfahrungen, die wir wegen der mit ihr unzertrennlich verbundenen Mißstände mit den Aufsichtsräten gemacht haben, diese Einrichtung zum Untergang verurteilen. Diese Ansicht muß ich vertreten, wiewohl ich mir bewußt bin, daß meine Behauptung manchen Widerspruch hervorrufen wird. Vor allem nehmen die Aufsichtsräte nach unserem Gesetze eine zweideutige Stellung ein: ihre Funktionen liegen zugleich auf dem Gebiet der Verwaltung und auf dem der Rechnungsprüfung. Als Berater der Geschäftsführer und als Aufseher über deren Verwaltung dürfen sie allen Sitzungen des Geschäftsführerkollegiums beiwohnen und ihre Anträge in die Tagesordnung aufnehmen lassen; andrerseits haben sie sich dann in der Mitgliederversammlung über den Gang der Geschäfte und der Ausgaben kritisch zu äußern, sie haben als Aufsichtsräte von Banken über die Qualität des Effektenportefeuilles, als Aufsichtsräte von Versicherungsgesellschaften über die Wahl der Risiken, als Aufsichtsräte von Fabriken über Erwerbung und Amortisation der Maschinen usw. usw. zu berichten. Um diesen Aufgaben gerecht zu werden, müßten sie die Erfahrung eines Fachmannes im kommerziellen oder im industriellen Zweig ihrer Gesellschaft besitzen. Als Rechnungsführer müßten sie die Buchhaltung der Gesellschaft fortwährend überwachen und die Eintragungen prüfen. In Wirklichkeit aber besitzen die Aufsichtsräte diese doppelte Fähigkeit, als Kalkulatoren die Rechnungen zu revidieren und als Geschäftsleute hinsichtlich der Maßnahmen der Verwaltung Ratschläge und Urteile abzugeben, nur in den seltensten Fällen.

Damit nicht genug, es ergeben sich gegen die Einrichtung der Aufsichtsräte sowohl in der einen als auch in der anderen Funktion von vornherein zwei Einwendungen. Zuerst ist es irrationell, die Geschäftsführer dazu zu zwingen, den Aufsichtsräten von ihren Maßnahmen vorher Mitteilung zu machen, obwohl jene für die Geschäftsführung gar keine Verantwortung tragen. Falls ein Aufsichtsrat es wagen sollte, Bedenken oder Widerstand an den Tag zu legen, könnten die Geschäftsführer, auf dem Boden der Tatsachen stehend, versucht sein, folgendermaßen zu erwidern: Für die Geschäftsführung der Gesellschaft stehe ich ein mit meinen Aktien, mit meiner Haftung, mit meinem Kredit und auch mit meiner Person; weshalb sollte ich Ihrer Kritik und Ihrem Widerstand nachgeben, da Sie ja keine ernste Verantwortung tragen? Bei der nächsten Versammlung würde dann der betreffende Aufsichtsrat für den Freimut seiner Einwendungen dadurch büßen, daß die Geschäftsführer einen gefügigeren Mann an seine Stelle berufen lassen würden. — Die zweite Einwendung gegen die Einrichtung der Aufsichtsräte beruht darauf, daß es nicht angängig ist, den an und für sich schon zu kostspieligen Organismus der Aktiengesellschaft durch ein Organ noch mehr zu komplizieren, dessen Nutzen unter keinen Umständen die Gefahren und Unkosten aufzuwiegen vermag, die der starre Zwang zu seiner Zusammensetzung aus drei oder fünf Mitgliedern nebst zwei Stellvertretern mit sich bringt. Das stetige Eingreifen der Aufsichtsräte in die Geschäfte der Gesellschaft ist gefährlich und unbeliebt. Der Dienst, den sie leisten und die Gewähr der Unabhängigkeit, die sie bieten, wiegen die Gefahr nicht auf, die die Gesellschaft dadurch läuft, daß sie ihnen von allen ihren Geschäften Kenntnis geben muß. Es würde sich besser empfehlen, falls jemand sich ernstlich für die Geschäftsführung der Gesellschaft interessiert, denselben in das Geschäftsführerkollegium aufzunehmen und zwar mit der besondern Aufgabe, die Buchführung zu kontrollieren.

Diese prekäre und untergeordnete Stellung der Aufsichtsräte hat denn auch die Folge gezeitigt, daß diese Funktion nicht selten den müßigsten und willfährigsten Menschen anvertraut wurde. Es sind oft verabschiedete Offiziere, die ihre Ruhe haben wollen, Börsenmakler, Bankbeamte, die auf diese Weise zu einem Nebenverdienst kommen. Es hat nicht selten Börsenmakler gegeben, die sich eiligst von der Aufsichtsratssitzung nach der Börse begaben, um dort auf Grund der durch Indiskretion erfahrenen Nachrichten in bezug auf die künftige Bilanz zu spekulieren; die Bankbeamten liefern der Bank die nötigen Informationen, um die Gesellschaft finanziell zu beherrschen. Diese beiden Gruppen von Exponenten der aufsichtsführenden Funktion beweisen zur Genüge, wie geringen Wert man ihr in der Praxis beigelegt hat; wenn die Funktion faktisch wirksam und unabhängig wäre, so würde sie zweifellos Persönlichkeiten von ganz anderer Autorität und Kompetenz anvertraut worden sein.

Besser verfährt man in Deutschland, wo nötigenfalls auf Verlangen der Mehrheit oder der Minderheit Rechnungsrevisoren ernannt werden, die unter eigener Verantwortung und selbst unter der Verantwortung der Institute, denen sie angehören, die Bilanzen revidieren und deren Richtigkeit garantieren[1]).

Erleichterung der Kapitalserhöhung.

Die italienischen Gesellschaften, insbesondere die industriellen, laborieren am Kapitalmangel. Der verehrte Abg. Luzzati, eine besondere Autorität auf diesem Gebiet, hat diese Tatsache bereits im gleichen Sinne beleuchtet. Unsere industriellen Gesellschaften befinden sich in einer sehr kritischen finanziellen Lage. Um ihre gefährdeten Betriebe im Lauf zu halten, benötigen sie dringend neuer Kapitalien. Die Banken haben ihnen nach Möglichkeit geholfen; sie haben als Sicherheiten die Werkstätten, die Maschinen, die Unterschriften der Verwalter und zuweilen auch diejenigen der größeren Aktionäre in Anspruch genommen; würden nun die Banken ihren Kredit einschränken oder den gewährten Kredit nicht erneuern, so würden viele von diesen Gesellschaften eingehen: ihr einziger Rettungsanker besteht darin, daß die Banken nicht in der Lage sind, sie zu Fall zu bringen, ohne sich selbst dadurch einen noch größeren Schaden zuzufügen. Wie kann man diesen Gesellschaften in der Weise zu Hilfe kommen, daß sie aus der gegenwärtigen gefährlichen und prekären Lage befreit werden? Die Lage ist dermaßen beängstigend, daß die Geschäftsführer genötigt sind, ihre Tätigkeit mehr der Erschließung finanzieller Hilfsquellen, als der industriellen Produktion zu widmen.

a) Rücktrittsrecht.

Etwas kann der Gesetzgeber tun, um den Gesellschaften neue Kapitalien zuzuführen. Vor allem kann er den Mitgliedern das Rücktrittsrecht im Falle einer Erhöhung des Gesellschaftskapitals verweigern. Eine neue Aktienemission vermag im Grunde genommen eigentlich die wirtschaftliche und rechtliche Lage der Gesellschafter nicht wesentlich zu beeinträchtigen, denn, wenn diese dabei einerseits infolge der neuen Emission mit neuen Aktionären den Gewinn zu

---

[1]) Solche Revisoren werden von den Handelskammern oder vom Registerrichter für die Einschätzung der Sacheinlagen ernannt (§ 192); von der Majorität für die Kontrolle der Bilanzen (§ 266; selbst auf Verlangen eines Zehntels der Aktionäre); für die Kontrolle der Bilanzen der Liquidatoren (§ 299); für die Kontrolle der Tätigkeit des Vorstandes vom Aufsichtsrat (§ 246).

teilen haben, erlangen sie andererseits durch Erhöhung des Gesellschaftsvermögens günstigere Gewinnchancen. Durch Abschaffung des Rücktrittrechts werden zwei schwere Mißstände beseitigt: erstens wird erpresserischen Aktionären die Möglichkeit entzogen, ihren Verzicht auf dieses Recht in Geld umzusetzen, zweitens wird die Majorität von der Notwendigkeit zur Vornahme jener grausamen Abschreibungen befreit, mit denen gewöhnlich der Versuch gemacht wird, die Ausübung dieses Rechtes zu verhindern. Wenn der Aktionär infolge dieser Abschreibungen nur minimale Prozente vom Wert seiner Aktien zurückbezahlt bekommt, bleibt er notgedrungen in der Gesellschaft; aber ein solch radikales Hilfsmittel diskreditiert die Gesellschaft und wird allgemein als ungerecht empfunden. Es empfiehlt sich demnach, die Ursache abzuschaffen, die es bedingt.

b) Vorzugsaktien.

Die Ausgabe von Vorzugsaktien sollte durch Beseitigung der ihr vom Gesetzbuch bereiteten Hindernisse erleichtert werden. Wenn die Stammaktien keinen Absatz mehr finden, kann eine neuer Kapitalien bedürftige Gesellschaft noch immer durch Ausgabe solcher Aktien zu Geld kommen, die ein Vorzugsrecht auf Dividenden und Kapitalien verleihen. Wenn die Geschäfte gut gehen, so daß die Gesellschaft es fertig bringt, auf die Vorzugsaktien und auf die Stammaktien gleiche Dividenden zu verteilen, so wird der Kurs beider Aktiengattungen annähernd der gleiche werden, und die Ausgabe der Vorzugsaktien, die der Gesellschaft neue Kapitalien zugeführt hat, beeinträchtigt dann in keiner Weise den Kurs der gewöhnlichen Aktien.

c) Emission von Obligationen.

Auch die Ausgabe von Obligationen sollte von unserem Gesetzbuch sowohl durch Beseitigung der bestehenden Hindernisse, als auch durch Einräumung besonderer Garantien für die Inhaber erleichtert werden. Zu diesem Zwecke könnte das Gesetz die Bestellung ständiger Vertreter der Obligationsinhaber vorsehen, und zwar mit der Aufgabe, für die Errichtung und Erneuerung der Hypotheken und im allgemeinen für die vollständige Bereithaltung der den Obligationsinhabern versprochenen Garantien zu sorgen; nötigenfalls könnten diese Vertreter ermächtigt sein, ihre Zustimmung zu Abänderungen des Amortisationsplanes, Herabsetzungen des Zinsfußes und anderen Maßregeln zu erteilen, die, von der Gesellschaft im Interesse ihrer eigenen Erhaltung vorgeschlagen, gleichzeitig geeignet sind, zur Erhaltung der Rechte der Obligationsinhaber zu dienen. Die Kapitalrentensteuer, die gegenwärtig die Obligationen trifft, sollte ermäßigt werden: nach dem bestehenden Steuersystem beträgt der Steuersatz für Obligationen ca. 16 pCt. der abgeworfenen Zinsen; hätte sich die Gesellschaft dasselbe Kapital durch Aktien verschafft, so würde sie dafür nur eine Steuer zum Satze von 10 pCt. zahlen. Infolgedessen werden hundert Lire, die als Dividende unter die Aktionäre zu verteilen sind, mit zehn Lire besteuert, während hundert Lire, die den Obligationsinhabern als Zinsen ausgezahlt werden, einer Besteuerung von sechzehn Lire unterworfen sind. Dadurch erklärt sich die außerordentliche Seltenheit solcher Emissionen, die, bei zweckentsprechender Erleichterung, imstande wären, unserer Industrie beträchtliche und insbesondere ausländische Kapitalien zu ihrer Unterstützung zuzuführen.

d) Emissionsagio der Aktien.

Eine ebenfalls dringliche Frage, die im wohlverstandenen gemeinsamen Interesse sämtlicher Beteiligten gelöst werden muß, betrifft das Emissionsagio der Aktien. Bekanntlich versteht man hierunter den Überschuß, den die Gesellschaft bei sukzessiver Erhöhung des Grundkapitals dadurch erreicht, daß sie die Aktien zu einem den Nennwert übersteigenden Preise begibt. Über die Natur dieses Agios ist viel gestritten worden: die einen nennen es Kapital, die anderen Ertrag. Der Kassationshof hat ursprünglich die Natur des Agios als Kapital, später seine Natur als Ertrag für „zweifelsfrei feststehend" erklärt. Ich schließe mich keiner von beiden Ansichten an, denn die Frage erscheint mir nach dem bestehenden Rechte sehr zweifelhaft.

Lassen wir die Frage der Gesetzesauslegung beiseite, und wenden wir uns der Betrachtung der wirtschaftlichen Folgen zu, die sich aus der Anwendung unserer Einkommensteuer auf diesen Überschuß ergeben. Eine Gesellschaft, die berechtigt ist, Aktien zum Nennwert von 500 bis 1000 Lire zu emittieren, schafft sich durch diesen Überpreis eine ansehnliche Reserve und bahnt sich durch diese reiche Goldader eine Ertragserhöhung an, die dem Fiskus selbst nutzbringend sein wird. Wenn dagegen der Fiskus diesen Überpreis als einen Ertrag mit einem Steuersatz von 10 pCt. trifft, so verhindert er jene gewinnbringenden Emissionen, erschwert eine Vergrößerung der Gesellschaft, sowie die Erzielung jener Erträge, die ihm später neue Steuereinnahmen abwerfen würden. In den letzten Jahren haben die solidesten Banken infolge der neuerlichen Rechtsprechung derartige Emissionen eingestellt. Ich führe zum Beispiel die Banca Commerciale an. Die Aktien derselben stehen heutzutage auf ca. 850 Lire. Wenn sie die neuen Aktien zu 850 Lire emittieren wollte, während der Nennwert 500 Lire beträgt, würde sie mit jeder Aktie 350 Lire verdienen, die sie dem Reservefonds zuweisen und dadurch den Nutzen vermehren könnte, den sie der Industrie des Landes, den eignen Aktionären und dem Fiskus bringt. Da die Bank eine solche Emission zum erwähnten Preise nur unter der Bedingung vornehmen kann, daß sie dem Fiskus eine Abgabe von 10 pCt., d. h. eine Steuer von je 35 Lire entrichtet, so hat sie von einer solchen Emission abgesehen. Es gibt wohl noch immer Institute, die neue Aktien emittieren, aber das sind meistens diejenigen, die keine Reserve besitzen und deshalb ihre Aktien zu pari ausgeben können. Das System der Besteuerung läuft also darauf hinaus, anstatt die lebensfähigen Organismen zu kräftigen, die schwächlichen zur weiteren Fristung ihrer Existenz zu ermutigen.

Die Aufstellung der Bilanzen.

In unserem Gesetzbuch fehlt jede genaue Vorschrift über Aufstellung der Bilanzen. Es gibt Gesellschaften, die eine Kapitalienbewegung von mehr als einer Milliarde aufweisen, und die dennoch dem geltenden Gesetze dadurch Genüge tun könnten, daß sie eine Bilanz von drei bis vier Zahlen vorlegen, etwa in dieser Art: 300 Millionen Debitoren, 500 Millionen diverse Kreditoren usw. Auf Grund solcher summarischer Informationen sollen nun die Aktionäre die Bilanz ihrer Gesellschaft verstehen, diskutieren und mit ruhigem Gewissen genehmigen! Wenn aber die Bilanzen nicht ins Einzelne gehend aufgestellt sind, kann man sie weder verstehen, noch diskutieren; es ist dann keine Möglichkeit geboten, vorhandene Lücken, Übertreibungen und Unwahrheiten zu entdecken. Es wird immer Sachverständige geben, die behaupten werden, falls bei e i n e m Punkte eine Übertreibung vorliege, es sei anderseits bei irgendeinem anderen Punkte eine entsprechende Übertreibung im entgegengesetzten Sinn gegeben; in der Kompensation der verschiedenen Ziffern werden solche Sachverständigen stets eine Rechtfertigung des Mißbrauchs und der Unwahrheit zu finden wissen.

Wir müssen dem Beispiel der neuerlichen ausländischen Gesetzgebungen folgen, welche spezialisierte Bilanzen fordern, deren Angaben eine zuverlässige Richtschnur zur Feststellung der Verantwortlichkeiten und zur Entdeckung von Betrügereien bieten sollen. Dies würde auch dem Fiskus zugute kommen, denn wir müssen ihm für seine Sünden auf diesem Gebiet einen mildernden Umstand zugestehen. Das Einkommensteuergesetz legt ihm die Pflicht auf, diese Steuer nach den Ergebnissen der Bilanzen zu bemessen. Wie kann er sich aber auf die Bilanzen verlassen, wenn diese nichts besagen? Der Fiskus ist somit genötigt, von den Bilanzen abzusehen und in den Büchern der Gesellschaft der Wahrheit nachzuspüren. Mehr Beachtung fände ein Gesetz, das die Bilanzen als maßgebend angesehen wissen will, wenn diese spezialisiert aufgestellt werden.

Schutz der Minoritäten.

Ich berühre hiermit ein Problem, bei dem ich in meinem Innern den Schmerzensschrei unzähliger leidender Seelen von neuem laut ertönen höre, die von der Rechtsprechung zu Ehren des geltenden Gesetzes aufgeopfert worden sind. Der Gesetzgeber und wir Juristen als die berufsmäßigen Interpreten seines Willens sind von einer allzu optimistischen Voraussetzung ausgegangen: die Majorität sei bei einer statutengemäßen Beschlußfassung über die auf der Tagesordnung stehenden Fragen ein Instrument der Gerechtigkeit; sie könne keine für die Minorität nachteilige Entscheidung treffen, die nicht auch der Majorität selbst schädlich wäre. Dieser Optimismus wird jedoch fortwährend durch die Erfahrung lügengestraft. Beweis dafür sind die Taschenspielerkunststücke, die zugunsten der Majoritäten häufig angewandt werden. Wir dürfen vor allem nicht glauben, daß die Majoritäten immer die Opfer der Verwaltung seien: sehr oft werden deren Mitglieder vielmehr von den Großaktionären ernannt, so daß die Verwaltung in den Händen von Strohmännern liegt, welche lediglich nach dem Willen der Großaktionäre zu handeln haben. Es geschieht hier dasselbe wie im politischen Leben, wo die großen Wähler sich abseits halten und ihre Deputierten nach ihren privaten Interessen stimmen lassen. Eine solche Erscheinung tritt am häufigsten bei den mit vorwiegend ausländischem Kapital errichteten italienischen Gesellschaften zutage: da werden von den Großaktionären dem Namen nach I t a l i e n e r an die Spitze gestellt, die der Verwaltung die Vorteile ihrer Staatsangehörigkeit und ihrer Beziehungen zu Gebote stellen; aber es regieren in Wirklichkeit die fremden Aktionäre, während die Geschäftsführer nur zur Dekoration da sind. Es geschieht dann oft, daß eine solche Majorität, die wir als Vollstreckerin der Gerechtigkeit aufgefaßt hatten, zur Ausbeutung der Minoritäten gemeinsam vorgeht. Einige Beispiele mögen diesen Vorgang erklären. Denken wir an eine Aktiengesellschaft, bei der drei oder vier Aktionäre ein Kapital von insgesamt 6 Millionen besitzen, während die übrigen ein Kapital von 4 Millionen repräsentieren. Nun will die Majorität, ohne es sich viel kosten zu lassen, in den Besitz dieser 4 Millionen gelangen. Zu diesem Zwecke lassen die Großaktionäre eine Bilanz aufstellen, bei der sich nur eine geringe Dividende ergibt; auf der Börse fängt die Baisse der Aktien an, und die Aktionäre der Majoritäts-Partei kaufen sie auf. Gelingt das Manöver beim ersten Male nicht, so wird es im nächsten Jahre wiederholt: es wird eine noch geringere Dividende festgesetzt, bis es den Aktionären der Majorität gelungen ist, alle oder fast alle Aktien der Minorität in ihre Hände zu bringen. Sobald die Razzia vollzogen ist, wird eine neue Methode eingeführt: den grausamen Abschreibungen folgen dann optimistische Bewertungen, die eine Verteilung von ansehnlichen Dividenden zulassen, und darauf verkauft die Majorität wiederum die Aktien mit großem Profit und steckt damit einen Gewinn in die Tasche, der von Rechts wegen den Aktionären der Minorität hätte zufallen sollen.

Ein weiteres Beispiel. Nehmen wir an, eine Gesellschaft hätte den Betrieb einer Schiffahrtslinie, eines Aquädukts, einer Eisenbahn übernommen. Die Großaktionäre bringen durch den Mund der von ihnen abhängigen Geschäftsführer der Mitgliederversammlung die peinliche Nachricht zur Kenntnis, daß die zum Betriebe erforderlichen Geldmittel fehlen und infolgedessen eine Liquidation der Gesellschaft nötig geworden ist: man möge die Geschäftsführer zur Vornahme der Liquidation und zum Verkauf der Konzession ermächtigen. Mittlerweile haben die Großaktionäre eine neue Gesellschaft gebildet, die das ganze Unternehmen nahezu umsonst erwirbt. Wenn dabei die Majorität dadurch zu Schaden kommt, daß auch ihre Aktien durch die vorgenommene Liquidation entwertet sind, so findet sie darin einen reichlichen Ersatz, daß naturgemäß die Aktien der neuen Gesellschaft, die den Betrieb der Schiffahrtslinie, des Aquäduktes, der

Eisenbahn übernimmt, einen mächtigen Aufschwung nehmen. Auch in diesem Falle wird die Minorität schnöde übervorteilt, indem sie mit dem geringen Liquidationserlös ihrer Aktien abgefunden wird. Diese Gauklerkünste, bei denen die Majoritäten durch Erdrückung der gegnerischen Stimmen aus dem Gesellschaftsvertrag eine Schlinge zur Erdrosselung der Minoritäten herstellen, müssen aufhören, andernfalls würde eine Einrichtung, die zum Schutz aller ehrlich gesinnten Aktionäre geschaffen wurde, das beste Mittel zur Ausbeutung der Schwachen abgeben.

In Deutschland kann selbst die geringe Minorität von einem Zwanzigstel des Gesellschaftsvermögens im Wege der Anfechtungsklage bewirken, daß eine Kontrolle der Bilanz stattfindet und gegebenenfalls eine Verurteilung des Vorstandes erfolgt. Selbstverständlich muß das Für und Wider solcher Maßregeln zugunsten der Minoritäten im einzelnen untersucht werden; aber es unterliegt keinem Zweifel, daß wir uns im Banne eines schönen Wahns befinden, wenn wir glauben, die Majorität sei stets ein Werkzeug der Gerechtigkeit. Es müssen Mittel und Wege gefunden werden, etwaigen Übergriffen Schranken zu setzen.

Namensaktien oder Inhaberaktien?

In der Presse hieß es, die Regierung trage sich mit dem Gedanken, die Gesellschaften zur Ausgabe ausschließlich von Namensaktien zu verpflichten und die Inhaberaktien gänzlich abzuschaffen. Nun muß ich vorausschicken, daß ich mich von jeder besonderen Sympathie für Inhaberpapiere frei weiß: sie können im Wirtschaftsleben eine bedenkliche Rolle spielen; nicht nur, weil sie sich der Erbschaftssteuer zu entziehen vermögen, zumal wenn die Steuer wegen der entfernteren Verwandtschaftsbeziehungen zwischen dem Erblasser und der Erben eine besonders hohe sein sollte, sondern auch, weil sie geeignet sind, sämtlichen Prohibitivvorschriften des bürgerlichen Rechts zu trotzen. Wenn der Vater seine außerehelichen Kinder auf Kosten der legitimen begünstigen will, so übergibt er ihnen „brevi manu" Inhaberpapiere; wenn der Liebhaber seiner Geliebten einen Teil seines Nachlasses schenken will, der von Rechts wegen den Kindern oder der Ehefrau zufallen würde, so übergibt er ihr Inhaberpapiere. Von keinerlei Skrupeln geplagt, wissen die Inhaberpapiere also gefahrlos durch die Maschen des Gesetzes hindurchzuschlüpfen. Ich möchte noch hinzufügen, daß sie auch auf dem Gebiete des Gesellschaftsrechts zu bedenklichen Manipulationen mißbraucht werden können. Man kann sie leihweise oder im Reportgeschäft übernehmen, darauf in die Versammlung kommen und auf Grund einer künstlich hergestellten Majorität über die Schicksale der Gesellschaft verfügen.

Die Namensaktie bietet dagegen mehrere Vorteile. Vor allem kann man sie bei offenen Türen aufbewahren: wird sie gestohlen, so hat man höchstens die Kosten für eine Erneuerung des Scheines zu entrichten, und alles ist wieder in Ordnung. Außerdem ermöglichen Namensaktien die Aufrechterhaltung näherer Beziehungen zwischen der Gesellschaft und den Aktionären; die Gesellschaft teilt ihnen die Bilanzen mit und lädt sie zu den Versammlungen ein; sie kann ihnen die Dividenden ins Haus schicken; wenn die Aktien auf den Namen lauten, können die Statuten denjenigen das Stimmrecht versagen, die nicht schon seit 3 resp. 6 Monaten als Aktionäre eingetragen sind, wodurch Scheinaktionären, die sich nur zur Unterstützung einer Parteiintrigue oder eines Börsenmanövers an der Abstimmung beteiligen, eine Beeinflussung der Beschlüsse der Gesellschaft unmöglich gemacht wird.

Aber nichtsdestoweniger würde ich ein Gesetz, das die Inhaberaktien abschaffen sollte, für unangebracht erachten. Die Verhältnisse und Auffassungen der Aktionäre sind sehr verschieden. Es gibt Aktionäre, die im Geschäftsleben stehen und die fortwährend ihrer Aktien bedürfen, um sie zu verkaufen, zu reportieren oder als Kaution zu hinterlegen; sie haben bei den Banken ihre Safes zur Aufbewahrung der Papiere, sie wollen nicht, daß die Höhe ihres Vermögens bekannt wird, sie fürchten sich vor der Erbfolgesteuer, der Familiensteuer, der progressiven Ertragssteuer; solche Leute würden von einer Anlegung ihrer Kapitalien in Aktien absehen, wenn diese ausschließlich auf Namen ausstellbar sein sollten. Es gibt anderseits Aktionäre, gute Familienväter, die mehr auf die Sicherheit, als auf den Gewinn bedacht sind, die sich wohl vor Dieben, aber nicht vor der Nachlaßsteuer fürchten, weil sie eheliche Kinder haben, für welche nur ein geringer Steuersatz besteht, und solche Aktionäre bevorzugen die Namensaktien, denn diese werfen dadurch etwas mehr ab (60 cm. pro Mille), daß sie einer geringeren Umlaufssteuer unterworfen sind.

Sehen wir also von verbietenden und zwingenden Gesetznormen ab und belassen wir es bei einem Rechtszustande, der sich der Verschiedenartigkeit der Interessen und der Sinnesrichtungen duldsam anpaßt. Überlassen wir eher der Sitte die Aufgabe, die Anwendung der Namenspapiere immer mehr zu verbreiten: zu diesem Zweck wird es förderlich sein, wenn es allgemeiner bekannt wird, daß die Namensaktien tatsächlich rentabler sind, weil sie eine geringere Umlaufssteuer zahlen; anheimgestellt werden kann auch eine Erhöhung dieser Steuer für Inhaberaktien, damit der Abstand zwischen den Dividenden der zwei verschiedenen Sorten von Aktien deutlicher wird. Hiermit ist dann vielleicht ein günstiger Boden für diese Reform geschaffen.

* * *

Dürfen wir hoffen, daß die Bewegung zugunsten einer Reform des Gesetzbuchs Erfolg haben wird? Von vielen Seiten her werden an die Regierung Klagen über das bestehende Gesetz gerichtet: Klagen der Gesellschaften, die neuer Kapitalien und einer Erleichterung der steuerlichen Lasten bedürfen; Klagen der Minoritäten und einzelner Aktionäre, die sich übervorteilt und betrogen fühlen. Ein gesundes und dauerhaftes Gleichgewicht zwischen den entgegengesetzten Interessen herzustellen, ist die Aufgabe des Gesetzgebers. Die bis jetzt ausgearbeiteten Gesetzentwürfe lösen sie nur unvollständig. Eine den obwaltenden Bedürfnissen gerecht werdende Lösung wird sich nur dann ergeben, wenn das gewaltige Material, das sowohl die in Italien als auch die im Ausland gemachten Erfahrungen dem Gesetzgeber darbieten, ausgiebige Verwertung findet.

RICHTER UND RECHT.

Von GEORG WILDHAGEN.

Der Titel dieser Studie — wörtlich genommen — erweckt weitergehende Erwartungen, als sie zu erfüllen beabsichtigt. Sie will nicht das Verhältnis des Richters zum Rechte in seinem vollen Umfange erörtern, sondern sich mit der Stellung des Richters zum Rechte nur im bürgerlichen Rechtsstreite beschäftigen. Auf den verschiedenen Gebieten des Rechts weichen die Dinge nicht unwesentlich voneinander ab. Es empfiehlt sich deshalb, die Frage für die einzelnen Gebiete zunächst gesondert zu behandeln, und erst auf Grund der so gewonnenen Ergebnisse später den Versuch zu unternehmen, zu allgemein gültigen Sätzen zu gelangen.

Im bürgerlichen Rechtsstreite muß der Richter jeden Streit entscheiden, der im Rahmen seiner Zuständigkeit vor sein Forum gebracht wird. Die Konflikte, die das Leben erzeugt und die zum Rechtsstreite führen, fragen nicht danach, ob der Streitfall, den sie liefern, in den Gesetzen vorgesehen ist oder nicht. Wenn die Streitenden kommen und Entscheidung ihres Streites verlangen, muß der Richter die Entscheidung geben. Er kann ihnen nicht sagen: „Geht nach Haus — über Euren Streit enthält das Gesetz nichts". Noch der code civil Art. 4 hat es für erforderlich gehalten, dies auszusprechen; er sagt: „Der Richter, welcher unter dem Vorwande des Schweigens, der Dunkelheit oder Unzulänglichkeit des Gesetzes zu urteilen sich weigert, kann als der Verweigerung der Rechtsprechung schuldig verfolgt werden." In unseren heutigen Gesetzen finden wir eine derartige Vorschrift nicht mehr — nicht etwa, weil sie außer Geltung wäre oder der Fall nicht mehr vorkäme, sondern weil wir sie für selbstverständlich halten. Die Pflicht des Richters, j e d e n Streit, der zu seiner Zuständigkeit gehört, entscheiden zu müssen, gleichviel ob den Gesetzen eine Entscheidung überhaupt zu entnehmen ist oder ob die in den Gesetzen enthaltene Entscheidung als unklar oder unzulänglich erscheint, ist von grundlegender Bedeutung für die richtige Erkenntnis des Verhältnisses des Richters zum Rechte im bürgerlichen Rechtsstreite.

Die herrschende Lehre über dies Verhältnis läßt sich in folgenden Sätzen wiedergeben:

1. Der Richter hat lediglich geltendes Recht anzuwenden;
2. er findet das geltende Recht in erster Linie im Gesetze, an das er gebunden ist;
3. wenn das Gesetz ihm nicht unmittelbar das gesuchte Recht liefert, so hat der Richter es durch Auslegung des Gesetzes — unter Benutzung der Hilfsmittel der Auslegung: Geist, Zusammenhang des Gesetzes, philologische und grammatikalische Behelfe, analoge Anwendung, juristische Konstruktion u. dgl. mehr — zu ermitteln, oder auch dem Gewohnheitsrechte zu entnehmen;
4. nur ganz ausnahmsweise, wenn das Gesetz es dem Richter ausdrücklich für einzelne Fälle gestattet, darf er nach seinem eigenen Ermessen entscheiden.

Ein ordentlicher Jurist, der auf sich und seine Reputation hält, bekennt sich heutzutage gewöhnlich zu dieser Lehre von der Stellung des Richters zum Rechte. Sie wird vielfach als eherner Felsen, als die unerschütterliche Grundlage des Rechtsstaates, als notwendiger Schutzwall gegen richterliche Willkür betrachtet. Sie anzugreifen, gilt als fast frivol — sie zu verteidigen, als Ehrenpflicht. Das hat sich besonders gezeigt bei den Angriffen und Forderungen, die neuerdings von der sog. Freirechtsschule gegen die herrschende Lehre erhoben sind. Sie sind mit Leidenschaft geltend gemacht und mit großer Energie bekämpft worden. Auch wenn man sich nicht als Anhänger der Freirechtsschule bekennt, kann man ihr ein gewisses Verdienst nicht abstreiten. Selbst wir Gegner müssen zugeben, daß sie eine Reihe von Fragen aufgeworfen und in Fluß gebracht hat, deren Erörterung sich als förderlich erweisen kann, wenn wir der Mahnung eingedenk bleiben: „stets geforscht und stets gegründet, nie vollendet, oft geründet." Eine Bewegung, die weit über das Ziel hinausschießt, kann trotzdem manches zur Klärung der Ansichten beitragen. Darum ist es keine erschöpfende Würdigung dieser neueren Erscheinung auf dem Gebiete unserer Wissenschaft, wenn man sich vorwiegend damit begnügt, sie zu bekämpfen und ihre Forderungen als unhaltbar nachzuweisen — am wenigsten aber, wenn mit besonderer Vorliebe und Gründlichkeit der Streit darüber geführt wird, wie weit denn nun eigentlich die sog. Freirechtler in ihren Auffassungen und Vorschlägen über die Stellung des Richters zum Rechte gehen wollen —, ob sie verlangen, daß dem Richter die Befugnis eingeräumt wird, sich über das Gesetz hinwegzusetzen oder ob diese äußerste Konsequenz von ihnen nicht gezogen wird? Die Gegner der Freirechtsschule werfen bekanntlich ihren Anhängern diese weitgehende Forderung vor. Ihre Anhänger selbst geben keine völlig klare Antwort darauf.

Diese und ähnliche Streitpunkte mögen hier auf sich beruhen bleiben. Viel notwendiger und ersprießlicher als die Bekämpfung der Freirechtsschule scheint die Prüfung der Frage zu sein, ob etwa ihrer Kritik der herrschenden Lehre von der Stellung des Richters zum Rechte ein berechtigter Kern innewohnt, dessen Erkenntnis, wenn auch nicht zu radikalen Abänderungsvorschlägen, so doch zu einer tieferen und richtigeren Auffassung des heute schon bestehenden Verhältnisses des Richters zum Rechte führen kann. Zu diesem Zwecke sollen hier nur zwei Punkte herausgegriffen werden, die unter den von der Freirechtsschule veranlaßten Erörterungen eine hervorragende Rolle spielen:

Die Freirechtsschule hält de lege ferenda eine Erweiterung der richterlichen Macht gegenüber dem Rechte für geboten, und sie will die jetzige Methode, die Lücken des Rechts unter Anlehnung an die Worte des Gesetzes durch Begriffsbildung, Analogie, wissenschaftliche Konstruktion usw. auszufüllen, ersetzen durch die sog. freie Rechtsfindung — im Wege sog. soziologischer, sozialteleologischer Interessenabwägung.

Es ist nicht ratsam, zu derartigen Forderungen Stellung zu nehmen, ohne sich zunächst darüber klar zu werden, wie denn tatsächlich sich heute in unserem bürgerlichen Rechtsstreite das Verhältnis des Richters zum Rechte darstellt. Diese Frage wird den hauptsächlichen Gegenstand der folgenden Erörterungen bilden. —

Jede Forschung, die auf den Ehrennamen echter Wissenschaft Anspruch machen will, muß von einer rein objektiven, voraussetzungs- und bedingungslosen Betrachtung der tatsächlich gegebenen Verhältnisse, wie sie sind, ausgehen. Eine solche Betrachtung erfordert, daß wir nicht unter dem Einflusse a priori aufgestellter Lehrsätze an die Dinge herantreten und dann versuchen, sie mit jenen Sätzen in mehr oder minder vollständigen Einklang zu bringen, — sondern wir müssen uns zunächst eine zuverlässige und treffende Anschauung von dem, was ist, verschaffen, und erst aus ihr heraus können wir allgemeine Gedanken entwickeln. Von diesem Standpunkte aus, der auch für die Rechtswissenschaft als selbstverständlich gelten sollte, wollen wir versuchen, die herrschende Lehre zu prüfen.

I.

Unterwerfen wir zunächst den Satz:

„Der Richter hat lediglich geltendes Recht anzuwenden",

einer etwas näheren Betrachtung.

Daß er die Aufgabe, die der Richter im einzelnen Rechtsstreite zu erfüllen hat, nicht erschöpfend wiedergibt, kann füglich nicht bestritten werden. Die Beobachtung jedes beliebigen Prozesses lehrt mit voller Klarheit, daß es die erste Aufgabe des Richters ist, die dem Streite zugrundeliegenden tatsächlichen Vorgänge, den Sachverhalt, klarzulegen, und, soweit er unter den Parteien streitig bleibt, durch seine Entscheidung festzustellen. Dieser Teil seiner Aufgabe ist ebenso unentbehrlich und wichtig — denn er schafft erst die maßgebende Grundlage für die rechtliche Beurteilung —, wie es gewiß ist, daß er durch Anwendung des Rechts nicht gelöst werden kann. Erst nachdem dies geschehen ist, also erst wenn der Sachverhalt festliegt und es sich um seine rechtliche Beurteilung handelt, kann die Anwendung des geltenden Rechts für den Richter überhaupt in Frage kommen.

Um die Art der Tätigkeit des Richters bei der rechtlichen Beurteilung des maßgebenden Sachverhalts richtig zu erkennen, ist es geboten, zunächst auf eine sehr umfangreiche und praktisch bedeutsame Gruppe von Streitfällen hinzuweisen, die gewöhnlich bei der Erörterung des Verhältnisses von Richter und Recht gar nicht besonders ins Auge gefaßt wird. Ein paar Beispiele mögen als Repräsentanten dieser Gruppe angeführt werden.

Eine Aktiengesellschaft mit einem Aktienkapital von 12½ Millionen, die ein größeres Stahlwerk betreibt, hatte vom Jahre 1905 ab einen Generaldirektor auf 10 Jahre mit 25 000 Mark Jahresgehalt und einer Tantieme, deren jährlicher Mindestertrag auf 10 000 M. garantiert war, angestellt. In dem Dienstvertrage war bestimmt:

> „Herr .... hat Anspruch auf einen vierwöchigen Urlaub während jeden Geschäftsjahres (1. VII. bis 30. VI.). Bezüglich des Zeitpunktes des Urlaubs hat sich Herr .... mit dem Vorsitzenden des Aufsichtsrates zu verständigen."

Im Jahre 1910 hatte der Generaldirektor, der bis dahin Erfolge für die Gesellschaft nicht erzielt hatte, auf Grund eines ärztlichen Attestes einen sechswöchigen Erholungsurlaub von Anfang April bis Mitte Mai genossen. Von Mitte August ab wünschte er seinen vertragsmäßigen, vierwöchigen Urlaub zu bekommen, um mit seinen Kindern die Schulferien zu verleben. Diesen Urlaub verweigerte der Vorsitzende des Aufsichtsrats im Einverständnisse mit dem Aufsichtsrate, indem er anheimgab, das Urlaubsgesuch nach dem Dienstantritte eines neuengagierten zweiten technischen Direktors zu erneuern. Die Gesellschaft befand sich damals mindestens nicht ohne Mitverantwortung des Generaldirektors in einer sehr schwierigen finanziellen und betriebstechnischen Lage, welche die Anwesenheit des Generaldirektors jedenfalls bis zum Eintritte des zweiten technischen Direktors dringend gebot. Dessenungeachtet strengte der Generaldirektor nach Ablehnung seines Urlaubsgesuches eine Klage gegen die Gesellschaft auf Urlaubsbewilligung an. Auf seinen Antrag wurde die Einlassungsfrist auf 3 Tage abgekürzt. Der Prozeßvertreter der Gesellschaft erbat Erstreckung der Frist, weil der Vorsitzende des Aufsichtsrats und der stellvertretende Direktor auf Reisen waren und ihm daher Instruktion fehlte. Das lehnte der Kläger ab. Das Landgericht verurteilte die Gesellschaft auf Grund des Dienstvertrages, ihrem Generaldirektor vom 15. August ab einen vierwöchigen Urlaub zu erteilen und erklärte das Urteil gegen eine Sicherheit von 1000 M. für vorläufig vollstreckbar. Die Sicherheit wurde geleistet und der Generaldirektor reiste am 18. August ins Seebad ab, nachdem er dem Vorsitzenden des Aufsichtsrats Mitteilung davon gemacht hatte. Dieser erhob Widerspruch gegen das Verhalten, das er als grobe Pflichtverletzung bezeichnete, aus der die Gesellschaft die Folgen ziehen würde; gleichzeitig teilte er mit, daß die Gesellschaft gegen das Urteil des Landgerichts Berufung einlegen werde, und daß der Generaldirektor sich im Falle der Aufhebung des Urteils nicht auf die vorläufige Vollstreckbarkeit würde berufen können. Trotzdem kehrte der Generaldirektor erst nach 4 Wochen von seiner Reise zurück. Infolge dieser Vorgänge wurde ihm auf Beschluß des Aufsichtsrates das Dienstverhältnis auf sofort gekündigt. Seine Klage auf Feststellung, daß die Gesellschaft den Dienstvertrag ohne wichtigen Grund aufgelöst habe und verpflichtet sei, ihm den Schaden zu ersetzen, sowie auf Zahlung der inzwischen fällig gewordenen Gehaltsraten ist von allen drei Instanzen abgewiesen. Das Urteil des Landgerichts, das den Urlaub bewilligt hatte, wurde später ebenfalls vom Berufungsgericht aufgehoben, die Hauptsache für erledigt erklärt und die Kosten wurden dem Kläger auferlegt.

Bei der Entscheidung dieses Falles spielte die Frage eine Hauptrolle, was Rechtens ist, wenn die in dem Anstellungsvertrage vorgesehene Verständigung über die Z e i t des alljährlichen vierwöchigen Urlaubes zwischen dem Vorsitzenden des Aufsichtsrats und dem Generaldirektor n i c h t zustande kommt. Ist dann der Wille des Generaldirektors maßgebend oder die Entschließung des Aufsichtsrats? Und im einen wie im anderen Falle handelt es sich um eine Bestimmung der Leistung im Sinne des § 315 BGB., so daß sie nach billigem Ermessen zu treffen ist und nötigenfalls durch richterliches Urteil getroffen werden kann? oder kann sie nach Analogie des § 319 a. a. O. nur wegen offenbarer Unbilligkeit beanstandet werden? oder aber endlich ist sie überhaupt jeder richterlichen Nachprüfung entzogen? Es liegt klar auf der Hand, daß auf keine dieser Fragen aus dem geltenden Rechte eine Antwort zu entnehmen ist. Deshalb kann auch keine Rede davon sein, daß hier der Richter nichts weiter zu tun hätte, als das geltende Recht anzuwenden.

Das gleiche trifft zu für folgenden Fall. Eine Güterbank, deren Geschäftsbetrieb darin besteht, größere Grundstückskomplexe sich unter bestimmten Bedingungen zu sichern und sobald wie möglich Käufer dafür zu entsprechend höheren Preisen zu suchen, auf welche dann die Grundstücke ganz oder parzelliert von den bisherigen Eigentümern übertragen werden, engagierte einen ehemaligen Oberleutnant als sog. Bezirksdirektor für einen bestimmten Bezirk. Ihm wurden gewisse Funktionen zur Vertretung der Gesellschaft übertragen und als Vergütung zugesichert: 2400 M. festes Jahresgehalt, 20% des Gewinnes, den die Bank aus einem „zur Durchführung gelangten Objekte", d. h. nach Abwicklung eines Parzellierungsgeschäftes in seinem

Bezirke gemacht hat, und endlich Provisionen für den Nachweis von Käufern und Geldgebern. Im September 1910 vermittelte er den Verkauf eines Gutes zum Preise von 120 000 M. Ein Teil davon wurde weiterveräußert für 58 000 M., für den Rest fand der Bezirksdirektor einen Käufer zum Preise von 100 000 M. Die Bank war aber mit diesem Preise nicht zufrieden, sondern entschloß sich, den entsprechenden Teil des Grundbesitzes selbst zu übernehmen und zwar auf ganz unbestimmte Zeit hinaus zu Spekulationszwecken behufs Erzielung eines höheren als des zurzeit zu erlangenden Gewinnes. Demgemäß nahm die Bank selbst Ende Januar 1911 die Auflassung entgegen, und sie wurde als Eigentümerin eingetragen. In dem ganzen bisherigen Geschäftsverfahren der Bank war ein solcher Fall bislang noch nie vorgekommen. Der Bezirksdirektor schied einige Zeit danach aus seiner Stellung aus und beanspruchte als 20 % vom Gewinne aus dem für die Bank eingetragenen Grundbesitz den Betrag von 8000 M., indem er geltend machte, daß der Verkaufswert des Grundbesitzes am Tage der Auflassung an die Bank den Einkaufspreis um 40 000 M. überstiegen habe. Das Landgericht wies die Klage ab. Das Oberlandesgericht hat unter Billigung des Reichsgerichts den Anspruch für gerechtfertigt erklärt.

Auch hier liegt klar zutage, daß durch bloße Anwendung des geltenden Rechts eine Entscheidung nicht zu finden ist. Es handelt sich darum, ob durch die Anstellungsbedingungen die Gewinnbezüge *erschöpfend* geregelt sind, so daß weitere als die zugesicherten Gewinnbezüge auch nicht beansprucht werden können? oder ob die Regelung nur für die gewöhnlich vorkommenden Fälle erfolgte, so daß es gerechtfertigt erscheint, darüber hinaus Vergütungen nach billigem Ermessen zu gewähren? Das geltende Recht gibt auf diese Fragen keinerlei Antwort.

Ein fernerer Fall. Ein sehr wohlhabender Witwer, der aus erster Ehe zwei Söhne hatte, heiratete eine ebenfalls verwitwete Dame, die aus erster Ehe eine Tochter Cläre mitbrachte. In der zweiten Ehe wurde noch eine Tochter geboren. Später machten die Eheleute einen notariellen Ehe- und Erbvertrag. Zu den darin enthaltenen Verfügungen von Todes wegen ließen die Eheleute sich „hauptsächlich durch die Absicht bestimmen, ihre sämtlichen Kinder möglichst gleichzustellen." In den Bestimmungen über den Nachlaß des Ehemannes ist vorgeschrieben, daß seiner Stieftochter Cläre, sowie seiner eigenen Tochter zweiter Ehe in gewissem Umfange Aussteuer und Ausstattung aus seinem Nachlasse gewährt werden sollen, und unter welchen Voraussetzungen, sowie in welcher Weise die dafür aufgewendeten Kapitalbeträge anzurechnen sind. Es findet sich aber keine Anordnung für den Fall, daß der Erblasser selbst noch bei seinen Lebzeiten eine Aussteuer und Ausstattung gewähren sollte. Dieser Fall ist bei der Stieftochter Cläre eingetreten. Der Ehemann gab ihr bei der Verheiratung eine größere Ausstattung und Aussteuer, ohne über die Anrechnungspflichtigkeit etwas zu bestimmen. Einige Jahre später ist er gestorben. Die Stieftochter Cläre verlangt, daß ihr Anteil an dem Nachlasse des Stiefvaters sich nicht um den Betrag ermäßigt, den der Erblasser zur Beschaffung der Aussteuer und Ausstattung aufgewendet hat. Das Landgericht hat die Klage abgewiesen. Das Oberlandesgericht dagegen hielt sie für begründet. Zweifelsfrei ist soviel, daß die Anrechnung der gewährten Aussteuer und Ausstattung in der letztwilligen Verfügung nicht angeordnet ist. Da auch bei der Hingabe die Anrechnungspflichtigkeit nicht bestimmt ist, und da endlich eine gesetzliche Ausgleichungspflicht nicht besteht, weil die Stieftochter nicht Abkömmling des Erblassers ist, so würde die der Stieftochter gegebene Ausstattung und Aussteuer auf ihren vertragsmäßigen Erbteil nicht anzurechnen sein. Das führt aber zu dem Ergebnisse, daß die Stieftochter besser stehen würde als die leibliche Tochter aus zweiter Ehe, obwohl die ausgesprochene Absicht war, sämtliche Kinder möglichst gleichzustellen. Es erhebt sich deshalb die Frage, ob es nicht gerecht und verständig ist, die Stieftochter ebenfalls zu zwingen, daß sie sich die als Ausstattung und Aussteuer empfangenen Beträge anrechnen läßt; zumal man nicht einmal wissen kann, ob der Erblasser es nicht etwa — freilich irrtümlich — als selbstverständlich betrachtete, daß auch die Stieftochter ebenso wie die eigene Tochter die Ausgleichspflicht trifft. Das geltende Recht vermag zur Beantwortung dieser Fragen nichts beizutragen, und deshalb kann der Richter sie auch nicht durch bloße Anwendung des geltenden Rechts beantworten.

Die angeführten Beispiele mögen genügen. Wir sehen, daß wir es zu tun haben mit der großen Gruppe der Streitfälle, in denen es sich um die sog. „Auslegung" von Verträgen und letztwilligen Verfügungen handelt. Die Verhältnisse sind durch Rechtsgeschäfte unter Lebenden oder von Todes wegen geordnet, aber nicht erschöpfend. Die Geschehnisse nehmen tatsächlich einen Verlauf, der bei der rechtsgeschäftlichen Regelung nicht ins Auge gefaßt ist. Deshalb entsteht die Frage: Was soll Rechtens sein für den eingetretenen, aber nicht vorgesehenen Fall? Das geltende Recht kann seiner Natur nach keine Antwort darauf geben. Wollte der Richter hier nach „geltendem Rechte" suchen, so muß er unfehlbar ins Leere greifen. Das Recht befaßt sich mit der Entscheidung von Rechtsfragen, bei denen erfahrungsmäßig zu erwarten ist, daß sie sich in einer unbegrenzten Anzahl von Fällen wiederholen werden, die also — man kann sagen — einen „typischen" Charakter tragen. Die Fragen der sog. Auslegung aber sind meist Rechtsfragen, die nur für einen bestimmten einzelnen Fall oder eine begrenzte Zahl von Einzelfällen auftauchen; man kann sie deshalb auch im Gegensatze zu den „typischen" Rechtsfragen „individuelle" Rechtsfragen nennen. Sie kann der Richter nur aus sich selbst entscheiden. Er muß dies tun, weil weder das geltende Recht noch eine sonstige Quelle, aus der er die Entscheidung schöpfen könnte, ihm zu Gebote steht.

Diese der wirklichen Lage der Dinge und deshalb der Wahrheit allein entsprechende Auffassung wird merkwürdig verdunkelt und verwischt durch die allgemein übliche, landläufige Weise, wie Entscheidungen der hier fraglichen Art in Praxis und Theorie begründet zu werden pflegen. Anstatt die Erwägungen und Gesichtspunkte darzulegen, aus denen man zu der für gerecht und verständig erachteten Entscheidung gelangt, wird sie durch leere Fiktionen und Annahmen gestützt, die jeder tatsächlichen Unterlage entbehren. Es werden „Willen der Kontrahenten", „Meinungen", „Absichten der Erblasser", „stillschweigende Vereinbarungen" usw. kühnlich behauptet, für die auch nicht die Spur irgendeines Anhaltes gegeben ist, von denen im Gegenteil nicht selten nur das Eine wirklich feststeht, nämlich: daß sie sicher nicht vorhanden gewesen sind. Diese Methode ist bei uns so tief eingewurzelt, daß selbst dann, wenn in einer richterlichen Entscheidung — man muß hinzufügen: ausnahmsweise — auch die wirklichen Gründe angeführt sind, aus denen das Gericht zu der von ihm gewollten Entscheidung einer individuellen Rechtsfrage gelangte, für gewöhnlich doch außerdem noch mit den üblichen Fiktionen hantiert wird. So entschied z. B. in dem oben angeführten Falle des Generaldirektors, der mit dem Vorsitzenden des Aufsichtsrats sich wegen seines Urlaubs nicht einigen konnte, das Oberlandesgericht, daß mangels einer Verständigung, wie der Vertrag sie vorsieht, der Aufsichtsrat einseitig die Zeit des Urlaubs zu bestimmen habe, und zwar nach seinem freien Ermessen, ohne daß das Gericht nachzuprüfen habe, ob die vom Aufsichtsrat getroffene Bestimmung der Billigkeit entspräche; nur die Generalversammlung könne dagegen angerufen werden. Diese Ansicht wurde in dem Berufungsurteile durch interessante und einleuchtende Erwägungen aus den wirtschaftlichen Verhältnissen und Interessen heraus gerechtfertigt, die für beide Teile in Betracht kamen. Zum Schlusse aber glaubte man das Ergebnis doch damit begründen zu müssen:

> „Keine der beiden Parteien hat gewollt, daß im Streitfalle das Gericht über das Urlaubsgesuch entscheiden soll . . . Es muß als Vertragswille der Parteien angesehen werden, daß den zuständigen Gesellschaftsorganen die definitive Entscheidung zustehen soll."

Da kein vernünftiger Mensch eine Fiktion anders machen wird als sie für seine Zwecke paßt, so ist sie als Begründung wertlos und nur geeignet, die wahren Gründe zu verdecken. Das trifft denn auch — wie schon bemerkt — meistens zu. Das Gericht sagt vielfach überhaupt nicht die wirklichen Gründe seiner Entscheidung. Es kann sogar vorkommen, daß es sich über die wirklichen Gründe selbst gar nicht völlig klar wird, sondern nur aus einem gewissermaßen instinktiven Gefühle entscheidet, und dann als angeblichen Grund eine die Entscheidung rechtfertigende Fiktion aufstellt.

Die zutreffende Erkenntnis der wirklichen Verhältnisse erschweren wir uns weiter durch die Gewöhnung, die zur Begründung der Entscheidung von Rechtsfragen benutzten Fiktionen als „Feststellungen von Tatsachen" zu behandeln, die sie ohne alle Frage nicht sind. „Tatsache", factum ist nur, was wirklich geschehen ist. Was nicht geschehen ist, kann auch durch richterliche Feststellung nicht „Tatsache" werden. Das weiß natürlich auch der Jurist, so daß wohl zunächst nur eine schiefe Ausdrucksweise vorliegt, durch die nichts weiter gesagt werden soll, als daß Entscheidungen der hier fraglichen Art nicht in der Revisionsinstanz nachgeprüft werden können. Man sagt: „die Entscheidung beruht auf tatsächlichen Feststellungen" und meint nur: „sie ist der Revision unzugänglich". Diese Ungenauigkeit des Ausdrucks ist allerdings schwer verständlich, da es hinlänglich bekannt ist, daß die Tatfrage freilich immer, aber doch keineswegs allein der Revisionsinstanz entzogen ist, sondern daß auch weiten Gebieten von Rechtsfragen die Revisionsinstanz verschlossen ist. Wir sprechen dann von „irrevibelem" Recht. Damit also, daß eine Frage „Rechtsfrage" und nicht „Tatfrage" ist, ist durchaus noch nicht entschieden, ob sie der Revision zugänglich ist. Dazu muß sie ferner dem „revisibelen" Rechte angehören. Das revisibele Recht umschreibt § 549 ZPO.; es besteht im wesentlichen aus den Reichsgesetzen und denjenigen Gesetzen, deren Geltungsbereich sich über den Bezirk des Berufungsgerichts derart hinauserstreckt, daß es außerdem noch mindestens in dem Bezirke eines anderen Oberlandesgerichts Geltung hat. Diese Voraussetzungen treffen bei den individuellen Rechtsfragen nicht zu. Sie sind also der Revision entzogen, nicht, weil sie der Tatfrage zuzurechnen sind, sondern obwohl sie Rechtsfragen sind, aber Rechtsfragen, die nicht zum revisibelen Rechte gehören.

Man könnte diese Ungenauigkeit der Ausdrucksweise leichtnehmen, wenn sie nicht weiter dazu beitrüge, das richtige Erfassen der wahren Aufgabe des Richters bei der Entscheidung von Rechtsfragen der hier besprochenen Art zu erschweren. Es ist gar zu wichtig, sie klar und scharf zu erkennen. Man muß wissen, daß der Richter allein und nur aus sich die Entscheidung zu finden hat, um zu der weiteren Frage zu gelangen, die bis jetzt kaum gestellt ist: von welchen Gesichtspunkten und Erwägungen hat der Richter sich bei der Entscheidung der Rechtsfrage, die ihm obliegt, leiten zu lassen. Das ist eine Frage von höchster praktischer Bedeutung, sowie von großer wissenschaftlicher Tragweite.

Wir sehen also, bei der Entscheidung der individuellen Rechtsfragen kann schlechterdings keine Rede davon sein, daß der Richter lediglich geltendes Recht anzuwenden hat. Wie steht es mit diesem Satze, dessen Gedanke auch wohl in der Form ausgedrückt wird: „Überall wendet das Gericht bereits bestehendes Recht an", bei den „typischen" Rechtsfragen, also gerade auf dem eigensten Gebiete des geltenden Rechts? Entspricht er hier den tatsächlichen Verhältnissen, wie sie wirklich bestehen?

Es gibt Vorschriften der Gesetze, wie auch Sätze des Gewohnheitsrechts, des wissenschaftlichen Rechts, auf Grund deren ein gegebener Streitfall unmittelbar entschieden werden kann. Um ein Beispiel zu nennen, sei § 433 BGB. erwähnt: „Durch den Kaufvertrag wird der Verkäufer einer Sache verpflichtet, dem Käufer die Sache zu übergeben und das Eigentum an der Sache zu verschaffen." Hat A dem B ein Haus verkauft und verlangt B von A, der das Haus etwa nachträglich behalten will, daß A es ihm übergibt und das Eigentum daran verschafft, so ist zur Entscheidung des Streites nichts weiter nötig, als daß man einfach den § 433 cit. anwendet. Entsprechend ist es z. B. bei § 1565 BGB: „Ein Ehegatte kann auf Scheidung klagen, wenn der andere Ehegatte sich des Ehebruchs schuldig macht." Sobald feststeht, daß der Ehebruch begangen ist, läßt die Entscheidung zwischen dem die Trennung fordernden unschuldigen und dem sie ablehnenden schuldigen Ehegatten sich ohne weiteres aus dem Gesetze entnehmen. In solchen Fällen sagt man mit Recht: der Richter wendet bei seiner Entscheidung lediglich geltendes Recht an. Aber diese Fälle sind verhältnismäßig selten. In weit überwiegendem Maße enthalten die Gesetze und das sonstige „geltende Recht" allgemeine Regeln, Grundsätze, Rechtsgedanken, Begriffsbestimmungen u. dgl., die ebenso wenig bestimmt wie geeignet sind, unmittelbar den einzelnen konkreten Streitfall zu entscheiden. Wir brauchen nur das BGB., HGB., ein beliebiges sonstiges Gesetz oder einen Kommentar oder ein Handbuch zu durchblättern, um uns von der Richtigkeit dieser Bemerkung zu überzeugen. Unzutreffend ist die Vorstellung, daß das Gericht aus derartigen allgemeinen Sätzen etwa nur logisch die Entscheidung herzuleiten habe. Das wäre eine recht einfache Aufgabe. Die Kunst der Urteilsfindung erfordert vielmehr gerade, sich mit rein logischen Deduktionen n i c h t zu begnügen. Man gelangt sonst leicht zu Ergebnissen, denen die Verwünschung gilt: Fiat justitia et pereat mundus. Die höchste Aufgabe des Gerichts ist es, mit tiefgründigem Verständnis und feinem Gefühle herauszufinden, ob das im Wege logischer Folgerung aus allgemeinen Sätzen zu gewinnende Ergebnis auch für den gegebenen Streitfall zu einer b r a u c h b a r e n Entscheidung führt. Urteile, die dieser Aufgabe gerecht werden, sind noch immer als Glanzleistungen und leuchtende Vorbilder gepriesen.

Also: selbst soweit Vorschriften der Gesetze vorhanden sind, aus denen eine Entscheidung für den gegebenen Fall abgeleitet werden kann, trifft der Satz ebenfalls nicht unbedingt zu: Das Gericht habe lediglich das geltende Recht anzuwenden. Noch weniger aber trifft das offensichtlich zu, wenn das Gesetz selbst absichtlich dem Richter die Entscheidung überläßt, indem es sich entweder der Entscheidung bestimmter Fragen bewußterweise gänzlich enthalten oder sich begnügt hat, nur allgemein die Richtung anzudeuten.

Beispiele der ersteren Art liefern die Fragen, deren Entscheidung die Faktoren der Gesetzgebung „der Wissenschaft und Praxis" überlassen zu wollen erklärten — es gibt deren eine stattliche Zahl. Nur beispielsweise sei erinnert an die vom EG. zu BGB. offengelassenen Fragen des internationalen Privatrechts.

Beispiele der zweiten Art bilden die Verweisungen des Getzes auf die „guten Sitten", „Treu und Glauben", „Verkehrssitte", „Billigkeit", „Angemessenheit", „verständige Würdigung nach den Umständen des Falles", „Handelsgebrauch", „Ortsgebrauch", „freies Ermessen" usw. Ferner überläßt z. B. das Gesetz dem Gericht zu entscheiden: Was ist „Mangel" einer Sache? „Besitz?" „Frucht?" „Ertrag?" „Fabrik?" „Gewerbe?" „Eisenbahn?" „Tierhalten?" Was erfordert in einer bestimmten Situation die „gebotene Sorgfalt eines ordentlichen Kaufmanns?" „Schifführers?" „Frachtführers?" Schließlich verdient hier als Beispiel auch Art. 82 WO. erwähnt zu werden. Er beschäftigt sich mit der — für das ganze Wechselrecht vielleicht praktisch bedeutsamsten — Frage: welche Einwände der Wechselschuldner gegen den legitimierten Wechselinhaber hat? und antwortet darauf zunächst: „Diejenigen, welche aus dem Wechselrecht selbst hervorgehen." Welche das aber sind, sagt das Gesetz nicht. Das muß also der Richter selbst entscheiden. Er hat keine andere Adresse, an die er sich wenden kann. Auf die weitere Frage: ob dies die einzigen Einreden sind, welche der Wechselschuldner hat, antwortet Art. 82: nein, er hat auch noch andere. „Welche denn?" Antwort:

> „die ihm unmittelbar gegen den jedesmaligen Kläger zustehen."

Diese Antwort ist selbst durch ihr jetzt schon ziemlich ehrwürdiges Alter nicht inhaltreicher geworden. Sie sagt dem Richter nach wie vor nichts. Es bleibt ihm gar nichts anderes übrig, als selbst zu entscheiden, welche Einreden dem Schuldner gegen den jedesmaligen Kläger zu gewähren sind.

In allen Fällen der hier erwähnten Art kann doch, wenn das Gericht die ihm obliegende Aufgabe erfüllt und die ihm vom Gesetze überlassene Entscheidung trifft, nach der gesunden Vernunft unmöglich behauptet werden, daß das Gericht, um die Entscheidung zu treffen, nur das geltende Recht anzuwenden brauche. Es soll erst mal jemand zeigen, wie ein solches Kunststück möglich ist.

Das gleiche gilt dann, wenn es sich um die Entscheidung von Fragen handelt, an deren Regelung weder das Gesetz noch das Gewohnheits- oder wissenschaftliche Recht gedacht hatten. Als Beispiele aus dem BGB. mögen dienen: die Behandlung der sog. positiven Vertragsverletzungen und der fiduziarischen Rechtsgeschäfte; des Diebstahls gegen den Fahrgast im Schlafwagen — haftet die Schlafwagengesellschaft?; des Gefahrüberganges bei Zusendung des Verkäufers an den Käufer innerhalb des Erfüllungsortes, oder wenn der Verkäufer den Transport nach auswärts selbst ausführt? In diesen Fällen kann man von „Lücken" im Rechte sprechen. Das geltende Recht gibt dem Gerichte die gesuchte Entscheidung nicht. Das Gericht muß aber trotzdem entscheiden und es entscheidet. Im Ernste läßt sich auch hier wohl kaum bestreiten, daß man dann nicht gut sagen kann: das Gericht treffe die Entscheidung dadurch, daß es geltendes Recht anwende. Von beachtenswerter Seite wird allerdings bestritten, daß es sich hier um wirkliche „Lücken" im geltenden Rechte handelt, indem folgende Betrachtung angestellt wird: Recht ist nicht nur der unmittelbare Inhalt des geschriebenen Rechts und des ausgebildeten Gewohnheitsrechts, sondern die Gesamtrechtsordnung enthält auch Rechtsnormen, die weder geschrieben noch durch Übung bereits zu einem formal bindenden Rechtssatze erstarkt sind. Die Normen dieser letzteren Art greifen da Platz, wo die Normen der ersteren Art eine Lücke zeigen. Sie werden vom Richter, weil er eine Entscheidung nur auf Grund geltenden Rechts fällen kann, gefunden, um die Lücken auszufüllen, welche die Normen der ersteren Gattung noch haben. Aber das, womit er diese Lücken ausfüllt, ist notwendig wider Recht. Darum hat das Recht als Ganzes, die Gesamtrechtsordnung, keine Lücke. — Diese Betrachtung bildet eine der Begründungen — heute vielleicht die vorherrschende — für die Lehre von der logischen Geschlossenheit des Rechts, in welchem es latente, aber für jede zu entscheidende Streitfrage doch objektiv feststehende Rechtssätze gibt; die vermeintlichen Lücken im Rechte sind in Wahrheit nur Lücken im Wissen vom Rechte. Ich will dieser Begründung das Zeugnis nicht versagen, daß sie scharfsinnig und geistreich sein mag. Aber sie kann über die Tatsache nicht hinweghelfen, daß eine Rechtsnorm der zweiten Gattung, die weder im Gesetze geschrieben noch durch Übung bereits zu einem formal bindenden Rechtssatze erstarkt ist, für die richterliche Entscheidung nur existiert, wenn das Gericht selbst sie als solche anerkennt, und daß es ausschließlich von dem Gerichte abhängt, ob es sie anerkennt. Dann scheint mir das wahre Verhältnis aber doch treffender und richtiger wiedergegeben zu werden, wenn man sagt: in den Fällen, wo dem Gesetzes- oder Gewohnheitsrechte eine Entscheidung nicht zu entnehmen ist, hat das Gericht die Entscheidung zu treffen, als durch den Satz: das Gericht wendet latente Rechtsnormen an, deren Existenzbedingung allerdings ist, daß das Gericht, das sie anwendet, sie als Rechtsnormen anerkennt.

Fassen wir das Ergebnis der bisherigen Erörterungen zusammen, so läßt sich, sofern wir die Dinge unbefangen betrachten, wie sie wirklich sind, nicht an dem Satze festhalten: „Der Richter hat lediglich geltendes Recht anzuwenden" oder: „überall wendet das Gericht bei seiner Entscheidung bereits bestehendes Recht an." Der Richter ist in Wahrheit oftmals nicht wesentlich anders gestellt als etwa der Arzt oder der Künstler. Auch sie haben ihre Regeln, Normen, herrschenden Lehren und geltenden Grundsätze. Aber mit ihrer bloßen Anwendung allein wird nicht jeder Krankheitsfall geheilt und nicht in allen Fällen ein Kunstwerk geschaffen — der Arzt, der schaffende Künstler muß oft das beste aus sich selbst hinzutun. Ebenso ist es bei dem Richter. Mit Recht spricht man von einer „Kunst" der Rechtsprechung. Auch für sie ist wahrlich nicht der Weisheit letzter Schluß: die Regeln anzuwenden!

Der Glaube an ein lückenloses Recht sollte heute endgültig als wissenschaftlich wiederlegt gelten. Trotzdem spukt er immer noch in den Köpfen der Juristen. Ja selbst die Kodifikationen erheben immer wieder die Prätention ihrer Vollständigkeit — fast unbegreiflich, da die Wucht der Tatsachen ihr hundertfältig hohnspricht. Diese Erscheinung läßt sich wohl nur aus der Sehnsucht nach einem Idealzustand erklären, von dessen Erreichung wir aber, wenn sie überhaupt möglich sein sollte, jedenfalls heute noch unendlich weit entfernt sind. Er wird darin erblickt, daß die Rechtsprechung von dem Einflusse subjektiver Auffassung, menschlichen Irrens und des Zufalls dadurch befreit wird, daß ein für keinen vorkommenden Streitfall versagendes Recht besteht, dem der Richter jede von ihm abzugebende Entscheidung entnehmen kann und zu entnehmen hat. Legen wir aber Wert darauf, uns mit der Wirklichkeit im Einklange zu befinden, so tun wir gut, uns nicht bloß von der Illusion eines solchen „lückenlosen" Rechts als etwas Bestehendem frei zu machen, sondern lieber auch die Vorstellung eines l ü c k e n h a f t e n Rechtes aufzugeben, also eines Rechtes, das immerhin im großen und ganzen die Entscheidung für alle auftauchenden Streitfälle ergibt und nur vereinzelte Lücken aufweist, die der Richter aus sich selbst auszufüllen hat. Denn eine vorurteilsfreie und nüchterne Betrachtung der Wirklichkeit führt uns zu dem Ergebnisse, daß aus dem sog. geltenden Rechte lediglich die Entscheidungen einer Anzahl bestimmter typischer Rechtsfragen entnommen werden können, daß aber gewöhnlich die schließliche Entscheidung bei der rechtlichen Beurteilung des einzelnen konkreten Streitfalles dem Gerichte selbst überlassen bleibt. Nach alledem ist der Satz: „Der Richter hat lediglich geltendes Recht anzuwenden" oder: „überall wendet das Gericht bei seiner Entscheidung bereits bestehendes Recht an" nicht richtig. Der Richter genießt vielmehr tatsächlich eine sehr weitgehende Freiheit bei seinen Entscheidungen, jedenfalls viel weitgehender als es bisher erkannt und von der herrschenden Lehre angenommen ist. Es fragt sich nur, wie weit diese Freiheit reicht; ob sie sich auf die bisher erörterten Fälle beschränkt, ob sie also etwa lediglich soweit besteht, wie das geltende Recht gewissermaßen dem Richter absichtlich oder unabsichtlich, bewußt oder unbewußt freien Spielraum läßt, oder ob sie darüber noch hinausgreift. Die Prüfung dieser Frage führt uns zur Erörterung des weiteren Satzes der herrschenden Lehre:

II.

„D e r R i c h t e r i s t a n d a s G e s e t z g e b u n d e n."

§ 1 GVG. bestimmt: „Die richterliche Gewalt wird durch unabhängige, nur dem Gesetze unterworfene Gerichte ausgeübt." Danach sind die Gerichte n u r dem Gesetze unterworfen, aber dem Gesetze sind sie unterworfen. Daran kann nicht gedeutelt und nicht gerüttelt werden und hieran haben sich die Gerichte nach Pflicht und Gewissen zu halten. Keine wissenschaftliche Theorie, keine noch so stürmische oder scharfsinnige Auseinandersetzung vermag an diesem klaren Ausspruche des Gesetzes und seiner pflichtgetreuen Befolgung durch die Gerichte etwas zu ändern. Die Gesetze sind geschaffen, um gehalten zu werden — wie von jedermann, so an erster Stelle von ihren berufensten Hütern, den Gerichten. Gesetze sind vielfach hart errungene Früchte erbitterter politischer Kämpfe. Soweit dies zutrifft, müssen schon aus diesem Grunde die Gesetze heilig gehalten werden. Aber auch darüber hinaus hat die Gebundenheit an das Gesetz gute innere Gründe. Die rechtliche Entscheidung des einzelnen Streitfalles soll möglichst so erfolgen, daß sie unter anderen Parteien oder vor einem anderen Gerichte des gleichen Staates ebenso ausgefallen wäre. Das ist eine der Bedingungen, die erfüllt sein müssen, um die Entscheidung als „gerecht" erscheinen zu lassen. Sie läßt sich erfüllen, wenn die Entscheidung dem Gesetze entnommen werden kann. Denn in diesem Falle entscheiden die sämtlichen Gerichte, indem sie sich an das Gesetz halten, die gleiche Frage übereinstimmend. Außerdem soll die Entscheidung des einzelnen Streites möglichst dem allgemeinen Rechtsgefühl entsprechen und verständig sein. Die Ansichten darüber, welche Entscheidung eines gegebenen Falles dieser Forderung genügt, können recht weit auseinandergehen. Hat das Gesetz die Frage entschieden, so wird sie damit dem Bereiche der subjektiven Meinung des einzelnen Gerichts entrückt. Das Gericht hat nicht zu fragen, ob bei der Entscheidung durch das Gesetz alle beachtenswerten Gesichtspunkte berücksichtigt und ob die berücksichtigten die richtige Würdigung gefunden haben, sondern es hat sich ohne Kritik der Auffassung des Gesetzes zu fügen. Endlich soll das Gericht auch deshalb dem Gesetze folgen, weil damit Stetigkeit der Rechtsprechung und als weitere Folge die für die Vermeidung von Rechtsstreitigkeiten so überaus bedeutsame Voraussehbarkeit der evtl. zu erwartenden Entscheidung in gewissem Umfange wenigstens erzielt werden kann.

Hat aus diesen Gründen der Richter, soweit die Entscheidung sich dem Gesetze entnehmen läßt, an das Gesetz sich zu halten, so bedarf doch ein Punkt noch besonderer Klarstellung. § 1 GVG. unterwirft die Gerichte dem G e s e t z e. Das GVG. erläutert nicht besonders, was es unter „Gesetz" verstanden wissen will. Das scheint dafür zu sprechen, daß „Gesetz" in seiner technischen Bedeutung gemeint ist, also als Rechtsvorschrift, die durch einen Staatsakt im verfassungsmäßig geordnetem Wege der Gesetzgebung ergangen ist. Nun sagt aber Art. 2 EG. zu BGB.: „Gesetz im Sinne des BGB. und dieses Gesetzes ist jede Rechtsnorm" und entsprechend äußern sich bekanntlich die Einführungsgesetze zu ZPO. (§ 12) und zu KO. (§ 2). Zu dem „Gesetze", dem nach § 1 GVG. die Gerichte unterworfen sind, gehören auch diese Vorschriften der Einführungsgesetze, und das spricht dafür, daß die Gerichte nicht nur an das „Gesetz" im eigentlichen Sinne, sondern an „jede Rechtsnorm" gebunden sein sollen. Unter „jeder Rechtsnorm" können nur gemeint sein, neben dem Inhalte des Gesetzes die Rechtsnormen des Gewohnheitsrechts, des sog. wissenschaftlichen Rechts, der Autonomie, Observanz, des internationalen Rechts u. a. m. An sie alle würden also nach § 1 GVG. die Gerichte gebunden sein. Dabei läßt sich freilich das Bedenken nicht unterdrücken, daß § 1 cit. in erster Linie den Hauptzweck hat, die völlige Unabhängigkeit, die Freiheit der Gerichte, zu proklamieren, und daß er diesem Prinzipe durch das Wörtchen „nur" ganz ausschließlich eine einzige Schranke setzen will: nämlich das Gesetz selbst. Das würde wieder für die Auffassung sprechen, daß „Gesetz" in seinem strengen Sinne gemeint ist.

Man sieht also, der Wortlaut des Gesetzes gibt kein ganz sicheres Resultat für das Verhältnis des Richters zu den „sonstigen Rechtsnormen." Die Frage ist aber von einiger Bedeutung, denn das Gebiet der „sonstigen Rechtsnormen" neben dem Gesetzesinhalt ist sehr weit und viel umfangreicher als der Inhalt der Gesetze selbst. Man vergleiche nur mal rein äußerlich den Umfang der Kommentare zu manchen Gesetzen mit dem Umfange des Gesetzes selbst. Die ganze Summe der „sonstigen Rechtsnormen" zusammen mit dem Inhalte der Gesetze bildet dasjenige, was wir als das sog.: „geltende Recht" zu bezeichnen pflegen.

Auch für die Ermittelung der Stellung des Richters gegenüber den „sonstigen Rechtsnormen" empfiehlt sich als Ausgangspunkt die Frage: Wie gestaltet sich das Verhältnis tatsächlich bei der praktischen Durchführung in der Rechtspflege? Ihre Beantwortung führt zu einem sehr einfachen und sicheren Ergebnisse. Bei allen diesen „Rechtsnormen" handelt es sich stets zunächst darum, ob sie als „Rechtsnormen" anzuerkennen sind. Diese grundlegende Frage aber muß der Richter entscheiden. Nur er kann sie entscheiden, denn es ist sonst niemand da, der sie statt seiner entscheiden könnte. Und so geschieht es ja auch tagtäglich offen vor unser aller Augen. Derselbe Gerichtshof — das Reichsgericht nicht ausgenommen —

erkennt heute einen Satz, der im Gesetze nicht sanktionirt ist, als Rechtsnorm an und bei der nächsten Gelegenheit verneint es ihn oder umgekehrt. Im Falle der Bejahung wendet es ihn an, im anderen Falle nicht. Die Lehre: das Gericht ist auch an die im Gesetze nicht enthaltenen Rechtsnormen gebunden, erfordert also den Zusatz: wenn das Gericht sie als Rechtsnormen anerkennt, worüber ihm allein die Entscheidung zusteht. Will man mit diesem Zusatze noch von einer Gebundenheit des Gerichts an die im Gesetze nicht enthaltenen „sonstigen Rechtsnormen" sprechen, so ist sachlich dagegen nichts einzuwenden. Aber treffender und anschaulicher wird allerdings das wirkliche Verhältnis wiedergegeben, wenn man sagt: das Gericht ist an Rechtsnormen, die nicht im Gesetze anerkannt sind, nicht gebunden. Denn über die Existenz aller Rechtsnormen neben dem Gesetze entscheidet nur das Gericht selbst. Es fehlt also an Rechtsnormen neben dem Gesetze, an die das Gericht gebunden sein könnte.

Das Ergebnis der bisherigen Betrachtung läßt sich dahin zusammenfassen:

> Das Gericht ist an das „Gesetz" in des Wortes strenger Bedeutung gebunden; dem übrigen sog. „geltenden Rechte", also allen in den Gesetzen nicht anerkannten Rechtsnormen gegenüber ist das Gericht frei.

Es bleibt aber noch die Frage übrig, ob die Gebundenheit des Richters an das Gesetz als starrer Grundsatz ohne jede Ausnahme gilt, oder ob gewisse Ausnahmen davon anerkannt werden müssen. Eine streng objektive und wahrheitsgetreue Beobachtung der tatsächlich bestehenden Verhältnisse muß zugeben, daß Ausnahmen vorkommen. Zunächst einmal zeigt sich, daß es Fälle gibt, in denen die Gerichte Entscheidungen treffen, die mit dem Gesetze nicht im Einklange stehen, sondern davon abweichen. Das kann aus Mißverständnis, Irrtum, Versehen u. dergl. geschehen. Nach den Grundsätzen der Rechtskraft gibt in solchen Fällen das Gesetz selbst der von dem Gesetze abweichenden Entscheidung des Richters den Vorrang vor dem nicht befolgten Gesetze. Derartige Fälle sind keineswegs ohne Interesse für die Erkenntnis des Verhältnisses des Richters zum Rechte, allein als Ausnahmen von dem Grundsatze, daß der Richter an das Gesetz gebunden ist, können sie nicht gelten. Dafür kommen nur Entscheidungen in Betracht, in denen der Richter bewußt und aus freiem Willen dem Gesetze nicht einfach folgt, sondern eine Abweichung vom Gesetze für geboten und deshalb für zulässig hält. Solche Entscheidungen hat es gegeben, solange die Rechtsgeschichte Gesetze kennt, und solche Entscheidungen gibt es auch heute noch. Sie bedeuten die Erfüllung der Aufgabe des Richters, ein gerechtes und verständiges Urteil zu finden, in einem höheren Sinne als dem des blinden Gehorsams gegen das Gesetz. Sie stellen deshalb aber auch an die Kunst des Richters die höchsten Anforderungen. Einige Beispiele sollen zur Erläuterung herangezogen werden.

1. A hatte von B ein zum Bordell eingerichtetes Haus gekauft, um den Bordellbetrieb fortzusetzen. Das Haus war übergeben und für den Verkäufer wegen des Kaufpreisrestes von 27 000 M. eine Hypothek eingetragen. Die Beteiligten waren nachträglich darüber einig, daß der Kaufvertrag seines unsittlichen Zweckes wegen nach § 138 BGB. nichtig ist. Deshalb verlangte der Käufer Befreiung von der persönlichen und dinglichen Haftung wegen des 27 000-M.-Kaufpreisrestes, obwohl er das Haus hatte und behalten wollte. Das Anerbieten des Verkäufers, daß die beiderseitigen Leistungen wieder gegeneinander ausgetauscht würden, lehnte er ab.

Das Reichsgericht hat in seinem Urteile ausgeführt, daß nach § 812 und 817 BGB. das Verlangen des Käufers begründet ist. Das Gesetz gewährt ihm also die Befreiung von der persönlichen und dinglichen Haftung für den Kaufpreis, trotzdem er das Haus behält. Das Reichsgericht erkennt an, daß dem Käufer das — wie es sagt: „formelle" Recht, damit ist gemeint: das Recht, wie es sich aus dem Gesetze ergibt, zur Seite steht. Aber diese von dem Gesetze gegebene Entscheidung ist offensichtlich ungerecht und unverständig, sie wird von der großen Mehrzahl aller Unbeteiligten als schwere Verletzung des Rechtsgefühls empfunden werden. Es ist deshalb mit Genugtuung zu begrüßen, daß die Rechtsprechung, mit dem Reichsgericht an der Spitze, ihre Aufgabe richtig erfaßt und erkannt hat, daß hier der Gehorsam gegen das Gesetz nicht zu dem Ziele führt, das der Rechtsprechung gesteckt ist. Die Klage ist abgewiesen, obwohl sie nach dem Gesetze begründet war.

2. § 61 des Binnenschiffahrtsgesetzes vom 15. VI. 95 bestimmt: „Nach der Abnahme des Gutes durch den Empfangsberechtigten

können wegen teilweisen Verlustes oder wegen Beschädigung, welche äußerlich erkennbar waren, Ansprüche nur geltend gemacht werden, wenn vor der Abnahme der Zustand des Gutes durch gerichtlich ernannte Sachverständige festgestellt ist." Diese Vorschrift schließt also jeden Anspruch wegen teilweisen Verlustes oder wegen Beschädigung, die äußerlich erkennbar waren, ausnahmslos aus, wenn der Empfangsberechtigte nicht vor Abnahme des Gutes seinen Zustand durch gerichtlich ernannte Sachverständige hat feststellen lassen — also auch in dem Falle, daß die Ladung aus einer Mehrzahl unter sich gleichartiger Frachtstücke besteht, deren Menge einfach durch Zählen zu ermitteln ist. In einem Streitfalle (RG. Bd. 52 S. 395 ff.) bestand die Ladung aus 1280 Ballen, es fehlten aber bei der Ablieferung 111 Stück. Es wäre eine reine Komödie gewesen, dies durch gerichtlich ernannte Sachverständige erst noch feststellen zu lassen. Der Empfangsberechtigte nahm die vorhandenen Ballen ab und verlangte Ersatz für den Verlust der fehlenden. Das Reichsgericht gewährte ihm den Ersatzanspruch, obwohl die Vorschrift des Gesetzes nicht erfüllt war. Es hat dem Verkehrsleben nicht die Beobachtung einer Formalität zugemutet, die in dem gegebenen Falle keinen praktischen Wert gehabt, sondern nur nutzlosen Aufwand an Zeit und Kosten verursacht hätte.

3. Nach § 119 BGB. kann jede Willenserklärung, bei deren Abgabe der Erklärende im Irrtum über ihren Inhalt war, angefochten werden, wenn anzunehmen ist, daß er sie bei Kenntnis der Sachlage und bei verständiger Würdigung des Falles nicht abgegeben haben würde, und nach § 123 das. kann ebenso jede Willenserklärung angefochten werden, zu deren Abgabe der Erklärende durch arglistige Täuschung bestimmt worden ist. Es unterliegt keinem Zweifel, daß nach diesen Vorschriften das Gesetz auch dem Mitgliede einer eingetragenen Genossenschaft das Recht gibt, seine Beitrittserklärung zur Genossenschaft wegen Irrtums oder arglistiger Täuschung anzufechten. Eine Ausnahme für diesen Fall hat weder das BGB., noch das Genossenschaftsgesetz, noch sonst eine gesetzliche Bestimmung gemacht. Die Anfechtung würde aber die finanzielle Grundlage für die Sicherheit der Gläubiger der Genossenschaft gefährden und dadurch für diese schwere Nachteile herbeiführen können. Das Reichsgericht hat deshalb die Anfechtung der Beitrittserklärung des Genossenschaftsmitgliedes mit gutem Grunde ausgeschlossen (Band 68, S. 344). Die

gleiche Entscheidung ist früher bereits unter altem Rechte für Aktionäre und Mitglieder einer G. m. b. H. getroffen worden.

4. Dem Käufer einer Sache, die mit Fehlern behaftet ist, welche den Wert oder die Tauglichkeit zu dem gewöhnlichen oder dem nach dem Vertrage vorausgesetzten Gebrauche aufheben oder mindern, steht nach § 459 und 462 BGB. das Recht der Wandlung zu.

Aus dem nämlichen Sachverhalte kann der Käufer auch das Recht der Anfechtung wegen Irrtums nach § 119 Abs. 2 das. haben, weil er im Irrtum über solche Eigenschaften der Sache war, die im Verkehre als wesentlich angesehen werden. Dies Doppelrecht kann für den Käufer von großer praktischer Bedeutung werden wegen der verschiedenen Verjährungsfrist. Nun hat aber das Gesetz in treffender Würdigung des Interesses, das der Verkehr an einer schleunigen Abwicklung der Kaufgeschäfte hat, gerade die kurze Verjährung für die Wandlung bestimmt. Die Erreichung des damit angestrebten Zieles wird illusorisch gemacht, wenn dem Käufer neben der kurzfristigen Wandlung auch die der längeren Verjährung unterworfene Anfechtung wegen Irrtums möglich ist. Die Rechtsprechung trägt dieser Erwägung Rechnung. Das Reichsgericht versagt dem Käufer die Anfechtung wegen Irrtums neben der Wandlung, obwohl das Gesetz davon nichts enthält.

5. Ähnlich liegen die Dinge für folgende Fälle. Nach § 276 BGB. hat der Käufer einen Schadensersatzanspruch gegen den Verkäufer wegen schuldhaft mangelhafter Erfüllung des Kaufvertrages, insbesondere auch wegen schuldhafter Lieferung einer anderen als der bedungenen Sorte derselben Ware. Das Gesetz hat für diesen Anspruch keine von der allgemeinen Vorschrift abweichende kürzere Verjährungsfrist bestimmt. Nach dem Gesetze unterliegt er also unzweifelhaft der gewöhnlichen Verjährung. Das BGB. hat nun aber im § 477 eine kurze 6- bzw. 12 monatige Verjährungsfrist für den Anspruch auf Wandlung oder Änderung sowie für den Anspruch auf Schadensersatz wegen Mangels einer zugesicherten Eigenschaft vorgeschrieben. Es ist — wie erwähnt — geschehen im Interesse schleuniger Erledigung der Kaufgeschäfte. Ganz das gleiche Interesse besteht auch bei den Schadensersatzansprüchen aus § 276 cit. Die Rechtsprechung sah sich deshalb vor die ebenso berechtigte wie naheliegende Frage gestellt, ob nicht auch für diese Ansprüche die kurze Verjährung des § 477 an-

zuwenden ist, trotzdem das Gesetz nichts darüber sagt. Das Reichsgericht hat sie bejaht.

6. § 158 BGB. lautet: „Wird ein Rechtsgeschäft unter einer aufschiebenden Bedingung vorgenommen, so tritt die von der Bedingung abhängig gemachte Wirkung mit dem Eintritte der Bedingung ein." Nach dieser Vorschrift kann grundsätzlich jedes Rechtsgeschäft unter einer aufschiebenden Bedingung vorgenommen werden. Das erkennt das BGB. selbst obendrein dadurch an, daß es bei einzelnen Geschäften die Vornahme unter einer Bedingung für unzulässig erklärt, so für die Aufrechnung, Auflassung, Eheschließung u. a. m.

Es gibt aber eine ganze Anzahl von Rechtsgeschäften, für die das Gesetz die Zulässigkeit aufschiebender Bedingungen nicht ausgeschlossen hat, bei denen jedoch das ungewisse Hinausschieben ihrer Wirkung zu Ergebnissen führen würde, die mit den vernünftigen Anforderungen des Verkehrs unvereinbar wären. Zu ihnen gehören beispielsweise: die Anfechtungs-, die Rücktrittserklärung, die Kündigung, die Mahnung u. andere. Bei ihnen lassen die Gerichte mit Recht — über die vom Gesetze bestimmten Ausnahmen hinaus — aufschiebende Bedingungen nicht zu.

7. Nach § 326 BGB. kann bei einem gegenseitigen Vertrage Schadensersatz wegen Nichterfüllung nur verlangt oder vom Vertrage zurückgetreten werden, wenn dem mit der Leistung im Verzuge befindlichen Teile der andere Teil zuvor eine angemessene Frist mit der Erklärung bestimmt hat, daß er die Annahme der Leistung nach dem Ablaufe der Frist ablehne. Nur dann bedarf es der Bestimmung einer Frist nicht, wenn die Erfüllung des Vertrages infolge des Verzuges für den anderen Teil kein Interesse hat.

Die Rechtsprechung (RGZ. 51, 350) erkennt an, daß das Gesetz eine weitere als die letzterwähnte Ausnahme von der Notwendigkeit einer Fristsetzung nicht macht, nach dem Gesetze also in allen übrigen Fällen ausnahmslos die Bestimmung einer Frist erforderlich ist. Dennoch erklärt sie die Setzung der Frist für entbehrlich, wenn der in Verzug geratene Teil die Erfüllung in bestimmter Weise bereits ernsthaft verweigert hat, ferner wenn er seine Leistung von ganz unzulässigen Bedingungen abhängig macht, oder wenn er die Erklärung abgibt: der Vertrag sei nicht zustande gekommen, man annulliere den Vertrag, man trete zurück. Der Zweck, den das Gesetz mit der

Anordnung der Fristsetzung verfolgt, liegt in diesen Fällen nicht vor. Die Bestimmung der Frist würde nur eine überflüssige Verzögerung bedeuten.

8. Es mögen auch zwei Beispiele aus dem Zivilprozeßrecht über die Stellung des Richters zum Gesetze kurz angeführt werden, obwohl sie streng genommen nicht in diesen Zusammenhang gehören.

§ 546 ZPO. bestimmt: „In Rechtsstreitigkeiten über vermögensrechtliche Ansprüche ist die Zulässigkeit der Revision durch einen den Betrag von 4000 M. übersteigenden Wert des Beschwerdegegenstandes bedingt." Maßgebend ist also nach der klaren Vorschrift des Gesetzes der Wert des Beschwerdegegenstandes, nicht des Streitgegenstandes.

Das Reichsgericht macht in ständiger Rechtsprechung aber davon eine im Gesetze nicht enthaltene Ausnahme, wenn nämlich der Wert des Beschwerdegegenstandes h ö h e r ist als der Wert des Streitgegenstandes. Dann läßt es den Wert des Streitgegenstandes, nicht den des Beschwerdegegenstandes maßgebend sein.

§ 355 das. stellt für die Beweisaufnahme den fundamentalen Grundsatz der Unmittelbarkeit auf, indem er bestimmt, daß die Beweisaufnahme vor dem Prozeßgericht erfolgt und daß sie nur in den durch das Gesetz bestimmten Fällen einem beauftragten oder ersuchten Richter übertragen werden darf. Zu den letzteren Fällen gehört nach § 375 Ziff. 2 das. die Aufnahme des Zeugenbeweises, „wenn die Beweisaufnahme vor dem Prozeßgerichte erheblichen Schwierigkeiten unterliegen würde." Es besteht nirgend ein Zweifel darüber, daß diese Vorschrift unter den „Schwierigkeiten" nur solche versteht, die in der Art der Beweisaufnahme liegen, nicht aber solche, die sich aus der Geschäftslast des Gerichts ergeben.

Trotzdem übertragen — wie allgemein bekannt ist — die Gerichte in weitestem Umfange die Aufnahme des Zeugenbeweises an einen beauftragten oder ersuchten Richter aus keinem anderen Grunde, als weil ihnen die Zeit fehlt, selbst die Zeugen zu vernehmen.

9. Schließlich mag noch ein Blick auf § 833 BGB. und die zu ihm gehörige Rechtsprechung aus der Zeit seiner ursprünglichen, also noch nicht abgeänderten Fassung geworfen werden, weil er ganz besonders lehrreich ist. Die anfänglichen Entscheidungen des Reichsgerichts, die sich einfach an den Gesetzesinhalt hielten, haben erwiesen, daß das G e s e t z einen Anspruch gegen den Tierhalter auch dem aus

Gefälligkeit mitgenommenen Fahrgaste gewährt, wenn die Pferde durchgehen, sowie dem von dem Tierhalter gedungenen Pferdeknechte, wenn ihn die seiner Pflege anvertrauten Tiere beschädigen. Bekanntlich riefen diese Entscheidungen lebhaften und begründeten Widerspruch hervor, und es zeigte sich, daß sie das allgemeine Rechtsgefühl nicht befriedigten. Man forderte und erwartete von den Gerichten die Versagung des Schadensersatzanspruches gegen den Tierhalter in derartigen Fällen, selbst wenn das Gesetz ihn gewährt. Später hat das Reichsgericht dann auch, noch bevor an dem Gesetzesinhalt etwas geändert war, den Schadensersatzanspruch des Trainers sowie des Stallmeisters, der das Zureiten eines Pferdes übernommen hat, auch des Hufschmiedes, Kutschers und Stallknechts verneint — bei letzteren jedenfalls dann, wenn sie nicht nachweisen können, daß sie die ihnen obliegende Pflicht der Sorgfalt gehörig erfüllt haben.

In all diesen vorstehend erwähnten Fällen, die jeder ohne besondere Mühe um viele Dutzende vermehren kann, machen die Gerichte Ausnahmen vom Gesetzesinhalte, die das Gesetz selbst nicht kennt. Sie eignen sich die Entscheidung nicht an, die dem Gesetze zu entnehmen ist, sondern sie treffen ihre eigene Entscheidung, die unbestreitbar von der des Gesetzes abweicht. Man hat in solchen Fällen von „Lücken" im Gesetze gesprochen. Das ist aber offensichtlich unzutreffend. Um „Lücken" handelt es sich nicht. Das Gesetz gibt schon eine Entscheidung, die Gerichte lehnen sie nur ab. Es ist deshalb die Bezeichnung „unechte Lücken" vorgeschlagen — sie ist irreführend, deshalb unzweckmäßig und nicht zu empfehlen. Wenn einmal „Lücken" nicht in Frage stehen, so kann es bloß Unklarheit schaffen trotzdem von „Lücken" zu sprechen, wenn auch mit dem Zusatze „unecht." Nennen wir doch nur getrost das Kind beim rechten Namen. An der Sache selbst ist nichts zu ändern: es gibt Fälle, in denen die Gerichte nicht dem Gesetze folgen, sondern ihre eigenen Wege wandeln und dabei vom Gesetze abweichen.

Die klare Sachlage sollte auch nicht vertuscht werden durch die übliche Art, wie man die Abweichungen von dem Inhalte des Gesetzes zu rechtfertigen versucht, um nur ja den Satz zu retten, daß das Gericht ausnahmslos an das Gesetz gebunden sei. Zu diesem Zwecke werden mit ganz besonderer Vorliebe Rechtsgrundsätze als angebliche Bestandteile des geltenden Rechts aufgestellt, aus denen sich die für notwendig erachteten Abweichungen vom Gesetze ergeben sollen, oder es wird zu dem Universalmittel der Fiktion einer stillschweigenden Vereinbarung der Beteiligten gegriffen. Das letztere war z. B. der Fall bei den Ausnahmen, die die Rechtsprechung nachträglich von § 833 BGB. gemacht hat. Daß die Ausnahmen nicht gemacht werden, weil eine stillschweigende Vereinbarung fingiert wird, sondern umgekehrt: daß die stillschweigende Vereinbarung fingiert wird, weil man die Ausnahme für geboten erachtet, wird gewiß nicht näher auseinandergesetzt zu werden brauchen. Angebliche Grundsätze des geltenden Rechts aber sind z. B. aufgestellt für die Abweichung von der Entscheidung, die das Gesetz enthält, in dem Bordellfalle, in dem geltend gemacht ist: es gebe für das bürgerliche Recht eine exceptio doli generalis; ferner für die Abweichung vom Gesetze beim Ausschlusse der Anfechtung wegen Irrtums, wenn zugleich das Recht auf Wandlung gegeben ist, indem der Satz gelehrt wurde: auf vertragliche Verhältnisse hätten bei Gesetzeskonkurrenz nur die Vertragsrechtssätze als lex specialis Anwendung zu finden. Allein es wird sich schwerlich für jeden Fall der Abweichung der Gerichte vom Gesetze ein angeblicher allgemeiner Rechtssatz formulieren lassen. Außerdem sind die ad hoc aufgestellten Rechtsgrundsätze nicht immer einwandfrei. Was aber schließlich die Hauptsache ist: das Gesetz selbst enthält von diesen angeblichen Rechtsgrundsätzen nichts. Sie werden vielmehr erst um der gewollten Abweichung willen geschaffen — nicht umgekehrt! Es steht mit ihnen im Grunde genommen nicht viel anders als mit den fingierten stillschweigenden Vereinbarungen der Beteiligten.

Wir müssen also wohl oder übel dabei bleiben: es gibt Fälle, in denen die Gerichte vom Gesetze abweichen. Und wenn wir ernstlich und nur der Wahrheit getreu die Verhältnisse, so wie sie wirklich sind, beobachten und wiedergeben wollen, so dürfen wir den Satz: „die Gerichte sind an das Gesetz gebunden" n i c h t als a u s n a h m s l o s geltend hinstellen. Wir haben übrigens auch gar keinen stichhaltigen Grund, diese wahre Sachlage zu verstecken und zu verdecken. Es handelt sich bei den hier erörterten Erscheinungen keineswegs etwa um eine Art „partie honteuse" der Rechtspflege, über die lieber ein diskreter Schleier gezogen wird, und durchaus nicht um etwas, das zwar einmal da ist, aber doch besser nicht vorkommen sollte. Sondern mit Recht hat es noch immer als ganz besonderer Ruhmestitel der Gerichte gegolten, wenn sie nicht sklavisch oder nach Art des Till Eulenspiegel unbekümmert um die Folgen blind nur den Vorschriften des Gesetzes folgten, sondern wenn sie die Eigenart des konkreten Falles feinsinnig zu erspüren wußten, für die höhere Rücksichten als der bloße Gehorsam gegen das Gesetz ein Abgehen von der Vorschrift des Gesetzes gebieten können.

Weit verdienstlicher, als den Kopf in den Busch zu stecken und Vogel-Strauß-Politik zu treiben, oder gar die klar zutage liegenden wirklichen Verhältnisse durch spekulativ aufgestellte Lehrsätze zu verdunkeln, würde es sein, die Gründe zu erforschen und klarzulegen, die das Gericht berechtigen oder richtiger wohl: verpflichten, von dem Inhalte des Gesetzes abzuweichen. Es ist nicht gut möglich anzunehmen, daß auf diesem Gebiete etwa blinder Zufall waltet. Persönliche Befähigung, Temperament, Energie des Willens — also subjektive — Momente mögen eine gewisse Rolle mitspielen. Daß aber auch hier schließlich objektive Kräfte im Hintergrunde wirken, die mit der unwiderstehlichen Gewalt von Naturgesetzen sich Geltung verschaffen, darauf deuten Vorgänge hin, wie wir sie bei § 833 BGB. beobachten konnten. Es gewinnt stark den Anschein, als ob dabei sich das betätigte, was man unter dem „allgemeinen Rechtsgefühl" zu denken hat. Das gleiche kann von dem Bordellfall gelten. Von Bedeutung scheint auch werden zu können, wenn die aus dem Gesetze sich ergebende Entscheidung als unzweckmäßig sich erweist und den Anforderungen an eine verständige Regelung der Verhältnisse in gewissen Gruppen von Fällen nicht entspricht, die einer gesonderten Behandlung bedurft hätten, an der es aber im Gesetze fehlt. Das mag der allgemeine Gesichtspunkt sein, der in Betracht gekommen ist für den unerläßlichen Ausschluß aufschiebender Bedingungen bei Anfechtung, Rücktritt, Kündigung und Mahnung, für die Ablehnung der Zuziehung gerichtlich ernannter Sachverständiger, bloß um eine feststehende Anzahl Ballen nachzuzählen, sowie für die Versagung der Anfechtung der Beitrittserklärung eines Genossenschaftsmitgliedes oder Aktionärs. Ferner darf vielleicht als ein Grundsatz angesehen werden, daß, wenn das Gesetz erkennbar einen bestimmten Rechtsgedanken sich hat aneignen wollen, aber es ihm nicht gelungen ist, ihn durch die getroffenen Einzelbestimmungen folgerichtig und erschöpfend zur Durchführung zu bringen, dann die Rechtsprechung ergänzend und berichtigend eingreifen soll. Als Belege dafür ließen sich von den oben erwähnten Beispielen anführen: der Ausschluß der Anfechtung wegen Irrtums neben der Wandlung und die Anwendung der 6- bzw. 12-monatigen Verjährung auf den Schadensersatzanspruch wegen schuldhaft mangelhafter Erfüllung des Kaufvertrages.

Die Frage nach den Gründen, die den Richter zum Abgehen von dem Inhalte des Gesetzes nötigen können, an dieser Stelle weiter zu verfolgen oder gar — auch nur annähernd — zu erschöpfen, würde weit über den Rahmen dieser Arbeit hinausgehen. Ich muß mich begnügen, darauf hinzuweisen, daß hier ein noch völlig ungelöstes, ja kaum aufgestelltes Problem steckt, dessen Behandlung der Wissenschaft nicht dringend genug ans Herz gelegt werden kann. Sie hat dabei selbstverständlich von der gegebenen Tatsache auszugehen, daß die Gebundenheit des Richters an das Gesetz nicht ausnahmslos ist, sondern daß Fälle vorkommen, in denen der Richter vom Gesetze abweicht. Dieser wahre, weil den wirklichen Verhältnissen entsprechende Umstand wird heute meist künstlich verdeckt durch die übliche Art, wie die Gerichte in Anlehnung an die Wissenschaft die von ihnen getroffenen Entscheidungen zu begründen pflegen. Dies führt zu der in neuerer Zeit so lebhaft erörterten Frage, welche betrifft:

III.
Die Methode der Rechtsfindung.

Die herrschende Lehre sagt: der Richter findet die im geltenden Rechte enthaltene rechtliche Entscheidung des einzelnen Falles durch Auslegung der Gesetze mit Hilfe der Erforschung des Geistes und Zusammenhanges der Gesetze, sowie des Willens des Gesetzgebers, ferner durch philologische und grammatikalische Behelfe, analoge Anwendung und juristische Konstruktion oder endlich in dem Gewohnheitsrecht. Auch hier empfiehlt es sich, um zu erkennen, ob diese Lehre der wirklichen Lage der Dinge wie sie sind entspricht, zunächst von einigen Beispielen auszugehen.

1. Als charakteristisch für die jetzige Lehre kann betrachtet werden die bereits erwähnte Art der Begründung bei Entscheidung individueller Rechtsfragen durch Fiktionen: „Willen der Kontrahenten", „Absicht des Erblassers" u. dgl., obwohl vielleicht geradezu feststeht, daß ein entsprechender Wille und eine entsprechende Absicht niemals existiert hat. Wie schon bemerkt wurde, liegt klar zutage, daß dies in Wahrheit nicht die sachlichen Gründe sein können, aus denen die getroffene Entscheidung gefunden wurde, sondern

Gründe, die erfunden werden um die für richtig gehaltene Entscheidung rein dialektisch zu rechtfertigen.

Ganz das gleiche gilt von der Begründung der Entscheidung typischer Rechtfsragen durch das Gericht aus dem „Willen" oder der „Absicht des Gesetzgebers", dem „Zwecke des Gesetzes", der Natur der Sache" und was dergleichen Gründe mehr sind. Ich möchte den Richter sehen, der bei der Entscheidung einer Rechtsfrage, die nur er selbst treffen kann, einen Satz als dem Willen des Gesetzgebers entsprechend anerkennt, aus dem sich die vom Richter für richtig erachtete Entscheidung n i c h t ergibt. Daraus erklärt sich sehr einfach, warum in dem einen Falle den üblichen Anhaltspunkten für die Ermittelung des sog. „Willens des Gesetzgebers": den Motiven, Parlamentsverhandlungen, Kommissionsberichten usw. eine ausschlaggebende und im anderen Falle gar keine Bedeutung beigemessen wird.

2. Jemand hat ein sich gut rentierendes Geschäfts- und Miethaus an einer breiten sehr belebten Straße gekauft. In der Nähe befindet sich ein Eisenbahnübergang. Infolge starker Steigerung des Verkehrs wird eine Überführung der Straße über den Bahnkörper erforderlich. Dazu wird eine Rampe aufgeschüttet, die Straße wird beträchtlich erhöht und das Haus liegt nunmehr an einem schmalen Wege, der liegen gelassen ist und auf der einen Seite von der allmählich steigenden Rampe begrenzt wird. Das Haus ist dadurch beträchtlich entwertet. Hat der Straßenanlieger einen Ersatzanspruch? Die früheren Rechte, das gemeine, das preußische Landrecht und das französische Recht ergaben einen solchen Anspruch nicht. Es sind mehrfach Klagen, die Schadenersatz zu erlangen suchten, abgewiesen. Nach und nach wurde aber von den Gerichten für die verschiedenen Rechtsgebiete ein solcher Anspruch anerkannt. Über die Gründe spricht sich das Reichsgericht in einer Entscheidung (Band 10 S. 271) folgendermaßen aus:

„Die Straßen der Städte und Ortschaften, auf deren Anlage die äußere Existenz und Entwicklung derselben beruht, sind zur Bebauung mit Häusern bestimmt, für welche sie wiederum das notwendige Verbindungs- und Verkehrsmittel bilden, so daß Häuser und Straßen der Natur der Sache nach sich gegenseitig bedingen. Faßt man die Entstehung der letzteren ins Auge, so liegt darin, daß von der zuständigen Verwaltung ein bestimmtes Terrain oder ein bereits bestehender Weg zur städtischen Straße erklärt wird, die Aufforderung, unter den bestehenden gesetzlichen und speziell lokalen Bedingungen Häuser an derselben zu errichten, wobei der Vorteil, welchen die Straße den Adjazenten gewährt, als die Gegenleistung sich darstellt. So wird zwischen der Gemeinde und den jener Aufforderung entsprechenden Grundeigentümern, welche mit ihren Bauten an die Lage und Richtung der Straßen gebunden sind und regelmäßig für die Instandsetzung bzw. Unterhaltung derselben Lasten zu tragen haben, ein stillschweigendes Vertragsverhältnis begründet, welches gegenseitige Rechte und Verbindlichkeiten erzeugt und die Annahme eines rein prekären Verhältnisses auf seiten der Adjazenten ausschließt."

Auf das naheliegende Bedenken, wie es denn nun aber gehalten werden soll, wenn ein Haus von einer derartigen Anlage betroffen wird, das bereits v o r der städtischen Straße vorhanden war und bei dem deshalb von einem stillschweigenden Vertragsverhältnisse des angegebenen Inhalts keine Rede sein kann, soll dann etwa der gleiche Entschädigungsanspruch nicht gewährt werden?, antwortet die Entscheidung, indem sie fortfährt:

„Hierbei macht es denn auch, wie das Oberlandesgericht zutreffend erwägt, keinen Unterschied, wenn im gegebenen Falle ein Haus bereits früher, ehe die Straße den städtischen Charakter erlangte, bestanden hat, da dasselbe mit dem Augenblicke, wo letzteres geschah, in den dadurch begründeten Rechtsnexus eintrat und an den Vorteilen und Lasten desselben teilnahm."

Danach muß diese Begründung schon um deswillen als keine besonders glückliche erachtet werden, weil der Ersatzanspruch auch dann anerkannt wird, wenn die Voraussetzungen des angenommenen stillschweigenden Vertragsverhältnisses fehlen. Denn das heißt doch nichts anderes, als daß der Grund des Anspruches nicht das stillschweigende Vertragsverhältnis sein kann. Aber ganz davon abgesehen, wird keine Macht der Erde glauben machen können, daß die Gerichte den in den Gesetzen nicht enthaltenen Anspruch anerkannt haben, weil ein stillschweigendes Vertragsverhältnis tatsächlich besteht, sondern dies stillschweigende Vertragsverhältnis ist angenommen, um einen Grund für die Gewährung des Anspruches zu haben.

3. In den Ländern des gemeinen Rechts hatte die Witwe — von statutarischen Vorschriften abgesehen — bekanntlich am Nachlasse ihres Ehemannes gesetzlich nur ein außerordentliches Erbrecht,

wenn sie arm war, sonst nicht. Daher bestand ziemlich allgemein die Sitte, der Ehefrau durch Errichtung einer Ehestiftung vertragsmäßige Rechte am Nachlasse des Ehemannes für den Fall ihres Überlebens einzuräumen. Nach dieser Sitte verfuhr auch mehrere Jahrzehnte vor dem 1. Januar 1900 ein einfacher Bauer in der Provinz Hannover. Er starb in sehr hohem Lebensalter nach dem 1. Januar 1900. Seine Witwe nahm nunmehr ihr gesetzliches Erbrecht der Ehefrau nach dem BGB. in Anspruch. Kann sie das? oder steht der frühere Abschluß der Ehestiftung dem im Wege? Das Gesetz entscheidet diese Frage nicht. Das Oberlandesgericht versagte der Witwe das gesetzliche Erbrecht mit der Begründung: „der verstorbene Ehemann habe durch den Vertrag jeden etwaigen gesetzlichen Anspruch der Frau ausschließen wollen." Es ist gewiß für jeden hannoverschen Juristen angenehm zu hören, wenn gelegentlich seinen Landsleuten eine besondere juristische Veranlagung nachgerühmt wird. Aber so weit reicht sie sicher nicht, daß jeder beliebige Bauer die spätere gesetzliche Regelung des Erbrechts der Ehefrau lange vorausgesehen und deshalb bei Errichtung seiner Ehestiftung zu einer Zeit, als von dieser gesetzlichen Regelung noch gar keine Rede war, daran gedacht hätte, einen etwaigen späteren gesetzlichen Anspruch seiner Ehefrau am Nachlasse ihres Ehemannes auszuschließen. Jedenfalls hat keiner der Richter, die jene Entscheidung fällten, etwas davon wissen können, ob der verstorbene Ehemann einen derartigen Gedanken jemals gehabt hat. Es war dies lediglich eine durch keinerlei Tatsachen unterstützte leere Annahme, um einen Grund zu haben für die Entscheidung, die das Gericht für richtig hielt, daß die Frau vom Nachlasse des Mannes nur das zu beanspruchen hat, was seinerzeit vereinbart war.

Bei dieser Art von Begründungen kann man fast sagen, daß der Zweck die Mittel heiligen muß. Die Fiktionen, deren sie sich bedienen, sind Überbleibsel unserer Schulung durch die römischen Juristen, die sich ihrer vielfach bedient haben. Ihre Fortexistenz wird durch die Ausdrucksweise unserer Gesetze mehr als erwünscht unterstützt.

§ 370 BGB. lautet:

„Der Überbringer einer Quittung gilt als ermächtigt, die Leistung zu empfangen, sofern nicht die dem Leistenden bekannten Umstände der Annahme einer solchen Ermächtigung entgegenstehen."

Der Sinn ist: Der Überbringer einer Quitttung ist auch ohne

Ermächtigung befugt, die Leistung zu empfangen, sofern nicht dem Leistenden Umstände bekannt sind, die einer solchen Befugnis entgegenstehen.

§ 612 BGB. spricht für den Dienstvertrag aus:

„Eine Vergütung gilt als stillschweigend vereinbart, wenn die Dienstleistung den Umständen nach nur gegen eine Vergütung zu erwarten ist."

Gemeint ist: Eine Vergütung ist auch ohne Vereinbarung zu gewähren, wenn die Dienstleistung den Umständen nach nur gegen eine Vergütung zu erwarten ist.

§ 2104 BGB. sagt:

„Hat der Erblasser angeordnet, daß der Erbe nur bis zu dem Eintritt eines bestimmten Zeitpunktes oder Ereignisses Erbe sein soll, ohne zu bestimmen, wer alsdann die Erbschaft erhalten soll, so ist anzunehmen, daß als Nacherben diejenigen eingesetzt sind, welche die gesetzlichen Erben sein würden, wenn er zur Zeit des Eintritts des Zeitpunktes . . . gestorben wäre."

Weit treffender drückt sich dagegen § 2105 daselbst aus, der bestimmt:

„Hat der Erblasser angeordnet, daß der eingesetzte Erbe die Erbschaft erst mit dem Eintritt eines bestimmten Zeitpunktes oder Ereignisses erhalten soll, ohne zu bestimmen, wer bis dahin Erbe sein soll, so sind die gesetzlichen Erben des Erblassers die Vorerben."

Es ist nicht recht einzusehen, warum nicht ebenso treffend § 2104 sagt: „. . . so sind Nacherben diejenigen, welche die gesetzlichen Erben des Erblassers sein würden . . . usw."

§ 175 Abs. 1 Satz 3 ZPO. erklärt:

> „Die Zustellung wird mit der Aufgabe zur Post als bewirkt angesehen, selbst wenn die Sendung als unbestellbar zurückkommt",

statt zu sagen: Die Aufgabe zur Post hat die Wirkung der Zustellung, selbst wenn . . . . usw.

§ 333 ZPO. sagt:

> „Als nicht erschienen ist auch diejenige Partei anzusehen, welche im Termine zwar erscheint, aber nicht verhandelt",

während es heißen sollte: Erscheint eine Partei zwar im Termine, aber verhandelt sie nicht, so treten die Folgen der Versäumnis ein.

Derartigen Wendungen begegnen wir in unseren Gesetzen und richterlichen Entscheidungen auf Schritt und Tritt. Sie bedeuten leider mehr als eine bloße Ungenauigkeit in der Ausdrucksweise. Sie beruhen auf einer unzulänglichen Bewertung des Tatsächlichen; darauf, daß der Rechtswissenschaft noch die uneingeschränkte Anerkennung des grundlegenden Satzes fehlt: daß als T a t s a c h e nur behandelt und verwertet werden kann, was wirklich Tatsache ist. Die Rechtswissenschaft wird sich entschließen müssen, den bedeutsamen Schritt zu tun und sich diesen Satz zu eigen zu machen, wenn sie einen unangefochtenen Platz unter den Wissenschaften im heutigen Sinne behaupten will.

4. Und nun soll schließlich noch ein Beispiel juristischer Konstruktion als Hilfsmittel der Rechtsfindung geboten werden.

Eine Zwangsversteigerung ist bis zum Verteilungstermine durchgeführt. Der Erlös liegt da. Vier Gläubiger sind im Grundbuche eingetragen. Es sind teils Hypotheken-, teils Grundschuldgläubiger. Der Erlös deckt nicht den Gesamtbetrag der eingetragenen Schulden, sondern reicht nur für drei, so daß, wenn die drei ersten Posten zur Hebung kommen, für den letzten nichts übrig bleibt. Nunmehr erklärt der erste Gläubiger, daß er den Teil des Erlöses, der auf seine Stelle entfällt, nicht zu beanspruchen hat. Welche Folgen hat das?

Wenn der erste Posten eine H y p o t h e k ist, so bestimmt das BGB., daß der entsprechende Teil des Erlöses dem Grundeigentümer gehört. Der letzte Gläubiger geht also leer aus.

Wie ist es aber, wenn der erste Posten eine G r u n d s c h u l d ist? Für diesen Fall enthält das BGB. keine Vorschrift. Der Richter hat also die Frage zu entscheiden, ob auch in diesem Falle der dem ersten Posten entsprechende Teil des Erlöses dem Eigentümer zufällt, oder ob er bei der Teilungsmasse bleibt, so daß er dem letzten Gläubiger zugute kommt.

Der V. Zivilsenat des Reichsgerichts hat zunächst entschieden, daß er Teilungsmasse wird, weil das BGB. die für den Fall, daß der Gläubiger einer Hypothek den auf sie entfallenden Teil des Erlöses nicht zu beanspruchen hat, gegebene Vorschrift für die Grundschuld nicht wiederholt hat. Diese Entscheidung wurde sehr bald vielfach umstritten. Es erhoben sich Stimmen wider und für sie. Gegen sie richtete sich eine sehr interessante Arbeit S t r o h a l s, der die Frage bei der Grundschuld ebenso entscheiden will, wie sie das Gesetz bei der Hypothek entscheidet. Er gibt dafür mehrere Gründe. Als ersten Grund führt er folgendes an: Das Recht des Hypotheken- wie des Grundschuldgläubigers an dem Erlöse ist nicht mehr Hypothek oder Grundschuld, aber es ist an deren Stelle getreten. Es läßt sich aus dem Gesetze nachweisen, daß dies Recht am Erlöse nach den gleichen Grundsätzen zu behandeln ist wie die Hypothek oder Grundschuld. Das trifft insbesondere zu beim Verzichte. Die gleiche Wirkung wie der Verzicht auf die Hypothek oder Grundschuld muß also auch der Verzicht auf das Recht am Erlöse haben. Der Verzicht auf die Grundschuld wirkt aber zugunsten des Eigentümers. Wenn der Gläubiger nun erklärt, daß er den auf seine Stelle entfallenden Teil des Erlöses nicht beansprucht, so verzichtet er damit auf sein Recht am Erlöse. Deshalb kommt mit diesem Verzichte der betreffende Teil des Erlöses dem Subhastaten zugute.

Neuerdings hat der V. Zivilsenat (Bd. 78 S. 60) seine frühere Ansicht aufgegeben und die Frage ebenfalls bei der Grundschuld ebenso wie bei der Hypothek entschieden, also den vom Gläubiger nicht beanspruchten Teil des Erlöses dem Subhastaten zugesprochen. In der Begründung heißt es:

„Es ist darin, daß der Grundschuldgläubiger für seine Grundschuld nur einen Teilbetrag auf den Versteigerungserlös mit dem Bemerken liquidiert, er habe hinsichtlich des weiteren Teiles Valuta nicht gewährt, überhaupt nicht eine rechtsgeschäftliche Erklärung zu erblicken, die auf eine Änderung des aus der Grundschuld sich ergebenden Rechtes am Versteigerungserlös bezüglich des nicht liquidierten Teiles gerichtet wäre. Es liegt nichts weiter vor, als daß der Gläubiger nur einen Teilbetrag liquidiert und als Grund dafür, daß er nicht auch den anderen Teil liquidiere, angegeben hat, er habe auf diesen Teil keine Valuta gewährt. Eine rechtsgeschäftliche Erklärung, sei es nach der Richtung, daß der nicht liquidierte Teil des Rechtes am Versteigerungserlös auf einen andern, insbesondere den Vollstreckungsschuldner — als früheren Eigentümer — übergehen solle, sei es mit dem Ziele, daß der Teil des Rechtes völlig aufgehoben werde, hat der Gläubiger nicht abgegeben. Demnach ist dieser Teil des Rechtes am Erlöse bestehen geblieben, und auch hinsichtlich des Gläubigerrechts ist eine Änderung nicht eingetreten; der bisherige Grundschuldgläubiger ist nach wie vor Gläubiger des rechtsbeständigen Teils des Rechtes. Da er den Erlösteil nicht für sich in Anspruch nimmt, wiewohl er eingetragener Grundschuldgläubiger ist und er trotz seiner Angabe, daß er auf den fraglichen Teil der Grundschuld Valuta nicht gewährt habe, als Gläubiger dieses Teiles zu gelten hat, so ist vom Vollstreckungsgericht der auf den Grundschuldteil entfallende Teil des Versteigerungserlöses zu hinterlegen. Der Vollstreckungsschuldner oder, wenn dieser die Grundschuld nicht selbst bestellt hat, der Grundschuldbesteller mag dann, wenn die Grundschuld zur Sicherung einer Forderung bestellt worden ist und der Gläubiger gemäß seiner Angabe die Forderung in Höhe des nicht liquidierten Betrages nicht durch Zahlung zur Entstehung gebracht (valutiert) hat, auf Grund des der Grundschuldbestellung zugrunde liegenden obligatorischen Vertrages oder auch auf Grund des § 812 BGB. von dem Gläubiger Übertragung verlangen können. Aber die Inhaber der der Grundschuld im Range nachstehenden Rechte am Grundstück können in keinem Falle den fraglichen Erlösteil für sich in Anspruch nehmen."

Gegen diese Begründung wendet Strohal ein: daß der Schutz des Subhastaten aus § 812 BGB. und die Verweisung auf das unterliegende obligatorische Verhältnis nicht ausreiche. Er denkt hauptsächlich an den Fall des Konkurses. Aber — und damit gibt Strohal den zweiten selbständigen Grund für seine Entscheidung — der Eigentümer hat einen Anspruch auf Befreiung von der dem Gläubiger nur formal, nicht materiell zustehenden Grundschuld; folglich hat er auch eine Einrede gegen das formale Recht des Grundschuldgläubigers. Der Subhastat kann also den Verzicht des Gläubigers auf die formale Grundschuld *verlangen* und demgemäß nunmehr auch den Verzicht auf das an Stelle der Grundschuld getretene Recht auf einen Teil des Erlöses. Das Grundbuch ist demnach wegen des *Rechts* des Eigentümers auf den Verzicht materiell unrichtig. Das kann der Subhastat auch in der Zwangsversteigerung geltend machen. Er braucht also den Vollzug der Bereicherung gar nicht abzuwarten, sondern kann ihn abwenden und dadurch bewirken, daß der entsprechende Teil des Erlöses dem Subhastaten zukommt.

Wir haben hier einen echten Fall juristischer Konstruktion vor uns und zwar — wie nicht anders zu erwarten war — einer äußerst scharfsinnigen Konstruktion. Aber es läßt sich denn doch nicht die Frage unterdrücken: sollten wirklich diese Erwägungen und Betrachtungen für den, der Strohal und der jetzigen Ansicht des Reichsgerichts beitritt, der wahre Grund für seine Entschließung sein? Wir brauchen nach der Antwort nicht lange zu suchen. Strohal — heute unbestritten einer der Meister der juristischen Konstruktion — selbst gibt sie uns, indem er sagt:

„Durch eine juristische Konstruktion wird die Richtigkeit der aus ihr abgeleiteten praktischen Ergebnisse noch nicht bewiesen. Die Aufgabe der juristischen Konstruktion beginnt vielmehr erst, nachdem die aus sachlichen Gründen zutreffenden praktischen Entscheidungen festgelegt sind."

Das zeigt aber doch sonnenklar, daß auch die juristische Konstruktion nicht die rechtliche Entscheidung liefert, sondern daß sie nur dazu dient, die für richtig befundene Entscheidung zu rechtfertigen. Mit formaler Logik kann man zwar Vorhandenes registrieren, aber nicht Neues produzieren. Aus dem, was man hat, kann man ein System aufbauen. Aber aus dem fertigen System kann nichts herausgeholt werden, was nicht vorher hineingelegt ist.

Die bisherigen Betrachtungen ergeben, daß alles, was wir unter der Bezeichnung „Methode der Rechtsfindung" zusammenzufassen pflegen — mag es Auslegung, Ermittelung des gesetzgeberischen Willens, entsprechende Anwendung, juristische Konstruktion oder wie sonst immer heißen — in Wahrheit weniger eine Methode der Rechtsfindung, als vielmehr eine Methode der Begründung des gefundenen Rechts ist. Diese ist für einen Einblick in das Wesen des Rechts selbstverständlich erheblich weniger bedeutsam als jene. Man weiß von mehreren hervorragenden Juristen, wie sie von sich bekannten, daß sie, wenn ihnen ein Rechtsfall vorgelegt wurde, zunächst die Entscheidung fanden, die sie für gerecht und verständig hielten, und daß sie dann erst nachträglich die Gründe dazu suchten. Auch aus den Urteilen der Gerichte erfahren wir — wie schon erwähnt wurde — keineswegs immer die wirklichen Gründe, aus denen das Gericht zu seiner Entscheidung gelangt ist. Man braucht nur an die Urteile der Kollegialgerichte zu denken. Selbst wenn im Ergebnisse Einmütigkeit bestand, ist es möglich, daß das eine Mitglied aus diesem, das andere aus jenem, und das dritte wieder aus einem völlig abweichenden Grunde zu dem gleichen Ergebnisse gelangte.

Diese Gründe lassen sich aus der sog. „Begründung" des Urteils nicht ersehen. Sie müßte sonst aus einer wahrheitsgemäßen Aufzählung aller jener verschiedenen Gründe bestehen. Das ist aber bekanntlich in der Regel nicht der Fall, sondern das Kollegium oder der Urteilsverfasser sind meist zufrieden, wenn sie schließlich eine Begründung finden, die einigermaßen ausreichend erscheint und wenigstens von keinem Mitgliede des Kollegiums beanstandet zu werden braucht. Warum in der Rechtspflege dieses Versteckenspiel getrieben wird, ist nicht zu verstehen. Es läßt sich darüber streiten, ob es notwendig oder auch nur zweckmäßig ist, den Rechtsuchenden die Gründe der Entscheidung mitzuteilen. Aber wenn es geschehen soll, dann hat es doch nur einen Sinn, ihnen die wahren Gründe bekanntzugeben. Nur ausnahmsweise kommen solche Urteile vor. Das alte HGB. hatte nicht die Bestimmung § 17 des jetzigen HGB., der ausspricht:

> „Ein Kaufmann kann unter seiner Firma klagen und verklagt werden."

Trotzdem ließ das Reichsgericht dies schon nach altem Recht zu und sagte zur Begründung: „Der erkennende Senat erachtet den Grundsatz, daß der Kaufmann unter seiner Firma klagen und verklagt werden könne, auch für das bestehende Recht als eine den Bedürfnissen des Handelsverkehrs entsprechende, folgerichtige Entwickelung der zivilrechtlichen und im Handelsverkehr anerkannten Bedeutung der Firma."

Das z. B. ist mal ein echter Grund der Rechtsfindung. Aber ich wage nicht zu behaupten, daß dem die Mehrzahl der Urteile entspricht. Nicht selten lassen sie die wahren Gründe der getroffenen Entscheidung überhaupt nicht erkennen, oder doch untermischt und verbrämt mit Gründen, die der üblichen Methode der Rechtfertigung der gefundenen Entscheidung entlehnt sind. Trotzdem könnte doch immerhin den oft sehr ausführlichen und interessanten Begründungen der in großer — vielleicht zu großer! — Zahl veröffentlichten Entscheidungen ein außerordentlich reiches Material entnommen werden, aus dem die Wissenschaft die Methode und ihre Gesetze zu entwickeln vermöchte, nach denen tatsächlich die Gerichte ihre Entscheidung, also das Recht für den einzelnen Streitfall, finden. Diese

Schätze sind bislang noch nicht verwertet, ja es ist kaum nach ihnen geschürft und das Problem noch nicht einmal gestellt:

> Aus welchen Gründen wird eine bestimmte Entscheidung für gerecht und verständig gehalten?

Warum erschien es den Gerichten als gerecht und verständig, dem Straßenanlieger gegen die Eisenbahn einen Schadenersatzanspruch zu geben, wenn die Eisenbahn ihm durch die Erhöhung der Straße sein Haus entwertet? Welches sind die Gründe, aus denen diejenigen, die den vom Gläubiger nicht beanspruchten Erlös bei der Grundschuld ebenso behandeln wollen wie bei der Hypothek, dies für richtig halten?

Hier ist der Wissenschaft ebenfalls ein weites fast unberührtes Feld der Tätigkeit gegeben. Auch hier darf man vermuten, daß nicht der Zufall herrscht, sondern die Gesetzmäßigkeit. Wir müssen nur streben, die zugrunde liegenden Gesetze zu erkennen. Wenn es solche gibt, so sind es Gesetze im wissenschaftlichen Sinne, nicht abhängig von Raum und Zeit. Sie zu erforschen und in voller Klarheit zu gewinnen, ist eine hohe und lohnende Aufgabe. Bei ihrer Verfolgung wird sich sicherlich ergeben, daß auch der Zusammenhang, der Geist, der Zweck der Gesetze ihren vollberechtigten Einfluß auf die rechtliche Entscheidung des einzelnen Streitfalles sowohl wie allgemeiner Fragen haben — und ebenso, daß die Interessenabwägung unter den Beteiligten ein Faktor sein wird, der seine Rolle spielt; nur nicht der einzige, sondern lediglich einer von vielen, neben ihm z. B. das öffentliche Interesse, die Sitte, die Gewohnheit, die Moral, und die herrschenden Anschauungen, ja in gewissem Sinne die Mode. Endlich wird ein gewisser Einfluß des subjektiven Momentes nie ganz auszuschalten sein. Die Richter sind nun einmal Menschen.

Das Ergebnis dieser Betrachtungen läßt sich dahin zusammenfassen:

> Wir brauchen nicht eine neue Methode der Rechtsfindung, im bürgerlichen Rechtstreite, aber Not tut uns freilich die wissenschaftliche Erforschung und Klarstellung der tatsächlich angewendeten Methode;

und weiter:

> Wir brauchen keine Erweiterung der richterlichen Macht gegenüber dem Rechte im bürgerlichen Rechtsstreite, aber notwendig ist es, die tatsächlich bestehende richterliche Macht in ihrem Wesen und vollem Umfange zu erkennen.

Dies Ziel ist nur zu erreichen, wenn wir die trübe Brille vorgefaßter Meinungen zur Seite legen, und uns bemühen, mit unbefangenem Blicke um uns zu schauen, der nichts als Klarheit und Wahrheit sucht.

Die Macht des Richters ist groß. Sie war es von jeher und ist es auch heute noch. Sie ist eine urwüchsige Macht von geradezu elementarer Kraft, die unnatürliche Fesseln, die man ihr anzulegen versucht, noch immer widerstandslos gesprengt hat. Wir lernen Geschichte, um aus ihr zu lernen. Die Geschichte des sog. „geltenden Rechts" darf man mit den Worten beginnen: „Im Anfang war die Tat!" Zunächst sprachen Richter Recht — erst daraus entstand das, was wir das „geltende Recht" nennen. Der Richter ist älter als das geltende Recht. Als die legis actiones der Römer seiner Macht Schranken setzen sollten, zerbrach sie diese Schranken und die lex Aebutia mußte den geschaffenen Zustand durch Sanktionierung der formulae und exceptiones anerkennen. Eine verständnislose rechtsgeschichtliche Auffassung hat einst gemeint, die Prätoren hätten sich durch Ausbildung ihres Edikts eine Macht angemaßt, die ihnen nicht zukam, und sie hätten das Recht korrumpiert, sie wären nur klug genug gewesen, mit Hilfe der Fiktionen und dergleichen Kunstgriffen so zu tun, als sei alles beim Alten geblieben. In Wahrheit handelt es sich blos um einen Fall der naturgemäßen Betätigung und Durchsetzung der richterlichen Macht, die sich nicht beschränken läßt. Treffend nennt Puchta den Einfluß, den der römische Prätor auf das Recht selbst gewann:

> „einen Einfluß, der in gewisser Art den Gerichtsbehörden aller Zeiten und Völker aus der Natur ihrer Tätigkeit von selbst erwächst."

Dem Wesen nach hat die gleiche Erfahrung jede Gesetzeskodifikation machen müssen. Es soll nur an das preußische ALR. erinnert werden. Das schönste Ruhmesblatt in der Geschichte der preußischen Rechtspflege wird es bleiben, daß die Macht des Richters dem kurzsichtigen Willen des Gesetzgebers zuwider das ALR. durch die Rechtsprechung zu einem modernen Rechte entwickelte, das auf der Höhe seiner Zeit stand. Das ,adjuvandi vel supplendi vel corrigendi juris civilis gratia" des alten Papinian gilt auch heute noch von der Tätigkeit der Gerichte. Unsere deutsche Rechtsgeschichte enthält genug laut redende Zeugnisse für die Macht des Richters im Verhältnis zum Rechte. Haben die Gerichte uns doch sogar ganze Rechtsordnungen beschert. Warum „galten" denn das römische Recht und der Sachsenspiegel in deutschen Landen? Aus keinem anderen Grunde, als weil die Gerichte sie anwendeten. Sie galten auch nur in dem Umfange, soweit die Gerichte sie anwendeten. Es ist schief ausgedrückt, denn es widerspricht den geschichtlichen Tatsachen, zu sagen: sie wurden angewendet, weil sie galten.

Die richtige Erkenntnis des wahren Verhältnisses zwischen Richter und Recht ist von großer Bedeutung, nicht nur wissenschaftlich, sondern auch praktisch. Sie bewahrt vor Versuchen ängstlicher Beschränkung der richterlichen Gewalt, die doch erfoglos bleiben, und gerade dadurch erst Unsicherheit schaffen und die Wohlfahrt der Rechtspflege nur gefährden. Sie liefert den zuverlässigen Wegweiser für Ausbildung und Auswahl der Richter. Sie hat aber vor allem hohen Wert für den Richter selbst. Denn sie lehrt ihn, seine Aufgabe erst in ihrem vollen Umfange und ihrer ganzen Tragweite erkennen. Dadurch kann er dieser Aufgabe anders und besser gerüstet gegenübertreten, als wenn er in unklaren Vorstellungen über sie befangen ist. Man darf auch nicht glauben, sachlich laufe es schließlich auf dasselbe hinaus, ob man sagt: der Richter finde die Entscheidung aus dem geltenden Rechte durch Auslegung, Erforschung des Willens des Gesetzgebers, der Absicht der Beteiligten, durch juristische Konstruktion u. dergl. mehr, o d e r aber: der Richter selbst aus sich treffe die Entscheidung — es komme letzten Endes ja doch immer nur darauf an, daß die Entscheidung praktisch brauchbar ist. Das letztere ist richtig, das erstere nicht. Wie hier gezeigt wurde, führt die Einsicht, daß in Wahrheit nur der Richter selbst in vielen Fällen zu entscheiden hat, in denen er nach der herrschenden Lehre angeblich lediglich nach einer im geltenden Rechte enthaltenen Entscheidung zu suchen braucht, zu bedeutsamen Fragen, die sonst völlig im Verborgenen liegen bleiben: Welches sind die Gründe, die den Richter bei der Entscheidung von Fragen, die ihm überlassen ist, leiten, so und nicht anders zu entscheiden? Gibt es Gesetze, nach denen sich die Frage beantworten läßt, ob eine Entscheidung gerecht und verständig ist? Werden diese

Fragen gestellt und gelingt es der Wissenschaft, sie zu lösen, so können dadurch der Rechtsprechung für viele Fälle sichere objektive Richtpunkte gewährt werden, in denen sie heute unsicher im Dunkeln tappt und die Güte des Ergebnisses vorwiegend von der persönlichen Auffassung und dem Rechtsinstinkt des Richters, ja nicht selten sogar von reinem Zufall abhängt. Den unkontrollierten Einfluß dieser Faktoren auf ein immer kleineres Maß einzuschränken, muß die Rechtswissenschaft sich zum vornehmsten Ziele setzen.

DAS WORT „SCHECK".[1])

Von GEORG COHN.

I. Etymologie.

Das Wort Scheck stammt wahrscheinlich von dem englischen „e x c h e q u e r" (lat. „scaccarium", frz. „échiquier"), also von der Bezeichnung der normannischen und englischen Finanzbehörde.[2]) Es führt sprachlich daher auf einen persischen Wortstamm zurück, dem das deutsche Wort „S c h a c h" (altfrz. eschac, eschec, frz. échecs, engl. chess) entsprungen ist.[3]) Für diese Ableitung des Wortes Scheck

---

[1]) Diese kleine Abhandlung bildet einen Paragraphen aus dem Lehrbuch des Scheckrechts, das ich dem hochverdienten Vorkämpfer des Scheckgesetzes, Herrn Geheimrat Professor Dr. Rießer, als Festgabe darzubringen beabsichtigte, an dessen rechtzeitiger Fertigstellung ich jedoch durch Krankheit verhindert wurde.

[2]) Ueber den englischen, normännischen u. sizilischen exchequer vgl. B r u n n e r in v. H o l t z e n d o r f f s Encykl. 4. Aufl. 1882, S. 297 u. Geschichte der engl. Rechtsquellen im Grundriß, 1909, S. 24, 26, 36 ff., 64 ff., auch in Z. der Sav.-Stift, germ. Abt. II, S. 210, ferner G n e i s t , engl. Verf.-Gesch. 1882, S. 177 ff., 206 Note u. passim, L i e b e r m a n n , Einleitung in den Dialogus de scaccario, Dissert., Göttingen, 1875, L o t z , das Aufkommen der Geldwirtschaft (Volksw. Zeitfragen, Heft 238), 1908 s. 9 ff., E r n s t H e y m a n n in v. H o l t - z e n d o r f f - K o h l e r , Encykl., 6. Aufl., 1904, I s. 797 u. 801, F e h r, die Sprache des Handels in Altengland, Wissensch. Beilage zum 10. Jahresbericht der städtischen Handelsakademie, St. Gallen, 1909, S. 34 ff., S t u b b s , the constitut. history, 1874, I S. 517 § 126 u. Select Charters, 4. Ed., 1881, S. 189 ff., sowie die von F e h r S. 36 note 1 und von B r u n n e r a. a. O. zitierten sonstigen Werke, besonders von M a d o x (1711, 2. Ed. 1769), B i g e l o w (1880), H a l l (1898, 1902), H u g h e s , C r u m p u. J o h n s o n (1902), P a r o w (1906) sowie C. G r o ß , the jurisdiction of the Court of Exchequer under Edward I, in Law Quartaly Review, 1909, 25 p. 138 ff. Uebrigens gab es in England nicht nur den königlichen Exchequer, es begegnet vielmehr auch (1125) ein scaccarium des Grafen Leicester (L i e b e r m a n n 110).

[3]) C o s a c k , S. 296, der jedoch sehr vorsichtig dieser sprachlichen Zurückführung ein „vielleicht" beifügt. Weshalb der englische Finanzgerichtshof den Namen Exchequer führte, ist eine alte Streitfrage. Schon der Archidiakonus (spätere Londoner Bischof) R i c h a r d

Fitz-Nigel gibt in seinem 1178 oder 1179 verfaßten „Dialogus de scaccario", „dem ältesten existierenden Lehrbuch der Finanzwissenschaft" (Lotz a. a. O.), auf die Frage des Discipulus nach der Etymologie des Wortes eine doppelte Erklärung: einerseits die äußerliche von der Aehnlichkeit der Form des Zahltisches mit dem Schachbrett („nulla mihi verior ad praesens occurit, quam quod scaccarium lusilis similem habet formam"), anderseits eine recht gesuchte: „sed est alia, sed occultior", nämlich die Aehnlichkeit der jährlichen Abrechnung mit einer Schachpartie zwischen Schatzmeister und Sheriff, während die andern als Urteiler beisitzen (vgl. Liebermann S. 78 ff. u. 163, unten Stubbs in Abs. 2 dieser Note). Auch Fehr spricht S. 41 vom „Symbolismus der öffentlichen Schachpartie". Andere leiten den Namen von dem schachbrettartig gewürfelten Fußboden ab („a pavimento loci ... tesserulis quadratis diversis coloribus instrato" (so Du Cange, Glossar), viele aber von dem über dem Sitzungstisch ausgebreiteten schachbrettartig gemusterten Tuch (pannus), so Gneist S. 178 und Stubbs § 126, so auch The Century Dictionary II s. v. exchequer: "it received its name from the chequered cloth, which covered the table, at which the account were taken, a name which suggested the idea of a game between the receiver and the payer, the treasurer and the sheriff"; vgl. auch Sweet, Dictionary of English Law, 1882, S. 333 "from the chequered cloth, ressembling a chess board, which covered the table" unter Zitierung von Blackstone, Comment. III. Noch andere Autoren leiten das Wort von den Zahlbrettern ab, so Gilbart, the history, principles and practice of banking, by Michie 1882 I p. 230: "The chequers placed at the door of public-houses are intented to represent chess-boards, and originally denoted that the game of chess was played in those houses. Similar tables were employed in reckoning money, and hence came the expression" to check an account, "and the Government office, where the public accounts were kept, was called the Exchequer. It probably obtained its name from the French échiquier, a chess board". Ihm folgt Hulshoff S. 15 n. 1; vgl. auch Simonson in Schmollers Jahrb. N. F. VII. p. 138. — Neuestens bemerkt Fehr S. 36 N. 2, daß bei der Benennung verschiedenes mitgespielt haben mag, vor allem der Umstand, daß in kleinen Verhältnissen (auf den Rittergütern und später bei den Bürgern) das Schachbrett zugleich als abacus benutzt wurde, so daß eschequier nicht nur Schachbrett, sondern auch Rechenbrett bedeutete. — Ueber andere „nicht ernst zu nehmende" Erklärungen aus deutsch „Schach" (Raub), (ludus scaccorum sive latrun culorum) und Englisch „dummy" (Strohmann, Stumme) vgl. Fehr a. a. O. — Ueber einen vermutlichen Zusammenhang der Wörter Schach, Schecke (Pferd) und scheckig mit Scheck vgl. Zeitschrift des Allg. Deutschen Sprachvereins XIV S. 899, Spalte 38 ff. und 135 Note.

Ob der Exchequer normannischen Ursprungs oder schon den Angelsachsen bekannt war, ist streitig; Stubbs, Bigelow und die Herausgeber des Dialogus (1902) halten das Schatzamt für angelsächsisch (bei Fehr S. 34 n. 4). Nach Brunner (Gesch. der engl. Rechtsquellen S. 64) findet sich zwar der Ausdruck Scaccarium (Echiquier) früher in England als in der Normandie, „doch ist an dem normannischen Ursprunge der Institution nicht zu zweifeln, zumal sie sich in der ersten Hälfte des 12. Jahrhunderts als normannische Einrichtung in Sizilien nachweisen läßt". Vgl. auch Liebermann S. 109.

von „exchequer" spricht einserseits die Tatsache, daß die von englischen Königen des Mittelalters auf ihre Schatzkammer ausgestellten Anweisungen zuweilen den Zusatz „per billam de scaccario" trugen[4]), und anderseits der Umstand, daß in England noch in der Mitte des 18. Jahrhunderts die heut cheques genannten Urkunden den Namen „Chequer" geführt haben sollen[5]).

Dagegen vertreten manche Schriftsteller, zumal französische[6]), die Ableitung des Wortes Scheck von dem englischen Zeitwort "to check". Dies bedeutete ursprünglich soviel wie „Schach ansagen", „matt setzen" (to stop)[7]), später soviel wie prüfen, untersuchen, kontrollieren, verifizieren[8]). Die Verwendung dieses Wortes für die Scheckurkunde erkläre sich durch den Gebrauch fortlaufender Nummern auf den Formularen als Kontrollmittel[9]).

---

[4]) Vgl. Z. f. vergl. R.-Wiss, II. S. 131 ff. — Billa de scaccario ist sprachlich wohl gleichbedeutend mit bill of exchequer; exchequer bills im technischen Sinne, d. h. „promissory notes of the Government" wurden dagegen erst von 1696 an bis etwa 1877 ausgegeben; vgl. Thomson, Dictionary of banking, 1911, S. 218 und 524.

[5]) Nach einer freundlichen Mitteilung des Herrn Prof. Dr. Leser in Heidelberg. Ueber die „abbreviation" von exchequer in „cheker" vgl. the Century Dictionary a. a. O., auch Fehr S. 41 (scaccarium — eschequier — cheker) und die dort (nach Wright und Wülcker, Anglo Saxon and Old English Vocabularies, 1884, 609, 41) zitierte Glosse des 15. Jahrhunderts: "scaccus — the meny of the cheker." Vgl. auch Muret, Enzyklop. Wörterbuch der engl. und deutschen Sprache, 1891, I S. 246 Zeile 10: "checker, chequer (veraltet) soviel wie exchequer", und S. 429 Z. 4: "chequer — Exchequer, Court of Exchequer."

[6]) Michaux-Bellaire in Dufour's Revue de dr. comm. 1864 p. 4 n. 1. Le Mercier, Études sur les chèques, 1874, p. 1, Chastenet, Études sur les chèques, 1882 p. 5 n. 4. Vgl. auch Lyon-Caen et Renault, Traité de dr. comm. IV p. 540 n. 2: „L'émission et le paiement du chèque impliquent une vérification préalable". Für die Ableitung von „to check" spricht nach Conrad, Handbuch des Deutschen Scheckrechts, 1908 S. 2 „der Umstand, daß im Verkehr die verschiedensten Arten von Kontrollquittungen nach englischem Muster, kurzweg als Schecks bezeichnet werden". Vgl. unten Note 58.

[7]) Sweet, s. v. cheque. "The original meaning of the word was to stop, derived from the expression "check-mate, persian shakmat (the)king is dead", in the game of chess."

[8]) Ebendas. "To check is to control or verify, especially applied to that kind of regulation or superrevision, which is exercised by one department of an office over another." Vgl. auch Conrad S. 21, n. 13a: "To check" (ursprünglich Schach sagen) bedeutet später „jemanden auf sein Interesse aufmerksam machen, kontrollieren."

[9]) So A. K. Lloyd, four lectures on bills of exchange, London, s. a. (anscheinend 1895) p. 111; "these books of forms bore registered numbers as "check" or means of verification, if, when the order

Auch habe das moderne Wort cheque ursprünglich (1706) das von der Bank zurückbehaltene Kontrollblatt bedeutet[10]).

In neuester Zeit hat Fehr auch auf scaccus (altnorm. escache, altfrz. escasse, neufrz. échasse) aufmerksam gemacht, was Stelze und Kerbholz, Kontrollholz[11]) bedeute und „vielleicht auf eine Bezeichnung eschiec (engl. check)" hinweise. Fehr hat S. 42 dabei, freilich unter aller Reserve, die Vermutung ausgesprochen, daß „der cheque nicht nur sachlich, sondern auch sprachlich die Fortsetzung des Kerbholzes wäre[12])"; immerhin begründet er (S. 41) diese ganze Hypothese von scaccus, eschiec, check doch wieder „in Hinblick auf scaccarium — eschequier — cheker oder auf ludus scacci[13])", so daß die Ableitung unseres Wortes Scheck schließlich doch auch nach Fehr auf exchequer und Schachspiel zurückginge.

II. Schreibweise.

Etymologisch richtiger ist die Schreibweise „cheque". Nur sie ist jetzt offiziell in England[14]) und Nordamerika[15]); sie

should come to be presented for payment, there should any doubt of its genuineness" und neuestens Thomson a. a. O. S. 114: "An other explanation is that the word "check" arose from the consecutive numbers which were placed upon the forms to act as a check or means of verification."

[10]) Fehr S. 42. „Das moderne Wort cheque (für check, ursprünglich das von der Bank zurückbehaltene Kontrollblatt des Schecks 1706) (New English Dictionary) würde dann tiefer zurück reichen als bis ins 18. Jahrhundert."

[11]) Wegen der am Kerbholz etwas hervorstehenden Basis.

[12]) Vgl. über die englischen Kerbhölzer (tallies) Fehr S. 39—45, 53, 56, 81 u. 82, sowie A. v. Kostanecki, Der öffentliche Kredit im Mittelalter, 1889, S. 35 ff., 82 ff. und 117, und Handwörterbuch der Staatswiss. 3. Aufl., VII, S. 217.

[13]) Nach S. 82 ist das mittelenglische scatche, afr. escache (nfr. échasse) Stelze mnl. schaetse, Schlittschuh, wahrscheinlich mit einem Stamm „schak" (vgl. lautlich germ. staca) altfranz. estache zusammenzubringen"; nach Franck sei das Wort dunklen Ursprungs.

[14]) Für unser Zahlmittel; die Schreibart „check" ist für andere Weisungen üblich geblieben, Lloyd S. 112, vgl. unten n. 15 und 17; nach Meyer, Das Weltscheckrecht, 1913, I S. 127 ff., beeinträchtigt auch für unser Zahlmittel die Schreibart „check" die Gültigkeit nicht, „nur auf die Klangfarbe kommt es an". Schirmer, Wörterbuch der Deutsch. Kaufmannssprache, 1911, S. 167 erklärt dagegen „Check" für amerikanisch; die engl. Form sei eigentlich „cheque" in der modernen Bedeutung von 1774 ab belegt.

[15]) Negotiable Instruments Law § 321.

war es früher auch in Österreich[16]). Nur sie begegnet im Portugiesischen, Spanischen, Griechischen, Niederländischen[17]) und (mit dem accent grave) in Frankreich und Belgien.

Die kürzere und phonetische Schreibart „c h e c k" ist dagegen historisch älter; denn so schrieb man in England im 18. Jahrhundert[18]). Sie findet sich heut in den Gesetzen Italiens und der skandinavischen Staaten, im deutschen Text des schweiz. Obligationenrechts von 1881 und auch von 1911[19]). Sie ist in England neben der offiziellen Schreibart cheque noch immer üblich[20]); in Holland begegnen gleichfalls beide Schreibformen[21]). Sie findet sich auch in dem deutschen Wechsel-Stempelgesetz vom 10. Juni 1869, in allen deutschen Scheckgesetzentwürfen mit Einschluß des Entwurfs von 1892, und sie war bei wohl allen deutschen Schriftstellern bis vor wenigen Jahren üblich.

Die deutsche Gesetzgebung ist auf Anregung des Allgemeinen Deutschen Sprachvereins[22]) zur D u d e n s c h e n Schreibart „Scheck" übergegangen. Sie erscheint zuerst o f f i z i e l l in der Anlage 15 a

---

16) Österr. Gebührenges. v. 13 II 1862 u. 29 II 1864. Auch der F u n k sche Entwurf v. 1880 schreibt noch „Cheque". Schon im folgenden Jahr aber nimmt L e o n h a r d t, Die gesetzliche Begründung des Checksystems, die phonetische Schreibart Check an. In den Verhandlungen über den Entwurf eines Gesetzes bemerkt der Experte H e r z, S. 118 über die offizielle Schreibweise des Wortes: „Wir haben z w e i Schreibweisen, eine e n g l i s c h e, die n i c h t e n g l i s c h, und eine d e u t s c h e, die nicht d e u t s c h ist." (!)

17) M e y e r I, S. 127 n. 3.

18) Nach einer freundlichen Mitteilung F e h r s. — Vgl. auch T h o m s o n, Dict. of banking p. 114: "F o r m e r l y written check" und L o y d p. 112: "The original spelling of „c h e c k s" was for a long time adhered to and is still prefered by some. But the distinctive form of „c h e q u e" is conveniently appropriated to the d r a f t o n a b a n k e r on demand, while "c h e c k s" may be ordered in any quantity at your tailor's, or experienced by any one subjekt to r e s t r a i n t or c o n t r o l. Vgl. auch oben n. 9.

19) Vgl. Zürcher Festschrift zum Schweizer Juristentage 1908 S. 97.

20) Vgl. Otto S a r r a z i n in Z. des Allg. Deutsch. Sprachvereins XIV 1899 S. 135 Anmerkung.

21) H u l s h o f f, de cheque 1870 S. 15 n. 1 glaubt, „dat hek ook het beste is om c h e q u e te schrijven." Ebenso schreibt M o l e n g r a a f, Leidrad bij de beoefening van het nederlandsche handeltrecht, Haarlem, 1899, S. 182 „De c h e q u e", ebenso T. M. C. A s s e r, Schets van het nederlansche Handelsrecht, 11. druk, 1908, S. 83, „c h e q u e" (ohne Akzent), dagegen S. 284 (in der Lijst van uitheemsche woorden „c h è q u e" (mit dem Akzent). K i s t, Beginselen van handelsregt, II, 1874, S. 396 n. I schreibt dagegen „de Engelsche C h e c k s".

22) Z. des Allg. D. Sprachvereins, Jahrgang XIV (1899), Nr. 2 Sp. 38 Nr. 7 u. 8, Sp. 135 u. Nr. 12 Sp. 210 v. 11. Mai. Vgl. auch unten n. 29 (B e k k e r).

des Entwurfes bzw. in § 6 des Gesetzes betr. die Feststellung des Reichshaushaltsetats für das Rechnungsjahr 1900 vom 30. 3. 1900 (RGBl. 1900 S. 139)[23]).

Sie ist lebhaft angegriffen[24]), aber auch warm verteidigt worden[25]). Diese Schreibweise ist auch von der österreichischen Gesetzgebung und von der ungarischen Literatur[26]) angenommen worden. Das ungarische Gesetz hat in § 1 der ungar. Schreibweise „csekk" noch die drei anderen Schreibarten (Scheck, cheque (ohne accent grave) und check) beigefügt. Im Rumänischen ist die Schreibweise „cek", im Bulgarischen und Serbischen „tschek"[27]). In der Esperantosprache wird das Wort als „ĉeko" geschrieben[28]). — E. J. Bekker schreibt „Chek"[29]).

Absonderliche Verunstaltungen in Schick und Czech sind früher in Wien vorgekommen[30]).

Sarrazin spricht die Überzeugung aus, daß „internationale Schwierigkeiten aus der verschiedenen Schreibung ja nicht zu befürchten seien"; das trifft aber keineswegs für alle Staaten zu[31]).

---

23) Lessing, Scheckgesetz v. 11. März 1908, Münster 1908, S. 18 n. 1. Meyer I, S. 127.

24) Conrad, S. 21 n. 14 nennt sie „durchaus willkürlich gewählt". Vgl. auch den Angriff in den „Grenzboten" (1899 II v. 11. Mai).

25) Sarrazin in Z. des Allg. D. Sprachvereins Nr. 7 u. 8 Sp. 134 ff. Vgl. auch Hecke, Wechsel u. Scheck, S. 4 n. 2 („nur gerechtfertigt durch das Bestreben, den Laut Ch zu verdeutschen".) Die orthographische Konferenz in Berlin 17.—19. Juni 1901 legte diese Rechtschreibung fest; Meyer I S. 127.

26) Sichermann gab noch im Jahre 1895 seinem Werk den Titel: A cheque. Tanulmány a kereskedelmi jog köréböl. Ujlaki schreibt in seinem Kommentar „A csekktörvény magyarázata" (1909) stets „csekk".

27) Meyer I S. 127 n. 3.

28) Schecks, deren Text in Esperanto gedruckt ist, werden u. a. von schweizerischen Banken ausgegeben. Vgl. Neue Zürcher Zeitung v. 20 V. u. 11 VI. 1908. Lessing S. 19, Plutus 2. VII. 1908. Kliemky, Heft 28, S. 553 ff (internationale Geldeinheit). Sie sind für gültig zu erachten, ebenso Wechsel in Esperanto; a. M. bez. der letzteren Hacmann, Beiträge zum Wechselrecht, 1913, S. 59, n. 87.

29) Bekker, Grundbegriffe des Rechts u. Mißgriffe der Gesetzgebung, 1910, S. 327. „Die kindliche Impotenz der ganzen Antifremdwörterbewegung aber zeigt sich deutlich darin, daß sie das Aufkommen von Sport ... Chek ... zu verhindern nicht vermocht hat. Schreiben wir fonografisch Deutsch und damit basta."

30) Vgl. die anekdotenhafte Mitteilung in Luwischs gemeinverständlichem Handbuch des Giro- u. Cheque-Verkehrs, 1878, S. 76 Note.

31) Vgl. oben n. 25.

Die Haager internationale Scheckrechtskonferenz im Jahre 1912 glaubte die Schreibweise des Wortes der Orthographie der Sprache überlassen zu sollen, in welcher die Urkunde abgefaßt ist[32]).

III. Synonyma.

Als deutsche Übersetzung des fremden Wortes begegnet in Deutschland früher das Wort „Cassier"-Anweisung[33]), auch „Cassier-Quittung"[34]), oder Anweisung auf eine Auszahlung[35]); in der Schweiz war das Wort „Bankmandat" üblich[36]). Munzinger[37]) und Franz Mittermaier[38]) wählten das Wort „Bankanweisung"; analog findet sich im italienischen Codice di Commercio als Hauptbezeichnung „l'assegno bancario" vor dem in Parenthesen beigefügten Worte „check". Eine Doppelbezeichnung ganz ähnlicher Art findet sich auch im älteren Portugiesischen HGB. und in der Ordonanza XIII von Malta v. 2. Oktober 1857 A. 245 ff.; jenes nennt das Papier in Art. 430 chequa o mandato sobre banqueiro[39]); diese bezeichnet sie im Plural als „mandati o cheques sopra banchieri". Letztere Bezeichnung ist übrigens im neuen portugiesischen HGB. beseitigt. Der Ausdruck Bankanweisung ist als Übersetzung schon deshalb ungeeignet, weil in einer Reihe von Ländern, insbesondere auch gerade in Italien, Schecks nicht nur auf Bankiers gezogen werden können.

---

32) Meyer a. a. O. Bd. II S. 412 n. 1 „Ce mot pourra être ércit selon l'orthographie de la langue dans laquelle le titre est écrit." Ueber die Vorschläge für den Entwurf einer Konvention ebendas. II S. 19 n. 4, 80 u. 347 (Meyersche Entw. § 14 Abs. 2).

33) Vgl. Fick, Frage der Scheckgesetzgebung auf dem europ. Kontinent, 1897, S. 178.

34) Courtin, Encyclop-Handbuch für Kaufleute, Stuttg. 1836, S. 154 und Heyse, Fremdwörterbuch, 13. Aufl., 1865, S. 161; vgl. Alfr. Schirmer a. a. O.

35) Courtin a. a. O.

36) Schleier, Contor-Lexicon, Leipzig, 1844, S. 106 bei Schirmer a. a. O.

37) Entwurf eines schweizerischen Handelsrechts vom Juni 1864. Überschrift des Art. 44 „Die Anweisung und insbes. die Bankanweisung (Cheque)." Motive 1865, S. 397 und 406 ff.

38) Mittermaier in Z. f. H.-R. X. S. 1 ff. „die Bankanweisung (check) und das frz. Gesetz vom 14. Juni 1865 über dieselbe." Gegen diese Bezeichnung vgl. Meyer I S. 127

39) Z. f. vergleich. Rechtswiss. I S. 141 ff. u. XI S. 372 ff.

Noch ungeeigneter ist die flämische Übersetzung „Bankwissel"[40]), da es zahllose Bankwechsel gibt, die keine Schecks sind.

In den Niederlanden steht dem Scheck wirtschaftlich und juristisch das Kassierspapier (Kassiersbriefje, Kassierskwitantie) gleich[41]).

Auch in Norwegen besteht nach der Überschrift des Gesetzes vom 3. 8. 1897 („Lov om visse anvisningen (Checks)"[42]) eine gesetzliche Doppelbezeichnung: weiße Anweisungen oder Schecks. Im Dänischen und Norwegischen wird auch „bankanvisning" statt „check" gebraucht[43]).

In Spanien heißt der Scheck gesetzlich (HGB. Art. 534) auch Zahlungsauftrag (mandato de pago). Daneben begegnen unter dem Namen „Talóns" besondere nach Art. 513 dem Scheckrecht unterstellte „Zahlungsordres im Kontokorrent der Banken oder Handelsgesellschaften[44])".

Im Griechischen wird die Urkunde ἐπιταγή, aber auch cheque genannt[45]).

In Argentinien, Peru, Costa-Rica und Mexiko führen sie — wenigstens gesetzlich — nur den Namen cheques; im Verkehr Argentiniens werden sie aber auch „libranzas por metálico"[46]) oder einfach „talones" genannt[47]).

---

[40]) Dosfel en von Eckhout, Schets van het belgisch Handelsrecht. Dendermonde (ohne Jahreszahl) S. 78 „Bankwissels of checks".

[41]) Vgl. die Zitate in Z. f. vgl. R.-W. I, S. 136 n. 7, Trumpler in Welthandelsrecht, Schlußband, S. 197. Meyer I S. 127 n. 3 bezeichnet „Kassierspapier, Kassierskwitantie, Assignatie aan tonder" als eine „besondere Art" „cheque". Bezüglich der Assignatie aan tonder scheint das jedoch nicht bedenklich. Vgl. unten, n. 51.

[42]) Holdheim in seiner Monatsschrift VII, S. 274, und Horn, Die nordische Scheckgesetzgebung, 1899, S. 10.

[43]) Meyer I S. 127 n. 3 II, S. 19 n. 3.

[44]) Merzbacher, S. 3 n. 4. Meyer I S. 49.

[45]) Meyer I S. 127 n. 3 II S. 19 n. 3.

[46]) Ebendas. und besonders Segovia, Explicación y critica del nuovo código de comercio, 1892, II. S. 304 zu Artikel 798 n. 26, 37. Letzterer beruft sich auf Eixialá y Duran und gibt das Wort libranzas por metálico" durch mandatos ú órdenes de pago á la vista", also durch Sichtzahlungsaufträge wieder.

[47]) Segovia a. a. O. macht darauf aufmerksam, daß in Spanien Talón den Scheck selbst bedeutet (el papel, das Papier des Schecks), daß man aber in Argentinien „vulgarmente" zufolge eines Gallizismus

In Guatemala heißen sie pagarées oder quedanes[48]). Der letztere Name kommt von quedar, das soviel wie einhalten oder bleiben bedeutet[49]).

In einzelnen belgischen Orten, besonders in Antwerpen, wird der Scheck auch „Assignation" genannt[50]), und auch in den Niederlanden scheint „assignatie (aan tonder)" als Bezeichnung für Schecks nicht ganz ausgeschlossen zu sein[51]).

Eine wenig passende Bezeichnung für Scheck war früher in Prag der Name „Girofolio"[52]).

Im Persischen entsprechen den Schecks wohl Hewalet, Hewalch oder Berat, d. h. die abtretbaren Anweisungen auf die bei dem Angewiesenen befindlichen Gelder des Anweisenden[53]); jedoch entspricht der Berat mehr dem Wesen eines Wechsels[54]).

In China entsprechen dem Scheck anscheinend der hai piao und die Compradore-Orders[55]).

Im gräco-ägyptischen Rechtsleben führte der

---

unter „talón" oder „matriz" die links vom Scheck (im Scheckbuch) befindliche „souche" des Schecks (talon de souche, registre à souche) verstehe. Vgl. noch Trumpler S. 203 u. 204. Mexiko 555: „Die Schecks sind aus Talonbüchern („libros talonarios) zu entnehmen.

[48]) Vgl. Gotthelf Meyer in Grünhuts Z. 1879, sowie Z. f. vergl. R.-Wiss. II, S. 136, III S. 71 ff., Conrad S. 2 n. 1, jetzt besonders Felix Meyer I S. 10.

[49]) Felix Meyer a. a. O.

[50]) Pandectes Belges XVII, p. 103.

[51]) Vgl. Hulshoff S. 33, Asser, schets S. 81, 83, Felix Meyer I S. 127 n. 3 und 417. Vgl. auch oben Note 41.

[52]) Urteil des Oesterr. Ob.-G.-H. vom 26. Dezember 1878 in „Jurist. Blätter" VII Nr. 24 Beilage S. 309 ff.

[53]) Felix Meyer, Die Frage der Vereinheitlichung des Wechselrechts 1908 S. 22, Weltwechselrecht I S. 21, Weltscheckrecht I S. 12 ff. Nach Greenfeld in den Handelsgesetzen des Erdballs VI. S. 102 ff. könnte man den mündlichen persischen „Hawaleh" als ein Ersatzmittel des Schecks bezeichnen (zitiert von Redlich, Vorschläge zur Vereinheitlichung des Scheckrechts, 1911 S. 8 n. 1).

[54]) Felix Meyer I S. 13.

[55]) Felix Meyer, Weltwechselrecht I, S. 23 „Der zur Vermeidung des Geldtransports dienende, auf den Namen des Empfängers gestellte hai piao, eine Art Scheck." Vgl. aber jetzt auch desselben Verfassers Weltscheckrecht I S. 12 n. 3 u. die dort zitierten Chung Hui Wang und Forke.

Korn-Scheck und die Giroanweisung die gleiche Bezeichnung: διαστολικόν[56]).

Eine Reihe von wenig geeigneten Verdeutschungsvorschlägen sind gemacht worden[57]), insbesondere „Zahler", „Bankanweisung" und „Anweisung"; aber „Zahler" bedeutet üblicherweise den Zahlungsleister, nicht den Zahlungsschein, und nicht jede „Bankanweisung" und noch weniger jede „Anweisung" ist ein Scheck. Die österreichischen Motive zu § 2 sprechen vom Wesen des Schecks als „Depositalanweisung"[58]); aber diese Umschreibung deckt den Kreditscheck nicht. Wenn man einen rein deutschen Namen sucht, so dürfte sich im Hinblick auf das deutsche und österreichische Gesetz das allerdings etwas langatmige Wort „Guthabenanweisung" empfehlen.

IV. Nebenbedeutungen.

Das Wort Scheck hat auch mehrere von der Bedeutung einer Guthabenanweisung ganz abweichende Nebenbedeutungen. So begegnet es im Lagerhausverkehr als Lagerscheck[59]) oder Check-Warrant[60]).

Nach englischem Vorbild braucht man es auch im Transportverkehr für Reisegepäck-Aufbewahrungsschein, in den Restaurationen für die dem Wirt oder dem Büfett erteilten Kellnerquittungen, in den Verkaufsläden für die Kassenbelege, die der Verkäufer über den Wert der verkauften Waren an die Ladenkasse, an welche

[56]) Vgl. Preisigke, Girowesen in griech. Ägypten, 1910 S. 119. 125, 127 ff, 203, 216. Vgl. noch K. Lehmann, Handelsrecht 2. Aufl. 1912. S. 712 n. 3, übrigens auch S. 813 n. 1 u. 814 über διαγραφά. Neuestens Rehme in Ehrenbergs Handbuch des Handelsrechts 1913, S. 73.

[57]) Sarrazin, Verdeutschungswörterbuch 3. Auflage 1906.

[58]) Erläuternde Bemerkungen bei v. Canstein, Der Scheck, 1906 S. 212, vgl. auch Hammerschlag in Z. für Volksw. S. 386. Im Bericht der Spezialkommission des Herrenhauses 1905 (bei Geller, Oesterr. Scheckgesetz, 2. Aufl., 1910, S. 16) wird der Scheck als fundierte, als Depositalanweisung bezeichnet.

[59]) Wertheimer, Das Lagerhaus und die Vorteile der Lagerhausbenützung 1886, S. 21.

[60]) Das Wort Warrant begegnet übrigens in dem um das Jahr 1594 verfaßten englischen Lustspiel „Knack to know an honest man" als Bezeichnung für eine Geldauszahlungsanweisung des Dogen v. Venedig auf den Staatsschatzmeister: "The treasurer shall pay the straygt. Scribe give him a warrant." Vgl. Mendelssohn-Bartholdy im Arch. f. Rechts- u. Wirtschafts-Philosophie S. 608.

der Käufer seine Zahlung leisten soll, ausstellt[61]). In Österreich verwendet man das Wort Scheck auch für zinstragende Kassenscheine[62]).

Endlich soll in der kommunistischen „Kaweah cooperative colony Company" ein etwas phantastischer Zeitscheck eingeführt worden sein[63]).

---

[61]) Conrad S. 21. Vgl. auch oben n. 6. Nach Lloyd p. 112 ist die Orthographie des Wortes in dieser Nebenbedeutung eine andere, als die für das Wort in seiner bankmäßigen Hauptbedeutung. Vgl. oben n. 18

[62]) Vgl. Goldschmidt Handbuch des HR. § 76 n. 49, Wertheimer a. a. O., Endemann III S. 913 n. 69 Ella, Warrants for goods, p. 3. "by cheques or sub-ordres.". In Frankreich hat in neuerer Zeit Wolowski den Scheck im Hinblick auf die notwendige Deckung als „warrant métallique" bezeichnet; ihm schließt sich Panhard in seiner Dissertation, Paris 1893, S. 73 an. Vgl. jedoch Fick S. 293.

[63]) Pateow in der Frankfurter Zeitung vom 24. Oktober 1890.

VOM RECHT DER AMTLICH NICHT NOTIERTEN WERTE.

Von OTTO BERNSTEIN.

I.

Allgemeines.

Das Bestreben des Börsengesetzes vom 22. Juni 1896, den Geschäftsverkehr an und mit der Börse auf der einen Seite durch Bindung an bestimmte, mit den Bedürfnissen der Praxis nicht immer in Einklang befindliche Zwangsvorschriften zu reglementieren und ihn auf der anderen Seite, soweit er diesen Zwangsvorschriften nicht entsprechen wollte oder konnte, zu desorganisieren, hat auch in der Art der gesetzgeberischen Behandlung der zum offiziellen Börsenverkehr nicht zugelassenen Werte seinen Ausdruck gefunden. Während an den großen Börsenplätzen des Auslandes (Paris, London, New York) der Handel in amtlich zugelasenen Werten im wesentlichen lediglich den Charakter eines privilegierten Geschäftsverkehrs hat, daneben aber der Handel in nicht zugelassenen Werten in mehr oder minder weitgehendem Maße Duldung oder sogar offizielle Berücksichtigung erfährt, war es das Ziel des deutschen Gesetzgebers, die amtliche Zulassung zur zwingenden Voraussetzung eines jeden börsenmäßigen Effektenhandels zu machen, den Handel in nicht zugelassenen Werten hingegen gänzlich von der Börse fernzuhalten. Bereits im Bericht der Börsenenquetekommission (S. 42, 43) ist — gegenüber den von sachverständiger Seite geäußerten Bedenken — geltend gemacht worden, daß eine Ausschließung der nicht zugelassenen Werte von sämtlichen Vorteilen der Börseneinrichtungen (also nicht nur von der amtlichen Kursnotiz) zur Durchführung der von der Kommission vorgeschlagenen Gesetzesnormen über die Voraussetzungen der Zulassung unbedingt erforderlich sei. In ihrer Denkschrift an den Reichskanzler vom 12. November 1894 haben die Ältesten der Kaufmannschaft von Berlin insbesondere an dem hier in Rede stehenden Vorschlag eine bemerkenswerte, durch die spätere Entwickelung vielfach als zutreffend bestätigte Kritik geübt. Die Denkschrift der Ältesten (S. 12) bekämpft vor allem die — auch heute noch nicht völlig überwundene — Anschauung, „daß die Nichtzulassung eines Wertpapiers zum amtlich kontrollierten Handel an der Börse dasselbe mit einem Makel behafte." Ganz abgesehen von den Effekten, für welche wegen der ungenügenden Höhe ihres Kapitals ein Antrag auf Zulassung gar nicht gestellt werden kann, folge sogar aus der Ablehnung eines auf die Zulassung gerichteten Antrages und aus der Unterlassung der Stellung eines solchen an sich noch nichts Nachteiliges für das betreffende Wertpapier, da die Ablehnung sehr wohl erfolgen könne, weil — was auch bei der solidesten Emission nicht ausgeschlossen sei — der Emittent die von der Emissionsbehörde verlangten Angaben und Urkunden nicht zu beschaffen vermag. Mit der Versagung der Benutzung der Börseneinrichtungen werde man den Handel in nicht zugelassenen Werten keineswegs von der Börse vertreiben, sondern ihn lediglich von jeglicher Kontrolle der Börsenorgane befreien; mit Versagung der Benutzung der Börsenschiedsgerichte werde man, soweit die Beteiligten sich nicht durch Bildung eines privaten Schiedsgerichts einen Ersatz schaffen, nur böswilligen Schuldnern Nutzen und Freude bereiten. Durch die Fernhaltung des Verkehrs in amtlich nicht zugelassenen Effekten von der Börse werde schließlich auch die Ermittelung des Wertes dieser Effekten, welche namentlich im steuerlichen Interesse vielfach von Bedeutung sei, erheblich erschwert.

Die Gesetzgebung ist über diese Einwendungen nicht nur hinweggegangen, sondern hat noch einen weiteren Schritt zur Desorganisierung des Verkehrs in amtlich nicht notierten Werten getan, indem sie die Veröffentlichung von Preislisten über an der Börse abgeschlossene Geschäfte in nicht zugelassenen Werten bei krimineller Strafe untersagte. In erster Lesung hatte die Reichstagskommission sogar den Beschluß gefaßt, das Verbot der Preislistenveröffentlichung auch auf außerhalb der Börse geschlossene Geschäfte zu erstrecken, um zu verhindern, „daß sich trotz der Nichtzulassung ein gewerbsmäßiger Handel außerhalb der Börse organisiere (!)." — Die Entwickelung hat sich in der Folge freilich wesentlich anders gestaltet, als der Gesetzgeber es gewollt und vorausgesehen hatte. Während zur Zeit der Börsenenquete der Handel in nicht notierten Werten eine verhältnismäßig geringe Bedeutung hatte (vgl. BEV. S. 73), so daß bei Besprechung seiner Verhältnisse stets auf einige wenige, besonders namhaft gemachte und besonders geartete Einzelfälle exemplifiziert wurde (vgl. BEV. S. 1729 ff., Denkschrift der Ältesten a. a. O.), ist er in den folgenden Jahren zu einem besonderen Zweige des Effektenhandels geworden, der von vielen Firmen und Instituten als selbständige Abteilung ihres Bankgeschäfts, von anderen ausschließlich, als Spezialität, betrieben wird. Das Gesetz selbst hat diese Entwickelung, ohne es zu wollen, gefördert. Durch die Vorschriften des Abschnitts III (insbesondere des § 41) und die zu ihrer Ergänzung erlassenen Bestimmungen des Bundesrats ist die Börsenzulassung von Wertpapieren gegen früher in mancher Hinsicht erschwert und das Verfahren durchweg verlangsamt worden, wovon vielfach gerade solche Effekten betroffen werden, bei denen ein besonders lebhaftes Bedürfnis zur Bewertung und Verwertung bestand[1]). Daß die Zulassungsstellen, noch bevor diese Praxis durch § 14 der Bundesratsbek. vom 4. Juli 1910 sanktioniert wurde, sich zur Ablehnung von Zulassungsanträgen aus Erwägungen wirtschaftlicher Natur für befugt erachteten, dürfte ebenfalls zur Erweiterung des Kreises der ohne amtliche Zulassung im Handel befindlichen Werte beigetragen haben. — Auf der anderen Seite haben die gegen den Börsenterminhandel gerichteten restriktiven Vorschriften den spekulativen Betätigungstrieb weiter Kreise der berufsmäßigen Händler wie des Publikums vom Termingeschäft ab — und zu dem Geschäft in amtlich nicht notierten Werten hingelenkt[2]). Entscheidender als diese mit der Börsengesetzgebung zusammenhängenden Momente haben allerdings wirtschaftliche Vorgänge zu einer gesteigerten Entwickelung des Geschäfts in nicht zugelassenen Werten den Anlaß gegeben. Die lebhafte Gründungs- und Finanzierungstätigkeit, die in den ersten Jahren des gegenwärtigen Jahrhunderts auf dem Gebiete der Kaliindustrie Platz griff, führte dem Verkehr eine große Anzahl von

---

[1]) Vgl. hierzu Felix Pinner in „Die Bank“ 1912 S. 842.

[2]) Vgl. die Ausführungen des Geh. Oberfinanzrats Mueller, Verhandlungen des Berliner Bankiertages S. 25.

Bohranteilen und Kuxen zu, deren Einführung in den offiziellen Börsenhandel, soweit dafür überhaupt eine rechtliche Möglichkeit bestand, aus Gründen tatsächlicher Art unterbleiben mußte. Etwa in der gleichen Zeit begann für die deutschen Kolonien und die daselbst erwerbstätigen Unternehmungen nach langen Lehr- und Wartejahren eine Epoche wirtschaftlichen Prosperierens, welche das Interesse breiterer kapitalistischer Kreise für die Werte solcher Unternehmungen wachrief, ohne daß doch in der Mehrzahl der Fälle eine Einführung in den amtlichen Börsenverkehr geboten oder auch nur angängig gewesen wäre. Diesen Wertekategorien traten noch die Anteile von einer Reihe von Gesellschaften mit beschränkter Haftung hinzu, die sich, wenngleich mit gesetzlichen Veräußerungshindernissen belastet, inmitten der lebendigen Bewegung des Effekten-, Kapital- und Finanzierungsmarktes als „res extra commercium" nicht zu behaupten vermochten (vgl. über diese Entwickelung K. Bett im Bankarchiv X S. 143 und unten bei II). Zur Ausdehnung des Geschäfts in amtlich nicht zugelassenen Werten hat schließlich auch der Umstand beigetragen, daß viele Privatbankiers in diesem Geschäftszweige einen Ersatz für die ihnen durch die Konzentration im Bankwesen geschmälerte Betätigungsmöglichkeit auf dem Gebiete des regulären Bankgeschäfts und Effektenkommissionsgeschäfts suchten und fanden. (Vgl. Rießer, Die deutschen Großbanken 4. Aufl. S. 620, und ferner Verh. des 4. Allgem. Deutschen Bankiertags zu München, 1912, S. 54, 57, 127.) Die privatbankgeschäftliche Unternehmungsform vermochte auf diesem Gebiete ihre Eigenart in fruchtbarer Weise zu betätigen und hat — wenn man von Ausschreitungen minderwertiger Firmen bei der Plazierung von zweifelhaften Bohranteilen und anderen bedenklichen Werten absieht[3]) — auch eine gesamtwirtschaftlich nützliche Tätigkeit entfaltet.

Das Börsengesetz hat diese Entwickelung nicht zu hindern vermocht, ist indessen auf sie nicht ohne Einfluß geblieben, wenn auch dieser Einfluß im wesentlichen ein negativer war. Die gesetzlichen Bestimmungen waren, wenn auch vielleicht nicht *die* Ursache, so doch *eine* Ursache dafür, daß dieser Verkehr sich nur zu einem Teil an den Börsen im sog. „freien Verkehr" zum großen Teil jedoch

---

[3]) Vgl. dazu *Giebel*, Die Finanzierung der Kaliindustrie, S. 24 ff. *Nußbaum*, Unreelle Bohrgesellschaften, im Bank-Archiv X S. 184.

außerbörslich und interlokal vollzog[4]). Sie haben wesentlich dazu mitgewirkt, daß in diesem Geschäftszweig auch für den Verkehr zwischen Händlern und Privatpersonen das Eigengeschäft an Stelle des Kommissionsgeschäfts zur vorherrschenden Geschäftsform wurde. Indem sie den Verkehr in nicht zugelassenen Werten von der Benutzung der Börseneinrichtungen ausschlossen, haben sie es bewirkt, daß dieser Verkehr sich zunächst in nahezu völlig ungeregelter Weise, ohne einheitliche Usancen oder Geschäftsbedingungen und ohne die Einrichtung berufsgenössischer Schiedsgerichte abspielte, welche nicht nur für die Bildung und Fortentwickelung derartiger Usancen unentbehrlich, sondern auch für die Aufrechterhaltung eines fairen, mit der Standessitte des ehrbaren Kaufmanns in Einklang stehenden Geschäftsverkehrs von nicht geringem Werte sind. Insbesondere gab der Mangel einer einheitlichen Praxis in Sachen der Stückzinsenbelastung, der Übertragungskosten und der Zwangsregulierung zu Klagen auch auf Seiten des Publikums Veranlassung.

Die deutschen Banken und Bankiers haben aus eigener Initiative, die sich im Bank- und Börsenwesen allenthalben fruchtbarer erwiesen hat als gesetzgeberische Eingriffe, diesen Mängeln abgeholfen. In Rheinland und Westfalen war die Vereinigung der dortigen am Handel mit Kuxen und amtlich nicht notierten Werten beteiligten Bankgeschäfte bestrebt, die Essen-Düsseldorfer Börsengebräuche zu allgemeinen Usancen für den Handel in amtlich nicht notierten Werten fortzubilden und ihre Verbreitung über den Kreis des rheinisch-westfälischen Industriegebiets auszudehnen. Eine für ganz Deutschland maßgebende Regelung konnte indessen mit Erfolg nur durch das Zusammenwirken aller deutschen Bank- und Bankierkreise angebahnt werden. Im Frühjahr 1912 wurde deshalb beim Centralverband des Deutschen Bank- und Bankiergewerbes eine Ständige Kommission für Angelegenheiten des Handels in amtlich nicht notierten Werten gebildet. Über die Aufgaben, welche diese Kommission sich setzte, über die Organisation, die sie sich gab, hat der Vorsitzende der Kommission, Herr Hermann Waller, Geschäftsinhaber der Dis-

[4]) Nach Rocke, Kuxe und Börse in den Vortr. über Fragen der deutschen Kaliindustrie, Hannover 1906, S. 70 hat sich allerdings an einem für den vorliegenden Geschäftszweig so wichtigen Platz wie Hannover der Effektenverkehr schon von jeher gewohnheitsmäßig mehr zwischen Kontor und Kontor als an der Börse abgespielt.

conto-Gesellschaft zu Berlin, der Öffentlichkeit auf dem Münchener Bankiertag 1912 eingehende Mitteilungen gemacht. Nachdem der Münchener Bankiertag seine Zustimmung zu den Bestrebungen des Centralverbands erklärt und der Hoffnung Ausdruck gegeben hatte, daß die in Aussicht genommene Usancenzusammenstellung den Beteiligten in Bälde zur Benutzung zugänglich gemacht werde, gelangten die Vorarbeiten verhältnismäßig schnell zum Abschluß, derart, daß in der Sitzung der Kommission vom 11. Dezember 1912 unter Berücksichtigung der eingegangenen Änderungsvorschläge die endgültige im Bank-Archiv vom 1. Januar 1913 veröffentlichte Fassung der Usancen festgesetzt werden konnte. Auf den Inhalt dieser Usancen wird die folgende Darstellung im einzelnen noch vielfach einzugehen haben. Von grundsätzlicher Bedeutung ist, daß die amtlich nicht notierten Werte in zwei Gruppen, nämlich einerseits Kuxe und ihnen gleichgestellte Anteile von Bergwerks- und Bohrgesellschaften des bürgerlichen Rechts (Gruppe A) und anderseits Sonstige Werte (Gruppe B) geteilt werden. Während für die Werte der Gruppe B besondere Bestimmungen über Kursberechnung (anschließend an die für notierte Werte vom Bundesrat getroffenen Festsetzungen), Übertragungskosten, Erfüllung und Erfüllungsverzug, Feiertage usw. getroffen werden und neben diesen Bestimmungen den Essen-Düsseldorfer Börsengebräuchen eine aushilfsweise Geltung vorbehalten bleibt, wird für die Werte der Gruppe A von vornherein auf die Essen-Düsseldorfer Börsengebräuche Bezug genommen, was sich aus der historischen Entwickelung des Handels in den Werten dieser Gruppe erklärt. (Im übrigen haben die Centralverbandsusancen — im folgenden CVU. genannt — sich auch in ihren Bestimmungen für Werte der Gruppe B mehrfach an die EDB. — Essen-Düsseldorfer Börsengebräuche — angelehnt, ebenso wie umgekehrt die EDB. bei ihrer am 2. Januar 1913 in Kraft getretenen Neuredaktion den Festsetzungen der CVU. in einer Reihe von Punkten Rechnung getragen haben.) Den besonderen Festsetzungen der CVU. über Werte der Gruppe B schließen sich noch verschiedene gemeinsame Bestimmungen über die Werte beider Gruppen an, in denen insbesondere die Befugnis zur Festsetzung spezieller allgemeiner und lokaler Usancen für einzelne Werte geregelt, sowie die Zuständigkeit der aus Mitgliedern der Ständigen Kommission gebildeten Schiedskommission für Streitigkeiten aus Geschäften, die unter Zugrundelegung der CVU. geschlossen sind, ausgesprochen wird. — Da die für Werte der Gruppe A unmittelbar, für Werte der Gruppe B aushilfsweise geltenden EDB. ihrerseits den Bedingungen für die Geschäfte an der Berliner Fondsbörse — im folgenden BerlFB. genannt — eine aushilfsweise Geltung einzuräumen, ist diese aushilfsweise Geltung auch den CVU. gegenüber gegeben. —

Die unterschiedslose Billigung, mit welcher diese Bestrebungen zur Regelung des Verkehrs in amtlich nicht notierten Werten von der Öffentlichkeit begleitet wurden, beweist, daß man auf Grund der Erfahrungen der Praxis seit langem das Bestreben des Gesetzgebers, den Handel in amtlich nicht notierten Werten zu desorganisieren, als ein verfehltes, den Interessen der Allgemeinheit nachteiliges erkannt hatte. Ein Organ, dessen bank- und börsenpolitische Grundauffassungen denjenigen der Urheber des Börsengesetzes von 1896 ziemlich nahestehen dürften, die Kölnische Volkszeitung, gab am 4. Dezember 1912 sogar seinem Mißfallen darüber Ausdruck, daß die Ständige Kommission ihre Arbeiten betr. Feststellung der Usancen zur Zeit noch nicht zum Abschluß gebracht hatte und empfahl gleichzeitig der Kommission als neue und verdienstliche Aufgabe die Veranstaltung einer halbamtlichen Preisfeststellung für amtlich nicht notierte Werte. Schneller und radikaler dürfte ein Wandel in grundsätzlichen rechtspolitischen Auffassungen sich selten vollziehen.

II.

Umgrenzung des Kreises der unnotierten Werte. — Die minder umlaufsfähigen Werte im besonderen.

Wenn in dieser Darstellung im Anschluß an den allgemeinen Sprachgebrauch und denjenigen der maßgebenden Usancen von amtlich nicht notierten Werten die Rede ist, so muß mit einigen Worten erläutert werden, was dabei unter „Werten" im allgemeinen, und „amtlich nicht notierten" Werten im besonderen verstanden wird.

Während als Gegenstand des Zulassungsverfahrens im Sinne des § 36 BörsGes. nur W e r t p a p i e r e im Rechtssinne, also Urkunden, bei denen die Geltendmachung des verbrieften Rechts an das Papier geknüpft ist, und bei denen die Übertragung des Papiers die Übertragung des Rechts bedeutet, in Betracht kommen[5]), geht der Kreis der amtlich nicht notierten Werte über den Bereich der Wertpapiere, mag man diesen auch so weit als irgend zulässig umgrenzen, erheblich hinaus. Man braucht dabei nur an Anteile von Bergwerks- und Bohrgesellschaften des bürgerlichen Rechts sowie an Anteile von Gesellschaften mit beschränkter Haftung zu denken. Als „Werte" im Sinne des hier maßgebenden Sprachgebrauchs sind vertretbare Wertpapiere und andere vertretbare Rechte anzusehen, welche als Gegenstand der Vermögensanlage zu dienen geeignet sind. Das weitere Erfordernis, daß die in Frage stehenden Wertpapiere oder sonstigen Werte auch solche sein müßten, welche „für den Handelsverkehr bestimmt" sind, ist jedenfalls nicht in dem Sinne zu stellen, daß die Möglichkeit zu formfreier oder doch formell erleichterter Veräußerung, sowie die Unabhängigkeit des Rechtes des Nachmanns von demjenigen des Vormanns, wie sie beim Inhaber- und beim Orderpapier besteht, gegeben sein müßte[6]). Andeutungsweise hat bereits das Reichsgericht in einer der von ihm zu Tarifstelle 2, RStempG. erlassenen Entscheidungen — vom 15. November 1907, RGZiv. 67 S. 90 — einfließen lassen, daß es im Hinblick auf die Wandelbarkeit der Handelsgewohnheiten den Grundsatz, daß nichtindossable Namenspapiere stets für den Handelsverkehr ungeeignet seien, möglicherweise nicht in voller Schärfe werde aufrechterhalten können. In der Tat gehören dem Markte der amtlich nicht notierten Werte eine Reihe von Effektenarten an, deren Übertragung lediglich durch Zession, evtl. noch unter erschwerten Formen möglich ist, und es ist gerade eine der kennzeichnenden Eigentümlichkeiten dieses Handels, daß er die Fähigkeit besitzt, sich auf Schwierigkeiten dieser Art einzurichten und sie zu überwinden. Faßt man hiernach die Qualifikation für den Handelsverkehr in einem weiteren Sinne auf, als dies die Rechtsprechung zur Tarif-St. 2 des RStempG. tut, so ist sie in größerem oder geringerem Maße bei allen zur Vermögensanlage geeigneten veräußerlichen und vertretbaren Rechten vorhanden. Darüber, ob ein Recht vertretbar ist oder nicht, entscheidet, wie über die Vertretbarkeit körperlicher

---

[5]) Vgl. unten bei III.

[6]) Vgl. Art. 271 Ziff. 1 ADHGB., Denkschr. zum HGB. S. 10, Tar.-St. 2, RStempG. und dazu die im Kommentar von Greiff S. 214 ff. angeführten Entscheidungen.

Sachen, die Verkehrsauffassung, und es genügt hier wie dort, daß die Vertretbarkeit für einen bestimmten Kreis des Geschäftsverkehrs vorhanden ist. Praktisch dürfte der Kreis der nach Maßgabe der Verkehrsauffassung vertretbaren Rechte nicht nennenswert über die in den CVU. unter Gruppe A und B namhaft gemachten Kategorien (A: Kuxe, Bergwerks- und Bohrgesellschaftsanteile des bürgerlichen Rechts, B: Aktien, deutsche Kolonialanteile, GmbH.-Anteile, Genußscheine, festverzinsliche Wertpapiere) hinausgehen. Die Ständige Kommission hat gelegentlich ihrer Auffassung dahin Ausdruck gegeben, daß Schiffsparten nicht zu den nicht notierten Werten im Sinne ihrer Usancen gehören, und ebenso hat ihre Schiedskommission sich in einem Falle für unzuständig erklärt, in welchem der Streit ein Kaufgeschäft über einen Teilbetrag eines durch Wertpapiere nicht verbrieften Darlehens zum Gegenstande hatte.

Die von Felix Pinner a. a. O. S. 840 anscheinend befürwortete Begrenzung des Begriffs der unnotierten Werte auf Effekten, die am sogenannten Markte der nicht notierten Werte an einzelnen Börsenplätzen gehandelt werden, erscheint nicht zweckentsprechend: die CVU. haben dann auch diesen Gedanken nicht aufgenommen. Die Zugehörigkeit von Wertpapieren oder sonstigen Werten zu einem derartigen freien Markt- oder Börsenverkehr ist gewiß nach manchen Richtungen von Bedeutung, so namentlich für die Frage des Vorhandenseins eines Markt- oder Börsenpreises (vgl. unten unter IV), evtl. auch für die Bildung besonderer lokaler Usancen neben den allgemeinen der CVU. Das Bedürfnis nach einer Regelung des Verkehrs bestand jedoch für die außerhalb jenes freien Marktes stehenden Werte in gleicher Weise wie für die ihm angehörenden, ohne daß sich aus dieser Unterscheidung für die Art und Weise der Regelung, sowie überhaupt für die rechtliche Behandlung der nicht notierten Werte Verschiedenheiten grundsätzlicher Art ergäben. Die außerordentliche Flüssigkeit und Veränderlichkeit der Grenze zwischen marktgängigen und nicht marktgängigen unnotierten Werten macht es im übrigen nicht empfehlenswert, diesem Unterschiede weitere praktische Konsequenzen zu geben als diejenigen, welche mit den aus der Marktgängigkeit unmittelbar sich ergebenden Rechtsfolgen zusammenfallen.

Über die Abgrenzung der amtlich nicht notierten von den amtlich notierten Werten bedarf es nur weniger Worte. Werte, welche in Deutschland, sei es auch nur an einer kleinen Provinzbörse, amtlich notiert werden, fallen grundsätzlich natürlich nicht unter den Begriff der unnotierten Werte. Durch ausdrückliche oder stillschweigende Vereinbarung kann jedoch ein Geschäft in Werten dieser Art von den Parteien den Regeln über Geschäfte in nicht notierten Werten unterstellt werden, z. B. wenn neben einem geringfügigen offiziellen Markt an einer kleinen Börse auswärts ein sehr viel erheblicherer freier Markt besteht und die Beteiligten von vornherein über die Unmaßgeblichkeit sowohl der Usancen als auch der Kursbildung der betreffenden Börse für das Geschäft einig sind. Zum offiziellen Börsenhandel zugelassene Werte müssen den unnotierten grundsätzlich so lange zugezählt werden, als nicht ihre Einführung zur Börse erfolgt ist (vgl. § 38 BörsG., § 17 BRB. vom 4. Juli 1910), sowie wohl auch während einer Zeit, in welcher — ohne erfolgte Rücknahme der Zulassung — die Notiz von seiten des Börsenvorstandes aufgehoben ist (vgl. dazu Hemptenmacher, S. 125, Nußbaum, S. 164 unter b, Bernstein, S. 131), während natürlich die Streichung des Kurses für den einzelnen Börsentag den Charakter eines Papiers als amtlich notiertes unberührt läßt. — In Ansehung von Werten ausländischen Rechts, welche im Auslande börsenmäßig gehandelt werden, trifft § 1 Satz 2 der CVU. die positive Bestimmung, daß diese Usancen auf sie nur insoweit Anwendung finden, als dies durch besonderen Beschluß vorgeschrieben wird.

Es ist oben bemerkt worden, daß der Kreis der W e r t e, welche Gegenstand des Geschäfts in amtlich nicht notierten Werten sind, über den Kreis derjenigen Wert p a p i e r e, welche für den Handelsverkehr im engeren Sinne des Wortes bestimmt sind, erheblich hinausgeht und Kategorien von Werten umfaßt, welche für den offiziellen Börsenverkehr, sei es minder geeignet, sei es absolut ungeeignet sind. Von relativ erheblicher Bedeutung für das Geschäft in nicht notierten Werten sind danach gesellschaftliche Anteilsrechte, deren Übertragung an besondere F o r m - o d e r G e n e h m i g u n g s e r f o r d e r n i s s e geknüpft ist, sowie solche, deren Übertragung mit einem Ü b e r g a n g v o n L e i s t u n g s v e r p f l i c h t u n g e n gegenüber der Gesellschaft auf den Erwerber verbunden ist.

A. W e r t e, f ü r d e r e n Ü b e r t r a g u n g F o r m e r f o r d e r n i s s e b e s t e h e n.

a) B e w e g l i c h e K u x e (nach preußischem BergG.).

1. Die Übertragung — d. h. die Abtretungserklärung des Veräußerers — bedarf der schriftlichen Form, nach Maßgabe

des § 126 BGB. Formfrei ist der obligatorische Kaufvertrag (RG. I. Ziv.-Sen. 19. XII. 10, Bd. 75 S. 79, Bank-A. X S. 367), sowie die Annahmeerklärung des Erwerbers (RG. VII. Ziv.-Sen. 22. XII. 1906, J. W. 1907 S. 156). Die Wirksamkeit einer Blankoabtretung ist durch die rechtmäßige Ausfüllung des Blanketts bedingt[7]).

2. Die Übergabe des Kuxscheins sowie die Umschreibung im Gewerkenbuche sind keine gesetzlichen Erfordernisse der Übertragung. (Von der zitierten RGStr. 46 S. 144 werden deshalb die RGZiv. 47 S. 106 und 54 S. 350 mit Recht einschränkend dahin kommentiert, daß die Kuxe des neueren pr. Rechts dort nur „in gewissem Sinne", d. h. in dem weiteren Sinne des BörsG. und DepotG. als Wertpapiere angesehen worden seien.) Über die Verpflichtung des Verkäufers zur Aushändigung des Kuxscheins vgl. § 105 Abs. 2 PrBergG. und Essen-Düsseldorfer Börsengebräuche B II unter 1 a. — Zulässig ist im übrigen eine im Gewerkschaftsstatut getroffene Bestimmung, daß zu der Abtretung die Übergabe des Kuxscheins als Übertragungserfordernis hinzutreten müsse, wie dies auch in den Berggesetzen einzelner außerpreußischer Staaten bestimmt ist.

b) Unbewegliche Kuxe.

Zur Übertragung bedarf es hier der Auflassung (§§ 231, 229 PrBergG., EDB. unter B II 1b); der obligatorische Grundvertrag bedarf der gerichtlichen oder notariellen Beurkundung. (§ 231 eod. in Verb. mit § 313 BGB.)

c) Anteile von Bohr- und Bergwerksgesellschaften des bürgerlichen Rechts.

Für die Übertragung von Anteilen bestehen keine gesetzlichen Formvorschriften, doch kann der Gesellschaftsvertrag solche aufstellen. Soweit er Schriftform vorschreibt, gelten die Erleichterungen des § 127 BGB. (auch Telegramm zulässig). Auch wenn der Gesellschaftsvertrag eine schriftliche Abtretung nicht vorschreibt, hat der Käufer Anspruch auf Erteilung

---

[7]) Vgl. dazu RG. V. Straf-Senats 7. VI. 1912, RGStr. 46 S. 144, Bank-A. XII. S. 358, RG. V. Ziv.-Sen. 8. XII. 1902, Z. f. Bergr. 45, S. 89; ferner Pitz, Das preuß. Kuxrecht S. 75 ff.; Fritz Haußmann in Goldschmidts Z. Bd. 73, S. 203; Hans Gottschalk, Bank-A. XII, S. 190.

einer Abtretungsurkunde (§ 3 CVU. in Verbindung mit EDB. unter B II 1a). Soweit Anteilscheine ausgegeben sind, kann der Gesellschaftsvertrag die Übertragung auch von der Übergabe des Anteilscheins abhängig machen; ein Anspruch des Käufers auf dessen Auslieferung besteht in jedem Falle.

d) Aktien.

Während Inhaberaktien durch bloße Übergabe, Namensaktien und Interimsscheine in der Regel durch Übergabe der indossierten Urkunde übertragbar sind, bedarf es

1. der — mangels anderweitiger Satzungsbestimmung formfreien — Abtretung
   α) ausschließlich: für die Übertragung von Aktienrechten, über welche Urkunden nicht errichtet sind (RGZiv. 34 S. 115, 52 S. 423),
   β) in Verbindung mit Übergabe der Urkunde für Übertragung von Namensaktien oder Interimsscheinen, deren Indossabilität ausgeschlossen ist;
2. der gerichtlich oder notariell beglaubigten, die Person des Erwerbers bezeichnenden Abtretungserklärung: bei vinkulierten Namensaktien unter 1000 M. nach § 222 Abs. 4 HGB. Für das obligatorische Grundgeschäft bedarf es dieser Form nicht (RG. II. Ziv.-Senat 26. VI. 1913 Bank-A. XII, 356).

e) Anteile deutscher Kolonialgesellschaften.

Falls keine auf den Inhaber lautenden Anteilscheine ausgegeben sind, sondern entweder überhaupt keine Anteilscheine oder solche, die auf Namen lauten, erfolgt die Übertragung durch — im Zweifel formfreie — Abtretung.

f) Anteile von Gesellschaften mit beschränkter Haftung.

1. Die Übertragung bedarf eines in gerichtlicher oder notarieller Form geschlossenen Abtretungs-Vertrages. (§ 15 Abs. 3 GmbH.-G.) Wenn Anteilscheine ausgestellt sind, ist deren Übergabe kein gesetzliches Erfordernis für die Wirksamkeit der Abtretung, doch kann sie der Gesellschaftsvertrag als weitere Voraussetzung für die Wirksamkeit der Abtretung vorschreiben. (§ 15 Abs. 5 eod.)
2. Der gerichtlichen oder notariellen Form bedarf auch eine

Vereinbarung, durch welche die Verpflichtung eines Gesellschafters zur Abtretung eines Geschäftsanteils begründet wird (§ 15 Abs. 4 eod.). Vom Reichsgericht wird diese Bestimmung auf der einen Seite ausdehnend dahin interpretiert, daß der gesetzlichen Form auch ein Vertrag unterliegt, der lediglich eine Verpflichtung zur Abnahme von Geschäftsanteilen begründet, auf der anderen Seite einschränkend dahin, daß der Auftrag, GmbH.-Anteile für Rechnung des Auftraggebers zu erwerben oder zu veräußern, keiner Form bedarf (vgl. RG. II. Ziv.-Sen. 20. IX. 12. Bank-A. XII, S. 161) und daß ein Vertrag, welcher auf eine Veräußerung und Erwerb eines Anspruchs auf Abtretung eines GmbH.-Anteils gerichtet ist, ebenfalls formlos geschlossen werden kann. (RG. II. Ziv.-Sen. 27. IX. 1912, Bank-A. XII, 62.) Gesetzlich gemildert wird die Unwirksamkeit des formungültigen Grundvertrages durch die Bestimmung, daß der Formmangel durch formgültige Übertragung geheilt wird, und zwar erlangen nach ständiger Rechtsprechung des RG. durch die mit Einwilligung aller Beteiligten formgültig vom ersten Verkäufer auf den letzten Käufer vorgenommenen Abtretung auch die Kausalgeschäfte aller Zwischenbeteiligten rechtliche Wirksamkeit (J. W. 1904, 169, 10, RGZiv. 71, 402).

Im Hinblick auf diese Bestimmungen und ihren gesetzgeberischen Zweck, einen spekulativen Handel mit Gesellschaftsbeteiligungen zu verhindern oder zu erschweren, hat man den Handel, welcher sich an den Anteilen einzelner Gesellschaften m. b. H. tatsächlich vollzieht, verschiedentlich als „illegitim" bezeichnet, und ihn beinahe als moralisch nicht einwandsfrei hingestellt (vgl. Dalberg, D. J.-Ztg 1912 S. 612 f, Kormann, L. Z. 1912 S. 639 f). Gegen diese Betrachtungsweise muß Widerspruch erhoben werden, nicht um materieller oder ideeller Interessen beteiligter Kreise willen, denen sie zu nahe tritt, sondern weil sie grundsätzlich verfehlt ist. Wo das Gesetz befiehlt oder verbietet, hat es Anspruch auf Gehorsam: darüber hinaus ist jedoch eine Verpflichtung des Einzelnen oder der beteiligten Kreise, durch ihr Tun und Lassen auf die Erfüllung der in den Gesetzesmotiven zum Ausdruck gebrachten Erwartungen hinzuwirken, nicht anzuerkennen. Vor allem aber hat das Gesetz selbst die Grundlage für einen in begrenztem Umfange sich vollziehenden Handel in GmbH.-Beteiligungen geschaffen, indem es — anders als bei den Erwerbs- und Wirtschaftsgenossenschaften — eine Veräußerlichkeit der Mitgliedschaftsrechte vorsah und der formgültigen Übertragung heilende Wirkung gegenüber dem Formmangel des Kausalgeschäfts beilegte. Rechte, welche veräußert werden können, können auch Gegenstand der Spekulation sein; die Einführung erschwerter Formvorschriften ist lediglich geeignet, die unüberlegte Eingehung von Verpflichtungen zu erschweren und eine Beteiligung des großen Publikums an Transaktionen dieser Art hintanzuhalten. (Zutreffend Eugen Fuchs, J. W. 1911 S. 838.) Dies ist durch den gesetzlichen Formzwang ohne weifel auch erreicht worden. Auf den Verkehr der berufsmäßigen Händler untereinander wirkt die aus der Unverbindlichkeit formlos geschlossener Kaufgeschäfte folgende Rechtsunsicherheit zwar auch in hohem Grade erschwerend, doch wird sie einigermaßen erträglich gemacht durch die kurze Dauer der mit der formgültigen Uebertragung zu beendenden Ungewißheit und durch die innerhalb jenes begrenzten Personenkreises bestehende allseitige Anerkennung einer durch die Berufsehre verbürgten natürlichen Erfüllungspflicht. Die Erwägungen, auf Grund deren eine Entwicklung, wie sie inzwischen stattgefunden hat, zum mindesten als möglich vorauszusehen war, lagen bereits bei Erlassung des Gesetzes ziemlich nahe, und wollte man annehmen, daß sie dem „Gesetzgeber" gänzlich fremd gewesen seien, so würde man ohne zureichenden Grund bei ihm einen befremdenden Mangel an Erfahrung und Urteilsfähigkeit voraussetzen. Und wenn nicht der „Gesetzgeber", so hat jedenfalls das G e s e t z die relative Erschwerung des Geschäfts, wie sie sich aus den Bestimmungen des § 15 ergibt, zur Erreichung seiner rechtspolitischen Ziele für genügend und es weder für notwendig oder zweckmäßig erachtet, die Veräußerungsmöglichkeit von GmbH.-Anteilen noch weiter zu unterbinden, noch auf der anderen Seite, angesichts der Möglichkeit der Entwicklung eines beschränkten und erschwerten Anteilhandels, von Erleichterungen, deren die G. m. b. H. sich im Verhältnis zu anderen Kapitalgesellschaften erfreut, abzusehen. Daß durch diesen begrenzten Handel im Zusammenhang mit den erwähnten Erleichterungen schutzbedürftige Erwerber von Anteilen der dabei in Betracht kommenden Gesellschaften geschädigt worden seien, ist bisher nicht dargetan. Wo man von Schädigungen von Anteilserwerbern gehört hat, fand der Erwerb meist unter Ausschluß jedes berufsmäßigen Handels unter der Hand in absolut legalen Rechtsformen statt, und die Schädigungen der Gesellschaftsgläubiger, welche den hauptsächlichsten Anlaß zu Klagen und Rufen nach Abänderung des Gesetzes geben, haben mit dem Handel in Anteilen gar nichts zu tun, sind vielmehr überwiegend gerade bei solchen Gesellschaften vorgekommen, die, weil ihre Anteile dem Handel fernstehen, von Dalberg a. a. O. als „nichtschuldige" den „schuldigen" gegenübergestellt werden. Noch weniger lassen sich berechtigte Einwendungen unter den hier bekämpften Gesichtspunkten dagegen geltend machen, daß die Usancen für den Handel in amtlich nicht notierten Werten sich auch auf Geschäfte in GmbH.-Anteilen in gleicher Weise erstrecken, wie sich die Essen-Düsseldorfer Börsengebräuche auch auf Geschäfte über unbewegliche Kuxe beziehen, obwohl diese ebenfalls mangels gerichtlicher oder notarieller Beurkundung keine Verbindlichkeit erzeugen. Die Geschäfte in GmbH.-Anteilen, welche hier in Frage kommen, dienen zu einem großen Teile gar nicht dem spekulativen Handel, sondern der Vermittelung zwischen dem zwecks Abstoßung langwährenden Besitzes erfolgenden Angebot und der in der Absicht dauernden Erwerbes erfolgenden Nachfrage. Formungültige Geschäfte sollen und können durch Usancen nicht gültig gemacht werden, wohl aber können diese die Auslegung oder Ergänzung des Parteiwillens bei Geschäften erleichtern, welche von vornherein in gesetzlich vorgeschriebener Form geschlossen sind oder durch eine gleichzeitig mit dem formlosen Geschäftsabschluß oder nachträglich vorgenommene rechtsgültige Zession rechtliche Wirksamkeit erlangen. Das Bestehen von Usancen beugt alsdann insbesondere kleinlichen Streitigkeiten über Nebenpunkte von verhältnismäßig untergeordneter Bedeutung vor. Niemand wird behaupten wollen, daß auch hiermit eine Absicht des Gesetzgebers durchkreuzt werde, da dieser zwar unter gewissen Voraussetzungen die Begründung rechtsgültiger Verpflichtungen zur Veräußerung und Abnahme von GmbH.-Anteilen zugelassen habe, es aber doch im Interesse einer abschreckenden Wirkung gern gesehen hätte, wenn über die Erfüllungsmodalitäten solcher Geschäfte sich möglichst viele und verdrußerregende Streitigkeiten und Prozesse ergeben würden.

B. Vinkulierte Werte.

Bei allen unter A aufgeführten lediglich durch Zession übertragbaren Anteilsrechten besteht — in mehr oder minder weitgehendem Maße durchgeführt — der Grundsatz, daß der Erwerber der Gesellschaft gegenüber erst mit seiner Eintragung in ein bei der Gesellschaft geführtes Register (Gewerkenbuch, Mitgliederbuch, Aktienbuch, Anteilsbuch) als Mitglied gilt (vgl. für Kuxe § 106 Preuß. Berg-G., für Bohranteile die Mehrzahl der Statuten, für Namensaktien und Interimsscheine § 223 Abs. 3 HGB., für Kolonialanteile § 8 Abs. 3 der Mustersatzungen des R.-Kol.-Amts) oder daß doch mindestens eine Anmeldung des Rechtsübergangs bei der Gesellschaft zur Legitimation des Erwerbers dieser gegenüber erfolgen muß (so für GmbH.-Anteile § 16 GmbHG.; die Satzung kann darüber hinaus auch hier die Umschreibung im Mitgliederverzeichnis für erforderlich erklären). Mit diesem Erfordernis ist indessen für die Gesellschaft ein Recht zur Hinderung des Rechtsüberganges nicht begründet, vielmehr ist sie grundsätzlich verpflichtet, von der Anmeldung der Übertragung Vormerkung zu nehmen und — nach Erfüllung etwaiger besonderer formaler oder sachlicher Vorbedingungen — die Umschreibung zu vollziehen. Soll der Rechtsübergang von einer Genehmigung der Gesellschaft abhängig sein, so bedarf es hierzu einer besonderen Bestimmung. Unter diesem Gesichtspunkt sind drei Gruppen von Werten zu unterscheiden:

a) solche, deren Übertragung kraft Gesetzes genehmigungsbedürftig ist, nämlich:
   1. Aktien von Nebenleistungsgesellschaften (§ 212 HGB.: Genehmigung des Vorstands genügt i. Zw.; das Verweigerungsrecht kann im Ges.-Vertrag auf den Fall wichtiger Gründe beschränkt werden).
   2. Namensaktien unter 1000 M. (§ 222 Abs. 4 HGB.: erforderlich ist Zustimmung des Aufsichtsrats und der Generalversammlung).
   3. Teile von GmbH.-Geschäftsanteilen (§ 17 Abs. 1 GmbH.-Ges.: die herrschende Ansicht läßt nach außen die Zustimmungserklärung des Geschäftsführers genügen).
b) solche, deren Übertragung durch **Satzungsbestimmung** an die Genehmigung der Gesellschaft gebunden werden

kann, also Namensaktien außer den unter a, 1, und 2 genannten Fällen (§ 222 Abs. 2 HGB.), ferner Bohranteile, Kolonialanteile, GmbH.-Anteile,

c) solche, deren Übertragung kraft zwingender Gesetzesvorschrift von keiner Genehmigung abhängig gemacht werden darf: dies gilt nach §§ 104, 94, 226 des preuß. Berg.-Ges. für preußische Kuxe des neuen wie des alten Rechts, während die Berggesetze anderer Bundesstaaten eine satzungsmäßige Übertragungsbeschränkung dieser Art zum Teil zulassen (vgl. darüber Bennhold, im Bank-A. XII S. 239).

Über die Behandlung von Geschäften in Werten, deren Übertragung einer Genehmigung bedarf, trifft § 16 der CVU. eine wichtige Bestimmung, von der unter VI. die Rede sein wird.

C. Werte, mit deren Erwerb die Übernahme einer Verbindlichkeit verbunden ist.

Als Leistungsverpflichtungen, welche mit der Übertragung nicht notierter Werte auf den Erwerber übergehen können, kommen in Betracht:

a) Fehlende Einzahlungen (insbesondere bei Namensaktien und Kolonialanteilen),
b) Zubußen (bei Kuxen und Bohranteilen) und Nachschüsse (bei GmbH.-Anteilen),
c) Nebenleistungen (bei Nebenleistungsaktien, § 212 HGB.) und Sonderleistungen (§ 3 Abs. 2 GmbH.-Ges.).

Alle Verpflichtungen dieser Art, gleichviel ob sie zur Zeit der Übertragung der betreffenden Anteilsrechte schon entstanden sind, oder ob ihre Entstehung lediglich für die Zukunft, sei es als sicher, sei es als möglich, vorauszusehen ist, enthalten Umlaufserschwerungen, welche die mit ihnen belasteten Werte für den offiziellen Börsenverkehr im allgemeinen ungeeignet machen. Die in diesem gehandelten Effekten müssen einer zuverlässigen, von unberechenbaren Umständen oder individuellen Verhältnissen eines Vertragsteils möglichst unabhängigen Bewertung zugänglich sein; eine solche wird jedoch erschwert, wenn der Veräußerer, sei es auch nur während begrenzter Zeit, mit einer zweitschuldnerischen oder gesamtschuldnerischen Inanspruchnahme wegen der vom Erwerber übernommenen Verpflichtung rechnen muß, oder wenn es für den Erwerber an jeder Möglichkeit fehlt, das Maß seiner etwaigen künftigen Inanspruchnahme zu übersehen. Der

Zulassung zum offiziellen Börsenhandel sind demzufolge grundsätzlich nur vollgezahlte Werte und solche, deren Vollzahlung jederzeit zulässig ist, fähig (vgl. § 4 Ziff. 1 Bundesratsbek. vom 4. Juli 1910, auch bei Werten der letzteren Art gelten in Berlin usancemäßig nur vollgezahlte Stücke als lieferbar). In der durch Satzungsvorschrift nicht auszuschließenden Zubußepflichtigkeit der Kuxe dürfte andererseits wohl die Hauptursache dafür zu sehen sein, daß diese Werte trotz aller dahin gerichteten Bestrebungen in den amtlichen Verkehr der Hauptbörsen im großen und ganzen keinen Eingang gefunden haben[8]).

Wenn danach die mit Leistungsverpflichtungen belasteten Werte im wesentlichen auf den Umsatz im freien Markte angewiesen sind, so boten ihre Verhältnisse besondere Veranlassung zu usancemäßiger Regelung, um, soweit angängig, für Veräußerer und Erwerber klare und einwandfreie Rechtsverhältnisse zu schaffen. Näheres hierüber wird unter VI. zu erwähnen sein.

III.

Börsenpolizeirechtliche Behandlung der amtlich nicht notierten Werte.

Wenn oben bemerkt wurde, daß der Kreis der amtlich nicht notierten Werte über denjenigen der Wertpapiere im Rechtssinne erheblich hinausgeht, so könnte der Wortlaut des § 43 BörsG. zu der Annahme verleiten, daß die verbietenden Normen dieses Paragraphen gegenüber solchen zum Börsenhandel nicht zugelassenen Werten entfallen, die nicht durch Wertpapiere verbrieft, sondern über welche lediglich Legitimationspapiere oder gewöhnliche Beweisurkunden oder überhaupt keine Urkunden ausgestellt sind. Bei der geringen Sorgfalt, welche die Bank- und Börsengesetzgebung von 1896 auf Fassung und Ausdruck verwendet hat, führt jedoch eine wörtliche Auslegung ihrer Bestimmungen auf Schritt und Tritt auf Abwege (ein weiteres bezeichnendes Beispiel hierfür bietet bekanntlich der nämliche § 43 durch Nichterwähnung der Wertpapiere, deren Zulassung zwar beantragt, aber noch nicht beschlossen ist). Was insbesondere die Bezeichnung „Wertpapiere" betrifft, so wird diese sowohl im Börsengesetz als auch im Bankdepotgesetz vielfach nicht im juristisch technischen Sinne gebraucht, sondern etwa gleichbedeutend mit „Fonds", „Effekten", „Titres", „Werten", und es werden im allgemeinen dar-

[8]) Vgl. dazu Pilz, das preußische Kuxrecht S. 187.

unter im Gegensatz zu Waren verbriefte Rechte verstanden, welche geeignet sind, als Gegenstand der Vermögensanlage, des Handels und der Spekulation zu dienen, ohne daß besonderes Gewicht darauf gelegt würde, ob und in welchem Grade die Urkunde sich als Trägerin des verbrieften Rechts darstellt (vgl. dazu namentlich RGE. vom 1. Dezember 1900, RGZiv. 47 S. 106, 107). Selbst wenn man — wofür gewichtige Gründe sprechen — dem Begriff des Wertpapiers im § 36 eine engere Bedeutung beilegt und auf diese Weise zu einer grundsätzlichen Verneinung der Zulassungsfähigkeit der nicht in Urkunden verkörperten, minder umlaufsfähigen Werte gelangt, ist man umsomehr genötigt, im § 43 an einem weiteren Wertpapierbegriff festzuhalten, da andernfalls die einschränkende Auslegung des § 36 ihren Zweck völlig verfehlen würde.

Abgesehen davon, daß für nicht zugelassene Werte eine amtliche Feststellung des Preises nicht erfolgen darf, unterliegt der auf sie bezügliche Geschäftsverkehr an der Börse gesetzlichen Einschränkungen nach der Richtung, daß solche Geschäfte 1. von der Benutzung der Börseneinrichtungen ausgeschlossen sind, daß sie 2. von Kursmaklern nicht vermittelt werden dürfen und daß 3. für solche an der Börse abgeschlossene Geschäfte — abgesehen von besonderen durch die Börsenordnung zugelassenen Ausnahmen — Preislisten (Kurszettel) weder veröffentlicht noch in mechanisch hergestellter Vervielfältigung verbreitet werden dürfen.

1. Was die Börseneinrichtungen betrifft, von deren Benutzung die Geschäfte in nicht zugelassenen Werten ausgeschlossen sind, so gehören dazu unstreitig sowohl solche zur Erleichterung des Geschäftsverkehrs an der Börse dienenden Einrichtungen, welche unter Leitung der Börsenorgane stehen (Schiedsgerichte, Sachverständigenkommissionen) als auch die im § 1 Abs. 3 BörsG. erwähnten besonderen auf den Börsenverkehr bezüglichen Einrichtungen privater Anstalten (Liquidationskassen, Liquidationsvereine usw.) Zu weit geht es jedoch, wenn verschiedentlich auch die Börsenräume selbst zu diesen Einrichtungen gerechnet werden (so Rocke, Kuxe und Börse, S. 78, Nußbaum, Kommentar S. 182). Mit einer solchen Ausdehnung des Begriffs tut man nicht nur dem Sprachgebrauch Zwang an, sondern es geschieht vor allen Dingen dem Ansehen des Gesetzes Eintrag, wenn man seinen Bestimmungen eine Tragweite beimißt, bei der ihre Durchführung praktisch schlechter-

dings unmöglich ist. Wie schon im Bericht der Börsenenquetekommission S. 42 mit Recht hervorgehoben wurde, kann man Börsenbesucher nicht verhindern, an der Börse miteinander Geschäfte in nicht zugelassenen Werten abzuschließen; soweit der wiederholte Abschluß derartiger Geschäfte zur tatsächlichen Folge die Bildung eines „Marktes" für einzelne nicht zugelassene Werte hat, besteht für den Börsenvorstand in der Regel keine Möglichkeit, grundsätzlich aber auch keine Pflicht, hiergegen einzuschreiten, wie dies Nußbaum a. a. O. S. 188 annimmt. Eine solche Verpflichtung dürfte vielmehr nur dann gegeben sein, wenn nach Lage des einzelnen Falles das Verhalten der Beteiligten eine Störung der Ordnung oder des Geschäftsverkehrs an der Börse mit sich bringt oder befürchten läßt (§ 8 BörsG.).

Das Börsen e h r e n g e r i c h t ist nicht zu den Börseneinrichtungen zu zählen; denn wenn auch sein Vorhandensein und die von ihm ausgehende präventive Wirkung mittelbar dem Geschäftsverkehr an der Börse zugute kommt, so ist es doch der unmittelbare Zweck der Institution, über die Wahrung der Berufsehre der Börsenbesucher zu wachen und damit auch öffentlichen Interessen zu dienen. In keinem Falle würde es sich als eine „Benutzung" von Börseneinrichtungen für Geschäfte in nicht zugelassenen Werten darstellen, wenn das Ehrengericht einen Börsenbesucher, der sich bei einem solchen Geschäft einer mit der Ehre oder dem Anspruch auf kaufmännisches Vertrauen nicht zu vereinbarenden Handlung schuldig gemacht hat, dieserhalb zur Verantwortung zöge. Selbst wenn man als die „Tätigkeit an der Börse", mit welcher die zu ahndende Handlung nach § 10 BörsG. in Zusammenhang stehen muß, nur den Abschluß solcher Geschäfte ansehen wollte, für welche die Börseneinrichtungen nach Gesetz und Börsenordnung bestimmt ist, würde doch richtiger Ansicht nach dieser Zusammenhang schon dann gegeben sein, wenn zwischen der Tätigkeit des Börsenbesuchers, bei welcher die ehrwidrige Handlung begangen ist, und seiner Börsentätigkeit im engeren Sinne Wesensverwandtschaft besteht, was hier unbedingt der Fall wäre. Aus ähnlichen Erwägungen hat es auch das Komitee der Londoner Stock Exchange von jeher als seine Aufgabe betrachtet, gegen Börsenmitglieder einzuschreiten, die sich im Handel mit „unrecognized stocks" einer Unredlichkeit schuldig gemacht haben (vgl. Struck, die Effektenbörse, S. 150, und dort zitierte Entscheidungen).

Außerhalb des Kreises der Börseneinrichtungen steht selbstverständlich auch die Ständige Kommission des Centralverbandes des Deutschen Bank- und Bankiergewerbes für Angelegenheiten des Handels in amtlich nicht notierten Werten und die bei ihr gebildete Schiedskommission. Es handelt sich hier weder um eine Einrichtung d e r Börse, noch um eine solche f ü r die Börse im Sinne des § 1 Abs. BörsG. Daß diese Einrichtungen im wesentlichen dem außerbörslichen, interlokalen Verkehr zu dienen bestimmt sind, ergibt sich vor allem daraus, daß die Ständige Kommission sich aus Vertretern der verschiedensten Plätze und Wirtschaftsgebiete zusammensetzt, daß bei den Entscheidungen der Schiedskommission geschäftsordnungsmäßig Vertreter aus mindestens drei verschiedenen Orten mitwirken müssen, und daß die Mitglieder der Kommission weder Börsenbesucher noch überhaupt an Börsenplätzen ansässig zu sein brauchen. Aus diesen Gründen kann die erwähnte Schiedskommission auch nicht als ein Börsenschiedsgericht im Sinne des § 28 BörsG. angesehen werden. Ein Urteil des OLG. Hamburg vom 6. Februar 1913 (Hans. Ger.-Ztg. 1913 Hauptblatt S. 109), welches mit im übrigen vielfach anfechtbarer Begründung das Schiedsgericht des Vereins der am Futtermittelhandel beteiligten Firmen zu Hamburg als ein Börsenschiedsgericht erklärt hat, legt dabei doch entscheidendes Gewicht auf den Umstand, daß der genannte Verein zu der Hamburger Börse, als dem Mittelpunkt des Großhandels in Geschäften der in Betracht kommenden Warenbranche in enger örtlicher und sachlicher Beziehung steht. Zu dieser, für ein Börsenschiedsgericht allermindestens zu erfordernden Lokalisierung und Zentralisierung der Rechtsprechung auf einen Börsenplatz stehen jedoch, wie dargelegt, die schiedsgerichtlichen Einrichtungen der Ständigen Kommission in vollkommenem Gegensatz.

2. Das Verbot der Vermittelung von Geschäften in nicht zugelassenen Werten durch Kursmakler erstreckt sich allgemeiner Ansicht nach n i c h t auf Käufe und Verkäufe, die der Kursmakler gemäß § 34 BörsG. in der Funktion eines öffentlich ermächtigten Handelsmaklers vornimmt, also namentlich zum Zwecke der Zwangsregulierung (vgl. unten unter VII). In Ausübung seines Kursmaklerberufs handelt er bei solchen Käufen und Verkäufen ebensowenig, wie etwa ein akademischer Rechtslehrer in Ausübung dieses seines Berufes handelt, wenn er auf Grund seiner Befugnis aus § 138 StPO. eine Kriminal-

verteidigung übernimmt. Die Vornahme solcher Käufe und Verkäufe in den Börsenräumen ist unbedenklich, wenn man der oben vertretenen Ansicht folgt, daß die Börsenräume nicht zu den Börseneinrichtungen im Sinne des § 43 BörsG. gehören[9]).

3. Das Verbot der Preislistenveröffentlichung, welches vor allem dazu beigetragen hat, das Recht der amtlich nicht notierten Werte zu einer Art Sonderrecht zu machen (vgl. oben unter I, unten unter IV und V) hat, wie manche andere der parlamentarischen Initiative zu verdankende Gesetzesvorschrift, der Auslegung besondere Schwierigkeiten bereitet. Die Ironie des Schicksals hat es gewollt, daß die Handelspresse, aus deren Kreise in der Börsenenquete-Kommission mit besonderem Nachdruck gesetzgeberische Maßnahmen gegen den Handel in nicht zugelassenen Werten gefordert worden waren (Sten. B. S. 1729 ff.), sich nunmehr einem sehr unliebsamen Konflikt zwischen ihren publizistischen Pflichten und dem in seiner Tragweite nicht eben leicht zu übersehenden gesetzlichen Verbot ausgesetzt sah. In dem bekannten Strafprozeß, welcher auf Veranlassung des Staatskommissars der Berliner Börse gegen die verantwortlichen Redakteure des Handelsteils einer angesehenen Berliner Tageszeitung eingeleitet worden war, weil die Beschuldigten durch Veröffentlichung von Berichten über den „Markt der Kali- und Kolonialwerte" verstoßen haben sollten, hat das Reichsgericht zweimal gesprochen (II. Straf-Sen. v. 16. 9. 1910 und 2. 5. 1911, Bank-A. X S. 43, XI S. 91), ohne daß die streitigen Fragen dadurch eine grundsätzliche und vollständige Klärung erfahren hätten. Das zweite freisprechende Urteil der Strafkammer wurde vom Reichsgericht bestätigt, da nach der unanfechtbaren Feststellung des Instanzrichters die Schutzbehauptung der Angeklagten, sie hätten ihre Preisangaben nur vereinzelt aus Geschäftsabschlüssen an der Börse, hauptsächlich aber aus solchen außerhalb der Börse entnommen, unwiderlegt geblieben sei[10]).

---

[9]) Auf diesen Standpunkt hat sich auch § 2 der regierungsseitig erlassenen Maklerordnung für Hannover gestellt (vgl. Trumpler C.-V.-Kommentar S. 127, Anm. 4).

[10]) Den in der ersten RGE. als verdächtig bezeichneten Umständen, daß die zur Anklage gestellten Veröffentlichungen sich durch ihre Überschrift mehrfach als Mitteilungen von der „Fondsbörse" kennzeichneten, daß ihre Sprechweise an Schilderungen des Verlaufs einer wirklichen Börse anklänge und daß die Preise sich ausdrücklich als solche kundtaten, die „im freien Verkehr" erzielt worden seien,

Das einzige positive Ergebnis der beiden RG.-Entscheidungen für die Auslegung des § 43 BörsG. ist das, daß — unbeschadet des für Börsentermingeschäfte im § 51 Abs. 2 gegebenen weitgehenderen Verbots — eine Veröffentlichung von Preislisten über Geschäfte in nicht zugelassenen Werten unter Berücksichtigung an der Börse vorgenommener Geschäfte zulässig ist, unter der Bedingung, daß Geschäfte der letzteren Art der Liste nicht hauptsächlich, sondern nur vereinzelt zugrunde gelegt worden waren. Ungeklärt und der Entscheidung der Strafkammer im jeweiligen einzelnen Falle überlassen bleibt dabei allerdings die diffizile Frage, in welchem quantitativen oder kausalen Verhältnis bei derartigen gemischten Preislisten die börsenmäßigen und die außerbörslichen Geschäfte zu den veröffentlichten Kursen stehen müssen, damit deren Charakter als Börsenkurse, sei es zu bejahen, sei es zu verneinen ist. (Richtiger Ansicht nach ist eine Berücksichtigung außerbörslicher Geschäfte bei der Kursermittelung mit dem Wesen des Börsenkurses grundsätzlich unverträglich.) Unentschieden geblieben ist ferner die Frage, ob das Verbot des § 43 sich auf die Mitteilung sogenannter „Bezahlt"-Kurse beschränkt oder auch auf die Angabe von Brief- und Geldkursen erstreckt. Letzteres wird meist verneint (vgl. Hemptenmacher Anm. 4 zu § 43, Nußbaum, Kommentar S. 188), freilich mehr im Anschluß an den Wortlaut der Vorschrift als an ihren mutmaßlichen Zweck, da, wie die Frankfurter Zeitung vom 27. Februar 1910 mit Recht hervorhebt, beide Veröffentlichungsweisen sich im Effekt — und jedenfalls unter den für das Verbot maßgebend gewesenen Gesichtspunkten — nicht wesentlich voneinander entfernen. Keine zweifelsfreie Entscheidung hat schließlich auch die vielumstrittene Frage gefunden, ob das Verbot des § 43 sich auf solche Veröffentlichungen beschränkt, die sich nach ihrer äußeren Aufmachung als Kurszettel darstellen. Da das RG. im vorliegenden Falle auf die Schutzbehauptung der Angeklagten, ihre Veröffentlichungen seien nur gelegentliche, schon durch die äußere Form von Kurszetteln sich unterscheidende Marktberichte, überhaupt nicht eingegangen ist, scheint es alle Arten von öffentlichen Mitteilungen über Börsenkurse nicht zugelassener Werte als unzu-

---

wurde in der zweiten, endgültigen RGE. keine Bedeutung mehr beigemessen, nachdem die Strafkammer auf Grund Sachverständigengutachtens die Beweiskräftigkeit dieser Momente für das Vorhandensein von Mitteilungen über an der Börse geschlossene Geschäfte verneint hatte.

lässig anzusehen. Die mildere Auffassung hat auch hier den Wortlaut der Vorschrift auf ihrer Seite, die strengere kann sich darauf berufen, daß der Zweck der Bestimmung nicht so sehr dahin ging, der Gefahr einer Verwechselung privater Preislisten über nicht zugelassene Werte mit dem amtlichen Kurszettel vorzubeugen, als vielmehr dahin, den börsenmäßigen Verkehr in nicht zugelassenen Werten durch das Verbot von Verlautbarungen über die Preisbildung zu desorganisieren und lahmzulegen.

Von den Erfolgen dieses Bestrebens wird in den beiden folgenden Abschnitten noch mehrfach die Rede sein müssen.

IV.

Der Markt- und Börsenpreis bei amtlich nicht notierten Werten.

Die Rechtslehre und Rechtsprechung unterscheidet scharf zwischen dem durch Feststellung und Veröffentlichung äußerlich in Erscheinung tretenden f o r m a l e n und dem tatsächlich „als abstrakte Preisresultante aus dem Verhältnis des gesamten Angebots zur gesamten Nachfrage"[11]) sich ergebenden „m a t e r i e l l e n" Börsenpreis: beide brauchen sich nicht zu decken; trotz Fehlens eines formalen Markt- oder Börsenpreises kann doch ein materieller vorhanden sein und umgekehrt. Bereits bei der Vorberatung des Allgemeinen Deutschen Handelsgesetzbuchs hat man in der konsequenten Durchführung dieser Unterscheidung eine gewisse Gefahr für die Verkehrssicherheit erblickt. Im Hinblick darauf, daß der Entwurf vom Unterschiede zwischen Waren m i t und solchen o h n e Markt- und Börsenpreis erhebliche Rechtsfolgen abhängig machte, erachtete man es verschiedentlich für unangängig, die Frage, ob eine Ware oder ein Wertpapier zur einen oder anderen Kategorie gehöre, dem Streit der Parteien oder der Ermittelung durch den Richter zu überlassen, sondern erachtete es für notwendig, für die Börsen- oder Marktgängigkeit ein unschwer sichtbares äußeres Kriterium aufzustellen in Gestalt des Erfordernisses, „daß der laufende Preis oder Kurs der Ware an dem Ort oder an dem für ihn maßgebenden Handelsplatz nach dafür bestehenden örtlichen Einrichtungen festgestellt zu werden pflegt" (Art. 288 des II. Nürnberger Entwurfs). Fand diese, die Sicherung des Verkehrs bezweckende Vorschrift auch im end-

---

[11]) Düringer-Hachenburg, 2. Aufl., Bd. III, S. 393 Anm. 24.

gültigen Gesetz keine Aufnahme, so bestimmte doch Art. 353 ADHGB., daß der nach dafür bestehenden örtlichen Einrichtungen festgestellte laufende Preis im Zweifel als Markt- oder Börsenpreis im Sinne der erwähnten Vorschrift gelten sollte. Da nun aber der Bildung derartiger Einrichtungen nach Maßgabe des dafür sich ergebenden Bedürfnisses keine oder doch nur formale Schranken gesetzt waren, so konnten die Beteiligten mit mindestens annähernder Sicherheit und jedenfalls ohne Fahrlässigkeit aus dem Bestehen oder Nichtbestehen solcher Einrichtungen auf die Zugehörigkeit oder Nichtzugehörigkeit von Wertpapieren zur Gattung der kurshabenden schließen.

Für die amtlich nicht zugelassenen Werte wurde dieser Schluß jedoch mit dem Augenblicke unzulässig, wo das Gesetz die Bildung und das Funktionieren solcher örtlicher Einrichtungen für diese Werte durch das Verbot der Benutzung von Börseneinrichtungen und der Kurszettelveröffentlichung über an der Börse in ihnen abgeschlossenen Geschäfte unmöglich machte; denn das Fehlen entsprechender Einrichtungen fand seine Erklärung nun nicht mehr im Mangel eines natürlichen Bedürfnisses und damit eines materiellen Börsenpreises überhaupt, sondern in erster Linie in dem bestehenden gesetzlichen Verbot. Auf der anderen Seite wurde aber — abgesehen von den Vorschriften über den Selbsteintritt des Effektenkommissionärs — auch nicht angeordnet, daß nur ein amtlich festgestellter Kurs als Markt- oder Börsenpreis im Sinne der einen solchen voraussetzenden gesetzlichen Bestimmungen gelten solle, ebensowenig auch, daß für Wertpapiere, deren Zulassung zum Börsenhandel wegen ungenügender Höhe des Gesamtnennwerts unstatthaft ist, ein Markt- oder Börsenpreis im Rechtssinne nicht in Frage kommen könne. Den Beteiligten bleibt es überlassen, die erforderlichen Ermittelungen sowohl über die Börsen- oder Marktgängigkeit des betreffenden Wertes, als auch über das Vorhandensein eines Börsen- oder Marktpreises zur maßgebenden Zeit als endlich über dessen Höhe auf eigene Gefahr anzustellen.

Wesentlich erschwert wird den Beteiligten diese Ermittelung durch die tatsächliche Gestaltung des bezüglichen Verkehrs, in welchem, teils im Zusammenhang mit den Bestimmungen des Börsengesetzes, teils aus selbständigen wirtschaftlichen Ursachen die außerbörslichen Abschlüsse von Kontor zu Kontor im telephonischen und telegraphischen Fernverkehr eine immer größere

Bedeutung gewonnen haben. Es ergibt sich die Frage, ob und evtl. unter welchen Voraussetzungen sich auf der Grundlage eines derartigen interlokalen Geschäftsverkehrs ein Marktpreis im Rechtssinne bilden kann, und wie sich die Rechtslage bei etwaiger Konkurrenz eines solchen Marktpreises mit dem Börsenpreise des freien Verkehrs gestaltet.

In Betracht zu ziehen ist hierbei unbedingt, daß in dem seit der ersten Kodifikation des deutschen Handelsrechts verflossenen halben Jahrhundert, mit der Überbrückung räumlicher Schranken durch wirtschaftliche und technische Fortschritte auch der Begriff des Markts eine immer weitere Ausdehnung erfahren hat. Der Sprachgebrauch, für den der Markt zunächst lediglich eine feste Veranstaltung lokaler Art bedeutete, welche tauschende Käufer und Verkäufer zu vereinigen pflegt, übertrug den Begriff „Markt" mehr und mehr auf „die Gesamtheit der Beziehungen regelmäßig miteinander verbundener Käufer und Verkäufer, ob sie sich nun an e i n e m Orte und zu e i n e r Zeit persönlich treffen oder nicht". (Schmoller, Grundriß der Allg. Volkswirtschaftslehre S. 16, Philippovich, Grundriß der politischen Ökonomie, 9. Auflage Bd. 1 S. 21) L. Goldschmidt, auf dessen Darlegungen über das Wesen des Marktpreises die nachfolgende Literatur und Rechtsprechung im wesentlichen fußt, betont zwar, daß die Definitionen des Marktpreises bei den Volkswirtschaftslehrern für den juristischen Gebrauch meist zu weit seien, da sie auch den Durchschnittspreis nicht marktgängiger Ware umfaßten, aber der Erweiterung des Marktbegriffs, welche die vor seinen Augen sich vollziehende wirtschaftlich-technische Entwickelung mit sich brachte, hat doch auch er Rechnung getragen, indem er 1883 den Markt nicht mehr, wie 1868, als den „O r t , wo der Ausgleich von Angebot und Nachfrage für ein größeres Quantum von Gütern vor sich geht," definierte, sondern statt dessen sagte: „d a s r ä u m l i c h e G e b i e t , in welchem ein regelmäßiger Umsatz des Gutes stattfindet, ist dessen Markt" und dazu bemerkte, mit der Ausdehnung des Marktes habe die Bedeutung der Märkte sich verringert, so daß die ursprüngliche sinnliche Bedeutung des Wortes im wissenschaftlichen Sprachgebrauch der Rechtslehre ebensowenig wie in dem der Wirtschaftslehre noch festgehalten werden könne. Dem entspricht im Allgemeinen auch die Definition des Marktpreises in den meisten Kommentaren, Hand- und Lehrbüchern.

Mag man nun unter Würdigung derartiger Gesichtspunkte zugeben, daß auch ein unorganisierter, interlokaler Geschäftsverkehr den Charakter eines Marktes annehmen und einen Marktpreis im Rechtssinne hervorbringen kann, so wird man doch in jedem Falle an zwei Erfordernissen festhalten müssen, welche der Markt in seiner ursprünglichen Erscheinungsform meistens zu erfüllen pflegt: nämlich an dem eines regelmäßig, unter Beteiligung einer Vielheit konkurrierender Angebote und Nachfragen sich wiederholenden Geschäftsverkehrs, welcher andererseits tatsächlich so gestaltet sein muß, daß das Aufeinanderwirken des Gesamtangebots und der Gesamtnachfrage bestimmend für die im einzelnen gezahlten Preise wird. Ein ausschließlich zwischen Kontor und Kontor sich vollziehender Geschäftsverkehr wird diesen Erfordernissen im allgemeinen nicht entsprechen. Der Überblick, welchen der einzelne Beteiligte aus den von einzelnen bedeutenderen Händlerfirmen versandten oder veröffentlichten „unverbindlichen" Angeboten sowie im Wege telephonischer Erkundigung über die Geschäftslage zu gewinnen vermag, ist ein mehr oder weniger begrenzter, verglichen mit einem eigentlichen Markt, wo die Geschäftsabschlüsse sich vor den Augen aller Beteiligten abspielen, wo jedes Angebot und jede Nachfrage mit ihrem Auftreten einen Einfluß auf die Preisbildung ausüben. Das zu einem wirklichen Marktverkehr erforderliche Aufeinanderwirken des Gesamtangebots und der Gesamtnachfrage wäre denkbarerweise ohne Lokalisierung des Geschäftsverkehrs auf einen Marktort durch Schaffung einer Zentralstelle zu erreichen, welche fortlaufend auf dem Drahtwege von überallher Ansagen über abgegebene Gebote und erzielte Preise entgegennimmt und auf dem gleichen Wege über die Verkehrslage Auskunft erteilt. In Ermangelung solcher oder ähnlicher Einrichtungen kann deren wirtschaftliche Funktion jedoch durch das Vorhandensein eines freien Verkehrs in Werten der betreffenden Art an einer oder mehreren Börsen annähernd erfüllt werden; durch das Medium eines solchen werden, infolge des Zusammenhanges, in dem die beteiligten Händler mit ihm stehen, auch die außerbörslich abgeschlossenen Einzelgeschäfte über die Bedeutung isolierter Gelegenheitsabschlüsse hinausgehoben und dienen als Faktoren einer marktmäßigen Preisbildung. Danach dürfte man berechtigt sein, bei der heutigen tatsächlichen Gestaltung des Verkehrs die Annahme der Marktgängigkeit nicht notierter Werte von dem Vorhandensein eines freien Verkehrs an einer oder mehreren Börsen abhängig zu machen, zumal als hierin auch ein einigermaßen sicheres Kennzeichen für die Regelmäßigkeit der Umsätze gefunden werden kann.

Bei dem großen Umfang des außerbörslichen Geschäfts muß man andererseits im Auge behalten, daß der Markt eines nicht notierten Effektes sich in den meisten Fällen auf einen bestehenden börsenmäßigen „freien Verkehr" nicht beschränken wird. An Tagen, wo ein Börsenpreis angesichts des geringen Umfangs der Abschlüsse im freien Verkehr als nicht vorhanden angenommen werden muß, kann mit Rücksicht auf umfangreiche außerbörsliche Abschlüsse ein Marktpreis bestehen; zwischen „Börsenpreis" und „Marktpreis" können sich unter Umständen auch erhebliche Abweichungen ergeben. Tritt dieser Fall ein, so wird man überall, wo das Gesetz den „Börsen- oder Marktpreis" für maßgeblich erklärt, dem Marktpreis, weil er dem Ideal des verum pretium näherkommt, den Vorrang einzuräumen haben (so schon Oberappellationsger. Lübeck vom 29. XII. 1843, Seufferts Archiv I, Nr. 37). Entsprechend bestimmen auch die CVU. im § 28, daß Offerten und Gebote oder Aufträge in amtlich nicht notierten Werten im Zweifel nicht an einen bestimmten Ort oder an eine bestimmte Zeit z. B. eines Börsenverkehrs gebunden sind. Während es für Kommissionsaufträge in amtlich notierten Werten als Regel gilt, daß sie an der maßgebenden Börse während der Börsenzeit auszuführen sind und sich hieran die Rechtsfolgen des § 400 Abs. 3 HGB. knüpfen, wird für das Geschäft in amtlich nicht notierten Werten, unter Berücksichtigung der Tatsache, daß ihr Markt über den freien Verkehr an der Börse in zeitlicher und räumlicher Hinsicht hinausgewachsen ist, die umgekehrte Regel aufgestellt. Für Eigengeschäfte gewinnt dieser Grundsatz namentlich dann Bedeutung, wenn der Verkauf nicht zu einem festen Preise, sondern zum angemessenen Preis oder zum Marktpreis erfolgt ist.

Die Konsequenzen, welche sich im übrigen für die Anwendung der einen Börsen- oder Marktpreis voraussetzenden Gesetzesvorschriften auf amtlich nicht notierte Werte aus der geschilderten Sach- und Rechtslage ergeben, können im Rahmen dieser Darstellung nur flüchtig berührt werden. In Betracht kommen hauptsächlich 1. Bewertungsvorschriften, sei es für aktienrechtliche Bilanzen (§ 261 HGB.), sei es im Steuerinteresse (§ 6 Preuß. StempStG., § 12 Preuß. Ergänz.-

StG., §§ 18, 19 Reichs-Wehrbeitrag-G., §§ 34, 35 Reichs-Besitzsteuer-Gesetz); 2. Zulassung freihändigen Verkaufs statt öffentlicher Versteigerung (§§ 1221, 1235, 1295 BGB., § 821 ZPO.; § 385 BGB., § 373 HGB.; § 220 Abs. 3 HGB.). 3. Vorschriften über Eignung von Wertpapieren zur Sicherheitsbestellung (§ 234 BGB., § 54 BörsG., § 13 Ziff. 3 Bank-G.), 4. über Zwangsregulierung bei Fixgeschäften (§ 376 HGB., § 18 KO.), 5. über Geltung des Marktpreises als Vertragspreis (§ 453 BGB.). — Handelt es sich um die Verwertung verpfändeter unnotierter Effekten, so ist ein unter irriger Annahme der Markt- oder Börsengängigkeit freihändig vorgenommener Pfandverkauf unrechtmäßig; da der Gläubiger aber nicht verpflichtet, sondern nur berechtigt ist, markt- oder börsengängige Pfänder freihändig zu verkaufen, so wird er im Zweifelsfalle, um Weiterungen zu vermeiden, die öffentliche Versteigerung vornehmen lassen, wobei sich unter Umständen zum Schaden des Schuldners ein sehr viel ungünstigerer Preis ergeben kann. Noch prekärer ist die Stellung des Gerichtsvollziehers, welcher nach § 821 ZPO. verpflichtet ist, gepfändete Wertpapiere, wenn sie einen Börsen- oder Marktpreis haben, aus freier Hand zum Tageskurse zu verkaufen, wenn sie einen solchen Preis nicht haben, nach den allgemeinen Bestimmungen zu versteigern. Nach § 66 der preuß. Geschäftsanweisung für die Gerichtsvollzieher ist der Tageskurs durch den Kurszettel oder durch die Bescheinigung eines Kaufmanns, der Bankier- oder Geldwechslergeschäfte betreibt, festzustellen: indessen dürfte eine Bescheinigung der letzteren Art den Gerichtsvollzieher kaum von der eigenen Verantwortung für die richtige Entscheidung der Frage, ob ein Markt- oder Börsenpreis vorhanden ist oder nicht, befreien. In beiden hier erwähnten Fällen werden sich die Beteiligten am besten im voraus durch Herbeiführung gerichtlicher Entscheidung nach § 1246 Abs. 2 BGB., 825 ZPO. sichern. — Schwierigkeiten besonderer Art bereitet die verschiedenartige Terminologie der einzelnen Gesetze, welche bald von Wertpapieren mit „Börsen- oder Marktpreis", bald nur von solchen mit „Börsenpreis" oder mit „Börsenkurs" oder von „kurswerthabenden" oder „kurshabenden" Wertpapieren sprechen. Da nach allgemeiner Anschauung, „Kurs" und „Kurswert" bei Wertpapieren dasselbe bezeichnen, was bei Waren im allgemeinen der Markt- oder Börsenpreis genannt wird (so RGZiv. 12, S. 8, Düringer-Hachenburg, 2. Aufl. Bd. III, S. 16), sollte man annehmen, daß nicht notierte Wertpapiere einen Kurs oder Börsenkurs genau so haben können, wie einen Markt- oder Börsenpreis. Dennoch bestimmt Art. 15 sub IV der Ausf.-Anw. des Preuß. Finanzministers zu § 12 des Preuß. ErgSteuerges.: „Die Anwendung des Börsenkurses setzt voraus, daß für das betreffende Wertpapier an einer deutschen Börse amtlich ein Kurs notiert wird" (vgl. auch Preuß. OVG. vom 7. V. 97, Erg.Bd. VI S. 27[12]). Über die Bedeutung des Wortes Kurswert gehen die Meinungen völlig auseinander: einige fordern auch hier amtliche Zulassung (so ausdrücklich Neukamp, C.-V.-Kommentar Anm. 7 zu § 54, Heinitz, Preuß. Stempelsteuergesetz, Anm. 2 zu § 6), andere identifizieren „Kurswert" mit „Börsenpreis" (so Nußbaum, Kommentar S. 99, 263, LZ. 1910 S. 505); nach anderen genügt das Vorhandensein eines Marktpreises (so Staudinger-Riezler Anm. 1 zu § 234 BGB.; Loewenberg, Bank-Archiv X S. 284, Düringer-Hachenburg, 2. Aufl. Bd. III, S. 428). Trotz grundsätzlicher Übereinstimmung mit dieser dritten Auffassung kann den Folgerungen, welche die beiden Letztgenannten hieraus zugunsten der Verwendbarkeit unnotierter Werte zur Sicherheitsbestellung nach § 54 BörsG. ziehen, nicht in vollem Umfange gefolgt werden, da von ihnen nicht berücksichtigt ist, daß nach Lage der heutigen Verhältnisse ein ausschließlich zwischen Kontor und Kontor, ohne das Zentrum eines inoffiziellen Börsenhandels stattfindender Geschäftsverkehr aus den oben dargelegten Gründen einen

[12]) Praktisch wird die Berücksichtigung des Börsen- oder Marktpreises nicht notierter Werte allerdings dadurch ermöglicht, daß das PrErgSteuerG. ebenso wie das Reichs-Wehrbeitrags- und Besitzsteuer-G. für die Bewertung von Effekten ohne Börsenkurs in erster Linie den Verkaufswert maßgebend sein lassen. (Das gilt nach den gen. Reichsgesetzen anders als nach dem PrErgStG. auch für GmbH.-Anteile.) Immerhin ergeben sich für die steuerliche Behandlung Unterschiede. Die §§ 42 WehrbG., 58 BesitzstG. legen bei den nach § 19 bzw. 35 a. a. O. zu bewertenden Aktien, Kuxen und Anteilen den Vorständen der betreffenden Gesellschaften und Gewerkschaften gegenüber dem Steuerpflichtigen wie gegenüber der Steuerbehörde eine durch Ordnungsstrafbefugnis und Androhung von Kriminalstrafen verschärfte Auskunftspflicht über den Wert der Aktien und Anteile auf, die auch dann besteht, wenn sich ein Verkaufswert derselben auf andere Weise ermitteln läßt, und mit der Belästigungen und Nachteile für die Gesellschaften verbunden sein können (vgl. Berl. Tgbl., Handelsztg. v. 30. 9. 13). Demnach könnte für einzelne derselben ein erhebliches Interesse daran bestehen, den Börsenpreis des freien Verkehrs als Börsenkurs im Sinne des Gesetzes anerkannt zu sehen.

Marktpreis im Rechtssinne nicht herauszubilden vermag. Von diesem Standpunkte aus ist die von Hemptenmacher, Apt-Trumpler, Staub-Könige und mir vertretenen Ansicht, daß § 54 als Sicherheit börsengängige Effekten voraussetzt, beizubehalten, solange nicht eine Änderung der tatsächlichen Verhältnisse die Annahme eines Marktpreises für unnotierte Werte auch ohne Börsengängigkeit gestattet.

Von den Strafbestimmungen des BörsG. gegen unlautere Kursbeeinflussung bezieht sich § 88 Abs. 1 auf den Börsen- oder Marktpreis, § 89 lediglich auf den Börsenpreis. Von unserem Standpunkte aus kann auch die Vorschrift des § 88 Abs. 1 de facto auf unnotierte Werte nur unter der Voraussetzung ihrer Börsengängigkeit Anwendung finden; es braucht jedoch, anders als im Falle des § 89, der Dolus des Täters nicht unmittelbar auf eine Beeinflussung des Börsenpreises gerichtet zu sein; es genügt, wenn die außerbörsliche Preisbildung in börsengängigen nicht notierten Werten in betrügerischer Weise beeinflußt werden sollte.

Von dem Einfluß, den die Unsicherheit der Kursbildung und Kursermittelung für unnotierte Werte auf die Entwickelung der Geschäftsformen in diesem Handelszweige ausgeübt hat, wird im folgenden Abschnitt zu sprechen sein.

V.

Kommissionsgeschäft und Eigenhandel in amtlich nicht notierten Werten.

1. In der juristischen Literatur wird für den Geschäftsverkehr zwischen Bankier und Kunden in amtlich notierten Werten die sog. Eigenhändlerklausel — ob mit vollem Recht, bleibe hier dahingestellt — als unzulässig, wenn nicht als unmoralisch bezeichnet, wogegen man auf dem Gebiet des Handels in Werten ohne amtliche Börsennotiz die Berechtigung des Propergeschäfts, auch im Kundenverkehr, im allgemeinen anerkennt. (Vgl. Nußbaum, Kommentar S. 371, bei Holdheim 1910, S. 161, L.Z. 1910 S. 497, Gysae, D. Jur.-Ztg. 1913 S. 505.) Dabei wird in tatsächlicher Hinsicht vielfach sogar die Bedeutung unterschätzt, welche das Kommissionsgeschäft in Kuxen und unnotierten Werten im Kundenverkehr namentlich bei solchen Firmen hat, die diesen Geschäftszweig nicht als Spezialität betreiben. In der Presse ist andererseits — aus Anlaß der Bestrebungen zur Vereinheitlichung der Usancen für den Handel in amtlich nicht notierten Werten

— mehrfach der Ruf erhoben worden, es möge vor allem die Beseitigung des Eigenhandels in diesen Werten, als der Quelle verschiedentlicher Mißstände, angestrebt werden[13]).

Um die Unüberlegtheit solcher Anregungen zu erkennen, genügt es, einen Blick auf die Rechtslage des Kommissionsgeschäfts in nicht notierten Werten zu werfen. Die Selbsteintrittsbefugnis, welche für das Effektenkommissionsgeschäft Lebensbedingung ist, gleichviel ob es sich um notierte oder um nicht notierte Werte handelt, steht bei Werten der letzteren Art dem Kommissionär von Gesetzeswegen nicht zu. Nach ständiger Rechtsprechung des Reichsgerichts kann allerdings im Vereinbarungswege die Zulässigkeit des Selbsteintritts auch ohne amtliche Feststellung eines Börsen- oder Marktpreises begründet werden; nach in der Literatur durchgängig vertretener Ansicht ist diese Vereinbarung auch für solche Wertpapiere zulässig, für die ein Börsen- oder Marktpreis nicht nur nicht amtlich festgestellt wird, sondern die einen solchen überhaupt nicht haben.

Schon hier beginnt der Boden unsicher zu werden. Da nach § 400 Abs. 2 HGB. bei Ausführung der Kommission durch Selbsteintritt die Rechenschaftspflicht des Kommissionärs sich auf den Nachweis beschränkt, daß bei dem berechneten Preise der zur Zeit der Ausführung der Kommission bestehende Börsen- oder Marktpreis eingehalten sei und diese Bestimmung insofern, als sie das Minimum von Rechnungslegung, auf welches der Kommittent auch im Falle des Selbsteintritts Anspruch haben soll, normiert, eine Vorschrift zugunsten des Kommittenten ist, so könnte die Meinung vertreten werden, daß eine Vereinbarung, welche den Selbsteintritt auch bei Wertpapieren ohne Börsen- oder Marktpreis zuläßt, den § 400 Abs. 2 in einer nach § 402 unzulässigen Weise abändert. Zum mindesten können, wenn die Zulässigkeit des Selbsteintritts in der üblichen allgemeinen Form einer Geschäftsbedingungs-Klausel vereinbart ist, Zweifel darüber bestehen, ob es dem Willen des Kommittenten entsprach, diese Ermächtigung auf den besonders gearteten und eine besondere Behandlung erfordernden Fall eines gar nicht vorhandenen Börsen- oder Marktpreises auszudehnen.

Weiter: Während ein Teil der Schriftsteller für den Fall des vertraglich vereinbarten Selbsteintritts die Beschränkungen der §§ 400

[13]) Vgl. z. B. Hamburger Nachrichten vom 30. August 1912.

Abs. 2—5, 401 überhaupt nicht als zwingend angesehen wissen will. lassen andere sie — m. E. mit Recht — bei Effekten, für die ein Börsen- oder Marktpreis, wenn auch ohne amtliche Notiz, besteht, in vollem Umfang gelten. Die durch § 43 BörsG. vermehrte Unsicherheit der Preisermittelung erschwert dem Kommissionär den ihm obliegenden Nachweis der Innehaltung des Börsen- oder Marktpreises aufs empfindlichste und bildet eine Quelle von Differenzen und Prozessen. Bei Effekten, für welche überhaupt kein Börsen- oder Marktpreis besteht, sollen — Düringer-Hachenburg, 2. Aufl., Bd. III S. 663 Anm. 87 — die allgemeinen Grundsätze des Kommissionsrechts für die Rechnungslegung des Kommissionärs in Anwendung kommen, was dahin verstanden wird, daß der Kommissionär, wenn er die Papiere von einem Dritten bezogen hat, den Preis des Deckungsgeschäfts, wenn er sie aus eigenen Beständen entnommen hat, einen ihrem Wert entsprechenden Betrag in Rechnung stellen muß. Eine derart differenzierte und spezialisierte Rechenschaftspflicht hat, abgesehen davon, daß sie ebenfalls ein Nährboden für Zwistigkeiten zwischen den Parteien ist, mit dem Wesen des Selbsteintritts nichts mehr gemein.

Während das Geschäft in amtlich notierten Werten für den Kommissionär stets nur mit den nämlichen gleichbleibenden regelmäßigen Unkosten (Kourtage, Stempel, evtl. Provision des Zentralbankiers) verbunden ist, sind die Spesen im Geschäft in unnotierten Werten, das sich zum großen Teil im Fernverkehr zwischen Kontor und Kontor abspielt, nicht nur weit beträchtlicher, sondern auch ungleichmäßiger; oft ist es dem Händler erst nach mehreren vergeblichen Ferngesprächen möglich, ein dem Gebot seines Kunden entsprechendes Deckungsgeschäft abzuschließen. Auch diese Verhältnisse, denen § 403 HGB. naturgemäß nicht gerecht zu werden vermag, haben die Geschäftsform des Properhandels zur Vorherrschaft geführt: dem Händler muß es gestattet sein, seinen Preis so zu stellen, daß ihm unter Berücksichtigung der besonderen Unkosten und Bemühungen, die für ihn hier in Frage stehen, ein angemessener Nutzen verbleibt.

Unter Gesichtspunkten des Allgemeininteresses betrachtet, erscheint diese Entwickelung auch aus dem Grunde weniger bedenklich, weil bei dem Geschäft in Werten ohne Börsennotiz auf der Kundenseite nicht gleich weite Kreise des Privatpublikums beteiligt sind wie bei demjenigen in amtlich notierten Effekten. Hier erschienen Schutzvorschriften erforderlich, welche auf die Bedürfnisse der geschäftsunmündigsten Kommittenten zugeschnitten sind. Dagegen besteht keinesfalls ein öffentliches Interesse daran, die Beteiligung minder geschäftskundiger Kreise an der Vermögensanlage und am spekulativen Handel in unnotierten Werten dadurch zu fördern, daß man die für das Kommissionsgeschäft in notierten Werten geltenden Schutzvorschriften äußerlich und formell auch auf das Geschäft in unnotierten Werten überträgt, wo ihr Wert angesichts der Unsicherheit der Preisermittelung und Preisverlautbarung sachlich doch ein sehr problematischer sein würde. Wenn das Vorherrschen der Geschäftsform des Propergeschäfts im Handel in unnotierten Effekten mehr oder minder dahin wirkt, Kapitalisten, denen es an den zur Bewertung solcher Effekten erforderlichen Kenntnissen mangelt, zu veranlassen, sich diese entweder anzueignen oder dem Geschäft in solchen Werten fernzubleiben, so ist auch diese Wirkung vom Standpunkt des Gesamtinteresses aus keine unerwünschte.

2. Wichtig und im Interesse beider Parteien liegend ist es natürlich, daß die Absicht des Bankiers, dem Kunden als Eigenhändler gegenüberzutreten, in klarer und unzweideutiger Weise in Erscheinung tritt. Die Preislisten der Händlerfirmen enthalten denn auch in der Regel in hervorgehobenen Drucktypen die Erklärung, daß die Firma bei allen Geschäften in nichtnotierten Werten Eigenhändlerin sei. Zur völligen Ausschaltung von Differenzen haben die CVU. (§ 29) die Auslegungsregel aufgestellt, daß Geschäfte in amtlich nicht notierten Werten b e i e r f o l g t e r N e t t o a u f g a b e im Zweifel als Eigengeschäfte und nicht als Kommissionsgeschäfte anzusehen sind, sofern nicht der andere Teil seinen abweichenden Willen nach Empfang der Aufgabe unverzüglich zum Ausdruck gebracht hat. Besteht nach den ursprünglichen beiderseitigen Erklärungen über das Vorliegen eines Kommissionsauftrages oder umgekehrt über das eines Eigengeschäfts keine Zweifelsmöglichkeit, so wird an der bestehenden Rechtslage durch die widerspruchslose Annahme der Nettoaufgabe, bzw. durch den unverzüglich gegen sie erhobenen Protest nichts geändert.

Wenn somit die Nettoberechnung als spezifisches Kennzeichen des Eigengeschäfts angesehen wird, so wird damit an die vorwiegende Übung angeknüpft, ohne Rücksicht auf Ausnahmefälle, in denen ein Kommissionsverhältnis ohne Provisionsabrede vereinbart, oder ein Propergeschäft unter Provisionsabrede abgeschlossen wird. Ein völlig einwandsfreies äußeres Kriterium läßt sich nicht finden. Wenn Breit (C.-V.-Kommentar zum BörsG. S. 336 Anm. 42) meint, das einzige Kriterium sei die Vereinbarung eines objektiv festgelegten Kaufpreises, so ist dies jedenfalls nicht in dem Sinne zutreffend, daß beim Fehlen eines objektiv festgelegten Kaufpreises unbedingt ein Kommissionsauftrag vorhanden sein müsse; denn mit dem Wesen des Propergeschäfts ist nicht nur die Vereinbarung des Marktpreises oder des angemessenen Preises als Kaufpreis verträglich, sondern auch die jedes anderen bestimmbaren Preises, also z. B. auch die Vereinbarung, daß der Preis des dem Verkäufer möglichen günstigsten Deckungsgeschäfts zuzüglich eines bestimmten oder eines angemessenen Zuschlags als Kaufpreis gelten solle.

3. Wesentlich für den Kommissionsauftrag ist die Übernahme einer Verpflichtung zur Geschäftsbesorgung. Zwischen der „Innotanahme" einer Kommissionsorder und der einer Anstellung oder eines Gebotes durch den Bankier besteht begrifflich und praktisch der denkbar größte Unterschied. Im ersten Falle ist der Bankier verpflichtet, für die Ausführung der Order bemüht zu sein und ist für schuldhaftes Mißlingen rechtlich verantwortlich, im zweiten Falle ist die Innotanahme nichts als eine Empfangsbestätigung; der Bankier handelt keiner Vertragspflicht zuwider, wenn er später auf das Geschäft verzichtet, obwohl er bei Anwendung entsprechender Bemühungen um den Abschluß eines Deckungsgeschäfts zur Annahme der Offerte in der Lage gewesen wäre. (Beim Geschäft in unnotierten Werten, wo die Möglichkeit börsenmäßiger Eindeckung nicht oder doch nicht in gleichem Maße wie bei notierten Werten besteht, könnte die Verantwortlichkeit des Bankiers für die Aufwendung derartiger Bemühungen leicht vexatorisch ausgebeutet werden.) Der Hinweis auf diesen Unterschied sollte eigentlich bereits genügen, um die Unhaltbarkeit der von Breit, Leipz, Z. 1907, S 799 ff., mit auf den ersten Blick bestechender Begründung vertretenen Ansicht darzutun, daß die rechtliche Auseinanderhaltung von Kommissions- und Propergeschäft im Effektenverkehr zwischen Bankier und Kunden keine tatsächliche Berechtigung mehr habe, daß vielmehr beide Geschäftsformen in einem neuen einheitlichen Typus des durch die Treuverpflichtung des Bankiers gegen den Kunden beherrschten Effektenbezugsvertrages aufgehen sollten oder sogar bereits aufgegangen seien. Richtig ist nur so viel, daß bei allen Verträgen des bürgerlichen Rechts, also auch beim

Effektenpropergeschäft, eine gegenseitige Treuepflicht der Kontrahenten besteht[14]), der Inhalt der jeweiligen Treuepflicht bestimmt sich jedoch besonders und verschieden nach dem Wesen des jeweils in Frage stehenden Vertrages und der aus ihm geschuldeten Leistungen, und er ist beim Kommissionsvertrag ein anderer als beim reinen Kaufvertrag. Eine Verwischung dieses Unterschiedes stiftet nicht nur Verwirrung, sondern ist auch für die Interessen des Publikums nicht ungefährlich; denn gerade durch die Betonung der Mandatsnatur des Kommissionsvertrages im Gegensatz zum reinen Kaufvertrag werden die besonderen Mandatspflichten des Kommissionärs im Bewußtsein der Beteiligten lebendig erhalten; eine Vermengung beider Vertragsarten würde eine Abschwächung dieses Bewußtseins zur notwendigen Folge haben.

4. Mit Unrecht wird die Rechtsprechung des Reichsgerichts über die Haftung des Bankiers für Rat und Empfehlung, insbesondere die grundlegende Entscheidung vom 24. September 1898 (RGZiv. 42, S. 125) als Zeugnis für das tatsächliche Ineinanderübergehen von Kommissions- und Propergeschäft im Verkehr zwischen Bankier und Kunden verwertet. Das Reichsgericht hat es als ein wenig angemessenes Ergebnis bezeichnet, wenn man die Verantwortlichkeit des Bankiers für die Beratung seiner Klientel verschieden bemessen wollte, je nachdem das Geschäft demnächst die Form der Kommission oder die des unmittelbaren Kaufs angenommen hat. Es wäre jedoch von vornherein unrichtig gewesen, wenn man den W e s e n s unterschied zwischen Kauf und Kommission auf dem Gebiete der Haftung für Ratserteilung hätte suchen wollen. Die Übernahme einer vertraglichen Verpflichtung zur sorgfältigen Ratserteilung ist weder mit der Übernahme eines Kommissionsauftrages notwendig verbunden (denn der Kommittent kann auf Beratung verzichten oder der Kommissionär kann die Ratserteilung ablehnen oder die Haftung für Fahrlässigkeit vertraglich ausschließen), noch ist sie mit dem Propergeschäft unvereinbar, denn sie kann, wie das Reichsgericht annimmt, Gegenstand einer Nebenverpflichtung, oder, wie andere[15]) wollen, Gegenstand eines selbständigen Vertrages sui generis sein. Die Schwierigkeit liegt hier wirklich nicht

---

[14]) Daß auch für den Kommittenten eine vertragliche Treuepflicht besteht, verdiente in der Literatur und Rechtsprechung mehr, als üblich, betont zu werden.

[15]) Alsberg bei Holdheim XV S. 321, Brand, D. Jur.-Z. 1912, S. 726.

in der juristischen Konstruktion, sondern in der sachgemäßen Entscheidung der Tatfrage, ob im jeweiligen Falle eine kontraktliche Verpflichtung zur sorgfältigen Ratserteilung eingegangen wurde, oder ob lediglich eine unverbindliche Meinungsäußerung vorlag, welche von dem anderen Teil als solche auch dann aufgefaßt werden mußte, wenn sich der Bankier nicht vorsichtigerweise durch einen entsprechenden Vorbehalt gesichert hatte. Diese Entscheidung läßt sich nur unter sorgfältiger Würdigung aller Umstände des jeweiligen Einzelfalls treffen, sie läßt sich auch keineswegs auf die einfache Formel bringen, daß, wo sich Bankier und Privatkunde als Verkäufer und Käufer gegenüberstehen, die Darbietung der Kenntnisse und Erfahrungen des Fachmanns an den minder kundigen Laien grundsätzlich zu den vertraglichen Pflichten des Verkäufers gehöre. Man denke nur daran, welche verschiedenen Personenkreise der Begriff „Privatkunde" umfaßt, wie er sich auch auf solche Kapitalisten erstreckt, welche auf Grund ihrer kaufmännischen, technischen oder wirtschaftlichen Vorbildung, oder auf Grund naher Beziehungen zu sachverständigen oder in der Verwaltung des betreffenden Unternehmens stehenden Persönlichkeiten den Wert der anzuschaffenden Effekten ebensogut, wenn nicht besser, als der Bankier zu beurteilen wissen. — Unter allen den Momenten, welche im Einzelfall bei Beurteilung der Tatfrage, ob eine Vertragspflicht zu sorgsamer Ratserteilung übernommen wurde, zu würdigen sind, darf alsdann auch der Umstand, ob der Bankier seinem Kunden als Kommissionär oder als Eigenhändler gegenübergetreten ist, nicht unberücksichtigt bleiben. Es würde vielleicht zu weit führen, wenn man beim Kommissionsauftrag eine Vermutung für das Vorhandensein, beim Eigengeschäft eine solche für das Fehlen der Absicht zu verantwortlicher Ratserteilung aufstellen wollte[16]). Ganz unbeträchtlich aber ist es nicht, wenn sich der Bankier, insbesondere gegenüber einem Kunden, der sich des Unterschiedes zwischen Kommission und Propergeschäft hinreichend bewußt ist, von vornherein als Eigenhändler deklariert hat; ein verständiger Kunde braucht in solchem Falle etwaige empfehlende Äußerungen zwar nicht als leere und belanglose Anpreisungen anzusehen, aber er kann aus dem Auftreten des Bankiers als Eigenhändler entnehmen, daß dieser für den Fall der Unrichtigkeit seiner gutgläubig erteilten Empfehlung keine weiteren Nachteile auf sich nehmen will, als sie mit

[16]) So anscheinend von Ziegler bei Holdheim 1912 S. 7.

dem Anbieten einer nicht empfehlenswerten Ware für jeden auf sein Renommee haltenden Kaufmann verbunden sind. Wenn mithin eine solche rechtliche Gestaltung des Verhältnisses den Kunden von vornherein auf die Pflicht zur Anwendung größerer eigener Aufmerksamkeit hinweist, so wird, auch bei im Einzelfall erfolgender Bejahung der Verantwortlichkeit des Bankiers für den von ihm erteilten Rat, die fernere Frage des konkurrierenden eigenen Verschuldens des Kunden beim Eigengeschäft anders und dem Kunden gegenüber strenger zu beurteilen sein als beim Kommissionsauftrag, der dem Kunden in höherem Maße das Recht gibt, sich auf die Wachsamkeit des Bankiers zu verlassen.

In der Literatur[17]) wird die Ansicht vertreten, daß der Kommissionär, auch wenn sein Rat nicht in Anspruch genommen wird, verpflichtet sei, den Kommittenten über solche diesem offensichtlich unbekannte Verhältnisse aufzuklären, von denen der Kommissionär annehmen muß, daß sie den Kommittenten bei Kenntnis der Sachlage von Erteilung des Auftrages abhalten würden; es wird ferner angenommen, daß vom Zeitpunkt der Auftragserteilung an der Kommissionär verpflichtet sei, dem Kommittenten „in gewissen Grenzen über Angelegenheiten, die mit dem Gegenstand der Kommission zusammenhängen, auf Befragen Rat und Auskunft zu erteilen". Dieser Ansicht könnte schon für den Fall des Kommissionsverhältnisses nur bei ganz besonderer Lage der Umstände gefolgt werden: beim Eigenhandel erscheint es schlechterdings unzulässig, daß dem Bankier die Rolle des verantwortlichen Ratgebers dergestalt wider seinen Willen aufgedrängt werden könnte.

5. Die praktische Bedeutung des Unterschiedes zwischen Kommission und Eigengeschäft tritt im Handel in nicht notierten Werten besonders deutlich bei der Frage der Widerrufsmöglichkeit und der rechtlichen Wirkungen eines etwaigen Widerrufs zutage.

Während der Kommissionsauftrag jederzeit widerruflich ist und selbst ein nur für bestimmte Zeit ausgesprochener Verzicht des Kommittenten auf sein Widerrufsrecht unwirksam wäre, bestimmt die bindende Wirkung der Offerte zum Abschluß eines Eigengeschäfts sich nach Parteiwillkür in Gemäßheit der §§ 145 ff. BGB. Die regelmäßige Gebundenheit des Antragenden an sein Gebot in den Grenzen des § 147 BGB. kann sowohl abgeschwächt als auch verstärkt werden.

[17]) Vgl. Düringer-Hachenburg Anm. 6, 7 zu § 384 HGB.

Die Klausel „freibleibend" dürfte regelmäßig dem Gebot — namentlich wenn dies in Form einer gedruckten, eine Mehrzahl von Werten enthaltenden Preisliste abgegeben wird — den Charakter einer Offerte nehmen, so daß nur die Aufforderung zur Abgabe einer der besonderen Annahme bedürfenden Offerte vorliegt (vgl. ROHG. Bd. 14 S. 81); doch kann, was indessen nicht zu vermuten ist, die Meinung bei einer speziellen, Angebot oder Nachfrage nach Betrag oder Stückzahl genau bezeichnenden Offerte auch dahin gehen, daß der Offerent sein Gebot mit dem Zugang der Annahmeerklärung perfekt werden lassen, sich also nur die Möglichkeit des Widerrufs, sei es bis zum Zugange der Annahmeerklärung, sei es bis unverzüglich nach deren Eintreffen vorbehalten will. Verstärken kann der Antragende die bindende Kraft seines Gebots durch Erteilung einer innerhalb bestimmter Frist verbindlichen oder einer bis auf Widerruf wirksamen Anstellung. Die in einem Falle entstandene Meinungsverschiedenheit, ob bis Widerruf erteilte Anstellungen dauernd bis zum ausdrücklichen Widerruf wirksam bleiben oder — analog einer bei Geschäften in notierten Werten unter Bankiers allgemein bestehenden Übung — im Zweifel jedenfalls mit Monatsende erlöschen, ist in den CVU. unter § 28 a nunmehr im letzteren Sinne, und zwar sowohl für Offerten und Gebote, als auch für Kommissionsaufträge entschieden worden, ausgenommen natürlich den Fall, daß bei der Bestätigung zum Ausdruck gebracht ist, daß die Offerte, das Gebot oder der Auftrag bis zum ausdrücklichen Widerruf und nicht nur bis zum Monatsende in Nota genommen worden sei. — Eine auf unbegrenzte Zeit verbindlich erteilte, also weder durch Zeitablauf, noch durch Widerruf erlöschende Anstellung würde der Rechtswirksamkeit entbehren.

Was die Rechtswirkungen des Widerrufs betrifft, so macht sich die Rechtsnatur des Kommissionsvertrags als Geschäftsbesorgungsvertrag hier zugunsten des Kommissionärs geltend: der Kommissionär hat Anspruch darauf, im Falle des Widerrufs von den Verbindlichkeiten befreit zu werden, die er aus Anlaß der Kommission übernommen hat. Nun bestimmt zwar § 405 Abs. 3 HGB. grundsätzlich, daß dem Kommissionär das gesetzliche Recht des Selbsteintritts nicht mehr zusteht, wenn ihm ein Widerruf des Kommittenten vor Absendung der Ausführungsanzeige zugegangen ist, es bleibt ihm, falls er ein entsprechendes Deckungsgeschäft bereits abgeschlossen hat, nur übrig, dieses nach Maßgabe des § 384 HGB. regulär abzuwickeln. Für den Kommissionär in amtlich nicht notierten Werten kommt jedoch überhaupt nur ein vertragliches Selbsteintrittsrecht in Frage; ist ein solches ausbedungen, so ist dem Kommissionär damit, unter Abänderung der dispositiven Vorschrift des § 405 Abs. 3, das Recht gewährt, auch nach zugegangenem Widerruf die Abwickelung im Selbsteintrittswege vorzunehmen, soweit dem Widerruf infolge einer aus Anlaß der Kommission erfolgten, auch bei Anwendung pflichtmäßiger Bemühungen nicht mehr lösbaren anderweiten Bindung des Kommissionärs keine Folge mehr gegeben werden konnte. Als eine anderweitige Bindung dieser Art kommt aber nicht bloß der perfekte Abschluß eines Deckungsgeschäfts in Betracht, sondern namentlich auch eine nicht mehr rechtzeitig zu widerrufende Weitergabe der Kommission oder eine bindende Anstellung oder auch eine bei Kompensation korrespondierender Aufträge dem anderen Kommittenten bereits gemachte Ausführungsanzeige.

Im Gegensatz hierzu wirkt der Widerruf einer mit Widerrufsvorbehalt erteilten Anstellung grundsätzlich unbeschränkt und unbedingt: jede Bindung des Empfängers einer solchen Anstellung nach dritter Seite hin erfolgt auf eigene Gefahr! Zulässig sind aber selbstverständlich Vereinbarungen, durch welche entweder die Wirksamkeit des Widerrufs davon abhängig gemacht wird, daß der andere Teil sich nicht inzwischen nach dritter Seite fest gebunden hat oder durch welche der Anstellende sich für den Fall des Widerrufs zur Schadloshaltung (negatives Vertragsinteresse) verpflichtet. Durch eine Vereinbarung dieser Art würde zwar in einem nicht unwesentlichen Punkte eine Annäherung an das Kommissionsgeschäft erfolgen, das Wesen der Anstellung als Offerte zu einem Propergeschäft jedoch im übrigen nicht berührt werden.

VI.
Erfüllung, Verzugsfolgen.

Für die Erfüllung von Geschäften in amtlich nicht notierten Werten ergeben sich mancherlei besondere Gesichtspunkte. Berücksichtigung erheischen hier namentlich die Rechtsbeziehungen aus Geschäften in Werten mit beschränkter Umlaufsfähigkeit (also solchen, deren Übertragung form- oder genehmigungsbedürftig ist oder den Übergang einer Leistungspflicht bedingt, vgl. oben unter II). Eine größere praktische Bedeutung als bei Geschäften in notierten Werten kommt sodann hier der Haftung des Verkäufers für Rechtsmängel zu, da die bei notierten Werten durch § 36 Abs. 3a BörsG. vorgeschriebene Prüfung der Rechtsbeständigkeit durch die Zulassungsstelle hier entfällt. Durch die CVU. und die EDB. erfahren ferner die gegenseitigen Rechte und Pflichten aus Geschäften in nichtnotierten Werten nach mancher Richtung eine besondere Regelung. Desgleichen werden durch diese Usancen die Bestimmungen des bürgerlichen Rechts über die Folgen des Verzuges beider Vertragsteile in verschiedenen nicht unwichtigen Punkten ergänzt oder modifiziert.

A) Pflichten des Verkäufers.

Der Kauf von amtlich nicht notierten Werten ist, soweit diese durch Wertpapiere verbrieft sind, verbundener Rechts- und Sachkauf, soweit dies nicht der Fall ist, reiner Rechtskauf.

1. Bei Inhaberpapieren kommt der Verkäufer mit der Übergabe des Papiers regelmäßig auch seiner Verpflichtung zur Verschaffung des Eigentums an diesem sowie zur Verschaffung des verbrieften Rechts nach. Steht der Verkäufer dem Käufer gleichzeitig als selbsteintretender Einkaufskommissionär gegenüber, so tritt — unter der Voraussetzung seiner eigenen Verfügungsberechtigung — die Eigentums- und Rechtsverschaffung bereits mit der Absendung des Stückeverzeichnisses oder — kraft eines vom Kommissionär mit sich selbst als Vertreter des Kommittenten (§ 181 BGB.) abgeschlossenen Besitzkonstituts — mit äußerlich erkennbarer Indepotnahme der Stücke für den Kommittenten ein. Liegt ein unmittelbares Kaufgeschäft (Eigengeschäft) vor, so hat die Nummernaufgabe als solche keine dingliche Übertragungswirkung, ebenso ist eine stillschweigende Ermächtigung des Verkäufers zur Vertretung des Käufers bei Vornahme des Besitzkonstituts nicht ohne weiteres anzunehmen. Wohl aber wird man eine solche voraussetzen dürfen, wenn der Käufer mit dem verkaufenden Bankier als Depotkunde in laufender Geschäftsverbindung steht; in solchem Falle würde auch die Absendung des Stückeverzeichnisses zwar nicht auf Grund des Depotgesetzes Eigentum übertragen, aber den durch das Besitzkonstitut erfolgten Eigentumsübergang auf den Käufer nach außen bezeugen.

2. Bei Werten, zu deren Übertragung es neben der Übergabe der Urkunde noch einer besonderen formbedürftigen Abtretung bedarf, oder bei denen der Rechtsübergang ausschließlich durch eine solche vermittelt wird, eine Urkundenübergabe also überhaupt nicht voraussetzt, genügt füglich auch ein Besitzkonstitut an der Urkunde nicht

zur Herbeiführung des dinglichen Rechtsübergangs und demzufolge auch nicht die Absendung des Stückeverzeichnisses vom Kommissionär auf den Kommittenten, und zwar auch dann nicht, wenn es sich um Werte der im § 1 DepotG. aufgeführten Kategorien handelt: die Wirkung der Nummernaufgabe erschöpft sich in diesem Falle in der Begründung eines persönlichen Aussonderungsrechts für den Kommittenten (vgl. Rießer, Bankdepotgesetz 3. Aufl. S. 71).

Soweit eine Abtretung erforderlich ist, ist der Verkäufer verpflichtet, diese vorzunehmen, oder, wenn das verkaufte Recht einem Dritten zusteht, sie herbeizuführen und zwar nach Bestimmung des Käufers entweder an diesen oder einen vom Käufer zur Inempfangnahme der Leistung ermächtigten Dritten. Bezüglich der Kosten der Abtretung findet sich in den CVU. (§ 10) wie in den EDB. der gemeinsame von § 448 Abs. 2 BGB. etwas abweichende Grundsatz, daß der Verkäufer nur die Kosten des Abtretungsakts zu tragen hat, daß dagegen die Kosten einer etwaigen Annahmeerklärung sowie etwaige seitens der Gesellschaft oder Gewerkschaft für die Übertragung zur Berechung gelangende Unkosten vom Käufer zu tragen sind.

Besondere Kosten für die Annahmeerklärung kommen gesetzlich nur bei der Übertragung von GmbH.-Anteilen in Frage, wo auch die Annahme der gerichtlichen oder notariellen Beurkundung bedarf. Die Kostenersparnis, welche bei Abgabe von Abtretungs- und Annahmeerklärung in e i n e r Urkunde eintritt, soll nach § 10 Abs. 2 CVU. dem V e r käufer zugute kommen, die Kosten der Gesamtverhandlung hat in diesem Falle der Käufer zu tragen. Dem Verkäufer muß hiernach daran gelegen sein, eine besondere Abtretungsverhandlung zu vermeiden, was sich bei distantia loci nur mit Hilfe einer Vollmacht ermöglichen läßt; in der Praxis wird eine solche meist vom Veräußerer auf den Käufer oder in blanco für einen noch nicht feststehenden ferneren Erwerber mit der Befugnis ausgestellt, das Übertragungsgeschäft gemäß § 181 BGB. mit sich selbst vorzunehmen. Allerdings ergeben sich bei Kaufgeschäften, welche ohne die gesetzlich vorgeschriebene Form vorgenommen sind, gegen die Rechtswirksamkeit solcher Vollmachten und mithin auch der unter ihrer Benutzung vorgenommenen Übertragung Bedenken im Hinblick auf die vom Reichsgericht über die Rechtswirkungen formloser Vollmachten zu Grundstücksveräußerungsverträgen entwickelten Grundsätze (vgl. Ernst Oppenheimer, Leipz. Z. 1913 S. 735 ff.). Danach kann sich mit dem formungültigen Kaufgeschäft nicht nur keine unwiderrufliche Vollmacht zur Vornahme der Abtretung verbinden, sondern es soll auch die aus Anlaß des formungültigen Kaufgeschäfts erteilte abstrakte und widerrufliche Vollmacht unwirksam sein, wenn „nur der äußeren Form nach eine abstrakte Vollmacht vorliegt, während in Wirklichkeit schon die Bevollmächtigung demselben Zwecke dienen soll und tatsächlich auch dient, wie der Abschluß des Hauptgeschäfts" (RGZiv. 76 S. 183), eine Voraussetzung, die das RG. dann für gegeben ansieht, wenn die Vollmacht dem Käufer selbst oder einem Dritten erteilt ist, der „nach der Absicht der Parteien nur als willenloses Werkzeug des Käufers tätig werden soll". Die Unterscheidung, welche hier zwischen einer „der äußeren Form nach" und einer der Sache nach abstrakten und widerruflichen Vollmacht gemacht wird, und sodann zwischen einem Bevollmächtigten, der als Vertreter im Willen des Verkäufers und einem solchen, der als willenloses Werkzeug des Käufers handelt, erscheint theoretisch und praktisch nicht unbedenklich. Ist die Vollmacht widerruflich — und dies gilt für abstrakte Vollmachten selbst dann, wenn sie sich als unwiderruflich bezeichnen (RGZiv. 62 S. 337) — so macht es für die Wirkung des Widerrufs keinen Unterschied, ob der Bevollmächtigte, dem gegenüber er erklärt wird, ein persönlicher Vertrauensmann des Verkäufers oder ob es der Käufer selbst oder ein „willenloses Werkzeug" desselben ist, wobei noch zu bemerken wäre, daß auch der mit dem Gegenkontrahenten identische oder von diesem abhängige Bevollmächtigte sich als Vertrauensmann des Vollmachtgebers betrachten und seine Vollmacht bei Vermeidung der Strafe des § 266 StGB. als solcher ausüben muß. Ist die Möglichkeit eines Widerrufs rechtlich und tatsächlich gegeben, dann vermag die Vollmachtserteilung, wem gegenüber sie auch erfolgt, keine im Widerspruch mit der gesetzlichen Formvorschrift stehende Bindung des Verkäufers herbeizuführen; Bedenken könnte man unter diesem Gesichtspunkt also nur gegen die dem Käufer mit Weitergabe- und Ausfüllungsbefugnis übergebene Blankovollmacht haben, weil hier die tatsächliche Ausübung des Widerrufsrechts, wenn nicht unmöglich gemacht, so doch erheblich erschwert ist.

Läßt es sich auch nicht mit völliger Bestimmtheit voraussehen, ob das Reichsgericht den Fall der Vollmacht zur Abtretung eines GmbH.-Anteils mit dem der Vollmacht zum Grundstücksverkauf für völlig gleichliegend erachten und demnach die auf Grund einer nach

Maßgabe seiner bisherigen Rechtsprechung unwirksamen Vollmacht erfolgte Abtretung für fehlerhaft und gemäß § 177 BGB. der nachträglichen Genehmigung des Vertretenen bedürftig ansehen wird, so bietet jedenfalls vorderhand dem Zessionar nur eine solche Abtretungsvollmacht für die Wirksamkeit der Abtretung Gewähr, welche entweder auf Grund eines formgültigen Kaufvertrages oder welche einem von dem Käufer völlig unabhängigen Dritten erteilt ist. Er kann deshalb eine zwecks Vollziehung der Abtretung in *einer* Urkunde auf ihn selbst ausgestellte oder mit seinem Namen auszufüllende Vollmacht zurückweisen und auf der Vornahme einer besonderen gerichtlichen oder notariellen Abtretungserklärung durch den Veräußerer bestehen; nach § 10 Abs. 3 CVU. muß er allerdings in diesem Falle die hierdurch entstehenden Mehrkosten ebenfalls tragen.

3. Auf die Haftung des Verkäufers unnotierter Werte für deren *rechtlichen Bestand* und die Freiheit von rechtlichen Mängeln kommen die §§ 437—440 BGB. zur Anwendung. Danach hat der Verkäufer für die Verschaffung des Rechts mit dem im Kaufvertrage vorausgesetzten Inhalt auch dann einzustehen, wenn diese von Anfang an unmöglich war, es sei denn, daß eine abweichende Vereinbarung getroffen ist, oder daß ein Recht, wie das verkaufte, nach der Rechtsordnung überhaupt nicht entstehen konnte — nur in diesem Falle finden die Grundsätze des BGB. über die Unmöglichkeit der Leistung Anwendung (vgl. RGZiv. 68 S. 293) — oder daß der Käufer den Mangel im Recht beim Abschluß des Kaufes kannte (§ 439 BGB.). Diese Grundsätze, bei deren Aufstellung man vorwiegend Forderungsrechte und sonstige Rechte individuellen Inhalts im Auge hatte, können bei der Anwendung auf Geschäfte über vertretbare Rechte zu wenig angemessenen Resultaten führen, wenn der in Frage stehende Mangel im Rechte ein solcher ist, daß dem Verkäufer eine vertragsmäßige Leistung aus der Gattung unmöglich ist und von vornherein war (also z. B. bei Nichtigkeit der Gesellschaft oder Gewerkschaft[18]), bei Ungültigkeit einer Anleihe). Eine Garantie des Verkäufers für den vereinbarungsgemäßen Bestand des Rechts dürfte dem regelmäßigen Parteiwillen nur insoweit entsprechen, als die Kenntnis des tatsächlichen Bestandes des

---

[18]) Vgl. hierzu Lehmann in Goldschmidts Ztschr. 51 S. 378, Titze, Unmöglichkeit der Leistung S. 270 und die dort zitierten Entscheidungen des ROHG. und RG, welche nach gemeinem und preußischen Recht in solchen Fällen Nichtigkeit des Kaufvertrages wegen Unmöglichkeit der Leistung annahmen.

verkauften Rechts dem Käufer in geringerem Maße als dem Verkäufer zugänglich ist. Bei Geschäften über vertretbare Werte zwischen Bankiers trifft diese Voraussetzung meist nicht zu; dem Käufer sind die von der Gesellschaft oder dem Anleiheschuldner veröffentlichten Unterlagen in gleicher Weise wie dem Verkäufer zugänglich; aus diesen Unterlagen nicht ersichtliche Tatsachen, durch welche der rechtliche Bestand der verkauften Anteile oder Schuldtitel in Frage gestellt wird, sind in der Regel für beide Teile gleich leicht oder gleich schwer zu ermitteln. In solchen Fällen besteht keine Veranlassung, die von vornherein gegebene Unmöglichkeit der Leistung anders als nach §§ 306—308 BGB. zu behandeln; geradezu unbillig aber wäre es, wenn man dem Käufer, auch wenn seine Unkenntnis der Unmöglichkeit der vertragsgemäßen Rechtsverschaffung auf grober Fahrlässigkeit beruhte, gegen den Verkäufer, dem vielleicht nicht einmal eine leichte Fahrlässigkeit zur Last fällt (man denke z. B. an den Fall, daß der Käufer Bankier, der Verkäufer Privatmann ist, oder daß der Käufer nahe Beziehungen zur Verwaltung der Gesellschaft unterhält) einen Schadenersatzanspruch wegen Nichterfüllung zubilligen wollte. Das erkennende Gericht oder Schiedsgericht muß als befugt gelten, eine Garantie für den Rechtsbestand der Gattung gemäß §§ 437, 440 nach Lage der Umstände des Falles als nicht gewollt anzusehen, auch wenn die Ausschließung dieser Haftung nicht ausdrücklich vereinbart ist.

Unmöglichkeit der Rechtsverschaffung liegt auch dann vor, wenn der Gesellschaftsvertrag die Veräußerlichkeit der verkauften Aktie oder des verkauften Anteils ausschließt. Die Haftung des Verkäufers für den Bestand des verkauften Rechts mit der herrschenden Ansicht[19]) auch auf diesen Fall auszudehnen, erscheint bedenklich; denn der Bestand des Rechts wird durch die Unveräußerlichkeit nicht berührt. Jedenfalls werden Aktien und Anteilsrechte anderer Kapitalgesellschaften mit d e m Inhalt und in d e m rechtlichen Bestande verkauft, den sie nach dem Gesellschaftsvertrage haben; der Verkauf eines unübertragbaren Anteils ist danach — bei Ergänzung des Kaufvertrags durch den Gesellschaftsvertrag — schon wegen seines perplexen In-

---

[19]) So für den Verkauf unübertragbarer Forderungen Staudinger-Kober I 4 zu § 437, Oertmann Anm. 1 c, desgl. für den Verkauf vinkulierter GmbH.-Anteile Staub-Hachenburg, 4. Aufl., Anm. 58 zu § 15, GmbHG.

halts nichtig, es sei denn, daß der Verkauf für den Fall der Änderung des Statuts erfolgt ist oder daß tatsächlich nur die mit dem Recht verbundenen Nutzungen veräußert werden sollen. Ist die Aktie oder der Anteil zwar veräußerlich, aber nur an Angehörige einer bestimmten Personenkategorie, zu welcher der Käufer nicht gehört (z. B. nur an deutsche Reichsangehörige), so liegt aus gleichem Grunde ein vom Verkäufer zu vertretender Mangel im Recht nicht vor; man wird auch hier Nichtigkeit des Geschäfts wegen Unmöglichkeit der Leistung annehmen müssen[20]). Zu einem praktisch befriedigenderen Ergebnis führt allerdings die Ansicht, daß hier auf seiten des Gläubigers lediglich ein subjektives Unvermögen zur Annahme der Leistung besteht, so daß der Verkäufer — vorbehaltlich etwaiger Irrtumsanfechtung seitens des Käufers — den Anspruch auf den Kaufpreis behält und nur verpflichtet ist, die Leistung in der Weise zur Verfügung des Käufers zu halten, daß er sie an einen von diesem bestimmten Dritten bewirkt, in dessen Person das Erwerbshindernis nicht besteht[21]). Bei grundsätzlicher Annahme der Nichtigkeit des Geschäfts wird es unter Umständen, bei vorwiegend spekulativem Charakter desselben, statthaft sein, mit gleicher Wirkung gemäß § 140 BGB. den ungültigen Verkauf des Rechts in einen gültigen Verkauf des Verfügungsrechts darüber zu konvertieren.

Bei nachträglichem Unmöglichwerden der Verschaffung des verkauften Rechts finden die §§ 323—325 BGB. Anwendung. Hierher gehört der Fall, daß neue Anteile einer Kolonialgesellschaft oder Bezugsrechte auf solche verkauft sind, die Genehmigung des Kapitalserhöhungsbeschlusses seitens der Aufsichtsbehörde indessen nachträglich versagt wird[22]). Wird beim Verkauf vinkulierter Aktien oder Anteile die durch Gesetz oder Statut vorgeschriebene Genehmigung der Gesellschaft verweigert, so liegt es nahe, darin den Ausfall einer mit dem Kauf verbundenen aufschiebenden bzw. den Eintritt einer auflösenden Bedingung zu sehen oder doch anzunehmen, daß auch hier, infolge nachträglichen von keiner Partei zu vertretenden Unmöglichwerdens der Leistung der Käufer von der Gegenleistung frei wird. Im Gegensatz hierzu geht jedoch die regelmäßige Partei-

---

[20]) So auch schon l. 34 Dig. 45,1: si stipuler rem cujus commercium non habeo, inutilem esse stipulationem placet.

[21]) Vgl. OLG. Frankfurt a. M. im Bank-Archiv V, S. 214.

[22]) Vgl. Entsch. der C.-V.-Schiedskommission vom 19./25. August 1913, Bank-A. XII, S. 388.

absicht im Verkehr dahin, daß der Verkäufer den Anspruch auf den Kaufpreis in diesem Falle behält, der Käufer also die Gefahr der Verweigerung der Genehmigung trägt, was sich insofern rechtfertigt, als diese meist aus einem in der Person des Käufers liegenden Grunde erfolgen wird. Eine entsprechende Bestimmung treffen darum auch die CVU. (§ 16) mit der Maßgabe, daß der Verkäufer, soweit er nach Verweigerung der Genehmigung über den Anteil anderweit zu verfügen in der Lage ist, dies nach Weisung und für Rechnung des Käufers gegen Erstattung der damit verbundenen Kosten zu tun hat. (Diese Obliegenheit kann und soll lediglich die wirtschaftlichen Ergebnisse der Beteiligung dem abgelehnten Käufer zuwenden; zur Ausübung des Stimmrechts für den Käufer kann der Verkäufer sich nicht wirksam verpflichten, vgl. RGZiv. 69 S. 134.)

Bei Werten, auf denen Leistungsverpflichtungen ruhen (fehlende Einzahlung, Zubuße, Nachschußpflicht, Nebenleistungspflicht), wäre grundsätzlich zu fragen, ob der Übergang dieser Verpflichtung auf den Käufer — ausdrücklich oder stillschweigend — ausbedungen war, so daß der Käufer auch dem Verkäufer gegenüber zur Erfüllung der auf den Werten ruhenden Verpflichtung verbunden ist, oder ob in Ermangelung einer solchen Vereinbarung dem Käufer bei Übertragung eines belasteten Rechts die Ansprüche aus §§ 434, 440 BGB. zustehen. Für die wichtigsten Spezialfälle treffen indes die Usancen nähere Regelung. Bei Aktien, Kolonialanteilen und GmbH.-Anteilen berechnet der Kurs sich im Zweifel nach dem Werte der vollgezahlten Stücke, eine fehlende Einzahlung, gleichviel ob einberufen oder nicht, ist vom Verkäufer dem Käufer zu vergüten, welcher seinerseits die Einzahlung an die Gesellschaft zu bewirken hat (CVU. § 4)[23]). Bei Kuxen und den ihnen durch § 3 CVU. gleichgestellten Bergwerks- und Bohranteilen des Bürgerlichen Rechts gilt nach Maßgabe der EDB. als vereinbart, daß die am Tage des Geschäftsabschlusses oder später fälligen Zubußen vom Käufer zu tragen sind. Die Lieferung eines mit Rückständen aus früherer Zeit belasteten Kuxes gilt dagegen nicht als Erfüllung; der Käufer kann nach seiner Wahl die Lieferung eines mangelfreien Kuxes verlangen und evtl. Schadenersatz wegen Nichterfüllung fordern oder er ist — nach vorhergegangener Aufforderung an seinen Vormann — berechtigt, die Zubuße an die Gewerkschaft zu

[23]) Vgl. hierzu die Entsch. der C.-V.-Schiedskommission vom 8. November 1912 — Bank-A. XII, S. 73 —.

zahlen und den verauslagten Betrag von seinem Vormann zurückzufordern[24]). Der Verkäufer haftet dagegen usancenmäßig, in Ermangelung besonderer Vereinbarung, nicht für die Freiheit des Kuxes von Zubußen, die zur Zeit des Geschäftsabschlusses zwar beschlossen, aber noch nicht fällig waren, noch weniger hat er für später beschlossene Zubußen aufzukommen, selbst wenn zum Zwecke dieser Beschlußfassung zur Zeit des Kaufabschlusses die Gewerkenversammlung bereits einberufen war. Eine Verpflichtung, dem Käufer vor dem Geschäftsabschluß Auskunft über diese Verhältnisse zu erteilen, ist nur in Gemäßheit einer etwaigen Haftung für Rat und Empfehlung (vgl. oben unter V) begründet, nicht aber aus § 444 BGB., da die dem Verkäufer daselbst auferlegte Auskunftspflicht einen bereits geschlossenen Vertrag voraussetzt (RGZiv. 52, S. 168); ihre Verletzung könnte aber Schadenersatzansprüche des Käufers begründen, wenn dieser bei Benachrichtigung von der Einberufung der Gewerkenversammlung in der Lage gewesen wäre, den Zubußebeschluß durch Stimmabgabe zu vereiteln oder durch Anfechtung zu entkräften.

4. Mängel des Unternehmens, von dessen Beschaffenheit der wirtschaftliche Wert der verkauften Anteils- oder Forderungsrechte abhängt, begründen keine Haftung des Verkäufers, auch nicht unter dem Gesichtspunkte der Gewährleistung für Sachmängel nach § 459 ff. BGB. Die von hervorragenden Juristen für den Fall des Wertpapierverkaufs vertretene Gegenmeinung, welcher auch der II. Zivilsenat des Reichsgerichts im Gegensatz zum I. ZivSen. zuneigt[25]), würde, auf den Geschäftsverkehr in nicht notierten Werten angewendet, zu der wenig befriedigenden Konsequenz führen, daß eine Haftung des Verkäufers für die Bonität des Unternehmens zu bejahen oder zu verneinen wäre, je nachdem ob das verkaufte Recht durch Wertpapier verbrieft ist oder nicht. Der Mangel innerer Gründe für eine derartige unterschiedliche Behandlung würde noch fühlbarer zutage treten, sobald Werte in Frage stehen, hinsichtlich deren, wie namentlich bei Kuxen, der Wertpapiercharakter bestritten ist und jedenfalls im strengen sachenrechtlichen Sinne nicht besteht. Diese Konsequenz hat auch Hagens

---

[24]) Durch diese usancemäßige Regelung haben Zweifelsfragen, welche sich für die Praxis aus der — preußisches ALR. zugrunde legenden — RGE. Bd. 54, S. 350 ergaben, ihre Erledigung gefunden.

[25]) Ausführliche Nachweisungen in dem — während der Drucklegung erschienenen — Bd. II, 9. Aufl. von Staub-Könige. Anm. 3, 4 zu § 381 HGB., wo ebenfalls die oben bekämpfte Ansicht vertreten wird.

bei Verteidigung der hier bekämpften Ansicht als unerwünscht anerkannt[26]) und deshalb „zur Ausfüllung einer empfindlichen Lücke" die analoge Anwendung der §§ 459 ff. auf den Verkauf von Rechten überhaupt, wie namentlich von Patenten, GmbH.-Anteilen, Kuxen usw., befürwortet. Solcher Analogie steht aber auf der einen Seite die grundsätzliche Beschränkung der §§ 459 ff. auf körperliche Sachen, auf der anderen die grundsätzliche Ausschließung der Haftung des Rechtsverkäufers für bonitas nominis entgegen. Auf dem Boden des geltenden Rechts und im Einklange mit den Bedürfnissen des praktischen Lebens bleibt man gleichermaßen, wenn man eine Haftung des Verkäufers für Qualitätsmängel des Unternehmens lediglich bei vertraglicher Garantieübernahme anerkennt. Die Frage, ob im einzelnen Falle eine derartige Garantie übernommen ist oder nur eine unverbindliche Beschreibung des Unternehmens stattgefunden hat, kann der Würdigung des Tatrichters überlassen bleiben.

5. Für die Verteilung der Nutzungen zwischen Verkäufer und Käufer gelten jetzt usancemäßig für nichtnotierte Werte im wesentlichen die gleichen Grundsätze, wie für notierte Effekten auf Grund der BRBek. vom 21. Nov. 1912. Ein Recht auf Stückzinsenvergütung (bis einschließlich zum Kauftag bei Kassageschäften bzw. zum Erfüllungstag bei Zeitgeschäften) hat danach — vorbehaltlich abweichender Spezialbestimmung — nur der Verkäufer festverzinslicher Wertpapiere (CVU. §§ 7—9), während sowohl Kuxe und Anteile der Gruppe A als auch Aktien und Anteile der Gruppe B grundsätzlich franko Stückzinsen gehandelt werden (CVU. §§ 2, 5). Die Nutzungsverteilung pro rata temporis ist bei Kuxen solcher Gewerkschaften beibehalten, welche regelmäßig für bestimmte Zeitabschnitte Ausbeute verteilen. Im übrigen stehen die Nutzungen dem zur Zeit ihrer Fälligkeit Berechtigten mit der Maßgabe zu, daß das Recht des Käufers von Kuxen bereits mit dem Tage des Geschäftsabschlusses, das des Käufers von Aktien und Anteilen der Gruppe B bereits mit dem vorhergehenden Tage beginnt, so daß er, wenn der Kauf am Tage des Gewinnverteilungsbeschlusses oder am darauffolgenden Werktage getätigt ist, die Mitlieferung des Gewinnanteilscheins für das abgelaufene Geschäftsjahr oder, wenn Gewinnanteilscheine nicht vorhanden sind, die Abtretung des Anspruchs auf Gewinnanteil für diese Periode verlangen kann.

[26]) D. Jur.-Ztg. 1905, S. 667.

B. Pflichten des Käufers.

Neben der Verpflichtung zur Zahlung und evtl. zur Verzinsung des Kaufpreises — vgl. hierüber CVU. § 15, EDB. unter B. II 2 — liegt es dem Käufer vor allem ob, den Verkäufer von seiner Mithaft für Lasten des verkauften Rechts, deren Tragung der Käufer vertraglich übernommen hat, zu befreien und insbesondere die Passivlegitimation des Verkäufers gegenüber der Gesellschaft oder Gewerkschaft, wie sie durch seine Eintragung in deren Mitgliederbuch begründet ist, durch Beantragung der Umschreibung zu beseitigen. Die Usancen setzen hierfür bestimmte Fristen fest (zwei Wochen nach Lieferung bei Kuxen EDB. sub B II 1 a, eine Woche bei sonstigen Werten, CVU. § 17). Die Verwirklichung des Anspruchs auf Erfüllung dieser Verbindlichkeit kann mit erheblichen Schwierigkeiten verbunden sein, wenn der Käufer ohne vorherige Beantragung der Umschreibung eine Weiterveräußerung unter Aushändigung der Urkunde vorgenommen hat[27]). Die EDB. gewähren dem Verkäufer, welcher infolge nicht rechtzeitiger Vornahme der Umschreibung zur Zahlung fälliger Zubuße aufgefordert wird, das Recht, nach vorheriger Aufforderung an seinen unmittelbaren Nachmann die Zubuße an die Gewerkschaft zu zahlen und Erstattung ihres Betrages von dem Nachmann zu verlangen, welcher in gleicher Weise gegen seinen Nachmann Rückgriff nehmen kann. — Der Verkäufer nicht voll eingezahlter Aktien oder gleichgestellter Anteile kann nach § 17 CVU., sofern die Umschreibung nicht innerhalb von 2 Monaten nach der Lieferung erfolgt ist, vom Käufer wegen noch fehlender Einzahlungen Sicherheitsleistung verlangen.

C. Erfüllungszeit und Erfüllungsort.

1. Der Rechtsgrundsatz des § 271 BGB., daß eine Leistung, für welche eine Zeit weder bestimmt, noch aus den Umständen zu entnehmen ist, vom Schuldner sofort bewirkt werden muß, hat bereits für Kassageschäfte in notierten Werten durch die Geschäftsbedingungen der verschiedenen Börsen eine Modifikation nach der Richtung erfahren, daß dem Lieferungspflichtigen zur Vorbereitung der Erfüllung eine kurze Frist eingeräumt wird[28]). Für den Handel in nicht notierten Werten reichen diese kurzen Fristen (bis zum Nachmittag des näm-

---

[27]) Vgl. hierzu Jacobson im Bank-Archiv Bd. 8, S. 41.
[28]) Vgl. § 13 Abs. 3 und 4 der Berliner, § 4 der Frankfurter Gesch.-Bed.

lichen oder zum Vormittag des folgenden Geschäftstages) seiner Natur nach nicht aus; es muß darauf Rücksicht genommen werden, daß bei dem relativ geringen und unregelmäßigen Verkehr in den meisten Werten der hier in Betracht kommenden Art das Leistungsvermögen des Verkäufers vielfach von der rechtzeitigen Leistung seines Vormannes abhängig ist, daß bei der interlokalen Gestaltung des Verkehrs eine Verzögerung häufig durch die räumliche Entfernung bedingt wird, und daß zudem bei vielen der hier in Frage stehenden Werte die Beschaffung einer schriftlichen, unter Umständen sogar einer gerichtlichen oder notariellen Abtretungserklärung einen besonderen Zeitaufwand erfordert. Die CVU. (§ 13) wie die EDB. räumen deshalb dem Verkäufer eine Lieferfrist bis spätestens zum 5. Tage nach Abschluß des Geschäfts ein (Sonn- und Feiertage nicht eingerechnet).

In vereinzelten Fällen wird vielleicht auch diese erweiterte Lieferfrist knapp bemessen erscheinen; bei einer noch weiteren Hinauserstreckung würde jedoch die Lage des Käufers, der mit dem Deckungskauf auch noch bis zum Ablauf der dem säumigen Verkäufer zu setzenden Nachfrist zuzuwarten hat, im Hinblick auf die Möglichkeit erheblicher Kurssteigerungen gegenüber einem nicht unzweifelhaft solventen Verkäufer eine sehr prekäre werden können.

Den Charakter von Zeitgeschäften gewinnen die nach den Usancen des CV. getätigten Geschäfte durch diese kurze, lediglich der Vorbereitung der Erfüllung dienende Lieferfrist nicht. Soweit daher aushilfsweise die Geschäftsbedingungen der Berliner Fondsbörse auf sie Anwendung finden, gelten nicht die daselbst für Zeitgeschäfte, sondern die für Kassageschäfte gegebenen Vorschriften.

2. Da Geschäfte in nicht notierten Werten auf keinen Börsenplatz lokalisiert sind, ein einheitlicher Erfüllungsort für die Leistungen beider Vertragsteile jedoch dem praktischen Bedürfnis entspricht, werden im § 12 CVU. in diesem Sinne positive Festsetzungen getroffen.

D. Verzugsfolgen.

Eine zweckentsprechende Regelung der aus dem Leistungs-Verzuge eines Kontrahenten für den nicht säumigen Teil sich ergebenden Rechte und Pflichten gehört zu den wichtigsten und dankbarsten Aufgaben der zur Festsetzung von Handelsusancen berufenen

Organe. Die Bestimmungen der BGB. über die Folgen des Verzuges bei gegenseitigen Verträgen würden, selbst wenn ihr Sinn und ihre Tragweite weniger umstritten wären, als dies tatsächlich der Fall ist, nach den wirtschaftlichen Bedürfnissen jedes einzelnen Geschäftszweiges eine sachgemäße Ausgestaltung, Ergänzung oder Änderung erheischen. Für den Verkehr in amtlich notierten Werten knüpft diese Regelung an die bestehenden Börseneinrichtungen, an die Tatsache eines regelmäßigen börsenmäßigen Geschäftsverkehrs, an das Vorhandensein einer zuverlässigen Preisbildung und Preisermittelung an. Der Handel in nicht notierten Werten vollzieht sich hingegen auf interlokaler Basis, seinen Gegenstand bilden Werte mit schwankenden Preisen, deren Beschaffung und Realisierung vielfach mit erheblichen Schwierigkeiten verbunden ist. Aus diesem Grunde ergeben sich zwischen den einschlägigen Bestimmungen der Berl. FB. und denjenigen der CVU. einige nicht unerhebliche Abweichungen: die CVU. sind in ihrem diesbezüglichen Inhalt im wesentlichen den EDB. nachgebildet, nur daß sie von dem Vorhandensein eines Börsenverkehrs, wie ihn jene, wenn auch in anderer, loserer Form als die Berliner Bedingungen, noch immer voraussetzen, völlig absehen. Die Interessen des säumigen Kontrahenten, welche sich nach bürgerlichem Recht angesichts der gemeinsam für alle gegenseitigen Verträge geschaffenen schematischen Regelung mit dem allgemeinen Schutz der Grundsätze von Treu und Glauben begnügen müssen, erfahren in den Usancen eine bestimmtere, mehr ins Einzelne gehende Berücksichtigung. Hierfür besteht bei nicht notierten Werten ein besonderes Bedürfnis, weil die Gefahr einer Benachteiligung des säumigen Teils bei einer Schadenfeststellung nach Maßgabe der Vorschriften des bürgerlichen Rechts hier unter Umständen recht erheblich ist. Da sich für die beteiligten Firmen, bei bester Erfüllungsabsicht und unzweifelhafter Solvenz, angesichts der Natur der gehandelten Werte der Fall schuldlosen Leistungsunvermögens, der sie in die Stellung des säumigen Kontrahenten versetzt, häufig genug ergeben kann, haben alle Beteiligten ein Interesse an einer korrekten, die Entstehung übermäßiger Differenzen vermeidenden Schadenfeststellung.

Im einzelnen ergibt sich, im Vergleich mit den Grundsätzen des bürgerlichen Rechts einerseits, den BerlFB. andererseits folgende Regelung:

1. Das Recht des nicht säumigen Teils, Erfüllung zu verlangen, wird in den CVU. und EDB., übereinstimmend mit allgemeinem bürgerlichem Recht, aber abweichend von den BerlFB., nicht von der Innehaltung einer Ausschlußfrist abhängig gemacht, seine Ausübung ist also solange zulässig, als sie nicht als „illoyal verspätet" anzusehen ist[29]).
2. Für die Nachfristsetzung bestehen folgende Grundsätze:
   a) Übereinstimmend mit allgemeinem Recht, abweichend vom Berliner Börsengebrauch, besteht für die Ausübung des Rechts zur Nachfristsetzung — mit der oben unter 1 erwähnten Einschränkung — keine zeitliche Grenze.
   b) Die Nachfrist muß mindestens 3 Tage, Sonn- und Feiertage nicht eingerechnet, betragen (Beginn und Lauf dieser Frist ist in den CVU. etwas anders, als in den EDB. geregelt); die Nachfrist ist, entsprechend der Eigenart der nach CVU. und EDB. gehandelten Werte, länger als nach BerlFB.; im Gegensatz zu diesen ist die usancemäßige Nachfrist von vornherein nicht als Normalfrist, sondern als Mindestfrist vorgesehen.
   c) Bei Setzung der Nachfrist muß der nichtsäumige Teil anders als nach allgemeinem bürgerlichem Recht, aber übereinstimmend mit den BerlFB., sich bereits bindend darüber erklären, ob er nach fruchtlosem Fristablauf Zwangsregulierung oder Rücktritt verlangen werde. — Die gegenseitig sich ausschließende Natur beider Rechte wird damit noch schärfer, als nach allgemeinem bürgerlichem Recht betont, der nichtsäumige Teil wird der Möglichkeit enthoben, die Wahl zwischen Zwangsregulierung und Rücktritt von der Kursbewegung während des Laufes der Nachfrist abhängig zu machen.
   d) Abweichend vom allgemeinen Recht — die Berliner Bedingungen schweigen über diesen Punkt — bestimmen die EDB. ausdrücklich, daß es der Nachfristsetzung auch dann bedarf, wenn die Erfüllung des Vertrages infolge des Verzuges für den nichtsäumigen Teil kein Interesse mehr hat. Damit werden zweckmäßigerweise Streitigkeiten über das häufig schwer festzustellende Vorhandensein dieser ge-

[29]) Vgl. dazu Staub-Könige, Exk. zu § 374 HGB. Anm. 147.

setzlichen Vorbedingung für die Entbehrlichkeit der Fristsetzung vermieden; gemäß § 24 CVU. wird auch für deren Gebiet der gleiche Grundsatz zu gelten haben.

e) Nach der Rechtsprechung des RG. kann, nach BerlFB. muß der nichtsäumige Kontrahent, falls der andere Teil die Erfüllung verweigert hat, sofort und ohne Fristsetzung zur Zwangsregulierung schreiten. Die EDB. und CVU. enthalten hierüber keine Bestimmung; demgemäß dürfte das allgemeine bürgerliche Recht zur Anwendung kommen, da die diesbezügliche Berliner Vorschrift eine analoge Anwendung auf die anders gearteten Verhältnisse des Verkehrs in unnotierten Werten kaum gestattet.

3. Während die BerlFB., in Übereinstimmung mit bürgerlichem Recht, dem nicht säumigen Teil zwischen Zwangsregulierung durch An- und Verkauf der verschlossenen Werte (konkret) oder durch Selbsteintritt (abstrakt) unter Zugrundelegung des Einheitskurses des Zwangsregulierungstages die Wahl lassen, kann sowohl nach EDB. als auch nach CVU. die Zwangsregulierung nur konkret, durch Verkauf bei verzögerter Abnahme oder Ankauf bei verzögerter Lieferung (beide Usancen sprechen von Selbsthilfeverkauf und Selbsthilfeankauf) vorgenommen werden, da es hier nicht nur an einem Einheitskurse, sondern vielfach überhaupt an einem zuverlässig festzustellenden Börsenpreise fehlt. Für den Fall, daß ein Deckungskauf oder Verkauf in Ermangelung von Angebot oder Nachfrage nicht zustandekommt, müssen die Grundsätze des allgemeinen Rechts, insbesondere auch hinsichtlich der Erstattung entgangenen Gewinns, zur Anwendung gelangen.

4. Hinsichtlich der Art und Weise der Zwangsregulierung ist folgendes bemerkenswert:

a) Ein bestimmter Zeitpunkt für die Zwangsregulierung ist, im Gegensatz zu den BerlFB., weder in den EDB. noch in den CVU. festgesetzt, was sich aus der Verschiedenheit der tatsächlichen Verhältnisse erklärt. Der nicht säumige Teil hat, wie nach bürgerlichem Recht, den Zeitpunkt nach Treu und Glauben, unter Berücksichtigung auch der Interessen des Gegners, zu bestimmen, in der Regel aber die Zwangsregulierung unverzüglich nach Ablauf der Nachfrist vorzunehmen. Die CVU. schützen den säumigen Teil noch besonders, indem sie dem nicht säumigen Teil die Pflicht auferlegen, bereits bei Setzung der Nachfrist den Beauftragten zu bezeichnen, der den Verkauf oder Ankauf vornehmen, sowie den Platz und den Tag, an dem er erfolgen soll. Gegen die Wahl eines ungeeigneten Ortes für die Zwangsregulierung bedurfte es für das Gebiet der CVU. einer besonderen Sicherung des säumigen Teils; demselben wird deshalb das Recht gewährt, im Beschwerdewege eine anderweitige Entscheidung des Vorsitzenden der Ständigen Kommission über den Ort der Zwangsregulierung herbeizuführen.

b) Der An- oder Verkauf zum Zwecke der Zwangsregulierung muß nach EDB. wie nach BerlFB. durch einen Kursmakler vorgenommen werden, während die CVU. sinngemäß mit dieser Aufgabe einen zur Vornahme von Verkäufen und Käufen öffentlich ermächtigten Handelsmakler betrauen, es sei denn, daß die Parteien über eine andere Art des Verkaufs oder Ankaufs einig geworden sind. Die EDB. schreiben für den Verkauf öffentliche Versteigerung vor; die CVU. überlassen es demgegenüber dem nichtsäumigen Teil, bzw. dessen Beauftragten, zwischen Versteigerung und freihändigem Verkauf (unter Berücksichtigung auch der Interessen des Gegners) die Wahl zu treffen.

c) Die BerlFB. gewähren dem säumigen Teil in jedem Falle Anspruch auf eine etwa zu seinen Gunsten sich ergebende Differenz zwischen Zwangsregulierungskurs und Vertragspreis[30]), die EDB. und nach ihrem Vorbild die CVU. erkennen ihm diesen Anspruch nur beim „Selbsthilfeverkauf" nicht auch beim „Selbsthilfeankauf" zu.

Die hier behandelten Börsen- und Handelsusancen haben mithin aus der durch das BGB. auch für den Handelsverkehr erfolgten Neuregelung des Schadenersatzes wegen Nichterfüllung und aus den Auseinandersetzungen zwischen Austausch- und Differenztheorie keine praktischen Folgerungen gezogen. Die Berliner Bedingungen sind ihrem von alters her eingenommenen Standpunkt, daß der vom nichtsäumigen Teil bewirkte anderweitige An- oder Verkauf für Rechnung

[30]) Ebenso die Gesch.-Bed. der Frankfurter Börse § 13.

der säumigen Gegenpartei erfolge, treu geblieben, eine Auffassung, welche, trotz der Auflösung des Schadenersatzanspruchs in eine Differenzforderung, mit dem Grundgedanken der Austauschtheorie übereinstimmt und die sich heute nicht mehr bloß, wie unter dem ADHGB, für den Fall des Verzuges des Verkäufers[31]), sondern durchweg, für beide Fälle des Verzuges, im Gegensatz zu den Grundsätzen des allgemeinen Rechts befindet. Die EDB. und die CVU. haben demgegenüber die vom ADHGB. gemachte Unterscheidung zwischen Käufer- und Verkäuferverzug in ihrem Geltungsgebiet konserviert. Zuzugeben ist, daß diese Unterscheidung sich theoretisch kaum rechtfertigen läßt[32]) und daß die in den Nürnberger Protokollen[33]) für sie geltend gemachten Gründe, welche den Art. 354 ADHGB. als Schutzbestimmung gegen unlautere Schadensberechnungen des nichtsäumigen Verkäufers und gegen das Überhandnehmen von Differenzgeschäften rechtfertigen sollen, heute wenig stichhaltig erscheinen. Hält man jedoch umgekehrt den Standpunkt der Berliner Bedingungen für grundsätzlich angemessen, so lassen sich für die für den Fall des Verkäuferverzuges in den CVU. und EDB. geltende Abweichung praktische Gründe geltend machen. Bei minder gangbaren Werten wird der Selbsthilfeankauf in der Regel größere Schwierigkeiten als der Selbsthilfeverkauf bereiten; es würde unangebracht sein, dem säumigen Verkäufer einen Anspruch auf die durch die Umsicht und Mühewaltung des Käufers dabei etwa erzielten Vorteile zu gewähren, um so mehr als der Käufer, dem ein solcher Gewinn nicht in Aussicht steht, häufig nicht geneigt wäre, entsprechende Bemühungen anzuwenden, sondern sich für Rechnung des säumigen Verkäufers zum ersten besten Preise einzudecken. Schließlich würde bei bestehendem Anspruch auf einen etwaigen Zwangsregulierungsgewinn für den säumigen Verkäufer ein schwächerer Antrieb gegeben sein, die Leistung während der Nachfrist zu beschaffen, zumal als der Käufer sich bei der Fristsetzung endgültig für die Zwangsregulierung erklärt hat, sich also bei einem Sinken der Preise während der Nachfrist nicht mehr für den Rücktritt entscheiden kann.

* * *

[31]) Vgl. ROHG. Bd. 20 S. 227.

[32]) Vgl. Denkschrift zum HGB. S. 219.

[33]) S. 4598.

In seiner Schrift über den Einfluß handelsrechtlicher Ideen auf den Entwurf eines bürgerlichen Gesetzbuchs für das Deutsche Reich hat Rießer in unvergänglich schöner Weise die besonderen Aufgaben des Handelsrechts gegenüber dem bürgerlichen Recht dargestellt. Er hat hierbei das Handelsrecht den Jungbrunnen genannt, aus dem das bürgerliche Recht stets frische Kraft und neue Gedanken schöpft. Soll das Handelsrecht dieser seiner hohen Aufgabe gewachsen bleiben, so kann es auf keinem Gebiete der Mitwirkung des Handelsstandes an der Fortentwickelung der Rechtsbegriffe und der Rechtssätze entbehren. Es gibt keinen Zweig des Güterverkehrs, wo nicht der praktische Sinn des Kaufmanns, vereint mit seinem beruflichen Idealismus, durch Teilnahme an der Rechtsbildung kulturfördernd zu wirken imstande wäre. Daß diesen Faktoren auf das Recht der amtlich nicht notierten Werte, unbeschadet ihrer gesetzlichen Sonderstellung, der nämliche Einfluß gewahrt bleibt, den sie auf das Recht der notierten Werte ausüben, liegt deshalb unter rechtlichen wie unter wirtschaftlichen Gesichtspunkten im Interesse der Allgemeinheit.

UBER INTERESSENVERTRETUNG UND INTERESSENVERTRETER.

Von CARL MOLLWO.

Jeder Mensch vertritt seine Interessen. Dafür sorgt schon der angeborene Egoismus, im Notfall auch ein im Verlauf des Lebens durch Lebenserfahrung anerzogener und erworbener. Aber von dieser Art von Interessenvertretung soll hier nicht gehandelt werden, sondern von politischer und wirtschaftlicher Interessenvertretung, von organisierter Arbeit auf diesem Gebiet und von den Menschen, die sie tun. Ihr Bild schwankt heute im Lichte der Ereignisse und in der Auffassung der Mitlebenden. Politik und Wirtschaftsleben, zwei Hauptgebiete des Lebensinhaltes des Mannes, dem dieser Band gewidmet ist, werden aber auf das lebhafteste von ihrer Existenz und ihrer Tätigkeit berührt. Das war der Grund, aus dem im Rahmen dieser Festgabe vielleicht ein Versuch angezeigt sein konnte, in der folgenden Skizze das Bild etwas schärfer zu umreißen, als es gewöhnlich geschieht. —

In einem Brief vom 11. August 1877 hat Bismarck, kurz bevor er die Reichspolitik in die Bahn der Schutzzollpolitik führte, sich über die Frage der Interessenvertretung im Parlament und durch dieses von Varzin aus dem alten Kaiser gegenüber in einer Form geäußert, die ein klassisches Zeugnis für seine Einschätzung des Parlaments als politischer Faktor darstellt. Mag man immerhin in Rechnung stellen, daß sich die Stelle in einem persönlichen Schreiben an den Kaiser findet, also nicht zur Veröffentlichung direkt bestimmt war, so wird man die Äußerung doch als die wahre Meinung Bismarcks auffassen dürfen, da sie sich durchaus mit seinen sonstigen Ausführungen deckt und im Einklang mit alledem sich befindet, was Bismarck mit seiner machtvollen Persönlichkeit an Einfluß auf die Gestaltung des deutschen Parlamentarismus ausgeübt hat, ja, man darf sagen, daß diese Bismarcksche Auffassung einen Ausgangspunkt für die heutige Entwicklung des Parlamentarismus darstellt. Bismarck schrieb damals[1]): „Gesetzentwürfe, die ich der Industrie schädlich oder unpraktisch halte, entstehen in meiner Abwesenheit, und der Kampf dagegen macht mir viel eigene Arbeit; noch mehr das Verlangen, in unseren Zoll- und Steuergesetzen und im Eisenbahnwesen die Reformen anzubahnen, die ich notwendig glaube, für die ich aber keinen Beistand finde. Ich bin aber unter Eurer Majestät Ministern, allenfalls mit Friedenthal, der einzige, der vermöge seines Besitzes, zugleich zu den „Regirten" gehört und mit diesen empfindet, wo und wie die Schuhe drücken, die uns vom grünen Tisch der Gesetzgebung her angemessen werden. Die Minister, ihre Räthe, die Mehrzahl der Abgeordneten sind gelehrte Leute, ohne Besitz, ohne Gewerbe, unbetheiligt an Industrie und Handel, außerhalb des praktischen Lebens stehend, ihre Gesetzentwürfe, überwiegend Juristenarbeit, stiften oft Unheil, und die Abgeordneten aus dem praktischen Leben sind einmal den Gelehrten gegenüber im Landtag und Reichstag die Minderheit und dann treiben sie leider mehr Politik als daß sie ihre materiellen Interessen vertreten sollten. So kommt es dann, daß ein Gesetzentwurf, der die letzteren schädigt, w e n n er einmal von den Ministern eingebracht ist, durch die Mehrheit der Gelehrten und Beamten in den Parlamenten leicht durchgebracht, meist noch verschlechtert wird."

Wir haben hier bereits deutlich das Bild vor uns, das heute als begehrenswertes Ziel von den verschiedensten Seiten angestrebt wird, die Umwandlung des ursprünglich prinzipiell rein politisch orientierten Parlaments in eine Interessenvertretung, in eine berufsständische Organisation. Ich erinnere nur an die neuesten Erscheinungen auf diesem Gebiet, die Anregungen Graf Stolberg-Wernigerodes[2]) und Steinmann-Buchers[3]), in gewissem Sinne auch Ausführungen von Brandt[4]). Das Gemeinsame in allen diesen

---

[1]) Anhang zu den Gedanken und Erinnerungen von Otto Fürst v. Bismarck I, Kaiser Wilhelm und Bismarck ed. Horst Kohl, p. 275.

[2]) Albrecht Graf zu Stolberg-Wernigerode „Keine Reform des preußischen Wahlrechts", Berlin 1913, Verlag des Grenzboten.

[3]) A. Steinmann-Bucher im Roten Tag Nr. 250, 251 vom 24. und 25. Oktober 1913. Die Politisierung d. Berufe.

[4]) Dr. Brandt, Syndikus der Handelskammer Düsseldorf. Industrie, Handel und Reichstag. Sonderdruck d. Monatsschrift der Düsseldorfer Handelskammer. 1913.

Ausführungen läßt sich auf die Bismarcksche Formel bringen: Die Minister, die die Gesetzentwürfe vorlegen, wissen zu wenig vom praktischen Leben, von den Abgeordneten, soweit sie nicht praktischen Erwerbsständen angehören, gilt dasselbe, „und dann treiben sie leider mehr Politik, als daß sie ihre materiellen Interessen vertreten sollten." Bismarck wollte bewußt Interessenvertretung, Vertretung materieller Interessen im Parlament durch die Abgeordneten. Er hielt diese Entwickelung, die er seinerseits befördert hat, um die Abgeordneten von den politischen Problemen ferner zu halten, für nötig, für natürlich gegeben. Es soll hier nicht untersucht werden, ob Bismarck mit dieser letzten Behauptung recht hat; unseres Erachtens ist sie unzutreffend, weil sie elementare Grundlagen unseres Verfassungslebens und unserer Verfassungsgeschichte mindestens im Augenblick der Niederschrift jenes Briefes außer acht ließ. Aber nach der Richtung ist Bismarcks Auffassung maßgebend geworden: Das Parlament, speziell der Reichstag, hat sich auf seine Beteiligungsmöglichkeit an den an und für sich nicht politischen Dingen der Gesetzgebung besonnen und macht ein wirtschaftspolitisches Gesetz nach dem andern, so daß es den von dieser Gesetzgebung Betroffenen zu grausen begonnen hat. Wo ist dabei die ehrfürchtige Hochachtung geblieben, die das deutsche Volk der vierziger und fünfziger Jahre, ja noch im neuen Reich seinen Parlamenten gezollt hat?! Seit dem Übergang der deutschen Reichswirtschaftspolitik von den Bahnen eines auf den Verkehr mit dem Ausland zugeschnittenen relativen Freihandels, der Weltverkehr als Ziel deutlich im Auge hatte und dessen erste Vertreter in den 60er und 70er Jahren die ostelbischen Großagrarier gewesen sind, zu einer auf dem Gedanken des Schutzzolls basierten autonomen Handelspolitik, die später durch eine mehr und mehr von unseren Hochschutzzöllnern erschwerte Handelsvertragspolitik abgelöst ist, haben wir in den Parlamenten immer mehr anstatt der früheren politischen Orientierung der Abgeordneten zueinander in politischen Parteien die bedenkliche Entwickelung zu politisch benannten und wirtschaftspolitisch zerklüfteten Parteien, die in sich mit mehr oder weniger Erfolg die mit wirtschaftspolitisch imperativen Mandaten in die Fraktionen eintretenden Mitglieder einander zu amalgamieren versuchen, um die Fiktion geschlossener politischer Parteien noch aufrechterhalten zu können.

Besonders eigenartig liegen die Verhältnisse in zwei Parteien, der konservativen Rechten, der deutsch-konservativen Partei in ihren verschiedenen bundesstaatlichen Abschattierungen, und der Sozialdemokratie. Sie bilden insofern eine Ausnahme, als sich augenblicklich deren Angehörige im wesentlichen untereinander in gleicher wirtschaftlicher Lage befinden oder doch gleiche wirtschaftliche Ideale anerkennen. — Auch diese beiden haben natürlich starke wirtschaftspolitische Momente in sich; die Sozialdemokratie die Betonung der Forderungen der Konsumenten, die Konservativen die Vertretung der Wünsche des Großgrundbesitzes in kapitalistisch gerichteten Großbetrieben. In beiden Parteien vertreten zweifellose Sachverständige mit ihren Mandaten die Interessen der Parteizugehörigen aus eigner Kenntnis ihres Lebens und ihrer Betriebe. Die Vertretung durch berufsmäßige Interessenvertreter existiert deutlich daneben; sie ist charakterisiert durch obligatorische Parteizugehörigkeit.

Die anderen Parteien haben weder in sich völlig geschlossene politische Gedankengänge, noch geschlossene wirtschaftspolitische Interessen hinter sich. Trotzdem wird von allen Seiten und mit Erfolg der Versuch gemacht, alle politischen Parteien in ihrer Form als Fraktionen wirtschaftspolitisch zu beeinflussen, sie in bestimmte wirtschaftliche Richtung zu drängen. Der Grund dafür liegt in der Tatsache, die Bismarck noch herbeiwünschte. Sie haben sich inzwischen alle bereit gefunden, wirtschaftspolitische Interessen durch sich politisch zur Vertretung zu bringen. Von einer obligatorischen Parteizugehörigkeit der in diesen Parteien und Kreisen arbeitenden Interessenvertreter kann aber nicht gesprochen werden.

Die 1879 von Bismarck inaugurierte Wirtschaftspolitik hat sich zu der sogenannten Politik des Schutzes der nationalen Arbeit entwickelt, bei deren Durchführung ganz unleugbar die Interessen der großagrarischen Produktion sowie die der industriellen Rohproduktion gefördert sind, wie auch die industrielle Halb- und Fertigfabrikatproduktion große Vorteile gehabt hat, soweit nicht die gerade durch diese Politik bewirkte Verteuerung industrieller Rohprodukte sie auf dem Inlands- oder Auslandsmarkt geschädigt hat. Das gleiche gilt von der Arbeiterschaft, die lange Zeit bei ständiger, stets lohnender werdender Beschäftigung und in allmählich sich hebender sozialer Lage ohne Zweifel bedeutend aufgestiegen ist.

Deutschland darf auf die enorme Entwicklung, die diese Wirtschaftszweige und die die Arbeiter während der letzten 40 Jahre gehabt haben, stolz sein. Aber dieser Gang hat sich zu großem Teil und neuerdings in steigendem Maß auf Kosten der großen Masse, der großen Zahl der Konsumenten vollzogen; beginnend mit der auf den Konsum von Kohle, Eisen und Stahl angewiesenen bedeutenden Zahl der Betriebe der weiterverarbeitenden Industrien und der auf den Selbstverbrauch agrarischer Produkte angewiesenen Kleinlandwirtschaft und in sich umfassend die immer größer werdende und durch die steigenden Kosten der Lebenshaltung bedrückte Masse der Arbeiter, Angestellten und Beamten. Wir haben eine Wirtschaftspolitik, die die Interessen der produzierenden Unternehmer unbedingt, grundsätzlich und auf die Dauer über die Interessen der Konsumenten stellt. Die große Masse der Wähler gehört aber, unter der Voraussetzung gleichmäßiger oder wenigstens annähernd gleicher Verteilung der politischen Rechte, besonders des Wahlrechts, immer der Gruppe der Konsumenten, nicht der der Produzenten im Sinne unserer modernen Wirtschaft an.

Die weitere Entwicklung der Dinge in einer Ära allmählich wachsender Beteiligung aller Bevölkerungsschichten am politischen Leben, einer Periode beginnender Politisierung der deutschen Bevölkerung, hat nun dazu geführt, daß gerade die bisher durchaus führenden Kreise, denen wegen ihrer hervorragenden Führerqualität die Leitung der deutschen Volkswirtschaft obliegen muß, bemerken und mit Recht fühlen, daß in einer Reihe wichtiger sozialer Fragen die Abstimmungen des Reichstages, beruhend teilweis auf ungenügender Kenntnis der Materien, teils auf abweichendem politischen Willen der Majorität eine Wendung gegen die Interessen der führenden Unternehmerkreise nehmen, und daß die Massen auch da ihrer Führung zu entgleiten drohen, wo die Angehörigen der heutigen Oberschicht als die tatsächlich Besser-Wissenden über Fragen des Betriebs der Unternehmung gehört und anerkannt sein wollen. Sie fordern Anstrengungen zur Bekämpfung des Übelstandes, indem sie eine bessere Vertretung ihrer Interessen vorschlagen; sie kämpfen gegen den abweichenden politischen Willen mit den normalen politischen Mitteln im Wahlkampf, mit dem Ziel, mehr Abgeordnete ihrer Auffassung ins Parlament zu bringen. Nichts ist natürlicher. Man kann streiten darüber, ob diese Abkehr von der rein politischen Stellungnahme dem Staat und staatlichen Dingen gegenüber und der Übergang zu dem Versuch der materiellen Interessenvertretung wünschenswert war oder nicht. Man wird das heute als existent anerkennen müssen.

Wie vollzieht sich nun heute in Deutschland die Interessenvertretung? Bestehen über sie allgemein gültige Auffassungen? Oder herrscht auch hier noch Unklarheit und damit die Notwendigkeit des Kampfes? Wir haben leider festzustellen, daß gerade in neuester Zeit von Interessenvertretern schwere Angriffe gegen einen akademischen Lehrer, der einseitigen Interessenvertretung beschuldigt wurde, und von einem Professor gegen die Beteiligung bestimmter Personen an diesem Interessenkampf politischer und wirtschaftlicher Natur erhoben sind.

Es ist heute fast ein übles Ding geworden, sich als Interessenvertreter zu bekennen. Jedes Mal, wenn dieses Wort fällt, gehen die Augenbrauen der Staatsbeamten hoch, die Auguren, oder die es zu sein glauben, zucken die Achseln, und die Interessenvertreter schweigen. Liegt ein Grund dafür vor? Haben die Interessenvertreter ihren Kredit mißbraucht? Vertreten sie Interessen in Formen, die die Allgemeinheit nicht als berechtigt anerkennt oder anerkennen kann? Das ist das Problem.

Worin besteht denn eigentlich die Tätigkeit des guten Interessenvertreters?

In der Öffentlichkeit tritt am meisten als Vertreter von Interessen der Anwalt, der Rechtsanwalt hervor, dem das Publikum die Wahrnehmung seiner Interessen im Prozeß und außerhalb des Prozesses im Geschäft und sonstigen wirtschaftlichen Leben anvertraut. Das Wesentliche in seiner Stellung wie in der jedes Interessenvertreters ist das Vertrauensmoment. Zu ihm tritt als selbstverständliche Voraussetzung das Vorhandensein der Basis einer ausreichenden wissenschaftlichen Vorbildung. Ohne diese beiden Momente würde der absolute Unterschied in Qualifikation und Ansehen zwischen der Stellung des Anwalts und der des Rechtskonsulenten sich reduzieren auf den Unterschied, den das Maß berufsständischer oder staatlicher Konzessionierung zur Ausübung des Gewerbes und Berufes als Berater des rechtsuchenden Publikums darbietet.

Die wissenschaftliche Vorbildung — man mag über die im Stadium der Ablegung des Referendarexamens erreichte wissenschaftliche Qualität noch so verschiedener Meinung sein — neben seinen ganz persönlichen Eigenschaften als Mensch ist es, die dem Rechtsanwalt als Mitglied eines Standes das Vertrauen von vornherein sichert, mit dem ausgerüstet er das Wagnis übernehmen kann, als Vertreter fremder Interessen legitimiert aufzutreten. Er braucht jeden Tag diese wissenschaftliche Ausbildung, selbst dann, wenn er sich vom Moment der Rückkehr von der Universität in das praktische Leben an auf reproduzierende Verwendung der neuesten Entscheidungen der mittleren und oberen Instanzen auf die Dauer beschränken sollte. Den guten Anwalt wird nach dieser Richtung immer das Moment von den übrigen unterscheiden, daß er es versteht, den wissenschaftlichen Geist, dessen Aufnahme die Universitätsjahre vermittelt haben, tagtäglich in der Berufsarbeit zur Geltung kommen zu lassen. Die Fortbildung des Rechts geschieht, wie jeder weiß, nicht allein durch die tägliche Emanierung neuer Entscheidungen und Auffassungen seitens der höchsten Gerichte, sondern ebensosehr unter aktiver, direkter Teilnahme der Anwälte in täglicher wissenschaftlicher Arbeit, und selbst da, wo Zeit oder Neigung zu eigener wissenschaftlicher Produktion dem Anwalt fehlen, wirkt seine von wissenschaftlichem Geist getragene rechtliche Auffassung täglich auf die Auffassung des Richterstandes. Keine Rede kann davon sein, daß wissenschaftliche Betätigung der praktischen Tätigkeit des Rechtsanwalts schadet, und es kann keine Rede davon sein, daß die Anwaltstätigkeit als solche wissenschaftlicher Betätigung des Anwalts auf diesem seinem Gebiete irgendwie hindernd in den Weg träte, im Gegenteil, die Kombination von wissenschaftlich produktiver Arbeit für einen engeren oder weiteren Kreis mit der beruflichen Erwerbstätigkeit ist es, die nach allgemeiner Ansicht den vielseitigen, gewandten, erfahrenen und die Dinge in ihrer Tiefe verstehenden Anwalt ausmachen. Es ist auch bisher kaum jemand eingefallen, vor wissenschaftlicher oder staatsbürgerlicher Betätigung von Anwälten warnen zu wollen; man hat wohl verstanden, daß diese gegenseitige Befruchtung von Theorie und Praxis dem einzelnen wie der Allgemeinheit nützlich ist.

Der zweite Typus des Interessenvertreters ist der des juristischen oder volkswirtschaftlichen Beraters von Firmen, Einzelkaufleuten und Banken. Genau dieselben Momente, die den guten Anwalt ausmachen, gelten auch hier bei der Bewertung des Mannes. Gründliche wissenschaftliche Vorbereitung, sei es auf dem Boden des Rechts, sei es auf dem Boden der Staatswissenschaften, oder noch besser beider Disziplinen ist die Voraussetzung für gedeihliche Tätigkeit. Während beim Anwaltsstande vielleicht davon gesprochen werden kann, daß schon die Erwerbung einer gewissen Routine auf dieser Basis Erfolg verspricht, wird in diesem zweiten typischen Kreis davon nicht so sehr die Rede sein dürfen, sobald man die Geschäfte dieser Personen ins Auge faßt. Wohl ist zuzugeben, daß in diesem Kreis sich heute eine Reihe von Personen befinden, denen auf Grund einer allerfeinsten Spezialisierung, dadurch, daß sie sich zu den hervorragendsten Technikern auf dem ihrer Privatstellung eigentümlichen Spezialgebiet gemacht haben, Erfolg geblüht hat. Größer ist die Zahl derjenigen, denen — auf Grund einer umfassenden wissenschaftlichen Bildung und weil sie getragen sind von dem Streben, die Dinge des täglichen Lebens wissenschaftlich zu durchdringen — die Arbeit gelingt. Auch hier finden wir fast immer die Kombination wissenschaftlicher Arbeit und meistenteils sogar auch wissenschaftlicher Produktion mit der Praxis des Lebens. Es ist kein Zufall, daß in diesem Kreise immer wieder ein großer Teil derjenigen Elemente gefunden wird, die mit Recht herangezogen werden, wenn es gilt, das dringende Bedürfnis weiterer Kreise nach Verfeinerung ihrer nur in der Universität oder nur in der Praxis gewonnenen Kenntnisse zu befriedigen. In ihnen sucht man die Mitarbeiter für Fachzeitschriften und die Referenten für die Spezialfragen, die auf wissenschaftlichen Fortbildungskursen erörtert werden sollen, mit Erfolg.

Die dritte Gruppe bilden die Sekretäre, Syndici, Generalsekretäre und Geschäftsführer der kleinen und großen Interessen-Verbände, eine vierte die gewöhnlich gleich benannten Beamten der staatlich anerkannten Interessen-Vertretungen der Handels-, Gewerbe- und Handwerkskammern. Von ihnen allen gilt, was die Vorbildung anbelangt, das gleiche wie von den vorigen Gruppen. Interessen-Vereinigungen oder Interessen-Vertretungen auf dem Gebiete von Landwirtschaft, Gewerbe, Handel und Verkehr, die sich der stetigen Arbeit eines derartigen wissenschaftlich vorgebildeten Beamten entschlagen wollen, gibt es unter den heutigen Verhältnissen kaum noch. Gewiß existieren noch heute Vertretungen, denen derartige Interessenvertreter fehlen, aber man sagt nicht zu viel, wenn man heute den

Satz ausspricht, daß fast allenthalben die Erkenntnis durchgedrungen ist, daß die ständige Mitarbeit eines Nichtinteressenten im Rahmen der Aufgabe, die den Interessenverbänden oder der amtlichen Interessenvertretung gezogen ist, gerade diesen Interessen zum Segen gereicht. Der Grund liegt darin, daß die wissenschaftliche Vorbildung dieser Männer sie nicht allein befähigt, sich in ihnen an sich fremde Interessenkomplexe mit vollem Erfolge hineinzuversetzen, so daß sie den Ansprüchen an sachgemäße Vertretung der ihnen obliegenden Interessen gerecht zu werden vermögen — das sind Dinge, die gelernt werden müssen und können, aber wenn sie auch erst allmählich erreichbar sind, doch auch von jedem allgemein gebildeten Interessenvertreter erreicht werden können —, sondern ihre wissenschaftliche und die für sie absolut erforderliche tägliche Beschäftigung mit den neuen Ergebnissen der ihnen naheliegenden Wissenschaften ist es erst, die es ihnen ermöglicht, nach gründlicher Einarbeitung in die zu behandelnden Spezialfragen mit Erfolg das Wohl des Ganzen neben dem Wohl des Kammerbezirks oder des Interessentenkreises im Auge zu behalten. Die tägliche Beschäftigung mit dem wissenschaftlichen Material zwingt sie dann auch, sich ständig der Anforderungen bewußt zu bleiben, die die Wissenschaft als solche an ihre Arbeit zu stellen hat. Gewiß soll nicht jede Arbeit eines Interessenvertreters, sei es eines Verbandes, sei es einer amtlichen Vertretung wirtschaftlicher Verbände oder Vertretungen, ein opus aere perennius sein; aber jede Zeile, die aus der Feder eines derartigen Mannes heraus an das Licht der Öffentlichkeit gelangt, soll erfüllt sein von dem zielsicheren Streben nach wissenschaftlicher Wahrheit, jede Äußerung eines derartigen Interessen-Vertreters soll getragen sein von der selbstverständlichen Voraussetzung, daß die mit wissenschaftlicher Methode erarbeitete Wahrheit vorgetragen wird, das heißt also, daß bei ihrer Äußerung von vornherein nicht allein die auf dem Isolierschemel behandelten Sonderinteressen zu Rate gezogen sind, sondern daß bei ihr, wie sich das bei wissenschaftlicher Methode von selbst versteht, die divergierenden Interessen der anderen mit in Rechnung gezogen sind. Es wäre lächerlich, von dem Interessenvertreter zu verlangen, daß er die allgemeinen Interessen gegenüber den von ihm zu vertretenden besonderen Interessen in den Vordergrund stelle, daß er sich also in d i e s e m Sinne einer wissenschaftlichen Objektivität befleißige; das verbietet von vornherein die Existenz und der Zweck des Daseins von Interessenverbänden, die für die Durchsetzung ihrer Interessen kämpfen sollen. Aber das Wesen der Interessenvertretung verlangt durchaus nicht, wie das leider einzelne Interessenvertreter — ich stehe nicht an, sie als weniger erfreuliche und weniger brauchbare Interessenvertreter zu bezeichnen — zu glauben scheinen, rücksichtslos unter Verschweigung oder sogar unter Verhüllung dessen, was das allgemeine Wohl erfordert, vielleicht sogar unter dem Schein einer erborgten Wissenschaftlichkeit ihnen anvertraute Interessen zu vertreten, sondern es besteht darin, nach Eruierung der praktischen Forderungen der Interessenten in deren eigenem Kreis diese Forderungen abzuwägen gegenüber den konkurrierenden und entgegenstehenden Forderungen und Wünschen, zu prüfen, wieweit nach Lage der Gesetzgebung und der politischen Verhältnisse eine Abänderung der bestehenden Zustände möglich oder dann noch wünschenswert erscheint, hierauf in diesem Kreise einen Ausgleich der selbstverständlich auch innerhalb dieses Kreises nicht einheitlichen Auffassungen herbeizuführen und schließlich nach außen hin diese Forderungen in einer Form zu vertreten, die geeignet ist, den so wohlerwogenen Entschlüssen zum Siege zu verhelfen. Daß bei solchen öffentlichen Darstellungen dann häufig Auseinandersetzungen gemacht werden müssen, die in der Hervorhebung der Wichtigkeit der eigenen Interessen weitergehen, als das bei rein objektiver, ohne Zwecksetzung erfolgender, wissenschaftlicher, methodischer Darstellung geschehen würde, darüber kann kein Zweifel sein, das Wesen der Interessenvertretung bringt das mit sich. Es liegt aber auch gar keine Gefahr in derartigen einseitigen Darstellungen, sie sind zu vergleichen mit der spezifisch einseitigen Begründung, die neuen wissenschaftlichen Theorien regelmäßig in dem Augenblick gegeben wird, in dem sie das Licht der Welt erblicken. Die Praxis des wissenschaftlichen Lebens sorgt für die Abschleifung solcher Einseitigkeit; die Praxis des wirtschaftlichen Lebens bringt es zuwege, daß solchen Einseitigkeiten von anderer Seite im Kampf begegnet wird, so daß, soweit der Kampf mit geistigen Mitteln geführt wird und noch nicht auf das Gebiet des politischen Machtkampfes herübergetragen ist, wissenschaftliche Betätigung des Interessenvertreters innerhalb seines Berufes durchaus möglich, ja notwendig ist und bleibt. Nur diejenige Interessenvertretung ist gefährlich und dient weder der Wissenschaft noch der Wahrheit, sondern schadet beiden und der öffentlichen Moral, die unter dem Schein der Wissenschaftlichkeit Material in die Debatte wirft, das wissenschaftlichen Anforderungen an Herkunft und Zubereitung nicht genügt. Ich leugne aus meiner nunmehr 15 jährigen Praxis nicht, daß derartige Fälle vorkommen und halte mit einem sehr scharfen Urteil über derartige Vorkommnisse durchaus nicht zurück, aber ich muß gestehen, daß es mir bisher immer unwürdig erschienen ist — und diese Anschauung entspricht doch wohl der allgemeinen —, einen Stand wie den der Interessenvertreter deswegen der öffentlichen Mißachtung preiszugeben, weil einzelne Fälle vorgekommen sind, in denen Vertreter dieses Standes entweder aus Mangel an Können oder Mangel an Energie oder gedrängt durch bittere Not des täglichen Lebens, etwa veranlaßt durch die Gefahr des Verlustes der anvertrauten Stellung, die die Basis ihres wirtschaftlichen Daseins war, ihre Pflicht vernachlässigt haben. Wer die Behauptung aufrechterhält, daß Interessenvertretung und Wissenschaft durchaus voneinander zu trennen seien, weil sie unverträglich seien, muß für den einzelnen Fall den Beweis erbringen, d a ß die Beschäftigung mit der Vertretung fremder Interessen der Eruierung der wissenschaftlichen Wahrheit geschadet habe — allgemein ist dieser Nachweis ausgeschlossen — oder umgekehrt erweisen, daß der Drang, der Wissenschaft zu dienen, den Interessenvertreter des Vertrauens seiner Auftraggeber unwürdig gemacht habe.

Alles, was hier gesagt ist, gilt in verdoppeltem Maße von der Tätigkeit der beamteten Personen bei amtlichen Interessenvertretungen. Der natürlich enge Zusammenhang, in den ihre Beamtenqualität sie dem Staat gegenüber von jeher bringt, muß diese Kreise veranlassen, auf die wissenschaftliche Qualifikation und auf die Durchführung wissenschaftlicher Grundsätze in der täglichen Arbeit das allergrößte Gewicht zu legen. Berichte von Handelskammern und ähnlichen Interessenvertretungen von Landwirtschaft, Handel, Gewerbe und Verkehr verdienen beiseite gelegt zu werden, wenn sie dieser prinzipalen Forderung an ihre Qualität nicht genügen. Man darf heute sagen, daß die öffentlichen Emanationen dieser Körperschaften wie die der Verbände in immer wachsendem Maße eine Summe von wissenschaftlicher Arbeit verraten, in einem Maße, das noch vor einer Generation nur ausnahmsweise in solchen Interessentenberichten zu finden war.

Die Vorbildung und Ausbildung der Männer, die sich im Dienste von amtlichen oder freien Interessenvertretungen befinden, entspricht, abgesehen von vereinzelten Ausnahmen, die fast nur noch Residuen älterer Zeit sind, denselben Anforderungen, die an die Vorbildung und Ausbildung derjenigen gestellt werden, die amtlich als Vertreter der Wissenschaft an Universitäten und Hochschulen aller Art lehren. Gründliche theoretische Studien in der Spezialwissenschaft, aufgebaut auf einer gründlichen Allgemeinbildung und Ergänzung dieser Studien durch möglichst tiefe und weitgehende Einblicke in die Praxis des Lebens, das sind die Forderungen, die an den einen wie an den anderen Kreis gestellt werden müssen. Der akademische Lehrer, insbesondere der der Volkswirtschaftslehre und der Staatswissenschaften im weitesten Sinne, ohne erhebliche Kenntnis der Praxis und ohne stete Fühlung mit dem praktischen Leben wird sehr bald dahin gelangen, seinen Hörern — es werden nie Schüler werden — ein ledernes Kollegheft vorzutragen und sich im Seminar in spintisierende Untersuchungen zu verlieren. Davor kann ihn nur das Hineingehen in den Tatsachenkomplex bewahren, der sich im Leben des Volkes und des Staates darbietet. Ein Interessenvertreter ohne stete enge Fühlung mit dem praktischen Leben ist ja selbstverständlich überhaupt undenkbar. Er würde platter Routinier werden, wenn er sich nicht die ständige Fühlung mit den theoretischen Fortschritten und den praktischen Ergebnissen der Wissenschaft erhielte.

Ob beide Gruppen gleich wertvoll sind oder nicht, ist an sich eine gänzlich müßige Frage; entschieden muß aber dagegen Einspruch erhoben werden, daß, wie es neuerdings geschehen ist, der Stand der Interessenvertreter als solcher als minderwertig behandelt wird und dem Stand der akademischen Dozenten ein höheres Ansehen, ein Anspruch auf höhere Achtung zugebilligt werde. Es werden sich in beiden Kreisen immer Männer befinden, zu denen die im gleichen oder in dem anderen Kreise Befindlichen mit hoher Verehrung und besonderer Hochachtung hinaufsehen werden, weil solche Persönlichkeit sich als überragend gezeigt hat; die Möglichkeit der persönlichen Superiorität aber den akademischen Dozenten allein gegenüber den Interessenvertretern zu vindizieren, ist unstatthaft.

Wir sahen bereits, daß die Vorbildung in beiden Kreisen im großen und ganzen die gleiche zu sein pflegt. Neuerdings ist zu den bisherigen

Bildungsmöglichkeiten beider die Handelshochschule hinzugekommen. Es kann nicht geleugnet werden, daß für den Nationalökonomen, sei es, daß er sich den Aufgaben des praktischen Volkswirts widmet, sei es, daß ihm seine finanzielle Lage oder etwaige finanzielle Anspruchslosigkeit als Junggeselle die akademische Laufbahn ins Auge zu fassen gestattet, die Handelshochschule eine Reihe von neuen Möglichkeiten bietet, relativ leicht in systematischer Zusammenfassung und methodisch geleitet eine Reihe von Kenntnissen zu erwerben, deren Erringung vor der Existenz der Handelshochschulen für den einzelnen nur schwer möglich war.

Insofern bietet ohne jeden Zweifel der Besuch einer Handelshochschule eine sehr glückliche Ergänzung der bisherigen akademischen Studien als eine besondere Art der Vorbereitung für das praktische Leben. Ich möchte aber ausdrücklich davor warnen, nun die Vorbereitung für den Beruf des praktischen Volkswirts grundsätzlich und allein in die Handelshochschule zu verlegen; die akademische Luft der Universität bietet nicht allein für den künftigen Dozenten an einer Hochschule wie an einer Universität — für sie wird der Besuch der Universität selbstverständlich immer unumgänglich bleiben —, sondern ebenso für den praktischen Volkswirt, den Interessenvertreter, eine derartige Fülle von dauernder geistiger Anregung, die Möglichkeit, den Blick zu schärfen und Methoden sich anzueignen, sich schnell auf anderem Gebiete einzurichten, die durch nichts anderes ersetzt werden kann. Ich fürchte, daß eine rein handelshochschulmäßige Ausbildung allein schon der Dozenten für Handelshochschulen bereits zu einer bedenklichen Einseitigkeit in der Auffassung und Methode führen würde, noch viel schlimmer würde eine solche Ausbildung für Vertreter größerer Interessen und für akademische Dozenten an den Universitäten wirken. Die universitas literarum ist eben heute noch immer in ihrer historisch gewordenen Organisation ein geistiges Band, das für die in Betracht kommenden Personen den weitaus besten, weil umfassendsten Überblick über das Gesamtgebiet des Wissens und Könnens in der Periode des Lernens, des Studiums ermöglicht.

So finden wir auch, was Vorbildung und Ausbildung des akademischen Nationalökonomen und des praktischen Volkswirts angeht, keine grundlegende Differenz, sondern im Gegenteil ein Zueinandergehören beider Kreise.

Das, was so als Forderung für eine richtige Ausbildung von

akademischen nationalökonomischen Dozenten und Interessenvertretern aufgestellt ist, ist leider durchaus noch nicht in genügendem Umfang durchgesetzt worden. Noch mehr theoretische Ausbildung derjenigen, die berufen sind, im praktischen Leben auf wissenschaftlicher Basis zu arbeiten, ist dringend von Nöten und mehr praktische Ausbildung der akademischen Dozenten, damit sie nicht von vornherein in Kolleg und Seminar weltfremd einzelnen Kapiteln der Wissenschaft so stark bevorzugende Aufmerksamkeit schenken, daß sie bei der ihnen anvertrauten Erziehung der Jugend zu wissenschaftlichem Denken im allgemeinen und zu wissenschaftlicher Erfassung des speziell ihnen vorgetragenen Stoffes die besonderen Aufgaben vergessen, die dem akademischen Lehren gegenüber dem Forschen gestellt sind. Das sind Forderungen des Tages. Ich resümiere, gewiß sind die Zielpunkte, nach denen der Forscher und der praktische Interessenvertreter strebt, verschieden: dem einen darf es nur auf die Erforschung dessen ankommen, was er mit den uns verfügbaren Mitteln als Wahrheit zu erkennen und anderen glaubhaft zu machen weiß, für den anderen kommt es darauf an, praktische Ziele zu erreichen, Interessen innerhalb einer bestehenden Gesellschaftsordnung durchzusetzen. Bei beiden muß aber die Zielsetzung von vornherein unter dem Gesichtspunkt vorgenommen und es muß unter ihm weitergehandelt werden, daß auf Grund exakter Wahrheitserforschung das Wohl der Einzelinteressen mit den Gesamtinteressen verglichen und für die Aktion in Einklang gebracht wird. Das, was dem akademischen Dozenten und dem Interessenvertreter mit akademischer (und auch mit nicht akademischer) Vorbildung gleichmäßig innewohnen soll, ist das gleiche Streben nach der Erkenntnis der Wahrheit und der Wille, ihr zum Siege zu verhelfen. Dieser Wille soll beide ihr Leben lang begleiten. Er soll sie nicht allein im Beruf erfüllen, sondern auch außerhalb des Berufes. Er wird sie bei der Eigentümlichkeit des von ihnen behandelten Stoffes fast stets über die Betätigung nur innerhalb des Berufes hinausführen. Dann beginnen Kämpfe.

Von einer Seite wird die Kombination von beruflicher Tätigkeit als akademischer Lehrer der Volkswirtschaftslehre und zugleich als volkswirtschaftlicher Berater eines Verbandes zur gemeinsamen Verteidigung wirtschaftlicher Interessen heute bekämpft, und die Vertretung praktischer Politik oder eine Tätigkeit im wirtschaftlichen Leben als Berater eines Interessenverbandes soll den akademischen Lehrer in den Verdacht bringen, unwissenschaftlich zu sein. Von anderer Seite ist ein akademischer Lehrer, der in glänzendster Weise und zum Glück mit Erfolg die praktische Nationalökonomie, die Volkswirtschaftspolitik ausgiebig in den Bereich seiner Erörterungen in Kolleg und Seminar zieht, neuerdings von Interessenvertretern beschimpft worden, weil sie behaupten, daß ihre Interessen von ihm verletzt wurden, das seien aber die Interessen Deutschlands. Ja, man bekämpft sogar schon ganz allgemein die Erörterung wirtschaftspolitischer Probleme in Kolleg und Seminar bestimmter akademischer Lehrer und verlangt eine neue akademische Volkswirtschaftslehre, die den Unternehmerinteressen mehr gerecht werde.

Es handelt sich bei diesen Dingen in letzter Linie um Fragen, die die Öffentlichkeit und das politische Leben stark angehen. Die Völker sind von jeher in beträchtlichem Umfang über die Tatsachen des Lebens und der Wissenschaft durch akademische Lehrer in den verschiedensten Formen unterrichtet worden, da ihnen die Erziehung der akademisch zu bildenden Jugend anvertraut ist, und die Beteiligung der Professoren und Dozenten aller Art am öffentlichen Leben, ihr Hervortreten im politischen Leben und ihre historisch gewordene Mitarbeit an der gesamten Publizistik liegt vor aller Augen. Es gibt überhaupt keinen in gewissem Sinne in sich geschlossenen Kreis von Personen, der sich stärker nach all diesen Richtungen hin betätigt hätte, als der der akademischen Dozenten, und ihre Tätigkeit hat bisher guten Ruf gehabt. Ich erinnere nur an das Frankfurter Parlament, das seinen ewigen Ruhm nicht zum geringsten Teil der Mitarbeit akademischer Lehrer an den Tagesfragen der praktischen Politik und an den Lebensfragen der politischen Existenz Deutschlands verdankt.

Weiter aber ist die Öffentlichkeit stark an einer unvoreingenommenen, sachlichen Behandlung dieser Frage interessiert, weil es feststeht, daß seit mehr als einem Jahrzehnt, ja fast seit ihrer Existenz und in immer steigendem Maße die Interessenvertretungen der täglichen Mitarbeit der akademisch vorgebildeten Männer sich bedienen und sie mit Erfolg ihren Interessen nutzbar zu machen verstehen. Es handelt sich dabei um die Männer, die fremde, ihnen anvertraute Interessen durch ihre Arbeit fördern, durch Arbeit auf wissenschaftlicher Grundlage.

Das Ansehen, der gute Ruf all dieser Geschäftsführer von Verbänden, der Syndici und Generalsekretäre würde diskreditiert, wenn man ihnen mit Recht vorwerfen könnte, ihre Berufsarbeit in der Vertretung der ihnen anvertrauten Interessen sei nicht wissenschaftliche Arbeit. Sie ist es, genau ebenso wie die des Arztes, des Anwalts, des Lehrers, des praktischen Theologen, sie alle arbeiten auf wissenschaftlicher Basis — wenigstens sollen sie es —, und ihre Arbeit ist undenkbar ohne diese. Ob sie die Zeit und Kraft finden, neben den täglich an sie herantretenden Forderungen, die ganze Männer verlangen, sich noch weiter theoretisch-wissenschaftlicher Arbeit hinzugeben, das ist eine Frage der Persönlichkeit und der Umstände, die aber nichts mit der wissenschaftlichen Qualität ihrer Arbeit zu tun hat. Es ist aber keine Frage, die von der Warte des akademischen Dozenten aus durch die glatte Forderung erledigt werden könnte, wissenschaftliche und berufliche Tätigkeit seien voneinander zu trennen, oder die etwa tangiert werden könnte durch den Anwurf, Interessenvertretung schädige die wissenschaftliche Arbeit, vertrage sich nicht mit ihr. Es ist eine Anmaßung, zu behaupten, daß in dem wissenschaftlichen Organ einer Interessenvertretung für den durch den akademischen Lehrauftrag abgestempelten Dozenten, den Mann der reinen Wissenschaft, kein Platz zur Mitarbeit sei, und ebenso anmaßend würde die dann notwendige Konsequenz sein, den Interessenvertreter von der Pforte der Hochschule zu verweisen, weil er als Interessenvertreter da nichts zu suchen habe, wo der Mann der reinen Wissenschaft throne.

Aber ebenso schlimm ist das leider nicht ganz seltene, stille oder offene Mißtrauen und der Kampf mancher Angehörigen von Interessenvertretungen in Deutschland gegen die Tätigkeit der akademischen Lehrer und der von ihnen in die Wirtschaftswissenschaft eingeführten, akademisch gebildeten Berater, die später von den Interessenten selbst als Interessenvertreter bestellt sind. Das Schlagwort heißt da: „Interessen wahrzunehmen sind die Interessenten selbst allein in der Lage."

In beiden Lagern wird je ein entscheidender Punkt verkannt: auf der einen Seite die Tatsache, daß gerade die Kenntnis der Praxis, die nur im Kampfe des Lebens erworben werden kann, dem akademischen Lehrer bestimmte Richtungen seiner Tätigkeit erst ermöglicht, sicher aber ihn fördert, und auf der anderen Seite, daß es die akademische Ausbildung und das mit dieser als unverbrüchliches Gesetz erworbene Prinzip, sich immer klar zu bleiben über die Bedeutung der zu vertretenden Interessen im Rahmen des Ganzen, und sie nach Möglichkeit nur zu vertreten, soweit nicht vitale Forderungen der Umwelt entgegenstehen, ist, was den guten Interessenvertreter macht. Erst die absolute, in der Sache schonungslose, in der Form gewandte und Konflikte vermeidende Art der Befolgung dieses Prinzips — vorausgesetzt, daß der betreffende im übrigen die erforderliche Tüchtigkeit besitzt — ist das Charakteristikum des wirklich brauchbaren und auf die Dauer zuverlässigen und voraussichtlich erfolgreichen Interessenvertreters.

Es soll gewiß nicht bezweifelt werden, daß bei der Vertretung wirtschaftlicher Interessen mitunter recht grob gehobelt wird, so daß die Späne nach allen Seiten fliegen, und daß es Elaborate von Interessenvertretungen gibt, die den Anfordeurngen an die Ermittelung der objektiven Wahrheit nicht entsprechen. Wer aber in der Praxis gestanden hat, wird ganz gewiß zugeben, daß einmal derartige Erscheinungen sehr leicht kenntlich für den Praktiker wie für den Staatsmann sind; sie sollten es auch sonst sein. Auf der anderen Seite steht aber die Tatsache, daß wichtige Eingaben und berichtartige Verlautbarungen von Interessenvertretungen, sei es ein Handelskammerbericht, seien es Resolutionen, die auf einer öffentlichen Versammlung zur Annahme gebracht werden sollen, mit der allergrößten Akribie, Wort für Wort, Satz für Satz durchgearbeitet und ausgefeilt werden. Bei ihrer Veröffentlichung findet regelmäßig eine lange und gründliche Durcharbeitung seitens der Geschäftsführer der Interessenvertretungen, durch ihre Mitglieder und insbesondere durch die nach außen hin verantwortlichen Personen eines solchen Interessenkreises statt.

Wer einmal die minutiöse Arbeit mitgemacht hat, die in bedeutenden Handelskammern für die Fixierung des Wortlauts des Jahresberichtes oder vor bedeutenden Tagungen der Industrie oder des Handels vorher hinter den Kulissen geleistet wird, wird wissen, daß das Streben nach peinlich genauer Fixierung dessen, was gesagt werden soll, nicht etwa einen seltenen Ausnahmefall, sondern die Regel bildet.

Man wird gewiß einzelnen speziellen Interessenorganisationen eine unmäßige Vertretung ihrer Interessen nachsagen können; es kommt ganz sicher vor, daß Interessenten in der Vertretung ihrer Interessen nicht die genügende Rücksicht auf das Wohl der Gesamtheit nehmen, aber wer in die Tätigkeit der wirtschaftspolitisch irgendwie maßgebenden Kreise genügend Einblick hat, wird sicher zugeben, daß in ihnen vor jeder Äußerung das Gesamtinteresse in eindringendster Weise zu Wort kommt. In den kleinsten Interessenvertretungen mag das nicht immer so zur Geltung gelangen wie in den größeren und großen. Denn in ihnen kann das Übergewicht der einzelnen Interessenten über den Sachwalter der Vereinigung, den Syndikus oder Geschäftsführer so groß sein, daß er mit seiner pflichtmäßigen Hervorhebung der Gesamtinteressen gegenüber den von dem betreffenden Verband zu vertretenden Spezialinteressen nicht genügend gehört wird. Auch in den ganz kleinen Handelskammern kann diese Situation eintreten. Aber sobald auch kleine und mittlere Handels- und Gewerbevertretungen beider Art nur nach Maßgabe ihrer Statuten und nach den Forderungen, die die Öffentlichkeit an sie zu stellen berechtigt ist, handeln, kommt das allgemeine Interesse zu seinem Recht. In den größeren Kammern und freien Interessenvertretungen bedarf es häufig gar nicht einmal des besonderen Hinweises der volkswirtschaftlich und staatswissenschaftlich vorgebildeten Beamten und Geschäftsführer, um dies Bild zu erzeugen; die Interessenten selbst sind mit den allgemeinen, volkswirtschaftlichen Verhältnissen und mit dem Weltmarkt zu eng verbunden, um rücksichtslose Interessenpolitik betreiben zu wollen.

Die großen Handels- und Industrie-Kammern, die großen Landwirtschaftskammern haben sich bisher von rücksichtsloser, unpolitischer und staatsgefährlicher Propaganda, von Sonderinteressen ohne Rücksicht auf die Allgemeinheit freigehalten. In ihnen sitzen die Vertreter solcher Betriebe, oder sind für sie maßgebend, die gar nicht anders können, als stets Rücksicht auf das im Rahmen der Wahrung der allgemeinen Interessen Erreichbare zu nehmen. In ihnen hat daher der wissenschaftlich vorgebildete Berater immer Männer vor sich, die wie er es auf wissenschaftlicher Basis tut, stets versuchen, von ihrer schon persönlich höheren Warte im Wirtschaftsleben die allgemeinen Interessen im Auge zu behalten. Es kann ja auch, solange man nicht eine Interessenvertretung zum Einpeitscher einer politischen Strömung und Partei macht, nichts Törichteres geben, als bei der Vertretung berechtigter Interessen das Gemeinwohl außer acht zu lassen.

So kommt es, solange sich die Berater der amtlichen und privaten Interessenvertretungen des wahren Inhalts ihrer Stellung und der ersten Aufgabe ihres Amtes bewußt bleiben, nicht blind Sonderinteressen zu vertreten, sondern im Dienst der Interessenten, mit ihrer Hilfe, ihrem unentbehrlichen Rat und Sachverständnis mit den Interessenverbänden Wege zu gehen, die sowohl den Sonderinteressen wie denen des gesamten Volkes nützlich sind, kaum je zu Konflikten zwischen den Mitgliedern von Handelskammern und ihren Beamten und ebensowenig zu Gewissenskonflikten der Beamten der Interessenvertretungen kommen, weil alle dasselbe im Auge haben, das Wohl der Gesamtheit. Voraussetzung ist eine hohe Auffassung der Interessenvertreter von ihrem Beruf. Er ist ein hoher. Er verlangt von dem, der sich ihm weiht, ein bedeutendes Ausmaß von Können; erst auf dieser Grundlage kommen die entscheidenden Anforderungen an den Charakter des Interessenvertreters zur Geltung. Der Beruf verlangt ständig bereite Aufnahmefähigkeit, strenge Pflichterfüllung, Initiative ohne Unruhebedürfnis, besonnenes Handeln und Takt, ganz besonders aber ruhiges, klares Abwägen des im Leben Möglichen, und damit auf der einen Seite Energie, die mit Zähigkeit eingesetzt wird, wo es die Sache fordert und stille Resignation, wo die Verhältnisse ein momentanes Aufgeben angestrebter Ziele erfordern. Von ganz hervorragender Wichtigkeit ist aber das Moment, daß bei dieser Arbeit stets Vertrauen gegen Vertrauen gewährt wird. Vor dem richtigen Interessenvertreter dürfen die Auftraggeber in Dingen beruflicher Vertretung kein Geheimnis haben, und der Interessenvertreter darf keine Mördergrube aus seinem Herzen machen, gerade wenn er fühlt, mit seiner Meinung allein zu stehen. Gewiß, er muß ruhig und ohne nagenden Schmerz verzichten können auf Ideen, die ihm wichtig scheinen, wenn sie in seinem Kreis auf die Dauer keinen Anklang, keinen Widerhall finden. Aber zuerst soll er sie im engen Kreis vertreten, sie aber freudig und ohne Aufhebens davon zu machen, zurückstellen, wenn die Überzeugung der entscheidenden Stellen eine andere ist als die seine.

Das fordert Charakterstärke. Und sie ist um so wichtiger, als das Sicherheitsventil, das denjenigen, die im reinem Erwerbsleben stehen, so oft zu Gebote ist, hier fehlt, die Möglichkeit, auszuweichen und sich ohne weiteres einen neuen Wirkungskreis zu suchen. Gewiß gibt es manche Interessenvertretungen des verschiedensten Ranges und differentester Art, von denen ein regelmäßiger, nie als anstößig empfundener Wechsel zu benachbarten, mehr oder weniger befreundeten hinüberführt. Das gilt zum Beispiel in ziemlich weitem Maßstab von den amtlichen Vertretungen. Aber selbst da würde doch ein Übergang z. B. von einer hauptsächlich mit Handelsinteressen befaßten Handelskammer zu einer im wesentlichen industriellen auffallen, und daher schwer und selten sein. Viel mehr gilt das natürlich noch von der Arbeit in Interessenverbänden, die im Kampf miteinander liegen.

Der richtige Interessenvertreter wird eben allmählich, und je erfolgreicher er ist, um so mehr, so vollständig mit den von ihm vertretenen Interessen sich identifizieren und mit ihnen identifiziert werden, daß es unmöglich für ihn ist, eine einmal öffentlich gewordene Stellungnahme wieder aufzugeben und zu einem anderen Interessenverband hinüberzugehen. Er i s t insofern der, für den man ihn hält.

Dieses notwendige, mit der ganzen Person für die Sache Eintreten kann seine wirtschaftliche Position im Verband schwächen, wird sie aber oft stärken, soweit der Grund für die Konsequenzen so starker Exposition in einer gewissen idealen Hingabe an den gewählten Beruf liegt und als solcher gewürdigt wird. Gerade dies Moment stellt den beruflichen Interessenvertreter dem Parlamentarier in dem Betracht völlig gleich. Beiden fehlt die Möglichkeit politischer Freizügigkeit, die wir so oft mit einem gewissen Staunen im Leben beobachten. Und diese Tatsache dürfte den guten Interessenvertretern, seien es Beamte oder Abgeordnete, ein gut Teil politischer pupillarischer Sicherheit beimessen lassen. Auf Leben und Sterben mit großen Interessen verbunden sein, läßt bei zuverlässigen Menschen doch fast immer eine Kameradschaft entstehen, die sich in den Kämpfen des Lebens als hieb- und stichfest erweist.

So könnte es scheinen, als ob alles in bester Ordnung bei der Durchsetzung der berechtigten wirtschaftlichen Interessen in Deutschland herginge. Das Gegenteil ist der Fall.

Wir haben ein in der Idee richtig organisiertes und gut arbeitendes System von Interessenvertretungen, aber ihm fehlt die Hauptsache. Die Interessenvertretung wird da, wo sie arbeitet, da wo sie Einfluß üben muß, nicht gehört; häufig, weil man sie tatsächlich nicht hört, häufiger, weil man sie nicht hören will.

Die Regierung verzichtet auf die genügende Vorbereitung ihrer Gesetzentwürfe durch rechtzeitige Heranziehung der von ihr geschaffenen Organe der Interessenten, der Handels-, Gewerbe- und Handwerkskammern. Sie hört sie im besten Fall viel zu spät. Eingaben der Interessenten, die sich neben der amtlichen Organisation in Interessenten-Verbänden eigene, beweglichere und oft einflußreichere Organe geschaffen haben, werden nicht selten von der Regierung nicht beantwortet, sicher oft nicht beachtet, trotzdem das Sachverständnis, das in den Massen solcher Denkschriften und Eingaben niedergelegt ist, höchst beachtenswert ist.

Die Abgeordneten versinken in dem von allen Seiten auf sie einstürmenden Stoff, soweit sie sich mit ihm beschäftigen, und sie perhorreszieren mehr oder weniger die Versuche der Interessenten, sie in letzter Stunde besser zu informieren. Nur wenige von ihnen sind imstande, bei den jetzigen Verhältnissen sich selbst tatsächlich ausreichende Information über feinere wirtschaftliche Probleme zu beschaffen. Alles geht in der parlamenterischen Routine, der Behandlung aller Fragen in der Fraktionsmaschinerie unter. Daher das öfters ausgesprochene Grausen der erwerbstätigen und konsumierenden Bevölkerung vor der Arbeit der Parlamente, von deren Tätigkeit sie zu wenig und fast nichts rechtzeitig hören.

Industrie, Handel und Gewerbe haben daher den Versuch in der Praxis gemacht, die Abgeordneten selbst zu Interessentenvertretern im materiellen Sinne zu machen. Der Weg weist natürlich dahin, aus allen interessierten Kreisen Abgeordnete aufzustellen und durchzubringen, damit sie, wie Bismarck es gelehrt hat, die materiellen Interessen vertreten. Immer mehr ist dies Streben hervorgetreten. Ein großer Teil der Beschwerden und Besserungsvorschläge geht in dieser Richtung. Aber die Erfahrung der Wahlen spricht entschieden dagegen, diesen Weg für die Dauer als praktisch gangbar anzusehen. Ganz richtig ist die Beobachtung, die jüngst treffend von Brandt[5]) so formuliert ist: „Wir denken selbst nicht an eine Änderung des Reichstagswahlrechts und an ein in der Verfassung ausgesprochenes Berufsgruppen-Parlament. Man muß aber schon ganz weltfremd sein, wenn man nicht sieht, daß der Reichs-

[5]) Brandt: Industrie, Handel und Reichstag. Monatsschrift der Handelskammer Düsseldorf 1913. n. 5/6. s. 166.

tag zwar nicht rechtlich, aber praktisch ...... heute schon eine Ständevertretung im gewissen Sinne und Umfang ist. Die Abgeordneten, die nicht durch ihre Zugehörigkeit zu einem gewissen Berufe ausreichende Gewähr bieten, stichfeste Interessenvertreter dieses Berufes zu sein, werden heute ganz allgemein gezwungen, gewisse Forderungen von einzelnen Berufsgruppen ausdrücklich oder insgeheim vor ihrer Wahl in den Reichstag anzuerkennen. Abgeordnete, die kein imperatives Mandat nach irgendeiner rein politischen oder wirtschaftspolitischen und sozialpolitischen Richtung übernommen haben, dürften recht selten sein. Der ständische Charakter der Parlamente, vor allem des Reichstags, ist aber fast ausschließlich für Landwirte, für Handwerker, Arbeiter, Handlungsgehilfen, Beamte vorhanden, d. h. für alle die Berufsgruppen, die Wählermassen stellen. Die selbständigen Unternehmer in Handel und Industrie haben solche Wählermassen nicht hinter sich, daher beachtet man sie weder bei der Aufstellung der Kandidaten, noch bei der Arbeit im Parlamente selbst. Das ist kein Widerspruch zu dem, was wir oben gesagt haben, denn mehr industrielle Reichstagskandidaten als bisher sind schon aufzufinden; nur vermutlich nicht so viele wie aus anderen Berufen und nicht so viele, wie wir gern sehen würden.“ Brandt zieht aus dieser Situation den richtigen Schluß, daß, da nun einmal Handel und Industrie vermutlich in absehbarer Zeit eine starke persönliche Vertretung im Reichstag durch Berufsgenossen nicht haben würden, es nötig sei, den berechtigten Einfluß der erwerbstätigen Kreise von Handel und Industrie in anderer Weise zu stärken. Es ist wichtig, wenn empfohlen wird, die erwerbstätigen Kreise möchten sich nicht auf die Einflußnahme auf die Parlamentarier beschränken, sondern in erster Linie in den Lokalorganisationen der Partei des einzelnen einsetzen, um daß, wo sie auf Grund ihrer lokalen Position ein Schwergewicht von Erfahrung und darauf beruhendem öffentlichem Ansehen in die Wagschale zu werfen hätten, die politischen Lokalorganisationen mit ihrem Geist zu erfüllen. Das ist Pflicht eines jeden. So kann mit großer Wahrscheinlichkeit auf Erfolg ein Einfluß auf die Zentralstellen der Parteipolitik gewonnen werden. Denn wenn diese Anstöße von allen Seiten aus dem Lande den Parteizentralen zukommen, werden diese sich solchen Anregungen auf die Dauer nicht entziehen können. Bisher ist nur vereinzelt solche Beeinflussung aus den lokalen Organisationen heraus in genügend substantiierter und damit ausreichend gewichtiger Weise erfolgt. Die Parteien können aber so indirekt aus der Provinz belehrt und gezwungen werden, ihre Fraktionspolitik mehr als bisher durch autochthone Wünsche leiten zu lassen. Solche Politisierung aller Bürger, die jeder an seinem Teil vor ihrer eigenen Tür kehren, ist ganz gewiß ein gesunder Grundgedanke des Hansabundes. Neben dieser Arbeit an Ort und Stelle des wirtschaftlichen Lebens muß natürlich die Arbeit am Ort des parlamentarischen Lebens einhergehen. Mögen die Interessen der einzelnen von ihnen selbst lokal noch so gut wahrgenommen werden, nötig bleibt die Beeinflussung der Interessenvertreter κατ' ἐξοχήν, der Parlamentarier. Sie erfolgt heute von seiten der Unternehmer, der freien Verbände allerart, ja ganz besonders von seiten der Arbeiter regelmäßig. Aber für alle an dieser Arbeit Beteiligten ist es wohl klar geworden, wie unerquicklich, ja wie bedenklich solche persönliche Einflußnahme zur Wahrung von Interessen auf die durch Wahl erkorenen Vertreter der Interessen des ganzen Volkes ist. Oft kann das Gefühl nicht beiseite geschoben werden, daß es sich um die Ausnützung persönlicher Beziehungen zu Abgeordneten handelt und der korrekte und auf sein Mandat stolze Abgeordnete empfindet solche Beeinflussung auch da, wo sie ihm neue Information bringt, nicht ohne weiteres als erfreulich, da er sich dem Gedanken nicht völlig entziehen kann, daß vielleicht Argumente ad hominem verwandt sein könnten. Denn dem wird er immer da ausgesetzt sein, wo ihm die Sachkenntnis fehlt, die Information persönlich kritisch nachzuprüfen und ihren genauen Wert abzuschätzen.

Eine nicht uninteressante Ausgestaltung hat die Forderung wirtschaftlicher Interessen durch Anteilnahme am politischen Leben allmählich nach der Richtung hin erfahren, daß heute in ganz anderem Maß als früher finanzielle Mittel dafür verwendet werden müssen und wirklich bereitgestellt werden. Die Unterhaltung von Bureaus in Berlin für Interessenverbände, die in anderen Gegenden Deutschlands ihren natürlichen Sitz haben oder dort haben würden, die Sammlung von Wahlfonds durch solche Organisationen, die Alimentierung von Zeitungen und Korrespondenzen aus Parteimitteln, Verbandsmitteln oder durch finanzielle Opfer von Personen, die wirtschaftspolitische Ziele mit Hilfe der Fraktionen durchsetzen wollen, das sind in Deutschland relativ neue Erscheinungen, ohne daß man deswegen an ihrer Bedeutung zweifeln könnte. Ja, man kann davon sprechen, daß diese Entwicklung symptomatisch ist. Es ist eben heute unmöglich geworden, Politik zu treiben, ohne über sehr beträchtliche Mittel zu verfügen. Aus diesem Grund werden tatsächlich die Interessen der Kreise politisch am ausgiebigsten vertreten, die am opferwilligsten sind. Die Erfolge, ja in gewisser Weise selbst das Maß, in dem die einzelnen Parteien zu dieser Methode übergegangen sind, liegen da vor aller Augen.

Und dennoch müssen die Kassandrarufe, die aus diesen Tatsachen den Schluß gezogen wissen wollen, daß Deutschland sich politisch amerikanisiere und man will damit sagen, daß auf diesem Wege eine Korruption des öffentlichen Lebens herannahe, zurückgewiesen werden. Diese Entwickelung ist unabweisbar, weil sie aus der allmählich immer mehr erforderlich gewordenen Politisierung der Massen mit Notwendigkeit folgt. Die absolut erforderliche Aufklärung der Massen, sei es die des Arbeiterstandes oder des Bürgertums, kostet Geld. Aus allgemeinen philantropischen Gesichtspunkten werden dafür genügende Mittel nirgendwo bereitgestellt. Es handelt sich um die Erfüllung einer Aufgabe, die den politischen Parteien Deutschlands mit der Einführung des allgemeinen Wahlrechts überkommen ist. Selbstverständlich ist es billiger, in einer beruflich gleichartigen Bevölkerungsschicht, besonders wenn sie relativ wenig Personen zählt, politisch so zu agieren und zu agitieren, daß eine stoßkräftige Politik daraus resultiert. Schwerer und teurer ist das in allen andern. Die Aufklärung und Heranziehung der Massen zu gesunder staatsbürgerlicher Betätigung hat, da der Staat hier, auf seinem eigensten Gebiet, dem der staatsbürgerlichen Fortbildung für die Masse, völlig versagt, von den Parteien übernommen werden müssen und diese Aufgabe hat damit zu immer weiteren finanziellen Opfern derjenigen geführt, die an dem Gange der deutschen Politik ein Interesse haben, weil sie ihre Interessen richtig verstehen. Und daß wird immer so bleiben.

Eine Reihe von anderen politischen Methoden, eine bessere Interessen-Vertretung durch die Parlamente in die Wege zu leiten, ist in der Debatte aufgetaucht. Man hat empfohlen, die ab und zu durchgeführten oder in der Durchführung steckengebliebenen Enquêten der Regierung durch selbständige Enquêten der Parlamente zu ergänzen. Gewiß kann diesem Gedanken, sobald für eine sachverständige Leitung und sachgemäße Ausgestaltung der Enquêten Sicherheit geschaffen ist, nur das Wort geredet werden. Der Einwand, daß es eines

Parlaments unwürdig sei, ja, daß es unmöglich sei, zu parlamentarischen Verhandlungen Nichtparlamentarier hinzuzuziehen, kann nicht aufrecht gehalten werden. Das schlimmste, was einem modernen Parlament vom Standpunkt politisch-historischer Erfahrung aus geschehen kann, ist die Entwickelung zu einer im Dunkeln tagenden Instanz. Der Parlamentarismus braucht die Öffentlichkeit wie der Mensch Licht und Luft zum Leben. So kann der Gedanke, zu den Verhandlungen der Parlamentarier Sachverständige auf dem Gebiet der von der parlamentarischen Arbeit berührten Interessen, also wirkliche Interessenvertreter, im Stadium der Kommissionsberatung wirtschaftspolitischer Fragen hinzuziehen, nur mit Freuden begrüßt werden. Für ihre Tätigkeit genügt die Teilnahme an der Information der Parlamentsmitglieder völlig. Von einer Teilnahme an den Beschlüssen parlamentarischer Kommissionen kann natürlich nie die Rede sein.

Das sind Gebiete, auf denen die Parlamente eine Initiative entwickeln könnten, um sich die erforderliche spezielle Sachkenntnis, die die Interessenten haben, in einzelnen an sie herantretenden Fragen zu sichern. Sie könnten ihrerseits eine Interessenvertretung mobilisieren, die jederzeit bereit wäre. Dazu gehört aber unbedingt auch die Anerkennung des Rechtes der Interessenvertretungen, rechtzeitig und genaue Information darüber zu erhalten, was im Parlament vorgeht. Die Parlamente haben die Pflicht, ihrerseits dafür zu sorgen, daß die beruflichen und amtlichen nichtparlamentarischen Interessenvertretungen stets und schnell genauen Aufschluß über die Plenar- und Kommissions-Sitzungen der Parlamente erhalten. Da liegt bei uns noch alles im argen. Selbst die Berichte über die Plenarsitzungen des Reichstages gehen den Interessenten trotz aller anerkennenswerten Bemühungen einzelner Instanzen zu spät zu. Noch schlimmer ist es bei den Kommissionsberichten. Für die Praxis brauchbare authentische Berichte gibt es nicht. Die offiziellen Protokolle der Kommissionen sind während der Dauer der Verhandlungen stets unerreichbar. Die Öffentlichkeit, das Volk, über dessen Wohl und Wehe in 90 % der Fälle mindestens in den Kommissionen verhandelt und beschlossen wird, erfährt nur auf Grund einseitiger Parteimeldungen, durch mehr oder minder starke Indiskretionen oder durch das Medium von einzelnen Parlamentariern informierter Korrespondenzbureaus mehr oder weniger zufällig einiges von dem Inhalt dieser Beratungen; authentisch wird in den seltensten Fällen überhaupt etwas bekannt. Ganz ungeheuerlich waren diese Zustände bei der Durchpeitschung des Zolltarifgesetzes von 1902 und bei den Wehrvorlagen von 1913. Kaum ein Mensch hat damals in jedem entscheidenden Augenblick klar sagen können, wie im einzelnen die tatsächlich gefaßten Beschlüsse gelautet haben. So war in beiden Fällen eine rechtzeitige Aufklärungsaktion der Interessenten — und das war in diesen beiden Fällen das ganze Volk — auch in letzter Stunde den Interessenvertretern unmöglich. Das Parlament hat da die Pflicht, für rechtzeitige genaue Berichterstattung über seine Arbeit zu sorgen. Das wird seinem eigenen Ansehen förderlich sein und einer guten Interessenvertretung das notwendige Material zur Verfügung stellen. So kann eine gegenseitige Befruchtung der dem öffentlichen Interesse dienenden parlamentarischen Arbeit und derjenigen der Interessenvertreter stattfinden, die dem Ganzen nur förderlich sein kann. Und ein solches Vorgehen liegt auch im Sinn ruhiger, historischer Weiterentwickelung der heutigen innerpolitischen Verhältnisse. Diese Art von sachlichen Beziehungen zwischen den, man könnte sagen, materiellen und rein politischen Vertretern der Interessen der Gesamtheit der Deutschen würde besonders geeignet sein, die Forderungen derer, die unseren politisch orientierten Parlamentarismus grundsätzlich durch berufsständische Parlamente ersetzen wollen, beiseite zu schieben, ja sie unmöglich zu machen.

Es ist kein Zufall, daß, nachdem von seiten des Fabrik- und Agrarfeudalismus in Industrie und Landwirtschaft die Beseitigung des Reichstagswahlrechts und die Verewigung des bestehenden preußischen Wahlrechts mehr oder weniger offen gefordert ist, gerade aus diesen Parteilagern Projekte kommen, beide Wahlrechte zu beseitigen und durch Einführung von berufsständischen Wahlen zu ersetzen.

Man darf sich nicht verhehlen, daß solche Gedankengänge durchaus in der Richtung liegen, die allmählich Wahrheit werdende Politisierung des deutschen Volkes, die ideell eine Voraussetzung der Reichsverfassung wie sogar der bestehenden preußischen Verfassung ist, möglichst hintenanzuhalten. Ohne jeden Zweifel ist das auch ihr Zweck. Dafür spricht die oben zitierte Broschüre des Grafen Stolberg-Wernigerode Bände, ebenso auch die erwähnten Ausführungen von Steinmann-Bucher.

Es handelt sich, so sicher sich mancher im Besitz des Reichstagswahlrechts seines relativen politischen Selbstbestimmungsrechtes fühlen mag, bei solchen Versuchen, berufsständische Interessenvertreter als Parlamentarier im Prinzip an Stelle der politisch orientierten Parlamentarier zu setzen, um den Angriff auf die Grundlagen unserer politischen Entwickelung. So sehr ein gründlicher Ausbau unserer Interessenvertretungen zu begrüßen ist, so sehr es nötig ist, die Interessen deutlich und ungeschminkt zu Worte kommen zu lassen, so nötig ist es auch, gegen solche Versuche von vornherein Front zu machen, möge auch ein Wort Bismarcks für derartiges Beginnen angeführt werden können.

Ich fasse zusammen. Mit der Entwicklung der Interessenvertretung haben wir uns abzufinden. So wie sie ist, leistet sie vieles, aber sie genügt den Ansprüchen des Lebens noch nicht völlig. So wie sie sein soll, so wie sie sich entwickeln soll und wird, stellt sie einen wichtigen Bestandteil des politischen Lebens in Deutschland dar. Es gilt, sie mindestens auf ihrem heutigen Niveau zu halten, und auf dieser Basis ein höheres als bisher zu erreichen, auf dem dann die wahren Interessen der Gesamtheit nicht allein zum Ausdruck, sondern auch tatsächlich und so rein wie möglich zur Geltung gelangen.

ANHANG.

ÜBERSICHT ÜBER RIESSERS LITERARISCHE TÄTIGKEIT.

I. Juristische Schriften.

a) Handelsrecht:

Autorisierte deutsche mit Anmerkungen versehene Ausgabe des holländischen Buches von J. A. Levy: „Der Konto-Korrent-Vertrag" (Tübingen, J. C. B. Mohr (Paul Siebeck)). 1884.

„Handelsrecht-Praktikum" zum Selbststudium und zum akademischen Gebrauche (Tübingen, J. C. B. Mohr (Paul Siebeck) I. und II. Auflage, 1885 und 1893).

„Zur Revision des Handelsgesetzbuchs" (Teil I und II) bei Ferd. Enke, Stuttgart, 1889.

„Grundgedanken in den kodifizierten Handelsrechten aller Staaten" (Stuttgart, Ferd. Enke). 1892.

Neuere Lagerhaus- und Warrantgesetze (Zeitschr. für das ges. Handelsrecht Bd. 40). 1892.

„Der Einfluß handelsrechtlicher Ideen auf den Entwurf des BGB für das Deutsche Reich" (Stuttgart, Ferd. Enke). 1894.

Separatabdruck des dem Deutschen Handelstage erstatteten Berichts über „Das Aktienrecht des Entwurfs eines HGB." (Berlin, Liebheit & Thießen). 1896.

„Die Neuerungen im deutschen Aktienrecht" (Berlin, Otto Liebmann). 1899.

„Zur Aufsichtsratsfrage." In der Festgabe der Berliner Juristischen Gesellschaft für Exz. Koch und separat bei Otto Liebmann, Berlin 1903.

b) Bank- und Börsenrecht:

Anträge betreffend die Reform des Börsen- und Bankverkehrs (Holdheims Wochenschr. I).

Das „Bankdepotgesetz". Aus der Praxis und für die Praxis des Handelsstandes erläutert. (Berlin, Otto Liebmann.) 1897. (Zweite Auflage) 1906. (Dritte Auflage) 1913.

„Zur Kritik der Gesetzentwürfe betr. das Hypothekenbankwesen und die gemeinsamen Rechte der Besitzer von Schuldverschreibungen" (Stuttgart 1898, Ferd. Enke, zugleich Beilageheft der Goldschmidtschen Zeitschrift, Bd. XLVII, N. F. 32).

„Die handelsrechtlichen Lieferungsgeschäfte" (Berlin, Otto Liebmann). 1900.

„Die Notwendigkeit einer Revision des Börsengesetzes." Vortrag, gehalten vor der Volkswirtschaftlichen Gesellschaft zu Berlin. (Berlin, Leonhard Simion Nachf.) 1901.

Zum Begriff des Bankiers und Bankgeschäfts, Bank-Archiv II, S. 124.

„Stand und Aussichten der Börsengesetzreform." Sonderabdruck aus den Verhandlungen des III. Allgem. deutschen Bankiertages zu Hamburg am 5. Sept. 1907 (Berlin, Leonh. Simion Nachf.). 1907. (In italienischer Übersetzung erschienen in der Rivista di Diritto Commerciale von Straffa und Vivante, Vol. V., 1907.)

Scheckverkehr und Scheckrecht. Vortrag (Berlin) 1907.

Bemerkungen zum vorläufigen Entwurf eines Deutschen Scheckgesetzes unter besonderer Berücksichtigung der Herbeiführung eines einheitlichen Scheckrechts in Deutschland, Oesterreich und Ungarn (Berlin, J. Guttentag) 1908.

Zum vorläufigen Entwurf eines Scheckgesetzes (Bank-Archiv VI, 269, 277, VII, S. 49, 68.

Zum (definitiven) Entwurf eines deutschen Scheckgesetzes eod. VII, S. 135.

Die wirtschaftlichen Ziele und Vorteile des Scheck- und Postscheckverkehrs (Deutsche Revue 1908).

II. Wirtschaftspolitische Werke.

a) Bankwesen:

Die deutschen Großbanken und ihre Konzentration im Zusammenhange mit der Entwicklung der Gesamtwirtschaft in Deutschland, 1910; 4. Auflage 1912. Die erste Auflage ist unter dem Titel: „Zur Entwickelungsgeschichte der deutschen Großbanken mit besonderer Rücksicht auf die Konzentrationsbewegung. Vorträge. Jena 1905" erschienen. Eine abgekürzte Ausgabe der 4. Auflage erschien unter dem Titel: „Von 1848 bis heute, bank- und finanzwissenschaftliche Studien.“ (Jena, Gustav Fischer) 1912.

Zur Frage der Begründung eines Spezialinstitutes für den langfristigen, industriellen Kredit. (Sonderabdruck aus den Verhandlungen der Konferenz der Mitteleuropäischen Wirtschaftsvereine.) Berlin, Puttkammer & Mühlbrecht. 1909.

Die Bankkonzentration in Deutschland, ihre Vorteile und Gefahren. (Im Handbuch der Politik; Berlin und Leipzig, Dr. Walther Rothschild.) 1912-13.

b) Allgemeines:

„Finanzielle Kriegsbereitschaft und Kriegführung“ (Jena, Gust. Fischer) 1909. Zweite Auflage 1913.

Der Hansabund (Jena, Diederichs) 1912.

Der Hansabund und seine Entwicklung. Verlag der Wirtschaftlichen Zentrale für Gewerbe, Handel und Industrie, Wien 1913.

III. Werke allgemeinen Charakters.

a) Biographien:

„L. Goldschmidt.“ Gedächtnisrede, gehalten in der Juristischen Gesellschaft zu Berlin am 13. November 1897. (Berlin, Otto Liebmann.) 1897. (Ins Italienische übersetzt von Prof. Bruschettini, Messina 1908.)

Zum fünfzigjährigen Staatsdienst-Jubiläum des Präsidenten des Reichsbank-Direktoriums, Wirkl. Geheimrats Dr. Richard Koch Bank-Archiv III, S. 17.

Richard Koch und die Reichsbank. Eine Gedenkrede (Die Grenzboten 1911).

b) Sonstiges:

Herausgeber des Werkes von Gabriel Rießer: Einige Worte über Lessings Denkmal; 2. Auflage, Frankfurt a. M. 1881.

Druck von A. W. Hayn's Erben, Berlin SW 68.

FSC
www.fsc.org
MIX
Papier | Fördert gute Waldnutzung
FSC® C083411

Kolibri 360 GmbH
Ferdinand-Jühlke-Straße 7
99095 Erfurt, Deutschland
produktsicherheit@kolibri360.de